JN124019

三訂版

実務と理論の両面から徹底解説

非上場株式の評価実務ハンドブック

渡邉 定義 編著

小坂 明正／山野 修敬 共著

一般財団法人 大蔵財務協会

はしがき（三訂版）

　本書は、創刊当時のはしがきにもありますように、非上場株式の評価について、初心者にも分かりやすいようにと基本的考え方や評価明細書（計算書）の記載の仕方について工夫して解説したものです。

　令和２年に改訂以来、これまで多くの方に手にとっていただきましたが、もう少し**専門的な事項**や**判断に迷うポイント**を入れてほしいとの要望も多く寄せられました。

　そこで、今回の改訂では、限られた時間の中で可能な限り**実務に役立つ**誤りやすい点や留意すべき事項について**判例、裁決**を含め大幅に加筆いたしました。さらに「**株式に関する権利の評価・株式の価額の修正**」について新たに章を設けました。基本的には、これまで同様、通達や課税庁の考え方に沿って記述したつもりですが、中には実務上行われている点と理論とが未解決の部分となっており判断に迷う部分も見受けられます。このような箇所については、一部両論併記するなどして問題点を指摘することとしています。

　さらに、実務において質問も多く難しい項目の１つである非上場株式の「**時価**」に関連する判決等も再整理するとともに、重要な非上場株式の取引事例について**Ｑ＆Ａ形式**として追加いたしました。見解の相違する箇所もあるかと思いますが、裁決や判決の趣旨をよくご理解いただいて活用していただければと思っています。

　今回、改訂にあたり、天池＆パートナーズ税理士事務所に関係する先生方の意見も参考にさせていただきました。本書が、少しでも税務に携わる実務家の方々にお役にたてれば幸いです。

　最後に、刊行の機会を与えていただきました木村理事長はじめ大蔵財務協会の編集局の皆様に大変お世話になりました。この場をお借りして感謝申し上げます。

令和５年５月

執筆者を代表して

税理士　渡邉定義

はしがき（二訂版）

　本書は、非上場株式の評価についての基本的な考え方と評価明細書の記載の仕方の基本書として平成29年に発刊しましたが、多くの方に手に取っていただき感謝申し上げます。

　非上場株式の評価は、平成27年以降の相続税法の改正の影響や昨今の法人版事業承継税制の改正及び個人版事業承継税制の創設と相まってますます重要になってきています。特に、事業承継における非上場株式の贈与等の移動について、納税者に対し適格な指導相談を行う際には、評価の基本的知識や考え方が必要不可欠となっています。

　今回の改訂では、従来の**チェックポイント**やプロからの**アドバイス**を用いた基本スタンスを維持しつつ、その後の改正等を踏まえるとともに、質問の多かった項目について詳しく解説を加えました。また、質疑応答事例も追加しています。更に、第3部に「主要論点事項」として、非上場株式の譲渡における「**時価**」についての基本的な考え方や**財産評価基本通達6項**の適用事例についての考え方を追加整理しました。

　二訂版の発刊に当たりましても、わかりやすく解説する形は維持したつもりですが、税務に携わる実務家の方々はもちろん、一般の皆様にとりましても少しでも参考になればと思っています。

　終わりに、本書の改訂に当たり刊行の機会を与えていただきました木村理事長はじめ大蔵財務協会の編集局の皆様に、いつもながら、大変お世話になりました。この場をお借りしてお礼申し上げます。

　令和2年2月

執筆者を代表して

税理士　渡邉定義

は し が き

　非上場株式（取引相場のない株式）の評価は、相続税や事業承継に携わる税務の専門家にとって欠かすことのできない重要な作業の一つです。

　最近の相続税の申告状況を見てみますと、相続財産に占める金額の構成比は、１位が土地、２位が現金・預貯金等、３位が**有価証券**の順となっています。また、相続税調査における、申告漏れ財産の金額の内訳は、１位が現金・預貯金等、２位が土地、３位が**有価証券**の順となっています。これは、近年あまり変わりがないところです。特に、有価証券の中でも、上場株式などは取引先や取引金額が明らかになっていることが多いことから、申告漏れ財産になりにくい傾向があるところですが、非上場株式の評価の場合には、事例によっては難解な評価方式や面倒な作業が含まれている場合が多く、このような状況になっているとも考えられます。

　そこで、本書では、有価証券の中でも、最も難解であると言われている「非上場株式の評価」に焦点をあて、基礎から評価明細書作成にいたるまで、最近の改正事項を折り込み、できるだけ分かりやすく説明することとしました。

　特に、今日の評価実務においては、大部分がパソコンソフト等があれば、評価明細書が簡単に作成できることから、その仕組みを理解しないまま作業されていると思われるミスも散見されるようになってきています。

　したがって、第１部で、基本編として評価方式の考え方や仕組みなどについて、基本的事項を中心に初心者にも分かりやすいよう工夫して解説してみました。中でも、ミスが多い事項や専門家の人にも理解しておいてもらいたい事項については、**チェックポイント**や**プロからのアドバイス**として掲げることにしました。

　次に、第２部では、この１冊で基本的な評価明細書が作成できるように、作成の仕方について実例を用いて詳しく解説するとともに、間違いやすい事項を**チェックポイント**として掲げ可能な限り一覧性のあるものにしました。

　税務に携わる専門家の皆様や職員の研修教材として参考になれば幸いです。

　終わりに、このような機会を与えていただいた木村理事長はじめ編集作業に当たり、細かなチェックなどお世話になりました大蔵財務協会のスタッフのほか多くの方々に改めてお礼申しあげます。

平成29年11月

編著者

税理士　渡邉定義

本書は、基本的事項が中心であり、詳細な疑問点等については、大蔵財務協会出版の姉妹書等を参考文献として後掲しますので、併せて使われることをお勧めします。

［主な参考文献一覧］
1　姉妹書（大蔵財務協会）
　・「税務担当者と実務家のための 相続税・贈与税 体系 財産評価」（渡邉定義・村上晴彦・小坂明正 共著、大蔵財務協会）
　・「株式・公社債評価の実務」（八重樫司 編）
　・「財産評価基本通達逐条解説」（松田貴司 編）
　・「非上場株式の評価の仕方と記載例」（松本好正 著）
　・「非上場株式評価のQ&A」（松本好正 著）

2　その他（主要参考書）
　・「図解・表解 財産評価ハンドブック」（渡邉定義 監修・天池健治・平岡良・山野修敬 共著、中央経済社）
　・「詳説　自社株評価Ｑ＆Ａ」（尾崎三郎 監修、清文社）
　・「取引相場のない株式の税務（第４版）」（森富幸 著、日本評論社）
　・「非上場株式等の相続・贈与をめぐる評価と課税の実務」（山口昇 著、TKC出版）
　・「55事例でわかる取引相場のない株式の評価方法」（松岡章夫・山岡美樹 著、税務経理協会）
　・「非上場株式の評価と承継対策」（岩下忠吾 著、税務経理協会）
　・「非上場株式の評価実務」（柴田健次 著、清文社）
　・「非上場株式評価のチェックリストと着眼点」（西山卓・橋本将史 共著、新日本法規）
　・「図解と個別事例による株式評価実務必携」（一色広巳 編、納税協会連合会）
　・「非公開株式評価実務マニュアル」（梶野研二 著、新日本法規）

3　判例等
　TAINS 等参照

目　次

第2部　評価明細書作成の仕方と記載例　実務編

① 基本的な評価明細書作成手順————————185

② 大会社————————192

第3部　Q&A 及び参考資料

Ⅰ　Q&A

第1部

非上場株式の評価の概要

基本編

第1章 評価方式の全体像

1 概要

　相続、遺贈又は贈与により取得した財産の評価は、特別の定めのあるものを除き、財産の取得の時における時価（客観的な時価）により、財産の価額から控除すべき債務の金額は、その時の現況によることとされています。

　また相続税法は、申告納税制度が採られているところから取得財産の価額又は所有する土地等の価額の時価を納税者自身で評価し、申告・納税を行うことになります。

　しかし、相続税及び贈与税の課税対象となる財産は、土地、家屋などの不動産をはじめとして、動産、無体財産権、有価証券など多種多様であり、これら各種の財産の時価を的確に把握することは必ずしも容易なことではありません。

　このため、国税庁では、財産評価基本通達を定め、各財産の評価方法に共通する原則や各種の財産の評価単位ごとの評価方法を具体的に定めることにより、その内部的な取扱いを統一して課税の公平の確保に努めるとともに、これを公開し、納税者の申告・納税の便に供しています。

　第1章では、株式の評価方式の全体像について解説することとします。

　まず「株式」についての評価方法は、次図のような体系となっています。

　一般的に取引価格が把握できる「上場株式」については、証券取引所の公表する価額によって評価します。

　「気配相場等のある株式」についても、取引価格や公開価格等により評価します。

　「取引相場のない株式」については、後述するように、取引価格がないことから類似の業種の価格と比較する方法や個人事業者とのバランスを考え、対象会社の資産状況等を参考に求める方法により評価することになっています。

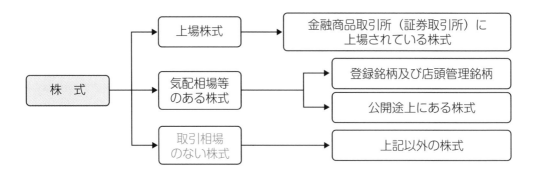

　ところで「取引相場のない株式」の評価を行う場合、財産評価基本通達を使って財産評価を行うことになりますが、**「取引相場のない株式」**は、評価方式が複数あり、検討項目も多岐にわたるため、財産評価に当たって敬遠されがちな財産の一つです。しかし、評価の手順の各項目を一つひとつ丁寧にみていけば、それほど難しいものではありません。

　ここでは基礎的な事例を取り上げ、章をおって具体的に解説していきますので基本的考え方を身につけてください。

　まず「取引相場のない株式の評価の**概要**」を説明します。

2　「取引相場のない株式」とは

　「取引相場のない株式」とは、財産評価基本通達（以下、「評基通」といいます。）168(3)で**「上場株式及び気配相場等のある株式以外の株式」**をいうものとされています。したがって、上場会社が3,869社（東証：令和4年12月末現在）であるのに対して、法人税の申告件数が約306万件（国税庁：令和3年度発表資料）であることを考えると、単純比較はできないものの、現在発行されている株式の大半は「取引相場のない株式」に該当することになり、相続財産又は贈与財産としてはポピュラーな存在であるといえます。

　しかし、ポピュラーであるとはいえ、「取引相場のない株式」は、その名のとおり上場株式のような市場価格がありません。仮に相対取引で値が付いたとしても、特定の当事者間での取引であるため、必ずしもその価額が**「客観的な時価」**であるとはいえません。このため、相場観のない株式について適正な評価額を判定するために、「取引相場のない株式」の評価では複数の評価方式を採用することによって、「客観的な時価」にアプローチすることとしています。

3　「取引相場のない株式」の評価方式とは

　「取引相場のない株式」を評価するに当たっては、

① その株式を取得した人が、会社に対してどのような**立場**なのか‥第３章（25頁〜）

② その会社はどのような**業種**で、どのくらいの**規模**か………………第６章（73頁〜）

③ その会社の**資産構成**はどのようになっているか…………………第８章（125頁〜）

などを検討して、評価方式と評価額が決まります。

　具体的な評価方式としては、

A　類似業種比準方式（その会社と同じような業種の「上場株式」と比べると、どの
　くらいの株価になるか）⇒ 第７章参照

B　純資産価額方式（その会社が保有する資産や負債を基に評価すると、どのくらい
　の株価になるか）⇒ 第８章参照

C　類似業種比準方式と純資産価額方式の併用方式

があり、このうちのどれか一つの方式により評価します（これを**原則的評価方式**とい
います。）。

　なお、株式を取得した人の立場によっては、特例的に

D　配当還元方式（その会社の配当金額を基に評価すると、どのくらいの株価になる
　か）⇒ 第５章参照

の方式によることもあります。

4　同じ株式なのに評価額が２つ？

　「取引相場のない株式」は、**その株式を取得した人のその会社における立場**によっ
て評価額が変わるという特徴があります。つまり、前記の評価方式のうち、原則的評
価方式になるか、それとも配当還元方式になるかによって評価額が変わるということ
です。これが「取引相場のない株式」の特徴的なところで、**同じ株式に２つの評価額
が付くため**、評価方式の判定を誤ると大変です。なぜなら、原則的評価方式による評
価額と配当還元方式による評価額の差が大きくなるケースが多いからです（一般的に
は、配当還元方式の方が低くなります。）。

5　「評価の順序」が大事！

　以上のことから、具体的な評価額の算定に入る前に、「**どの評価方式になるか？**」
を検討する必要があります。つまり、原則的評価方式と配当還元方式の分かれ目であ
る「**その株式を取得した人のその会社における立場**」を検討する必要があります。そ
れが「株主の判定」です。

6　「株主の判定」とは　……第3章、第4章

「株主の判定」とは、その株式を取得した納税義務者である株主が、その会社に対してどの程度の支配力を持つかを判定することをいいます。

具体的には、その株主の持つ議決権の数を基に、その株主と同一の株主グループに属する株主の議決権数を合算することによって、その会社に対してどのくらいの支配力を持っているかを検討します。グループの範囲は親族関係等によって決まります。また、その株主がその会社の役員であるかどうかも影響します。

その結果、その会社に対して「支配力がある」と判定された株主は原則的評価方式により評価し、「支配力がない（＝経営には関与せず、株式を所有することで配当を期待する権利を保有しているに過ぎない）」と判定された株主は配当還元方式により評価することとなります。

このようにして、納税義務者である株主ごとに評価方法が異なり得ることとなり、例えば、相続人間でも株式数や役職の有無等により「相続人ごとに株価が異なる」事象が生じる場合があります。

議決権及び議決権割合を判定する場合の留意点については50頁を参照してください。

7　「会社規模の判定」とは　……第6章

「株主の判定」で原則的評価方式により評価すると決まった場合は、次に、その「会社の規模」がどの程度のものなのかを判定する必要があります。なぜなら、一口に会社といっても、上場会社に匹敵するような大規模な会社から、個人事業と変わらないような小規模な会社まで様々あり、それらを同一の評価方式で評価するのは妥当でないと考えられるからです。そのため、原則的評価方式は前記3のようにA～Cの3パターンに分けて評価方法が定められていて、その会社がどのパターンに当てはまるかを判定する必要があります。

「会社規模の判定」は、その会社の①取引金額（売上高）、②総資産価額、③従業員数の3つの要素を基に、その会社の規模が「大会社」、「中会社」又は「小会社」のいずれに該当するかを判定するものです。この規模に応じて評価方法が決まります（評基通178）。

ただし、原則的評価方式のうちどのパターンに当てはまるかが決まったとしても、その会社が清算中であったり、資産構成に著しい偏りがあるなど「特殊な状況」にある場合には、標準的な会社を前提として定められた原則的評価方式をそのまま適用することができません。

この特殊な状況にある会社のことを「特定の評価会社」といい、このような会社に

ついては、一般的な評価方式が馴染まないため、特別な評価方式が定められています。これに該当する場合、この評価方式を優先することになります。これについては第9章で説明します。

　なお、「株主の判定」により、**配当還元方式**により評価すると決まった場合は、会社の規模にかかわらずその会社の配当金額を基に評価することとなるので、会社の規模を判定する必要がなく、特殊な状況にない場合は、「株主の判定」のみで評価方式が確定します。

8　「評価方式の決定」

　その会社が特殊な状況にないのであれば、前記7「会社規模の判定」により区分された会社の規模に応じた評価方式を適用します。

①　上場会社に匹敵するような「**大会社**」については、同一業種の上場株式の株価等を基に評価する「**類似業種比準方式**」を、

②　個人事業と変わらないような小規模な「**小会社**」については、その会社の資産を基に評価する「**純資産価額方式**」を、

③　大会社と小会社の中間にある「**中会社**」については、「類似業種比準方式と純資産価額方式の**併用方式**」を適用して評価します。

（注）　詳細は次頁の表を参照してください。

〔参考〕　**会社の規模と適用できる評価方式**

会社規模	適用できる評価方式（いずれか有利選択）			
	類似業種比準方式	併用方式		純資産価額方式
		類似業種比準方式	純資産価額方式	
大会社	○	—	—	○
中会社の大	—	0.90	0.10	○
中会社の中	—	0.75	0.25	○
中会社の小	—	0.60	0.40	○
小会社	—	0.50	0.50	○

（⇒詳しくは、73頁以下参照）

9　まとめ

　以上のように「取引相場のない株式」を評価するに当たっては、

①　その株式を取得した株主がその会社に対してどの程度の**支配力**があるか

②　その会社の**規模**はどの程度か

③　その会社が特殊な状況にある会社（特定の評価会社）にあたるかどうか

右余白縦書き：第1章　評価方式の全体像

を検討して、評価方式を決定する必要があります。

　評価方式と第2章で説明します**評価明細書（計算明細書）**の作成順序の全体的な流れを示すと次のようになります。

　（評価明細書の**第1表の1**及び**第1表の2**により株主の判定及び会社の規模及び**第2表**で特定の評価会社を判定した後、次のような作成順序になります。）

(1)　評価会社が一般の評価会社の場合

株主の態様		会社規模	評価方式	作成順序
同族株主等		大会社	類似業種比準方式（注1）	第4表→第3表
		中会社	類似業種比準方式と純資産価額方式との併用方式	第4表・第5表→第3表
		小会社	純資産価額方式（注2）	第5表→第3表
	少数株式所有者	全て	配当還元方式	第3表
同族株主等以外の株主		全て		

（注1）　大会社の評価においては、純資産価額方式を選択することもできます。
（注2）　小会社の評価においては、類似業種比準方式との**併用方式**（L：0.5）を選択することもできます。

(2)　評価会社が特定の評価会社の場合

会社の態様	評価方式	作成順序
①清算中の会社	清算分配見込金に基づき評価	適宜の様式
②開業前又は休業中の会社	純資産価額方式	第5表→第6表
③開業後3年未満の会社又は比準要素数0の会社	純資産価額方式	第5表→第6表
④土地保有特定会社	純資産価額方式	第5表→第6表
⑤株式等保有特定会社	純資産価額方式（「S₁＋S₂」方式を選択可能）	第5表・第7表・第8表→第6表
⑥比準要素数1の会社	純資産価額方式（併用方式を選択可能）	第4表・第5表→第6表

（注1）　評価会社が、比準要素数1の会社、株式等保有特定会社、土地保有特定会社又は開業後3年未満等の会社に該当する場合であっても、株主が同族株主等以外の株主のときは、配当還元方式により評価します。
（注2）　特定の評価会社（⇒163頁以降も参照してください）
　　　・　「清算中の会社」とは、課税時期において清算手続に入っている会社をいいます。
　　　・　「開業前の会社」とは、会社設立の登記は完了したが、現に事業活動を開始するまでに至っていない場合をいい、「休業中の会社」とは、課税時期の前後において相当長期間にわたり休業している場合のことをいいます。
　　　　　「開業後3年未満の会社」とは、課税時期において開業後3年未満の会社をいい、「比準要素数0の会社」とは、類似業種比準方式の計算の基となる評価会社の直前期末の1

株当たりの「配当金額」、「利益金額」及び「純資産価額（帳簿価額により計算した金額）」のそれぞれの金額がいずれも0である会社をいいます。
・　「土地保有特定会社」とは、課税時期において、評価会社の所有する各資産の合計額（相続税評価額）のうちに占める土地等（土地及び借地権などの土地の上に存する権利）の価額の合計額（相続税評価額）の割合が会社の規模に応じて一定割合以上（70％又は90％以上）の会社をいいます。
・　「株式等保有特定会社」とは、課税時期において評価会社の所有する各資産の合計額（相続税評価額）のうちに占める株式、出資及び新株予約権付社債（以下「株式等」といいます。）の価額の合計額（相続税評価額）の割合が、50％以上である会社をいいます。
・　「比準要素数1の会社」とは、類似業種比準方式の計算の基となる評価会社の直前期末の1株当たりの「配当金額」、「利益金額」及び「純資産価額（帳簿価額により計算した金額）」のそれぞれの金額のうち、いずれか2つが0であり、かつ、直前々期末を基準として上記3要素を計算した場合に、それぞれの金額のうち、いずれか2つ以上が0の会社をいいます。

column　財の価格はどのようにして決まるの？

　合理的市場において、市場人が財の経済価値を判定する場合には、通常、
①　それにどれほどの費用が投じられたか（費用性）
②　それがどれほどの値段で市場で取引されているか（市場性）
③　それを利用することによってどれほどの収益（便益）が得られるか（収益性）
という3つの点を考慮するものとされています（価格の三面性）。
　財の価格を決めるためには、この3点について多面的に検討する必要があり、それぞれ「コスト・アプローチ（①）」、「マーケット・アプローチ（②）」、「インカム・アプローチ（③）」と呼ばれます。
　「取引相場のない株式」も財の一種であるため、これら各方面から株式の評価額にアプローチする方式として、
①　残余財産（純資産）を基に再調達の費用性に着目した**純資産価額方式**、
②　類似する上場会社の市場性（株価）に着目した**類似業種比準方式**、
③　株式から生み出される収益性（配当）に着目した**配当還元方式**
があるのです。

〈評価方式判定（チェック）の流れ〉

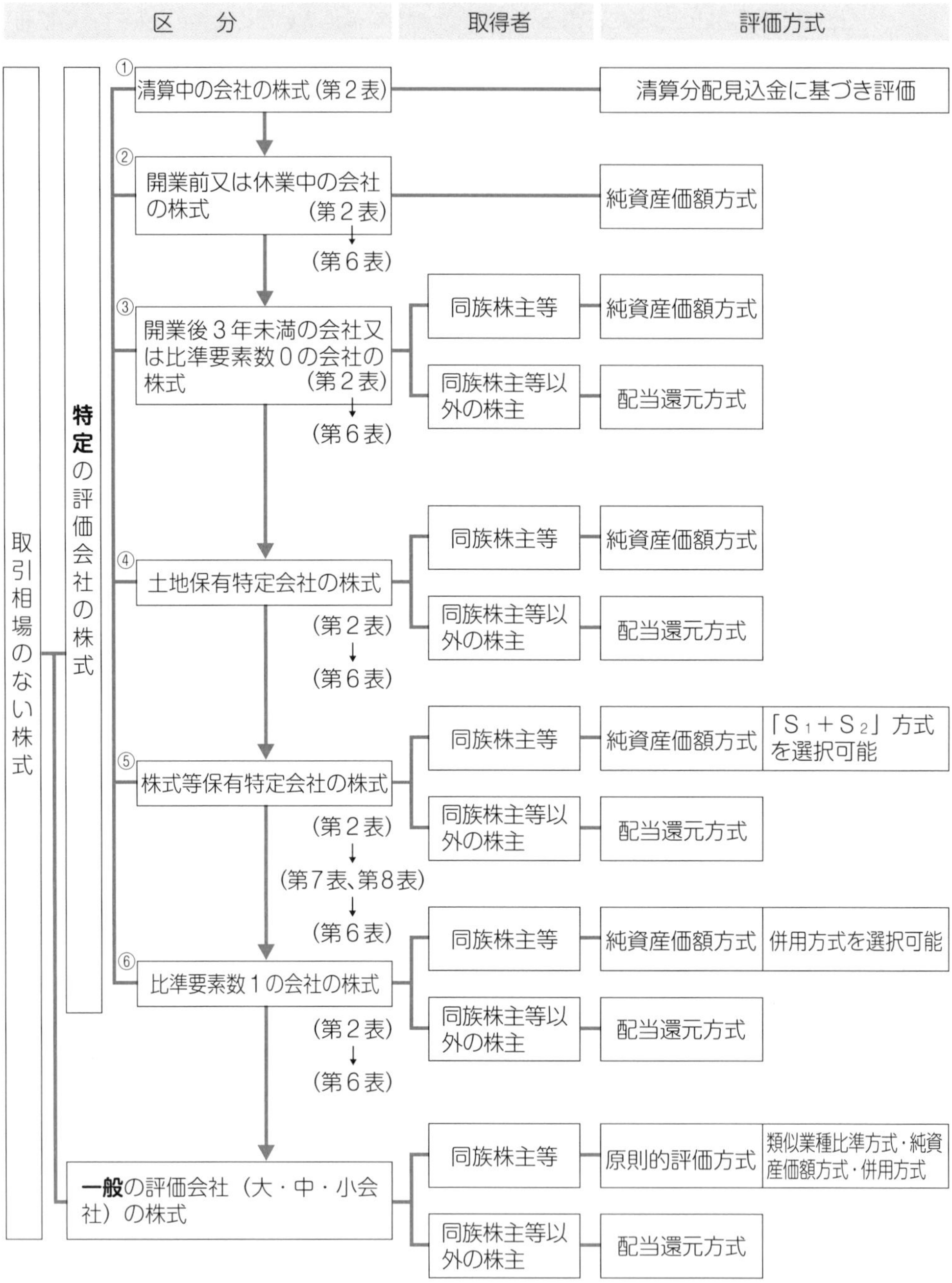
区　分
取得者
評価方式
取引相場のない株式
特定の評価会社の株式
①清算中の会社の株式（第２表）
清算分配見込金に基づき評価
②開業前又は休業中の会社の株式（第２表）
純資産価額方式
（第６表）
③開業後３年未満の会社又は比準要素数０の会社の株式（第２表）
同族株主等
純資産価額方式
同族株主等以外の株主
配当還元方式
（第６表）
④土地保有特定会社の株式
同族株主等
純資産価額方式
同族株主等以外の株主
配当還元方式
（第２表）
（第６表）
⑤株式等保有特定会社の株式
同族株主等
純資産価額方式
「Ｓ１＋Ｓ２」方式を選択可能
同族株主等以外の株主
配当還元方式
（第２表）
（第７表、第８表）
（第６表）
⑥比準要素数１の会社の株式
同族株主等
純資産価額方式
併用方式を選択可能
同族株主等以外の株主
配当還元方式
（第２表）
（第６表）
一般の評価会社（大・中・小会社）の株式
同族株主等
原則的評価方式
類似業種比準方式・純資産価額方式・併用方式
同族株主等以外の株主
配当還元方式

※　実務では上記のように①から⑥の順に判定しチェックしていくこととなります。
ただし、「評価明細書」の作成に当たっては、市販のソフトもそうなっているように、通常第１表から先に作成することになります。また、特定の評価会社の判定に使用する**第２表**では「⑥比準要素数１の会社」から「⑤株式等保有特定会社」の上へと逆の順に記載されています。
なお、評価会社が２以上の特定の評価会社に該当する場合には、上記図の前の番号の特定の評価会社に該当することになります。

第1章

評価方式の全体像

原則的評価方式の評価算式（評基通179～）

1　類似業種比準方式（大会社）→［評価明細書第4表］

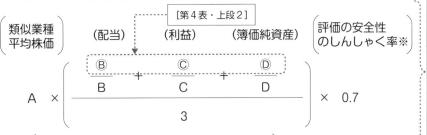

［第4表・上段2］

（類似業種平均株価）　（配当）　（利益）　（簿価純資産）　（評価の安全性のしんしゃく率※）

［第4表・下段3］

$$A \times \left[\frac{\dfrac{Ⓑ}{B} + \dfrac{Ⓒ}{C} + \dfrac{Ⓓ}{D}}{3} \right] \times 0.7$$

（Ⓑ、Ⓒ及びⒹは評価会社の1株当たりの金額
　B、C及びDは類似業種の1株当たりの金額）

※　評価の安全性のしんしゃく率は、中会社は「0.6」、小会社は「0.5」とする。
（注）　ただし、選択により純資産価額方式

2　類似業種比準方式と純資産価額方式との併用方式（中会社）→［評価明細書第3表］

$$\left(\begin{array}{c} 類似業種 \\ 比準価額 \end{array} \right) \times L + \begin{array}{c} 純資産価額 \\ （相評ベース） \end{array} \times （1 - L）$$

※

Lの割合　＝　大会社に近いもの……………0.90
　　　　　　　中間のもの…………………………0.75
　　　　　　　小会社に近いもの……………0.60

※　「評価の安全性のしんしゃく率」は中会社の「0.6」とする。
（注）　ただし、選択により純資産価額方式

3　純資産価額方式（小会社）→［評価明細書第5表］
　　（⇒①～⑧（第5表の該当数字）のイメージ図は188頁参照）

$$\frac{\left[\begin{array}{c} 相続税評価額による純資産価額⑤ \\ \left(\begin{array}{c} 総資産価額 \\ （相評ベース） \end{array} \right) - \left(\begin{array}{c} 負債の \\ 合計額 \end{array} \right) \end{array} \right] - \left[\begin{array}{c} ※⑦ \\ 評価差額に対する \\ 法人税額等相当額 \end{array} \right]}{発行済株式数⑧}$$

$$\left(\begin{array}{c} ※⑦評価差額に \\ 対する法人 \\ 税額等相当額 \end{array} \right) = \left(\begin{array}{c} ⑤ \\ 相続税評価 \\ 額による純 \\ 資産価額 \\ （①－③＝⑤） \end{array} - \begin{array}{c} ⑥ \\ 帳簿価額に \\ よる純資産 \\ 価額 \\ （②－④＝⑥） \end{array} \right) \times 37\%$$

（注）　上記2の算式（「Lの割合」を「0.5」とし、類似業種比準価額を求める際の「評価の安全性のしんしゃく率」は、小会社の「0.5」とする（併用方式））によることができる。

特例的評価方式の評価算式　（評基通188-2）

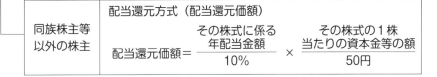

同族株主等以外の株主	配当還元方式（配当還元価額）
	配当還元価額＝ $\dfrac{その株式に係る年配当金額}{10\%} \times \dfrac{その株式の1株当たりの資本金等の額}{50円}$

問題　評価の順序

取引相場のない株式の評価の順序について、次の問に答えてください。

取引相場のない株式を評価する場合、次のAからCの各項目の検討が必要になりますが、どのような順序で検討すればよいでしょうか。記号を並べ替えてください。

記号	検討項目	検討項目の説明
A	評価方式の決定	取引相場のない株式の評価方式を決定します。
B	会社規模の判定	取引相場のない株式を発行する会社が、「大会社」、「中会社」、「小会社」のいずれであるかを判定します。
C	株主の判定	取引相場のない株式を取得する各株主が「同族株主等」又は「同族株主等以外の株主等」のいずれであるかを判定します。

【解答欄】

① 〔　　　　　〕→② 〔　　　　　〕→③ 〔　　　　　〕

※　本問では原則的評価方式になる場合を想定してください。
　　なお、「特定の評価会社」については、考慮する必要はありません。

解答

「取引相場のない株式」を評価するに当たっては、

①　**取得した株主がその会社に対してどの程度の支配力があるか　【株主の判定】**

②　**その会社の規模はどの程度か　【会社規模の判定】**

　を検討して、

③　**評価方式が決定　【評価方式の決定】**

するので、解答は次のとおりです。

> 配当還元方式になる場合は、Bが不要だからです。

① 〔　C　〕→② 〔　B　〕→③ 〔　A　〕

※　「本問では原則的評価方式になる場合を想定してください。なお、「特定の評価会社」については、考慮する必要はありません。」となっているのでこの順序でよいのですが、実務では、会社規模の判定後に、特定の評価会社に該当しないか検討する必要があります。

解答への道標 ·····························

全体のフローチャートを示すと、以下のようになります。

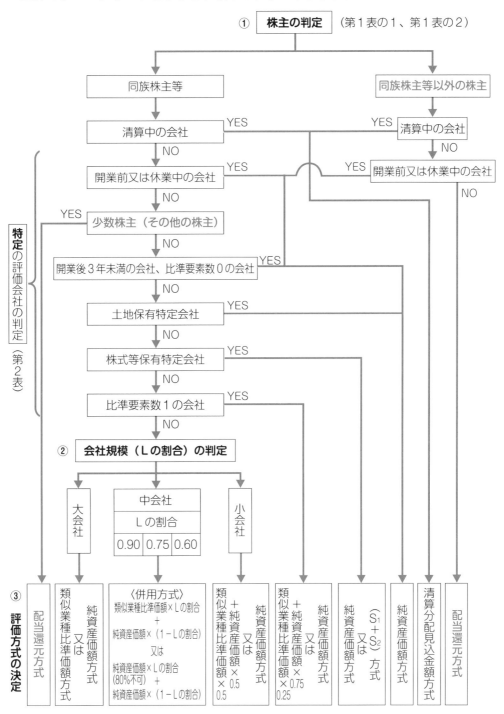

① **株主の判定** （第1表の1、第1表の2）

同族株主等 ／ 同族株主等以外の株主

特定の評価会社の判定（第2表）

清算中の会社　YES　YES　清算中の会社
NO
開業前又は休業中の会社　YES　YES　開業前又は休業中の会社
NO　NO
少数株主（その他の株主）　YES
NO
開業後3年未満の会社、比準要素数0の会社　YES
NO
土地保有特定会社　YES
NO
株式等保有特定会社　YES
NO
比準要素数1の会社　YES
NO

② **会社規模（Lの割合）の判定**

大会社 ｜ 中会社（Lの割合 0.90 / 0.75 / 0.60）｜ 小会社

③ **評価方式の決定**

配当還元方式
類似業種比準価額方式 又は 純資産価額方式
〈併用方式〉
類似業種比準価額×Lの割合 ＋ 純資産価額×（1-Lの割合） 又は 純資産価額×Lの割合（80%不可）＋ 純資産価額×（1-Lの割合）
類似業種比準価額 ＋ 純資産価額 又は 純資産価額方式
純資産価額方式 又は 純資産価額×0.5 0.5
類似業種比準価額 ＋ 純資産価額 又は 純資産価額×0.75 0.25
純資産価額方式
（S1+S2）方式
純資産価額方式
清算分配見込金額方式
配当還元方式

第2章 評価明細書の全体像

1 概要

　「取引相場のない株式」を評価するためには、数段階の検討過程を経て評価方式を決定しなければなりません。国税庁では、それをサポートするために財産評価基本通達の定めと「相続税及び贈与税における取引相場のない株式等の評価明細書の様式及び記載方法等について」通達において「取引相場のない株式（出資）の評価明細書」（第1表の1～第8表）を定めており、実務では、この様式を使用して評価することになります。

　具体的な評価方式を解説する前に、まずは「取引相場のない株式（出資）の評価明細書」の全体像を概観します。各明細書の詳細については章を改めて解説します。

（注）　実務では様々なソフトが市販されており、それに基づいて作成することが多いと思われます。ここではその基本である国税庁の様式を参考に解説しています。

〔取引相場のない株式（出資）の評価明細書〕

　（「相続税及び贈与税における取引相場のない株式等の評価明細書の様式及び記載方法等について」通達）

表	名　称
第1表の1	評価上の**株主の判定**及び**会社規模の判定**の明細書
第1表の2	評価上の**株主の判定**及び**会社規模の判定**の明細書（続）
第2表	**特定の評価会社の判定**の明細書
第3表	**一般の評価会社**の株式及び株式に関する権利の価額の計算明細書
第4表	**類似業種比準価額等**の計算明細書
第5表	1株当たりの**純資産価額**（相続税評価額）の計算明細書
第6表	**特定の評価会社**の株式及び株式に関する権利の価額の計算明細書
第7表	**株式等保有特定会社**の株式の価額の計算明細書
第8表	**株式等保有特定会社**の株式の価額の計算明細書（続）

2　第1表の1　評価上の株主の判定及び会社規模の判定の明細書

主に「**株主の判定**」の際に使用します。

明細書は随時更新されていますので、課税時期に応じた様式を国税庁ホームページからダウンロードしてください。

第1表の1　評価上の株主の判定及び会社規模の判定の明細書

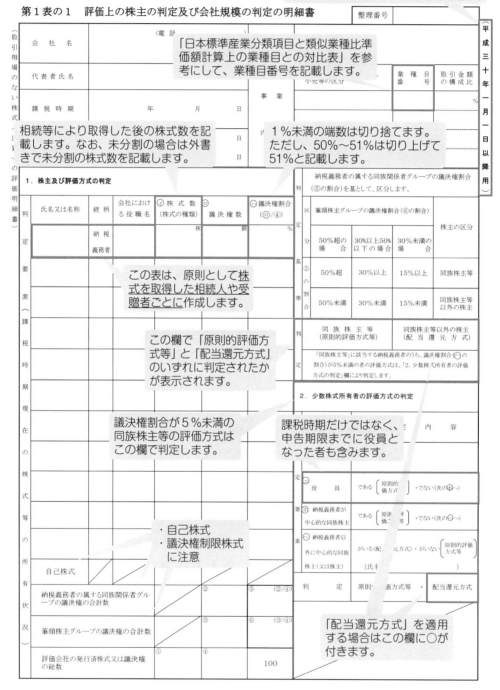

3 第1表の2 評価上の株主の判定及び会社規模の判定の明細書（続）

「**会社の規模の判定**」の際に使用します。

第1表の2 評価上の株主の判定及び会社規模の判定の明細書（続）　　会社名

3．会社の規模（Ｌの割合）の判定

項　目	金　額	項　目	人　　　　数
直前期末の総資産価額 （帳簿価額）	千円	直前期末以前1年間 における従業員数	人

[従業員数の内訳]
（継続勤務
従業員数）（継続勤務従業員以外の従業
員の労働時間の合計時間数）

（　　　　時間）

> ・貸倒引当金、圧縮記帳引当金は控除しません。
> ・減価償却累計額は総資産価額から控除します。
> ・前払費用、繰延資産、繰延税金資産は控除しません。

> 小数点第1位まで計算します。
> 例えば5.1人となる場合は従業員数「5人超」に、4.9人となる場合は従業員数「5人以下」に該当します。

70人以上の会社

70人未満の会社

㋺　直前期末以前1年間の取引金額に応ずる区分

総 資 産 価 額（帳 簿 価 額）			従業員数	取　引　金　額			会社規模とLの割合（中会社）の区分
卸 売 業	小売・サービス業	卸売業、小売・サービス業以外		卸 売 業	小売・サービス業	卸売業、小売・サービス業以外	
20億円以上	15億円以上	15億円以上	35 人 超	30億円以上	20億円以上	15億円以上	大 会 社
4億円以上	5億円以上	5億円以上	超	7億円以上 30億円未満	5億円以上 20億円未満	4億円以上 15億円未満	0.90
			超	3億5,000万円以上	2億5,000万円以上	2億円以上	0.75
4億円未満	5億円未満	5億円未満	35 人 以 下	7億円未満	5億円未満	4億円未満	
7,000万円以上 2億円未満	4,000万円以上 2億5,000万円未満	5,000万円以上 2億5,000万円未満	5 人 超 20 人 以 下	2億円以上 3億5,000万円未満	6,000万円以上 2億5,000万円未満	8,000万円以上 2億円未満	0.60
7,000万円未満	4,000万円未満	5,000万円未満	5 人 以 下	2億円未満	6,000万円未満	8,000万円未満	小 会 社

> 2以上の業種の取引がある場合は直前期末以前1年間の最も多い取引金額で判定します。

・「会社規模とLの割合（中会社）の区分」欄は、㋑欄の区分（「総資産価額（帳簿価額）」と「従業員数」とのいずれか下位の区分）と㋺欄（取引金額）の区分とのいずれか上位の区分により判定します。

判定	大 会 社	中 会 社			小 会 社
		Ｌ の 割 合			
		0.90	0.75	0.60	

チェックポイント

「大会社」・「中会社」・「小会社」のいずれに判定されたかをこの欄に記入します。

4．増（減）資の状況その他評価上の参考事項

4　第2表　特定の評価会社の判定の明細書

「**特定の評価会社の判定**」の際に使用します。

第2表　特定の評価会社の判定の明細書　　　　会社名＿＿＿＿＿＿＿＿＿

（取引相場のない株式（出資）の評価明細書）
（平成三十年一月一日以降用）

1．比準要素数1の会社

判　定　要　素						判定基準	(1)欄のいずれか2の判定要素が0であり、かつ、(2)欄のいずれか2以上の判定要素が0
(1)直前期末を基とした判定要素			(2)直前々期末を基とした判定要素				
第4表の ⑥の金額	第4表の ⓒの金額	第4表の ⓓの金額	第4表の ⑥の金額	第4表の ⓒの金額	第4表の ⓓの金額		である（該当）・でない（非該当）
円　銭 0	円	円	円　銭 0	円	円	判定	該　当　　　　非該当

2．株式等保有特定会社

判　定　要　素			判定基準	③の割合が 50％以上である	③の割合が 50％未満である
総資産価額 （第5表の①の金額）	株式等の価額の合計額 （第5表の⑦の金額）	株式等保有割合 （②／①）			
① 千円	② 千円	③ ％	判定	該　当	非該当

> 1％未満は切り捨てます。

3．土地保有特定会社

判　定　要　素			会社の規模の判定 （該当する文字を○で囲んで表示します。）		
総資産価額 （第5表の①の金額）	土地等の価額の合計額 （第5表の⑥の金額）	土地保有割合 （⑤／④）			
④ 千円	⑤ 千円	⑥ ％	大会社・中会社・小会社		

判定基準	会社の規模	大　会　社	中　会　社	小　会　社 （総資産価額（帳簿価額）が次の基準に該当する会社）	
				・卸売業　　　　　　20億円以上	・卸売業　　7,000万円以上20億円未満
				・小売・サービス業　15億円以上	・小売・サービス業　4,000万円以上15億円未満
				・上記以外の業種　　15億円以上	・上記以外の業種　5,000万円以上15億円未満
	⑥の割合	70％以上	70％未満	90％以上	90％未満	70％以上	70％未満	90％以上	90％未満
判　定		該当　非該当		該当　非該当		該当　非該当		該当　非該当	

4．開業後3年未満の会社等

(1)開業後3年未満の会社

判定要素	判定基準	課税時期において開業後3年未満である	課税時期において開業後3年未満でない
開業年月日　　年　月　日	判　定	該　当	非該当

(2)比準要素数0の会社

判定要素	直前期末を基とした判定要素			判定基準	直前期末を基とした判定要素がいずれも0
	第4表の⑥の金額	第4表のⓒの金額	第4表のⓓの金額		である（該当）・でない（非該当）
	円　銭 0	円	円	判定	該　当　　　　非該当

5．開業前又は休業中の会社

開業前の会社の判定		休業中の会社の判定	
該当	非該当	該当	非該当

6．清算中の会社

判　定	
該　当	非該当

7．特定の評価会社の判定結果

1．比準要素数1の会社	2．株式等保有特定会社
3．土地保有特定会社	4．開業後3年未満の会社等
5．開業前又は休業中の会社	6．清算中の会社

該当する番号を○で囲んでください。なお、上記の「1．比準要素数1の会社」欄から「6．清算中の会社」欄の判定において2以上に該当する場合には、後の番号の判定によります。

チェックポイント
特定の評価会社に該当する場合には1〜6に○がつきます。

5 第3表 一般の評価会社の株式及び株式に関する権利の価額の計算明細書

第4表及び第5表の内容を転記し、**最終的な評価額を計算・表示**するために使用します。

第3表 一般の評価会社の株式及び株式に関する権利の価額の計算明細書 会社名 _____

（取引相場のない株式（出資）の評価明細書）

| | 1株当たりの価額の計算の基となる金額 | 類似業種比準価額（第4表の㉖、㉗又は㉘の金額）① 円 | 1株当たりの純資産価額（第5表の⑪の金額）② 円 | 1株当たりの純資産価額の80%相当額（第5表の⑫の記載がある場合のその金額）③ 円 |

（平成三十年一月一日以降用）

課税時期が配当金交付の基準日の翌日から、その効力発生日までの間の場合（配当期待権）の株価の修正
※ 第4表の未払配当金の株価の修正と異なります。
※ なお、課税時期が株主総会の決議日前のため、第5表の負債の部に未払配当金は計上できません。

区分　1株当たりの価額の算定方法　第4表と第5表の計算結果がここに転記されます。　1株当たりの価額　134頁以下参照　④⑤⑥

小会社 ……のいずれか低い方の金額（①の金額　②の金額（③の金額があるときは③の金額）

株式の価額　（　①の金額　円×0.50）＋（　②の金額（③の金額があるときは③の金額）

1株未満の株式数を切り捨てずに記載します。

課税時期において配当期待権の発生している場合　株式の価額（④、⑤又は⑥）　円−　円　銭　修正後の株式の価額 ⑦ 円

課税時期において株式の割当てを受ける権利、株主となる権利又は株式無償交付期待権の発生している場合　株式の価額（④、⑤又は⑥（⑦があるときは⑦））円＋　円×　1株当たりの割当株式数　1株当たりの割当株式数又は交付株式数　株÷（1株＋　株）　修正後の株式の価額 ⑧ 円

1株当たりの資本金等の額、発行済株式数等　直前期末の資本金等の額 ⑨ 千円　直前期末の発行済株式数 ⑩ 株　直前期末の自己株式数 ⑪ 株　1株当たりの資本金等の額を50円とした場合の発行済株式数（⑨÷50円）⑫ 株　1株当たりの資本金等の額（⑨÷（⑩−⑪））⑬ 円

課税時期が株式割当等基準日の翌日から、効力発生日までの間の場合の株価の修正
※ 第4表の「比準価額の修正」と異なります。
※ なお、課税時期が新株の払込日以降の場合は、第1表等の課税時期の株式数に新株を加算します。

⑮ 左のうち非経常的な配当金額　**記念配当、特別配当を含みません。**　配当金額　⑰（⑯＋⑯）÷2

千円　⑯ 千円　千円　⑰ 千円

千円　千円　千円

⑫の株式数 ⑱

課税時期が割当基準日の翌日から割当日までの間の場合の「株式の割当てを受ける権利」

この金額が2円50銭未満の場合は2円50銭とします。

の年配当金額　円÷　株＝　円　銭

⑬の金額 ⑲　⑳ 円

⑲の金額が、原則的評価方式により計算した価額を超える場合には、原則的評価方式により計算した価額とします。

⑳ × ⑲の金額／50円 ＝

3 株式に関する権利の価額

配当期待権　……配当金額　源泉徴収されるべき所得税相当額　（　円　銭）−（　円　銭）㉑ 円　銭

4. 株式及び株式に関する権利の価額（1.及び2.に共通）

株式の割当てを受ける権利　⑧（配当還元方式の場合は⑳）の金額　割当株式1株当たりの払込金額　㉒ 円

課税時期が割当日の翌日から払込期日（効力発生日）までの間の場合の「株主となる権利」　株主となる権利　⑧……　額（課税時期……むべき金額が……あると……頁）㉓ 円

株式の評価額　円

課税時期が割当日の翌日から払込期日（効力発生日）までの間の場合の「株主となる権利」

株式無償交付期待権（交付される株式1株当たりの価額）　⑧（配……㉔ 円

株式に関する権利の評価額　（　円　銭）

チェックポイント
一般の評価会社の最終的な評価額がこの欄に表示されます。

6　第４表　類似業種比準価額等の計算明細書

　原則として、**類似業種比準方式**を適用して評価する会社（**大会社・中会社**）の株式を評価する際に使用します（ただし、実務上は**小会社**でも純資産価額方式との併用方式の検討のために使用します。また、比準要素数１の会社の場合に、Ｌ＝0.25とする併用方式でも使用する場合があります。）。

第４表　類似業種比準価額等の計算明細書

固定資産売却益、保険差益、前期損益修正額等の非経常的な利益の金額を記載します。非経常的な損失の金額がある場合は、その金額は控除した金額（負数の場合は「０」）を記載します。

第２表の「比準要素数１の会社」の判定に使用します。

法令解釈通達の「類似業種比準価額計算上の業種目及び業種目株価等について」を参照。

みなし配当は含みません。

課税時期が株式の割当て等の効力が発生した日以降の場合の比準価額の修正
・　第３表の「株式の価額の修正」と異なり、新株式の発行に伴う株価の修正であり、「株式の割当てを受ける権利」「株主となる権利」（株主の権利に関する修正）を含みません。
・　なお、課税時期が振込日以降の場合は、既に新株式の効力が発生していますので、第１表等の課税時期の株式数は、新株を加算した株式数となります。

課税時期が配当金交付の効力発生日以降の場合（配当金）の比準価額の修正
※　第３表の配当期待権についての株式価額の修正と異なります。
※　第５表の負債の部に未払配当金を計上します。
※　配当金支払日前の場合は未収配当金を相続財産に計上します。

第１表の２で判定した「会社規模」に応ずる「しんしゃく率」を乗じます。

原則として、この欄に類似業種比準方式による評価額が表示されます。

中会社は0.6
小会社は0.5
とします。

⇒88頁以下参照

7　第5表　1株当たりの純資産価額（相続税評価額）の計算明細書

原則として、**純資産価額方式**を適用して評価する会社（**小会社・中会社**）の株式を評価する際に使用します（ただし、実務上は大会社でも検討のために使用する場合があり、また、「特定の評価会社」と判定された場合にも使われます。）。

第5表　1株当たりの純資産価額（相続税評価額）の計算明細書　　会社名_____

（平成三十年一月一日以降用）

1. 資産及び負債の金額（課税時期現在）

資産の部				負債の部			
科　目	相続税評価額	帳簿価額	備考	科　目	相続税評価額	帳簿価額	備考
	千円	千円			千円	千円	

（取引相場のない株式（出資）の評価明細書）

資産の部：
・売掛金、受取手形の相続税評価額は回収不能の金額を控除し、控除された貸倒引当金は加算します。
・借地権は相続税評価額に加算し、借家権は控除します。
・課税時期から3年以内に取得した土地等は通常の取引価額で相続税評価額及び帳簿価額欄に加算します。
・特許権等の無体財産権は相続税評価額から控除し、営業権の評価額を加算します。
・生命保険請求権を相続税評価額及び帳簿価額欄に加算します。
・繰延資産及び前払費用は、相続税評価額及び帳簿価額から控除します。

【仮決算をしない場合の追加項目】
・生命保険請求権を相続税評価額及び帳簿価額欄に加算します。
・新株式の払込期日以降の場合は、新株払込金を相続税評価額及び帳簿価額欄に加算します。

負債の部：
・課税時期の属する事業年度に係る法人税、消費税、事業税、地方税を相続税評価額及び帳簿価額欄に加算します。
・課税時期以前に賦課決定のあった固定資産税のうち、未払のもの
・被相続人の死亡に係る退職金、功労金で支給することが確定したもの

【仮決算をしない場合の追加項目】
・課税時期までに確定した配当金額を相続税評価額及び帳簿価額欄に加算します。
・未払法人税、未払消費税、未払事業税、未払地方税を相続税評価額及び帳簿価額欄に加算します。
・死亡退職金及び死亡に伴う保険金請求権が発生した場合は死亡退職金との差額（繰越欠損金がある場合はその金額を控除した後の金額）に対する法人等を相続税評価額及び帳簿価額欄に加算します。
・課税時期までに確定した固定資産税を相続税評価額及び帳簿価額欄に加算します。
・社葬費用を相続税評価額及び帳簿価額欄に加算します。

合　計	①	②		合　計			
株式等の価額の合計額	㋑	㋺					
土地等の価額の合計額	㋩						
現物出資等受入れ資産の価額の合計額	㊁	㋭					

原則として、この欄に純資産価額方式による評価額が表示されます。

2. 評価差額に対する法人税額等相当額の計算			3. 1株当たりの純資産価額の計算		
相続税評価額による純資産価額　（①−③）	⑤	千円	課税時期現在の純資産価額（相続税評価額）　（⑤−⑧）	⑨	千円
帳簿価額による純資産価額　（（②+㋩−㋭）−④）、マイナスの場合は0）	⑥	千円	課税時期現在の発行済株式数　（（第1表の1の①）−自己株式数）	⑩	株
評価差額に相当する金額　（⑤−⑥、マイナスの場合は0）	⑦	千円	課税時期現在の1株当たりの純資産価額（相続税評価額）　（⑨÷⑩）	⑪	円
評価差額に対する法人税額等相当額　（⑦×37%）	⑧	千円	同族株主等の議決権割合（第1表の1の⑤の割合）が50%以下の場合　（⑪×80%）	⑫	円

⇒126頁以下参照

134頁以下参照

8　第6表　特定の評価会社の株式及び株式に関する権利の価額の計算明細書

「特定の評価会社」と判定された会社を評価する際に使用します。

各欄の金額は必要に応じて「第4表、第5表、第8表」から転記します。

第6表　特定の評価会社の株式及び株式に関する権利の価額の計算明細書　会社名＿＿＿＿＿＿

9　第7表　株式等保有特定会社の株式の価額の計算明細書

「**株式等保有特定会社**」である場合において、類似業種比準価額の修正計算を行うために使用します。

第7表　株式等保有特定会社の株式の価額の計算明細書　　　会社名

チェックポイント

（取引相場のない株式（出資）の評価明細書）

1. 受取配当金等収受割合の計算	受取配当金等 収受割合の計算	事業年度	① 直前期	② 直前々期	合計（①＋②）	受取配当金等収受割合
		受取配当金等の額	評価会社の受取配当金等の収入金額の総額を入れます。			平成三十年一月一日以降用
		営業利益の金額	千円	千円	千円	

評価会社の受取配当金等の収入金額の総額を入れます。

S1の金額	ⓑ−ⓗの金額	1株（50円）当たりの年配当金額（第4表のⓑ）	受取配当金等収受割合（ⓒ）	ⓑ の 金 額 （③×ⓒ）	ⓑ−ⓑ の金額 （③−④）
		③ 円 銭		④ 円 銭 0	⑤ 円 銭 0
	ⓒ−ⓒの金額	1株（50円）当たりの年利益金額（第4表のⓒ）		ⓒ の 金 額 （⑥×ⓒ）	ⓒ−ⓒ の金額 （⑥−⑦）
		⑥ 円		⑦ 円	⑧ 円

① の 金 額	ⓓの金額	(イ) の 金 額	1株（50円）当たりの純資産価額（第4表のⓘ）	直前期末の株式等の帳簿価額の合計額	直前期末の総資産価額（帳簿価額）	(イ) の金額 （⑨×（⑩÷⑪））
			⑨ 円	⑩ 千円	⑪ 千円	⑫ 円
	① −ⓓの金額	(ロ) の 金 額	利益積立金額 （第4表のⓘの「直前期」欄の金額）	1株当たりの資本金等の額を50円とした場合の発行済株式数（第4表の⑤の株式数）	受取配当金等収受割合（ⓒ）	(ロ) の金額 （（⑬÷⑭）×ⓒ）
			⑬ 千円	⑭ 株		⑮ 円
	ⓓの金額（⑫＋⑮）		① −ⓓの金額（⑨−⑯）	(注)　1　ⓒの割合は、1を上限とします。		
	⑯ 円		⑰ 円	2　⑯の金額は、ⓗの金額（⑨の金額）を上限とします。		

1株（50円）当たりの比準価額の計算	類似業種と業種目番号		(No.　　)	比準割合の計算	区分	1株（50円）当たりの年配当金額	1株（50円）当たりの年利益金額	1株（50円）当たりの純資産価額	1株（50円）当たりの比準価額
	類似業種の株価	課税時期の属する月	㋑ 月 円		評価会社	⑤ 円 銭 ((5))	⑧ 円 ((8))	⑰ 円 ((17))	⑲×⑲×0.7 ※
		課税時期の属する月の前月	㋺ 月 円		類似業種	B 円 銭	C 円	D 円	中会社は0.6 小会社は0.5 とします。
		課税時期の属する月の前々月	㋩ 月 円		要素別比準割合	(5)/B	(8)/C	(17)/D	
		前年平均株価	㋥ 円			・	・	・	
		課税時期の属する月以前2年間の平均株価	㋬ 円		比準割合				
		A ㋑㋺㋩㋥及び㋬のうち最も低いもの	⑱ 円			$\frac{(5)/B + (8)/C + (17)/D}{3}$ ＝		⑲ ・	⑳ 円 銭 0

1株（50円）当たりの比準価額の修正計算	類似業種と業種目番号		(No.　　)	比準割合の計算	区分	1株（50円）当たりの年配当金額	1株（50円）当たりの年利益金額	1株（50円）当たりの純資産価額	1株（50円）当たりの比準価額
	類似業種の株価	課税時期の属する月	㋠ 月 円		評価会社	⑤ 円 銭 ((5))	⑧ 円 ((8))	⑰ 円 ((17))	㉑×㉒×0.7 ※
		課税時期の属する月の前月	㋷ 月 円		類似業種	B 円 銭	C 円	D 円	中会社は0.6 小会社は0.5 とします。
		課税時期の属する月の前々月	㋦ 月 円		要素別比準割合	(5)/B	(8)/C	(17)/D	
		前年平均株価	㋴ 円			・	・	・	
		課税時期の属する月以前2年間の平均株価	㋵ 円		比準割合				
		A ㋠㋷㋦㋴及び㋵のうち最も低いもの	㉑ 円			$\frac{(5)/B + (8)/C + (17)/D}{3}$ ＝		㉒ ・	㉓ 円 銭 0

1株当たりの比準価額		比準価額（⑳と㉓とのいずれか低い方）	円 0銭	×	第4表の④の金額 円 / 50円	㉔ 円

比準価額の修正	直前期末の翌日から課税時期までの間に配当金交付の効力が発生した場合	比準価額（㉔）	1株当たりの配当金額		修正比準価額
		円 − 円 銭			㉕ 円
	直前期末の翌日から課税時期までの間に株式の割当等の効力が発生した場合	比準価額（㉔） （㉕があるときは㉕）	割当株式1株当たりの払込金額	1株当たりの割当株式数	1株当たりの割当株式数又は交付株式数	修正比準価額
		（ 円 ＋ 円 銭× 株）÷（1株＋ 株）			㉖ 円

10　第８表　株式等保有特定会社の株式の価額の計算明細書（続）

「株式等保有特定会社」である場合において、純資産価額の修正計算及び「S₁＋
S₂」方式の計算を行うために使用します。

第８表　株式等保有特定会社の株式の価額の計算明細書（続）

S₂は、株式等の金額を第５表から転記し、株式等に対応する純
資産価額の計算を行うことになります。

第3章
株主の判定①

第3章 株主の判定①

1 概要

ここでは「評価の入口」となる「株主の判定」についてさらに詳しく説明します。

【取引相場のない株式の評価フローチャート】

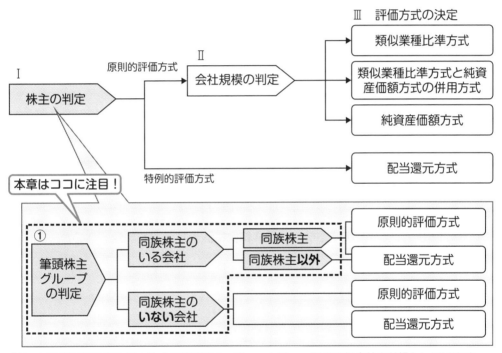

(注) 上図の取引相場のない株式の評価フローチャートは、一般の評価会社を前提としています。

2 「株主の判定」とは

「株主の判定」とは、その株式を取得した人が、その会社に対して**どの程度の支配力を持つか**によって株主としての立場を判定することをいい、具体的には、その株主の持つ**議決権の数**を基に判定します。

判定の結果、その会社に対して「**支配力がある**」と判定された株主は**原則的評価方式**により評価し、「**支配力がない**（＝経営には関与せず、株式を所有することで配当を期待する権利を保有しているに過ぎない）」と判定された株主は**配当還元方式**により評価することとなります。

3　「株主の判定」を間違うと…

　納税義務者である株主ごとに評価方式が異なり得る（一物二価）ため、例えば、相続人間でも議決権数や役職の有無等により「相続人ごとに株価が異なる」事象が生じる場合があるため、株主の判定を誤ると**間違った評価額が計算される**こととなります。

4　具体的に「支配力」の有無はどうやって判断するのか

　上記のとおり、株式の議決権数によって判断しますが、ここで注意しないといけないのは、**同一の株主グループの範囲**です。単独では一見すると少ない議決権数にみえる株主でも、同一の株主グループに属する他の株主の分を合わせて考えると、**支配力を持つ株主グループの一員**となる場合があります。

5　株主グループの範囲はどうやってみるのか

　「**同族関係者**」の範囲が株主グループの範囲になります。
　「**同族関係者**」とは、法人税法施行令第４条（同族関係者の範囲）に定める特殊の関係にある個人又は法人をいいます。
　具体的には、**配偶者、６親等内の血族**及び**三親等内の姻族**などをいい（親族の範囲は次頁参照）、その他の詳細は29頁の「〔参考〕同族関係者の範囲」を参照してください。
　同一の株主グループに属する株主が**同族株主に該当するかを判定**するのが最初の判定項目になります。

チェック
ポイント

6　「同族株主」とは

　「**同族株主**」とは、課税時期における評価会社の株主のうち、株主の１人（納税義務者に限りません。）及びその同族関係者（同一の株主グループ）の有する議決権の**合計数**が評価会社の議決権の総数の**30%以上**※である場合におけるその株主及び同族関係者をいいます（評基通188⑴）。

※　議決権総数が30%以上の株主グループが２つある場合は、両株主グループともに同族株主になりますが、議決権総数が**50%を超える株主グループがある場合**は、その50%を超える株主グループのみが同族株主となります。
　　例えば、Aは、株式（取引相場のない株式）を贈与により取得し、議決権割合が30%以上になった。筆頭株主グループ（Aは属していない。）の議決権割合は50%超となっている。
　　この事例の場合は、Aの株式取得後の議決権割合は30%以上ですが、筆頭株主グループの議決権割合が50%超となっているため、Aは同族株主には該当しません（評基通188⑴）。

> ・議決権総数等に影響がありますので、自己株式の有無・議決権制限株式の有無、
> 相互保有株式の有無・単元未満株式の有無等について確認する必要があります。
> ⇒50頁参照

〈親族の範囲（配偶者、6親等内の血族、三親等内の姻族）〉

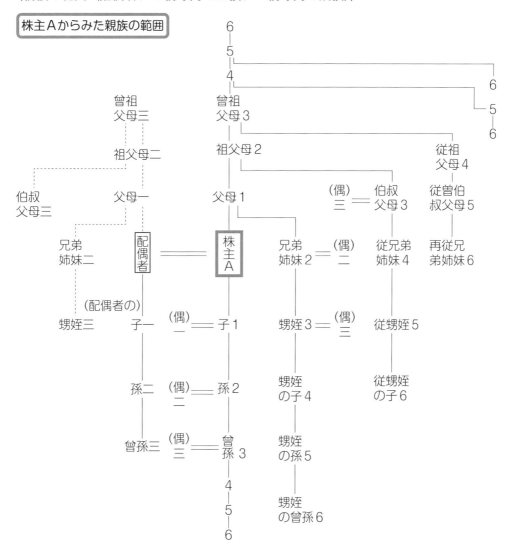

株主Ａからみた親族の範囲

（注１）　肩書数字は親等を、うちアラビア数字（1、2 …）は血族の親等、漢数字（一、二…）は姻族の親等を、（偶）は配偶者を示しています。
（注２）　親族の範囲……親族とは①6親等内の血族、②配偶者、③三親等内の姻族をいいます。
（注３）　養親族関係……養子と養親及びその血族との間においては、養子縁組の日から血族と同一の親族関係が生じます。

7　「筆頭株主グループ」とは

「筆頭株主グループ」とは、株主グループが複数あった場合の議決権の合計数が最も多い株主グループ、つまり「最大派閥」の株主グループをいいます。

8　「同族株主のいる会社」と「同族株主のいない会社」

「同族株主のいる会社」とは、筆頭株主グループの議決権総数が**30%以上**である場合のその会社をいい、特定の株主グループに会社の株式が集中している状況を表します。

「同族株主のいない会社」とは、筆頭株主グループの議決権総数が**30%未満**である場合のその会社をいい、会社の議決権が比較的分散している状況を表します。

取引相場のない株式を発行する会社が、この2種類の会社のうちどちらの会社に該当するかにより、このあとの検討項目が変わるため、この判定は非常に重要な作業です。

〈判定を行う際の株主グループの考え方〉
①　筆頭株主グループ
②　納税義務者が属する株主グループ
③　納税義務者（単独）

　これから、判定を行っていく際、さまざまな基準（%数字）が出てきます。注意すべきポイントは、グループで考えるいわゆる「グループ基準」なのか、株式の取得者（納税義務者）ごとで考えるいわゆる「取得者（納税者）基準」なのかという点を区別することです。

[具体例]		判定の対象
A：評価会社に「同族株主」がいるか	→	筆頭株主グループ
B：同族株主等に該当するか	→	**納税義務者**が属するグループ
C：納税義務者の議決権割合・役職等	→	納税義務者自身（単独）
D：「中心的な同族株主（又は中心的な株主）」に該当するか	→	納税義務者が属するグループ　納税義務者自身（単独）

⇒49頁等参照

〔参考〕 同族関係者の範囲

　同族関係者とは、法人税法施行令第４条（同族関係者の範囲）に定める**特殊の関係**にある**個人**又は**法人**をいいます。

	内　　容
同族関係者	1　個人たる同族関係者（法人税法施行令４①） 　(1)　株主等の親族（親族とは、配偶者、６親等内の血族及び三親等内の姻族（27頁の図を参照）をいいます。） 　(2)　株主等と婚姻の届出をしていないが事実上婚姻関係と同様の事情にある者 　(3)　個人である株主等の使用人 　(4)　上記に掲げる者以外の者で個人である株主等から受ける金銭その他の資産によって生計を維持しているもの 　(5)　上記(2)、(3)及び(4)に掲げる者と生計を一にするこれらの者の親族 2　法人たる同族関係者（法人税法施行令４②～④、⑥） 　(1)　株主等の１人が他の会社（同族会社かどうかを判定しようとする会社以外の会社。以下同じ。）を支配している場合における当該他の会社 　　　ただし、同族関係会社であるかどうかの判定の基準となる株主等が個人の場合は、その者及び上記１の同族関係者が他の会社を支配している場合における当該他の会社（以下(2)及び(3)において同じ。） 　(2)　株主等の１人及びこれと特殊の関係のある(1)の会社が他の会社を支配している場合における当該他の会社 　(3)　株主等の１人並びにこれと特殊の関係のある(1)及び(2)の会社が他の会社を支配している場合における当該他の会社 　　(注)１　上記(1)から(3)に規定する「他の会社を支配している場合」とは、次に掲げる場合のいずれかに該当する場合をいいます。 　　　イ　他の会社の発行済株式又は出資（自己の株式又は出資を除きます。）の総数又は総額の50％超の数又は金額の株式又は出資を有する場合 　　　ロ　他の会社の次に掲げる議決権のいずれかにつき、その総数（当該議決権を行使することができない株主等が有する当該議決権の数を除きます。）の50％超の数を有する場合 　　　　①　事業の全部若しくは重要な部分の譲渡、解散、継続、合併、分割、株式交換、株式移転又は現物出資に関する決議に係る議決権 　　　　②　役員の選任及び解任に関する決議に係る議決権 　　　　③　役員の報酬、賞与その他の職務執行の対価として会社が供与する財産上の利益に関する事項についての決議に係る議決権 　　　　④　剰余金の配当又は利益の配当に関する決議に係る議決権 　　　ハ　他の会社の株主等（合名会社、合資会社又は合同会社の社員（当該他の会社が業務を執行する社員を定めた場合にあっては、業務を執行する社員）に限ります。）の総数の半数を超える数を占める場合 　　　２　個人又は法人との間で当該個人又は法人の意思と同一の内容の議決権を行使することに同意している者がある場合には、当該者が有する議決権は当該個人又は法人が有するものとみなし、かつ、当該個人又は法人（当該議決権に係る会社の株主等であるものを除きます。）は当該議決権に係る会社の株主等であるものとみなして、他の会社を支配しているかどうかを判定します。 　(4)　上記(1)から(3)の場合に、同一の個人又は法人の同族関係者である２以上の会社が判定しようとする会社の株主等（社員を含みます。）である場合には、その同族関係者である２以上の会社は、相互に同族関係者であるものとみなされます。

> 「事実婚関係者」や「別の会社」を通じて間接的に評価会社を支配している場合のように、親族関係になくても同族関係者とみなされる場合があるため注意が必要です！

第3章　株主の判定①

「同族関係者」の範囲

column

　東京地裁平成29年8月30日判決において「相続開始前に関係会社に株を譲渡し、相続人等を含めた同族関係者の持株比率が抑えられて適用した配当還元方式の是非」を巡る事件で、「同族関係者」の範囲について国側の主張を否定した判決が出されています（平成24年（行ウ）184）。国側は控訴せず、この地裁判決は確定し、その後通達の整備が行なわれています。

〈争点〉

　「同族株主以外の株主等が取得した株式」に該当するか否か。

○　「同族株主」とは、評価会社の株主のうち、株主の1人及びその「同族関係者」の有する議決権の合計数がその会社の議決権総数の30％以上の場合のその株主やその同族関係者とされていますが、その「同族関係者」に→法人税法施行令4条"6項"も適用して同族関係者を判定するのか否かが問題となりました。

〈国の主張〉

　「評価通達188の同族株主における「同族関係者」の範囲について、法人税法施行令4条"6項"に基づき、特定の個人又は法人の意思と同一内容の議決権を行使することに同意している者の有する議決権はその個人又は法人が有しているものとみなす。

　A社の議決権を有するB社及びC社について、A社又は原告の意思と同一内容の議決権を行使することに同意している場合、そのA社の議決権はA社又は原告が保有しているものとみなすため、原告及びその同族関係者の有するA社の議決権割合は15％を超える（A社が保有しているとみなす場合、自己株の議決権としてその数は0と扱うため、原告らの議決権割合が上がる。）。本件A社株は「同族株主以外の株主等が取得した株式」に当たらず、配当還元方式を使えない。

　B社は、被相続人の相続税対策としてA社における原告や親族の持株比率を合計15％未満とすることを目的に設立したもので、事業活動も行われていないことなどから、B社とC社は、その有するA社の議決権につき被相続人及び原告又はその意をくんだA社の意思と「同一の内容の議決権を行使することに同意している者」（法令4⑥）に該当する。」と主張しています。

〈裁判所の判断〉

　「法人税法施行令4条6項は、当該同族関係者に当たる同条3項に定める特殊の関係のある法人におけるその該当性の判断等に関して設けられた規定。評価通達188の適用上、評価会社における株主の議決権割合の判定そのものに同条6項が適用されるわけではなく、仮にC社及びB社がその有するA社の議決権についてA社や原告の意思と同一内容の議決権を行使することに同意していたとしても、A社における株主の議決権割合の判定において、C社及びB社の有する議決権をA社や原告が有するとみなされることにはならない。国側の主張は、評価通達188の解釈を誤った独自の見解というべきである。

　A社には合計30％以上の議決権を有する株主及びその同族関係者がいないこと

になるため、「同族株主のいない会社」に当たる。さらに、原告とその同族関係者の有する議決権の合計割合は14.91%となり、「株主の1人及びその同族関係者の有する議決権の合計数が、その会社の議決権総数の15%未満である場合」にも当たるため、本件A社株は「同族株主以外の株主等が取得した株式」として、配当還元方式を適用すべきことになる。」と判断しています。ところで、法人税法施行令4条（同族関係者範囲）には、

> 6　個人又は法人との間で当該個人又は法人の意思と同一内容の議決権を行使することに同意している者がある場合には、当該者が有する議決権は当該個人又は法人が有するものとみなし、かつ、当該個人又は法人…は当該議決権に係る会社の株主等であるものとみなして、第3項及び前項を適用する。

とあることから、今回の判決を踏まえ、課税庁は財産評価基本通達において、以前では少し読みにくい箇所について「2　法人たる同族関係者」の（　　）の中に同令4条⑥を入れて整備し明確化した経緯があります（29頁〔参考〕同族関係者の範囲参考）。

問題　株主の判定①

取引相場のない株式の評価について、次の問に答えてください。

取引相場のない株式の発行会社である㈱青山の各株主について、
①株主をグループ分けした上で、②各株主グループの議決権割合を算定し、
③筆頭株主グループ（議決権割合が一番大きい株主グループ）を判定するとともに、
④㈱青山が同族株主のいる会社かどうかを判定してください。

㈱青山の株主構成等

株主	Aとの続柄	議決権の数
A	本　　　人	5,000個
B	Ａ の 長 男	30,000個
C	Ａ の 長 女	5,000個
D	Ｂの配偶者	7,000個
E	Ｂ の 長 男	3,000個
F	Ａ の 友 人	15,000個
G	Ｆの配偶者	5,000個
H	Ｂ の 友 人	26,000個
I	Ｈ の 甥	4,000個
	（議決権総数）	100,000個

【解答欄】

問題		解答欄	
①	各株主グループの株主構成（右欄に株主記号を記入してください。）	株主グループ1	
		株主グループ2	
		株主グループ3	
②	各株主グループの議決権割合	株主グループ1	％
		株主グループ2	％
		株主グループ3	％
③	筆頭株主グループ	株主グループ（　　　　　）	
④	同族株主の判定（かっこ内に「いる」・「いない」を記入してください。）	同族株主の（　　　　　）会社	

（注）　株主グループ1から3の記載に当たっては、A（本人）に近い株主グループから順に記載してください。

解 答

問題		解答欄	
①	各株主グループの株主構成 （右欄に株主の記号を記入して ください。）	株主グループ1	A・B・C・D・E
		株主グループ2	F・G
		株主グループ3	H・I
②	各株主グループの 議決権割合	株主グループ1	50　%
		株主グループ2	20　%
		株主グループ3	30　%
③	筆頭株主グループ	株主グループ（　1　）	
④	同族株主の判定 （かっこ内に「いる」・「いない」 を記入してください。）	同族株主の（　いる　）会社	

第3章　株主の判定①

解答への道標

　本問では、㈱青山の各株主についての**親族関係を整理した上で、グループ分けを行う必要があります。**

　そこで、本問の各株主について、親族関係を図で示すと次のとおりになります。

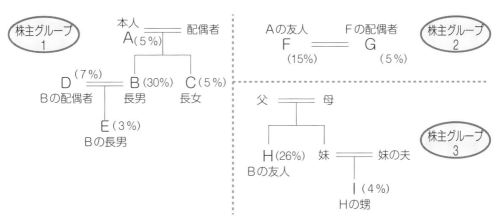

　この親族関係を基に同族関係者を判定すると、A又はBとの友人関係で株主となっているFとHの株主グループは親族関係から外れますので、合計3つの株主グループ

に分かれることが確認できます。

　なお、AからみるとB及びCは1親等の血族、Dは一親等の姻族、Eは2親等の血族に当たり、その株主グループの全員が同族関係者の範囲に収まっていることがわかります。

　次に、株主グループごとに議決権の数を合計すると次のようになります。

（株主グループ1）　A＋B＋C＋D＋E＝50,000個

（株主グループ2）　F＋G＝20,000個

（株主グループ3）　H＋I＝30,000個

◉議決権割合

　各株主グループが㈱青山の**議決権総数（100,000個）**に占める割合（議決権割合）を計算すると、

（株主グループ1）　50,000個÷100,000個＝50％

（株主グループ2）　20,000個÷100,000個＝20％

（株主グループ3）　30,000個÷100,000個＝30％

となります。

〔チェックポイント〕

　本問では扱いませんが、会社が**自己株式**を所有している場合は、**議決権総数から除外**して計算してください。

　会社法で自己株式は議決権を有しない旨規定されているためです。

◉筆頭株主グループ

　各株主グループのなかで議決権割合が最も大きい「株主グループ1」が筆頭株主グループとなります。筆頭株主グループの議決権割合が「30％以上」なので、この会社は「**同族株主のいる会社**」に当たります。

◉同族株主

　筆頭株主グループの「株主グループ1」に属する各株主（A・B・C・D・E）は同族株主になりますが、ほかにも同族株主がいます。

　「株主グループ1」の議決権割合は50%超ではないので、他に議決権割合が30%以上の株主グループがある場合は、その株主グループに属する株主も同族株主に該当します。そうすると、「株主グループ3（議決権割合30％）」に属するH及びIも同族株主になります。

　同族株主が所有する株式の評価に当たっては、**次のステップでさらに検討を加え**、会社に対する支配力があると判断された場合は**原則的評価方式**で評価します。

◉同族株主以外の株主……（取得者基準）

　同族株主のいる会社の株主で、議決権割合が30%に満たない株主グループに属する株主は「同族株主以外の株主」に分類されます。本問では「株主グループ2（議決権割合20%）」に属するF及びGがこれに該当します。

　なお、この時点でF及びGは「会社に対する支配力がない」と判断され、**配当還元方式によって評価することが確定**します。

　ただし、配当還元方式による評価額が原則的評価方式による評価額を超える場合には、その原則的評価方式によって計算した金額によって評価することとされており、これを配当還元方式の特例といいます（評基通188－2ただし書）。

　これまでの検討を整理すると次のとおりとなります。

	株主	議決権割合の合計	評価方式
株主グループ1	A・B・C・D・E	50%（同族株主）	第4章で検討
株主グループ2	F・G	20%（同族株主以外の株主）	配当還元方式に確定
株主グループ3	H・I	30%（同族株主）	第4章で検討

第4章　株主の判定②

1　概要

【取引相場のない株式の評価フローチャート】

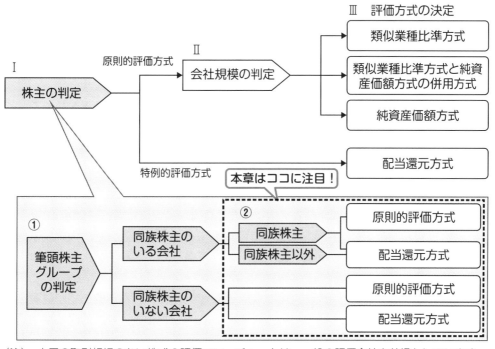

（注）　上図の取引相場のない株式の評価フローチャートは、一般の評価会社を前提としています。

　前章の設問における株主の判定①では、㈱青山は「**同族株主のいる会社**」に該当し、同族株主でない株主F及びGは配当還元方式で評価することが確定する一方、同族株主であるA、B、C、D、E、H及びIは「**さらに検討を加えて判定する**」としていました。

　それは、同族株主であるだけで直ちに（比較的高く評価されがちな）**原則的評価方式**が適用されるわけではなく、（比較的安く評価される、特例的な評価方式である）**配当還元方式**が適用される場合があるからです。

　取引相場のない株式の評価方式は「会社に対する**支配力**」で決定されるので、同族株主であっても株主個人では「会社に対する支配力がない」と判断される場合にまで原則的評価方式を適用するのは妥当でないと考えられることから、具体的には、次の

各要素を検討して判断します。

STEP 1
取得後の議決権割合が５％未満か

（取得者基準）
→５％以上＝原則的評価方式　確定
→５％未満＝次のＳＴＥＰへ

　株主個人で保有する株式について、その議決権割合が会社の**議決権総数の**５％に**満たないような少数株主**については、たとえその株主が属する株主グループの議決権割合が30％以上あるような同族株主グループであったとしても、その株主グループ内における影響力も小さいことから、会社に対する影響力も限定的であると考えられます。

　そのため、このような少数株主については、会社への影響力があることを前提とした原則的評価方式による評価が妥当でない可能性もあるため、さらに検討を加える必要があります。

　なお、**議決権割合５％以上の株主**については、上記のような懸念は不要なので、この時点で**原則的評価方式によって評価することが確定**します。

---

column　　**未分割株式がある場合の議決権割合の計算**

　　「株主の判定」は、株式を取得した各相続人あるいは各受贈者別に行うこととされていますが、相続税を計算する場合において、評価会社の株式が未分割の場合には、法定相続分で取得したものとして各相続人の議決権割合を計算する方法が考えられます。

　しかしながら、遺産が未分割の状態は、遺産の分割により具体的に相続財産を取得するまでの暫定的、過渡的な状態であり、将来、各相続人等がその法定相続分等に応じて確定的に取得するとは限りません。

　そこで、議決権割合の計算に当たっては、各相続人が評価会社の株式の全部を取得するものとして行うこととされています（国税庁質疑応答事例「遺産が未分割である場合の議決権割合の判定」）。したがって、例えば、相続人Ａの「株主の判定」を行う場合には、Ａが被相続人の所有する評価会社の株式の全部を取得し、他の相続人は取得しなかったものとして、相続人Ｂの「株主の判定」を行う場合には、Ｂが被相続人の所有する評価会社の株式の全部を取得し、他の相続人は取得しなかったものとして議決権割合を計算することになります。

STEP 2
「中心的な同族株主」がいるか

→いません＝原則的評価方式　確定

→います＝次のＳＴＥＰへ

中心的な同族株主とは、同族株主のいる会社の株主で、課税時期において、

a．**同族株主の1人**

b．aの**配偶者**

c．aの**直系血族**

d．aの**兄弟姉妹**

e．aの**一親等の姻族**

f．aの**特殊関係会社**（上記の者で議決権総数の25％以上を保有している会社）

チェックポイント

同族株主の1人ごとにb〜fの確認をする必要があります。

の有する議決権の合計数が、その会社の**議決権総数の25％以上**である場合におけるその株主をいいます（具体的な親族の範囲は次頁の図を参照）。

　同族株主グループは「6親等内の血族」などで構成されていますが、例えば6親等も離れていると相当の遠縁になります。同族株主による支配が行われている会社は、会社経営者とその配偶者、直系血族等が大半の議決権を所有しているのが一般的なので、中心的な同族株主がいる場合は、その者を中心に株主グループの意思決定を行っているものと考えられます。同じ同族株主グループのメンバーであっても、議決権割合が5％未満で、かつ、中心的な同族株主から外れる少数株主を中心的な同族株主と同じ評価方式で評価するのは妥当でないと考えられるので、STEP 2は、これらの者を区分するために設けられた判定項目です。

第4章

株主の判定②

〈**中心的な同族株主**判定の基礎となる同族株主の範囲（網かけ部分）〉
——株主Aについて判定する場合——

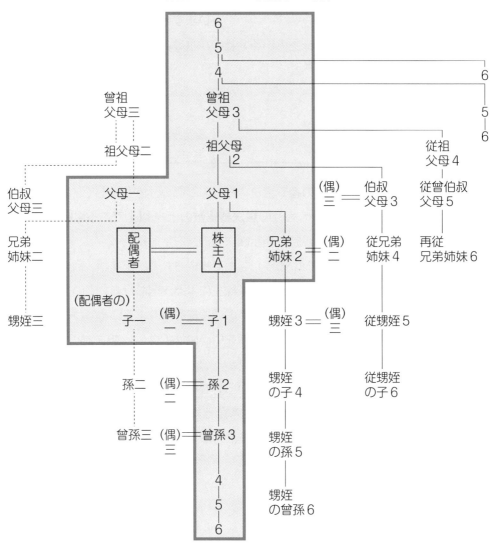

（注1）　肩書数字は親等を、うちアラビア数字（1、2 …）は血族の親等、漢数字（一、二…）は
　　　　姻族の親等を、（偶）は配偶者を示しています。

（注2）　親族の範囲……親族とは①6親等内の血族、②配偶者、③三親等内の姻族をいいます。

（注3）　養親族関係……養子と養親及びその血族との間においては、養子縁組の日から血族と同一
　　　　の親族関係が生じます。

STEP 3
評価対象者自身が「中心的な同族株主」か

（取得者基準）

→はい＝原則的評価方式　　確定
→いいえ＝次のＳＴＥＰへ

STEP 2では、その会社の株主の中に「**中心的な同族株主**がいるか」を判定するもので、評価の対象となる会社が「**中心的な同族株主**がいる会社」に該当する場合で、かつ評価対象者自身が中心的な同族株主でない場合にのみ、配当還元方式で評価することができる可能性が残ることになります。

STEP 4
その会社の「役員」か

（取得者基準）

→役員です＝原則的評価方式　　確定
→役員ではありません＝配当還元方式　　確定

これまでのSTEP 1から3の各要素を検討して、「原則的評価方式の確定」をくぐり抜けてきた場合、その株主の持つ議決権が会社に及ぼす影響はごく限定的であると考えられます。

ところが、その株主の『議決権が会社に及ぼす影響』が限定的であったとしても、その株主が会社の経営に直接関与できるような**役員**の立場にあるならば話は別です。

チェックポイント

そのため、議決権割合が5％未満の者であっても、課税時期において、評価会社の**役員である者**及び課税時期の翌日から相続税等の法定申告期限までの間に**役員となる者**の取得した株式については、**原則的評価方式**により評価することになります。

役員とは、具体的には次のような役職に就いている者をいいます（評基通188(2)）。

① 代表取締役（社長）、代表執行役、代表理事（理事長）及び清算人

② 副社長、専務、常務その他これらに準ずる職制上の地位を有する役員

③ 取締役（指名委員会等設置会社の取締役及び監査等委員である取締役に限ります。）、会計参与及び監査役並びに監事

> ※ 指名委員会等設置会社以外の通常の会社における、いわゆる、「平取締役」は、この場合の「役員」には含まれません。

2　配当還元方式への道

課税されることを前提とする場合、納税者にとっては、配当還元方式による比較的低い評価額で算定された方が、課税負担が小さくなるので望ましいはずです。

しかし、一定の支配力がある同族株主グループの一員である以上、本質的には原則的評価方式によるべきです。

そのため、同族株主であるにもかかわらず配当還元方式により評価するためには、上記の STEP を踏んで、その適格性を慎重に判断しなければならないのです。

3　まとめ　➡　この頁の表の理解が最も重要です‼

今回の検討内容を表にまとめると、次のようになります。

株主の態様					評価方式
同族株主のいる会社	同族株主（・30％以上 ・50％超）	取得後の議決権割合が５％以上の株主		同族株主等	原則的評価方式
		取得後の議決権割合が５％未満の株主	中心的な同族株主がいない場合		
			中心的な同族株主がいる場合	中心的な同族株主	
				役員である株主又は役員となる株主	
				その他の株主	同族株主等以外 〈評基通〉188⑵ 配当還元方式
	同族株主以外の株主				

この欄までくると、配当還元方式が適用できる同族株主になります。

※　同族株主……30％（50％）基準　中心的な同族株主……25％基準

〔ポイント〕

　同族株主がおり、その同族株主中に、株主の１人とその一定の同族関係者で25％以上の議決権割合を有する者（グループ）がある場合（中心的な同族株主がいる場合）

　評価会社に議決権割合50％超の同族株主グループ又は30％以上の同族株主グループがあり、その同族株主グループ中に中心的な同族株主がいる場合において、中心的な同族株主に該当しない同族株主の議決権割合（相続等による株式取得後の割合）が５％未満で、かつ、課税時期又は相続税（又は贈与税）の法定申告期限において一定の役員に該当しない株主（同族株主中の少数株主）の有する株式は、配当還元方式の評価となる。

　なお、前章までの設問で検討してきた㈱青山は「同族株主のいる会社」ですが、実務上は「同族株主のいない会社」の評価を行う場合もあります。

　「同族株主のいない会社」の検討事項については、次のとおりです。

「同族株主のいない会社」の評価について

　議決権割合の合計が**30％以上**の株主グループがいない場合、その会社は「**同族株主のいない会社**」に該当します。この場合、議決権割合の合計が**15％未満**の株主グループに属する株主は**配当還元方式に確定**し、**15％以上**の株主グループについては「同族株主のいる会社」の場合と同じような検討を加えることになります。つまり15％以上の株主グループの判定は、株主の１人（株式の取得者とは無関係に、課税時期

において、その同族関係者との合計議決権割合が15%以上となるような任意の１株チェックポイント主）とその同族関係者（法人令４条に規定する同族関係者）の合計議決権割合で行います。ただし、「同族株主のいる会社」の場合と異なり、「中心的な同族株主」が「中心的な株主」に代わります（評基通188⑷）。

　「**中心的な株主**」とは**単独で10%以上の議決権を有する株主**のことをいいます。

株主の態様					評価方式
同族株主のいない会社	議決権割合の合計が15%以上の株主グループに属する株主	取得後の議決権割合が５％以上の株主			原則的評価方式
		取得後の議決権割合が５％未満の株主	中心的な株主がいない場合		
			中心的な株主がいる場合（10%以上）	役員である株主又は役員となる株主	同族株主等
				その他の株主	同族株主等以外
	議決権割合の合計が15%未満の株主グループに属する株主				〈評基通〉188⑷配当還元方式188⑶

※　同族株主……30%（50%）基準
　　中心的な株主……10%基準（15%グループの内）

第４章　株主の判定②

〔ポイント〕

　同族株主がな<u>く</u>、株主の１人とその同族関係者で15%以上の議決権割合を有する株主（株主グループ）がある場合（15%以上の株主がいる場合）

　評価会社に議決権割合50%超の同族株主グループ又は30%以上の同族株主グループがな<u>く</u>、株主の１人とその同族関係者で議決権割合15%以上の株主グループがある場合には、その15%以上の株主グループに<u>属さない</u>株主の有する株式は、配当還元方式の評価となります。

（参考）　この場合、２以上の15%以上の株主グループが存し得るが（例えば、15%の６グループ等）、<u>15%以上のいずれかの株主グループに属さない株主の有する株式は、その持株数（議決権数）の如何に係らず、全て配当還元方式評価と</u><u>なります。</u>

　　　　　つまり〈株主の１人又は一の株主グループで15%未満の議決権割合の株式を有しているような場合であっても、〉15%以上の株主グループに属さない株主の有する株式は、配当還元方式評価となります。

⇒　49頁、64頁、414頁も参照してください。

〔参考〕　少数株式所有者の評価方法の判定におけるキーワード

項　　目	内　　　　　容
役　　員	社長、理事長のほか、次に掲げる者（法人税法施行令第71条第1項第1号、第2号、第4号） (1)　代表取締役、代表執行役、代表理事及び清算人 (2)　副社長、専務、常務その他これらに準ずる職制上の地位を有する役員 (3)　取締役（指名委員会等設置会社の取締役及び監査等委員である取締役に限る。）、会計参与及び監査役並びに監事
中心的な 同族株主	同族株主のいる会社の株主で、課税時期において同族株主の1人並びにその株主の配偶者、直系血族、兄弟姉妹及び一親等の姻族（これらの者の同族関係者である会社のうち、これらの者が有する議決権の合計数がその会社の議決権総数の25％以上である会社を含む。）の有する議決権の合計数がその会社の議決権総数の25％以上である場合におけるその株主
中心的な 株　　　主	同族株主のいない会社の株主で、課税時期において株主の1人及びその同族関係者の有する議決権の合計数がその会社の議決権総数の15％以上である株主グループのうち、いずれかのグループに単独でその会社の議決権総数の10％以上の議決権を有している株主がいる場合におけるその株主

財産評価基本通達

（同族株主以外の株主等が取得した株式）
188　178《取引相場のない株式の評価上の区分》の「同族株主以外の株主等が取得した株式」は、次のいずれかに該当する株式をいい、その株式の価額は、次項の定めによる。（昭47直資3－16・昭53直評5外・昭58直評5外・平15課評2－15外・平18課評2－27外改正）
(1)　同族株主のいる会社の株式のうち、同族株主以外の株主の取得した株式
　　この場合における「同族株主」とは、課税時期における評価会社の株主のうち、株主の1人及びその同族関係者（法人税法施行令第4条《同族関係者の範囲》に規定する特殊の関係のある個人又は法人をいう。以下同じ。）の有する議決権の合計数がその会社の議決権総数の30％以上（その評価会社の株主のうち、株主の1人及びその同族関係者の有する議決権の合計数が最も多いグループの有する議決権の合計数が、その会社の議決権総数の50％超である会社にあっては、50％超）である場合におけるその株主及びその同族関係者をいう。
(2)　**中心的な同族株主**のいる会社の株主のうち、中心的な同族株主以外の同族株主で、その者の株式取得後の議決権の数がその会社の議決権総数の5％未満であるもの（課税時期において評価会社の役員（社長、理事長並びに法人税法施行令第71条第1項第1号、第2号及び第4号に掲げる者をいう。以下この項において同じ。）である者及び課税時期の翌日から法定申告期限までの間に役員となる者を除く。）の取得した株式
　　この場合における「**中心的な同族株主**」とは、課税時期において同族株主の1人並びにその株主の配偶者、直系血族、兄弟姉妹及び1親等の姻族（これらの者の同族関係者である会社のうち、これらの者が有する議決権の合計数がその会社の議決権総数の25％以上である会社を含む。）の有する議決権の合計数がその会社の議決権総数の25％以上である場合におけるその株主をいう。
(3)　同族株主のいない会社の株主のうち、課税時期において株主の1人及びその同族関係者の有する議決権の合計数が、その会社の議決権総数の15％未満である場合におけるその株主の取得した株式
(4)　**中心的な株主**がおり、かつ、同族株主のいない会社の株主のうち、課税時期において株主の1人及びその同族関係者の有する議決権の合計数がその会社の議決権総数の15％以上である場合におけるその株主で、その者の株式取得後の議決権の数がその会社の議決権総数の5％未満であるもの（(2)の役員である者及び役員となる者を除く。）の取得した株式
　　この場合における「**中心的な株主**」とは、課税時期において株主の1人及びその同族関係者の有する議決権の合計数がその会社の議決権総数の15％以上である株主グループのうち、いずれかのグループに単独でその会社の議決権総数の10％以上の議決権を有している株主がいる場合におけるその株主をいう。

| 問題 | 株主の判定② |

取引相場のない株式の評価について、次の問に答えてください。

取引相場のない株式の発行会社である㈱青山の各株主について、「原則的評価方式」と「配当還元方式」のどちらの評価方式で評価するか判定してください。

㈱青山の株主構成等

株主	Aとの続柄	議決権の数	株主グループの議決権割合	株主の区分	会社における役職※1
A	本　　人	5,000個（5％）			相談役※2
B	Aの長男	30,000個（30％）			代表取締役
C	Aの長女	5,000個（5％）	50％	同族株主	―
D	Bの配偶者	7,000個（7％）			―
E	Bの長男	3,000個（3％）			―
F	Aの友人	15,000個（15％）	20％	非同族株主	常務取締役
G	Fの配偶者	5,000個（5％）			―
H	Bの友人	26,000個（26％）	30％	同族株主	専務取締役
I	Hの甥	4,000個（4％）			―
	（議決権総数）	100,000個（100％）			

※1　課税時期から法定申告期限までの間において役職の変更はありません。
※2　株主Aの「相談役」としての勤務実態や給与水準は他の役員と同程度です。

【解答欄】

評価方式	株主（記号を記入してください。）
原則的評価方式	
配当還元方式	

解 答

評価方式	株主（記号を記入してください。）
原則的評価方式	Ａ・Ｂ・Ｃ・Ｄ・Ｅ・Ｈ
配当還元方式	Ｆ・Ｇ・Ｉ

解答への道標

これまで（第３章（35頁）まで）、

	株主	議決権割合（株主の区分）	評価方式
株主グループ１	Ａ・Ｂ・Ｃ・Ｄ・Ｅ	50％（同族株主）	以下のSTEPで検討
株主グループ２	Ｆ・Ｇ	20％（同族株主以外の株主）	配当還元方式に確定
株主グループ３	Ｈ・Ｉ	30％（同族株主）	以下のSTEPで検討

というところまで検討しました。

　同族株主と判定された株主について、概要（37頁以降）に記載した検討を加え、Ａ～Ｅ、Ｈ及びＩの各同族株主の評価方式を決定します。

　なお、株主Ｆ及びＧについては、配当還元方式に確定しているので、ここで検討を加える必要はありません。

> **チェックポイント**
> 本問では特に触れていませんが、各種判定の際の議決権割合は「**取得後**」、つまり**相続後、贈与後の議決権数**で判定することに注意してください。未分割の場合の判定については38頁を参照してください。

STEP 1
取得後の議決権割合が５％未満か

　STEP 1の検討結果は次のようになります。

株主	議決権割合	STEP 1の判定結果
Ａ	5％	５％以上 ⇒ 原則的評価方式に確定
Ｂ	30％	５％以上 ⇒ 原則的評価方式に確定
Ｃ	5％	５％以上 ⇒ 原則的評価方式に確定
Ｄ	7％	５％以上 ⇒ 原則的評価方式に確定
Ｅ	3％	５％未満 ⇒ STEP 2へ
Ｈ	26％	５％以上 ⇒ 原則的評価方式に確定
Ｉ	4％	５％未満 ⇒ STEP 2へ

STEP 2 「中心的な同族株主」がいるか ＆
STEP 3 評価対象者自身が「中心的な同族株主」か …… (取得者基準)

STEP 2 及び STEP 3 の検討結果は次のようになります。

株主の1人	配偶者、直系血族、兄弟姉妹、一親等の姻族及び特殊関係会社	議決権割合の合計	STEP 3「中心的な同族株主」に該当（25%以上）するか？	
A	B・C・D・E	50%	該当する（原則的評価方式に確定済）	
B	A・C・D・E	50%	該当する（原則的評価方式に確定済）	
C	A・B	40%	該当する（原則的評価方式に確定済）	
D	A・B・E	45%	該当する（原則的評価方式に確定済）	
E	A・B・D	45%	該当する⇒原則的評価方式に確定	→例1
H	なし	26%	該当する（原則的評価方式に確定済）	
I	なし	4%	該当しない ⇒ STEP 4へ	→例2

株主の1人ごとにみて、上の表に掲げる株主グループの議決権の合計数が議決権総数の**25%**以上になる者が「中心的な同族株主」であることから、表のとおり、㈱青山は「**中心的な同族株主のいる会社**」であり、かつ**E自身が「中心的な同族株主」に該当する**ことがわかり、この段階でEは原則的評価方式に確定します（STEP 3）。

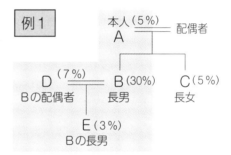

例1

本人（5%）A ── 配偶者

D（7%） ── B（30%）長男 ── C（5%）長女
Bの配偶者

E（3%）
Bの長男

そして、Iは、そのような「**中心的な同族株主のいる会社**」でI自身は「**中心的な同族株主**」に該当しないので次の STEP 4 の検討に移ります。

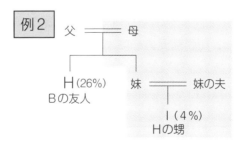

例2

父 ── 母

H（26%） 妹 ── 妹の夫
Bの友人

I（4%）
Hの甥

STEP 4　その会社の「役員」か ……（取得者基準）

問のとおり、Ｉは社長等の役職に就いていないので、「役員」に該当しません。

判定結果

以上のとおり、Ｉは同族株主でありながらも、各種判定の結果、会社に対する影響力は小さいと認められるため、**配当還元方式**により評価することとなります。

その他の同族株主（Ａ・Ｂ・Ｃ・Ｄ・Ｅ・Ｈ）は**原則的評価方式**により評価することとなります。

また、Ｆ及びＧは「同族株主のいる会社における**同族株主以外の株主**」に当たるので、**配当還元方式**により評価することとなります。

---

column　「原則的評価方式と配当還元方式の評価額の違いを見てみよう！（簡略版）」

　原則的評価方式と配当還元方式については、その概要のみ説明しましたが、具体的な数字に置き換えないと、なかなかイメージが湧かないものです。

　そこで、簡単な計算式に置き換えて評価額を計算してみますので、実際の評価額の違いをイメージしてみましょう。

評価する会社の情報（例）	
株式総数	５万株
資　　産	10億円
負　　債	５億円
配　　当	年100円／株

〈原則的評価方式〉

（例）純資産価額方式による場合

（資産－負債）÷株式総数＝評価額

（10億円－５億円）÷５万株＝**10,000円**／**株**

90%OFF！

〈配当還元方式〉

年配当金額÷10％＝評価額

100円÷10％（還元利回り）＝**1,000円**／**株**

　この例だと、原則的評価方式の１つである純資産価額方式による評価額（10,000円）に比べ、配当還元方式による評価額（1,000円）は10分の１になります。

（注）　この例の計算は簡略化して記載していますので、実際の評価方法とは異なる部分があります。

〔参考〕 評価方式判定のフローチャート

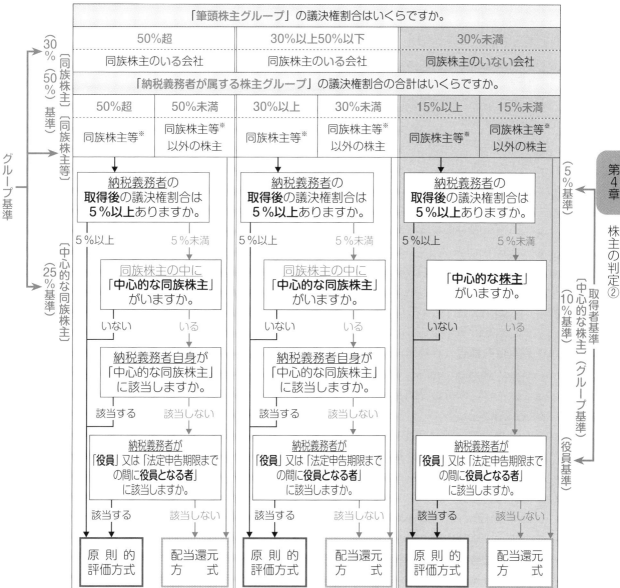

※ 評価計算書の表示に統一しています。

〔ポイント〕

　評価方式の判定は、実務においては、評価明細書第1表の1を利用したり、会計（税務）ソフトを利用すると自然に選定されるので、あまり心配はありませんが、判定のフローチャートからみて、いわゆる例外に当たる「配当還元方式」に該当するのはどのような場合（条件）かを理解しておくことが重要です。42頁と併せてご覧ください。またその場合、グループ基準と取得者（納税義務者）基準の区分の違いに留意してください。

| チェック ポイント | 議決権及び議決権割合を判定する場合の留意点 |

(1) **自己株式**（評基通188－３、会社法308②）

　評価会社が有する自己株式には議決権はありません。

　〈自己株式を有する場合の議決権総数等〉は、

　自己株式に係る議決権の数は０として計算します。

(2) **種類株式**を発行している会社の議決権総数等（評基通188－５、会社法108①）

　①　全ての事項について議決権を有しない種類株式（完全無議決権株式）に係る議決権の数は０として議決権総数を計算します。

　②　種類株式のうち株主総会の一部の事項についてのみ議決権を行使できない株式（議決権制限株式）については、当該株式に係る議決権は、普通株と同様に各株主の有する議決権の数及び議決権総数に含めることとされています（評基通188－５）。

　　これは議決権を行使できる事項によって会社への支配の度合いを区分することは、実務上、困難であることから、議決権制限株式については、普通株と同様の議決権があるものとして、株主の有する議決権の数及び評価会社の議決権総数を計算するものとされたと考えられます。

(3) **相互保有株式**（評基通188－４、会社法308①）

　株式の持ち合いをしている会社間で議決権総数の４分の１以上を保有されている会社は、保有している会社に対する議決権を行使できない旨規定されている（会社法308①）。

　したがって、評価会社の株主のうちに、会社法308条①の規定により評価会社の株式につき、議決権を有しないこととされる会社があるときは、議決権の数は０として計算した議決権をもって議決権総数となります。

(4) **単元未満株式**

　単元未満の株式は議決権を有しないので、評価方法の判定における議決権割合の計算上、議決権は０とします（会社法308①参照）。

(5) **投資育成会社**が株主である場合の議決権割合の判定

　投資育成会社は、同族株主に該当しないものとして、Ａ及びＢの株主区分の判定を行います。はじめに、議決権総数から投資育成会社の議決権の数を控除しないで判定します（評基通188－６）（１次判定）。

　具体的には、下記の表の場合Ａは議決権割合が15％以上（29％）あるので「同族株主等」と判定され、Ｂもまた議決権割合が15％以上（26％）あるので「同族株主等」と判定されます。

株主	議決権割合
Ａ	29％
Ｂ	26％
投資育成会社	45％

　次に、甲社の議決権総数から投資育成会社の議決権の数を控除した数を議決権総数とした場合のＡの議決権割合は52％（29/55）、Ｂの議決権割合は47％（26/55）となり、Ａは「同族株主等」と判定されます（２次判定）。また、Ｂは50％未満（47％）なので「同族株主等以外」と判定されます。

　２次判定の結果、Ｂは「同族株主等」から「同族株主等以外」に判定が変わります。

⑹　**その他留意すべき事項**

　株主の中に、「従業員持株会」や「地方公共団体」、「公益財団法人」等がいる場合があります。このようなケースにおいて「同族株主の判定」を行う場合には、それぞれ株式を所有する経緯や組織形態、議決権の性格等を総合勘案して判断する必要があります。

　例えば、「**従業員持株会**」については、法的性格によって異なりますが、仮に、一般的な「民法上の組合」と解するならば一つの株主と見るのではなく個々の会員が実質的に所有していると見るとの見解があります。

　いずれにしても、それぞれについて、種々意見が分かれるところであり、それぞれの法律や財産評価基本通達188－6等を参考に個別に判断することになります。

（→　詳細な照会回答は312頁以下を参照してください。）

株式評価関係質疑応答事例（国税庁ホームページ）

（株式評価における株主区分の判定）

1　　1　同族株主の判定
【照会要旨】　財産評価基本通達188（同族株主以外の株主等が取得した株式）⑴に定める「同族株主」に該当するか否かの判定は、納税義務者を中心に行うのでしょうか。
【回答要旨】　納税義務者に限りません。

2　　2　同族会社が株主である場合
【照会要旨】　甲の有するＡ社株式の評価方式の判定に当たり、事例のようにＡ社の株主となっているＢ社がある場合、Ｂ社は株主甲の同族関係者となるでしょうか。

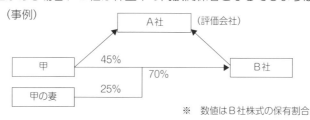

　　（事例）

【回答要旨】　Ｂ社の発行済株式の総数の50％超の株式を株主甲及びその同族関係者が所有しているので、評価会社Ａ社の株式の評価上、Ｂ社は株主甲の同族関係者となります。

3　3　同族株主がいない会社の株主の議決権割合の判定

【照会要旨】　甲社は同族株主のいない会社ですが、その株主であるA及びその親族が所有する甲社の株式数に応じた議決権割合は図のとおりであり、他の株主にこれらの者の同族関係者はいません。

　Aが死亡し、甲社株式をAの配偶者Bが相続したときには、その株式はどのように評価することとなりますか。

15%　C
（Aの5親等）

2.5%　A　━━━━━━　B　1%
（死亡）

0.5%　子　　　　　子　0.5%

【回答要旨】　財産評価基本通達188（同族株主以外の株主等が取得した株式）(3)に定める株式に該当し、配当還元方式により評価することとなります。

4　4　遺産が未分割である場合の議決権割合の判定

【照会要旨】　相続人間で遺産分割協議が整っていない状況で、取引相場のない株式を評価する場合、各相続人に適用されるべき評価方式を判定するに当たって、基礎となる「株式取得後の議決権の数」はどのようになるのでしょうか。

【回答要旨】　各相続人ごとに、所有する株式数にその未分割の株式数の全部を加算した数に応じた議決権数とします。

（株式評価における会社規模区分の判定等）

5　1　従業員の範囲

【照会要旨】　財産評価基本通達178（取引相場のない株式の評価上の区分）による会社規模区分の判定において、次の者については、いずれの会社の従業員としてカウントするのでしょうか。
① 出向中の者
② 人材派遣会社より派遣されている者

【回答要旨】　雇用関係や勤務実態を確認して判定します。

6　2　事業年度を変更している場合の「直前期末以前1年間における取引金額」の計算

【照会要旨】　財産評価基本通達178（取引相場のない株式の評価上の区分）による会社規模区分の判定上、課税時期の直前期末以前1年間の期間中に評価会社が事業年度の変更を行っている場合には、「直前期末以前1年間における取引金額」は、どのように計算するのでしょうか。

【回答要旨】　「直前期末以前1年間における取引金額」は、その期間における評価会社の目的とする事業に係る収入金額（金融業・証券業については収入利息及び収入手数料）をいうのであるから、事業年度の変更の有無にかかわらず、課税時期の直前期末以前1年間の実際の取引金額によることになります。

第5章　配当還元方式

1　概要

【取引相場のない株式の評価フローチャート】

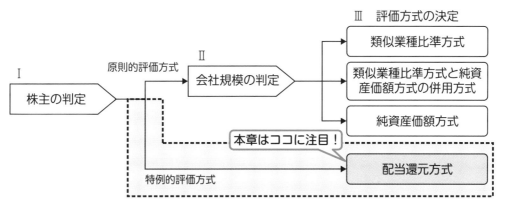

　これまでは「株主の判定」をして、株主ごとにどの評価方式を適用するかを検討してきました。「株主の判定」は、取引相場のない株式の評価を行う上でのいわば準備段階の作業であり、その段階ではまだ評価額は求められません。

　ここからは、いよいよ具体的な評価額の計算に入っていきます。

　その前に「株主の判定」について簡単におさらいすると、次のようになります（詳細は、前章まで検討してきた㈱青山の設問などを参照してください。）。

株　主	株主の態様（前章の判定結果）	取引相場のない株式の評価方法
F・G・I	株主の判定で「配当還元方式」と判定された株主	⇒　配当還元方式で評価します。
A・B・C・D・E・H	株主の判定で「原則的評価方式」と判定された株主	⇒　会社の規模を判定して、 大会社：類似業種比準方式 中会社：類似業種比準方式と純資産価額方式の併用方式 小会社：純資産価額方式 のいずれかの方式により評価します（原則）。

　このように、「**配当還元方式**」と判定された株主は、この段階ですぐに評価額を求めることができますが、「**原則的評価方式**」と判定された株主は、会社の規模が大会社・中会社・小会社のどれに該当するかがわからないと具体的な計算に入ることができません。

ここでは、「配当還元方式」にスポットを当てていきます。

2　「配当還元方式」とは

会社に対する影響力が限定的である、いわゆる少数株主にとって、取引相場のない株式を所有するメリットは、「配当を受けることができる」権利があるという点が中心になるため、配当金額を基に評価することになります。

具体的には次の算式により求めます。

$$\text{配当還元方式による評価額} = \frac{\text{その株式に係る年配当金額}^{(注1)}}{10\%^{(注2)}} \times \frac{\text{その株式の1株当たりの資本金等の額}}{50円}$$

(注1)「**年配当金額**」：　ここでいう年配当金額は、評価の安全性の観点から単純な配当金額ではなく、評価会社の直前期末以前2年間における評価会社の剰余金の配当金額から、**特別配当**、**記念配当**等の名称による配当金額のうち、将来毎期継続することが予想できない金額を**控除**した金額の合計額の**2分の1**に相当する金額（つまり**直前2年間の普通配当の平均額**）を、直前期末における**発行済株式数**※で除した金額になります。

ただし、この計算によって求めた金額が**2円50銭未満のもの**及び無配のものにあっては、2円50銭とすることとされています。これは、実際に配当可能利益があるにもかかわらず、政策的にこれを留保して配当しない場合があることを考慮したものです。

※　1株当たりの資本金等の額が50円以外の金額である場合には、直前期末における資本金等の額を50円で除して計算した数によります。

算式で示すとこのようになります。

$$\frac{\text{直前期末以前2年間の配当金額}}{2} \div \text{1株当たりの資本金等の額を50円とした場合の発行済株式数}（\text{資本金等の額} \div 50円） = \text{年配当金額}\begin{pmatrix}\text{2円50銭未満の場合}\\ \text{は2円50銭とする}\end{pmatrix}$$

まず株式数で割ることによって、1株当たりの年配当金額が算出されます。

チェックポイント　**みなし配当の金額がある場合の「年配当金額」**

みなし配当の金額は、会社法上の剰余金の配当金額には該当せず、また、将来毎期継続することが予想できない金額に該当すると考えられることから、「年配当金額」に含めないこととされています（国税庁質疑応答事例「1株当たりの配当金額⑧－自己株式の取得によるみなし配当の金額がある場合」）。

column「どうして50円で割るの？　なんで2円50銭なの？」

　以前は商法で資本金の最低限度額が定められており、また、1株当たりの資本金の金額（額面）は50円であるのが一般的でした。

　現在は会社法の施行により1株当たりの資本金等の額（額面単価）は自由化されていますが、次のところで扱う「類似業種比準方式」の評価では、額面単価がバラバラの会社を比較して評価することになるため、「いったん1株当たりの資本金等の額を50円に統一して比較・計算してから元の水準に戻す」という方法を採ります。ここでもそれに合わせ、1株当たりの資本金等の額を50円とし、それに従前の配当率の限度である5％を乗じた2円50銭（50円×5％）を1株当たりの配当金額の下限として扱うことにしたのです。

（注2）「**10%**」：　取引相場のない株式は、
　　　　① 　将来の値上がり期待など、配当利回り以外の価額決定要素がある上場株式と異なっていること
　　　　② 　収益が確定的であり、安定している預金、公社債とは異なっていることなどから10%という比較的高い還元利回りを採用することによって評価の安定性を図ることとしたものです。

column「還元利回りの考え方」

　（例）「資産イ」と「資産ロ」があり、資産イよりも資産ロの方が資産としてのリスクは高いが、分配する収益（例えば配当金）はともに年100万円だとした場合

資産イ（還元利回りが5％の場合）　100万円÷5％＝2,000万円（元本相当額）
資産ロ（還元利回りが10%の場合）　100万円÷10%＝1,000万円（元本相当額）

　⇒ 　資産ロの方がリスクが高いことを反映して元本相当額が安くなります。
　　つまり、リスクが高い資産は、高い利回りを設定しなければ投資してもらえないので、分配する収益の元本に対する割合（利回り）が高くなるということです。
　　取引相場のない株式は、上場株式や国債に比べて評価額の低下や無価値化のリスクが高いので、それらの利回りよりも高い利回りによって配当金額を還元（割り戻すこと）する必要があります。
　（参考）：2022年12月年平均利回り
　　　　国債：0.276%（10年）、1.124%（20年）、1.505%（30年）

3　配当還元方式の特例

　配当還元方式による評価額が原則的評価方式による評価額を**超える**こととなる場合には、**その原則的評価方式によって計算した金額によって評価する**こととされており、これを配当還元方式の特例といいます（評基通188－2ただし書）。

　取引相場のない株式の評価額は、会社に対する支配力を反映して算定されるので、

原則的評価方式による評価額の方が配当還元方式による評価額よりも高く算定されるのが一般的ですが、例えば、

①　**会社の収益力を無視して異常な高額配当**を行って、配当還元方式による評価額が適正に算定されない（原則的評価方式による評価額を大きく上回って算定されるような）場合

②　**会社の経営状態・資産状況が悪化して無配の状態**が続いており、原則的評価方式による評価額が2円50銭を基とした配当還元方式による評価額より低くなる場合

など、配当還元方式による評価額が割高に算定される場合があることに対して、この特例が安全弁としての役割を果たすことになっています。

問題 配当還元方式

取引相場のない株式の評価について、次の問に答えてください。

> 取引相場のない株式の発行会社である㈱青山について、次の会社情報から株主F、G及びIについて配当還元方式による評価額の算定をしてください。
>
> なお、解答に当たっては、次頁の様式（取引相場のない株式（出資）の評価明細書（計算明細書）第3表）を使用してください。

㈱青山の会社情報

年配当金額	直前期 直前々期	1,500千円 5,000千円（会社設立20周年記念配当2,500千円を含みます。）
資本金等の額	30,000千円（直前期末）	
発行済株式数	100,000株（自己株式なし） このうち　株主F：　15,000株 　　　　　　株主G：　 5,000株 　　　　　　株主I：　 4,000株 （株主F、G及びIは「株主の判定」（46・48頁）において「配当還元方式」により評価すると判定されています。）	

配当還元方式

【解答欄】

取引相場のない株式（出資）の評価明細書（計算明細書）　第3表（抜粋）

(1)　配当還元方式による1株当たりの評価額の算定

		1株当たりの資本金等の額、発行済株式数等	直前期末の資本金等の額	直前期末の発行済株式数	直前期末の自己株式数	1株当たりの資本金等の額を50円とした場合の発行済株式数（⑨÷50円）	1株当たりの資本金等の額（⑨÷（⑩－⑪））
			⑨　　　　千円	⑩　　　株	⑪　　　株	⑫　　　株	⑬　　　円

2．配当還元方式による価額	直前期末以前2年間の配当金額	事業年度	⑭ 年 配 当 金 額	⑮ 左のうち非経常的な配当金額	⑯ 差引経常的な年配当金額（⑭－⑮）	年平均配当金額
		直 前 期	千円	千円 ⑦	千円	⑰（⑦+㋺）÷2　千円
		直前々期	千円	千円 ㋺	千円	

	1株（50円）当たりの年配当金額	年平均配当金額（⑰）　　千円　÷	⑫の株式数　　　株 ＝	⑱　　円　　銭	この金額が2円50銭未満の場合は2円50銭とします。
	配 当 還 元 価 額	⑱の金額　　円　　銭 10% ×　⑬の金額　　円 50円 ＝	⑲　　　円	⑳　　　円	⑲の金額が、原則的評価方式により計算した価額を超える場合には、原則的評価方式により計算した価額とします。

> 本問の解答においては、⑲の価額を転記してください。

(2)　各株主の評価額

株　主	所有株式数（Ⓐ）	配当還元方式による1株当たりの評価額（Ⓑ）	評価額（Ⓐ×Ⓑ）
株主F	15,000株	＿＿＿＿＿＿＿円 ※(1)の表の⑳の額を記入してください。	円
株主G	5,000株		円
株主I	4,000株		円

解答

取引相場のない株式（出資）の評価明細書（計算明細書）　第3表（抜粋）

(1)　配当還元方式による1株当たりの評価額の算定

1株当たりの資本金等の額、発行済株式数等	⑨直前期末の資本金等の額（千円）	⑩直前期末の発行済株式数（株）	⑪直前期末の自己株式数（株）	⑫1株当たりの資本金等の額を50円とした場合の発行済株式数（⑨÷50円）（株）	⑬1株当たりの資本金等の額（⑨÷(⑩−⑪)）（円）
2	30,000	100,000	0	600,000	300

配当還元方式による価額	直前期末以前2年間の配当金額	事業年度	⑭年配当金額（千円）	⑮左のうち非経常的な配当金額（千円）	⑯差引経常的な年配当金額（⑭−⑮）（千円）	⑰年平均配当金額（(⑦+⑨)÷2）
		直前期	1,500	—	⑦ 1,500	2,000
		直前々期	5,000	2,500	⑨ 2,500	

1株（50円）当たりの年配当金額：年平均配当金額（⑰）2,000千円 ÷ ⑫の株式数 600,000株 = ⑱ 3円33銭

（この金額が2円50銭未満の場合は2円50銭とします。）

配当還元価額：⑱の金額 3円33銭 ÷ 10% × ⑬の金額 300円 ÷ 50円 = ⑲ 199円　⑳ 199円

（⑲の金額が、原則的評価方式により計算した価額を超える場合には、原則的評価方式により計算した価額とします。）

あくまで「1株当たりの年配当金額」であることに留意

本問の解答においては、⑲の価額を転記してください。

(2)　各株主の評価額

株　主	所有株式数（Ⓐ）	配当還元方式による1株当たりの評価額（Ⓑ）	評価額（Ⓐ×Ⓑ）
株主F	15,000株	199円 ※(1)の表の⑳の額を記入してください。	2,985,000円
株主G	5,000株		995,000円
株主I	4,000株		796,000円

解答への道標 ··

取引相場のない株式（出資）の評価明細書（計算明細書）　第3表（抜粋）

(1)　配当還元方式による1株当たりの評価額の算定

2・配当還元方式による価額		1株当たりの資本金等の額、発行済株式数等	⑨　千円 30,000	⑩　直前期末の資本金等の額 千円 100,000	⑪　直前期末の発行済株式数 株 0	直前期末の自己株式数 株	⑫　1株当たりの資本金等の額を50円とした場合の発行済株式数（⑨÷50円） 株 600,000	⑬　1株当たりの資本金等の額（⑨÷（⑩−⑪）） 円 300
	直前期末以前2年間の配当金額	事業年度	⑭　年配当金額		⑮　左のうち非経常的な配当金額	⑯　差引経常的な年配当金額（⑭−⑮）	年平均配当金額	
		直前期	千円 1,500		千円 —	㋑ 千円 1,500	⑰（㋑+㋺）÷2 千円 2,000	
		直前々期	千円 5,000		千円 2,500	㋺ 千円 2,500		
	1株（50円）当たりの年配当金額	年平均配当金額（⑰） 2,000 千円 ÷		⑫の株式数 600,000 株 =		⑱ 3 円 33 銭		この金額が2円50銭未満の場合は2円50銭とします。
	配当還元価額	⑱の金額 3 円 33 銭 ×（10%）		⑬の金額 300 円 ÷（50円）		⑲ 199 円 =	⑳ 199 円	⑲の金額が、原則的評価方式により計算した価額を超える場合には、原則的評価方式により計算した価額とします。

非経常的な配当（会社設立20周年記念配当）を控除します。

表示単位未満は切り捨てで記入します。※

本問では原則的評価方式によって評価しないので、この欄は⑲欄を転記します。

(2) 各株主の評価額　　　　**この欄の評価額が相続税又は贈与税の課税対象になります。**

株　　主	所有株式数 (Ⓐ)	配当還元方式による 1株当たりの評価額(Ⓑ)	評価額 (Ⓐ×Ⓑ)
株主F	15,000株	**199**　　　円 ※(1)の表の⑳の額を記入し てください。	**2,985,000** 円
株主G	5,000株		**995,000** 円
株主I	4,000株		**796,000** 円

※　評価明細書各欄の端数処理については、「取引相場のない株式（出資）の評価明細書の記載方法等」（国税庁ホームページに掲載されています。）に記載されています。

　以上のとおり、配当還元方式による評価額が算定されました。株主F、G及びIについては、これで取引相場のない株式の評価は終了です。

(3)　評価明細書（計算明細書）第3表への転記例（株主資本等変動計算書、法人税申告書別表五㈠から）

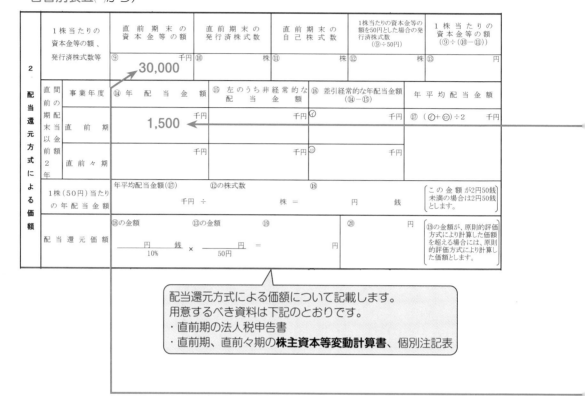

株主資本等変動計算書

（自X－1年1月1日　至X－1年12月31日）　　　　　　（単位：円）

		株主資本				
	資本金	利益剰余金				
		利益準備金	その他利益剰余金		利益剰余金合計	
			別途積立金	繰越利益剰余金		
前期末残高	30,000,000	20,592,000	106,000,000	54,182,051	180,774,051	210,774,051
当期変動額						
別途積立金			25,000,000	△25,000,000	0	0
剰余金の配当				△1,500,000	△1,500,000	△1,500,000
剰余金の配当に係る利益準備金の積立額		1,200,000		△1,200,000	0	0
当期純利益				80,585,125	80,585,125	80,585,125
当期変動額合計		1,200,000	25,000,000	52,885,125	79,085,125	79,085,125
当期末残高	30,000,000	21,792,000	131,000,000	107,067,176	259,859,176	289,859,176

（法人税申告書別表五㈠抜粋）

Ⅱ　資本金等の額の計算に関する明細書

区　　分		期首現在資本金等の額 ①	当期の増減		差引翌期首現在資本金等の額 ①－②＋③ ④
			減 ②	増 ③	
資本金又は出資金	32	30,000,000 円	円	円	30,000,000 円
資本準備金	33				
	34				
	35				
差引合計額	36	30,000,000			30,000,000

「直前期末の資本金等の額」欄の⑨の金額は、法人税申告書別表五（一）の
「差引翌期首現在資本金等の額」の「差引合計額㊱」欄の④の金額を記載します。

〔参考〕 配当還元方式となる場合の整理（イメージ図）

⑴　同族株主（グループ）がいるケース

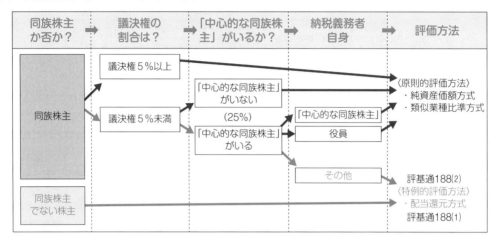

配当還元方式で評価される株式は、

　・同族株主であるが、議決権割合が５％未満で、中心的な同族株主又は役員でない人の株式
　・同族株主でない人の株式

⑵　同族株主（グループ）がいないケース

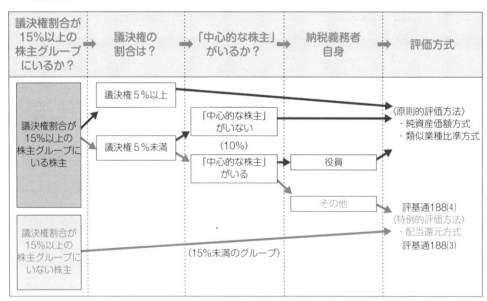

配当還元方式で評価される株式は、

　・15％以上を持つ株主グループにいるが、議決権割合が５％未満で、中心的な株主がおり役員
　　でない人の株式
　・15％以上を持つ株主グループにいない人の株式

⇒　42頁、49頁も参照してください。

(→　詳細な照会回答は324頁を参照してください。)

株式評価関係質疑応答事例（国税庁ホームページ）

（配当還元方式）
25　　1　株式の割当てを受ける権利等が発生している場合の価額修正の要否
【照会要旨】　課税時期において株式の割当てを受ける権利等が発生している場合には、配当還元方式で計算した株式の価額について修正を要するのでしょうか。
【回答要旨】　配当還元方式により計算した株式の価額の修正は行いません。

第5章

配当還元方式

配当還元方式に関する裁判例・裁決例

● **配当還元方式により出資の価額を算定したことが合理的であるとされた事例**

（平成2年2月22日静岡地裁判決、平成2年9月27日東京高裁判決）

〔判決要旨〕

　評価基本通達に定める出資の価額の評価方式である配当還元方式は、取引相場のない出資で、同族出資者以外の出資者の取得した出資については、出資を所有することによる経済的実益が配当金の取得にある点を考慮し、配当金を収益還元することにより出資を評価しようとするものであり、したがって、出資を取得した時において、将来取得する配当金を算定しなければならないが、将来の配当金の実額を知ることは不可能であるから、直前期末以前二年間の各事業年度におけるその会社の利益の配当金額の算定の基となった年配当率から、特別配当、記念配当等の名称による配当率のうち、将来毎期継続することが予想できないものの率を控除した率の合計数をその期間の事業年度数で除して計算した率を基とし、出資を評価することにしたものであり、客観的かつ公平な評価を確保するため、会社が現実に行った経常的な配当金に着目して出資の現在の価値を求めようとするものであって、合理的なものであるというべきである。

● **配当還元方式の合理性** （平成8年12月13日東京地裁判決）

〔判決要旨〕

　評価基本通達188が規定するところは、一般的には、民法上の親族に対しては影響力を及ぼし得ることを前提として、親族を含む同族関係者の持株数を合算した株式割合をもって会社経営に実質的支配力を有する同族グループを認定し、あわせて、かかる同族株主以外の者が取得した株式については、特例的評価方式である配当還元方式を採用しようとするものであって、このこと自体を不当というべきものとは解されない。

　評価基本通達は、同族株主でも親等の遠い者については血縁の力が弱まることを当然の前提として、近親者の持株数の合算により中心的な同族株主を定め、他方、持株割合が会社経営への影響力の一つの徴表であることから、中心的な同族株主以外の同族株主のうち、持株割合が5パーセント以上となるものが取得する株式については、特例を適用しないこととしたものである。

● **配当還元方式を利用することにより、相続税の負担の軽減を図る目的で本件株式を取得した本件のような場合には、実質的な租税負担の公平という観点から、配当還元方式を適用することはできないとされた事例**（平成9年7月4日裁決）

〔裁決の要旨〕

　評価基本通達188−2に定める配当還元方式は、単に配当を期待する少数株主を対象とする特例的な評価方法であり、限定的に用いられるべき方法であるところ、請求人らの本件株式の取得から売却に至る一連の行為等から判断すれば、請求人らは、同基本通達で定める配当還元方式を利用することにより、相続税の負担の大幅な軽減を図る目的で本件株式を取得したものと推認されるので、このような場合には、実質的な租税負担の公平という観点から原処分庁が本件株式の価額の算定に当たり、配当還元方式が適用できないと判断したことは相当と認められる。

● **評価基本通達の定めにより配当還元方式で評価されることを利用して贈与税の負担の軽減を図る目的で取得した本件株式については、時価純資産価額を基に評価するのが相当であるとした事例**（平成10年1月29日裁決）

〔裁決の要旨〕

　贈与者が取引相場のない株式である本件株式を取得した目的は、事業から生じる配当を期待したものではなく、本件株式が評価基本通達の定めにより配当還元方式で評価されることを利用して贈与税の負担の軽減を図るものと解されるところ、かかる目的のために取得した本件株式については、単に配当を期待するにとどまる少数株主を対象とした特例的な評価方法である配当還元方式を適用すると実質的な租税負担の公平を著しく害することとなるから、本件株式の評価に当たっては、当事者等が客観的な交換価値と認識し、それが不特定多数の当事者間でも通常成立すると認められる価額である時価純資産価額を基に評価するのが相当である。

● **評価基本通達に定める配当還元方式を形式的に適用した場合には、課税上実質的な公平を著しく損なうことから、配当還元方式を適用することに合理性がないとされた事例**（平成13年1月30日東京高裁判決）

〔判決要旨〕

　本件株式において、評価基本通達に定める配当還元方式を形式的に適用した場合には、相続により承継された実質的な経済的利益を基礎に計算される相続税額に比して著しく低い相続税額を納付すれば足りる結果となり、本件株式の相続に

伴い生ずる経済的利益の承継とこれに対する課税関係は、評価基本通達が同族株主以外の株主の保有する株式の評価について配当還元方式を採用する上で想定した利益状況とは全く異なることになり、課税上実質的な公平を著しく損なうものであるから、配当還元方式を本件に適用することは、合理性を欠くといわざるを得ないものである。

● **評価基本通達が配当還元方式を採用していることの趣旨**（平成13年7月5日東京地裁判決）

〔判決要旨〕

　評価基本通達が同族株主以外の株主の保有する取引相場のない株式の評価において配当還元方式を採用した趣旨は、通常、これらの株主が株式の保有により把握する権利の主たる要素が配当を受ける点にあるということができるためである。

● **評価基本通達を画一的に適用することが著しく不適当と認められる特別の事情があるとして、同族会社の保有する非上場株式を配当還元方式ではなく、類似業種比準方式で評価すべきであるとされた事例**（平成16年3月2日東京地裁判決、平成17年1月19日東京高裁判決）

〔判決要旨〕

　評価基本通達188-2項は、このような原則的な評価手法の例外として、「同族株主以外の株主等」（評価基本通達188項）が取得した大会社の株式については、配当還元方式によって評価することを定めている。当該通達の趣旨は、通常、いわゆる同族会社においては、会社経営等について同族株主以外の株主の意向はほとんど反映されずに事業への影響力を持たないことから、その株式を保有する株主の持つ経済的実質が、当面は配当を受領するという期待以外に存しないということを考慮するものということができる。そして、客観的に当該会社への支配力を備えているものか否かという点で当該株式の評価額に差異が生じることには合理性があるといえるから、当該通達は、こうした趣旨において合理的な株式の評価方法を定めるものと認められる。

　評価基本通達における例外的評価方法たる配当還元方式は、評価会社に対する影響力を持たず支配力がないことからその経済的機能が当面は配当への期待しか認められないと特に認められる範囲を規定して、その限りで適用されるべきものであって、その反対に、その当面の経済的機能が配当への期待しか認められないわけではなく、評価会社に対する影響力を持ち支配力がある株式に対しては原則的な評価手法である類似業種比準方式が採用されるべきであるといえる。

● **配当還元方式の合理性**（平成17年10月12日東京地裁判決）

〔判決要旨〕

　当該会社に対する直接の支配力を有しているか否かという点において、同族株主とそれ以外の株主とでは、その保有する当該株式の実質的な価値に大きな差異があるといえるから、評価基本通達は、同族株主以外の株主が取得する株式の評価については、通常類似業種比準方式よりも安価に算定される配当還元方式による株式の評価方法を採用することにしたものであって、そのような差異を設けることには合理性があり、また、直接の経済的利益が配当を受領することに限られるという実態からすれば、配当還元方式という評価方法そのものにも合理性があるというべきである。

● **請求人が相続により取得した取引相場のない株式は、「同族株主以外の株主等が取得した株式」には該当しないことから、配当還元方式で評価することはできないとされた事例**（平成23年9月28日裁決）

〔裁決の要旨〕

　請求人は、評価会社であるJ社は、同族株主がおらず、また、J社の株主であるK社は請求人の同族関係者ではないから、請求人とその同族関係者の議決権割合が15％未満となるので、請求人が本件被相続人からの相続により取得したJ社株式（本件株式）は、配当還元方式により評価すべきである旨主張する。

　しかしながら、①K社の設立経緯、資産内容、人的・物的実体及び株主総会や取締役会の開催状況からすると、K社の出資者がJ社の経営や意思決定に関心や興味を有していたとは考え難く、また、②K社の出資者は、いずれもJ社の役員等であり、J社を退社した後は、K社の出資者たる地位を失うことになっていたこと並びにK社の出資者及び出資の譲受人は本件被相続人にその決定権があったものと認められることからすると、K社の出資者がJ社の代表取締役であった本件被相続人の意に沿った対応をすることが容易に認められること、③そして、K社は、本件被相続人死亡後開催されたJ社の取締役を選任する重要なJ社の株主総会において、K社が所有しているJ社の株式に係る議決権を、K社の出資者でも役員でもない請求人（本件被相続人の妻）に委任していることからすれば、K社は本件被相続人に代表されるJ社の創業家の強い支配下にあり、K社の出資者は、同社の意思決定を、いずれも、本件被相続人及び請求人に代表されるJ社の創業者一族の意思に委ねていたものと認められるから、K社の株主総会等における議決権の行使についても、J社の創業者一族の意思と同一の内容の議決権を行使することに同意していた者と認めるのが相当である。そうすると、請求人は、

法人税法施行令第4条《同族関係者の範囲》第6項の規定により、K社の株主総会において全議決権を有し、かつ、K社の唯一の出資者であるとみなされることから、同条第3項により、K社を支配していることとなって、同条第2項により、K社は請求人と特殊関係にある法人に該当するので、請求人の同族関係者に該当することとなる。そうすると、J社における請求人とその同族関係者の議決権割合は15%以上となるから、本件株式を配当還元方式で評価することはできない。

● **本件譲渡に係る出資の価額について、形式的には「同族株主以外の株主等が取得した株式」として「配当還元方式」により評価できるところ、実質的な同族関係者等を検討した結果、「同族株主以外の株主等が取得した株式」に該当せず「純資産価額方式等」により評価するのが相当であり、かつ、純資産価額方式による場合に評価基本通達185のただし書による評価減を行うことはできないとされた事例** （平成26年10月29日東京地裁判決）

〔判決要旨〕

　aaは、本件13社が社員であった間、一貫して、原告X1及びその同族関係者によって実質的に支配されていたと認められるのであって、このような事情がある場合に、単独のグループの保有する株式数だけでは会社を完全に支配することができないといえる場合に評価減を行うものとした評価基本通達185のただし書を適用することは、その定めを設けた趣旨にもとるというべきであって、その点において、同通達の定める評価方式以外の評価方式によるべき特段の事情があるというべきである。

　なお、原告らは、評価基本通達185のただし書の適用に際して、本件13社による「経営の意図」というような主観的な要素を考慮するべきでない旨の主張をする。しかしながら、前記（ウ）の判断は、原告X1及びその同族関係者がaaを実質的に支配していたという事情を基にしたものであって、本件13社の主観的な認識等から直ちに上記の判断をしたものではないから、上記原告らの主張は前提を欠くものというべきである。また、原告らの主張が、上記のようなaaに対する支配に係る事情の認定をするに当たり、前記に述べたような本件13社を含めた関係者らの主観的な認識等を考慮すべきでないという趣旨であれば、そのような主張には理由がないというべきである。

　以上によれば、原告X1の同族関係者であるQ及びRが本件各譲渡により取得した本件RE出資の価額について純資産価額方式によって評価する場合、評価基本通達185のただし書を適用すべきではないから、その定めによって20パーセントの評価減を行うことはできない。

● **Ａ社及びＢ社の有する甲社（評価会社）の議決権を甲社自身が有するものとみなしてこれを甲社の議決権総数から除外すること、又は、Ａ社及びＢ社の有する甲社の議決権を原告が有するものとみなしてこれを原告の有する甲社の議決権の数に合算することを前提に、本件株式が評価基本通達188のいずれにも該当しない旨の国側（被告）の主張がいずれも排斥された事例**（平成29年8月30日東京地裁判決）

〔判決要旨〕

　評価基本通達188は、評価会社の株主の「同族関係者」の定義として、法人税法施行令４条を引用しており、同条６項は当該「同族関係者」に当たる同条３項に定める特殊の関係のある法人についてのその該当性の判断等に関して設けられた規定である。そうすると、評価基本通達188の適用上、評価会社における株主の議決権割合の判定そのものに同条６項が適用されるわけではないから、仮にＡ社及びＢ社がその有する甲社の議決権について甲社や原告の意思と同一の内容の議決権を行使することに同意していたとしても、評価会社である甲社における株主の議決権割合の判定において、Ａ社及びＢ社の有する議決権を甲社や原告が有するとみなされることになるものではない。

　被告は、法人税法施行令４条６項により、Ａ社及びＢ社の有する甲社の議決権を甲社が有するとみなされる場合には、評価基本通達188の適用上、これらを自己株式に係る議決権としてその数を０として計算した議決権の数をもって甲社の議決権総数とすべきである旨主張する。しかしながら、仮に評価会社とその株主との間に、法人税法施行令４条６項を適用すれば、その株主の有する評価会社の議決権を評価会社自身が有するとみなされることとなる関係が存する場合であっても、実際の株主総会等の場面においてはその株主は当該議決権を現実に行使し得る（自己株式に準じて議決権の行使が禁止される旨の法令上の規定は存しない。）のであるから、当該議決権の数を０として計算した議決権の数をもって評価会社の議決権総数としたのでは、その株主や他の株主の会社支配力をその議決権割合によって適正に測ることができなくなり、評価基本通達188の趣旨に反することとなる。

　被告は、本件株式が「同族株主以外の株主等が取得した株式」に該当してもなお類似業種比準方式により評価することが正当と是認される特別な事情として、被相続人による甲社及びその関連会社（Ａ社及びＢ社）の実効支配体制の確立や、原告（被相続人の配偶者）が被相続人からこの体制を引き継いだこと等を主張する。しかしながら、被相続人及び原告とＡ社及びＢ社との間に、何らかの特殊な支配関係等を認めることはできず、被相続人又は原告によるこれらの会社に対す

る実効支配体制が確立されていたとする被告の主張は、採用することができない。

● **評価基本通達188の規定に基づき株主区分の判定を行うに当たり、発行済株式数から控除する株式は、同188-3及び同188-4に定める株式に限られず、むしろ同188の定めにおける発行済株式数に、議決権を有しないこととされる株式及び議決権のない株式は、当然に含まれないとされた事例**（平成16年3月23日裁決）

〔裁決の要旨〕

　請求人らは、取引相場のない株式の評価方法を評価基本通達188に基づいて判定（株主区分の判定）するに当たり、単位未満株式は、発行済株式数から控除すべき株式を定めた同188-3及び同188-4に含まれていないから、発行済株式数から単位未満株式を控除せずに、その判定をすべきである旨主張する。

　しかしながら、株主区分の判定について、株式の保有割合を基とした会社支配の可否を基本的な考え方としているのは、商法第240条が株主総会の決議要件である発行済株式数に議決権のない株式等を算入しない旨を規定していることと符号させたものと解することが相当である。そうすると、同178における原則的な評価方法に対して設けられた同188の特例的評価方法についても、会社支配に関係する株式について比較すべきであり、株式の保有割合を判定する場合における発行済株式数についても、議決権を有しないこととされる株式及び議決権のない株式は、当然に含まれないと解すべきものである。

　また、上記の商法の改正経緯と評価基本通達の整備状況から、限定的に評価基本通達188-3及び188-4が定められたと解することは相当ではなく、課税実務上、必要な範囲で発行済株式数から控除される株式を明示したものと解すべきである。

　そうすると、株式の保有割合の判定において、発行済株式数に自己株式及び単位未満株式を含めることは、商法がこれらの株式について議決権を有しないこととした趣旨に照らしてみると、株主総会の決議における株主の議決権割合ともそごを来すことにもなり合理性が見出されないから、むしろ、同通達188-3及び188-4に定める株式と同様に、発行済株式数から控除することが相当であると認められる。

　したがって、株主区分の判定において、単位未満株式については、議決権のない株式であることから発行済株式数から控除すべきであり、請求人らの主張は採用できない。

第6章 会社規模の判定

1 概要

【取引相場のない株式の評価フローチャート】

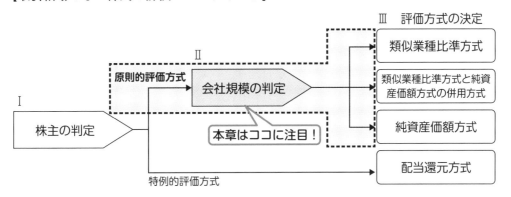

原則的評価方式は、配当還元方式に比べて、実際の評価額が算出されるまでにいくつかのステップを踏まなければなりません。

まず、最初のステップとして、原則的評価方式の入口となる「会社**規模**の判定」を行います。

2 会社規模の判定

取引相場のない株式を原則的評価方式により評価する場合、評価会社の**規模**に応じ、原則として、

① 上場会社に匹敵するような「**大会社**」の株式は、上場株式とのバランスを考慮した**類似業種比準方式**

② 個人企業（事業）とそれほど変わるところがない「**小会社**」の株式は、個人企業（事業）者の財産とのバランスを考慮した**純資産価額方式**

③ 大会社と小会社との中間にある「**中会社**」の株式は、類似業種比準方式と純資産価額方式の**併用方式**

によって評価します（評基通179）。

ここで、**注意が必要なのが③の中会社**です。「大会社と小会社との中間にある」とはいえ、規模の差によって「大会社に近い規模の中会社」や「ほとんど小会社に近い中会社」が生じるため、併用する評価額のうち「**どの程度『大会社』の要素をミック**

スさせるか」を「**Lの割合**※」として３つに細分化して評価することになります。

※　「Lの割合」の「L」とは「Large（大きい）、Largeness（大きさ）、あるいは Lean（傾向、傾き、かたより）」を意味するといわれています。

〈**会社の規模に応じた原則的評価方式による評価方法（評基通179）**〉

会社の規模	特　徴	評価方式	
大会社	上場会社に匹敵するような規模	類似業種比準方式 ※　ただし、選択により純資産価額方式（評基通179(1)ただし書）	
中会社	大会社と小会社との中間の規模	類似業種比準方式と純資産価額方式の併用方式 ㊣：類似業種比準方式による評価額 ㊣：純資産価額方式による評価額	
		中の大（L＝0.9）	㊣×0.9＋㊣×0.1
		中の中（L＝0.75）	㊣×0.75＋㊣×0.25
		中の小（L＝0.6）	㊣×0.6＋㊣×0.4
		※　ただし、選択により純資産価額方式（評基通179(2)ただし書）	
小会社	個人企業とそれほど変わるところがない規模	純資産価額方式 ※　ただし、類似業種比準方式との併用も認められます。その場合のLの割合は0.5となります。	

　なお、**大会社、中会社に該当する場合も純資産価額方式のみで評価することも認められています**ので、純資産価額方式による評価額の方が類似業種比準方式による評価額より低い場合は、純資産価額方式を採用した方が納税者にとって有利になります。

※　評基通179以下の規定及び制度の趣旨から純資産価額を限度としていると考えられます。

3　具体的にどうやって会社の規模を判定するのか

　会社規模の判定は、課税時期の直前期末における会社の①従業員数、②総資産価額及び③取引金額の３要素に着目して判定します。

　全体像としては、次のフローチャートのようになります。

〈「会社規模の判定」のフローチャート〉

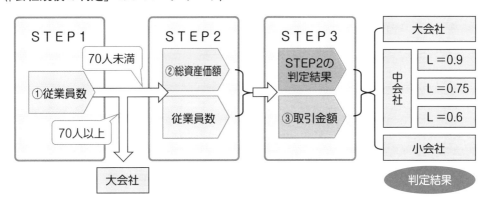

STEP 1
「従業員数」の判定

（評基通178(2)、評価明細書通達第１表の２）

　具体的には、まず「従業員数」をみて、**従業員数が70人以上いる会社は無条件で「大会社」であると判定します。**ここでいう従業員数とは、常勤であるか否か、正社員であるかパートタイマーであるかを問わず、評価会社において使用される個人で賃金を支払われる者をいいますが、評価会社の役員は従業員に含まれません。

　判定上の従業員数は、次の算式により求めます。

「非常勤社員」のイメージ

従業員数 ＝ （直前期末以前１年間の継続勤務従業員（１週間当たり30時間以上の労働時間のある者）の数） ＋ $\dfrac{\text{継続勤務従業員以外の従業員の直前期末１年間の労働時間の合計時間数}}{1,800}$

「正社員」のイメージ

> **column**　**「なんで1,800で割るの？」**
>
> 　算式中の「1,800」という数字は、厚生労働省における統計結果や目標値としての年間労働時間に基づいて設定された時間数です。継続勤務従業員以外の従業員の労働時間合計を1,800時間で除すことによって、<u>継続勤務従業員相当としての人数を算出</u>するのです。

　判定上の従業員数が70人未満の会社は、このあとのSTEPで「従業員数」に加えて「総資産価額」と「取引金額」の判定を行って会社の規模を確定します。

チェック ポイント	**「従業員の範囲」**

　　出向中の者や人材派遣会社より派遣されている者が従業員に該当するか否かについては、雇用関係や勤務実態を確認して次のように判定することとされています（国税庁質疑応答事例）。

1　出向中の者

　　従業員数基準における従業員とは、原則として、評価会社との雇用契約に基づき使用される個人で賃金が支払われる者をいいますから、例えば、出向元との雇用関係が解消され、出向先で雇用されている出向者の場合には、出向先の従業員としてカウントすることとなります。

2　人材派遣会社より派遣されている者

　　「労働者派遣事業の適正な運営の確保及び派遣労働者の保護等に関する法律（労働者派遣法）による労働者派遣事業における派遣元事業所と派遣労働者の関係は、次の二通りがあります。

⑴　通常は労働者派遣の対象となる者が派遣元事業所に登録されるのみで、派遣される期間に限り、派遣元事業所と登録者の間で雇用契約が締結され賃金が支払われるケース

⑵　労働者派遣の対象となる者が派遣元事業所との雇用契約関係に基づく従業員（社員）であり、派遣の有無にかかわらず、派遣元事業所から賃金が支払われるケース

　　これに基づけば、従業員数基準の適用については、上記⑴に該当する個人は派遣元事業所の「継続勤務従業員」以外の従業員となり、⑵に該当する個人は「継続勤務従業員」となり、いずれも派遣元事業所の従業員としてカウントすることになります。

3　派遣先事業所における従業員数基準の適用

　　評基通178⑵の「評価会社に勤務していた従業員」とは、評価会社において使用される個人（評価会社内の使用者の指揮命令を受けて労働に従事するという実態をもつ個人をいいます。）で、評価会社から賃金を支払われる者（無償の奉仕作業に従事している者以外の者をいいます。）をいいますが、現在における労働力の確保は、リストラ、人件費などの管理コスト削減のため、正社員の雇用のみで対応するのではなく、臨時、パートタイマー、アルバイターの採用など多様化しており、派遣労働者の受入れもその一環であると認められ、実質的に派遣先における従業員と認めても差し支えないと考えられること等から、派遣労働者を受け入れている評価会社における従業員数基準の適用については、受け入れた派遣労働者の勤務実態に応じて継続勤務従業員とそれ以外の従業員に区分した上で判定しても差し支えありません。

○ 参考〜派遣労働者の雇用関係等と従業員数基準の判定
イ 派遣元事業所

派遣元における派遣労働者の雇用関係等				派遣元事業所における従業員数基準の判定
派遣時以外の雇用関係	賃金の支払い	派遣時の雇用関係	賃金の支払い	
な し	な し	あ り	あ り	継続勤務従業員以外
あ り	あ り	あ り	あ り	継続勤務従業員

ロ 派遣先事業所
勤務実態に応じて判定します。

STEP 2
「総資産価額（帳簿価額）」の判定〜比較

評価会社が STEP 1 で大会社に判定されなかった場合、**従業員数に加えて総資産価額による分類**を行います。

具体的には、図1の「総資産価額（帳簿価額）」欄と「従業員数」欄のそれぞれにおいて、どの欄に該当するかを判定します。

ここでいう**総資産価額**とは、**課税時期の直前期末における評価会社の各資産の帳簿価額の合計額**をいいます（評基通178(1)）。貸借対照表上の「資産の部」の合計額を使うのが一般的です[1、2、3]。

※1 評価会社が固定資産の償却額の計算を間接法によって表示している場合には、その帳簿価額の合計額から減価償却累計額を控除する必要があります。

※2 間接法とは、固定資産の勘定科目を使わず、「減価償却累計額」という勘定科目を使う方法です。例えば、減価償却費180,000／減価償却累計額180,000という仕訳をします。

※3 貸倒引当金が資産から控除する形式で表示されている場合、足戻しする必要があります。つまり、貸倒引当金は、控除しないことに留意してください。

図1 「評価明細書　第1表の2 （抜粋）」

総資産価額（帳簿価額）			従業員数
卸売業	小売・サービス業	卸売業、小売・サービス業以外	
20億円以上	15億円以上	15億円以上	35 人 超
4億円以上20億円未満	5億円以上15億円未満	5億円以上15億円未満	35 人 超
2億円以上4億円未満	2億5,000万円以上5億円未満	2億5,000万円以上5億円未満	20 人 超35 人 以 下
7,000万円以上2億円未満	4,000万円以上2億5,000万円未満	5,000万円以上2億5,000万円未満	5 人 超20 人 以 下
7,000万円未満	4,000万円未満	5,000万円未満	5 人 以 下

貸 借 対 照 表
(○年○月○日　現在)

(単位：円)

科　目	金　額	科　目	金　額
（ 資 産 の 部 ）		（ 負 債 の 部 ）	
流 　動 　資 　産		流 　動 　負 　債	
現 金 及 び 預 金		買 　　掛 　　金	
受 　取 　手 　形		短 期 借 入 金	
売 　　掛 　　金		未 　　払 　　金	
商 　　　　品		未 　払 　費 　用	
部 　　　　品		未 払 法 人 税 等	
前 　払 　費 　用		預 　　り 　　金	
繰 延 税 金 資 産		賞 与 引 当 金	
短 期 貸 付 金		製 品 保 証 引 当 金	
未 収 入 金		そ 　の 　他	
		固 　定 　負 　債	
関 係 会 社 出 資 金		評 価・換 算 差 額 等	
長 期 貸 付 金		その他有価証券評価差額金	
長 期 前 払 費 用			
そ 　の 　他			
貸 倒 引 当 金	△10,000,000	純 資 産 合 計	
資 産 合 計	1,000,000,000	負 債・純 資 産 合 計	

> 貸借対照表上の資産の部の合計額

　なお、判定要素となる数値は「卸売業」、「小売・サービス業」及び「卸売業、小売・サービス業以外」の3タイプに大別された業種ごとに定められていますので、評価会社の業種に応じた総資産価額の表示欄を選択する必要があります。

　評価会社がどのタイプの業種に属するかは、原則として、総務省が公開している「日本標準産業分類」に基づいて判定しますが、**評価会社が2以上の業種に係る企業活動を行っている場合は、直前期末以前1年間の取引金額（売上高）のうち最も多い取引金額に係る業種によって判定**します（評基通178(4)）。

（注）　医療法人については、医療法人そのものはあくまで「サービス業」の一種と考えられることから、「小売・サービス業」に該当することとされています（国税庁質疑応答事例「医療法人の出資を類似業種比準方式により評価する場合の業種目の判定等」）。
　　　　なお、類似業種比準方式により評価する場合の業種目（101頁）は、「その他の産業」とされています。

　併せて、STEP 1で確認した判定上の従業員数を表示している欄も選択します。

　こうして選択された**2つの欄（総資産価額と従業員数）**のうち、いずれか**低い方（下に表示された方）**が**STEP 2における判定結果**となります。

この２つを比較する理由は、例えば「従業員数が少人数で済む小規模な不動産賃貸業」などの場合に、総資産価額が多額（土地・建物等）であると、それだけで直ちに会社の規模が大きく判定されてしまうのを防ぐなど、企業活動の実態に応じた会社の規模が適切に判定されるようにするためです。

なお、この段階ではまだ会社の規模は確定しません。次の STEP 3 を経て、明らかになります。

チェックポイント

> 会社の規模が５つの区分（大・中×３・小）となっているので、判定基準も金額等に応じて上下に５つの区分が設けられています。

STEP 3　「取引金額」の判定〜比較

次に、「取引金額」による分類を行います。

具体的には、図２の「取引金額」欄の、どの欄に該当するかを判定します。

ここでいう**取引金額**とは、**課税時期の直前期末１年間における評価会社が目的とする事業による収入金額（売上高）を**いい（評基通178(3)）、主目的以外の目的とする事業も含みます。損益計算書上の「売上高」の金額を使うのが一般的です。

なお、判定要素となる数値は STEP 2 と同じく「卸売業」、「小売・サービス業」及び「卸売業、小売・サービス業以外」

図２「評価明細書　第１表の２（抜粋）」

取　　引　　金　　額		
卸　売　業	小売・サービス業	卸売業、小売・サービス業以外
30億円以上	20億円以上	15億円以上
7億円以上 30億円未満	5億円以上 20億円未満	4億円以上 15億円未満
3億5,000万円以上 7億円未満	2億5,000万円以上 5億円未満	2億円以上 4億円未満
2億円以上 3億5,000万円未満	6,000万円以上 2億5,000万円未満	8,000万円以上 2億円未満
2億円未満	6,000万円未満	8,000万円未満

②　直前期末以前１年間の取引金額に応ずる区分

の３タイプに大別された業種ごとに定められているので、評価会社の業種に応じた取引金額の表示欄を選択する必要があります。

損 益 計 算 書

（自　○年○月○日　至　○年○月○日）

（単位：円）

科　目	金　額
売　　　上　　　高	350,000,000
売　　上　　原　　価	
売　上　総　利　益	
販売費及び一般管理費	
営　業　利　益	
営　業　外　収　益	
受　取　利　息	
受　取　配　当　金	
特　別　損　失	
前　期　損　益　修　正　損	
固　定　資　産　除　売　却　損	
貸　倒　引　当　金　繰　入　額	
そ　　　の　　　他	
税　引　前　当　期　純　利　益	
法人税、住民税及び事業税	
法　人　税　等　調　整　額	
当　期　純　利　益	

（吹き出し）損益計算書上の売上高

　この判定結果（取引金額の判定）とSTEP 2の判定結果（総資産価額と従業員数との判定）とを比べて、いずれか高い方（上に表示された方）の欄がSTEP 3の判定結果になります。本来は、取引金額が直接的な企業規模を表す指標といえますが、「いずれか高い方」を選択することによって、例えば、たまたま取引金額が少なくても継続的な従業員数が多い場合には会社の規模が大きく判定されるなど、企業活動の実態に応じた会社の規模が適切に判定されることとなります。

4 判定結果

下図の「会社規模とLの割合（中会社）の区分」欄のうち、**STEP 3の判定結果の高さと同じ高さの欄が会社の規模**になります。次の例でみてみましょう。

［（例）評価会社の情報］

> **従 業 員 数：5人（⇒ STEP 1：「70人未満」に該当）**
> **総資産価額：18億円（土地・建物等）**
> **取 引 金 額：1億円（不動産賃貸業：「卸売業、小売・サービス業以外」に該当）**

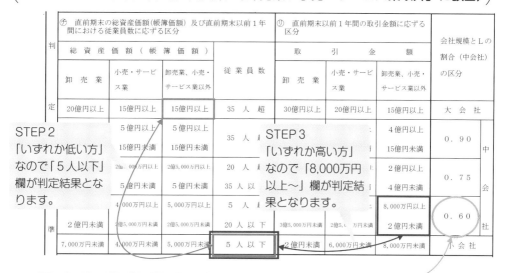

STEP 2
「いずれか低い方」なので「5人以下」欄が判定結果となります。

STEP 3
「いずれか高い方」なので「8,000万円以上～」欄が判定結果となります。

STEP 3の判定結果と同じ高さが会社の規模の判定結果（中会社：L＝0.60）になります。

問題　会社規模の判定

取引相場のない株式の評価について、次の問に答えてください。

取引相場のない株式の発行会社である㈱青山について、次の会社情報から、**「会社の規模」の判定を行って、評価方式**を決定してください。

なお、解答に当たっては、次頁の様式（取引相場のない株式（出資）の評価明細書第1表の2）を使用してください。

㈱青山の会社情報

売上高	製造加工部門　250,000千円 卸売部門　　　100,000千円
総資産価額（帳簿価額）	10億円
従業員数等	正社員　15人 非常勤社員　2人（年間労働時間合計2,500時間）

【解答欄】

取引相場のない株式（出資）の評価明細書　第１表の２（抜粋）

3．会社の規模（Lの割合）の判定				

判定要素	項　目	金　額	項　目	人　数
	直前期末の総資産価額 （帳簿価額）	千円	直前期末以前１年間における従業員数	人 〔従業員数の内訳〕 (継続勤務従業員数) + (継続勤務従業員以外の従業員の労働時間の合計時間数) (　　人) + (　　時間)/1,800時間
	直前期末以前１年間の取引金額	千円		

ⓗ　直前期末以前１年間における従業員数に応ずる区分	70人以上の会社は、大会社（ⓘ及びⓙは不要）
	70人未満の会社は、ⓘ及びⓙにより判定

	ⓘ　直前期末の総資産価額（帳簿価額）及び直前期末以前１年間における従業員数に応ずる区分				ⓙ　直前期末以前１年間の取引金額に応ずる区分			会社規模とLの割合（中会社）の区分
	総　資　産　価　額（帳簿価額）			従業員数	取　　引　　金　　額			
判定基準	卸　売　業	小売・サービス業	卸売業、小売・サービス業以外		卸　売　業	小売・サービス業	卸売業、小売・サービス業以外	
	20億円以上	15億円以上	15億円以上	35　人　超	30億円以上	20億円以上	15億円以上	大　会　社
	4億円以上 20億円未満	5億円以上 15億円未満	5億円以上 15億円未満	35　人　超	7億円以上 30億円未満	5億円以上 20億円未満	4億円以上 15億円未満	0.90　中
	2億円以上 4億円未満	2億5,000万円以上 5億円未満	2億5,000万円以上 5億円未満	20　人　超 35人以下	3億5,000万円以上 7億円未満	2億円以上 5億円未満	2億円以上 4億円未満	0.75　会
	7,000万円以上 2億円未満	4,000万円以上 2億5,000万円未満	5,000万円以上 2億5,000万円未満	5　人　超 20人以下	2億円以上 3億5,000万円未満	6,000万円以上 2億円未満	8,000万円以上 2億円未満	0.60　社
	7,000万円未満	4,000万円未満	5,000万円未満	5　人以下	2億円未満	6,000万円未満	8,000万円未満	小　会　社

・「会社規模とLの割合（中会社）の区分」欄は、ⓘ欄の区分（「総資産価額（帳簿価額）」と「従業員数」とのいずれか下位の区分）とⓙ欄（取引金額）の区分とのいずれか上位の区分により判定します。

判定	大　会　社	中　会　社			小　会　社	
		L　の　割　合				
		0.90	0.75	0.60		

取引相場のない株式（出資）の評価明細書　第1表の2（抜粋）

3. 会社の規模（Lの割合）の判定

	項　目	金　額	項　目	人　　　　　数
判定要素	直前期末の総資産価額 （帳簿価額）	千円 1,000,000	直前期末以前1年間における従業員数	16.3 人 〔従業員数の内訳〕 （継続勤務従業員数）（継続勤務従業員以外の従業員の労働時間の合計時間数） （15人）+ （2,500 時間）/ 1,800時間
	直前期末以前1年間の取引金額	千円 350,000		

㋺　直前期末以前1年間における従業員数に応ずる区分	70人以上の会社は、大会社（㋑及び㋩は不要）
	70人未満の会社は、㋑及び㋩により判定

㋑　直前期末の総資産価額（帳簿価額）及び直前期末以前1年間における従業員数に応ずる区分				㋩　直前期末以前1年間の取引金額に応ずる区分			会社規模とLの割合（中会社）の区分
総　資　産　価　額（帳　簿　価　額）			従業員数	取　　引　　金　　額			
卸　売　業	小売・サービス業	卸売業、小売・サービス業以外		卸　売　業	小売・サービス業	卸売業、小売・サービス業以外	
20億円以上	15億円以上	15億円以上	35 人 超	30億円以上	20億円以上	15億円以上	大 会 社
4億円以上 20億円未満	5億円以上 15億円未満	5億円以上 15億円未満	35 人 超	7億円以上 30億円未満	5億円以上 20億円未満	4億円以上 15億円未満	0.90 中
2億円以上 4億円未満	2億5,000万円以上 5億円未満	2億5,000万円以上 5億円未満	20 人 超 35 人 以 下	3億5,000万円以上 7億円未満	2億5,000万円以上 5億円未満	2億円以上 4億円未満	0.75 会
7,000万円以上 2億円未満	4,000万円以上 2億5,000万円未満	5,000万円以上 2億5,000万円未満	5 人 超 20 人 以 下	2億円以上 3億5,000万円未満	6,000万円以上 2億5,000万円未満	8,000万円以上 2億円未満	0.60 社
7,000万円未満	4,000万円未満	5,000万円未満	5 人 以 下	2億円未満	6,000万円未満	8,000万円未満	小 会 社

・「会社規模とLの割合（中会社）の区分」欄は、㋑欄の区分（「総資産価額（帳簿価額）」と「従業員数」とのいずれか下位の区分）と㋩欄（取引金額）の区分とのいずれか上位の区分により判定します。

判定	大 会 社	中 会 社			小 会 社	
		L の 割 合				
		0.90	0.75	0.60		

解答への道標 ···

取引相場のない株式（出資）の評価明細書　第1表の2（抜粋）

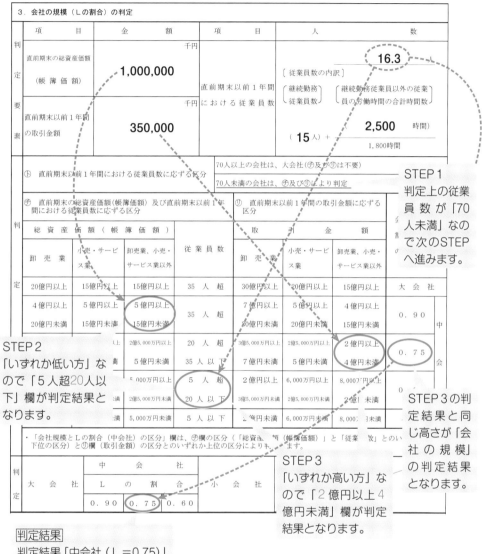

STEP 1
判定上の従業員数が「70人未満」なので次のSTEPへ進みます。

STEP 2
「いずれか低い方」なので「5人超20人以下」欄が判定結果となります。

STEP 3
「いずれか高い方」なので「2億円以上4億円未満」欄が判定結果となります。

STEP 3の判定結果と同じ高さが「会社の規模」の判定結果となります。

判定結果
判定結果「中会社（L＝0.75）」をここに表示します。

この表による判定結果から、設問の㈱青山の原則的評価方式による評価は、**中会社（L＝0.75）**の評価、つまり74頁で説明した、

「中の中：㊞×0.75＋㊟×0.25」により評価することが決まりました。

第6章

会社規模の判定

85

第7章 類似業種比準方式

1 概要

【取引相場のない株式の評価フローチャート】

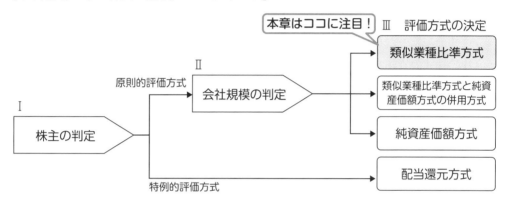

　評価方法は会社の規模に応じて変わるのですが、下の表をよく見てみると、どの会社の規模であっても評価方式に「**類似業種比準方式**」が含まれているため、原則として、類似業種比準方式による評価額（類似業種比準価額）は会社の規模にかかわらず検討することになります。

〈会社の規模に応じた原則的評価方式による評価方法（評基通179）〉

会社の規模	特　徴	評価方式
大会社	上場会社に匹敵するような規模	**類似業種比準方式** ※　ただし、選択により純資産価額方式
中会社	大会社と小会社との中間の規模	**類似業種比準方式**と純資産価額方式の併用方式 ㊣：類似業種比準方式による評価額 ㊣：純資産価額方式による評価額 中の大（Ｌ＝0.9）　㊣×0.9＋㊣×0.1 中の中（Ｌ＝0.75）　㊣×0.75＋㊣×0.25 中の小（Ｌ＝0.6）　㊣×0.6＋㊣×0.4 ※　ただし、選択により純資産価額方式
小会社	個人企業とそれほど変わるところがない規模	純資産価額方式 ※　ただし、**類似業種比準方式**との併用も認められます。その場合のＬの割合は0.5となります。

　なお、**大会社、中会社に該当する場合も純資産価額方式のみで評価することも認められています**ので、純資産価額方式による評価額の方が類似業種比準方式による評価額より低い場合は、純資産価額方式を採用した方が納税者にとって有利になります。

※　評基通179以下の規定及び制度の趣旨から純資産価額を限度としていると考えられます。

2　「類似業種比準方式」とは

　類似業種比準方式は、上場会社の事業内容を基として定められている類似業種比準価額計算上の業種目のうち、評価会社の事業内容と類似するものを選び、その類似業種の①「株価」を基に、１株当たり（資本金等の額50円当たり）の②「配当金額」、③「年利益金額」及び④「純資産価額（帳簿価額）」を比準（比較）要素として、評価会社の株式の価額を求める方法です（評基通180）。

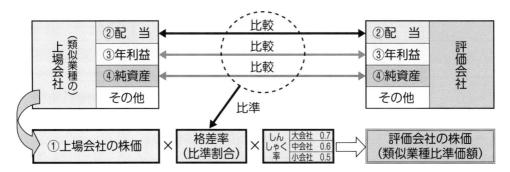

　株式の評価額を形成する要因には、配当金額、年利益金額及び純資産価額はもちろんのこと、事業の内容、その将来性、資本系列、経営者の手腕、さらには業界のおかれている経済的環境等、様々な要因が考えられます。本来的にはこれら全ての要素を比準して評価するのが望ましいのですが、計数としてとらえることのできないものもあることから、最も基本的な要因である上記３要素（上記②配当、③利益及び④簿価純資産）を基として計算した比準価額によることとしているのです。

2 「類似業種比準方式」とは

本表は、類似業種比準価額を算定する様式です。各欄の金額は、各欄の表示単位未満の端数を切り捨てて記載してください（後述のSTEP3⑵（104頁）の要素別比準割合及び比準割合は、それぞれ小数点以下2位未満を切り捨てて記載します。また、後述のSTEP3⑷（106頁）にも留意してください。）

チェックポイント

第4表　類似業種比準価額等の計算明細書

会社名

（取引相場のない株式（出資）の評価明細書）

（平成三十年一月一日以降用）

第7章　類似業種比準方式

1. 1株当たりの資本金等の額等の計算	直前期末の資本金等の額	直前期末の発行済株式数	直前期末の自己株式数	1株当たりの資本金等の額（①÷（②－③））	1株当たりの資本金等の額を50円とした場合の発行済株式数（①÷50円）
	① 千円	② 株	③ 株	④ 円	⑤ 株

2. 比準要素等の金額の計算

1株(50円)当たりの年配当金額

直前期末以前2（3）年間の年平均配当金額

事業年度	⑥ 年配当金額	⑦ 左のうち非経常的な配当金額	⑧ 差引経常的な年配当金額(⑥－⑦)	年平均配当金額	比準要素数1の会社・比準要素数0の会社の判定要素の金額
直前期	千円	千円	⑦ 千円	⑨(⑦+⑩)÷2 千円	⑨/⑤ ⑧ 円 銭 0
直前々期	千円	千円	⑩ 千円		⑩/⑤ ⑧ 円 銭 0
直前々期の前期	千円	千円	⑩ 千円	⑩(⑩+⑩)÷2 千円	1株(50円)当たりの年配当金額 ⑧の金額 円 銭

1株(50円)当たりの年利益金額

直前期末以前2（3）年間の利益金額

事業年度	⑪法人税の課税所得金額	⑫非経常的な利益金額	⑬受取配当等の益金不算入額	⑭左の所得税額	⑮損金算入した繰越欠損金の控除額	⑯差引利益金額(⑪－⑫+⑬－⑭+⑮)	比準要素数1の会社・比準要素数0の会社の判定要素の金額
直前期	千円	千円	千円	千円	千円	⊝ 千円	⊝又は(⊝+⊜)÷2 © 円
直前々期	千円	千円	千円	千円	千円	⊜ 千円	⊜又は(⊜+⊝)÷2 © 円
直前々期の前期	千円	千円	千円	千円	千円	⊘ 千円	1株(50円)当たりの年利益金額 [⊝/⑤ 又は ⊝+⊜÷2 の金額]

1株(50円)当たりの純資産価額

直前期末（直前々期末）の純資産価額

事業年度	⑰ 資本金等の額	⑱ 利益積立金額	⑲ 純資産価額(⑰＋⑱)	比準要素数1の会社・比準要素数0の会社の判定要素の金額
直前期	千円	千円	⑰ 千円	⑰/⑤ ⑪ 円
直前々期	千円	千円	⑨ 千円	⑨/⑤ ⑪ 円
				1株(50円)当たりの純資産価額 ⑪の金額 ① 円

3. 類似業種比準価額の計算

1株(50円)当たりの比準価額の計算

	類似業種と業種目番号	(No.)	区分	1株(50円)当たりの年配当金額	1株(50円)当たりの年利益金額	1株(50円)当たりの純資産価額	1株(50円)当たりの比準価額
類似業種の株価	課税時期の属する月	⑦ 月 円	評価会社	⑧ 円 銭	© 円	⑩ 円	⑳×㉑×0.7 ※
	課税時期の属する月の前月	⑨ 月 円	類似業種	B 円 銭 0	C 円	D 円	※ 中会社は0.6 小会社は0.5 とします。
	課税時期の属する月の前々月	⑰ 月 円	要素別比準割合	⑧/B	©/C	⑩/D	
	前年平均株価	⑦ 円	比準割合	⑳ [⑧/B + ©/C + ⑩/D]÷3 = ㉑ .			
	課税時期の属する月以前2年間の平均株価	⑳ 円					㉒ 円 銭 0
	A[⑦、⑨、⑰及び⑧のうち最も低いもの] ⑳ 円						

1株(50円)当たりの比準価額の計算

	類似業種と業種目番号	(No.)	区分	1株(50円)当たりの年配当金額	1株(50円)当たりの年利益金額	1株(50円)当たりの純資産価額	1株(50円)当たりの比準価額
類似業種の株価	課税時期の属する月	⑦ 月 円	評価会社	⑧ 円 銭 0	© 円	⑩ 円	㉓×㉑×0.7 ※
	課税時期の属する月の前月	⑨ 月 円	類似業種	B 円 銭 0	C 円	D 円	※ 中会社は0.6 小会社は0.5 とします。
	課税時期の属する月の前々月	⑰ 月 円	要素別比準割合	⑧/B	©/C	⑩/D	
	前年平均株価	⑦ 円	比準割合	㉓ [⑧/B + ©/C + ⑩/D]÷3 = ㉔ .			
	課税時期の属する月以前2年間の平均株価	⑳ 円					㉕ 円 銭 0
	A[⑨、⑨、⑰及び⑧のうち最も低いもの] ⑳ 円						

1株当たりの比準価額	比準価額（㉒と㉕とのいずれか低い方） 円 0銭 × ④の金額 ___円___/50円		㉖ 円

比準価額の修正

直前期末の翌日から課税時期までの間に配当金交付の効力が発生した場合	比準価額(㉖)	1株当たりの配当金額	修正比準価額
	円 －	円 銭	㉗ 円

直前期末の翌日から課税時期までの間に株式の割当て等の効力が発生した場合	比準価額(㉖)(㉗があるときは㉗)	割当株式1株たりの払込金額	1株当たりの割当株式数	1株当たりの割当株式数又は交付株式数	修正比準価額
	(円＋	円 銭×	株)÷(1株＋	株)	㉘ 円

STEP 1
「1株当たりの資本金等の額等の計算」

1．1株当たりの資本金	直前期末の資本金等の額		直前期末の発行済株式数		直前期末の自己株式数		1株当たりの資本金等の額 （①÷（②－③））		1株当たりの資本金等の額を50円とした場合の発行済株式数 （①÷50円）	
等の額等の計算	①	**30,000** 千円	②	株	③	株	④	円	⑤	株

　ここからは、第4表類似業種比準価額等の計算明細書に沿って、類似業種比準価額の算出までの具体的な評価の流れをみていきます。

　まず、「1株当たりの資本金等の額を50円とした場合の発行済株式数」（⑤欄）の計算です。これは、55頁のコラム「どうして50円で割るの？　なんで2円50銭なの？」で説明したとおり、評価会社も上場会社も、1株当たりの資本金等の額がバラバラなため、直前期末の資本金等の額を50円で割ることで、1株当たり50円とした場合の株式数に統一します（評基通183）。

　なお、「直前期末の資本金等の額」（①欄）は、法人税申告書別表五（一）（利益積立金額及び資本金等の額の計算に関する明細書）から転記します。この場合、その金額が負数のとき（自己株式を多く取得している場合など）でもそのまま記載します。

　②欄は、直前期末の発行済株式数であることに留意してください。

　また、1株当たりの資本金等の額をあとで元の水準に戻すために必要なので、あらかじめ④欄の項目で1株当たりの資本金等の額を求めておきます。

　この場合、直前期末の自己株式数を除いた株式数で1株当たりの資本金等の額を求めます。

利益積立金額及び資本金等の額の計算に関する明細書

事業年度	・・	法人名	

別表五（一）

令四・四・一以後終了事業年度分

I　利益積立金額の計算に関する明細書

区　分		期首現在利益積立金額 ①	当期の増減 減 ②	当期の増減 増 ③	差引翌期首現在利益積立金額 ①−②+③ ④
利 益 準 備 金	1	円	円	円	円
積　　立　　金	2				
	3				
	4				
	5				
	6				
	7				
	8				
	9				
	10				
	11				
	12				
	13				

御注意

この表は、通常の場合には次の算式により検算が

期首現在利益積立金額合計「31」① ＋ 別表

中間分・確定分の通算税効果額の合計額

納 税 充 当 金		26				
未納法人税等（退職年金等積立金に対するものを除く。）	未 納 法 人 税 及 び 未 納 地 方 法 人 税（附帯税を除く。）	27	△	△	中間 △	△
					確定 △	
	未 払 通 算 税 効 果 額（附帯税の額に係る部分の金額を除く。）	28			中間	
					確定	
	未 納 道 府 県 民 税（均等割額を含む。）	29	△	△	中間 △	△
					確定 △	
	未 納 市 町 村 民 税（均等割額を含む。）	30	△	△	中間 △	△
					確定 △	
差 引 合 計 額		31				

中間分・確定分の法人税等・道府県民税及び市町村民税の合計額

II　資本金等の額の計算に関する明細書

区　分		期首現在資本金等の額 ①	当期の増減 減 ②	当期の増減 増 ③	差引翌期首現在資本金等の額 ①−②+③ ④
資 本 金 又 は 出 資 金	32	30,000,000 円	円	円	30,000,000 円
資 本 準 備 金	33				
	34				
	35				
差 引 合 計 額	36	30,000,000			30,000,000

注意

第7章

類似業種比準方式

91

STEP 2
「比準要素等の金額の計算」

　ここでは、評価会社における比準3要素（配当金額、年利益金額、純資産価額（簿価））の金額を計算します。次の(1)から(3)において、それぞれⒷ、Ⓒ、Ⓓの各欄の金額を計算することを目的とします。

(1)　年配当金額【Ⓑ】（評基通183(1)）

1株50円当たりの年配当金額	直前期末以前2（3）年間の年平均配当金額				比準要素数1の会社・比準要素数0の会社の判定要素の金額		
	事業年度	⑥年配当金額	⑦左のうち非経常的な配当金額	⑧差引経常的な年配当金額（⑥−⑦）	年平均配当金額	$\frac{⑨}{⑤}$	Ⓑ　　円　　銭 0
	直前期	1,500 千円	千円	⑦ 1,500 千円	⑨(⑦+⑨)÷2 千円 2,000	$\frac{⑩}{⑤}$	Ⓑ　　円　　銭 0
	直前々期	5,000 千円	2,500 千円	⑦ 2,500 千円	⑩(⑨+⑨)÷2 千円	1株(50円)当たりの年配当金額（Ⓑ）の金額)	
	直前々期の前期	千円	千円	⑦ 千円		Ⓑ　　　　　円　　銭	

　この項目では、評価会社の1株（50円）当たりの年配当金額を**直前期末以前2年間の平均**※でみてどのくらいになるか計算します。

　ここでいう「年配当金額」とは、54頁でみた「配当還元方式」の場合と同じで、通常配当から非経常的な配当を控除したものをいいます。

　「⑥年配当金額」欄は、各事業年度中に配当金交付の効力が発生した「剰余金の配当」の金額を記載します。通常は、決算書上の**「株主資本等変動計算書」**にマイナス項目として記載されています。

株主資本等変動計算書

（自X−1年1月1日　至X−1年12月31日）　　　　　　（単位：円）

	株主資本					純資産合計
	資本金	利益剰余金				
		利益準備金	その他利益剰余金		利益剰余金合計	
			別途積立金	繰越利益剰余金		
前期末残高	30,000,000	20,592,000	106,000,000	54,182,051	180,774,051	210,774,051
当期変動額						
別途積立金			25,000,000	△25,000,000	0	0
剰余金の配当				△1,500,000	△1,500,000	△1,500,000
剰余金の配当に係る利益準備金の積立額		1,200,000		△1,200,000	0	0
当期純利益				80,585,125	80,585,125	80,585,125
当期変動額合計		1,200,000	25,000,000	52,885,125	79,085,125	79,085,125
当期末残高	30,000,000	21,792,000	131,000,000	107,067,176	259,859,176	289,859,176

　なお、**特別配当**や、**記念配当**のように将来継続することが予想できない配当がある場合は⑦欄で減算します。

※　通常は「直前期」及び「直前々期」のみ記載して計算すればよいのですが、「比準要素数１の会社」、「比準要素数０の会社」の判定の際は、「直前々期の前期」の配当状況も考慮します。

※　配当優先株式を発行している評価会社の株式を類似業種比準方式により評価する場合には、配当優先株式と普通株式の種類ごと（複数の種類の配当優先株式が発行されている場合には、その種類ごと）に区分して評価します。この場合、類似業種比準方式の評価の３要素の１つである「１株当たりの配当金額」についてのみ株式の種類ごとに計算し、「１株当たりの利益金額」及び「１株当たりの純資産価額（帳簿価額によって計算した金額）」は、いずれの種類の株式についても同額となります（国税庁回答）。

チェックポイント　**みなし配当の金額がある場合の「年配当金額」**

　みなし配当の金額は、会社法上の剰余金の配当金額には該当せず、また、将来毎期継続することが予想できない金額に該当すると考えられることから、「年配当金額」に含めないこととされています（国税庁質疑応答「１株当たりの配当金額Ⓑ－自己株式の取得によるみなし配当の金額がある場合」）。

⑵　**年利益金額【Ⓒ】（評基通183⑵）**

	直前期末以前2（3）年間の利益金額						比準要素数1の会社・比準要素数0の会社の判定要素の金額	
事業年度	⑪法人税の課税所得金額	⑫非経常的な利益金額	⑬受取配当等の益金不算入額	⑭左の所得税額	⑮損金算入した繰越欠損金の控除額	⑯差引利益金額（⑪－⑫＋⑬－⑭＋⑮）	⑯ 又は（⑯＋⑰）÷2 ⑤	Ⓒ 円
直前期	345,819千円	－千円	3,881千円	331千円	千円	○ニ 千円	⑯ 又は（⑯＋⑰）÷2 ⑤	Ⓒ 円
直前々期	千円	千円	千円	千円	千円	○ホ 千円	1株(50円)当たりの年利益金額 ⑯ 又は（⑯＋⑰）÷2 ⑤ の金額	
直前々期の前期	千円	千円	千円	千円	千円	○ヘ 千円	Ⓒ 円	

　この項目では、評価会社の１株（50円）当たりの経常的な年利益金額を**直前期末以前１年間（又は直前期末以前２年間の平均）**※**でみて**どのくらいになるか計算します。

　ここでいう「年利益金額」とは、次の考え方によるものをいいます。

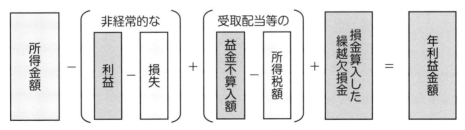

　そのため、計算に当たっては**法人税申告書**や**決算書**が必要になります。

　「⑪**法人税の課税所得金額**」欄は、法人税申告書別表四（所得の金額の計算に関する明細書）から転記します（欠損の場合は△を付けます。）。

　　C₁欄及びC欄は、直前期の年利益金額を基に算定しますが、**納税者の選択により、直前期と直前々期の２年間の平均によることもできます。**通常は、これらの欄の数値が低いほど、株式の評価額は下がります。

※　評価明細書を見てわかるように、「１株当たりの年配当金額」が選択ではなく直前期以前２年間の剰余金の配当金額の平均額により計算することになっているのに対して、「１株当たりの年利益金額」は、会社の経常的な収益力の算定という観点や評価の安全性の観点から納税者の選択となっていることに留意してください。

※　通常は「直前期」及び「直前々期」のみ記載して計算すればよいのですが、「比準要素数１の会社」、「比準要素数０の会社」の判定の際は、「直前々期の前期」の年利益金額も考慮します。

チェックポイント　　**比準要素数１の会社の判定において©₁の金額を２年間の平均とした場合の年利益金額©**

　　©₁欄及び©欄の数値については、直前期の年利益金額を基に算定するか、直前期と直前々期の２年間の平均により算定するかを、納税者が選択できることとされています。

　　この場合、©₁欄において、「比準要素数０の会社」（163頁）や「比準要素数１の会社」（164頁）に該当しないように、直前期と直前々期の２年間の平均により算定した場合に、年利益金額©についても、直前期と直前々期の２年間の平均により算定しなければならないのか疑問があるところですが、同じ数値を選択しなければならないとする通達等はありませんので、©₁欄においては２年間の平均を、©欄においては直前期の年利益金額を選択することも可能であると考えます。

---

column　　**「１株当たりの年利益金額」欄の「⑯差引利益金額」がマイナスの場合の処理**

　　計算明細書第４表作成上、実務では⑯部分に負数が生じた時に、そのまま負数として数字を記入するのか、あるいは、０とするのか疑問のあるところです。つまり、会計ソフトでは負数のまま記載されているものもあるようです。

　　これに関する評基通183には、「『１株当たりの利益金額』は、直前期末以前１年間における法人税の課税所得金額（固定資産税売却益、保険差益等の非経常的な金額を除く。）に、その所得の計算上益金に算入されなかった剰余金の配当（資本金等の減少によるものを除く。）等の金額（所得税額に相当する金額を除く。）及び損金に算入された繰越欠損金の控除額を加算した金額（その金額が負数のときは、０とする）を、直前期末における発行株式数で除して計算した金額とする。」とあります。

　　上記「負数の時に０とする」規定において、その金額がどこを指すのかここだけでは必ずしも明確ではありませんが、これに関する国税庁担当官による財産評価通達逐条解説（大蔵財務協会）では、上記文章を算式で示した上で、その分子部分である「被除数の金額が負数となる場合には、１株当たりの金額©は０とする。」との記述があります。これをそのまま勘案すると、「その金額」は、まさに分子部分（被除数部分：上記下線部分）の金額である、計算書の⑯「差引金額利

益金額」が負数のときは0とすると読めます。
　従って、この通達の解説・趣旨からすると負数のまま記入するのではなく、0と記入するのが正しいと思われます。ただし、正式な回答が出されているわけではありません。

所得の金額の計算に関する明細書

| 事業年度 | ・　： | 法人名 | | 別表四 令四・四・一以後終了事業年度分 |

区　　分		総　額 ①	処　　　分	
			留　保 ②	社外流出 ③
当 期 利 益 又 は 当 期 欠 損 の 額	1	円	円	配 当 その他 円
加	損金経理をした法人税及び地方法人税（附帯税を除く。）	2			
	損金経理をした道府県民税及び市町村民税	3			
	損 金 経 理 を し た 納 税 充 当 金	4			
	損金経理をした附帯税（利子税を除く。）、加算金、延滞金（延納分を除く。）及び過怠税	5			その他
	減 価 償 却 の 償 却 超 過 額	6			
	役 員 給 与 の 損 金 不 算 入 額	7			その他
	交 際 費 等 の 損 金 不 算 入 額	8			その他
算	通 算 法 人 に 係 る 加 算 額 （別表四付表「5」）	9			外※
		10			
	小 　 計	11			外※
減	減 価 償 却 超 過 額 の 当 期 認 容 額	12			
	納 税 充 当 金 か ら 支 出 し た 事 業 税 等 の 金 額	13			
	受 取 配 当 等 の 益 金 不 算 入 額 （別表八（一）「13」又は「26」）	14	3,881,416		※ 3,881,416
	外国子会社から受ける剰余金の配当等の益金不算入額 （別表八（二）「26」）	15			※
	受 贈 益 の 益 金 不 算 入 額	16			※
	適 格 現 物 分 配 に 係 る 益 金 不 算 入 額	17			※
	法人税等の中間納付額及び過誤納に係る還付金額	18			
	所得税額等及び欠損金の繰戻しによる還付金額等	19			※
算	通 算 法 人 に 係 る 減 算 額 （別表四付表「10」）	20			※
		21			
	小 　 計	22			外※
仮 　 計 （1）＋（11）－（22）	23			外※
対象純支払利子等の損金不算入額 （別表十七（二の二）「29」又は「34」）	24			その他
超 過 利 子 額 の 損 金 算 入 額 （別表十七（二の三）「10」）	25	△		※ △
仮 　 計 （（23）から（25）までの計）	26			外※
寄 附 金 の 損 金 不 算 入 額 （別表十四（二）「24」又は「40」）	27			その他
沖縄の認定法人又は国家戦略特別区域における指定法人の所得の特別控除額又は要加算調整額の益金算入額 （別表十（一）若しくは（二）「10」又は別表十（二）「16」若しくは「11」）	28			※
（別表十二「43」）				
農 業 経 営 基 盤 強 化 準 備 金 積 立 額 の 損 金 算 入 額 （別表十二（十四）「10」）	47	△	△	
農 用 地 等 を 取 得 し た 場 合 の 圧 縮 額 の 損 金 算 入 額 （別表十二（十四）「43の計」）	48	△	△	
関西国際空港用地整備準備金積立額、中部国際空港整備準備金積立額又は再投資等準備金積立額の損金算入額 （別表十二（十一）「15」、別表十二（十二）「10」又は別表十二（十五）「12」）	49	△	△	
特定新事業開拓事業者に対し特定事業活動として出資をした場合の特別勘定繰入額の損金算入額又は特別勘定取崩額の益金算入額 （別表十（六）「15」－「11」）	50			※
残余財産の確定の日の属する事業年度に係る事業税及び特別法人事業税の損金算入額	51	△	△	
所 得 金 額 又 は 欠 損 金 額	52	345,819,407		外※

　「⑫非経常的な利益金額」欄は、例えば、固定資産売却益、保険差益等で主に損益計算書上の「特別利益」に該当する金額を記載します。非経常的な損失（固定資産売却損など）がある場合は**相殺**します。なお、**負数の場合は0とします**が、これは例えば直前期の非経常的な損失額が非常に大きい場合、直前期末以前2年間を平均すると赤字となってしまい、（直前々期まで経常的に年利益金額があったとしても）年利益金額が比準要素として使用できなくなってしまうことなどが考えられるからです。

　「⑬受取配当等の益金不算入額」欄も⑪欄と同じく法人税申告書別表四を、「⑭左の所得税額」欄は法人税申告書別表六（一）を、「⑮損金算入した繰越欠損金の控除額」

チェックポイント

欄は法人税申告書<u>別表七（一）（別表四）</u>を参照して記載します。

チェック ポイント　　**継続的に固定資産売却益等がある場合の「非経常的な利益金額」**

　「１株当たりの利益金額Ⓒ」の計算に際し、ある利益が、経常的な利益又は非経常的な利益のいずれに該当するかは、評価会社の事業の内容、その利益の発生原因、その発生原因たる行為の反復継続性又は臨時偶発性等を考慮し、個別に判定することとされていますが（国税庁質疑応答事例「１株当たりの利益金額Ⓒ－継続的に有価証券売却益がある場合」）、固定資産売却益等が毎期発生している場合には、非経常的な利益に該当しないものと考えられます。

　具体的には、**非経常的利益の代表例**は、ⓐ固定資産売却益、ⓑ保険差益、Ⓒ法人税法所定の退職給与引当金戻入益などですが、ⓓ有価証券売却益、ⓔ前期損益修正益、ⓕ受贈益などは迷う事例です。

　有価証券売却益は本来臨時利益になると思われますが、課税時期の直前期以前相当期間にわたり継続して評価会社に有価証券売却益がある時は、それは非経常的利益にならないとも考えられます。いずれにしても、判例等の趣旨を理解して具体的に総合判断していく必要があります。

　【参考裁判例等】令和元年５月14日東京地裁判決（121頁参照）

2 「類似業種比準方式」とは

所得税額の控除に関する明細書

事業年度	・ ・	法人名	

区　分		収入金額 ①	①について課される所得税額 ②	②のうち控除を受ける所得税額 ③
公社債及び預貯金の利子、合同運用信託、公社債投資信託及び公社債等運用投資信託(特定公社債等運用投資信託を除く。)の収益の分配並びに特定公社債等運用投資信託の受益権及び特定目的信託の社債的受益権に係る剰余金の配当	1	円	円	円
剰余金の配当(特定公社債等運用投資信託の受益権及び特定目的信託の社債的受益権に係るものを除く。)、利益の配当、剰余金の分配及び金銭の分配(みなし配当等を除く。)	2	2,000,000	408,400	331,825
集団投資信託(合同運用信託、公社債投資信託及び公社債等運用投資信託(特定公社債等運用投資信託を除く。)を除く。)の収益の分配	3			
割引債の償還差益	4			
その他	5			
計	6	2,000,000	408,400	331,825

剰余金の配当(特定公社債等運用投資信託の受益権及び特定目的信託の社債的受益権に係るものを除く。)、利益の配当、剰余金の分配及び金銭の分配(みなし配当等を除く。)、集団投資信託(合同運用信託、公社債投資信託及び公社債等運用投資信託(特定公社債等運用投資信託を除く。)を除く。)の収益の分配又は割引債の償還差益に係る控除を受ける所得税額の計算

個別法による場合	銘柄	収入金額 7	所得税額 8	配当等の計算期間 9	(9)のうち元本所有期間 10	所有期間割合 $\frac{(10)}{(9)}$(小数点以下3位未満切上げ) 11	控除を受ける所得税額 (8)×(11) 12
	○○○○	1,500,000 円	306,300 円	12 月	9 月	0.750	229,725 円
	△△△△	500,000	102,100	12	12	1.000	102,100

銘柄別簡便法による場合	銘柄	収入金額 13	所得税額 14	配当等の計算期末の所有元本数等 15	配当等の計算期首の所有元本数等 16	$\frac{(15)-(16)}{2}$又は12(マイナスの場合は0) 17	所有元本割合 $\frac{(16)+(17)}{(15)}$(小数点以下3位未満切上げ)(1を超える場合は1) 18	控除を受ける所得税額 (14)×(18) 19
		円	円					円

その他に係る控除を受ける所得税額の明細

支払者の氏名又は法人名	支払者の住所又は所在地	支払を受けた年月日	収入金額 20	控除を受ける所得税額 21	参　考
		・ ・	円	円	
		・ ・			
		・ ・			
		・ ・			
		・ ・			
計					

第7章　類似業種比準方式

欠損金又は災害損失金の損金算入等に関する明細書

事業年度	・　・	法人名	

別表七(一)　令四・四・一以後終了事業年度分

控除前所得金額 (別表四「43の①」)	1	円	損金算入限度額 (1)× 50又は100/100	2	円

事業年度	区　分	控除未済欠損金額 3	当期控除額 (当該事業年度の(3)と((2)−当該事業年度前の(4)の合計額))のうち少ない金額) 4	翌期繰越額 ((3)−(4))又は(別表七(四)「15」) 5
・・	青色欠損・連結みなし欠損・災害損失		円	円
・・	青色欠損・連結みなし欠損・災害損失			円
・・	青色欠損・連結みなし欠損・災害損失			
・・	青色欠損・連結みなし欠損・災害損失			
・・	青色欠損・連結みなし欠損・災害損失			
・・	青色欠損・連結みなし欠損・災害損失			
・・	青色欠損・連結みなし欠損・災害損失			
・・	青色欠損・連結みなし欠損・災害損失			
・・	青色欠損・連結みなし欠損・災害損失			
・・	青色欠損・連結みなし欠損・災害損失			
	計			

当期分	欠損金額(別表四「52の①」)		欠損金の繰戻し額	
	同上のうち 災害損失金			
	同上のうち 青色欠損金			
	合　計			

災害により生じた損失の額の計算

災害の種類		災害のやんだ日又はやむを得ない事情のやんだ日	・　・

災害を受けた資産の別	棚卸資産 ①	固定資産(固定資産に準ずる繰延資産を含む。) ②	計 ①+② ③
当期の欠損金額(別表四「52の①」) 6			円
資産の滅失等により生じた損失の額 7	円	円	
被害資産の原状回復のための費用等に係る損失の額 8			
被害の拡大又は発生の防止のための費用に係る損失の額 9			
計 (7)+(8)+(9) 10			
保険金又は損害賠償金等の額 11			
差引災害により生じた損失の額 (10)−(11) 12			
同上のうち所得税額の還付又は欠損金の繰戻しの対象となる災害損失金額 13			
中間申告における災害損失欠損金の繰戻し額 14			
繰戻しの対象となる災害損失欠損金額 ((6の③)と((13の③)−(14の③))のうち少ない金額) 15			
繰越控除の対象となる損失の額 ((6の③)と((12の③)−(14の③))のうち少ない金額) 16			

(3)　純資産価額 【Ⓓ】（評基通183(3)）

1株50円当たりの純資産価額	事業年度	直 前 期 末 （ 直 前 々 期 末 ） の 純 資 産 価 額			比準要素数1の会社・比準要素数0の会社の判定要素の金額		
		⑰ 資 本 金 等 の 額	⑱ 利 益 積 立 金 額	⑲ 純 資 産 価 額 （⑰＋⑱）	⑪／⑤	Ⓓ	円
	直 前 期	30,000 千円	370,401 千円	⑬ 400,401 千円	⑫／⑤	Ⓓ₂	円
	直 前 々 期	千円	千円	⑦ 千円	1株(50円)当たりの純資産価額（Ⓓの金額）		
					①		円

　この項目では、評価会社の1株（50円）当たりの純資産価額（簿価）を**直前期末以前1年間**※**でみて**どのくらいになるかを計算します。

　「⑰資本金等の額」欄は、STEP 1と同様、**法人税申告書別表五（一）**（利益積立金額及び資本金等の額の計算に関する明細書）から転記します（その金額が負数の場合もそのまま記載します。）。

　「⑱利益積立金額」欄も同様に**別表五（一）**から転記します。その金額が負数のとき（取崩し超過など）でもそのまま記載します。

　Ｄ₁欄及びＤ欄は、直前期の金額を基に算定します。この欄が負数になるときは0とします。

※　通常は「直前期」のみ記載して計算すればよいのですが、「比準要素数1の会社」、「比準要素数0の会社」の判定の際は、「直前々期」の純資産価額も考慮します。

利益積立金額及び資本金等の額の計算に関する明細書

| 事業年度 | ・　・ ／ ・　・ | 法人名 | |

Ⅰ　利益積立金額の計算に関する明細書

区　　分		期首現在利益積立金額 ①	当期の増減 減 ②	当期の増減 増 ③	差引翌期首現在利益積立金額 ①-②+③ ④
利 益 準 備 金	1	円	円	円	円
積 立 金	2				
	3				
	4				
	5				
	6				
	7				
	8				
	9				
	10				
	11				
	12				
	13				
	14				
	15				
	16				
	17				
	18				
	19				
	20				
	21				
	22				
	23				
	24				
繰 越 損 益 金（損 は 赤）	25				
納 税 充 当 金	26				
未納法人税等 未 納 法 人 税 及 び 未 納 地 方 法 人 税（附帯税を除く。）	27	△	△	中間 △ / 確定 △	△
未 払 通 算 税 効 果 額（附帯税の額に係る部分の金額を除く。）	28			中間 / 確定	
未 納 道 府 県 民 税（均等割額を含む。）	29	△	△	中間 △ / 確定 △	△
未 納 市 町 村 民 税（均等割額を含む。）	30	△	△	中間 △ / 確定 △	△
差 引 合 計 額	31				370,401,376

Ⅱ　資本金等の額の計算に関する明細書

区　　分		期首現在資本金等の額 ①	当期の増減 減 ②	当期の増減 増 ③	差引翌期首現在資本金等の額 ①-②+③ ④
資 本 金 又 は 出 資 金	32	30,000,000円	円	円	30,000,000円
資 本 準 備 金	33				
	34				
	35				
差 引 合 計 額	36	30,000,000			30,000,000

御注意　この表は、通常の場合には次の算式により検算ができます。
期首現在利益積立金額合計「31」① ＋ 別表四留保所得金額又は欠損金額「52」 － 中間分・確定分の法人税等、道府県民税及び市町村民税の合計額 ± 中間分・確定分の通算税効果額の合計額 ＝ 差引翌期首現在利益積立金額合計「31」④

STEP 3
「類似業種比準価額の計算」

ここでは、まず**類似業種の株価**を求め、その株価に「**比準割合**」を乗じ、これにさらに「**しんしゃく率**」を乗じて類似業種比準価額を算定します。

比準割合の算定において、STEP 2で求めた数値を用います。

⑴ 類似業種の株価（評基通182）

この項目では、まず評価会社の業種と類似する上場会社の**業種（類似業種）を確定**し、課税時期を含む**過去3カ月の各月の月中平均株価**、**前年平均株価**及び**課税時期の属する月以前2年間の平均株価**を、法令解釈通達「<u>類似業種比準価額計算上の業種目及び業種目別株価等について</u>」（国税庁ホームページに掲載されています。）から転記します。

類似業種の株価は、評価の安全性を加味して、これらのうち**最も低い株価を採用**することになります。これは、その業種に係る業界が一時的なミニバブル等により株価が高騰した場合など、一時的な変動による影響を緩和し、評価の安全性に配慮したものです。

なお、評価明細書の様式を見てわかるとおり、類似業種は2パターン選ぶことができるようになっています（下記②参照）。

3 類似業種比準価額の計算	1株（50円）当たりの類似業種の株価	類似業種と業種目番号		(No.　)	
		類似業種の株価	課税時期の属する月	月 ㋑	円
			課税時期の属する月の前月	月 ㋺	円
			課税時期の属する月の前々月	月 ㋩	円
			前年平均株価	㋥	円
			課税時期の属する月以前2年間の平均株価	㋭	円
			A ㋑、㋺、㋩、㋥及び㋭のうち最も低いもの	⑳	円
		類似業種と業種目番号		(No.　)	
		類似業種の株価	課税時期の属する月	月 ㋬	円
			課税時期の属する月の前月	月 ㋣	円
			課税時期の属する月の前々月	月 ㋠	円
			前年平均株価	㋷	円
			課税時期の属する月以前2年間の平均株価	㋦	円
			A ㋬、㋣、㋠、㋷及び㋦のうち最も低いもの	㉓	円

① 類似業種とは（評基通181）

類似業種は、国税庁において、全国の上場会社の業務状況に応じて、総務省統計局作成の「<u>日本標準産業分類</u>」の分類項目に基づき、大分類16業種、中分類52業種、小分類36業種、合計104業種に区分されています。

② 業種目の判定方法

どの業種目に該当するかは、評価会社の**直前期末以前1年間の取引金額**に基づいて判定します。評価会社が2以上の業種目に係る事業を行っている場合は、**取引金額の割合が50％を超える業種目**によります。50％を超える業種目がない場合は、別途判定方法が定められています（評基通181-2）。

　なお、評価会社の業種目が、㋑小分類まで分類されているものにあっては小分類による業種目、㋺小分類に区分されておらず中分類までのものにあっては中分類の業種目によります。ただし、**納税義務者の選択により**、㋑の場合はその中分類を、㋺の場合はその大分類を追加して選択することができます（評基通181ただし書）。これにより、2パターンの株価を求めることができ、単独の場合より有利な株価を選択することができます。

（注）　医療法人については、類似する業種目が見当たらないことから、業種目を「その他の産業」として評価することとされています（国税庁質疑応答事例「医療法人の出資を類似業種比準方式により評価する場合の業種目の判定等」）。
　　　　なお、会社規模の判定（78頁）に当たっては、「小売・サービス業」に該当することとされています。

> **チェックポイント**　**50%を超える業種目がない場合の業種目の判定**

　　　　　　取引金額のうちに2以上の業種目に係る取引金額が含まれている場合において、取引金額全体のうちに占める業種目別の取引金額の割合が50%を超える業種目がない場合は、次に掲げる場合に応じたそれぞれの業種目とすることとされています（評基通181－2）。

1　評価会社の事業が一つの中分類の業種目中の2以上の類似する小分類の業種目に属し、それらの業種目別の割合の合計が50%を超える場合

　次のような場合には、同じ中分類の中の「有機化学工業製品製造業」と「医薬品製造業」の取引金額の割合の合計が50%超（75%）となっていますので、このような場合の業種目は、中分類の中にある類似する小分類の「その他の○○業」とすることとされています。

　したがって、事例の場合の業種目は、その他の化学工業となります（中分類の化学工業を選択することができます。）。

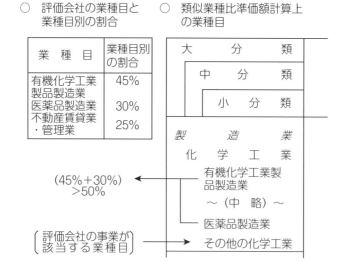

○　評価会社の業種目と業種目別の割合

業　種　目	業種目別の割合
有機化学工業製品製造業	45%
医薬品製造業	30%
不動産賃貸業・管理業	25%

○　類似業種比準価額計算上の業種目

2 評価会社の事業が一つの中分類の業種目中の2以上の類似しない小分類の業種目に属し、それらの業種目別の割合の合計が50%を超える場合（1に該当する場合を除きます。）

次のような場合には、同じ中分類の中の「ソフトウェア業」と「情報処理・提供サービス業」の取引金額の割合の合計が50%超（80%）となっていますので、このような場合の業種目は、その中分類の業種目とすることとされています。

したがって、事例の場合の業種目は、中分類の情報サービス業となります（大分類の情報通信業を選択することができます。）。

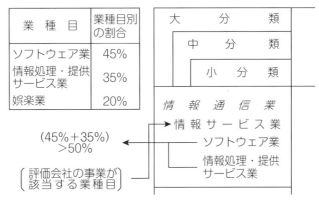

業　種　目	業種目別の割合
ソフトウェア業	45%
情報処理・提供サービス業	35%
娯楽業	20%

（45%＋35%）
>50%

〔評価会社の事業が該当する業種目〕

3 評価会社の事業が一つの大分類の業種目中の2以上の類似する中分類の業種目に属し、それらの業種目別の割合の合計が50%を超える場合

次のような場合には、同じ大分類の中の「プラスチック製品製造業」と「ゴム製品製造業」の取引金額の割合の合計が50%超（80%）となっていますので、このような場合の業種目は、その大分類の中にある類似する中分類の「その他の○○業」とすることとされています。

したがって、事例の場合の業種目は、中分類のその他の製造業となります（大分類の製造業を選択することができます。）。

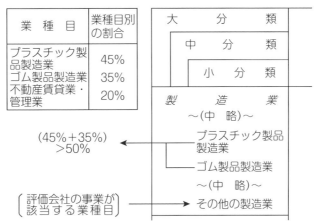

業　種　目	業種目別の割合
プラスチック製品製造業	45%
ゴム製品製造業	35%
不動産賃貸業・管理業	20%

（45%＋35%）
>50%

〔評価会社の事業が該当する業種目〕

4　評価会社の事業が一つの大分類の業種目中の2以上の類似しない中分類の業種目に属し、それらの業種目別の割合の合計が50%を超える場合（3に該当する場合を除きます。）

　　次のような場合には、同じ大分類の中の「専門サービス業」と「広告業」の取引金額の割合の合計が50%超（80%）となっていますので、このような場合の業種目は、その大分類の業種目とすることとされています。

　　したがって、事例の場合の業種目は、大分類の専門・技術サービス業となります。

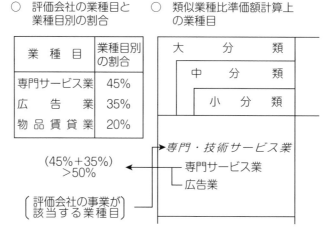

○　評価会社の業種目と
　　業種目別の割合

業　種　目	業種目別の割合
専門サービス業	45%
広　告　業	35%
物 品 賃 貸 業	20%

（45%＋35%）
＞50%

〔評価会社の事業が該当する業種目〕

○　類似業種比準価額計算上の業種目

大　　分　　類

中　　分　　類

小　　分　　類

専門・技術サービス業
　├ 専門サービス業
　└ 広告業

5　1から4のいずれにも該当しない場合

　　上記1～4のいずれにも該当しない場合には、大分類の業種目の中の「その他の産業」とすることとされています。

⑵　**比準割合の計算（評基通180）**

　　この項目では、STEP 2で求めた⑧、⑨、⑩の金額が、**類似業種の金額とどの程度の違いがあるかを比較**して、それぞれの格差（要素別比準割合）を算定し、それらを平均した「**比準割合**」（㉑欄）を求めます（要素別比準割合及び比準割合は、それぞれ小数点以下2位未満切り捨て）。

比準割合の計算	区　分	1株(50円)当たりの年配当金額	1株(50円)当たりの年利益金額	1株(50円)当たりの純資産価額
	評価会社	⑧　　円　　銭 0	ⓒ　　　　円	⑩　　　　円
	類似業種	Ｂ　　円　　銭 0	Ｃ　　　　円	Ｄ　　　　円
	要素別比準割合	⑧／Ｂ　　．ⓒ	ⓒ／Ｃ　　．ⓒ	⑩／Ｄ　　．ⓒ
	比準割合	$\dfrac{\frac{⑧}{Ｂ}+\frac{ⓒ}{Ｃ}+\frac{⑩}{Ｄ}}{3}=$　㉑　．ⓒ		

　　類似業種の各要素の金額は、上記⑴の類似業種の株価と同じく、法令解釈通達「類似業種比準価額計算上の業種目及び業種目別株価等について」から転記します。

　　比準割合は、要素別比準割合を次の式に当てはめて計算します。

$$\frac{\dfrac{ⓑ}{B} + \dfrac{ⓒ}{C} + \dfrac{ⓓ}{D}}{3} = 比準割合$$

配当金額　　年利益金額　（簿価）純資産価額

算出された比準割合の小数点以下2位未満は切り捨てます。

この式は、要素別比準割合を合算して平均値をとっている様子を表しています。

（注）　平成29年改正前までは「配当金額」及び「（簿価）純資産価額」に比べて「年利益金額」の要素を3倍重視していました。これは、継続企業を前提とすれば、一般的に、株式の価値は会社の収益力に最も影響されると考えられ、上場会社のデータに基づき検証作業等を行ったところ、配当金額、利益金額、簿価純資産価額の比重を1：3：1とした場合が最も適正に株価の算定がされると考えられていましたが、社会経済情勢の変化を反映させるべく、今般改めて検証を行った結果、これらの比重を1：1：1に見直したものです。

(3)　比準価額の計算（評基通180(2)）

この項目では、前記(1)で求めた株価に、前記(2)で算定した比準割合を乗じたものに、さらに**会社の規模**※に応じた次の**しんしゃく率**を乗じて比準価額を算出します。

> （しんしゃく率）
> 大会社＝0.7、中会社＝0.6、小会社＝0.5

※「会社の規模」については73頁を参照してください。

このように、会社の規模に応じた、「しんしゃく」を行う理由としては、前述のように計数化できない株価構成要素を省略していること、現実に取引市場を持たない株式の評価であることなどのほか、取引相場のない株式の発行会社は情報力、組織力、人材確保力、資金調達力等の点で上場企業に比して劣勢にあり、**評価会社の規模が小さくなるに従って、上場会社との類似性が希薄になっていく**と考えられるため、これを反映させて評価の安全性を図ることとしたことによります。

なお、前記(1)で業種目を2パターン選択している場合は、両方の比準価額を計算して、**低い方の金額が比準価額**となります。

第7章
類似業種比準方式

(4) 類似業種比準価額の決定

1株当たりの比準価額	比準価額（㉒と㉓）とのいずれか低い方）			④の金額　　円	㉖	円
		円	0銭　×	50円		

比準価額の修正	直前期末の翌日から課税時期までの間に配当金交付の効力が発生した場合	比準価額（㉖）	1株当たりの配当金額			修正比準価額	
						㉗	円
		円 −	円	銭			
	直前期末の翌日から課税時期までの間に株式の割当て等の効力が発生した場合	比準価額（㉖）（㉗があるときは㉗）	割当株式1株当たりの払込金額	1株当たりの割当株式数	1株当たりの割当株式数又は交付株式数	修正比準価額	
						㉘	円
		（　　　円＋	円	銭×	株）÷（1株＋　　株）		

　前記(3)で求めた比準価額は「1株当たりの資本金等の額（資本金の額及び資本剰余金の額の合計額から自己株式の額を控除した金額）を50円とした場合の比準価額」なので、**評価会社の水準に戻す**必要があります。

　そのため、④欄で算定した1株当たりの資本金等の金額を用いて評価会社の水準に戻し、その結果**㉖欄に表示される金額が、原則として評価会社の類似業種比準価額**となります。

　また、類似業種比準方式は**直前期末**の決算内容を基に評価する方式なので、直前期末から課税時期までの間に**配当金交付の効力が発生**した場合や、増資により**株式の割当ての効力が発生**した場合などは、「比準価額の修正」の項目で課税時期現在の状況に合わせて**比準価額を修正**する必要があります（評基通184）。

　なお、「比準価額の修正」欄の「1株当たりの割当株式数」及び「1株当たりの割当株式数又は交付株式数」は、1株未満の株式数を切り捨てず実際の株式数を記載します。

プロからのアドバイス

課税時期が評価会社の直前期末より直後期末に近い場合

　例えば3月末決算の評価会社について、課税時期が令和4年3月15日であった場合の評価はどうすればよいでしょうか？　直前期末というのであれば令和3年3月末決算の内容に基づく配当や年利益の額を用いることとなりますが、令和4年3月末決算の方が課税時期と近いため、申告等の段階で決算内容が分かるならばこちらの方が課税時期の時価をより的確に表すとの考え方もあるでしょう。

　しかし、**類似業種比準方式はあくまで類似業種と比較して評価する方式**で、比較対象である**類似業種の各種数値は直前期末の決算状況を基に定められています。**比準要素の算定時期を可能な限り近接させる方がより合理的な比較ができると考えられるほか、課税時期後における利益操作等による影響要因を排除することも考慮すると、仮に直後期末の方が課税時期に近い場合であっても、直前期末の比準数値によることが合理的です。

　したがって、上記の例の場合は令和３年３月期（末）決算の内容に基づいて類似業種比準価額を算定することとなります。

　なお、**純資産価額方式**での取扱いについては、145頁を参照してください。

column 「配当還元方式や類似業種比準方式の合理性」

〈配当還元方式や類似業種比準方式の合理性〉について述べた次のような判決があり、参考になります。

○　取引相場のない株式の評価方法としての**配当還元方式**は、評価基本通達では、特定株主の取得した株式評価に際して用いられるところ、その理由は①株式が将来上場されれば株式は所有者を問わず同一価額となるが、上場の可否自体は実質的に会社を支配する株主の意思に委ねられ、小株主又は零細株主の意向はほとんど考慮されないこと、②会社経営・利益配当等についても小株主又は零細株主の意向はほとんど考慮されないこと、③会社の経営内容・業績等の状況がそのまま小株主又は零細株主の所有する株式の価額に反映されないこと等から、右株式を所有することによる経済的実益が配当金の取得にある点を考慮したものではあるが、右方式は多種多様な株式の価額を決定する要素のうち配当金のみを基準に評価するため評価の適正もそれだけ担保しがたいうえ、個人事業の場合には純資産価額を基準に相続税の課税価格が算出されることと課税との権衡の点からも配当還元方式は例外的な評価方法として限定的に用いるべきである。
（昭和55.1.25　京都地裁判決52（行ウ）3・税資110号35頁）

○　相続税財産評価に関する基本通達が取引相場のない同族株主のいる大会社の株式について株式取得者の事実上の支配力の有無により**類似業種比準方式又は配当還元方式**によることとしている理由は、右会社のすべての株式価額は本来類似業種比準方式により算定されるべきであるが、これには多大の労力を要しかつ一般的に算定価額がかなり高額になることから、持株割合が僅少で会社に対する影響力を持たず、ただ配当受領にしか関心のないいわゆる零細株主が取得した株式について右方式により算定することは適当でないため、このような株主の取得する株式の評価は特例として簡便な配当還元方式によるものとしたことにあると考えられ、従って、一つの評価対象会社につき二つの株価を認めた訳ではなく、あくまで当該株式の時価は類似業種比準方式により算定される価額によるものというべきである。なお、右のような取扱いの結果、零細株主は時価より低い評価額で課税され利益を得ることとなるが、前記のような合理的理由に基づく以上、右取扱いを違法とまでは断じ難い。
（昭和61.10.30　大阪地裁判決59（行ウ）153、155〜158・税資154号306頁、昭和62.6.16　大阪高裁判決61（行コ）45・税資158号642頁）

問題　類似業種比準方式

取引相場のない株式の評価について、次の問に答えてください。

取引相場のない株式の発行会社である㈱青山について、次の会社情報から、類似業種比準価額を算定してください。

なお、解答に当たっては、次頁以降の資料及び様式（取引相場のない株式（出資）の評価明細書（計算明細書）第4表）を使用してください。

㈱青山の会社情報

課税時期	令和4年2月2日
資本金等の額	直前期末　30,000千円
発行済株式数	直前期末　100,000株（自己株式なし）
年配当金額	直前期末　　　1,500千円 直前々期末　　5,000千円※ 　※　会社設立20周年記念配当2,500千円を含む。
利益積立金額	直前期末　　　88,000千円
売上高（取引金額）	製造加工部門　250,000千円 　（工業用金属部品・ヘルメット等の製造・加工） 卸売部門　　　100,000千円
類似業種株価等	解答欄の別添資料を参照
会社の規模	中会社（82頁の問題に同じ。）

【解答欄】

取引相場のない株式（出資）の評価明細書（計算明細書）　第４表

※網掛部分に記入してください。

第４表　類似業種比準価額等の計算明細書

会社名

1.1株当たりの資本金等の額等の計算	直前期末の資本金等の額 ① 千円	直前期末の発行済株式数 ② 株	直前期末の自己株式数 ③ 株	1株当たりの資本金等の額 (①÷(②−③)) ④ 円	1株当たりの資本金等の額を50円とした場合の発行済株式数 (①÷50円) ⑤ 株

2 比準要素等の金額の計算

直前期末以前2（3）年間の年平均配当金額

事業年度	⑥ 年配当金額	⑦ 左のうち非経常的な配当金額	⑧ 差引経常的な年配当金額(⑥−⑦)	年平均配当金額	比準要素数1の会社・比準要素数0の会社の判定要素の金額
直前期	千円	千円	千円	⑨(⑦+⑩)÷2 千円	⑨/⑤ 円 銭 0
直前々期	千円	千円	⑪ 千円	⑩(⑨+⑪)÷2 千円	⑩/⑤ 円 銭 0
直前々期の前期	千円	千円	⑬ 千円		1株(50円)当たりの年配当金額 Ⓑ の金額 ⑬

直前期末以前2（3）年間の利益金額

事業年度	⑪法人税の課税所得金額	⑫非経常的な利益金額	⑬受取配当等の益金不算入額	⑭左の所得税額	⑮差引利益金額(⑪−⑫+⑬−⑭+⑮)	比準要素数1の会社・比準要素数0の会社の判定要素の金額
直前期	75,000 千円	45,000 千円	0 千円	0 千円	0 千円	Ⓒ又は⑯/⑤÷2 円 又は (Ⓒ+⑰)÷2 円
直前々期	25,000 千円	0 千円	0 千円	0 千円	0 千円	Ⓒ又は(⑯+⑰)÷2 円
直前々期の前期	千円	千円	千円	千円	千円	1株(50円)当たりの年利益金額 Ⓒ又は(Ⓒ+⑰)÷2 の金額 Ⓒ

本問については記入済です。

直前期末（直前々期末）の純資産価額

事業年度	⑰ 資本金等の額	⑱ 利益積立金額	⑲ 純資産価額(⑰+⑱)	比準要素数1の会社・比準要素数0の会社の判定要素の金額
直前期	千円	千円	Ⓓ 千円	Ⓓ/⑤ 円
直前々期	千円	千円	Ⓓ 千円	1株(50円)当たりの純資産価額 (Ⓓ の金額) Ⓓ

3 類似業種比準価額の計算

類似業種と業種目番号		区分	1株(50円)当たりの年配当金額	1株(50円)当たりの年利益金額	1株(50円)当たりの純資産価額	1株(50円)当たりの比準価額
類似業種 課税時期の属する月 ㋑	(No.) 月 円	比準割合の計算	評価会社 Ⓑ 円 銭 0	Ⓒ 円	Ⓓ 円	⑳×㉑×0.7 ※
課税時期の属する月の前月 ㋺	月 円		類似業種 B 円 銭 0	C 円	D 円	※ 中会社は0.6 小会社は0.5 とします。
課税時期の属する月の前々月 ㋩	月 円		要素別比準割合 Ⓑ/B	Ⓒ/C	Ⓓ/D	
前年平均株価 ㋥	円			.	.	
課税時期の属する月以前2年間の平均株価 ㋭	円	比準割合	(Ⓑ/B + Ⓒ/C + Ⓓ/D)/3 = ㉑			㉒ 円 銭 0
A ㋑㋺㋩㋥及び㋭のうち最も低いもの ⑳	円					

類似業種と業種目番号		区分	1株(50円)当たりの年配当金額	1株(50円)当たりの年利益金額	1株(50円)当たりの純資産価額	1株(50円)当たりの比準価額
類似業種 課税時期の属する月 ㋠	(No.) 月 円	比準割合の計算	評価会社 Ⓑ 円 銭 0	Ⓒ 円	Ⓓ 円	㉓×㉔×0.7 ※
課税時期の属する月の前月 ㋷	月 円		類似業種 B 円 銭 0	C 円	D 円	※ 中会社は0.6 小会社は0.5 とします。
課税時期の属する月の前々月 ㋦	月 円		要素別比準割合 Ⓑ/B	Ⓒ/C	Ⓓ/D	
前年平均株価 ㋸	円			.	.	
課税時期の属する月以前2年間の平均株価 ㋹	円	比準割合	(Ⓑ/B + Ⓒ/C + Ⓓ/D)/3 = ㉔			㉕ 円 銭 0
A ㋠㋷㋦㋸及び㋹のうち最も低いもの ㉓	円					

比準価額の計算

1株当たりの比準価額	比準価額(㉒と㉕とのいずれか低い方) 円 0銭 ×	④の金額 円 / 50円	㉖ 円

比準価額の修正	直前期末の翌日から課税時期までの間に配当金交付の効力が発生した場合	比準価額(㉖) 円 −	1株当たりの配当金額 円 銭		修正比準価額 ㉗ 円
	直前期末の翌日から課税時期までの間に株式の割当て等の効力が発生した場合	比準価額(㉖)(㉗があるときは㉗) (円+	割当株式1株当たりの払込金額 銭×	1株当たりの割当株式数 株)÷(1株+	1株当たりの割当株式数又は交付株式数 株) 修正比準価額 ㉘ 円

【別添資料】（類似業種株価等）

「令和４年分の類似業種比準価額計算上の業種目及び業種目別株価等について（法令解釈通達）」（抜粋）※業種目の内容を付け加えてあります。

（単位：円）

業　　種　　目				B（配当金額）	C（利益金額）	D（簿価純資産価額）	A（株価）		
大分類	中分類	番号	内容				令和3年平均	3年11月分	3年12月分
		小分類							
（製造業）									
	窯業・土石製品製造業	26		4.6	21	272	258	260	269
	セメント・同製品製造業	27	セメント、生コンクリート及びコンクリート製品等の製造を行うもの	2.9	22	197	131	128	124
	その他の窯業・土石製品製造業	28	窯業・土石製品製造業のうち、27に該当するもの以外のもの	5.2	21	303	312	315	329
	鉄鋼業	29	鉱石、鉄くずなどから鉄及び鋼の製造を行うもの並びに鉄及び鋼の鋳造品、鍛造品、圧延鋼材、表面処理鋼材等の製造を行うもの	4.3	14	328	188	193	190
	非鉄金属製造業	30	鉱石（粗鉱、精鉱）、金属くずなどを処理し、非鉄金属の製錬及び精製を行うもの、非鉄金属の合金製造、圧延、抽伸、押出しを行うもの並びに非鉄金属の鋳造、鍛造、その他の基礎製品の製造を行うもの	4.5	26	281	245	250	240
	金属製品製造業	31		5.6	28	349	266	272	263
	建設用・建築用金属製品製造業	32	鉄骨、建設用金属製品、金属製サッシ・ドア、鉄骨系プレハブ住宅及び建築用金属製品の製造を行うもの並びに製缶板金業を営むもの	4.2	26	293	223	231	223
	その他の金属製品製造業	33	金属製品製造業のうち、32に該当するもの以外のもの	6.3	29	375	285	291	282
	はん用機械器具製造業	34	はん用的に各種機械に組み込まれ、あるいは取付けをすることで用いられる機械器具の製造を行うもの。例えば、ボイラ・原動機、ポンプ・圧縮機器、一般産業用機械・装置の製造など	7.3	27	333	380	370	366

（注）「Ａ（株価）」は、業種目ごとに令和４年分の標本会社の株価を基に計算しているので、標本会社が令和３年分のものと異なる業種目などについては、令和３年11月分及び12月分の金額は、令和３年分の評価に適用する令和３年11月分及び12月分の金額とは異なることに留意してください。また、令和３年平均及び課税時期の属する月以前２年間の平均株価についても、令和４年分の標本会社を基に計算しています。

（単位：円）

業　種　目			A（株価）【上段：各月の株価、下段：課税時期の属する月以前2年間の平均株価】										
大分類 中分類 小分類		番号	令和4年1月分	2月分	3月分	4月分	5月分	6月分	7月分	8月分	9月分	10月分	11月分	12月分
（製造業）														
窯業・土石製品製造業		26	253 229	250 231	237 234	231 238	227 240	233 243	237 245	252 248	259 250	247 251		
	セメント・同製品製造業	27	125 124	125 124	122 125	123 126	124 126	127 127	132 127	133 128	133 128	128 128		
	その他の窯業・土石製品製造業	28	306 272	303 276	285 280	276 284	270 288	277 291	281 294	302 298	312 301	297 303		
鉄鋼業		29	188 166	187 167	187 170	188 172	194 175	202 177	200 180	210 183	206 186	201 188		
非鉄金属製造業		30	242 217	243 218	258 223	256 227	243 230	248 233	245 236	254 239	255 241	243 244		
金属製品製造業		31	259 251	251 250	246 252	242 253	238 254	239 254	240 254	248 255	247 256	240 255		
	建設用・建築用金属製品製造業	32	223 206	218 205	218 207	212 209	204 210	195 211	193 211	196 212	191 213	182 213		
	その他の金属製品製造業	33	275 271	266 271	259 272	255 274	253 274	259 274	261 274	271 275	272 275	266 275		
はん用機械器具製造業		34	351 360	340 360	337 362	334 363	326 363	327 363	337 363	351 364	348 364	346 363		

第7章　類似業種比準方式

※　この法令解釈通達は、国税庁ホームページに掲載されています（業種目の内容については省略されています。）。
　　☞　ホーム＞税について調べる＞法令解釈通達＞財産評価関係 個別通達目次＞令和4年分の類似業種比準価額計算上の業種目及び業種目別株価等について（法令解釈通達）
　　☞　平成29年分からは、A（株価）の下段に課税時期の属する月以前2年間の平均株価が追加されています。

第４表　類似業種比準価額等の計算明細書

会社名　㈱青山

〔取引相場のない株式（出資）の評価明細書〕

平成三十年一月一日以降用

| 1. 1株当たりの資本金等の額等の計算 | 直前期末の資本金等の額 ① 30,000 千円 | 直前期末の発行済株式数 ② 100,000 株 | 直前期末の自己株式数 ③ 0 株 | 1株当たりの資本金等の額（①÷（②-③）） ④ 300 円 | 1株当たりの資本金等の額を50円とした場合の発行済株式数（①÷50円） ⑤ 600,000 株 |

2. 比準要素等の金額の計算

1株(50円)当たりの年配当金額

直前期末以前2(3)年間の年平均配当金額				比準要素数1の会社・比準要素数0の会社の判定要素の金額
事業年度 ⑥年配当金額	⑦左のうち非経常的な配当金額	⑧差引経常的な年配当金額（⑥-⑦）	年平均配当金額	⑨/⑤ ⑧ 円 3 銭 30
直前期 1,500千円	0千円	㋑ 1,500千円	⑨(㋑+㋺)÷2 2,000千円	⑩/⑤ ⑨ 円 銭
直前々期 5,000千円	2,500千円	㋺ 2,500千円	⑩(㋺+㋩)÷2 千円	1株(50円)当たりの年配当金額 ㋰（⑤）の金額 ⑧ 3 円 30 銭
直前々期の前期 千円	千円	㋩ 千円		

1株(50円)当たりの年利益金額

直前期末以前2(3)年間の利益金額						比準要素数1の会社・比準要素数0の会社の判定要素の金額
事業年度 ⑪法人税の課税所得金額	⑫非経常的な利益金額	⑬受取配当等の益金不算入額	⑭左の所得税額	⑮損金算入した繰越欠損金の控除額	⑯差引利益金額（⑪-⑫+⑬-⑭+⑮）	㋥ (⑯+㋬)÷2 又は⑯ ㋕ 45 円
直前期 75,000千円	45,000千円	0千円	0千円	0千円	㋬ 30,000千円	
直前々期 25,000千円	0千円	0千円	0千円	0千円	㋬ 25,000千円	1株(50円)当たりの年利益金額 ㋕又は(⑯+㋬)÷2 の金額 ⓒ 45 円
直前々期の前期 千円	千円	千円	千円	千円	千円	

1株(50円)当たりの純資産価額

直前期末（直前々期末）の純資産価額			比準要素数1の会社・比準要素数0の会社の判定要素の金額
事業年度 ⑰資本金等の額	⑱利益積立金額	⑲純資産価額（⑰+⑱）	㋣/⑤ ㋡ 196 円
直前期 30,000千円	88,000千円	㋣ 118,000千円	㋠/⑤ ㋜ 円
直前々期 千円	千円	㋠ 千円	1株(50円)当たりの純資産価額（㋡の金額） ⓓ 196 円

3. 類似業種比準価額の計算

類似業種と業種目番号 その他の金属製品製造業 (No. 33)		区分	1株(50円)当たりの年配当金額	1株(50円)当たりの年利益金額	1株(50円)当たりの純資産価額	1株(50円)当たりの比準価額
類似業種の株価	課税時期の属する月 2月 ㋷ 266円	評価会社	⑧ 3円30銭	ⓒ 45円	ⓓ 196円	⑳×㉑×0.7
	課税時期の属する月の前月 1月 ㋛ 275円	類似業種 B	B 6円30銭	C 29円	D 375円	※中会社は0.6 小会社は0.5 とします。
	課税時期の属する月の前々月 12月 ㋑ 282円					
	前年平均株価 ㋺ 285円	要素別比準割合	⑧/B 0.52	ⓒ/C 1.55	ⓓ/D 0.52	
	課税時期の属する月以前2年間の平均株価 ㋩ 271円	比準割合	$\frac{\frac{⑧}{B}+\frac{ⓒ}{C}+\frac{ⓓ}{D}}{3}$ = 0.86			㉒ 137円2銭
	A ㋷,㋛,㋑及び㋺,㋩のうち最も低いもの ⑳ 266円					

類似業種と業種目番号 金属製品製造業 (No. 31)		区分	1株(50円)当たりの年配当金額	1株(50円)当たりの年利益金額	1株(50円)当たりの純資産価額	1株(50円)当たりの比準価額
類似業種の株価	課税時期の属する月 2月 ㋷ 251円	評価会社	⑧ 3円30銭	ⓒ 45円	ⓓ 196円	㉓×㉔×0.7
	課税時期の属する月の前月 1月 ㋛ 259円	類似業種 B	B 5円60銭	C 28円	D 349円	※中会社は0.6 小会社は0.5 とします。
	課税時期の属する月の前々月 12月 ㋑ 263円					
	前年平均株価 ㋺ 266円	要素別比準割合	⑧/B 0.58	ⓒ/C 1.60	ⓓ/D 0.56	
	課税時期の属する月以前2年間の平均株価 ㋩ 250円	比準割合	$\frac{\frac{⑧}{B}+\frac{ⓒ}{C}+\frac{ⓓ}{D}}{3}$ ㉔ = 0.91			㉕ 136円5銭
	A ㋷,㋛,㋑及び㋺,㋩のうち最も低いもの ⑳ 250円					

1株当たりの比準価額	比準価額（㉒と㉕とのいずれか低い方） 136円50銭 ×	④の金額 300円 / 50円	㉖ 819円

比準価額の修正

直前期末の翌日から課税時期までの間に配当金交付の効力が発生した場合	比準価額（㉖）	1株当たりの配当金額	修正比準価額
	円 - 銭		㉗ 円

直前期末の翌日から課税時期までの間に株式の割当て等の効力が発生した場合	比準価額（㉖）（㉗があるときは㉗）	割当株式1株当たりの払込金額	1株当たりの割当株式数	1株当たりの割当株式数又は交付株式数	修正比準価額
	（ 円+	円 銭×	株）÷（1株+	株）	㉘ 円

解答への道標

STEP 1
「1株当たりの資本金等の額等の計算」

1．1株当たりの資本金等の額等の計算	直前期末の資本金等の額	直前期末の発行済株式数	直前期末の自己株式数	1株当たりの資本金等の額（①÷（②−③））	1株当たりの資本金等の額を50円とした場合の発行済株式数（①÷50円）
	① 30,000 千円	② 100,000 株	③ 0 株	④ 300 円	⑤ 600,000 株

この評価会社の「1株当たりの資本金等の額」は、④欄に表示されるように300円です。これを類似業種の単位である50円に合わせるので、発行済株式数を6倍（300円÷50円）にして、100,000株×6＝600,000株となります。このあとに比準要素等の金額の計算を行っていきます。

STEP 2
「比準要素等の金額の計算」

2．比準要素等の金額の計算

1株（50円）当たりの年配当金額

直前期末以前2（3）年間の年平均配当金額				
事業年度	⑥ 年配当金額	⑦ 左のうち非経常的な配当金額	⑧ 差引経常的な年配当金額（⑥−⑦）	年平均配当金額
直前期	1,500 千円	0 千円	㋑ 1,500 千円	⑨（㋑+㋺）÷2 2,000 千円
直前々期	5,000 千円	2,500 千円	㋺ 2,500 千円	⑩（㋺+㋩）÷2 千円
直前々期の前期	千円	千円	㋩ 千円	

比準要素数1の会社・比準要素数0の会社の判定要素の金額		
⑨/⑤	Ⓑ₁ 3 円	3 0 銭
⑩/⑤	Ⓑ₂ 円	0 銭
1株（50円）当たりの年配当金額（Ⓑ₁の金額）		
Ⓑ	3 円	30 銭

1株（50円）当たりの年利益金額

直前期末以前2（3）年間の利益金額						
事業年度	⑪法人税の課税所得金額	⑫非経常的な利益金額	⑬受取配当等の益金不算入額	⑭左の所得税額	⑮損金算入した繰越欠損金の控除額	⑯差引利益金額（⑪−⑫+⑬−⑭+⑮）
直前期	75,000 千円	45,000 千円	0 千円	0 千円	0 千円	㊁ 30,000 千円
直前々期	25,000 千円	0 千円	0 千円	0 千円	0 千円	㋭ 25,000 千円
直前々期の前期	千円	千円	千円	千円	千円	㋬ 千円

比準要素数1の会社・比準要素数0の会社の判定要素の金額	
㊁/⑤ 又は （㊁+㋭）÷2 / ⑤	Ⓒ₁ 45 円
㋭/⑤ 又は （㋭+㋬）÷2 / ⑤	Ⓒ₂ 円
1株（50円）当たりの年利益金額〔㊁/⑤ 又は （㊁+㋭）÷2 / ⑤ の金額〕	
Ⓒ	45 円

1株（50円）当たりの純資産価額

直前期末（直前々期末）の純資産価額			
事業年度	⑰ 資本金等の額	⑱ 利益積立金額	⑲ 純資産価額（⑰+⑱）
直前期	30,000 千円	88,000 千円	㋣ 118,000 千円
直前々期	千円	千円	㋠ 千円

比準要素数1の会社・比準要素数0の会社の判定要素の金額	
㋣/⑤	Ⓓ₁ 196 円
㋠/⑤	Ⓓ₂ 円
1株（50円）当たりの純資産価額（Ⓓ₁の金額）	
Ⓓ	196 円

「会社設立20周年記念配当」は非経常的な配当なので控除します。

プロからのアドバイス

納税者の選択によりますが、「直前期のみ」で計算するより、「直前期＋直前々期」の平均によった方が有利（金額が低くなる）なので、こちらの計算方法で算出します。

表示単位未満を切り捨てて、端数処理します。

STEP 3

「類似業種比準価額の計算」

【類似業種の選択】

　評価会社は製造業に係る取引金額が50％を超えているため、大分類「製造業」から類似業種を選択することになります。

　別添資料では、大分類「製造業」の中に中分類「金属製品製造業」があり、さらに小分類まで用意されています。

　評価会社は、「工業用金属部品」等の製造業なので、小分類のNo.32「建設用・建築用金属製品製造業」に該当せず、No.33「その他の金属製品製造業」に該当します。

　また、納税者の選択により、この場合は中分類のNo.31「金属製品製造業」も選択できます。

【比準割合の考え方】

　No.33の場合、評価会社は類似業種No.33の上場会社に比べて、1株当たりの年配当金額は0.52倍、年利益金額は1.55倍、純資産価額は0.52倍であり、平均すると0.86倍で、中会社のしんしゃくを行う前の段階では類似業種の86％水準の価値があるということが分かります。

※　要素別比準割合と比準割合の欄は小数点以下2位未満を切り捨てて端数処理します。

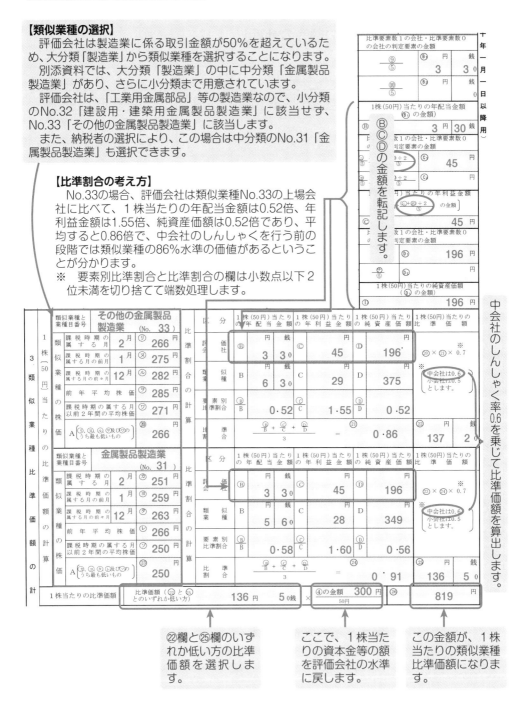

⑫欄と㉕欄のいずれか低い方の比準価額を選択します。

ここで、1株当たりの資本金等の額を評価会社の水準に戻します。

この金額が、1株当たりの類似業種比準価額になります。

〔参考〕 類似業種比準方式で、疑問や誤りの多い事例

○ 「直後期末の方が課税時期に近い場合」

類似業種比準方式の計算は、課税時期が直前期末よりも直後期末に近い場合であっても、直前期末の比準数値によって評価します。

なお、**純資産価額方式**での取扱いについては、145頁を参照してください。

○ 「業種の変更がある場合」

類似業種比準方式の業種の判定の際、評価会社が課税時期の直前期間中に、業種を変更している場合の業種の判定については、直前期における取引金額が多い業種によることになります。

また、兼業している場合などには、取引金額全体のうちに占める業種目別の取引金額の割合などを基に判定します。基本的には、50%を超える業種目を、評価会社の業種目とします。

○ 「1株当たりの配当金額」

類似業種比準方式により株式を評価する場合の「1株当たりの配当金額」の計算に当たり、株主優待利用券等による経済的利益相当額は、評価会社の剰余金の配当金額に加算する必要はありません。

また、特別配当、記念配当等の名称による配当金額のうち、将来毎期継続することが予想できない金額は除いて計算します。

○ 「みなし配当の金額がある場合」

「1株当たりの配当金額⑧」

みなし配当の金額は、会社法上の剰余金の配当金額には該当せず、また、将来毎期継続することが予想できない金額に該当すると考えられることから、「年配当金額」に含めないこととされています（国税庁質疑応答事例「1株当たりの配当金額⑧−自己株式の取得によるみなし配当の金額がある場合」）。

「1株当たりの利益金額©」

「1株当たりの利益金額©」の計算の際に、非経常的な利益の金額を除外することとしているのは、評価会社に臨時偶発的に生じた収益力を排除し、評価会社の営む事業に基づく経常的な収益力を株式の価額に反映させるためです。

「みなし配当」の基因となる合併や株式発行法人への株式の譲渡等は、通常、臨時偶発的なものと考えられるため、法人税の課税所得金額から除外している「非経常的な利益」と同様に取り扱うことが相当です。そのため、原則として、「みなし配当」の金額は「1株当たりの利益金額©」の計算において法人税の課税所得金額

に加算する「益金に算入されなかった剰余金の配当等」（⑬受取配当等の益金不算入額）の金額に含める必要はありません（国税庁質疑応答事例「1株当たりの利益金額©－みなし配当の金額がある場合」）。

○　「1株当たりの利益金額」

　　類似業種比準方式により株式を評価する場合の「1株当たりの利益金額」の計算に当たり、非経常的な利益の金額は除外します。例えば、固定資産売却益、保険差益等があり、仮に固定資産の譲渡が数回ある場合などは、個々の譲渡の損益を通算し、利益の金額があれば除外することになります。つまり、この場合の「非経常的な利益」とは、直前期末以前1年間の利益のうちの非経常的な利益の総体をいいますので、仮に種類の異なる非経常的な損益がある場合であっても通算して除外することになります。

○　「類似業種の株価「A」」

　　令和5年1月の相続等によって取得した株式を類似業種比準方式で評価する場合は、令和4年分の「類似業種比準価額計算上の業種目及び業種目別株価等」に記載されている令和4年11月及び12月の業種目別株価と令和5年分のそれに記載されている令和4年11月及び12月の業種目別株価が異なっていますが、課税時期が令和5年1月に取得した株式を評価する場合における令和4年11月及び12月のA（株価）は、令和5年分の「類似業種比準価額計算上の業種目及び業種目別株価等」に記載されている令和4年の11月及び12月分の業種目別株価を使用します。

　　類似業種の株価Aは、業種目ごとに各年分の標本会社の株価を基に計算しているため、令和4年11月分及び12月分の業種目別株価等は、令和4年分と令和5年分とでは異なるためです。

（→　詳細な照会回答は316頁以下を参照してください。）

株式評価関係質疑応答事例（国税庁ホームページ）

（類似業種比準方式）
7　1　直後期末の方が課税時期に近い場合
【照会要旨】　類似業種比準方式によるときには、課税時期が直前期末よりも直後期末に近い場合であっても、直前期末の比準数値によって評価するのでしょうか。
【回答要旨】　直前期末の比準数値によります。

8　2　1株当たりの配当金額Ⓑ─株主優待利用券等による経済的利益相当額がある場合

【照会要旨】　類似業種比準方式により株式を評価する場合の「1株当たりの配当金額Ⓑ」の計算に当たり、株主優待利用券等による経済的利益相当額は、評価会社の剰余金の配当金額に加算する必要がありますか。

【回答要旨】　加算する必要はありません。

9　3　1株当たりの利益金額Ⓒ─固定資産の譲渡が数回ある場合

【照会要旨】　類似業種比準方式により株式を評価するに当たり、評価会社の「1株当たりの利益金額Ⓒ」の計算上、法人税の課税所得金額から固定資産売却益、保険差益等の非経常的な利益の金額を除外することとされていますが、固定資産の譲渡が期中に数回あり、個々の譲渡に売却益と売却損があるときは、どのようにするのでしょうか。

【回答要旨】　個々の譲渡の損益を通算し、利益の金額があれば除外することとなります。

10　4　1株当たりの利益金額Ⓒ─種類の異なる非経常的な損益がある場合

【照会要旨】　類似業種比準方式により株式を評価するに当たり、種類の異なる非経常的な損益がある場合（例えば、固定資産売却損と保険差益がある場合等）には、これらを通算した上で「1株当たりの利益金額Ⓒ」を算定するのでしょうか。

【回答要旨】　種類の異なる非経常的な損益がある場合であっても、これらを通算することとなります。

11　5　1株当たりの利益金額Ⓒ─継続的に有価証券売却益がある場合

【照会要旨】　類似業種比準方式により株式を評価するに当たり、「1株当たりの利益金額Ⓒ」の計算上、課税時期の直前期以前の相当の期間にわたり継続して評価会社に有価証券売却益があるときは、その有価証券売却益は、非経常的な利益の金額に該当しないのでしょうか。

【回答要旨】　「1株当たりの利益金額Ⓒ」の計算に際し、ある利益が、経常的な利益又は非経常的な利益のいずれに該当するかは、評価会社の事業の内容、その利益の発生原因、その発生原因たる行為の反復継続性又は臨時偶発性等を考慮し、個別に判定します。

12　6　1株当たりの利益金額Ⓒ─外国子会社等から剰余金の配当等がある場合

【照会要旨】　類似業種比準方式により株式を評価するに当たり、評価会社の「1株当たりの利益金額Ⓒ」の計算上、外国子会社等から受ける剰余金の配当等の額があるときは、どのように計算するのでしょうか。

（→後掲318頁を参照）

13　7　1株当たりの利益金額Ⓒ─譲渡損益調整資産の譲渡等があった場合

【照会要旨】　類似業種比準方式における「1株当たりの利益金額Ⓒ」の計算上、評価会社において、その評価会社との間に完全支配関係がある法人に対して、法人税法第61条の13に規定する譲渡損益調整資産を譲渡していた場合に、法人税法上繰り延べられた譲渡益は法人税の課税所得金額に加算する必要がありますか。

　また、その後、完全支配関係がある法人において、その譲渡損益調整資産を減価償却した場合や、その譲渡損益調整資産を他に再譲渡した場合に、法人税法上、評価会社の法人税の課税所得金額に計上される譲渡損益調整勘定の戻入益は、「1株当たりの利益金額Ⓒ」の計算上、控除する必要がありますか。

（→後掲318頁を参照）

14　8　1株当たりの純資産価額Ⓓ─寄附修正により利益積立金額が変動する場合の調整

【照会要旨】　評価会社である完全支配関係にある親法人から内国法人である子法人に対して寄附があった場合、親法人の利益積立金額は、税務調整により寄附金に相当する金額だけ増加することとなりますが、類似業種比準方式における「1株当たりの純資産価額Ⓓ」の計算上、利益積立金が増加した分を減算するなどの調整を行う必要がありますか。

【回答要旨】　利益積立金額の増減について調整する必要はありません。

15　9　1株当たりの配当金額Ⓑ─自己株式の取得によるみなし配当の金額がある場合

【照会要旨】　自己株式を取得することにより、その株式を譲渡した法人に法人税法第24条第1項の規定により配当等とみなされる部分（みなし配当）の金額が生じた場合、類似業種比準方式により株式取得法人（株式発行法人）の株式を評価するに当たり、「1株当たりの配当金額Ⓑ」の計算上、そのみなし配当の金額を剰余金の配当金額に含める必要がありますか。

【回答要旨】　みなし配当の金額は、「1株当たりの配当金額Ⓑ」の計算上、剰余金の配当金額に含める必要はありません。

16　10　1株当たりの利益金額Ⓒ─みなし配当の金額がある場合

【照会要旨】　評価会社が所有する株式をその株式の株式発行法人に譲渡することにより、法人税法第24条第1項の規定により配当等とみなされる部分（みなし配当）の金額が生じた場合、類似業種比準方式により株式譲渡法人の株式を評価するに当たり、「1株当たりの利益金額Ⓒ」の計算上、そのみなし配当の金額を「益金に算入されなかった剰余金の配当等」の金額に含める必要がありますか。

【回答要旨】　みなし配当の金額は、原則として、「1株当たりの利益金額Ⓒ」の計算上、「益金に算入されなかった剰余金の配当等」の金額に含める必要はありません。

17　11　1株当たりの配当金額Ⓑ─現物分配により資産の移転をした場合

【照会要旨】　現物分配により評価会社が資産の移転をした場合、類似業種比準方式における「1株当たりの配当金額Ⓑ」の計算上、その移転した資産の価額を剰余金の配当金額に含めるのでしょうか。

【回答要旨】 「1株当たりの配当金額⑧」の計算上、現物分配により評価会社が移転した資産の価額を剰余金の配当金額に含めるかどうかは、その現物分配の起因となった剰余金の配当が将来毎期継続することが予想できるかどうかにより判断します。

18　12　1株当たりの利益金額© ─ 適格現物分配により資産の移転を受けた場合

【照会要旨】 適格現物分配により資産の移転を受けたことにより生ずる収益の額は、法人税法第62条の5第4項により益金不算入とされていますが、類似業種比準方式における「1株当たりの利益金額©」の計算上、「益金に算入されなかった剰余金の配当等」の金額に加算する必要がありますか。

【回答要旨】 適格現物分配により資産の移転を受けたことによる収益の額は、原則として、「1株当たりの利益金額©」の計算上、「益金に算入されなかった剰余金の配当等」の金額に加算する必要はありません。

類似業種比準方式に関する裁判例・裁決例

○　比準要素（配当⑧、利益©、簿価純資産⑩）の計算

● **類似業種比準方式による株式の評価において、評価会社の年配当率が当時の特別の経済事情によるものであるとしても、その事情を考慮しないことが違法な評価方法となるものではないとされた事例**（奈良地裁昭和62年1月14日判決）

〔判決要旨〕

　相続税財産評価に関する基準通達は、類似業種比準方式による株式の評価において、「年配当率」につき、直前期末以前2年間の各事業年度におけるその会社の利益の配当金額の算定の基となった年配当率から、特別配当、記念配当等の名称による配当率のうち、将来毎期継続することが予想できないものの率を控除した率の合計数をその期間の事業年度で除して計算した率とすると定めており、配当率を計算するについてその配当が普通配当であればその当時の経済事情を考慮しないものとしているが、そもそも、贈与による財産取得当時の時価（交換価値）を求めるのが目的であって、当時の経済事情のもとにおける価値が問題であるから、このような方法も当時の時価の評価の方法としては合理性を有しており、それが当時存在した特別の経済事情による配当率であるとしても、それを考慮しないことが違法な評価方法となるものではない。

● **取引相場のない株式の評価を類似業種比準方式で行うに当たって、評価会社の**

1株当たりの配当金額及び利益金額を最大5年間までさかのぼって算定すべきである旨の請求人の主張が排斥された事例（平成17年10月4日裁決）

〔裁決の要旨〕

　請求人は、評価基本通達は法律ではないから納税者を拘束するものではなく評価基本通達を基になされた本件更正処分は違法である、仮に評価基本通達によるとしても、利益、損失の変動の激しい法人においては、評価会社の業績を最大限5年間さかのぼって評価すべきである旨主張する。

　しかしながら、評価基本通達に定められた相続財産評価の一般基準が合理的なものであり、かつ、評価基本通達により難い特別の事情が存しない限り、評価基本通達の定めるところにより相続財産を評価することが違法ということはできないというべきであり、請求人の主張には理由がない。また、評価基本通達における類似業種比準方式は、株式の価格形成の基本要素として考えられている3要素（配当金額、利益金額、純資産金額）を比準要素とし、標本会社の数値と評価会社の数値を同一の基準により算定するなど所定の措置を講じることにより、評価上の恣意性の排除、評価の統一性、画一性、安全性の担保に配意したものであるところ、評価会社の数値のみを課税時期の直前5年間の業績を基に算定するとすれば類似業種比準方式の合理性自体が失われるおそれがある等のため、請求人の主張には理由がない。

● **類似業種比準方式における1株当たりの利益金額の計算上、匿名組合契約に係る分配金は非経常的な利益ではないから法人税の課税所得金額から控除すべきではないとされた事例**（平成20年6月26日裁決）

〔裁決の要旨〕

　請求人は、評価基本通達に定める類似業種比準価額を算定する場合の「評価会社の1株当たりの年利益金額」を算出するに当たって、匿名組合契約に基づいて分配を受けたリース事業に係る最終分配金額は非経常的利益に該当するため、これを控除すべきである旨主張する。

　しかしながら、「評価会社の1株当たりの年利益金額」を算定するに当たっては、法人税の課税所得金額をその基礎とすることについては合理性があり、また、非経常的な損益か否かについては、法人の事業の内容、その利益の発生原因、その発生原因たる行為の反復継続性又は臨時偶発性等を考慮して判断するのが相当であるところ、匿名組合契約に係る損益については、①法人税の取扱いでは、営業者の計算期間の末日の属する匿名組合員の各事業年度の益金の額又は損金の額に算入することとされること、②匿名組合契約が存続する限り定期的に発生する

こと、③発生の源泉が異なるという性質を持っているとしても、リース事業は、リース物件の所有、賃貸及び売却が一体となった事業であるから、その一部分を取り出して非経常的な損益とすべき理由は見当たらないことから、そのすべてを経常的な損益とみるべきである。したがって、請求人の主張には理由がない。

● **非経常的な利益に当たるか否かは、その利益が固定資産売却益又は保険差益に該当するか否かのみによって判断すべきものではなく、評価会社の事業の内容、当該利益の発生原因、その発生原因たる行為の反復継続性又は臨時偶発性等を考慮した上で、実質的に判断するのが相当であると解されるとされた事例**（令和元年5月14日東京地裁）

〔判決要旨〕

法人税の課税所得金額を基として1株当たりの利益金額を算定することとされているのは、評価会社と上場株式の発行会社の利益計算の恣意性を排除し、両者の利益金額について、同一の算定基準によって計算した実質利益の額を基として比較するのが合理的であることによるものと解される。また、評価会社の利益金額の計算上、固定資産の売却益や火災の際の保険差益などの非経常的な利益を除外することとされているが、これは、類似業種比準方式における比準要素としての利益金額について、評価会社の経常的な収益力を表すものを採用し、これと類似業種の利益金額とを比較対照して、評価会社の経常的収益力を株式の価額に反映させるためである。

このように、評価基本通達183⑵は、類似業種の利益金額と比較した評価会社の経常的収益力を適切に株価に反映させるために、偶発的な利益を除外することを定めたものというべきであるから、同通達183⑵が評価会社の「1株当たりの利益金額」の算定に際して除外される「非経常的な利益」として固定資産売却益や保険差益を挙げているのも、これらの利益が通常は偶発的な取引によるものであることからその例として示したものにすぎず、これらの利益は、飽くまでも偶発的な取引による非経常的な利益に当たる場合に除外されるものと解すべきである。

そして、ある利益が評価会社の「1株当たりの利益金額」の計算に際して除外される非経常的な利益に当たるか否かは、その利益が固定資産売却益又は保険差益に該当するか否かのみによって判断すべきものではなく、評価会社の事業の内容、当該利益の発生原因、その発生原因たる行為の反復継続性又は臨時偶発性等を考慮した上で、実質的に判断するのが相当であると解される。

原告らは、固定資産売却益が評価基本通達183⑵において「非経常的な利益」

とされている以上、「1株当たりの利益金額」の算定に当たって常に課税所得金額から控除されなければならない旨主張する。

　しかしながら、固定資産売却益であっても、毎期継続的に売買が繰り返されるような固定資産の売却益の場合には、その利益が会社の経常的収益力を構成することは明らかであるから、同通達183(2)について、固定資産売却益が常に非経常的な利益に当たることを定めたものと解することはできない。

　また、同通達183(2)の趣旨は、上記のとおり評価会社の経常的収益力を適切に評価することにあるところ、同通達の適用上、上記のように非経常的な利益であるとはいえない固定資産売却益を控除する取扱いをした場合には、評価会社の経常的収益力を過小に評価することとなり、適正な株価を算定するという同通達の趣旨から逸脱することになることからも、同通達183(2)が固定資産売却益を課税所得金額から控除すべき旨を定めたものということもできない。

○　「類似業種比準価額計算上の業種目及び業種目別株価等について」通達

● 　石油小売業を営む評価会社の株式の価額を類似業種比準方式により評価するに当たり、同業の上場会社が存しなかった場合、石油以外の小売業を営む会社を標本会社として算定するほかはないものといわざるを得ないとされた事例（昭和61年7月21日名古屋地裁判決、平成3年3月28日名古屋高裁判決）
〔判決要旨〕
　類似業種比準方式による株式の評価において、評価株式と同様の石油小売業を営む会社が上場会社中に見当たらず、小売業という程度にしか共通性を有しない標本会社しか存しない場合には、石油製品、動植物油の製造および販売業が他の小売業と異なる株式価額形成要因を有するものと認むべき特段の事情を窺うことができない以上、右のような標本会社をもって算定するほかはないものといわざるを得ない。

● 　「類似業種比準価額計算上の業種目及び業種目別株価等について」における業種目の分類が、日本標準産業分類と完全に一致しないことをもって、株価通達が合理性を欠くということはできないとされた事例（平成28年9月16日東京地裁判決）
〔判決要旨〕
　「類似業種比準価額計算上の業種目及び業種目別株価等について」（法令解釈通達）の作成に当たり、業種目は、原則として、日本標準産業分類に基づいて区分

していること、日本標準産業分類は、旧統計法及び統計調査に用いる産業分類並びに疾病、傷害及び死因分類を定める政令2条に根拠を有しており、平成20年法律第53号による改正後の統計法にあっては、統計法28条の規定に基づく統計基準であって、統計の正確性と客観性を保持し、統計の相互比較性と利用の向上を図ることを目的として設定されたものであることが認められる。

　原告は、日本標準産業分類は、平成14年改定において、情報通信業を大分類として新設しているにもかかわらず、株価通達において情報通信業が大分類化されたのは平成21年改定であり、この間、情報通信業を独立の分類にしなかったのは違法な不作為である旨主張する。

　しかしながら、上記のとおり、株価通達においては、業種目の分類につき、原則として日本標準産業分類によるものとされているものの、株価通達における業種目の分類上、日本標準産業分類によらなくてはならない旨の法令の規定はなく、統計の相互比較性と利用の向上を図ることを目的とする日本標準産業分類と、評価基本通達182及び183-2に根拠を有し、取引相場のない株式を評価することを目的として定められた株価通達とでは、その目的及び根拠を異にするから、株価通達における業種目の分類が、日本標準産業分類と完全に一致しないことをもって、株価通達が合理性を欠くということはできない。

第8章　純資産価額方式

1　概要

【取引相場のない株式の評価フローチャート】

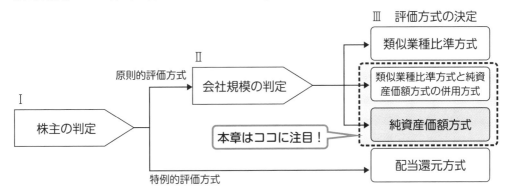

　これまで設問で検討してきた評価会社である㈱青山は中会社（Lの割合は0.75）なので、類似業種比準価額の次に純資産価額方式による評価額（以下「純資産価額」といいます。）が算定されるといよいよ第3表を用いて株式の評価額が決定されることになります。

　なお、原則的評価方式による評価方法は、以下の表のとおりですが、実務的には大会社においても**純資産価額**を算定しています。なぜなら、純資産価額が類似業種比準価額を下回る場合には、純資産価額によることができる旨の規定があるため（評基通179(1)）、その検証が必要だからです。

第8章

純資産価額方式

〈会社の規模に応じた原則的評価方式による評価方法（評基通179）〉

会社の規模	特　徴	評価方式	
大会社	上場会社に匹敵するような規模	類似業種比準方式 ※　ただし、選択により純資産価額方式によって評価することもできます（評基通179(1)ただし書）。	
中会社	大会社と小会社との中間の規模	類似業種比準方式と純資産価額方式の併用方式 ㊷：類似業種比準方式による評価額 ㊿：純資産価額方式による評価額	
		中の大（L＝0.9）	㊷×0.9＋㊿×0.1
		中の中（L＝0.75）	㊷×0.75＋㊿×0.25
		中の小（L＝0.6）	㊷×0.6＋㊿×0.4
		※　ただし、選択により純資産価額方式（評基通179(2)ただし書）	
小会社	個人企業とそれほど変わるところがない規模	純資産価額方式 ※　**ただし**、類似業種比準方式との併用も認められます。その場合のLの割合は0.5となります（評基通179(3)ただし書）。	

※　評基通179以下の規定及び制度の趣旨から純資産価額を限度としていると考えられます。

2　「純資産価額方式」とは

　純資産価額方式とは、評価会社の課税時期現在における**資産及び負債を財産評価基本通達の定めによって評価した価額（相続税評価額）に評価替えする**などして、1株当たりの評価額を算出する評価方式をいいます（評基通185）。

　これを単純化して示すと、次のとおりです。

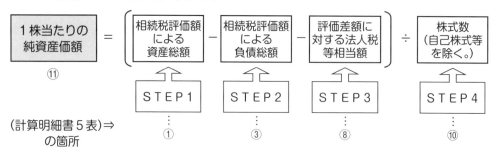

　しかし、具体的には相続税評価額による評価替え等を行いますので、次のようなステップで評価していくことになります。

STEP 1　「相続税評価額による資産総額」（第5表①）

　相続税評価額による資産総額は、課税時期における**評価会社の各資産を財産評価基本通達の定めによって評価した価額の合計額**によることとなっています。

　この場合における評価会社の各資産は、原則として、個人の事業用資産と同様の評価方法によって評価することになるので、**帳簿に資産として計上されていないもの**であっても、相続税法上の課税財産に該当するもの、例えば、無償で取得した**借地権**や**営業権等**がある場合には、これらを財産評価基本通達の定めるところにより**評価しなければなりません**し、**借家権**は帳簿に資産として計上されていても取引慣行がない限り相続税評価額はゼロとなります（評基通94）。また、**前払費用、繰延資産、繰延税金資産等**で**財産性のないもの**については、たとえ帳簿価額があるものであってもこれらは評価の対象にしないこととされています。

　したがって、ここでいう**資産総額は、税務計算上の帳簿価額による資産総額とは異なる**ので注意が必要です。

帳簿に資産として計上されていないもので、**評価する必要がある資産**（例）	帳簿に資産として計上されているもので、**評価の対象とならない資産**（例）
（無償取得した）借地権、特許権・商標権（営業権として一括評価）、生命保険契約に関する権利、生命保険金請求権	（財産性のない）前払費用・繰延資産（創立費、開業費、株式発行費、開発費、試験研究費など）、繰延税金資産

　また、資産のうちに評価会社が**課税時期前3年以内**において、**取得**又は**新築**した「**土地**」及び「**土地の上に存する権利**（借地権など）」並びに「**家屋及びその附属設備**」又は「**構築物**」があるときには、これらの価額は**課税時期の通常の取引価額**※により評価します（評基通185）。これは、課税時期直前に取得して時価が判明しているものについて、路線価や固定資産税評価に基づく相続税評価額によることで不当に純資産価額が圧縮されることを防ぐなどの理由によります。

※　通常の取引価額の求め方には、鑑定評価等いくつかの方法があります。

　純資産価額方式による評価の際に使用する「**帳簿**」とは、原則として「**課税時期の仮決算に基づく帳簿**」を前提としています。
　ただし、直前期末から課税時期までの間に資産及び負債の金額について**著しく増減がない**と認められる場合には、**直前期末の決算内容に基づく帳簿によることができます**。ただし、この場合でも計算明細書第5表の相続税評価額は、課税時期における評価額を記載することになります。
　例えば、令和5年1月15日に開始した相続において、9月決算の会社の株式を取得した場合において、その株式を純資産価額方式で評価する際には、課税上の弊害がない限り課税時期の直前期末である令和4年9月30日現在の資産及び負債を基に評価することが認められますが、評価の

時期は課税時期になりますので、評価会社が直前期末に有する土地については、令和5年分の評価基準（路線価又は評価倍率）、同社が直前期末に保有する非上場会社の株式を類似業種比準方式で評価する場合には、令和5年分の類似業種株価通達による「A」、「B」、「C」及び「D」の値を使用することになります。

　なお、直前期末より直後期末の方が課税時期に近く、課税時期の内容をより正しく実態を反映する場合は、**直後期末**の決算内容に基づいて評価することも可能です。この点は、**類似業種比準方式が「必ず直前期末の決算内容による」**としているのと**大きく異なる点ですので注意してください。**

> チェック
> ポイント
評価会社の所有する取引相場のない株式の評価

　「相続税評価額による資産総額」は、課税時期における評価会社の各資産を財産評価基本通達の定めによって評価した価額の合計額によることになります。

　評価会社が取引相場のない株式を有している場合には、この取引相場のない株式の価額についても財産評価基本通達により評価することになりますので、その株式の発行法人の株主構成から評価会社が同族株主に該当するか否かにより評価方式を判定するなどして評価していくことになります。

　ただし、評価会社の所有する取引相場のない株式を評価する場合の純資産価額の計算に当たっては、財産評価基本通達186-3《評価会社が有する株式等の純資産価額の計算》により、「当該株式の発行会社の課税時期における各資産をこの通達に定めるところにより評価した金額の合計額から課税時期における各負債の金額の合計額を控除した金額を課税時期における当該株式の発行会社の発行済株式数で除して計算した金額とする。」と定められていますので、財産評価基本通達186-2《評価差額に対する法人税額等に相当する金額》の定めにより計算した「評価差額に対する法人税額等に相当する金額」（132頁参照）を<u>控除しない</u>こととされていますので注意が必要です。

　また、議決権割合が50％以下の場合の純資産価額から20％を減額する特例（134頁参照）についても適用が<u>ありません</u>ので注意が必要です。

> チェック
> ポイント
評価会社が被相続人から相当の地代で土地を借りている場合の純資産価額の計算

○　相当の地代の授受がある場合

　借地権が設定されている土地について、権利金の授受がなく、相当の地代（自用地価額の6％相当額）を支払っている場合の当該土地に係る借地権の価額は0円、借地権の目的となっている宅地（以下「貸宅地」といいます。）の価額は、<u>自用地としての価額の100分の80に相当する金額</u>で評価することとされています（「相当の地代を支払っている場合等の借地権等についての相続税と贈与税の取扱いについて（昭和60年6月5日付直評9ほか）」（以下「相当地代通達」といいま

す。）3、6）。

　したがって、評価会社が借地権者、被相続人が底地所有者である場合には、評価会社の純資産価額に計上する借地権の価額は0、被相続人の相続財産である底地の価額は自用地としての価額の80%相当額により評価することになります。

　ただし、土地の貸付けが、被相続人が同族関係者となっている同族会社に対するものである場合には、土地の評価額が個人と法人を通じて100%顕現することが課税の公平上適当と考えられることから、被相続人の所有する同社の株式の評価上、自用地価額の20%に相当する金額を借地権の価額として純資産価額に算入することとされています（「相当の地代を収受している場合の貸宅地の評価について」（昭和43年10月28日付直資3−22ほか）。

○ 「土地の無償返還に関する届出書」が提出されている場合

　借地権が設定されている土地について、「土地の無償返還に関する届出書」が提出されている場合は、土地所有者と借地人間において、将来、無償で借地権を返還することを約した契約であることから、その土地に係る借地権の価額は0とし、また、貸宅地の価額は自用地としての価額の80%相当額によって評価することとされています（「相当地代通達」の5、8）。

　したがって、評価会社が借地権者、被相続人が底地所有者である場合には、評価会社の純資産価額に計上する借地権の価額は0、被相続人の相続財産である底地の価額は自用地としての価額の80%相当額により評価することになります。

　ただし、土地の貸付けが、被相続人が同族関係者となっている同族会社に対するものである場合には、被相続人の所有する同社の株式の評価上、自用地価額の20%に相当する金額を借地権の価額として純資産価額に算入することとされています（相当地代通達8）。

　なお、使用貸借に係る土地について無償返還届出書が提出されている場合のその土地に係る貸宅地の価額は、自用地としての価額によって評価することになりますので注意が必要です。

（参考）「土地の無償返還に関する届出書が提出されている事案において、借地権設定契約がされても、借地人に対し何ら経済的利益が移転していない場合には、その客観的な交換価値は自用地の80%を下回るものではない」とした判決（東京地裁令和5年1月26日）があります。

○ 相当の地代に満たない地代の授受がある場合

　借地権が設定されている土地について、権利金の授受がなく、相当の地代に満たない地代を支払っている場合の当該土地に係る借地権の価額は、次の算式により評価することとされています（相当地代通達4）。

$$\text{自用地としての価額} \times \left\{ \text{借地権割合} \times \left(1 - \frac{\text{実際に支払っている地代の年額}-\text{通常の地代の年額}}{\text{相当の地代の年額}-\text{通常の地代の年額}} \right) \right\}$$

　また、この場合の貸宅地の価額は、自用地としての価額から上記で評価した借地権の価額を控除した金額（以下「地代調整貸宅地価額」といいます。）によって評価することとされています。

　　ただし、その金額がその土地の自用地としての価額の80%相当額を超える場合
は、その土地の自用地としての価額の80%相当額によって評価することとされて
います（相当地代通達7）。なお、土地の貸付けが、被相続人が同族関係者とな
っている同族会社に対するものである場合には、地代調整貸宅地価額と自用地と
しての価額の80%相当額との差額を借地権の価額として純資産価額に算入するこ
ととされています（相当地代通達7）。

　　例えば、自用地価額1000万円、借地権割合60%、相当の地代60万円、通常の地
代24万円、実際の地代50万円の場合において、上記算式により評価した借地権価
額は167万円となり、自用地としての価額から借地権価額を控除した金額は833万
円となりますが、地代調整貸宅地の価額は自用地としての価額の80%相当額が頭
打ちとなっていますので、地代調整貸宅地の価額は800万円となります。この場
合の833万円と800万円の差額33万円は、土地の貸付けが、被相続人が同族関係者
となっている同族会社に対するものである場合には、純資産価額に算入（借地権
の価額として加算）することになります。

〔参考〕　　　　相当の地代等を収受している借地権等についての取扱い一覧

区分		権利金	無償返還	借地権の評価額	貸地の評価額	取引相場のない株式評価上の借地権の評価額
権利金等の支払い慣行あり	相当の地代※1	なし		なし	自用地価額×80%	自用地価額×20%
		あり		調整借地権価額※3	自用地価額×80%と調整貸宅地価額※2のいずれか低い価額	調整借地権価額※1と自用地価額×20%のいずれか高い価額
	相当の地代未満通常の地代超	なし	なし			
			あり	なし	自用地価額×80%	自用地価額×20%
		あり		調整借地権価額※4	自用地価額×80%と調整貸宅地価額※2のいずれか低い価額	調整借地権価額※1と自用地価額×20%のいずれか高い価額
	通常の地代※2	なし	あり	なし	自用地価額×80%	自用地価額×20%
			なし	自用地価額×借地権割合	自用地価額×底地割合	自用地価額×借地権割合
		あり				
	使用貸借			なし	自用地価額	なし
権利金等の支払い慣行なし				なし	自用地価額×80%	なし

※1　相当の地代は、次の算式により計算した地代をいいます。

権利金等	相当の地代の金額
なし	自用地価額（財産評価額）の過去3年間の平均額　×　6%
あり	$\left(\text{自用地価額の過去3年間の平均額} - \text{権利金等の金額} \times \dfrac{\text{自用地価額の過去3年間の平均額}}{\text{借地権設定時の通常取引価額}}\right) \times 6\%$

※2　通常の地代＝自用地としての価額（財産評価額）の過去3年間の平均額×（1－借地権割合）×6%

※3　調整借地権価額とは、次の算式により計算した借地権価額をいいます。

$$自用地価額 \times \left\{ 借地権割合 \times \left(1 - \frac{実際の地代 - 通常の地代}{相当の地代 - 通常の地代} \right) \right\}$$

（注）　権利金の支払いがある場合でも、上記算式中の「相当の地代」は、権利金の支払いがないものとして計算した金額により計算します。

（「図解・表解　財産評価ハンドブック」（中央経済社）より引用）

STEP 2　「相続税評価額による負債総額」（第 5 表③）

　相続税評価額による負債総額は、課税時期における評価会社の各負債の金額の合計額によることとなっています。

　この場合の相続税評価額による資産総額から控除する各負債の金額は、相続税法の規定により債務控除の対象となる債務、すなわち借入金、未払金等の対外的な債務の金額をいいます。

　したがって、負債として計上される債務は、「**確実と認められるものに限られる**」（相法14）ので、貸倒引当金などの引当金や準備金に相当する金額などは、相続税評価上の負債として認識せず、評価明細書の第 5 表には、帳簿価額及び相続税評価額の両欄とも記載しないこととなります（評基通186）。

　また、**弔慰金**も課税時期において確定している債務ではないので負債とはなりません。

　勿論、**弔慰金等**のうち、退職手当金等に含まれるものについては、法の趣旨から負債に計上できる場合がありますので、留意してください。（⇒135頁 column 参照）

　さらに、**社葬費用**は内容によって区別する必要があります。通常、会社が社葬を行ない負担した費用があるときは、負債に計上しても差し支えありませんが、明らかに遺族が負担すべきであるものは計上することができないことになります。

プロからのアドバイス

帳簿に負債として計上されているもので、**評価上負債として計上できないもの**（例）	帳簿に負債として計上されていないもので、**評価上負債として計上できるもの**（例）
貸倒引当金、返品調整引当金、賞与引当金、特別修繕引当金、製品保証等引当金、納税引当金、債権償却特別勘定、土地圧縮記帳引当金、特別償却準備金、減価償却累計額[1]	未納公租公課、未払利息等の金額など[2]

※1　減価償却累計額は、それぞれ対応する資産の帳簿価額から控除します。
※2　仮決算を行っているか否かで、評価上負債として計上できるものは次のように変わります。

【仮決算を行っている場合】

① 未納公租公課、未払利息等の金額

② 課税時期以前に賦課期日のあった固定資産税及び都市計画税

③ 被相続人の死亡により、相続人その他の者に支給することが確定した退職手当金、功労金その他これらに準ずる給与の金額※

④ 課税時期の属する事業年度に係る法人税額、消費税額、事業税額、道府県民税額及び市町村民税額のうち、その事業年度開始の日から課税時期までの期間に対応する金額

　※　退職手当金とみなされない弔慰金等（相法3）については、純資産価額の計算上負債としては扱わないことに留意してください。

【仮決算を行っていない場合】

① 未納公租公課、未払利息等の金額

② 直前期末以前に賦課期日のあった固定資産税及び都市計画税の税額のうち、未払いとなっている金額

③ 直前期末日直後から課税時期までに確定した剰余金の配当等の金額※1

④ 被相続人の死亡により、相続人その他の者に支給することが確定した退職手当金、功労金その他これらに準ずる給与の金額※2

　※1　課税時期が配当金交付の基準日の翌日から配当金交付の効力が発生するまでの間にある場合においては、配当期待権が発生しているので、株式の価額の修正を行うことに留意してください。
　※2　退職手当金とみなされない弔慰金等（相法3）については、純資産価額の計算上負債としては扱わないことに留意してください。

STEP3　「評価差額に対する法人税額等相当額」（第5表⑧）

　STEP1とSTEP2で評価会社の各資産及び各負債を相続税評価額に評価替えしました。その結果、資産や負債の項目が増えたり減ったりするとともに、同じ項目であっても帳簿価額と相続税評価額に差額が生じることがあります。

　したがって、〔A〕評価替えした相続税評価額による資産総額から負債総額を控除して求めた「相続税評価額による純資産価額」（第5表⑤）から、〔B〕**税務計算上の帳簿価額による資産総額から負債総額を控除して求めた「帳簿価額による純資産価額」（第5表⑥）**を控除した純資産価額の評価差額（第5表⑦）に37%(注1)を乗じて「法人税額等相当額」（第5表⑧）を求め、〔A〕（第5表⑤）の金額から控除します（評基通186-2）。

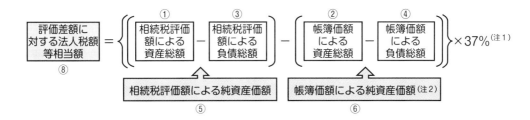

(注1) 法人税等相当額を求めるために乗じる率は法人税や事業税の税率の変更等により変動します（評基通186-2）。

　（参考） 課税時期が平成28年4月1日以降の場合は37%、平成27年4月1日以降の場合は38%です。また平成26年4月1日以降の場合は40%、平成24年4月1日から平成26年3月31日までの場合は42%、平成22年10月1日から平成24年3月31日までの場合は45%となっています。

(注2) 帳簿価額による資産総額から控除する各負債の金額は、相続税評価額による負債の金額に対応する**税務計算上**の帳簿価額をいいます。

　つまりこの場合における帳薄価額とは、各資産の帳縛価額とされるべき金額をいい、例えば、減価償却超過額のある減価償却資産については、その資産の課税時期における帳簿価額にその減価償却超過額に相当する金額を加算した金額によるなど、税務計算上、帳簿価額について加算又は減算を要する金額がある資産の帳簿価額はその加算又は減算後の価額、つまり税務計算上の帳簿価額によることになります。

　なお、総資産価額（相続税評価額によって計算した金額）の計算の基礎とされない繰延資産等のうち財産性のないものについての帳簿価額は、総資産価額（帳薄価額によって計算した金額）に算入しないことになります。

　これは、そもそも純資産価額方式が、主に小会社について、個人事業主との類似性に着目して、個人が事業用として所有する資産及び負債を評価するのと同じように評価する方式であるものの、いくら小会社といえども、株式を通じて会社資産等を間接所有するのであって、個人事業主が事業用資産等を直接所有するのと支配形態が異なるため、そのバランスを考慮して経済的に同一の条件下に置き換えるための措置です。

　なお、この法人税等相当額を適正に計算するため、資産及び負債の評価替えに当たっては、例えば相続税評価上認識しない資産（財産性のない前払費用や繰延資産など）や負債（貸倒引当金など）は、評価明細書第5表において、相続税評価額欄とともに**帳簿価額欄も記載しない**よう注意しなければいけません（帳簿価額欄に記載されていると評価差額が少なく計算されるなど、法人税等相当額が適正に計算されません。）。

プロからの
アドバイス

STEP 4 「株式数（自己株式等を除く。）」とは

　ここでいう株式数とは、課税時期における実際の発行済株式をいい（評基通185（注）1）、**自己株式**を有している場合には、その自己株式の数を控除した株式数によります。

　したがって、類似業種比準価額計算上の直前期末の発行済株式数とは異なる場合がありますので注意が必要です。

STEP 5　議決権割合が50%以下の場合（特例）

　会社の中には、複数の同族株主グループにより会社経営を行っているものもあり、そのような場合には、1つの同族株主グループの所有議決権数だけでは、会社を完全支配できないということになります。

　そこで、単独の同族株主グループが会社に対する支配力を持っている場合とそうでない場合とでは支配力に差があるものと考え、議決権割合の50%以下である同族株主グループに属する同族株主及び同族株主のいない会社の株主の取得した株式を純資産価額方式で計算する場合には、算定された純資産価額から20%の評価減をすることができるとされています。

　この純資産価額の80%によることができるのはその趣旨から、できるケースとできないケースがありますので注意が必要です。

　例えば、80%を乗じた純資産価額により評価することができるのは、**中会社の併用方式**の算式中の純資産価額及び**小会社**の純資産価額であることに留意してください（大会社と中会社の株式を納税義務者の選択により類似業種比準価額に代えて純資産価額によって評価する場合には適用されません。）。

　その他、評価減できる場合とできない場合とを整理すると、次の表のようになります。

会　社	原　則	納税者選択
大会社	類似業種比準価額	純資産価額（80%評価不可）
中会社	類似業種比準価額×L＋純資産価額（80%評価可）×（1－L）	純資産価額（80%評価不可）×L＋純資産価額（80%評価可）×（1－L）
小会社	純資産価額 （80%評価可）	類似業種比準価額×0.5＋純資産価額（80%評価可）×0.5
清算中の会社	清算分配見込額	例外として純資産価額方式
開業前又は休業中の会社	純資産価額 （80%評価不可）	―
開業後3年末満及び比準要素数0の会社	純資産価額 （80%評価可）	―
土地保有特定会社	純資産価額 （80%評価可）	―
株式等保有特定会社	純資産価額 （80%評価可）	$S_1 + S_2$方式
比準要素数1の会社	純資産価額 （80%評価可）	類似業種比準価額×0.25＋純資産価額（80%評価可）×0.75

column 「弔慰金の負債計上」

　　〈弔慰金の負債計上〉について判断した次のような裁決があり参考になります。

　取引相場のない株式の課税時期における1株当たりの純資産価額の計算を行う場合、退職手当金等も弔慰金も、課税時期において確定している債務ではないから、本来、評価会社の純資産価額を算定するについての負債とはならないものである。

　しかしながら、**退職手当金等**については、相続税法第3条第1項第2号の規定により相続又は遺贈により取得したものとみなされ、相続税の課税価格に算入されて課税されるため、評価会社の純資産価額の計算において負債に計上しなければ、相続税において実質上の二重課税が生じることになるので、退職手当金等を負債として計上する必要があり、財産評価基本通達186において、負債に含まれるものとして取り扱われているものであり、この取り扱いは当審判所においても相当と認められる。

　これに対して、相続税法基本通達3−18ないし3−23の区分により**弔慰金**とされたものについては、退職手当金等と異なり相続財産とはみなされず、実質上の二重課税とはならないので、弔慰金を負債に計上する必要はない。したがって、弔慰金を負債に計上することはできないと解するのが相当である（平成16年4月22日裁決）。

column 「評価差額に対する法人税額等相当額を控除することの趣旨」

　　〈評価差額に対する法人税額等相当額を控除することの趣旨〉を述べた次のような判決があり参考になります。

○　財産評価基本通達185項及び186−2項が評価差額に対する法人税額等相当額を控除することとしている趣旨は、個人事業の相続の場合には、事業用財産は被相続人たる事業主個人名義であるから、相読人は相続によって直接に事業用財産を取得することができ、事業用財産の評価差額（含み益）については、相続の時点において相続財産の評価に含められ、相続税の課税を受けることとなるものの、課税を受ける機会はその一度だけである。これに対し、法人事業の相続の場合には、事業用財産は法人名義であり、相続人は相続によって法人の持分を取得するにすぎず、事業用財産に対する支配は間接的なものであるから、もし相続人が事業用財産を取得して自己名義に変更しようとすれば、いったん相続によって法人の持分を取得した後に、法人を解散して残余財産の分配を受けるという手順を踏む必要があるところ、かかる場合、事業用財産の評価差額については、相続の時点において相続財産の評価に含められ、相続税の課税を受けることとなる上に、法人解散の時点においても清算所得に含められ、これ

に対する法人税、事業税、都道府県民税及び市町村民税の課税を受けることとなり、課税を受ける機会が2回あることになる。このように、株式等を所有することを通じて法人の資産を間接的に所有している場合と、個人事業主が事業用財産を直接所有している場合とでは、その所有形態が異なることから、将来法人を清算した場合において評価差額に対して清算所得として課される法人税額等を相続税評価額から控除することによって、両者の事業用資産の所有形態を経済的に同一の条件のもとに置き換えた上で相続財産の評価における両者の均衡を図ろうとしたものと解することができる。（平成12.5.12　大阪地裁判決9（行ウ）99）

○　個人が株式の所有を通じて会社の資産を間接的に所有している場合と個人事業主として直接に事業用資産を所有する場合とでは、その所有形態が異なることからその処分性等におのずと差があるといえる。すなわち、例えば、評価会社が、被相続人の個人的な資質や能力に依存していたいわゆるワンマン会社であって、相続の開始によって事業の継続が不可能になる場合や相続人が会社の資産を自己のために自由に利用あるいは処分したい場合には、会社を解散、清算することにより被相続人が所有した株式数に見合う財産を手にするほかないところ、その場合に、法人に清算所得（いわゆる含み益）があった場合には、その清算所得に対して法人税等が課されるため、個人事業者が直接に事業用資産を所有している場合に比して、その法人税等相当部分だけ実質的な取り分が減少するということができる。そうすると、このような株式の評価に当たっては、個人が株式の所有を通じて会社の資産を間接的に所有している場合と個人事業主として直接に事業用資産を所有する場合とで、両者の事業用財産の所有形態を経済的に同一の条件の下に置き換えた上で評価の均衡を図る必要がある。純資産価額方式において法人税等相当額を控除するのは、かかる配慮に基づくものである。したがって、財産評価基本通達が純資産価額方式において評価会社の資産の相続税評価額と負債との差額から法人税等相当額を控除するものとしているのは、それ自体、合理的なものと認められる。（平成12.5.30　東京地裁判決9（行ウ）277）

問　題　純資産価額方式

取引相場のない株式の評価について、次の問に答えてください。

取引相場のない株式の発行会社である㈱青山について、次の会社情報から、純資産価額を算定し、取引相場のない株式の評価額を算定してください。

なお、解答に当たっては、次頁以降の資料及び様式（取引相場のない株式（出資）の評価明細書（計算書）第5表及び第3表）を使用してください。

㈱青山の会社情報

課税時期	令和4年2月2日 Aに相続が開始し、Aの株式は全てBが相続した。				
資本金等の額	直前期末　30,000千円				
発行済株式数	直前期末　100,000株（自己株式なし）				
会社の規模	中会社（Lの割合＝0.75）（82頁の問題に同じ。）				
類似業種比準価額	1株当たり819円（108頁の問題に同じ。）				
貸借対照表の内容	別添資料参照（※解答欄に掲載しています。）				
評価を要する 株主の構成等 （32頁の問題の「株主 グループ1」に同じ。）	株主	Aとの続柄	議決権割合	株主の種類	評価方式
	A	本人	5,000個	同族株主 （株主グループの議決権割合の合計：50％）	原則的評価方式
	B	Aの長男	30,000個		
	C	Aの長女	5,000個		
	D	Bの配偶者	7,000個		
	E	Bの長男	3,000個		

137

【解答欄①】　取引相場のない株式(出資)の評価明細書 (計算明細書) 第5表

※網掛部分に記入
してください。

(注)　計算明細書第5表の「1」欄は評価会社の貸借対照表（別添資料に掲載）を基に作成しています。「1」欄に記載された内容を基に「2」及び「3」欄を記入してください。

第5表　1株当たりの純資産価額(相続税評価額)の計算明細書　　会社名　　㈱青山

1. 資産及び負債の金額 (課税時期現在)

（取引相場のない株式（出資）の評価明細書）　　（平成三十年一月一日以降用）

資 産 の 部				負 債 の 部			
科　目	相続税評価額	帳簿価額	備考	科　目	相続税評価額	帳簿価額	備考
	千円	千円			千円	千円	
現金預金	100,800	100,000		支払手形	50,000	50,000	
受取手形	79,000	80,000		買掛金	122,000	122,000	
売掛金	45,000	50,000		未払費用	500,000	500,000	
未収入金	27,000	30,000		預り金	30,000	30,000	
短期貸付金	180,200	200,000		借入金	100,000	100,000	
製品・半製品	100,000	100,000		未納法人税	40,000	40,000	
仕掛品	40,000	40,000		未納消費税	5,000	5,000	
原材料	40,000	40,000		未納都道府県民税	2,160	2,160	
建物	30,000	10,000		未納市町村民税	5,000	5,000	
課税時期前3年以内に取得した建物	100,000	100,000		未納事業税	15,000	15,000	
機械装置	200,000	200,000		未納固定資産税	3,000	3,000	
有価証券(上場株式)	38,000	20,000		未払配当金	2,000	2,000	
築地製鉄㈱(取引相場のない株式)	70,000	20,000		未払退職金	80,000	80,000	
借家権	0	10,000		保険差益に対する法人税等相当額	7,400	7,400	
借地権	200,000	0					
生命保険金請求権	100,000	100,000					
合　計	① 1,350,000	② 1,100,000		合　計	③ 961,560	④ 961,560	
株式等の価額の合計額	㋑ 108,000	㋺ 40,000					
土地等の価額の合計額	㋩ 200,000						
現物出資等受入れ資産の価額の合計額	㋥	㋭					

2. 評価差額に対する法人税額等相当額の計算			3. 1株当たりの純資産価額の計算		
相続税評価額による純資産価額　　(①-③)	⑤	千円	課税時期現在の純資産価額 (相続税評価額)　　(⑤-⑧)	⑨	千円
帳簿価額による純資産価額 ((②+㋭-㋥)-④)、マイナスの場合は0)	⑥	千円	課税時期現在の発行済株式数 (第1表の1の①-自己株式数)	⑩	株
評価差額に相当する金額 (⑤-⑥、マイナスの場合は0)	⑦	千円	課税時期現在の1株当たりの純資産価額 (相続税評価額)　　(⑨÷⑩)	⑪	円
評価差額に対する法人税額等相当額 (⑦×37%)	⑧	千円	同族株主等の議決権割合(第1表の1の⑤の割合)が50%以下の場合　　(⑪×80%)	⑫	円

【解答欄②】 取引相場のない株式(出資)の評価明細書(計算明細書)第3表

※網掛部分に記入
してください。

第3表　一般の評価会社の株式及び株式に関する権利の価額の計算明細書　会社名　　㈱青山

<table>
<tr><td rowspan="2" colspan="2">1 株 当 た り の
価 額 の 計 算 の
基 と な る 金 額</td><td colspan="2">類 似 業 種 比 準 価 額
(第4表の㉖、㉚又は㉛の金額)</td><td colspan="2">1 株当たりの純資産価額
(第5表の⑪の金額)</td><td colspan="2">1 株当たりの純資産価額の80%
相当額(第5表の⑫の記載があ
る場合のその金額)</td></tr>
<tr><td colspan="2">① 819 円</td><td colspan="2">② 円</td><td colspan="2">③ 円</td></tr>
</table>

1 原則的評価方式による価額

1株当たりの価額の計算

区 分	1 株 当 た り の 価 額 の 算 定 方 法	1 株 当 た り の 価 額
大会社の株式の価額	①の金額と②の金額とのいずれか低い方の金額 (②の記載がないときは①の金額)	④ 円
中会社の株式の価額	①と②とのいずれか 低い方の金額　Lの割合　　②の金額(③の金額が あるときは③の金額)　Lの割合 (　　円×0.　　) + (　　円 × (1−0.　　))	⑤ 円
小会社の株式の価額	②の金額(③の金額があるときは③の金額)と次の算式によって計算した金額と のいずれか低い方の金額　　　②の金額(③の金額がある ①の金額　　　　　　　　　　ときは③の金額) (　　円×0.50) + (　　円×0.50) = 円	⑥ 円

株式の価額の修正

	株式の価額 (④、⑤又は⑥)	1株当たりの 配 当 金 額	修正後の株式の価額
課税時期において配当期 待権の発生している場合	円−	円 銭	⑦ 円
課税時期において株式の割 当てを受ける権利、株主とな る権利又は株式無償交付期 待権の発生している場合	株式の価額 (④、⑤又は⑥(⑦ があるときは⑦)) (円+	割当株式1株当 たりの払込金額 1株当たりの 割当株式数 1株当たりの 割当株式数又 は交付株式数 円× 株)÷(1株+ 株)	修正後の株式の価額 ⑧ 円

2 配当還元方式による価額

	1株当たりの 資本金等の額、 発行済株式数等	直前期末の 資本金等の額	直前期末の 発行済株式数	直前期末の 自己株式数	1株当たりの資本金等の 額を50円とした場合の発 行済株式数 (⑨÷50円)	1 株 当 た り の 資本金等の額 (⑨÷(⑩−⑪))
		⑨ 千円	⑩ 株	⑪ 株	⑫ 株	⑬ 円

直前期末以前2年間の年配当金額	事業年度	⑭ 年 配 当 金 額	⑮ 左のうち非経常的な 配 当 金 額	⑯ 差引経常的な年配当金額 (⑭−⑮)	年 平 均 配 当 金 額
	直 前 期	千円	千円	㋑ 千円	⑰ (㋑+㋺)÷2 千円
	直前々期	千円	千円	㋺ 千円	

1株(50円)当たり の年配当金額	年平均配当金額(⑰) 千円 ÷	⑫の株式数 株 =	⑱ 円 銭	この金額が2円50銭 未満の場合は2円50銭 とします。
配 当 還 元 価 額	⑱の金額 円 銭 10% ×	⑬の金額 円 50円	⑲ = 円	⑳ 円	⑲の金額が、原則的評価 方式により計算した価額 を超える場合には、原則 的評価方式により計算し た価額とします。

3 株式及び株式に関する権利の価額(1.及び2.に共通)

配 当 期 待 権	1株当たりの予想配当金額　源泉徴収されるべき 所得税相当額 (円 銭)−(円 銭)	㉑ 円 銭	**4. 株式及び株式に関する権利の価額** (1.及び2.に共通)
株式の割当てを受ける権利 (割当株式1株当たりの価額)	⑧(配当還元方式の 場合は⑳)の金額　　割当株式1株当たりの 払込金額 円− 円	㉒ 円	株式の評価額 円
株主となる権利 (割当株式1株当たりの価額)	⑧(配当還元方式の場合は⑳)の金額(課税時期 後にその株主となる権利につき払い込むべき金額が あるときは、その金額を控除した金額)	㉓ 円	株式に関する 権利の評価額 (円 銭) 円
株式無償交付期待権 (交付される株式1株当たりの 価額)	⑧(配当還元方式の場合は⑳)の金額	㉔ 円	

第8章　純資産価額方式

第5表　1株当たりの純資産価額（相続税評価額）の計算明細書　会社名　㈱青山

（取引相場のない株式（出資）の評価明細書）

（平成三十年一月一日以降用）

1. 資産及び負債の金額（課税時期現在）

資産の部				負債の部			
科　目	相続税評価額	帳簿価額	備考	科　目	相続税評価額	帳簿価額	備考
	千円	千円			千円	千円	
現金預金	100,800	100,000		支払手形	50,000	50,000	
受取手形	79,000	80,000		買掛金	122,000	122,000	
売掛金	45,000	50,000		未払費用	500,000	500,000	
未収入金	27,000	30,000		預り金	30,000	30,000	
短期貸付金	180,200	200,000		借入金	100,000	100,000	
製品・半製品	100,000	100,000		未納法人税	40,000	40,000	
仕掛品	40,000	40,000		未納消費税	5,000	5,000	
原材料	40,000	40,000		未納都道府県民税	2,160	2,160	
建物	30,000	10,000		未納市町村民税	5,000	5,000	
課税時期前3年以内に取得した建物	100,000	100,000		未納事業税	15,000	15,000	
機械装置	200,000	200,000		未納固定資産税	3,000	3,000	
有価証券（上場株式）	38,000	20,000		未払配当金	2,000	2,000	
築地製鉄㈱（取引相場のない株式）	70,000	20,000		未払退職金	80,000	80,000	
借家権	0	10,000		保険差益に対する法人税等相当額	7,400	7,400	
借地権	200,000	0					
生命保険金請求権	100,000	100,000					

合　計	① 1,350,000	② 1,100,000		合 計			
株式等の価額の合計額	㋩ 108,000	㋥ 40,000					
土地等の価額の合計額	㋬ 200,000						
現物出資等受入れ資産の価額の合計額	㋭	㋬					

> 資産及び負債の金額の「帳簿価額」欄は、後掲【別添資料】の貸借対照表の内容を基に記載し、「相続税評価額」欄は、【別添資料】の※の内容を踏まえて評価替えをした価額を記載しています。

2. 評価差額に対する法人税額等相当額の計算

相続税評価額による純資産価額（①−③）　⑤	千円　388,440
帳簿価額による純資産価額（（②+㋭−㋬）−④）、マイナスの場合は0）　⑥	千円　138,440
評価差額に相当する金額（⑤−⑥、マイナスの場合は0）　⑦	千円　250,000
評価差額に対する法人税額等相当額（⑦×37%）　⑧	千円　92,500

3. 1株当たりの純資産価額の計算

課税時期現在の純資産価額（相続税評価額）（⑤−⑧）　⑨	千円　295,940
課税時期現在の発行済株式数（（第1表の1の①）−自己株式数）　⑩	株　100,000
課税時期現在の1株当たりの純資産価額（相続税評価額）（⑨÷⑩）　⑪	円　2,959
同族株主等の議決権割合（第1表の1の⑤の割合）が50%以下の場合（⑪×80%）　⑫	円　2,367

第3表　一般の評価会社の株式及び株式に関する権利の価額の計算明細書 会社名　　㈱青山

（平成三十年一月一日以降用）

（取引相場のない株式（出資）の評価明細書）

1　原則的評価方式による価額

	1株当たりの価額の計算の基となる金額	類似業種比準価額（第4表の㉖、㉗又は㉘の金額）	1株当たりの純資産価額（第5表の⑪の金額）	1株当たりの純資産価額の80%相当額（第5表の⑫の記載がある場合のその金額）
		① 819 円	② 2,959 円	③ 2,367 円

区分	1株当たりの価額の算定方法	1株当たりの価額
大会社の株式の価額	①の金額と②の金額とのいずれか低い方の金額（②の記載がないときは①の金額）	④ 円
中会社の株式の価額	①と②とのいずれか低い方の金額　Lの割合 ＋ ②の金額（③の金額があるときは③の金額）　Lの割合（ 819 円×0.75 ）＋（ 2,367 円×(1-0.75))	⑤ 1,206 円
小会社の株式の価額	②の金額（③の金額があるときは③の金額）と次の算式によって計算した金額とのいずれか低い方の金額　②の金額（③の金額があるときは③の金額）（ ①の金額　　円×0.50）＋（ 円×0.50）＝ 円	⑥ 円

株式の価額の修正

	株式の価額（④、⑤又は⑥）	1株当たりの配当金額	修正後の株式の価額
課税時期において配当期待権の発生している場合	円－	円 銭	⑦ 円
課税時期において株式の割当てを受ける権利、株主となる権利又は株式無償交付期待権の発生している場合〔④、⑤又は⑥（⑦があるときは⑦）〕	株式の価額（④、⑤又は⑥（⑦があるときは⑦）） 割当株式1株当たりの払込金額 1株当たりの割当株式数 1株当たりの割当株式数又は交付株式数（ 円＋ 円× 株）÷（1株＋ 株）		⑧ 円

2　配当還元方式による価額

直前期末の資本金等の額、発行済株式数等	直前期末の資本金等の額	直前期末の発行済株式数	直前期末の自己株式数	1株当たりの資本金等の額を50円とした場合の発行済株式数（⑨÷50円）	1株当たりの資本金等の額（⑨÷(⑩－⑪)）
	⑨ 千円	⑩ 株	⑪ 株	⑫ 株	⑬ 円

直前期末以前2年間の配当金額	事業年度	⑭ 年配当金額	⑮ 左のうち非経常的な配当金額	⑯ 差引経常的な年配当金額（⑭－⑮）	年平均配当金額
	直前期	千円	㋑ 千円	千円	⑰（㋑＋㋺）÷2 千円
	直前々期	千円	㋺ 千円	千円	

1株（50円）当たりの年配当金額	年平均配当金額（⑰） ÷ ⑫の株式数	⑱	この金額が2円50銭未満の場合は2円50銭とします。
	千円 ÷ 株 ＝ 円 銭		

配当還元価額	⑱の金額 円 銭 ／ 10% × ⑬の金額 円 ／ 50円 ＝	⑲ 円	⑳ 円	⑲の金額が、原則的評価方式により計算した価額を超える場合には、原則的評価方式により計算した価額とします。

3　株式に関する権利の価額（1.及び2.に共通）

配当期待権	1株当たりの予想配当金額　源泉徴収されるべき所得税相当額（ 円 銭）－（ 円 銭）	㉑ 円 銭
株式の割当てを受ける権利（割当株式1株当たりの価額）	⑧（配当還元方式の場合は⑳）の金額　割当株式1株当たりの払込金額 円－ 円	㉒ 円
株主となる権利（割当株式1株当たりの価額）	⑧（配当還元方式の場合は⑳）の金額（課税時期後にその株主となる権利につき払い込むべき金額があるときは、その金額を控除した金額）	㉓ 円
株式無償交付期待権（交付される株式1株当たりの価額）	⑧（配当還元方式の場合は⑳）の金額	㉔ 円

4．株式及び株式に関する権利の価額（1.及び2.に共通）

株式の評価額	円 1,206
株式に関する権利の評価額	（円 銭）

第8章　純資産価額方式

解答への道標 ···

「帳簿価額」欄は評価会社の貸借対照表を参考に記入します。前述した**貸倒引当金**のように、帳簿上記載していても記入しない項目もあるので注意が必要です。

表示単位未満は切り捨てて記入します。

決算書の内容に基づくほか、課税時期現在で未納公租公課や未払配当金を負債の部に追加計上します。

第5表　1株当たりの純資産価額（相続税評価額）の計算明細書　　会社名　　　㈱青山

1. 資産及び負債の金額（課税時期現在）

（取引相場のない株式（出資）の評価明細書）

（平成三十年一月一日以降用）

資産の部				負債の部			
科目	相続税評価額	帳簿価額	備考	科目	相続税評価額	帳簿価額	備考
	千円	千円			千円	千円	
現金預金	100,800	100,000		支払手形	50,000	50,000	
受取手形	79,000	80,000		買掛金	122,000	122,000	
売掛金	45,000	50,000		未払費用	500,000	500,000	
未収入金	27,000	30,000		預り金	30,000	30,000	
短期貸付金	180,200	200,000		借入金	100,000	100,000	
製品・半製品	100,000	100,000		未納法人税	40,000	40,000	
仕掛品	40,000	40,000		未納消費税	5,000	5,000	
原材料	40,000	40,000		未納都道府県民税	2,160	2,160	
建物	30,000	10,000		未納市町村民税	5,000	5,000	
課税時期前3年以内に取得した建物	100,000	100,000		未納事業税	15,000	15,000	
機械装置	200,000	200,000		未納固定資産税	3,000	3,000	
有価証券（上場株式）	38,000	20,000		未払配当金	2,000	2,000	
築地製鈑㈱（取引相場のない株式）	70,000	20,000		未払退職金	80,000	80,000	
借家権	0	10,000		保険差益に対する法人税等相当額	7,400	7,400	
借地権	200,000	0					
生命保険金請求権	100,000	100,000					
合計	① 1,350,000	② 1,100,000		合計	③ 295,940	④	
株式等の価額の合計額	㋑ 108,000	㋺ 40,000					
土地等の価額の合計額	㋩ 200,000						
現物出資等受入れ資産の価額の合計額	㋥	㋭					

2. 評価差額に対する法人税等相当額の計算

相続税評価額による純資産価額（①－③）	⑤ 388,440	（相続税評価額）（⑤－⑧）	⑨ 295,940	
帳簿価額による純資産価額（(②＋㋭－㋩）－④）、マイナスの場合は0）	⑥ 138,440 千円	課税時期現在の発行済株式数（第1表の1の①－自己株式数）	⑩ 100,000 株	
評価差額に相当する金額（⑤－⑥、マイナスの場合は0）	⑦ 250,000 千円	課税時期現在の1株当たりの純資産価額（⑨÷⑩）	⑪ 2,959 円	
評価差額に対する法人税額等相当額（⑦×37%）	⑧ 92,500 千円	同族株主等の議決権割合（第1表の1の⑤の割合）が50％以下の場合（⑪×80%）	2,367 円	

これは、「帳簿上記載していた借家権を相続税評価上資産として評価しない」こと及び「帳簿上記載されていなかった借地権を相続税評価上資産として評価した」ことを表します。

Aの死亡により、評価会社に生命保険金が支払われ、それを原資に評価会社が死亡退職金を支払うことを表します。課税時期現在ではまだ保険金は支払われていないので、「生命保険金請求権」となります。なお、「生命保険金請求権の金額＞死亡退職金」の場合、その差額（20,000千円）に法人税等相当額と同じ率を乗じて「保険差益に対する法人税等相当額」を算出して負債計上します（欠損法人で一定の場合を除きます。）。

一般的に小さな会社だからといって一族支配とは限らず、複数の同族株主グループにより支配されている場合もあります。この場合、1グループだけでは会社を完全支配できない場合もあるため、完全支配できるグループとそうでないグループとのバランスを図る観点から、議決権割合が50％以下の同族株主グループに属する株主の取得した株式については20％の評価減を行います（評基通185）。

課税時期前3年以内に取得した土地・建物等は相続税評価額ではなく課税時期の通常の取引価額で評価します。この場合は、帳簿価額（取得価額）と課税時期の通常の取引価額が同じであることを表します。

類似業種比準価額を評価明細書第4表から転記します。

純資産価額を評価明細書第5表から転記します。

第3表　一般の評価会社の株式及び株式に関する権利の価額の計算明細書　会社名　㈱青山

			類似業種比準価額 (第4表の㉖、㉗又は㉘の金額)	1株当たりの純資産価額 (第5表の⑪の金額)	1株当たりの純資産価額の80% 相当額(第5表の⑫の記載がある場合のその金額)	
	1株当たりの 価額の計算の 基となる金額		① 819 円	② 2,959 円	③ 2,367 円	平成三十年一月一日以降用

<table>
<tr><td colspan="2" rowspan="5">1 原則的評価方式による価額</td><td>区　分</td><td colspan="3">1株当たりの価額の算定方法</td><td>1株当たりの価額</td></tr>
<tr><td>1株当たりの価額の計算</td><td>大会社の
株式の価額</td><td colspan="3">①の金額と②の金額とのいずれか低い方の金額
(②の記載がないときは①の金額)</td><td>④　　　　　円</td></tr>
<tr><td></td><td>中会社の
株式の価額</td><td>①と②とのいずれか
低い方の金額　　Lの割合
(819 円×0.75)</td><td>②の金額(③の金額が
あるときは③の金額)　Lの割合
+(2,367 円×(1-0.75))</td><td></td><td>⑤ 1,206</td></tr>
<tr><td></td><td>小会社の
株式の価額</td><td colspan="3">②の金額(③の金額があるときは③の金額)と次の算式によって計算した金額と
のいずれか低い方の金額
(④の金額があるときは④の金額)　　　　②の金額(③の金額があるとき</td><td>⑥　　　　　円</td></tr>
<tr><td>株式の価額の修正</td><td>課税時期に
配当期待権の発生</td><td colspan="3"></td><td>配当落後の株式の価額
　　　　　円</td></tr>
</table>

㈱青山の1株当たりの株式の評価額(併用方式による評価額)です。

設問の㈱青山は中会社でLの割合が0.75なので「類似業種比準価額×75%+純資産価額×25%」によって「併用方式による評価額」を求める計算を行います。

参考までに㈱青山の評価方式ごとの評価額を示すと次のとおりです。

評価方式ごとの評価額【各章参照】	1株当たりの評価額
① 配当還元価額	199円
② 類似業種比準価額	819円
③ 純資産価額(20%控除後)	2,367円
④ 併用方式による評価額	1,206円

㈱青山の場合、①の配当還元価額は④の原則的評価方式(併用方式)による評価額の約6分の1になることがわかります。株主の判定の重要性を確認してください。

			1株(50円)当たり の年配当金額	年平均配当金額(⑰)　　⑱の株式数 千円 ÷ 　　株 = 　円　銭			この金額が2円50銭 未満の場合は2円50銭 とします。
	配当還元価額			⑱の金額　　⑪の金額　　⑲ 　円　銭 × 　円　= 　円 　　10%　　50円		⑳ 　円	⑳の金額が、原則的評価 方式により計算した価額 を超える場合には、原則 的評価方式により計算し た価額とします。

	配当期待権	1株当たりの予想配当金額　原泉徴収されるべき 所得税相当額 (　円　銭)-(　円　銭)		4　株式及び株式に関する権利の価額 (1.及び2.に共通)	
3 株式及び株式に関する権利の価額	株式の割当てを受ける権利 (割当株式1株当たりの価額)	⑤(配当還元方式の　　　割当株式1株当たりの 場合は⑳の金額)　　　　払込金額 　円-　円		株式の評価額	⑤　　　円 1,206
	株主となる権利 (割当株式1株当たりの価額)	⑤(配当還元方式の場合は⑳の金額(課税時期 後にその株主となる権利につき払い込むべき金額が あるときは、その金額を控除した金額)		株式に関する 権利の評価額	(　円　銭)
	株式無償交付期待権 (交付される株式1株当たりの 価額)	⑤(配当還元方式の場合は⑳の金額)			

(参考)相続税の申告書(第11表)には次のように記載されます。

相 続 税 が か か る 財 産 の 明 細 書
(相 続 時 精 算 課 税 適 用 財 産 を 除 き ま す 。)　　被相続人　A　　第11表

この表は、相続や遺贈によって取得した財産及び相続や遺贈によって取得したものとみなされる財産のうち、相続税のかかるものについての明細を記入します。

遺産の分割状況	区　　分	1 全 部 分 割	2 一 部 分 割	3 全 部 未 分 割	(令和2年4月分以降用)
	分 割 の 日	○ ・ ○ ・ ○	・ ・	・ ・	

財　　産　　の　　明　　細						分割が確定した財産	
種類	細目	利用区分、銘柄等	所在場所等	数量 単価 固定資産税 評価額 倍数	価額	取得した人の 氏名	取得財産の 価額
有価証券	上記以外の 株式、出資	㈱青山	港区 ○-○-△	5,000株 1,206 円	円 6,030,000	B	円 6,030,000

第8章　純資産価額方式

【別添資料】課税時期現在の貸借対照表

課税時期現在の仮決算に基づく貸借対照表です。

貸借対照表（令和4年2月2日現在）

科　　目	金　額（円）	科　　目	金　額（円）
資産の部	**1,000,000,000**	**負債の部**※9	**815,000,000**
流動資産	**640,000,000**	**流動負債**	**672,000,000**
現金	20,000,000	支払手形	50,000,000
預金※1	80,000,000	買掛金	122,000,000
受取手形※2	80,000,000	未払費用	500,000,000
売掛金※3	50,000,000	**固定負債**	**130,000,000**
未収入金※4	30,000,000	預り金	30,000,000
短期貸付金※5	200,000,000	長期借入金	100,000,000
製品	70,000,000	**引当金**	**13,000,000**
半製品	30,000,000	貸倒引当金	13,000,000
仕掛品	40,000,000		
原材料	40,000,000	**純資産の部**	**185,000,000**
固定資産※6	**360,000,000**	**資本金**	**30,000,000**
建物※7	110,000,000	**資本剰余金**	**5,000,000**
機械装置	200,000,000	資本準備金	5,000,000
投資有価証券※8	40,000,000	**利益剰余金**	**150,000,000**
借家権	10,000,000	利益準備金	10,000,000
		別途積立金	40,000,000
		繰越利益剰余金	100,000,000
		（当期純利益）	（75,000,000）
合　計	1,000,000,000	合　計	1,000,000,000

純資産の部は使用しません。

※1　預金の既経過利子1,000千円、源泉徴収税額200千円

　　「平成27年12月31日までは源泉所得税及び復興特別所得税（15.315%）のほかに利子割（5%）が特別徴収されていましたが、平成28年1月1日以降は、法人に対する利子割は廃止され、特別徴収は行われていません。」

※2　受取手形の期限未到来分の割引料相当額1,000千円

※3　売掛金の回収不能額5,000千円

※4　未収入金の回収不能額3,000千円

※5　短期貸付金の既経過利子200千円、回収不能額20,000千円

※6　所有建物の敷地は借地権（相続税評価額200,000千円）に基づくものである。

※7　建物の額は、令和3年に建築した新工場（簿価100,000千円、時価も同額）と旧工場（簿価10,000千円、固定資産税評価額30,000千円）の合計による。

※8　投資有価証券は、上場株式20,000千円（相続税評価額38,000千円）と築地製鉄㈱（取引相場のない株式）20,000千円（相続税評価額70,000千円）の合計による。

※9　決算後に次の処理を行っている。

　⑴　課税時期（令和4年2月2日）現在で次の税額が発生している。

　　　①法人税40,000千円、②消費税5,000千円、③都道府県民税2,160千円、④市町村民税5,000千円、⑤事業税15,000千円、⑥固定資産税3,000千円

　⑵　支払の効力が生じている配当金が2,000千円ある。

　⑶　Aの死亡に伴い、㈱青山が生命保険金100,000千円を受領し、死亡退職金80,000千円を支給した。

〔参考〕 純資産価額方式で、疑問や誤りの多い事例

○ 「課税時期が直前期末より直後期末の方が近い場合」

　純資産価額方式の計算は、課税時期における資産及び負債の金額を基に計算することが原則ですので、基本的には仮決算を行い評価を行う必要があります。

　ただし、仮決算を行っていないため課税時期の金額等が明確でない場合には、直前期末から課税時期までに資産・負債等に著しく増減がなく評価額の計算に影響が少ないと認められる場合に限り、直前期末によることができるとされています。

　また、その場合、直前期末より直後期末の方が近い場合には、やはり直後期末までに著しく増減がないため評価額の計算に影響が少ないと認められ、また意図的に資産を処分したり債務を増やしたりする等の弊害がない場合には、直後期末に基づくことも可能と考えます。

　なお、**類似業種比準方式**での取扱いについては、115頁を参照してください。

○ 「課税時期前3年以内に取得した土地等・建物等の基準日」

　純資産価額方式の計算では、評価会社が課税時期前3年以内に取得した土地・建物等については、路線価や固定資産税評価額によるのではなく、課税時期における「**通常の取引価額**」※によることになっています。

　なお、仮に直前期末における資産及び負債に基づいて評価を行うような場合でも、3年以内の判定については、文言どおり課税時期から遡って判定します。

※1　「通常の取引価額」の求め方には鑑定評価等いくつかの方法があります。

※2　課税時期前3年以内に取得した土地等又は家屋等についての取扱いはあくまでも相続税法第22条に規定する「時価」の解釈の延長線上の取扱い（「時価」の測定方法に関するもの）です。土地等又は家屋等の価額は、あくまでも、課税時期における「時価」、すなわち「通常の取引価額」によるのであって、「取得価額」によるものでないことに留意しなければなりません。この取扱いは、実務上の簡便処理に配慮し、その土地等や家屋等の帳簿価額（原則として「取得価額」）が課税時期の「通常の取引価額」に相当すると認められるときには、その帳簿価額に相当する金額により評価することを認めることとしたものです。

　なお、「取得」とは、土地等及び家屋等を売買により取得する場合にとどまらず、交換、買換え、現物出資、合併等によってそれらの財産を取得する場合も含むことに留意してください。

※3　課税時期前3年以内に土地、家屋の取得（新築）後、家屋を賃貸の用の供したため、取得時の利用区分（自用の家屋、自用地）と課税時期の利用区分（貸家、貸家建付地）が異なることとなり、その取得価額等から、課税時期における通常の取引価額を算定することが困難である貸家及び貸家建付地の価額については、まず、その貸家及び貸家建付地が自用の家屋及び自用地であるとした場合の課税時期における通常の取引価額を求め、次に同価額に評基通93及び

同26の定めを適用して減額して差し支えないこととされています。

○　「評価会社が受け取った生命保険金の取扱い」

　　１株当たりの純資産価額（相続税評価額）の計算に当たって、被相続人の死亡を保険事故として評価会社が受け取った生命保険金は、生命保険金請求権として資産に計上します。なお、保険料が資産に計上されているときは、その金額を資産から除外します。また、生命保険金から支払った死亡退職金がある場合には、支払った死亡退職金の額及び保険差益に対する法人税額等を負債に計上します。

○　「法人税額等相当額の控除ができない場合」

　　評価会社が取引相場のない株式（財産評価基本通達197－5⑶ロを含みます。）を所有している場合において、所有する当該株式の１株当たりの純資産価額（相続税評価額によって計算した金額）を計算するときには、法人税額等相当額は控除しません。

　　また、評価会社の有する資産の中に、現物出資若しくは合併により著しく低い価額で受け入れた資産又は株式交換、株式移転若しくは株式交付により著しく低い価額で受け入れた株式がある場合には、その現物出資等の時のその資産の相続税評価額とその現物出資等による受入価額との差額に対する法人税額等相当額は控除しないこととされています。

　　ただし、評価の簡便性や実務上の手間等も考慮して、課税時期における評価会社の全ての資産の相続税評価額の合計額に占める現物出資等により受け入れた全ての資産の相続税評価額の合計額の割合が20％以下である場合には、控除が認められています（評基通186－2）。

○　「自己株式を有している場合の１株当たりの純資産価額の計算」

　　評価会社が自己株式を有している場合であっても、現行の会計処理基準では、自己株式は、資産の部に計上されるのではなく、純資産の部の控除項目として取り扱われることから、評価会社の有する資産には該当しないこととなります。

　　また、１株当たりの純資産価額（相続税評価額によって計算した金額）は、課税時期における各資産を財産評価基本通達に定めるところにより評価した価額の合計額から課税時期における各負債の金額の合計額及び評価差額に対する法人税額等に相当する金額を控除した金額を課税時期における発行済株式数で除して計算した金額とします。この場合における課税時期における発行済株式数については、評価会社が自己株式を有する場合には、当該自己株式の数を控除した株式数によるものとされています。

　　なお、１株当たりの純資産価額（相続税評価額によって計算した金額）の計算に当たり、株式の取得者とその同族関係者の議決権割合が50％以下の場合には、会社に対する支配力に基づいて格差を設けるという考え方から、純資産価額の80％

で評価することとしていますが、この場合の議決権割合を計算するときの議決権総数については、自己株式に係る議決権の数は0として計算した議決権の数をもって評価会社の議決権総数とします。

○ 「直前期末の資産・負債を基に純資産価額を計算する場合に適用する路線価等」

　直前期末の資産・負債を基に純資産価額を計算する場合であっても、あくまでも課税時期現在の純資産価額を計算しますので、評価会社の有する資産を評価するときには、課税時期の属する年分の路線価や固定資産税評価額等を使用して評価します。

---

column　修正申告における直前期末基準方式と仮決算方式の関係

Q　期限内申告の段階で直前期末基準方式により純資産価額を計算した株式の評価について、修正申告書を提出する場合には、課税時期における仮決算による資産及び負債の額を基とした株式評価をすることができるか否か。

Ⓐ　純資産価額方式は、課税時期における仮決算に基づき評価することを原則とし、直前期末から課税時期までの間の資産及び負債の額について著しい増減がないときには、評価の簡便性も考慮して、直前期末基準方式によって評価することも認められます。

　したがって、期限内申告における純資産価額の評価時点と修正申告における純資産価額の評価時点とが異なる場合でも、例外的な評価方式である直前期末基準方式から、原則的な評価方式である仮決算方式に変更して修正申告書を提出することができると考えます。

　なお、期限内申告を仮決算方式によっている場合には、修正申告において直前期末基準方式への変更は認められないものと考えられます。

(→　詳細な照会回答は321頁以下を参照してください。)

株式評価関係質疑応答事例（国税庁ホームページ）

（純資産価額方式）
19　1　売買目的で保有する有価証券の評価
【照会要旨】　1株当たりの純資産価額（相続税評価額によって計算した金額）の計算に当たって、評価会社が売却することを目的として保有している上場株式は、財産評価基本通達第6章第2節（たな卸商品等）に定めるたな卸商品等として評価することになるのでしょうか。
【回答要旨】　財産評価基本通達169（上場株式の評価）の定めにより評価します。

20　　2　匿名組合契約に係る権利の評価

【照会要旨】　匿名組合契約により営業者に金銭を出資した法人（匿名組合員）の株式を、純資産価額方式で評価する場合、その権利（出資金）については、どのように評価するのでしょうか。

【回答要旨】　匿名組合員の有する財産は、利益配当請求権と匿名組合契約終了時における出資金返還請求権が一体となった債権的権利であり、その価額は営業者が匿名組合契約に基づき管理している全ての財産・債務を対象として、課税時期においてその匿名組合契約が終了したものとした場合に、匿名組合員が分配を受けることができる清算金の額に相当する金額により評価します。

21　　3　評価会社が受け取った生命保険金の取扱い

【照会要旨】　1株当たりの純資産価額（相続税評価額によって計算した金額）の計算に当たって、被相続人の死亡を保険事故として評価会社が受け取った生命保険金は、評価会社の資産に計上するのでしょうか。

　また、生命保険金から被相続人に係る死亡退職金を支払った場合には、その死亡退職金の額を負債に計上してよろしいですか。

【回答要旨】　受け取った生命保険金の額を生命保険金請求権として資産に計上します。なお、その保険料（掛金）が資産に計上されているときは、その金額を資産から除外します。

　また、支払った死亡退職金の額及び保険差益に対する法人税額等を負債に計上します。

22　　4　金利スワップ（デリバティブ）の純資産価額計算上の取扱い

【照会要旨】　金利スワップ取引を行っている法人が、当該金利スワップ取引について決算期末に法人税法第61条の5（デリバティブ取引に係る利益相当額又は損失相当額の益金又は損金算入等）の規定によりみなし決済を行ったところ、当該金利スワップ取引について評価損が計上されたため、その反対勘定として計算上生じた「金利スワップ負債」が税務上の貸借対照表に相当する法人税申告書別表五（一）に計上されることとなりました。

　この「金利スワップ負債」については、この法人の株式評価に係る純資産価額方式の適用上、負債として取り扱うことができますか。

【回答要旨】　この「金利スワップ負債」については、みなし決済によって生じた金利スワップ取引の評価損の反対勘定として計算上生じた負債に過ぎないことから、純資産価額方式の適用上、負債として取り扱うことはできません。

23　　5　欠損法人の負債に計上する保険差益に対応する法人税額等

【照会要旨】　欠損法人である評価会社が被相続人を被保険者として保険料を負担していた生命保険契約について、被相続人の死亡により生命保険金を受け取った場合には、この生命保険金に係る保険差益について課されることとなる法人税額等は、どのように計算するのでしょうか。

【回答要旨】　保険差益の額から欠損金の額を控除して法人税額等を計算します。

24	6　評価会社が支払った弔慰金の取扱い

【照会要旨】　１株当たりの純資産価額（相続税評価額によって計算した金額）の計算に当たって、被相続人の死亡に伴い評価会社が相続人に対して支払った弔慰金は負債として取り扱われますか。

【回答要旨】　退職手当金等に該当し、相続税の課税価格に算入されることとなる金額に限り、負債に該当するものとして取り扱われます。

純資産価額方式に関する裁判例・裁決例

○　計上する資産

● **純資産方式による株式の評価に当たり、評価会社の帳簿に計上されていない借地権の時価を純資産価額に算入したことは合理的であるとされた事例**（昭和61年７月21日名古屋地裁判決、平成３年３月28日名古屋高裁判決）

〔判決要旨〕

　純資産方式は、同族株主の有する株式が、その経済的な観点からみれば会社資産に対する持分としての性質を有するものと考えられる点に着目するものであるから、右計算上は、当該資産が評価会社の帳簿に計上されているか否かはさして意味を有するものではなく、また、その資産の評価についても、評価時点において現に有する経済的価値を前提とすべきことは当然である。

● **相当の地代を支払っている場合の借地権は、贈与財産である株式の純資産価額の計算上、株式の発行会社の資産の部に算入するとされた事例**（平成27年３月25日裁決）

〔裁決の要旨〕

　請求人は、実父（父H）から贈与により取得した同族会社（本件同族会社）の株式（本件株式）の評価に当たり、「相当の地代を支払っている場合等の借地権等についての相続税及び贈与税の取扱いについて」（昭和60直資２-58ほか）（60年通達）の6の注書及び「相当の地代を収受している貸宅地の評価について」（昭和43直資3-22ほか）は、いずれも相続税の課税上のみの取扱いであるから、20%の借地権相当額を本件同族会社の純資産価額に算入すべきではない旨主張する。

　しかしながら、60年通達の6の注書は、生前贈与の場合にも及ぼすべきであると考えられるところ、より一般的にいうなら、同族会社の株式を贈与する同族

関係者からみて、相当程度年下の第1順位の推定相続人が受贈者である場合には、当該会社に借地権が設定されている土地の所有者との関係次第で、60年通達の注書の取扱いにより借地権相当額を当該会社の純資産価額に算入すべき場合があるということになる。本件においては、本件株式の贈与者である父Hが所有する土地を、相当の地代を収受して父Hが同族関係者となっている本件同族会社に貸し付けている状況において、本件株式を同人の実子である請求人に贈与していることから、本件株式の評価に当たり、借地権の価額を本件同族会社の純資産価額に算入することは相当である。

● **評価基本通達所定の純資産価額方式にいう「総資産価額」には、評価会社の（貸借対照表に資産として計上されていない）いわゆる営業権が含まれるとされた事例**（昭和63年1月27日東京地裁判決）

〔判決要旨〕

　評価基本通達所定の純資産価額方式により株式を評価する場合の総資産価額とは、課税時期における企業の各資産を評価した価額の合計額をいうものと解すべきであるから、総資産価額を構成すべき企業の各資産は、貸借対照表上に資産として計上されていると否とにかかわらず、経済的価値を有する有形無形の財産のすべてを含むものというべきであるところ、一般に営業権とは、企業が有する長年にわたる伝統と社会的信用、名声、立地条件、営業上の秘訣、特殊の技術、特別の取引関係の存在等を総合した、将来にわたり他の企業を上回る企業収益を稼得することができる無形の財産価値を有する事実関係と解すべきであるから、これは、将来におけるその超過収益力を資本化した価値として、原則として課税時期においてこれを評価し、総資産価額の中に含めるべきものである。

● **賃借人である評価会社が賃借建物に設置した附属設備は、工事内容及び賃貸借契約からみて有益費償還請求権を放棄していると認められるから、資産として有額評価することは相当でないとされた事例**（平成2年1月22日裁決）

〔裁決の要旨〕

　有限会社の出資の評価に当たって、賃借人である評価会社が賃借建物（工場）に施した附属設備の工事内容は、壁及び床の断熱工事、塗装工事、電気工事、水道工事、ホイストのレール工事等であるが、これら附属設備は、賃借建物の従たるものとしてこれに付合したことが明らかであり、かつ、それ自体建物の構成部分となって独立した所有権の客体とならないから、評価会社の資産として計上することはできないというべきである。もっとも、そうすると本件建物の所有者は、

本件附属設備相当額を不当利得する結果となるから、評価会社は、建物所有者に対し有益費償還請求権を有するはずである。本件賃貸借契約によれば、建物内部改造費、造作、模様替えについて、借主は貸主に対してその買取り請求を一切行わないこと、原状回復は借主の費用負担において行うことが定められているので、評価会社は、有益費償還請求権を放棄したといえるから、本件附属設備の相続税評価額の計算に当たり、有益費償還請求権を有額評価することは相当でない。

● **取引相場のない株式の評価を純資産価額方式で行うに当たって、評価会社が土地収用に伴い取得した代替資産の価額は、圧縮記帳後の価額ではなく評価基本通達の定めにより評価した価額によるのが、また、評価会社が保有する上場会社が発行した非上場の優先株式の価額は、その上場会社の株式の価額ではなく払込価額により評価した価額によるのが相当であるとされた事例**（平成18年4月11日裁決）

〔裁決の要旨〕

　請求人らは、相続により取得した取引相場のない株式の価額を純資産価額方式で算定するに当たって、評価会社が土地・建物等の収用等に伴って取得した代替資産については租税特別措置法第64条の2の規定を適用したことにより算出されるその資産の取得価額を、また、上場会社の発行した非上場の無額面株式（優先株式）についてはその上場会社の上場株式と同様に評価した価額を、それぞれ基として評価すべきであると主張する。

　しかしながら、評価基本通達185は、1株当たりの純資産価額を課税時期において評価会社が所有する各資産を評価基本通達に定めるところにより評価した価額を基礎に計算する旨定めるとともに、この場合、評価会社が課税時期前3年以内に取得又は新築した家屋等の価額は、課税時期における通常の取引価額に相当する金額によって評価する旨定めている。この家屋等についての取扱いは、純資産価額の計算において、課税時期の直前に取得又は新築し、通常の取引価額が明らかなものについてまで、わざわざ、評価基本通達に基づく評価替えを行うことは時価の算定上、適切でないと考えられることによるものであり、当審判所においても相当と認められるところ、本件代替資産は新たに取得又は新築されたものであること及び租税特別措置法第64条の2の規定からすれば圧縮記帳後の価額は法人税法に関する法令の規定を適用する場合のものであることが認められ、これらのことからすれば、請求人らが主張する本件各代替資産の圧縮記帳後の価額をもって、それぞれの財産の現況に応じ、不特定多数の当事者間で自由な取引が行われる場合に通常成立すると認められる価額である客観的な交換価額を示すも

のであると認めることはできない。

　また、評価基本通達には、本件優先株式に直接適用できる評価方法は定められていないところ、評価基本通達5によれば、評価基本通達に定めのない場合は、類似する資産の評価方法に準じて評価することとしている。この点に関し、原処分庁は、本件優先株式は平成14年7月4日付国税庁課税部資産課税課情報第10号ほか1「資産税関係質疑応答事例について（情報）」（以下「本件情報」という。）に掲げた内容と同様のものであるから、本件情報に基づいて本件優先株式を評価していることが認められるところ、当審判所においてもこの本件情報に基づく評価方法を不相当とする理由があるとは認められないから、この点に関する請求人の主張には理由がない。

● **評価対象会社の出資を純資産価額方式で評価するに当たり、当該会社が有する国外の土地に係る使用権を貸借対照表価額に基づき評価した事例**（平成20年12月1日裁決）

〔裁決の要旨〕

　本件取引相場のない株式（出資）の評価上、その発行法人（以下「評価会社」という。）が保有する本件土地使用権は、Ｐ国の土地○○法及び都市○○法の規定に基づき、評価会社の権益を保護するため、登記されたものと認められる。そして、土地○○法第○条は、法に従って登記された土地使用権は、法律の保護を受ける侵害できない権利である旨規定し、また、都市○○法第○条は、土地使用者が土地使用権の上に存する不動産を譲渡し、抵当に供する場合は、当該土地使用権を同時に譲渡し、又は抵当に供する旨規定していることからすれば、本件土地使用権は、譲渡及び抵当権の設定が可能な財産であると認められ、また、評価会社により工業用地として現に有効に利用されている。したがって、本件土地使用権は財産価値があると認められる。

　そして、評価基本通達は土地の上に存する権利の評価方法について、いずれもその権利が設定されている土地の自用地の価額を基に評価する旨定めているものの、本件土地使用権に係る自用地の価額を明らかにすることができないから、これによることができず、さらに、土地使用権に係る売買実例価額、精通者意見価格等についても明らかにすることができないので、当該土地使用権の取得価額を基にＰ国における土地使用権の価格動向に基づき時点修正をして求めた価額により評価することとなるが、Ｐ国における土地使用権の価格動向については把握することができないことから、本件土地使用権の相続税評価額は、その取得時における時価を表していると認められる取得価額を基に時点修正して求めた価額、す

なわち使用期間に応じて減価させた金額によることが相当である。評価会社の本件直前期末の貸借対照表に記載された土地使用権の金額は、その取得価額を基に使用期間に応ずる減価を反映したものとなっており、加えて、本件直前期末から本件受贈日までの間は6か月に満たないことから、評価会社の本件直前期末の貸借対照表に記載された土地使用権の金額を本件受贈日における相続税評価額とみても、これを不合理とする特段の事情は認められない。

● **純資産価額の計算上、評価会社の資産・負債には、期限未到来のデリバティブ取引に係る債権・債務は計上できないとされた事例**（平成24年7月5日裁決）

〔裁決の要旨〕

　請求人は、贈与を受けた本件株式の評価に当たって、評価基本通達185《純資産価額》に定める純資産価額方式の計算上、本件株式の発行会社である本件評価会社が行っている、いわゆるスワップ取引及びオプション取引（本件各取引）のうち、直前期末現在において金利支払日又は権利行使期日が未到来の取引（本件未到来取引）に係る各取引額相当額を、本件評価会社の資産及び負債に計上すべきである旨主張する。

　しかしながら、純資産価額方式の計算上、「評価会社の各資産」とは、課税時期において現実に評価会社に帰属していると認められる金銭に見積もることができる具体的な経済的価値を認識できる全てのものをいうと解され、また、「評価会社の各負債」とは、課税時期までに債務が成立し、その債務に基づいて具体的な給付をすべき原因となる事実が発生しているものをいうと解されるところ、本件各取引は、各金利支払日が到来して、又は権利行使期日にオプションが行使されて初めて、取得する財物の価格より支払う対価の額が少なければ利益又は純資産として、その逆であれば損失又は負債として、個々の取引の経済的価値が認識されるものであることからすると、本件各取引は、本件評価会社が取得する資産が米ドルであることから、金利支払日又は権利行使期日が未到来の各取引についてその価値を認識しようとしても、その価値は、認識しようとした時点の為替レートに基づいて仮に決済又は取引が成立した結果の理論値（予測値）としていわば抽象的に認識されるにとどまるほかなく、具体的な経済的価値を認識した、あるいは、確実な債務であるということはできないから、本件株式の純資産価額の計算上、本件未到来取引に係る各取引額相当額を「評価会社の各資産」又は「評価会社の各負債」に計上することはできない。

● **評価基本通達185のかっこ書に定める「通常の取引価額」は、評価会社の帳簿価額よりも鑑定評価書の鑑定評価額によることが相当であるとされた事例**（平成10年6月5日裁決）

〔裁決の要旨〕

　評価基本通達185のかっこ書に定める「通常の取引価額」について、原処分庁は、本件建物は相続開始日の約2年前に取得され取得価額が明らかであることから、この取得価額を基に減価償却費相当額を控除した金額、すなわち評価会社の帳簿価額により評価するのが相当である旨主張し、請求人は、請求人が求めた鑑定評価書の鑑定評価額によるべきである旨主張する。

　しかしながら、本件鑑定評価額は、その価格時点を本件相続開始日とし本件建物の再調達原価を求めた上、これを減価修正し、さらに借家権の割合を控除して貸家の用に供されているものとして算出されているところ、その鑑定根拠については当審判所が調査した結果、特に不相当と認められる要素はない。そうすると、本件鑑定評価額は帳簿価額よりも時価を反映したものとして、これをもって評価基本通達185のかっこ書にいう「通常の取引価額」と認めるのが相当である。

○　**計上する負債**

● **取引相場のない出資を純資産価額方式により評価するに当たり、割賦販売に係る未実現利益の金額は控除できないとされた事例**（昭和57年3月30日裁決）

〔裁決の要旨〕

　取引相場のない割賦販売会社の出資の評価に当たっては、割賦販売に係る未実現利益の金額を負債として控除すべきであると請求人は主張するが、①割賦販売は、契約と同時にその効力が生じるものであり、原則として、その商品等を引き渡した時に法人税法上収益が実現しているものであること、②割賦基準は、法人税の課税上特例として認められているものであり、相続税における出資の評価に係る純資産価額の計算についてまで認められているものではないこと、③取引相場のない株式又は出資の時価を純資産価額により評価するに当たっては、相続開始時においてその法人に帰属している経済的価値を純資産として評価すべきものと解され、総資産価額から控除されるのは対外負債のみであること、④本件会社の直前期末の貸借対照表の負債の部に計上されている未実現利益引当金は、支払先の確定した対外負債ではないことから、未実現利益の金額を負債として控除することは相当でない。

● **取引相場のない株式の純資産価額の算定に当り退職金見込額を控除すべきでないとされた事例**（昭和53年9月28日東京地裁判決、昭和55年9月18日東京高裁判決）

〔判決要旨〕

　取引相場のない株式の評価にあたり、原告が純資産価額の計算上控除すべきことを主張する退職金相当額は、会社が本件相続開始時にその従業員に対し退職金を支給すると仮定した場合のものであって、現実にその具体的支給義務が発生しているわけではなく、その発生時期や発生金額等は本件相続開始時においては全く不確定であるというほかはない、したがって、これが一定額の消極的経済価値をもつ具体的な債務であるとはとうていいえないから、これを本件相続開始時における会社の負債とみることはできない。

　もっとも、評価基本通達によれば、当該法人が法人税法55条2項に規定する退職給与引当金勘定（注）を設定している場合には、右引当金勘定の金額に相当する金額を負債の額に算入して評価するものとされているが、これは政策的な理由による例外的な取扱とみるべきものであるから、会社が右退職給与引当金勘定を設定していなかった場合にまで、これを拡張適用すべきではない。

（注）退職給与引当金の損金算入の制度は廃止されています。

● **取引相場のない出資の評価において負債に含まれる未納法人税額は受取生命保険金から死亡退職手当金を控除して計算すべきであるとされた事例**（昭和56年12月3日裁決）

〔裁決の要旨〕

　被相続人の死亡により本件会社（有限会社）が生命保険金を取得し、その生命保険金を原資として、被相続人に対する死亡退職手当金が支払われた場合において、仮決算を行わず、直前期末の資産及び負債を対象として純資産価額方式により本件会社の出資の価額を評価するに当たり、本件会社の負債に含まれる未納法人税額等の計算については、①相続税法の規定により当該退職金がみなす相続財産として課税の対象とされること、②課税時期において退職手当金の支給が未確定としても、将来支給の確定した日の属する事業年度には法人税法上当該退職金を損金として計算されることから、生命保険金から支払われた退職手当金を控除して算定するのが合理的であり、原処分は相当である。

● 　**相続税の課税時期に債務が確定していない退職手当金等を評価会社の一株当たりの純資産価額の計算上負債として取扱うこととされているのは、被相続人の死亡後3年以内に支給の確定した退職手当金等が相続財産とみなされていることによる実質上の二重課税を排除する趣旨によるもので相当であり、また、相続税の課税時期において退職手当金の支給が未確定であることを理由に、評価会社の一株当たりの純資産価額の計算上負債項目とされる未納法人税額等を仮決算によって計算する場合には右支給に係る経費を損金に算入すべきでないとする納税者の主張が排斥された事例**（昭和60年2月25日名古屋地裁判決、昭和60年12月23日名古屋高裁判決）

〔判決要旨〕

　被相続人の死亡により相続人に支給することが確定した退職手当金については、相続開始当時、支給が未確定であるにもかかわらず、相続税法上、これを相続によって取得したものとみなして相続財産に含ましめ、相続税の課税対象とする旨の規定（同法3条1項2号）が置かれているため、前記二重課税を避ける趣旨から、相続財産に含まれる取引相場のない評価会社（右退職手当金を支給した会社）の一株当たりの純資産価額を計算する場合においても、課税時期（相続開始時）には、未だ支払債務の確定していない退職手当金の支給に係る経費を負債として計上する取扱いが是認されているのである。したがって、右取扱いを是認する限り、これと同様に負債の項目に計上さるべき未納法人税額の計算においても、右退職手当金の支給に係る経費を、原告が採用した前記「仮の決算の事業年度」における損金に算入することが右取扱いと首尾一貫する会計処理というべきである。仮に、原告主張のように債務未確定の退職手当金を損金に計上しない会計処理を是認するとすれば課税時期において、退職手当金支給の原因である死亡退職の事実が発生し、その支給が予定されているにもかかわらず、これを無視し、評価会社が課税時期の属する事業年度において、現実に負担するべき法人税額等とは著しく乖離した金額を未納法人税額等として負債に計上することになり、課税時期（相続開始時）における株式時価の適正な評価という観点からして、妥当な会計処理とはいい難い。

● **評価会社が負担した弔慰金については、相続財産とみなされず、実質上の二重課税とはならないので、負債に計上する必要はないとした事例**（平成16年4月22日裁決）

〔裁決の要旨〕

　取引相場のない株式の課税時期における1株当たりの純資産価額の計算を行う場合、退職手当金等も弔慰金も、課税時期において確定している債務ではないから、本来、評価会社の純資産価額を算定するについての負債とはならないものである。

　しかしながら、退職手当金等については、相続税法第3条第1項第2号の規定により相続又は遺贈により取得したものとみなされ、相続税の課税価格に算入されて課税されるため、評価会社の純資産価額の計算において負債に計上しなければ、相続税において実質上の二重課税が生じることになるので、退職手当金等を負債として計上する必要があり、評価基本通達186において、負債に含まれるものとして取り扱われているものであり、この取り扱いは当審判所においても相当と認められる。

　これに対して、相続税法基本通達3−18ないし3−23の区分により弔慰金とされたものについては、退職手当金等と異なり相続財産とはみなされず、実質上の二重課税とはならないので、弔慰金を負債に計上する必要はない。したがって、弔慰金を負債に計上することはできないと解するのが相当である。

　また、請求人らは、株式の評価に当たり弔慰金を負債に計上しないと、弔慰金の給付を非課税としている労働者災害補償保険法等の法規との均衡を欠く旨主張するが、本件においては、弔慰金そのものを課税の対象としたものではなく、課税の対象となる株式の評価に当たり弔慰金に相当する金額を考慮して（相続する株式の価値を減少させて）算定するか否かという相続財産の評価の問題であるから、弔慰金を負債に計上せずに株式を評価することは、労働者災害補償保険法等の法規との均衡を欠くものとはいえない。

○　**評価差額に対する法人税額等相当額**

● **評価差額に対する法人税額相当額を控除しないで純資産価額方式により評価すべきであるとされた事例**（平成9年6月23日大津地裁判決）

〔判決要旨〕

　評価基本通達185は、小会社が、事業規模や経営の実態からみて個人企業に類似するものであり、これを株式の実態からみても、株主が所有する株式を通じて

　会社財産を完全支配しているところから、個人事業者が自らその財産を所有している場合と実質的に変わりはなく、その株式を、それが会社財産に対する持分を表現することに着目して、純資産価額方式により評価することを基本としているものである。そして、評価基本通達185及び同186−2が、純資産価額の計算上、会社資産の評価替えに伴って生じる評価差額に相当する部分の金額に対する法人税額等に相当する金額を会社の正味財産価額の計算上控除することとしているのは、小会社の株式といえども株式である以上は、株式の所有を通じて会社の資産を所有することとなり、個人事業主がその事業用財産を直接所有するのとは、その所有形態が異なるため、両者の事業用財産の所有形態を経済的に同一の条件のもとに置き換えたうえで評価の均衡を図る必要があることによるものである。すなわち、相続財産の評価差額を法人税法92条（解散の場合の清算所得に対する法人税の課税標準）の金額とみなし、事業用資産の所有形態を法人所有から個人所有に変更した場合に課税されることとなる清算所得に対する法人税額等に相当する金額を相続税評価額から控除することによって、右均衡を図ろうとしているのである。

　相続人が相続開始直前に、借入金により第一会社を設立し、その会社に出資した後、右出資のすべてを極めて安価に現物出資する方法により第二会社を設立したこと、まもなく生じた相続開始後、相続人が、第一会社から借入により相続人の前記借入金を弁済したこと、第一会社が第二会社を吸収合併した上、第一会社の出資を原資により回収し、それを会社からの借入の弁済に充てたことなど一連の行為は、その時期、期間等の事情も考慮すれば、相続税負担の軽減を図る目的でなされたものであり、何ら経済的合理性を見出すことができないものであり、相続開始時において、既に将来、法人を清算すること及びそれにより生じる清算所得に対する法人税を生じる余地が全くなかった場合には、法人税相当額を控除しないで純資産価額方式により評価すべきである。

● **第1会社の出資を第1会社の純資産価額に比較して著しく低い帳簿価額で現物出資して設立した第2会社の出資を純資産価額方式によって評価する場合には、評価差額に対する法人税額等相当額を控除する根拠は存在しない、とされた事例**
（平成12年10月31日東京高裁判決）
〔判決要旨〕

　純資産価額方式は、取引相場のない会社の株式等の評価方法として高い合理性を有するものであるから、取引相場のない本件出資を評価する場合に、当該方式を基本とすることは合理性があるというべきであるが、相続財産の評価を大きく下げることを目的として、被相続人が多額の借入金（15億円）により、第1会

社を設立し、この第1会社の出資を著しく低い帳簿価額（1億円）で現物出資することだけによって生じた第2会社の評価差額（含み益）について、法人税額等相当額を控除する根拠はないといわなければならないことから、純資産価額方式によりつつ、法人税額等相当額を控除せずに評価したことにより得られた価額が、相続税法22条にいう「時価」に当たるというべきである。

● **有限会社の出資の評価に当たり評価差額に対する法人税額等相当額を控除することの趣旨**（平成13年11月2日東京地裁判決、平成14年4月30日東京高裁判決）

〔判決要旨〕

　評価基本通達において有限会社の出資の評価に当たり法人税額等相当額を控除するものとされた趣旨は、個人が出資を通じて会社の資産を間接的に所有する場合には個人事業主がその事業用資産を直接所有するのと異なり、個人が自己のために会社の資産を処分するためには、会社を解散し清算するほかないが、この解散、清算の際に、法人に清算所得があれば、その清算所得に対して法人税等が課されることとなるため、評価の均衡を図る必要があるというところにある。

● **（A社B社方式による）本件出資に係る評価差額は、もっぱら相続税の負担の軽減を目的として意図的に生み出されたものであり、評価差額に対する法人税額等相当額の控除をすることは、評価基本通達がこのような控除規定を置いた趣旨に反するとされた事例**（平成16年3月17日横浜地裁判決）

〔判決要旨〕

　本件出資に係る評価差額は、専ら納税者の父の相続に係る相続税の負担の軽減を目的として意図的に生み出されたものであり、父から納税者への本件出資の譲渡の前後を通じて、父ないし納税者が直接又は間接に所有していた資産の客観的な価値に変動がなく、しかも、納税者は本件出資に係る法人の解散による清算所得への課税を経ることなく同法人の資産を減資払戻金として自己の直接所有の形に移すことを予定していたことに照らすと、本件出資の時価の評価に際して、評価基本通達を形式的に適用して、課税時期における相続税評価額による純資産価額から評価差額に対する法人税額等相当額を控除することは、評価基本通達及び相続税法22条の規定の趣旨に反する結果を生じ、かえって他の納税者との間での実質的な租税負担の公平を害することは明らかであるから、評価基本通達によらないことが相当と認められるような特別の事情があるものというべきである。

● **評価基本通達185が、１株当たりの純資産価額の算定に当たり評価差額に対する法人税額等相当額を控除するものとしている趣旨**（平成17年11月８日最高裁判決）

〔判決要旨〕

　評価基本通達185が、１株当たりの純資産価額の算定に当たり法人税額等相当額を控除するものとしているのは、個人が財産を直接所有し、支配している場合と、個人が当該財産を会社を通じて間接的に所有し、支配している場合との評価の均衡を図るためであり、評価の対象となる会社が現実に解散されることを前提としていることによるものではない。したがって、営業活動を順調に行って存続している会社の株式の相続及び贈与に係る相続税及び贈与税の課税においても、法人税額等相当額を控除して当該会社の１株当たりの純資産価額を算定することは、一般的に合理性があるものとして、課税実務の取扱いとして定着していたものである。

○　**議決権割合が50％以下の場合の80％評価**

● **評価基本通達185が１株当たりの純資産価額に100分の80を乗じて価額を計算するものとしている趣旨**（平成15年７月31日東京高裁判決）

〔判決要旨〕

　評価基本通達185が１株当たりの純資産価額に100分の80を乗じて価額を計算するものとした趣旨は、複数の同族株主グループが経営する会社にあっては、一同族株主グループの所有株式だけでは会社を完全に支配することはできず、単独の同族株主グループの所有株式によって会社支配を行っている場合に比べて、株式の経済的価値が低下することを考慮したものと解される。

● **同族関係者の有する当該株式の合計数が発行済株式数の50パーセント未満の場合であっても、100分の80の減額をする必要はないとされた事例**（平成16年３月２日東京地裁判決、平成17年１月19日東京高裁判決）

〔判決要旨〕

　評価基本通達189－３項２文は、開業後３年未満の会社等の株式の評価について、当該株式の取得者とその同族関係者（188の(1)に定める同族関係者をいう。）の有する当該株式の合計数が開業後３年未満の会社等の発行済株式数の50パーセント未満である場合においては、185項本文の定めにより計算した１株当たりの純資産価額に100分の80を乗じて計算した金額をその純資産価額とする旨定

めているが、同族株主たる原告及びその同族関係者が保有する本件有限会社の出資口数が48パーセントであるとしても、実質的には、本件有限会社の支配権は、原告らの手中にあるものということができるから、かかる100分の80の減額をする必要はないものというべきである。

● **本件譲渡に係る出資の価額について、形式的には「同族株主以外の株主等が取得した株式」として「配当還元方式」により評価できるところ、実質的な同族関係者等を検討した結果、「同族株主以外の株主等が取得した株式」に該当せず「純資産価額方式等」により評価するのが相当であり、かつ、純資産価額方式による場合に評価基本通達185のただし書による評価減を行うことはできないとされた事例**（平成26年10月29日東京地裁判決）

〔判決要旨〕

　aa は、本件13社が社員であった間、一貫して、原告Ｘ１及びその同族関係者によって実質的に支配されていたと認められるのであって、このような事情がある場合に、単独のグループの保有する株式数だけでは会社を完全に支配することができないといえる場合に評価減を行うものとした評価基本通達185のただし書を適用することは、その定めを設けた趣旨にもとるというべきであって、その点において、同通達の定める評価方式以外の評価方式によるべき特段の事情があるというべきである。

　なお、原告らは、評価基本通達185のただし書の適用に際して、本件13社による「経営の意図」というような主観的な要素を考慮するべきでない旨の主張をする。しかしながら、前記（ウ）の判断は、原告Ｘ１及びその同族関係者が aa を実質的に支配していたという事情を基にしたものであって、本件13社の主観的な認識等から直ちに上記の判断をしたものではないから、上記原告らの主張は前提を欠くものというべきである。また、原告らの主張が、上記のような aa に対する支配に係る事情の認定をするに当たり、前記に述べたような本件13社を含めた関係者らの主観的な認識等を考慮すべきでないという趣旨であれば、そのような主張には理由がないというべきである。

　以上によれば、原告Ｘ１の同族関係者であるＱ及びＲが本件各譲渡により取得した本件 RE 出資の価額について純資産価額方式によって評価する場合、評価基本通達185のただし書を適用すべきではないから、その定めによって20パーセントの評価減を行うことはできない。

第8章

純資産価額方式

○　直前期末法ほか

● **取引相場のない株式の評価を純資産価額方式により行う場合に、直前期末の資産及び負債の金額を用いて評価することが（直前期末法）認められる趣旨**（平成7年3月28日大阪地裁判決、平成8年1月26日大阪高裁判決）

〔判決要旨〕

　取引相場のない株式の評価を純資産価額方式により行う場合の直前期末法は、課税時期において仮決算をすることが困難な場合が多く、他方、直前期末から課税時期までの間に資産及び負債について著しい増減がないときには右の両時点における資産及び負債の金額（相続税評価額と帳簿価額）に近似性が認められることから、直前期末における資産及び負債の金額を課税時期における資産及び負債の金額とみなして行う便宜的方法であり、この評価方法を採った場合には、評価の対象は、あくまで、課税時期における資産及び負債と解すべきであって、これが直前期末の資産及び負債に限定されるものとする理由はない。

● **課税時期が合併契約締結後合併期日までの間にある場合において、課税時期における株式の価額は、合併後の会社の純資産価額に影響されないとされた事例**（平成11年3月26日裁決）

〔裁決の要旨〕

　請求人らは、課税時期においては、本件合併契約はすでに締結され、その後の合併諸手続を終え合併期日を待つ段階にあるから、本件株式の価額には合併という要素が反映されてしかるべきである旨主張する。

　しかしながら、請求人らが本件株式を取得した課税時期においては、まだその合併の効力が生じておらず、また、本件合併契約が締結されたことによる影響を本件株式の評価に反映させるとする定めもないことから、本件株式の価額については、合併後の会社の株式の評価額に影響されることなく、課税時期現在における1株当たりの純資産価額により評価するのが相当である。

第9章　特定の評価会社

1　概要

　財産評価基本通達では、評価会社が所有する特定の資産の保有状況又は経営状況等からみて、通常の企業活動を行っていると認めることが難しい会社、つまり、「特殊な状況」にある会社については、「特定の評価会社」として、その会社規模区分（大会社・中会社・小会社）にかかわらず、原則として**「純資産価額方式」**により評価するとされています。

　なお、この「特定の評価会社」に該当した場合でも、「同族株主等以外の株主等」が取得した株式については下記の①「清算中の会社」及び②「開業前又は休業中の会社」を除き特例的評価方式である「配当還元方式」により評価することとなります。

2　「特定の評価会社」とは

「特定の評価会社」としては、次のようなものがあります。

①　**「清算中の会社」**とは、課税時期において清算手続に入っている会社をいいます。

②　**「開業前の会社」**とは、会社設立の登記は完了したが、現に事業活動を開始するまでに至っていない場合をいい、**「休業中の会社」**とは、課税時期の前後において相当長期間にわたり休業している場合のことをいいます。

③　**「開業後3年未満の会社」**とは、課税時期において開業後3年未満の会社をいい、**「比準要素数0の会社」**とは、類似業種比準方式の計算の基となる評価会社の直前期末の1株当たりの「配当金額」、「利益金額」及び「純資産価額（帳簿価額により計算した金額）」のそれぞれの金額がいずれも0である会社をいいます。

④　**「土地保有特定会社」**とは、課税時期において、評価会社の所有する各資産の合計額（相続税評価額）のうちに占める土地等（土地及び借地権などの土地の上に存する権利（注））の価額の合計額（相続税評価額）の割合が会社の規模に応じて一定割合以上（70%又は90%以上）の会社をいいます。

（注）　たな卸資産を含みます。

⑤　**「株式等保有特定会社」**とは、課税時期において評価会社の所有する各資産の合計額（相続税評価額）のうちに占める株式、出資及び新株予約権付社債（以下「株式等」といいます。）の価額の合計額（相続税評価額）の割合が、50%以上である

会社をいいます。

⑥　「**比準要素数1の会社**」とは、類似業種比準方式の計算の基となる評価会社の直前期末の1株当たりの「配当金額」、「利益金額」及び「純資産価額（帳簿価額により計算した金額）」のそれぞれの金額のうち、いずれか2つが0であり、かつ、直前々期末を基準として、上記3要素を計算した場合に、それぞれの金額のうち、いずれか2つ以上が0の会社をいいます。

それぞれの「評価方式」を整理すると、次のようになります。

〈特定の評価会社〉

分類項目	区分	同族株主等		同族株主等以外
		原則	選択可	
会社の経営状況・営業状態等を基準	①清算中の会社	清算の結果、分配を受ける見込の金額の現在価値（複利現価）（注1）		
	②開業前又は休業中の会社	純資産価額方式		
	③ 開業後3年未満の会社	純資産価額方式	－	配当還元方式
	比準要素数0の会社		－	
	⑥比準要素数1の会社		純資産×0.75＋類似×0.25	
会社の資産構成（所有する土地、株式等の保有割合）基準	④土地保有特定会社(70%、90%)		－	
	⑤株式等保有特定会社（50%基準）		S₁＋S₂方式	

（注1）　ただし、分配を行わず長期にわたり清算中のままになっている会社については、清算の分配を受ける見込みの金額や分配を受けると見込まれる日までの期間の算定が困難であると見込まれることから、純資産価額で評価することとしています。
（注2）　評価会社が2以上の特定の評価会社に該当する場合には、前の番号の特定の評価会社に該当することとなります。

土地保有特定会社

チェックポイント

・ 「**土地等**」には、宅地等の土地及びその上に存する借地権、地上権等の土地の上に存する権利が含まれます。

　不動産販売会社がたな卸資産として所有する資産も含まれます。

　なお、たな卸資産として所有する土地等の価額は、路線価方式又は倍率方式により計算して求めるのではなく、評基通４－２《不動産のうちたな卸資産に該当するものの評価》の定めにより、評基通132《評価単位》及び133《たな卸商品等の評価》に従って評価することになります。

・ 被相続人が同族関係者となっている同族会社が「無償返還届出書」を提出して（又は相当の地代を支払って）被相続人所有の土地を借り受けている場合、自用地としての価額の20％相当額で評価される借地権も、「土地等」に含まれます。

・ 「**土地等の保有割合**」は、評価会社の有する各資産の価額（相続税評価額）の合計額に占める土地等の価額（相続税評価額）の割合をいいます。

　なお、評価会社が、土地保有特定会社に該当する会社であるか否かを判定する場合に、課税時期前において合理的な理由もなく評価会社の資産構成に変動があり、その変動が土地保有特定会社に該当する会社であると判定されることを免れるためのものと認められるときには、その変動はなかったものとしてその判定を行うこととされています（評基通189なお書）。

株式等保有特定会社の判定

チェックポイント

※ 「**株式等**」の範囲には、所有目的又は所有期間のいかんにかかわらず評価会社が有する株式、出資及び新株予約権付社債が該当するように、所有権や所有者たる地位を有しているものは含まれ逆に、債券的権利や受益的権利に留まるものは含まれないことになります。

○ 「株式等」に含まれるもの
　・外国株式
　・株式制のゴルフ会員権
　・特定金銭信託
　・金融商品取引業者（証券会社）が保有する商品としての株式
　・新株予約権付社債
○ 「株式等」に含まれないもの
　・匿名組合の出資
　・証券投資信託の受益証券

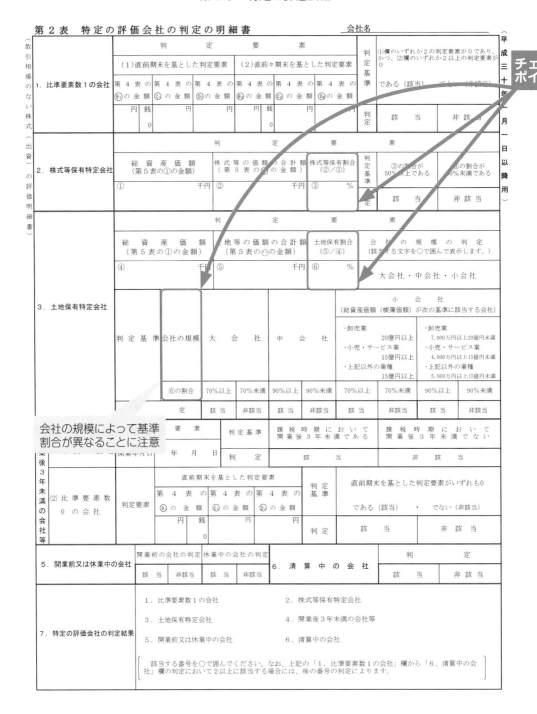

第2表　特定の評価会社の判定の明細書

会社の規模によって基準割合が異なることに注意

チェックポイント

3　株式等保有特定会社の評価

　ここでは、特に難解だといわれる「株式等保有特定会社」について説明します。

　「株式等保有特定会社」と判定された場合には、次に説明するようなかなり複雑な評価方法により評価することになっています。今日のようにホールディング会社が多いなど関連会社の多い会社状況等に鑑みた場合、検討の余地がないわけではありませんが、まずは現状がどのような評価になっているか理解してください。

　[考え方]　「株式等保有特定会社」と判定された会社の株式の価額は、原則として「**純資産価額方式**」により評価しますが、株式の取得者及びその同族関係者が所有する株式に係る議決権の合計数が会社の議決権総数の50%以下となる場合には、純資産価額（相続税評価額）に80%を乗じた金額によって評価することができます。

　ただし、納税義務者の選択によりいわゆる「**S₁＋S₂方式**」により評価することができます。

　なお、株式の取得者が同族株主以外の株主等である場合には、「**配当還元方式**」により評価します（ただし、「配当還元方式」が「純資産価額方式」又は「S₁＋S₂方式」による価額を超える場合に限り、後者2つの方式により算定した金額によって評価します。）。

　以上のように評価することとしているのは、次の理由によっています。すなわち、取引相場のない株式の発行会社の中には、会社の総資産のうちに占める各資産の保有状況が、類似業種比準方式における標本会社である上場会社に比べて、**著しく株式等**に偏った会社が見受けられます。このような会社の株式については、一般の評価会社に適用される類似業種比準方式では、会社の実態に応じた適正な株価が算定できないと考えられます。このような状況に鑑みると類似業種比準方式は、標本会社である上場会社に匹敵するような会社の株式について適用される評価方法であるので、その資産内容が標本会社である上場会社に比べて著しく株式等に偏っている評価会社の株式については、同方式を適用すべき前提条件を欠くものと認められます。そこで、会社の株式等の保有状況の実態を踏まえて、株式等の保有割合の基準により「**株式等保有特定会社の株式**」を定め、その評価方法は原則として、**純資産価額方式**によることとしています。

S₁＋S₂方式について

S₁＋S₂方式は資産を大きく「株式等」とそれ以外の「その他の資産」の２つに分けます。そして、**「その他の資産」**に対応する評価額（S₁）は、その会社の規模により、類似業種比準方式に準じて計算した金額、併用方式又は１株当たりの純資産価額（相続税評価額）方式に準じて計算した金額により評価します。**「株式等」**に対応する評価額（S₂）は、１株当たりの純資産価額（相続税評価額）に準じて評価します。

○　「S₁＋S₂」方式の概念図

株式等保有特定会社

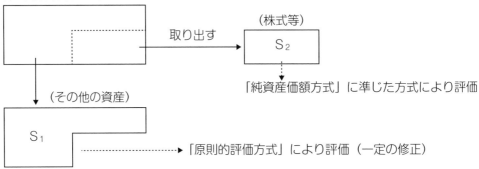

⑴　**S₁の金額（その他の資産）**

S₁の金額は、前述のとおり一般の評価会社と同様に評価会社の規模に応じて「大会社」、「中会社」又は「小会社」に区分し、大会社については「類似業種比準価額に準じて計算した金額」、小会社については「１株当たり純資産価額（相続税評価額）に準じて計算した金額」、中会社については「併用方式」により評価します。

S₁＋S₂方式のイメージは、次のようになります。

<table>
<tr><td rowspan="5">資産</td><td rowspan="4">その他の資産（S₁）</td><td>大会社</td><td>修正類似業種比準価額又は
（納税者の選択により）
修正純資産価額（80％評価不可）</td></tr>
<tr><td>中会社</td><td>修正類似業種比準価額
又は（納税者の選択により）
修正純資産価額
（80％評価不可）
}×L＋修正純資産価額×（１－L）
（80％評価不可）</td></tr>
<tr><td>小会社</td><td>修正純資産価額（80％評価不可）
又は（納税者の選択により）
修正類似業種比準価額×0.50＋修正純資産価額×（１－0.50）
（80％評価不可）</td></tr>
<tr><td>株式（S₂）</td><td>１株当たりの純資産価額（相続税評価額）</td></tr>
</table>

例えば、大会社のS₁の金額は、類似業種比準価額で評価しますが、この計算は会

社が獲得する利益を営業活動により獲得した利益（Ｘ）と保有する株式の運用益である配当金等（Ｙ）の合計額である当期利益（Ｚ）から「１株当たりの年配当金額Ⓑ」、「１株当たりの年利益金額Ⓒ」及び「１株当たりの純資産価額Ⓓ」が発生すると考えます。そこで、まず、１株当たりの年配当金額Ⓑ、年利益金額Ⓒ及び純資産価額Ⓓを営業活動から獲得した損益計算書計上の「営業利益（Ｘ）」と保有株式から生じた「受取配当金等（Ｙ）」の割合（受取配当金等収受割合）で按分します。次にこの按分割合（受取配当金等収受割合）で、営業活動から獲得した営業利益に対応する１株当たりの年配当金額（Ⓑ－ⓑ）、年利益金額（Ⓒ－ⓒ）及び純資産価額（Ⓓ－ⓓ）の金額を基礎として株式以外の資産に対応する年配当金額、年利益金額及び純資産価額を算定して計算しようというものです。この一連の流れが、評価明細書第７表の上段の作業となります。

　以上の考え方を具体例を用いて整理すると、

　まず、

○当期利益（Ｚ）は　①営業活動により獲得した利益（S₁）　⇒　営業利益（Ｘ）

　　　　　　　　　　②株式の運用益から生ずる利益（S₂）　⇒　受取配当金等（Ｙ）

　　　　　　　　　　　　　　　　　　　　から構成されていると考えます。

　そして、

○当期利益（Ｚ）から　⇒　１株当たりの

　　　　　　　　　　　{ ①年配当金額　Ⓑ

　　　　　　　　　　　　②年利益金額　Ⓒ

　　　　　　　　　　　　③純資産価額　Ⓓ　が発生すると考えます。

　今、仮に、

①　年配当金額　Ⓑ（200）

②　年利益金額　Ⓒ（800）

③　純資産価額　Ⓓ（1000）で

○**営業利益（Ｘ（例：60））と受取配当金等（Ｙ（例：40））の按分割合（受取配当金等収受割合）**とすると

　・営業利益に対応する、１株当たりの年配当金額（Ⓑ－ⓑ（120））、年利益金額（Ⓒ－ⓒ（480））、純資産価額（Ⓓ－ⓓ（600））

　・株式の運用益に対応する、１株当たりの年配当金額（ⓑ（80））、年利益金額（ⓒ（320））、純資産価額（ⓓ（400））

　と算出し、

　これを基に

株式以外の資産に対応する修正類似業種比準価額を計算しようとするものです。

⑵　S₂の金額（株式等）

　S₂の金額は、評価会社の規模に関係なく、その所有する「株式等」について1株当たり純資産価額（相続税評価額）に準じて計算した金額により評価します。

⑶　S₁＋S₂の具体的計算式

　ここでS₁及びS₂の具体的計算式を示すと次のようになります。

イ　S₁の具体的計算式

A　原則的評価方式が類似業種比準方式である場合

　原則的評価方式が類似業種比準方式である場合のS₁の金額は、次のようになります。

$$A \times \left(\dfrac{\dfrac{Ⓑ-ⓑ}{B}+\dfrac{Ⓒ-ⓒ}{C}+\dfrac{Ⓓ-ⓓ}{D}}{3} \right) \times \begin{cases} 0.7 \text{（大会社）} \\ 0.6 \text{（中会社）} \\ 0.5 \text{（小会社）} \end{cases}$$

（注）　算式中の符号の内容は次のとおりです。

　　A＝類似業種の株価

　　B＝課税時期の属する年の類似業種の1株当たりの年配当金額

　　C＝課税時期の属する年の類似業種の1株当たりの年利益金額

　　D＝課税時期の属する年の類似業種の1株当たりの純資産価額（帳簿価額）

　　Ⓑ＝評価会社の1株当たりの年配当金額

　　Ⓒ＝評価会社の1株当たりの年利益金額

　　Ⓓ＝評価会社の1株当たりの純資産価額（帳簿価額）

　　ⓑ＝Ⓑ×「※受取配当金等収受割合」

　　ⓒ＝Ⓒ×「※受取配当金等収受割合」

　　ⓓ＝（イ）＋（ロ）〔Ⓓを限度とします。〕

　　　（イ）＝Ⓓ×$\dfrac{\text{評価会社の保有する株式等の価額（帳簿価額）}}{\text{評価会社の総資産価額（帳簿価額）}}$

　　　（ロ）＝$\dfrac{\text{評価会社の1株（50円）}}{\text{当たりの利益積立金額}}$×「※受取配当金等収受割合」

　　　　○　利益積立金額が負数のときは、0とします。

　※受取配当金等収受割合＝$\dfrac{\text{直前期末以前2年間の受取配当金等の額の合計額}}{\text{直前期末以前2年間の受取配当金等の額の合計額}+\text{直前期末以前2年間の営業利益の金額の合計額}}$

　　　　○　受取配当金等の額は、法人から受ける剰余金の配当（株式又は出資に係るも

のに限るものとし、資本金等の額の減少によるものを除きます。）、利益の配当、剰余金の分配（出資に係るものに限ります。）及び新株予約権付社債に係る利息の合計額とします。

○　受取配当金等収受割合は、1を限度とし、少数点以下3位未満の端数を切り捨てます。

○　評価会社の事業目的によって受取配当金が営業利益に含まれているような場合には、受取配当金等の額を営業利益の金額から控除します。

B　原則的評価方式が純資産価額方式である場合

原則的評価方式が純資産価額方式である場合のS₁の金額は、次のようになります。

$$\frac{\left(\begin{matrix}課税時期における各資産\\〔株式等を除きます。〕の\\合計額（相続税評価額）\end{matrix}\right) - \left(\begin{matrix}課税時期に\\おける各負\\債の合計額\end{matrix}\right) - \left(\begin{matrix}評価差額に対す\\る法人税額等相\\当額^{(注1)}\end{matrix}\right)}{課税時期における発行済株式数^{(注2)}}$$

（注1）　評価差額に対する法人税額等相当額

$$= \left\{\left(\begin{matrix}純資産価額\\（相続税評価額）\\〔株式等を除きます。〕\end{matrix}\right) - \left(\begin{matrix}純資産価額（帳\quad 株式等以外に\\簿価額）〔株式\quad +係る現物出資\\等を除きます。〕\quad 等受入差額\end{matrix}\right)\right\} \times 37\%^{※}$$

※　課税時期が、平成28年4月1日以降の場合は37%、平成27年4月1日以降の場合は38%です。なお、平成26年4月1日以降の場合は40%、平成24年4月1日から平成26年3月31日までの場合は42%、平成22年10月1日から平成24年3月31日までの場合は45%となっています。

（注2）　課税時期における発行済株式数は、自己株式の数を控除します。

以上のA及びBについて会社規模に応じてもう一度整理すると次のようになります。

① 大会社の場合

修正類似業種比準価額
又は（納税者の選択により）
修正純資産価額（80%評価不可）

② 中会社の場合

$$\left(\begin{matrix}修正類似業種比準価額\\又は（納税者の選択により）\\修正純資産価額\\（80\%評価不可）\end{matrix}\right) \times L + \left(\begin{matrix}修正純資産価額\\（80\%評価不可）\end{matrix}\right) \times (1-L)$$

③　小会社の場合

> 修正純資産価額（80％評価不可）
> 又は（納税者の選択により）
> 修正類似業種比準価額×0.50＋修正純資産価額　×（1－0.50)
> （80％評価不可）

（注1）　「修正類似業種比準価額」又は「修正純資産価額」は、上記Ａ又はＢにより
計算した価額をいいます。

（注2）　「80％評価不可」とは、評基通185ただし書の適用はないことを示します。

□　S₂の具体的計算式

　S₂の金額は、株式等保有特定会社が所有する株式等のみを評価会社の資産として
とらえ、次の算式による1株当たりの純資産価額（相続税評価額）に準じて計算した
金額をいいます。

$$\frac{\left[\begin{array}{l}課税時期における株式等\\の合計額（相続税評価額）\end{array}\right] - \left[\begin{array}{l}株式等に係る評価差額に対す\\る法人税額等相当額^{（注1）}\end{array}\right]}{課税時期における発行済株式数^{（注2）}}$$

（注1）　株式等に係る評価差額に対する法人税額等相当額[※1]

$$= \left\{ \left(\begin{array}{l}株式等の合計額\\（相続税評価額）\end{array}\right) - \left(\begin{array}{c}株式等の合計額（帳簿価額）\\+\\株式等に係る現物出資等受入れ差額\end{array}\right) \right\} \times 37\%^{[※2]}$$

　　※1　計算の結果が負数の場合には、これを0とします。
　　※2　課税時期が、平成28年4月1日以降の場合は37％、平成27年4月1日以降の場合は
　　　　38％です。なお、平成26年4月1日以降の場合は40％、平成24年4月1日から平成26
　　　　年3月31日までの場合は42％、平成22年10月1日から平成24年3月31日までの場合は
　　　　45％となっています。

（注2）　課税時期における発行済株式数は、自己株式の数を控除します。

　特定の評価会社（株式等保有特定会社等）の具体的記載例については、第2部実務
編をご覧ください。

（→　詳細な照会回答は324頁以下を参照してください。）

株式評価関係質疑応答事例（国税庁ホームページ）

（土地保有特定会社の株式）

26　1　不動産販売会社がたな卸資産として所有する土地等の取扱い

【照会要旨】　土地保有特定会社の株式に該当するかどうかの判定において、評価会社の有する各資産の価額の合計額のうちに占める土地等の価額の合計額の割合を求める際、不動産販売会社がたな卸資産として所有する土地等については、判定の基礎（土地等）に含まれるのでしょうか。

【回答要旨】　判定の基礎に含まれます。

（株式等保有特定会社の株式の評価）

27　1　判定の基礎となる「株式等」の範囲

【照会要旨】　次のものは、株式等保有特定会社の株式に該当するかどうかの判定の基礎となる「株式等」に含まれますか。
①　証券会社が保有する商品としての株式
②　外国株式
③　株式制のゴルフ会員権
④　匿名組合の出資
⑤　証券投資信託の受益証券

【回答要旨】　株式等には、①から③が含まれ、④及び⑤は含まれません。

28　2　受取配当金等収受割合が負数となる場合の計算方法

【照会要旨】　株式等保有特定会社の株式の評価に当たり、S₁の金額を計算する際の受取配当金等収受割合の計算上、受取配当金等の額を超える営業損失がある場合（分母が負数となる場合）には、受取配当金等収受割合を0とするのでしょうか。それとも1とするのでしょうか。

【回答要旨】　受取配当金等収受割合を1として計算します。

（特定の評価会社の株式の評価）

29　1　「比準要素数1の会社」の判定の際の端数処理

【照会要旨】　「比準要素数1の会社」の判定を行う場合、「1株当たりの配当金額」、「1株当たりの利益金額」及び「1株当たりの純資産価額（帳簿価額によって計算した金額）」が少額のため、評価明細書の記載に当たって0円となる場合には、配当金額、利益金額及び純資産価額の要素は0とするのでしょうか。

【回答要旨】　端数処理を行って0円となる場合には、その要素は0とします。

　なお、端数処理は、「取引相場のない様式（出資）の評価明細書」の「第4表　類似業種比準価額等の計算明細書」の各欄の表示単位未満の端数を切り捨てて記載することにより行います。

（清算中の会社の株式の評価）

30　1　長期間清算中の会社

【照会要旨】　分配を行わず長期にわたり清算中のままになっているような会社の株式の価額は、どのように評価するのでしょうか。

【回答要旨】　1株当たりの純資産価額（相続税評価額によって計算した金額）によって評価します。

株式に関する権利の評価・株式の価額の修正

1 株式に関する権利の種類

種　類	概　要
株式の割当てを受ける権利	株式の割当基準日の翌日から株式の割当ての日までの間における株式の割当てを受ける権利
株主となる権利	株式の申込みに対して割当てがあった日の翌日（会社の設立に際し発起人が引受けをする株式にあっては、その引受けの日）から会社の設立登記の日の前日（会社成立後の株式の割当ての場合にあっては、払込期日（払込期間の定めがある場合には払込みの日））までの間における株式の引受けに係る権利
株主無償交付期待権	株式無償交付の基準日の翌日から株式無償交付の効力が発生する日までの間における株式の無償交付を受けることができる権利
配当期待権	配当金交付の基準日の翌日から配当金交付の効力が発生する日までの間における配当金を受けることができる権利

2 株式に関する権利の評価

⑴ 株式の割当てを受ける権利

　株式の割当てを受ける権利とは、株式の割当基準日の翌日から株式の割当ての日までの間における株式の割当てを受ける権利をいいます（評基通168⑷）。

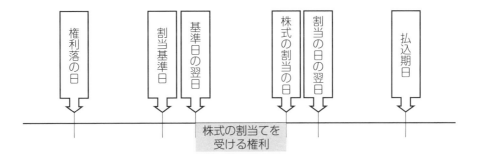

　株式の割当てを受ける権利の価額は、その株式の割当てを受ける権利の発生している株式について評価した価額（次の3⑴で修正した価額）に相当する金額から割当てを受けた株式1株につき払い込むべき金額を控除した金額によって評価します（評基通190）。

$$
\begin{array}{c}
\text{株式の割当てを} \\
\text{受ける権利の価額}
\end{array}
=
\begin{array}{c}
\text{権利落後の株式の価額} \\
\text{（評価明細書第３表⑧又は⑳の金額）}
\end{array}
-
\begin{array}{c}
\text{株式１株につき払い} \\
\text{込むべき金額}
\end{array}
$$

⑵　**株主となる権利**

　株主となる権利とは、株式の申込みに対して割当てがあった日の翌日から払込期日（払込期間の定めがある場合には払込みの日）までの間における株式の引受けに係る権利を、会社の設立に際し発起人が引受けをする株式にあっては、その引受けの日から会社の設立登記の日の前日までの間における株式の引受けに係る権利をいいます（評基通168⑸）。

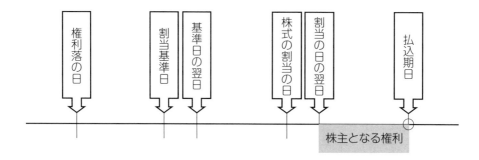

　会社設立の場合の株主となる権利の価額は、課税時期以前にその株式１株につき払い込んだ価額によって評価します（評基通191⑴）。

　また、会社設立の場合以外の株主となる権利の価額は、その株主となる権利の発生している株式について評価した価額（次の3⑴で修正した価額）に相当する金額によって評価します。ただし、課税時期の翌日以後その株主となる権利につき払い込むべき金額がある場合には、評価した価額に相当する金額からその割当てを受けた株式１株につき払い込むべき金額を控除した金額によって評価します（評基通191⑵）。

　会社設立の場合

　　　株主となる権利の価額　＝　株式１株につき払い込んだ価額

　会社設立以外の場合で課税時期以後に払い込むべき金額がない場合

$$
\text{株主となる権利の価額}
=
\begin{array}{c}
\text{権利落後の株式の価額} \\
\text{（評価明細書第３表⑧又は⑳の金額）}
\end{array}
$$

　会社設立以外の場合で課税時期の翌日以後に払い込むべき金額がある場合

$$
\begin{array}{c}
\text{株主となる} \\
\text{権利の価額}
\end{array}
=
\begin{array}{c}
\text{権利落後の株式の価額} \\
\text{（評価明細書第３表⑧又は⑳の金額）}
\end{array}
-
\begin{array}{c}
\text{株式１株につき払い} \\
\text{込むべき金額}
\end{array}
$$

⑶　株式無償交付期待権

　株式無償交付期待権とは、株式無償交付の基準日の翌日から株式無償交付の効力が発生する日までの間における株式の無償交付を受けることができる権利をいいます（評基通168⑹）。

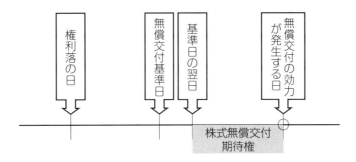

　株式無償交付期待権の価額は、その株式無償交付期待権の発生している株式について評価した価額（次の3⑴で修正した価額）に相当する金額によって評価します（評基通192）。

$$\text{株式無償交付期待権} \ = \ \underset{\text{（評価明細書第3表⑧又は⑳の金額）}}{\text{権利落後の株式の価額}}$$

⑷　配当期待権

　配当期待権とは、配当金交付の基準日の翌日から配当金交付の効力が発生する日までの間における配当金を受けることができる権利をいいます（評基通168⑺）。

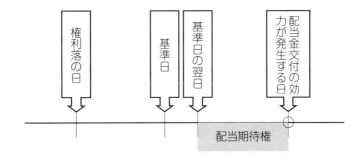

　配当期待権の価額は、課税時期後に受けると見込まれる予想配当の金額から当該金額につき源泉徴収されるべき所得税の額に相当する金額を控除した金額によって評価します（評基通193）。

$$\text{配当期待権} \ = \ \text{予想配当金} \ - \ \underset{\text{（予想配当金×20.42％）}}{\text{源泉徴収税額相当額}}$$

第10章
株式に関する権利の評価・株式の価額の修正

3　株式に関する権利が発生している場合の株式の価額の修正

　取引相場のない株式を原則的評価方式によって評価する場合において、株式に関する権利が発生している場合には、原則的評価方式によって評価した価額を次のように修正することとされています（評基通187）。

⑴　**株式の割当てを受ける権利、株主となる権利又は株式無償交付期待権が発生している場合**

　　課税時期が株式の割当ての基準日、株式の割当てのあった日又は株式無償交付の基準日のそれぞれ翌日からこれらの株式の効力が発生するまでの間にある場合（上記2⑴～⑶）には、次の算式により原則的評価方式により評価した価額（注）を修正することとされています。

$$\frac{\text{原則的評価方式により評価した価額}\ (\text{評価明細書第3表④〜⑦いずれかの価額}) + \text{株式1株につき払い込むべき金額} \times \text{株式1株に対する割当株式数}}{1 + \text{株式1株に対する割当株式数又は交付株式数}}$$

　（注）　課税時期において、配当期待権が発生している場合には、予想配当金を控除した価額

【計算例】　株式の割当てを受ける権利が発生している場合

　課税時期〇年4月15日、1株当たりの資本金等の額50円、株式の割当ての基準日〇年3月31日、払込期日〇年4月30日、株式1株に対して新株式0.5株を割当て、株式1株当たりの払込金額50円、原則的評価方式により評価した価額1,146円

（株式の評価額の計算）

　（1,146円＋50円×0.5）÷（1＋0.5）＝780円

⑵　**配当期待権が発生している場合**

　　課税時期が、配当金交付の基準日の翌日から配当金交付の効力が発生する日までの間にある場合には（上記2⑷）、配当期待権が発生していないものとした場合の価額から予想配当金額を控除した価額で評価することとされています。

$$\text{原則的評価方式により評価した価額}\ (\text{評価明細書第3表④〜⑥いずれかの価額}) - \text{予想配当金}$$

4　直前期末の翌日から課税時期までの間に配当金交付の効力等が発生している場合の類似業種比準価額の修正

　類似業種比準価額は、評価会社の直前期の配当金額等により計算することとされて

おり、いわゆる権利含みの価額となっていますが、直前期末の翌日から課税時期までの間に配当金交付の効力が発生した場合には、その配当金は、未収配当金や受け取った配当金が株式とは別に相続財産となります。また、増資が行われた場合には、増資後の株が相続財産となりますので、類似業種比準価額を配当落後や増資後の株価に修正する必要があります。

　そこで、配当金交付の効力が発生している場合や株式の割当て等の効力が発生している場合には、類似業種比準価額を以下の算式で修正することとされています（評基通184）。

　なお、純資産価額については、課税時期現在の純資産価額により評価しますので、配当金交付の効力が発生している場合には、支払った配当金相当額の資産が減少したり、未払配当金が負債に計上されたりしており、また増資により株式の効力が発生している場合には、増資後の資産、負債、株式数等を基に増資後の純資産価額が算出されますので、修正計算をする必要がないことになります。

⑴　**配当金交付の効力が発生した場合**

類似業種比準価額
（評価明細書第４表㉖の価額）　－　株式１株に対し受けた配当の金額

⑵　**株式の割当て等の効力が発生した場合**

$$\frac{類似業種比準価額（評価明細書第４表㉖又は㉗の価額）＋株式１株につき払い込んだ金額 × 株式１株に対する割当株式数}{１＋株式１株に対する割当株式数又は交付株式数}$$

5　配当があった場合の配当期待権等と株式の価額の修正との関係

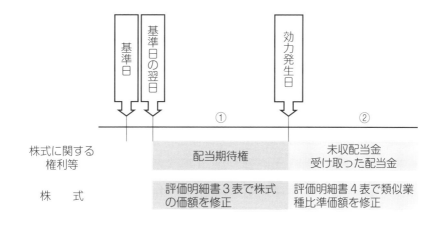

⑴　**課税時期が配当金交付の基準日の翌日から配当金交付の効力が発生する日までの間にある場合**

　　課税時期が、配当金交付の基準日の翌日から配当金交付の効力が発生する日までの間（上図①の期間）にある場合には、「株式」と「配当期待権」が相続財産となります。

　　この場合、原則的評価方式により評価した株式の価額は、配当期待権が発生していることを考慮していませんのでいわゆる権利含みの価額となっています。そこで、評価明細書３表の「１　原則的評価方式による価額」の「株式の価額の修正」欄で株式の価額を配当落ち後の価額に修正します。また、配当期待権については、「３　株式に関する権利の価額」の「配当期待権」欄で評価します。

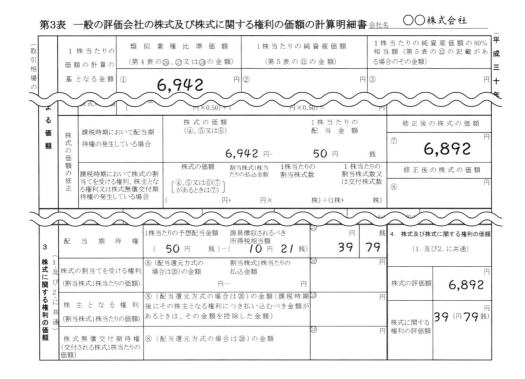

第3表　一般の評価会社の株式及び株式に関する権利の価額の計算明細書

⑵　**課税時期が配当金交付の効力が発生する日後である場合**

　　課税時期が配当金交付の効力が発生する日後（上図②の期間）である場合には、株式と未収配当金や受け取った配当金（現金や預貯金）が相続財産となります。

　　この場合の類似業種比準価額は権利含みの価額となっていますので、配当落ち後の価額に修正する必要があります。したがって、類似業種比準価額については、評価明細書４表の「３　類似業種比準価額の計算」の「比準価額の修正」欄で、比準価額から１株当たりの配当金額を控除して類似業種比準価額を修正します。なお、純資産価額については、支払った配当金相当額の資産が減少するか、未払い配当金が負債に計

上されることになりますので、修正計算をする必要はありません。

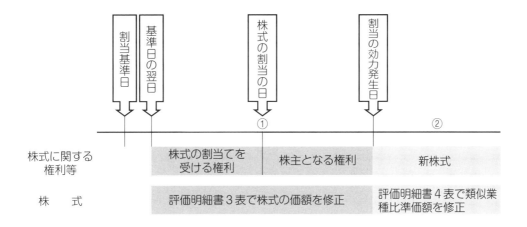

第4表　類似業種比準価額等の計算明細書　　　　会社名　○○株式会社　　平成三十年

	1.1株当たりの資本金 等の額等の計算	直前期末の資本 金等の額	直前期末の 発行済株式数	直前期末の 自己株式数	1株当たりの資本金等の 額（①÷（②－③））	1株当たりの資本金等の額を50 円とした場合の発行済株式数（①÷50円）	
		① 20,000 千円	② 40,000 株	③ 株	④ 500 円	⑤ 400,000 株	

直前期末以前2（3）年間の年平均配当金額　　比準要素数1の会社・比準要素0の会社の判定要素の金額

価 A	⑭、⑰、⑳及び㉑の うち最も低いもの 197	比準 割合	$\frac{}{3}$ = 0·85	83	7

1株当たりの比準価額	比準価額（㉒と㉕） とのいずれか低い方 83 円 70銭	④の金額 500 円 ÷ 50円 ㉖	837 円

直前期末の翌日から課税時期ま での間に配当金交付の効力が発 生した場合	比準価額（㉖） 837 円 － 1株当たりの 配当金額 50 円 00 銭	修正比準価額 ㉗ 787 円

直前期末の翌日から課税時期ま での間に株式の割当て等の効力 が発生した場合	比準価額（㉖） （㉗があるときは㉗） （ 円＋ 割当株式1株当 たりの払込金額 円 銭× 1株当たりの割 当株式数 株）÷（1株＋ 1株当たりの割当株 式数又は交付株式数 株）	修正比準価額 ㉘ 円

6　株式の割当てを受ける権利と株式の価額の修正との関係

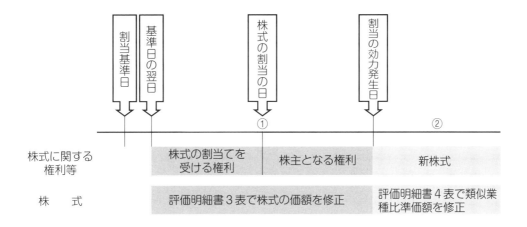

⑴　**課税時期が株式の割当て等の基準日の翌日から株式の割当ての効力発生日までの 間にある場合**

　課税時期が株式の割当て等の基準日の翌日から株式の割当ての効力が発生するまで の間（上図①の期間）にある場合には、いわゆる増資中の状況にあり、株式数の増加 は生じていないものの、株式に関する権利が株式とは別の財産として相続財産となり ます。

　この場合の株式の価額は、権利含みの価額となっていますので、評価明細書3表の 「1　原則的評価方式による価額」の「株式の価額の修正」欄で株式の価額を権利落 ち後の価額に修正します。

　また、株式に関する権利の価額については、評価明細書3表の「3　株式に関する 権利の価額」の「株式の割当てを受ける権利」、「株主となる権利」又は「株主無償交

付期待権」欄で評価します。

⑵　**課税時期が株式の割当ての効力発生日後である場合**

　課税時期が株式の割当ての効力発生日後（上図②の期間）である場合には、増資後の株式（旧株式＋新株式）が相続財産となります。

　この場合の類似業種比準価額については、増資前の価額となっていますので、評価明細書４表の「３　類似業種比準価額の計算」の「比準価額の修正」欄で、増資後の価額に修正します。

　なお、純資産価額については、課税時期現在の状況、すなわち増資後の資産、負債、株式数等により計算することになりますので、修正計算をする必要はありません。

> ### チェックポイント　配当還元方式で評価する場合の株式の価額の修正
>
> 　配当還元方式で評価する場合には、株式の割当てを受ける権利等が発生している場合であっても株式の価額の修正は行いません。
>
> 　すなわち、配当還元方式による配当還元価額は、課税時期の直前期末以前２年間の配当金額だけを株価の価値算定の要素としているものであり、かつ、その配当金額は企業の実績からみた安定配当によることとしていることに基づくものです。
>
> 　また、増資は、一般的に企業効率の向上を図るためそれぞれの目的のもとに行われるものであり、増資による払込資金は、通常事業活動に投下され相応の収益を生むこととなります。一般に、増資によって株式数が増加しただけ１株当たりの配当金が減少するとは限らず、むしろ維持されるのが通常です。
>
> 　このようなことから、安定配当の金額を基礎として評価した株式の価額は、株式の割当てを受ける権利等の権利が発生している場合であっても、１株当たりの純資産価額や類似業種比準価額などの原則的評価方式による方法で評価する株式の場合と同一に考えることは適当ではありませんので、配当還元方式により計算した株式について課税時期において株式の割当てを受ける権利等が発生していても、その株式の価額の修正は行いません（国税庁質疑応答事例「株式の割当てを受ける権利等が発生している場合の価額修正の要否」）。

第2部

評価明細書作成の仕方と記載例

実務編

① 基本的な評価明細書作成手順

(1) 一般的な評価明細書作成の流れ

【基本的な評価明細書作成手順】

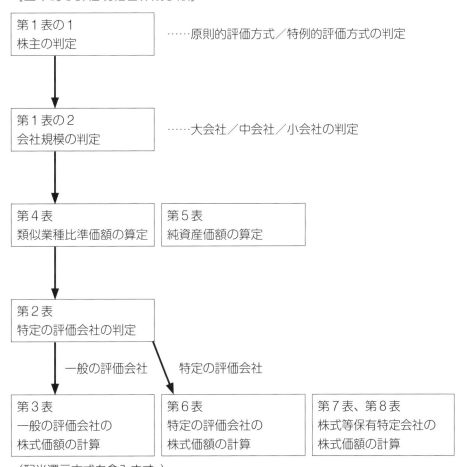

第1表の1
株主の判定 ……原則的評価方式／特例的評価方式の判定

↓

第1表の2
会社規模の判定 ……大会社／中会社／小会社の判定

↓

第4表 類似業種比準価額の算定	第5表 純資産価額の算定

↓

第2表
特定の評価会社の判定

一般の評価会社 ／ 特定の評価会社

第3表 一般の評価会社の 株式価額の計算	第6表 特定の評価会社の 株式価額の計算	第7表、第8表 株式等保有特定会社の 株式価額の計算

（配当還元方式を含みます。）

　基本的な評価明細書の作成手順は、上記のような流れです。ただし、実務上、使用する会計ソフト等の関係で異なる順序で作成する場合もあります。

　次に、各評価明細書を作成する場合の注意事項を具体例を用いて説明します。

　特に「チェックポイント」にご留意ください。

（注）　国税庁ホームページ（評価明細書の様式や記載方法等）及び「株式・公社債評価の実務」
　　　（大蔵財務協会）を参考にさせていただきました。

⑵　株主の判定（第１表の１）

非上場株式の評価は、相続税や贈与税の申告に当たっては、財産評価基本通達に基づき、以下の方法により行います。

　イ　**同族株主**となる者に適用される評価方法：「**原則的評価方式**」

　ロ　**少数株主等**に適用される評価方法：「**配当還元方式**」

イ　原則的評価方式

会社を支配している同族株主が、相続や贈与により取得する株式については、「類似業種比準方式」、「純資産価額方式」又は２つの併用方式により評価します。

> 類似業種比準方式
>
> 類似の事業を営む上場会社の株価を基に、①配当・②利益・③簿価純資産の３要素を比準して評価する方法

> 純資産価額方式
>
> 会社の資産の額から負債の額等を控除した純資産価額により評価する方法

── 原則的評価方式

ロ　配当還元方式

少数株主や同族株主以外の株主は、支配権の行使が保有目的ではなく、配当の受取りを目的とすることから、「配当還元方式」により評価します。

> 配当還元方式
>
> 配当金額を一定の利率（10％）で還元した価額により評価する方法

(3)　会社規模の判定（第1表の2）

　会社規模は、評価会社の「従業員数」、「総資産価額（B/S）」、「取引金額（P/L）」により判定し、大会社、中会社、小会社に区分します。

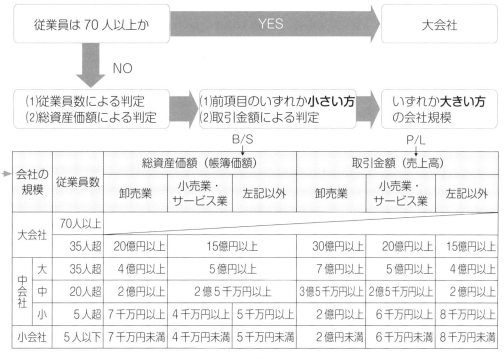

会社の規模		従業員数	総資産価額（帳簿価額）			取引金額（売上高）		
			卸売業	小売業・サービス業	左記以外	卸売業	小売業・サービス業	左記以外
大会社		70人以上						
		35人超	20億円以上	15億円以上		30億円以上	20億円以上	15億円以上
中会社	大	35人超	4億円以上	5億円以上		7億円以上	5億円以上	4億円以上
	中	20人超	2億円以上	2億5千万円以上		3億5千万円以上	2億5千万円以上	2億円以上
	小	5人超	7千万円以上	4千万円以上	5千万円以上	2億円以上	6千万円以上	8千万円以上
小会社		5人以下	7千万円未満	4千万円未満	5千万円未満	2億円未満	6千万円未満	8千万円未満

評価方法の決定

会社規模により評価方法が異なります。

(4)　類似業種比準価額の算定（第4表）

　「類似業種比準方式」では、評価会社の「配当」、「利益」、「簿価純資産」の3要素を基準に類似する業種の上場会社の株価に比準して、株価を計算します。

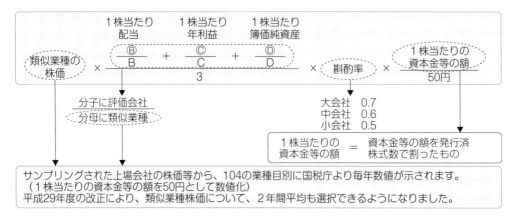

(5)　純資産価額の算定（第5表）

　「純資産価額方式」は、会社の資産の額から負債の額等を控除した純資産価額を株式の価値とする方法です。つまり、会社の純資産価値（株式の会社資産に対する持分としての性質）に着目した評価方法といえます。

計算方法

$$\frac{純資産 - 含み益^{(※)} \times 37\%}{発行済株式総数}$$

（※）含み益
　相続税評価額による純資産価額から帳簿価額による純資産価額をマイナスすることにより計算します。

〈イメージ図〉

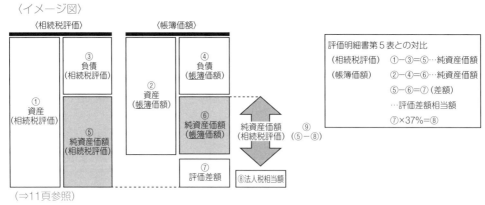

(6)　特定の評価会社の判定（第2表）

　「特定の評価会社」は会社規模に関わりなく、原則として「純資産価額方式」で評価します。（評価明細書は①→⑥の順の記載になっていますが、実務上判定（チェック）する場合の流れは⑥→①の順によることが多いです。）

〔特定の評価会社〕

①　比準要素数1の会社（ただし、選択により、類似価額×0.25＋純資産価額×0.75）

②　株式等保有特定会社（ただし、選択によりS1＋S2方式）

③　土地保有特定会社

④　開業後3年未満の会社、比準要素数（3要素）ゼロの会社

⑤　開業前又は休業中の会社

⑥　清算中の会社（清算分配見込額）

(7)　（第3表）配当還元方式（価額）＋原則的評価方式（価額）

　同族株主等以外の株主等が取得した株式については、会社の規模にかかわらず、特例的評価方式である配当還元方式により株式評価を行うこととなります。

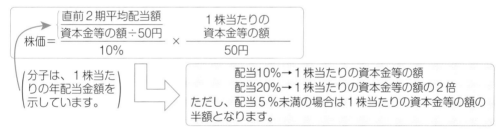

配当還元価額の計算例

例1：資本金等の額に対し年間10％の配当を行っている場合
　　①資本金等の額　50,000千円
　　②配当金額（毎年）　5,000千円（50,000千円×0.1＝5,000千円）
　　③発行済株式　1,000株
　　④1株当たりの資本金等の額　50千円

$$株価＝\frac{\dfrac{5,000,000円}{50,000,000円÷50円}}{10\%}×\frac{50,000円}{50円}$$

$$＝\boxed{50,000円}→\boxed{1株当たりの資本金等の額}$$

例2：資本金等の額に対し年間20％の配当を行っている場合
　　①資本金等の額　50,000千円
　　②配当金額（毎年）　10,000千円（50,000千円×0.2＝10,000千円）
　　③発行済株式　1,000株
　　④1株当たりの資本金等の額　50千円

$$株価＝\frac{\dfrac{10,000,000円}{50,000,000円÷50円}}{10\%}×\frac{50,000円}{50円}$$

$$＝\boxed{100,000円}→\boxed{1株当たりの資本金等の額}$$

⑻　特定の評価会社の株式の価額の計算

「特定の評価会社」に該当する場合は、一般の評価会社の状況と異なるため、原則として、「純資産価額方式」により、株価を計算することになります。

- - - - - - ▶ 特定の評価会社の判定

例1：**株式等保有特定会社（第7表・第8表）**

相続税評価額による総資産に占める株式等の保有割合が次に該当する場合

会社の規模	大会社	中会社	小会社
総資産に占める株式等の保有割合	50%以上	50%以上	50%以上

（注）　S_1+S_2方式を選択可能

例2：**土地保有特定会社（第6表）**

相続税評価額による総資産に占める土地等の保有割合が次に該当する場合

会社の規模	大会社	中会社	小会社
総資産に占める土地等の保有割合	70%以上	90%以上	（注）

（注）　総資産価額基準が大会社に該当するもの……70%以上
　　　　総資産価額基準が中会社に該当するもの……90%以上

〈評価明細書作成上の準備資料〉

○　作成を始める前に、準備する主な資料は次のとおりです。

会社登記事項証明書、定款 （役員、**株式の種類の確認**、設立年月日・合併等の有無）
会社概況書等 （従業員数、株主名簿、議決権割合、剰余金の配当に関する議事録、パンフレット、HP）
親族図
直前期末以前３年間の法人税申告書、決算書、株主資本等変動計算書 （特に、貸借対照表、損益計算書、法人税申告書別表一、二、四、五（一）、五（二）、六（一）、八（一）、必要に応じて、十三、十四（二）、十五、十六等
・日本標準産業分類の分類項目と類似業種比準価額計算上の業種目との対比表 ・類似業種比準価額計算上の業種目及び業種目別株価等
〈その他〉 純資産価額を算定する際に必要な資料 ・名寄帳 ・土地等の評価関係資料　等

〈留意事項〉

①　各評価明細書の作成に当たり、注意すべき主要な事項については、**チェックポイントや「疑問や誤りの多い事例」**（115頁、145頁）として掲げていますので参考にしてください。

②　疑問点等が生じた場合には、よくある質問について**国税庁ホームページの質疑応答事例（312頁）**を後に掲載していますので、活用してください。「誤りの多い事項」も含まれていますので、評価明細書作成の前後に必ずチェックすることをお勧めいたします。

実務編

大会社

(1) 評価明細書第１表の１

ポイント

① 株式を取得した者が、原則的評価方式を適用するのか、特例的評価方式を適用するかを判定する際に使用します。

② 議決権数は重要ですので、自己株式の有無や種類株式の有無に注意してください。

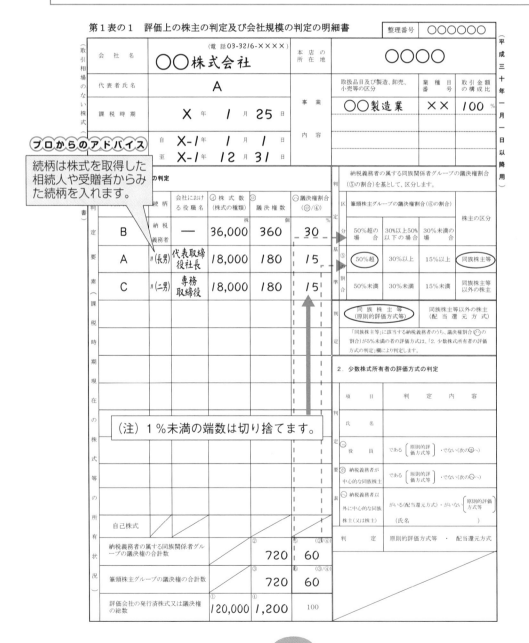

〈用意する資料〉

法人事業概況説明書（パンフレット、株主名簿、会社の謄本等）
（損益計算書）
法人税申告書別表二

第1表の1　チェックポイント

チェック欄

（直前期）

・　決算期と課税時期が同日（例えば、3月末決算の会社で課税時期がX年3月31日）の場合の直前期は、X－2年4月1日～X－1年3月31日となります。　□

（事業内容）

・　業種目番号は「日本標準産業分類の分類項目と類似業種比準価額計算上の業種目との対比表」（371頁）を参考にして記載します。　□

・　複数の業種目を兼業している場合は業種ごとに記載し、直前期末以前1年間の取引金額による構成比を記載します。　□

・　**「医療法人」**については、業種目は「その他の産業」とします。　□

・　**「純粋持株会社」**については、一般的には分類不能産業として「その他の産業」（業種目番号113）に分類するのが相当と考えます（産業分類の「L 学術研究、専門・技術サービス業」の7282に該当しますが、業種目では除かれています。（380頁））。　□

（参考）

・　細分類　7282純粋持株会社　□

・　細分類の説明　経営権を取得した子会社の事業活動を支配することを業とし、自らはそれ以外の事業活動を行わない事業所をいう。ただし、子会社からの収益を得ることは事業活動とはみなさない。　□

（氏名又は名称）

・　相続、遺贈又は贈与（以下「相続等」といいます。）により評価会社の株式を取得した者（相続人等）の氏名を納税義務者の欄に記載します。　□

　　複数の相続人等が株式を取得している場合は、原則としてそれぞれの取得者ごとに本表を作成します。

・　**「続柄」**欄には、納税義務者（相続人等）との続柄を記載します。　□

・　**「会社における役職名」**欄には、課税時期又は法定申告期限における役職名を、社長、代表取締役、副社長、専務、常務、会計参与、監査役等と具体的に記載します。　□

（株式数）

・　相続等により取得した後の株式数を記載します。　□

・　相続税の申告で未分割の場合には、納税義務者が有する株式数の上部に外書きで未分割の株式数の全部を記載します。 □

（自己株式・議決権）

・　会社が自己株式を保有している場合に記載します。 □

　　「評価会社の発行済株式又は議決権の総数」の①欄（株式数）には自己株式に係る株式数を合計した後の発行済株式総数を記載します。

　　「評価会社の発行済株式又は議決権の総数」の④欄（議決権数）には自己株式に係る議決権数を控除した後の議決権総数を記載します。

・　全ての事項について議決権を有しない種類株式に係る議決権の数は0として議決権総数を計算します。 □

・　種類株式のうち株主総会の一部の事項についてのみ議決権を行使できない株式については、当該株式に係る議決権は、普通株と同様に各株主の有する議決権の数及び議決権総数に含めることとされています。 □

（議決権割合）

・　それぞれの割合について1％未満を切り捨てて記載します。 □

・　⑤欄と⑥欄は、50％超51％未満の場合には1％未満の端数を切り上げて「51％」と記載します。 □

（少数株式所有者の評価方式の判定）

・　**「2．少数株式所有者の評価方式の判定」**欄は、「同族株主等」に該当する納税義務者のうち、議決権割合が5％未満の株主である場合に記載します。また、「判定要素」欄に掲げる項目の「㈡　役員」、「㈭　納税義務者が中心的な同族株主」及び「㈥　納税義務者以外に中心的な同族株主（又は株主）」の順に判定を行い、それぞれの該当する文字を○で囲んで表示します。 □

・　「㈡役員」欄は、相続等により評価会社の株式を取得した者（納税義務者）が、課税時期だけでなく課税時期の翌日から法定申告期限までの間に役員となった場合も「である」を○で囲み、原則的評価方式で計算することになります。 □

　　平取締役や使用人兼務役員に該当する役員は、含まれません。

　　なお、役員である場合は、㈭及び㈥の判定の必要はありません。

・　「㈭　**納税義務者が中心的な同族株主**」欄は、納税義務者が中心的な同族株主に該当するかどうかの判定に使用しますので、納税義務者が同族株主のいない会社（⑥の割合が30％未満の場合）の株主である場合には、この欄の判定は必要ありません。 □

　　なお、納税義務者が中心的な同族株主に該当する場合は、㈥の判定の必要はありません。

・「㋬　**納税義務者以外に中心的な同族株主（又は株主）**」欄は、納税
義務者以外の株主の中に中心的な同族株主（納税義務者が同族株主の
いない会社の株主である場合には、中心的な株主）がいるかどうかを
判定し、中心的な同族株主又は中心的な株主がいる場合には、下段の
氏名欄にその中心的な同族株主又は中心的な株主のうち１人の氏名を
記載します。

実務編

column　未分割の場合の評価明細書第１表１の記載の仕方

　相続税の申告で評価会社の株式が未分割の場合には、納税義務者（相続
人）が有する株式（未分割の株式を除きます。）の株式数の上部に、未分割の
株式の株式数を㋭と表示の上、外書で記載し、納税義務者（相続人）が有する
株式の株式数に未分割の株式の株式数を加算した数に応じた議決権数を「㋺議
決権数」欄に記載します。

氏名又は名称	続　柄	会社における役職名	㋑株 式 数（株式の種類）	㋺議決権数	㋩議決権割合（㋺／④）
財務　一郎	納　税義務者		株㋭200,00010,000	個210,000	％70.0

column　種類株式を発行している場合の評価明細書第１表１の記載の仕方

　２種類以上の株式を所有している場合には、次のように、各株式に係る
議決権数を合計した数の割合を１％未満の端数を切り捨てて記載します。

氏名又は名称	続　柄	会社における役職名	㋑株 式 数（株式の種類）	㋺議決権数	㋩議決権割合（㋺／④）
財務　一郎	納　税義務者	社長	株10,000,000（普通株式）	個10,000	％
〃	〃	〃	2,000,000（種類株式Ａ）	4,000	14

(2)　評価明細書第1表の2

ポイント

① 評価会社が大会社、中会社、小会社のいずれに該当するかを判定する際に使用します。

② 従業員数の算定には十分注意してください。

（継続勤務従業員数）

・ 直前期末以前1年間において、その期間継続して勤務していた従業員（1週間当たりの労働時間が30時間未満である従業員を除きます。）を記載します。

・ 従業員には役員は含まれません。

第1表の2　評価上の株主の判定及び会社規模の判定の明細書

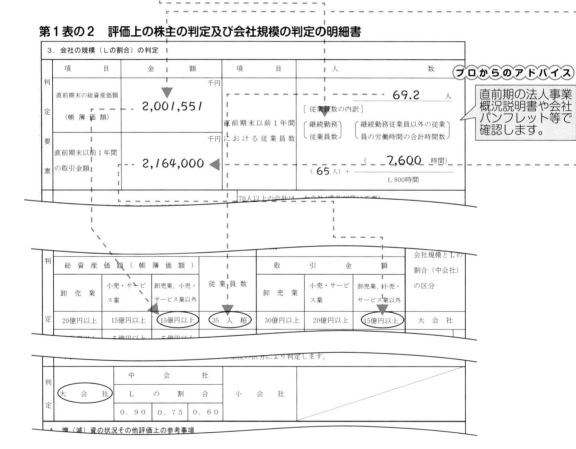

〈用意する資料〉

貸借対照表	法人事業概況説明書（従業員数等の資料）
損益計算書	（直前の法人税申告書、決算書）

実務編

貸 借 対 照 表

（X－1年12月31日） （単位：円）

資 産 の 部		負 債 の 部	
流 動 資 産		**流 動 負 債**	
現 金 及 び 預 金	138,549,786	支 払 手 形	398,465,214
受 取 手 形	478,654,782	買 掛 金	298,756,432
売 掛 金	382,497,561	短 期 借 入 金	169,000,000
製 品	274,521465	未 払 金	98,264,345
半 製 品	29,847,561	未 払 費 用	29,588,645
仕 掛 品	79,546,782	預 り 金	29,854,322
その他流動資産	51,289,647	その他流動負債	89,246,544
貸 倒 引 当 金	△13,275,463	流 動 負 債 計	1,120,156,620
流 動 資 産 合 計	1,475,362,497		
		固 定 負 債	
固 定 資 産		長 期 借 入 金	582,677,456
有 形 固 定 資 産		固 定 負 債 計	582,677,456
建 物	69,547,521	**負 債 合 計**	1,702,834,076
建 物 附 属 設 備	49,567,218		
構 築 物	12,395,847		
機 械 装 置	47,521,647		
車 両 運 搬 具	6,254,879		
器 具 及 び 備 品	2,983,467		
土 地	267,543,000		
有 形 固 定 資 産 計	455,813,579		
無 形 固 定 資 産			
電 話 加 入 権	395,000	純 資 産 の 部	
無 形 固 定 資 産 計	395,000	**株主資本**	
投資その他の資産		**資本金**	60,000,000
関 係 会 社 株 式	19,847,000	**利益剰余金**	
投 資 有 価 証 券	27,858,000	利 益 準 備 金	19,900,000
長 期 貸 付 金	9,000,000	その他利益剰余金	
投資その他の資産計	56,705,000	別 途 積 立 金	129,000,000
固 定 資 産 合 計	512,913,579	繰越利益剰余金	76,542,000
		利益剰余金合計	225,442,000
		純資産合計	285,442,000
資 産 合 計	1,988,276,076	負債純資産合計	1,988,276,076

プロからのアドバイス

貸倒引当金が△（控除）されている場合は、加算して計算します。

1,988,276,076＋13,275,463
＝2,001,551,539

損 益 計 算 書

（自X－1年1月1日 至X－1年12月31日） （単位：円）

科 目	金	額
経常損益の部		
Ⅰ 営 業 損 益		
1. 売 上 高		2,164,000,390
2. 売 上 原 価		
期 首 製 品 棚 卸 高	198,642,534	
当 期 製 品 製 造 原 価	1,324,552,483	
合 計	1,523,195,017	
期 末 製 品 棚 卸 高	182,335,464	1,340,859,553
売 上 総 利 益		823,140,837
3. 販 売 費 及 び 一 般 管 理 費		
役 員 報 酬		

第1表の2　チェックポイント

チェック欄

（様式）

・　平成30年1月1日以後の相続・贈与については「平成30年1月1日以降用」を使用します。（それ以前と判定基準が変わっています。）　☐

（総資産価額）

・　直前期末における各資産の確定決算上の帳簿価額の合計額を記載します。　☐

　①　固定資産の減価償却累計額を「間接法」によって表示している場合には、各資産の帳簿価額の合計額から減価償却累計額を控除します。　☐

　②　売掛金、受取手形、貸付金等に対する「**貸倒引当金**」は控除しません（資産から控除する形式の場合には、加算した金額を記入します。）。　☐

　③　前払費用、繰延資産、税効果会計の適用による繰延税金資産など、確定決算上の資産として計上されている資産は、帳簿価額の合計額に含めて記載します。　☐

　④　収用や特定の資産の買換え等の場合において、圧縮記帳引当金勘定に繰り入れた金額及び圧縮記帳積立金として積み立てた金額並びに翌事業年度以降に代替資産等を取得する予定であることから特別勘定に繰り入れた金額は、帳簿価額の合計額から控除しません。　☐

（取引金額）

・　直前期のその会社の目的とする事業に係る収入金額（売上高）を記載します。（直前期の事業年度が1年未満であるときには、課税時期の直前期末以前1年間の実際の収入金額によることとなります。）　☐

（従業員数）

・　継続勤務従業員と継続勤務従業員以外の従業員の合計数を記載します。役員は従業員に含まれません。　☐

　従業員数の数え方等については、75頁を参照してください。

・　計算した評価会社の従業員数が、例えば5.1人となる場合は従業員数「5人超」に、4.9人となる場合は従業員数「5人以下」に該当します。　☐

　（70人以上の会社は、総資産価額や取引金額の判定をすることなく、すべて大会社になります。）

（業種）

・　評価会社が「卸売業」、「小売・サービス業」、「卸売業、小売・サービス業以外」のいずれに該当するかは、<u>直前期末以前１年間</u>の取引金額に基づいて判定し、その取引金額のうちに２以上の業種に係る取引金額が含まれている場合には、それらの取引金額のうち最も多い取引金額に係る業種によって判定します。

(3)　評価明細書第４表（法人税申告書別表四、別表六㈠から）

┌─ **ポイント** ─────────────────────────────────┐
① 類似業種比準価額を計算する際に使用します。

② 法人税申告書の別表等からの移記の仕方には十分注意してください。
└───┘

〈用意する資料〉

法人税申告書（別表二、四、五㈠、六㈠）
株主資本等変動計算書
損益計算書
「類似業種比準価額計算上の業種目及び業種目別株価等」（法令解釈通達）

プロからのアドバイス

「⑭左の所得税額」欄は、法人税申告書別表六㈠の「12」又は「19」等の金額のうち、同別表八㈠に記載された株式等に係る金額（「34」、「37」又は「43」の金額）の合計額に対応する金額を記載します。

ただし、その金額が「⑬受取配当等の益金不算入額」を超えるときは、⑬の金額を限度とします。

（注）　上記記載例の⑭「左の所得税額」の金額は、実際の所得税額とは異なりますので、ご留意ください。

プロからのアドバイス
直前期末から課税時期までに増資はないかなど確認します。

株主資本等変動計算書

（自X−1年1月1日　至X−1年12月31日）　　　　　　　　　（単位：円）

		株　主　資　本				純資産合計
			利　益　剰　余　金			
	資　本　金	利益準備金	その他利益剰余金		利益剰余金合計	
			別途積立金	繰越利益剰余金		
前期末残高	60,000,000	18,700,000	104,000,000	49,372,000	172,072,000	232,072,000
当期変動額						
別途積立金			25,000,000	△25,000,000	0	0
剰余金の配当				△6,000,000	△6,000,000	△6,000,000
剰余金の配当に係る利益準備金の積立額		1,200,000		△1,200,000	0	
当期純利益				59,370,000	59,370,000	59,370,000
当期変動額合計		1,200,000	25,000,000	27,170,000	53,370,000	53,370,000
当期末残高	60,000,000	19,900,000	129,000,000	76,542,000	225,442,000	285,442,000

所得の金額の計算に関する明細書 （法人税申告書別表四）

小　　　　　計	11	0	0	外※ 0
減価償却超過額の当期認容額	12			
減 納税充当金から支出した事業税等の金額	13	16,837,959	16,837,959	
受取配当等の益金不算入額（別表八（一）「13」）	14	3,700,256		※ 3,700,256
外国子会社から受ける剰余金の配当等の益金不算入額（別表八（二）「26」）	15			※
受贈益の益金不算入額	16			※
適格現物分配に係る益金不算入額	17			※

				※
差　引　計 (39) + (40) ± (41) + (42)	43	297,640,212	231,153,116	外※ △3,700,256 70,187,352
欠損金又は災害損失金等の当期控除額 (別表七（一）「4の計」+別表七（四）「10」)	44	△		※ △
総　　　計 (43) + (44)	45			外※
特別勘定繰入額等の益金算入額 (別表十（六）「15」−「11」)	50			※
残余財産の確定の日の属する事業年度に係る事業税及び特別法人事業税の損金算入額	51	△	△	
所得金額又は欠損金額	52	297,640,212	231,153,116	外※ △3,700,256 70,187,352

所得税額の控除に関する明細書 （法人税申告書別表六（一））

剰余金の配当（特定公社債等運用投資信託の受益権及び特定目的信託の社債的受益権に係るものを除く。）、利益の配当、剰余金の分配及び金銭の分配（みなし配当等を除く。）、集団投資信託（合同運用信託、公社債投資信託及び公社債等運用投資信託（特定公社債等運用投資信託を除く。））の収益の分配又は割引債の償還差益に係る控除を受ける所得税額の計算

個別法による場合	銘　柄	収入金額 7	所得税額 8	配当等の計算期間 9	(9)のうち元本所有期間 10	所有期間割合 (10)(小数点以下3位未満切上げ) (9) 11	控除を受ける所得税額 (8)×(11) 12
	A株式	3,625,000 円	740,225 円	12 月	12 月	1.0	740,225 円

銘柄	銘　柄	収入金額	所得税額	配当等の計算期末の所有元本数等	配当等の計算期首の所有元本数等	(15)−(16) 2又は12 (マイナスの	所有元本割合 (16)+(17) 15 (小数点以下3位未満切上げ)	控除を受ける所得税額 (14)×(18)

(4) 評価明細書第4表 (法人税申告書別表五㈠から)

プロからのアドバイス

「直前期」の記載に当たって、事業年度を変更して1年未満の事業年度がある場合には、直前期以前1年間に対応する期間で計算します。

・⑦欄の非経常的な配当金額

　　特別配当……○

　　記念配当……○

　　※毎期継続して発生するものではないものを記載します。

・⑫欄の非経常的な利益金額

　　固定資産売却益……○

　　保険差益……○

　　前期損益修正損益……×

　　受贈益……○

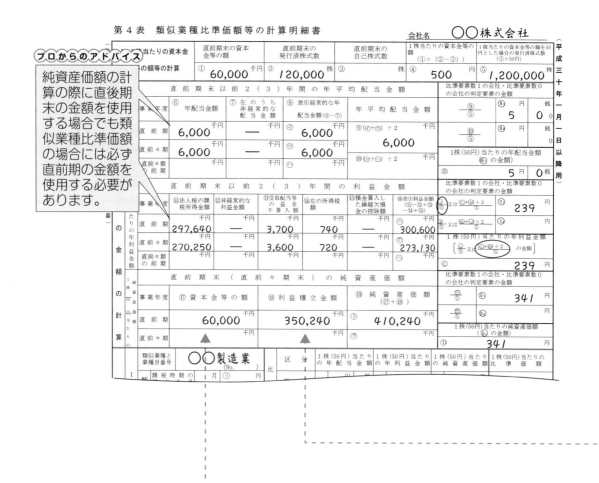

第4表　類似業種比準価額等の計算明細書

会社名　○○株式会社

プロからのアドバイス
純資産価額の計算の際に直後期末の金額を使用する場合でも類似業種比準価額の場合には必ず直前期の金額を使用する必要があります。

利益積立金額及び資本金等の額の計算に関する明細書		事業年度	X-1・1・1 X-1・12・31	法人名	○○株式会社		別表五(一)

別表五(一) 令四・四・一以後終了事業年度分

I 利益積立金額の計算に関する明細書

区　　分		期首現在利益積立金額 ①	当期の増減 減 ②	当期の増減 増 ③	差引翌期首現在利益積立金額 ①-②+③ ④
利 益 準 備 金	1	18,700,000円	円	1,200,000円	19,900,000円
別 途 積 立 金	2	104,000,000		25,000,000	129,000,000
	3				
	4				
	5				
	6				
	7				
	8				
	9				
	10				
	11				
	12				
	13				
	19				
	20				
	21				
	22				
	23				
	24				
繰 越 損 益 金（損は赤）	25	49,372,000	49,372,000	76,542,000	76,542,000
納 税 充 当 金	26	200,000,000	200,000,000	200,000,000	200,000,000
未納法人税及び未納地方法人税（附帯税を除く。）	27	△ 73,706,200	△144,547,500	中間 △ 70,841,300 確定 △ 61,398,800	△ 61,398,800
未払通算税効果額（附帯税の額に係る部分の金額を除く。）	28			中間 確定	
未納道府県民税（均等割額を含む。）	29	△ 14,573,500	△ 29,957,700	中間 △ 15,384,200 確定 △ 13,803,000	△ 13,803,000
未納市町村民税（均等割額を含む。）	30	△	△	中間 △ 確定 △	△ 0
差 引 合 計 額	31	283,792,300	74,866,800	141,314,700	350,240,200

（退職年金等積立金に対するものを除く。）未納法人税等

II 資本金等の額の計算に関する明細書

区　　分		期首現在資本金等の額 ①	当期の増減 減 ②	当期の増減 増 ③	差引翌期首現在資本金等の額 ①-②+③ ④
資 本 金 又 は 出 資 金	32	60,000,000円	円	円	60,000,000円
資 本 準 備 金	33				
	34				
	35				
差 引 合 計 額	36	60,000,000			60,000,000

(5) 評価明細書第4表 (類似業種比準価額計算上の業種目及び業種目別株価等 から)

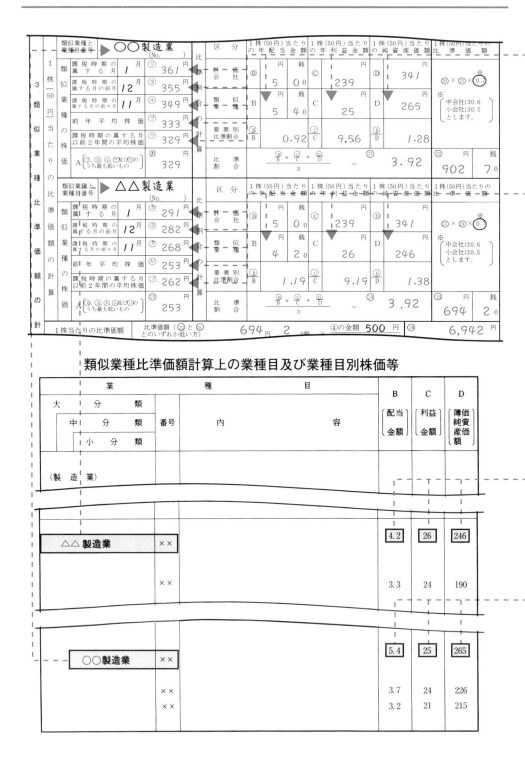

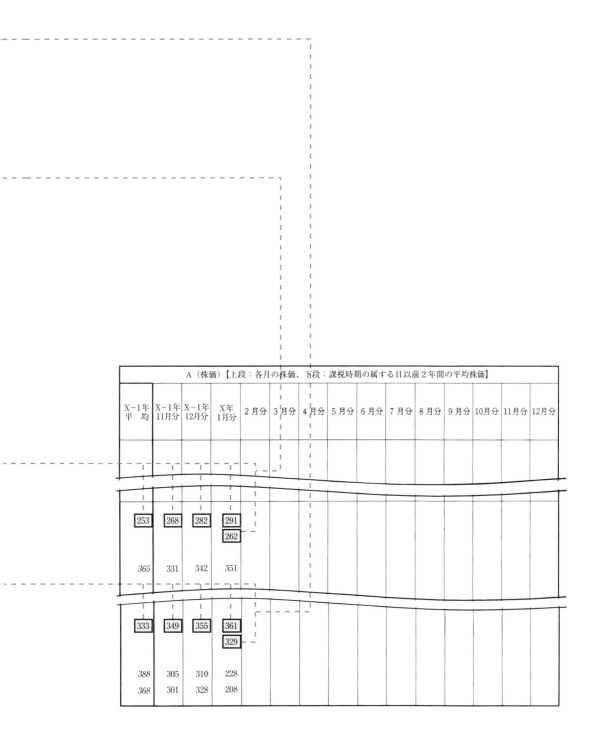

A（株価）【上段：各月の株価、下段：課税時期の属する日以前2年間の平均株価】															
X-1年平　均	X-1年11月分	X-1年12月分	X年1月分	2月分	3月分	4月分	5月分	6月分	7月分	8月分	9月分	10月分	11月分	12月分	
253	268	282	291												
			262												
365	331	342	351												
333	349	355	361												
			329												
388	305	310	228												
368	301	328	208												

第4表　チェックポイント

チェック欄

（年配当金額）

・　「⑥　年配当金額」欄には、各事業年度中に配当金交付の効力が発生した剰余金の配当（資本金等の額の減少によるものを除きます。）の金額を記載します。

□

（非経常的な配当金額）

・　「⑦　左のうち非経常的な配当金額」欄には、剰余金の配当金額の算定の基となった配当金額のうち、特別配当、記念配当等の名称による配当金額で、将来、毎期継続することが予想できない金額を記載します。

□

（直前期の年配当金額）

・　「1株（50円）当たりの年配当金額」の「直前期」欄の記載に当たって、1年未満の事業年度がある場合には、直前期末以前1年間に対応する期間に配当金交付の効力が発生した剰余金の配当金額の総額を記載します。（直前々期以前も同様です。）

□

（非経常的な利益金額）

・　「⑫　非経常的な利益金額」欄には、固定資産売却益、保険差益等の非経常的な利益の金額を記載します。非経常的な損失の金額がある場合は、非経常的な利益の金額から非経常的な損失の金額を控除した金額（負数の場合は0）を記載します。

□

（直前期の年利益金額）

・　「1株（50円）当たりの年利益金額」の「直前期」欄の記載に当たって、1年未満の事業年度がある場合には、直前期末以前1年間に対応する期間の利益の金額を記載します。この場合、実際の事業年度に係る利益の金額をあん分する必要があるときは、月数により行います。（直前々期以前も同様です。）

□

（課税時期の属する月）

・　「課税時期の属する月」欄には、相続開始や贈与等の時期の属する月を記載します。直前期末の属する月ではありません。

□

（比準価額の修正）

・　「比準価額の修正」欄の「1株当たりの割当株式数」及び「1株当たりの割当株式数又は交付株式数」は、1株未満の株式数を切り捨てずに実際の株式数を記載します。

□

☞　92頁以降参照

「非経常的な利益金額」の判定

column

「1株当たりの利益金額Ⓒ」から非経常的な利益を除くこととされています（評基通183⑵）。これは、評価会社の臨時偶発的な利益の金額を除外した経常的な利益と類似業種の同様な経常的な利益金額を比較するための修正を行うことによります。

したがって、非経常的な利益に該当するか否かの判断に当たっては、「評価会社の事業内容、その利益の発生原因、その発生原因たる行為の反復継続性又は臨時偶発性等を考慮し、個別に判定することになります（国税庁質疑応答事例「1株当たりの利益金額Ⓒ─継続的に有価証券売却益がある場合」）。

・　毎期行っていたクレーン車の売却益　⇒　×（反復継続的に行われていた場合、非経常的利益に該当しないことになります。）

・　相当の期間、継続的に有価証券売却益がある場合　⇒　×（非経常的利益に該当しません。）

・　レバレッジドリース取引による分配金　⇒　×（通常臨時偶発的でないことから非経常的利益に該当しません。）

・　保険契約による保険差益のうち、長期平準保険や逓増定期保険等予め解約が予見される保険差益　⇒　△（個別判断。解約時期や解約期間等から火災保険等と同様に臨時偶発的と認められる場合は非経常的利益に該当しますが、解約時期や解約終了が予見され確定していると認められる場合は非経常的利益に該当しないことになります。）

【参考裁判例等】令和元年5月14日東京地裁判決（121頁参照）

11月・12月の業種目別株価に注意

column

国税庁では、「類似業種比準価額計算上の業種目及び業種目別株価等について」通達を定め公表しています。この通達の類似業種の株価等の計算の基となる標本会社は、金融商品取引所に株式を上場している全ての会社を対象としていますが、次のような類似業種の株価等を適正に求められない会社は標本会社か

ら除外しており、毎年標本会社の見直しが行われています。

　したがって、11月及び12月の業種目別株価については、例えば令和４年分で公表されていた令和４年11月、12月の株価と、令和５年分で公表されている令和４年11月、12月の株価が異なっている場合があります。課税時期が令和４年分の場合には令和４年分の通達を、令和５年分の場合には令和５年分の通達の数値を使用することになりますので、注意が必要です。

※　標本会社から除外している会社（平成29年６月13日資産評価企画官情報第４号）

①　本年中に上場廃止することが見込まれる会社

　　本年中のその会社の株式の毎日の最終価格の各月ごとの平均額を12月まで求められないことから、除外している。

②　前々年中途に上場した会社

　　課税時期の属する月以前２年間の平均株価を求められないことから、除外している。

③　設立後２年未満の会社

　　１株当たりの配当金額は、直前期末以前２年間における剰余金の年配当金額の平均としているが、設立後２年未満の会社については、２年分の配当金額の平均が計算できず、類似業種の１株当たりの配当金額を求められないことから、除外している。

④　１株当たりの配当金額、１株当たりの利益金額及び１株当たりの簿価純資産価額のいずれか２以上が０又はマイナスである会社

　　類似業種比準方式の計算において評価会社と比較する１株当たりの配当金額、１株当たりの利益金額及び１株当たりの簿価純資産価額の３要素のうち過半を欠く会社を含めて類似業種の株価等を計算することは不適当と考えられることから、除外している。

⑤　資本金の額等が０又はマイナスである会社

　　各標本会社の株価、１株当たりの配当金額、１株当たりの利益金額及び１株当たりの簿価純資産価額（以下これらを併せて「株価等」という。）は、１株当たりの資本金の額等を50円とした場合の金額として算出することから、資本金の額等が０又はマイナスの場合はこれらの金額も０又はマイナスとなる。このような０又はマイナスの会社の株価等を含めて類似業種の株価等を計算することは不適当と考えられることから、除外している。

⑥　他の標本会社に比し、業種目の株価等に著しく影響を及ぼしていると認められる会社

　　類似業種の株価等は、業種目ごとに各標本会社の株価等の平均額に基づき算出していることから、特定の標本会社の株価等が、他の標本会社の株価等と比較し、著しく高い株価等となっている場合、当該特定の標本会社の株価

等が、業種目の株価等に著しい影響を及ぼすこととなる。このような場合、当該特定の標本会社の個性が業種目の株価等に強く反映されることとなることから、このような影響を排除するため、統計的な処理に基づき株価等が外れ値（注）となる会社を除外している。

（注）　一般的な統計学の手法に基づき、株価等について対数変換した上で、平均値と標準偏差を求め、平均値から標準偏差の３倍を超える乖離のある株価等を外れ値としている。

(6) 評価明細書第3表

ポイント

本表は、一般の評価会社と判定された会社の最終的な株式の評価額を計算する
際に使用します。

第3表 一般の評価会社の株式及び株式に関する権利の価額の計算明細書　会社名　〇〇株式会社

区分	1株当たりの価額の算定方法	1株当たりの価額

1株当たりの価額の計算の基となる金額
① 6,942 円
② 円
③ 円

大会社の株式の価額 ①の金額と②の金額とのいずれか低い方の金額（②の記載がないときは①の金額）
④ 6,942 円

課税時期において配当期待権の発生している場合
株式の価額（④、⑤又は⑥）6,942 円 － 1株当たりの配当金額 50 円 銭
修正後の株式の価額 ⑦ 6,892 円

配当期待権 1株当たりの予想配当金額（50 円 銭）－（源泉徴収されるべき所得税相当額 10 円 21 銭）
㉑ 39 円 79 銭

株式の評価額 6,892 円
株式に関する権利の評価額 39 円 79 銭

第3表　チェックポイント

チェック欄

（大会社及び中会社）

・　「大会社の株式の価額」及び「中会社の株式の価額」で、類似業種比準価額を使用しないで純資産価額を採用する場合は、同族株主等の議決権割合が50%以下でも③の20%評価減を使用することはできません。　☐

（単位未満端数）

・　本表の各欄の金額は、原則として各欄の表示単位未満の端数を切り捨てて記載します。（ただし、「株式の価額の修正」欄の「1株当たりの割当株式数」及び「1株当たりの割当株式数又は交付株式数」は、1株未満の株式数を切り捨てずに実際の株式数を記載します。また、「株式に関する権利の評価額」欄の配当期待権の価額は、円単位で円未満2位（銭単位）により記載します。）　☐

（配当還元価額）

・　**「配当還元価額」**欄の⑳の金額の記載に当たっては、原則的評価方式により計算した価額が配当還元価額よりも高いと認められるときには、「1．原則的評価方式による価額」欄の計算を省略しても差し支えありません。　☐

（権利の価額）

・　「株式に関する権利の評価額」欄には、「㉑」欄から「㉔」欄までにより計算した株式に関する権利の価額を記載します。（株式に関する権利が複数発生している場合には、それぞれの金額ごとに別に記載します。）　☐

⑺　「評価明細書」の記載例

第１表の１　評価上の株主の判定及び会社規模の判定の明細書

整理番号	○○○○○○

（取引相場のない株式（出資）の評価明細書）

会 社 名	○○株式会社（電話03-3216-××××）	本 店 の所 在 地	○○○○

代表者氏名	A

課税時期	X 年 1 月 25 日

直 前 期	自 X-1 年 1 月 1 日　至 X-1 年 12 月 31 日

事 業内 容	取扱品目及び製造、卸売、小売等の区分	業 種 目番 号	取 引 金 額の 構 成 比
	○○製造業	××	100 ％

（平成三十年一月一日以降用）

１．株主及び評価方式の判定

氏名又は名称	続柄	会社における役職名	㋑株式数（株式の種類） 株	㋺議決権数 個	㋩議決権割合(㋺/④) ％
B	納税義務者	―	36,000	360	30
A	〃（長男）	代表取締役社長	18,000	180	15
C	〃（二男）	専務取締役	18,000	180	15
自己株式					
納税義務者の属する同族関係者グループの議決権の合計数			② 720	⑤ (②/④) 60	
筆頭株主グループの議決権の合計数			③ 720	⑥ (③/④) 60	
評価会社の発行済株式又は議決権の総数			① 120,000	④ 1,200	100

判定基準

納税義務者の属する同族関係者グループの議決権割合（⑤の割合）を基として、区分します。

筆頭株主グループの議決権割合（⑥の割合）			株主の区分
50％超の場合	30％以上50％以下の場合	30％未満の場合	
⦅50％超⦆	30％以上	15％以上	⦅同族株主等⦆
50％未満	30％未満	15％未満	同族株主等以外の株主

判定

⦅同族株主等（原則的評価方式等）⦆	同族株主等以外の株主（配当還元方式）

「同族株主等」に該当する納税義務者のうち、議決権割合（㋩の割合）が5％未満の者の評価方式は、「2．少数株式所有者の評価方式の判定」欄により判定します。

２．少数株式所有者の評価方式の判定

項 目	判 定 内 容
判定要素 氏 名	
㋥ 役員	である〔原則的評価方式等〕・でない（次の㋬へ）
㋬ 納税義務者が中心的な同族株主	である〔原則的評価方式等〕・でない（次の㋭へ）
㋭ 納税義務者以外に中心的な同族株主（又は株主）	がいる（配当還元方式）・がいない〔原則的評価方式等〕（氏名　　　　　）
判 定	原則的評価方式等　・　配当還元方式

212

2 大会社

第1表の2　評価上の株主の判定及び会社規模の判定の明細書（続）　　会社名　○○株式会社

3. 会社の規模（Lの割合）の判定

項　目	金　額	項　目	人　数
直前期末の総資産価額（帳簿価額）	2,001,551 千円	直前期末以前1年間における従業員数	69.2 人
直前期末以前1年間の取引金額	2,164,000 千円		〔従業員数の内訳〕 継続勤務従業員数（65人）＋ 継続勤務従業員以外の従業員の労働時間の合計時間数（7,600時間）/ 1,800時間

㋑　直前期末以前1年間における従業員数に応ずる区分

70人以上の会社は、大会社（㋠及び㋷は不要）
70人未満の会社は、㋠及び㋷により判定

㋠　直前期末の総資産価額（帳簿価額）及び直前期末以前1年間における従業員数に応ずる区分

総資産価額（帳簿価額）			従業員数	取引金額			会社規模とLの割合（中会社）の区分
卸売業	小売・サービス業	卸売業、小売・サービス業以外		卸売業	小売・サービス業	卸売業、小売・サービス業以外	
20億円以上	15億円以上	（15億円以上）	（35人超）	30億円以上	20億円以上	（15億円以上）	大会社
4億円以上 20億円未満	5億円以上 15億円未満	5億円以上 15億円未満	35人超	7億円以上 30億円未満	5億円以上 20億円未満	4億円以上 15億円未満	0.90 中会社
2億円以上 4億円未満	2億5,000万円以上 5億円未満	2億5,000万円以上 5億円未満	20人超 35人以下	3億5,000万円以上 7億円未満	2億5,000万円以上 5億円未満	2億円以上 4億円未満	0.75
7,000万円以上 2億円未満	4,000万円以上 2億5,000万円未満	5,000万円以上 2億5,000万円未満	5人超 20人以下	2億円以上 3億5,000万円未満	6,000万円以上 2億円未満	8,000万円以上 2億円未満	0.60
7,000万円未満	4,000万円未満	5,000万円未満	5人以下	2億円未満	6,000万円未満	8,000万円未満	小会社

・「会社規模とLの割合（中会社）の区分」欄は、㋠欄の区分（「総資産価額（帳簿価額）」と「従業員数」とのいずれか下位の区分）と㋷欄（取引金額）の区分とのいずれか上位の区分により判定します。

判定	大会社	中会社			小会社
		Lの割合 0.90 / 0.75 / 0.60			

4. 増（減）資の状況その他評価上の参考事項

直前期分の配当金の支払確定日　X年2月28日
割当基準日　X−1年12月31日

取引相場のない株式（出資）の評価明細書 / 判定要素 / 判定基準 / 実務編 / 平成三十年一月一日以降用

213

第3表　一般の評価会社の株式及び株式に関する権利の価額の計算明細書 会社名　　〇〇株式会社

〈取引相場のない株式（出資）の評価明細書〉

（平成三十年一月一日以降用）

1. 原則的評価方式による価額	1株当たりの価額の計算の基となる金額	類似業種比準価額（第4表の㉖、㉘又は㉙の金額）① **6,942** 円	1株当たりの純資産価額（第5表の⑪の金額）② 円	1株当たりの純資産価額の80%相当額（第5表の⑫の記載がある場合のその金額）③ 円

	1株当たりの価額の計算	区分	1株当たりの価額の算定方法	1株当たりの価額
		大会社の株式の価額	①の金額と②の金額とのいずれか低い方の金額（②の記載がないときは①の金額）	④ **6,942** 円
		中会社の株式の価額	①と②とのいずれか低い方の金額　Lの割合　②の金額（③の金額があるときは③の金額）　Lの割合（　　円×0.　　）＋（　　円×（1-0.　　））	⑤ 円
		小会社の株式の価額	②の金額（③の金額があるときは③の金額）と次の算式によって計算した金額とのいずれか低い方の金額　②の金額（③の金額があるときは③の金額）（①の金額　　円×0.50）＋（　　円×0.50）＝　　円	⑥ 円

株式の価額の修正	課税時期において配当期待権の発生している場合	株式の価額（④、⑤又は⑥）**6,942** 円-	1株当たりの配当金額 **50** 円　銭	修正後の株式の価額 ⑦ **6,892** 円
	課税時期において株式の割当てを受ける権利、株主となる権利又は株式無償交付期待権の発生している場合	株式の価額（④、⑤又は⑥（⑦があるときは⑦））（　円＋	割当株式1株当たりの払込金額　円×	1株当たりの割当株式数　株）÷（1株＋	1株当たりの割当株式数又は交付株式数　株）	修正後の株式の価額 ⑧ 円

2. 配当還元方式による価額	直前期末以前2年間の年配当金額	1株当たりの資本金等の額、発行済株式数等	1株当たりの資本金等の額 ⑨ 千円	直前期末の資本金等の額 ⑩ 千円	直前期末の発行済株式数 ⑪ 株	直前期末の自己株式数 ⑫ 株	1株当たりの資本金等の額を50円とした場合の発行済株式数（⑨÷50円）⑬ 株	1株当たりの資本金等の額（⑨÷（⑩-⑪））円
		事業年度	⑭ 年配当金額	⑮ 左のうち非経常的な配当金額	⑯ 差引経常的な年配当金額（⑭-⑮）	年平均配当金額		
		直前期	千円	千円 ㋑	千円	⑰（㋑+㋺）÷2 千円		
		直前々期	千円	千円 ㋺	千円			

	1株（50円）当たりの年配当金額	年平均配当金額（⑰）千円　÷	⑫の株式数　株＝	⑱ 円　銭	この金額が2円50銭未満の場合は2円50銭とします。
	配当還元価額	⑱の金額　円　銭 10% ×	⑬の金額　円 50円 ＝	⑲　円	⑳ 円	⑳の金額が、原則的評価方式により計算した価額を超える場合には、原則的評価方式により計算した価額とします。

3. 株式に関する権利の価額（1.及び2.に共通）	配当期待権	1株当たりの予想配当金額（ **50** 円　銭）-	源泉徴収されるべき所得税相当額（ **10** 円 **21** 銭）	㉑ **39** 円 **79** 銭	4. 株式及び株式に関する権利の価額（1.及び2.に共通）
	株式の割当てを受ける権利（割当株式1株当たりの価額）	⑧（配当還元方式の場合は⑳）の金額　円-	割当株式1株当たりの払込金額　円	㉒ 円	株式の評価額 **6,892** 円
	株主となる権利（割当株式1株当たりの価額）	⑧（配当還元方式の場合は⑳）の金額（課税時期後にその株主となる権利につき払い込むべき金額があるときは、その金額を控除した金額）		㉓ 円	株式に関する権利の評価額 **39**（円 **79** 銭）
	株式無償交付期待権（交付される株式1株当たりの価額）	⑧（配当還元方式の場合は⑳）の金額		㉔ 円	

プロからのアドバイス

（株式の価額の修正）

　課税時期が配当金交付の基準日の翌日から、配当金交付の効力が発生する日までの間にある場合は、株式の価額から１株当たりの配当金額を控除します。

第4表　類似業種比準価額等の計算明細書

会社名　○○株式会社

（平成三十年一月一日以降用）

（取引相場のない株式（出資）の評価明細書）

1.1株当たりの資本金等の額等の計算

	直前期末の資本金等の額	直前期末の発行済株式数	直前期末の自己株式数	1株当たりの資本金等の額（①÷（②－③））	1株当たりの資本金等の額を50円とした場合の発行済株式数（①÷50円）
	① 60,000 千円	② 120,000 株	③ 株	④ 500 円	⑤ 1,200,000 株

2. 比準要素等の金額の計算

1株（50円）当たりの年配当金額

直前期末以前2（3）年間の年平均配当金額

事業年度	⑥年配当金額	⑦左のうち非経常的な配当金額	⑧差引経常的な年配当金額（⑥－⑦）	年平均配当金額
直前期	6,000 千円	― 千円	㋑ 6,000 千円	⑨（㋑+㋺）÷2　6,000 千円
直前々期	6,000 千円	― 千円	㋺ 6,000 千円	⑩（㋺+㋩）÷2 千円
直前々期の前期	千円	千円	㋩ 千円	

比準要素数1の会社・比準要素数0の会社の判定要素・金額
⑨/⑤　Ⓑ 5円 0銭
⑩/⑤　Ⓑ 円 銭

1株（50円）当たりの年配当金額　Ⓑ（Ⓑの金額）　5円 0銭

1株（50円）当たりの年利益金額

直前期末以前2（3）年間の利益金額

事業年度	⑪法人税の課税所得金額	⑫非経常的な利益金額	⑬受取配当等の益金不算入額	⑭左の所得税額	⑮損金算入した繰越欠損金の控除額	⑯差引利益金額（⑪－⑫+⑬－⑭+⑮）
直前期	297,640 千円	― 千円	3,700 千円	740 千円	― 千円	300,600 千円
直前々期	270,250 千円	― 千円	3,600 千円	720 千円	― 千円	273,130 千円
直前々期の前期	千円		千円	千円	千円	千円

比準要素数1の会社・比準要素数0の会社の判定要素の金額
⑯又は（⑯+⑯）÷2 / ⑤　Ⓒ 239 円
⑯又は（⑯+⑯）÷2 / ⑤　Ⓒ 円

1株（50円）当たりの年利益金額　（⑯/⑤ 又は ⑯+⑯/⑤ ÷2）の金額　Ⓒ 239

1株（50円）当たりの純資産価額

直前期末（直前々期末）の純資産価額

事業年度	⑰資本金等の額	⑱利益積立金額	⑲純資産価額（⑰+⑱）
直前期	60,000 千円	350,240 千円	㋭ 410,240 千円
直前々期	千円	千円	㋬ 千円

比準要素数1の会社・比準要素数0の会社の判定要素の金額
㋭/⑤　Ⓓ 341 円
㋬/⑤　Ⓓ 円

1株（50円）当たりの純資産価額（Ⓓの金額）　Ⓓ 341

3. 類似業種比準価額の計算

類似業種と業種目番号	○○製造業（No.）		区分	1株(50円)当たりの年配当金額	1株(50円)当たりの年利益金額	1株(50円)当たりの純資産価額	1株(50円)当たりの比準価額
類似業種の株価	課税時期の属する月	㋑ 1月 361 円	評価会社	Ⓑ 5円 0銭	Ⓒ 239	Ⓓ 341	⑳×㉑×0.7※
	課税時期の属する月の前月	㋺ 12月 355 円	類似業種	B 5円 40銭	C 25	D 265	※中会社は0.6 小会社は0.5 とします。
	課税時期の属する月の前々月	㋩ 11月 349 円	要素別比準割合	Ⓑ/B 0.92	Ⓒ/C 9.56	Ⓓ/D 1.28	
	前年平均株価	㋥ 333 円	比準割合	\(\frac{\frac{Ⓑ}{B}+\frac{Ⓒ}{C}+\frac{Ⓓ}{D}}{3}\) = ㉑ 3.92			㉒ 902 円 70銭
	課税時期の属する月以前2年間の平均株価	㋬ 329 円					
	A（㋑㋺㋩㋥及び㋬のうち最も低いもの）	⑳ 329 円					

類似業種と業種目番号	△△製造業（No.）		区分	1株(50円)当たりの年配当金額	1株(50円)当たりの年利益金額	1株(50円)当たりの純資産価額	1株(50円)当たりの比準価額
類似業種の株価	課税時期の属する月	㋑ 1月 291 円	評価会社	Ⓑ 5円 0銭	Ⓒ 239	Ⓓ 341	㉓×㉔×0.7※
	課税時期の属する月の前月	㋺ 12月 282 円	類似業種	B 4円 20銭	C 26	D 246	※中会社は0.6 小会社は0.5 とします。
	課税時期の属する月の前々月	㋩ 11月 268 円	要素別比準割合	Ⓑ/B 1.19	Ⓒ/C 9.19	Ⓓ/D 1.38	
	前年平均株価	㋥ 253 円	比準割合	\(\frac{\frac{Ⓑ}{B}+\frac{Ⓒ}{C}+\frac{Ⓓ}{D}}{3}\) = ㉔ 3.92			㉕ 694 円 20銭
	課税時期の属する月以前2年間の平均株価	㋬ 262 円					
	A（㋑㋺㋩㋥及び㋬のうち最も低いもの）	㉓ 253 円					

1株当たりの比準価額	比準価額（㉒と㉕とのいずれか低い方）694 円 20銭 × ④の金額 500円 / 50円	㉖ 6,942 円

比準価額の修正

直前期末の翌日から課税時期までの間に配当金交付の効力が発生した場合	比準価額（㉖） 円 － 1株当たりの配当金額 円 銭	修正比準価額 ㉗ 円
直前期末の翌日から課税時期までの間に株式の割当て等の効力が発生した場合	比準価額（㉖）（㉗があるときは㉗） 円 + 割当株式1株当たりの払込金額 円 銭 × 1株当たりの割当株式数 株) ÷ (1株+ 1株当たりの割当株式数又は交付株式数 株)	修正比準価額 ㉘ 円

❸　小会社

(1)　評価明細書第１表の１

第１表の１　評価上の株主の判定及び会社規模の判定の明細書

	整理番号	

（取引相場のない株式（出資）の評価明細書）

会　社　名	○○株式会社 （電話03-××××-××××）	本店の所在地	東京都○○○○

代表者氏名	A

	取扱品目及び製造、卸売、小売等の区分	業種目番号	取引金額の構成比
事業内容	△△卸売業	○○	100％

課税時期	X 年 4 月 3 日

直前期	自 X-1 年 1 月 1 日
	至 X-1 年 12 月 31 日

プロからのアドバイス
続柄は株式を取得した相続人や受贈者からみた続柄を入れます。

1. 株式及び評価方式の判定

判定要素（課税時期現在の株式等の所有状況）		続柄	役職名	㋑株式数（株式の種類）	㋺議決権数	㋩議決権割合（㋺/④）
	A	納税義務者	社長	11,000	11,000	27
	B	母		5,000	5,000	12
	C	妻		1,500	1,500	3
	D	弟	専務	1,500	1,500	3

株式数　株　個　％

（注）１％未満の端数は切り捨てます。

	自己株式			
	納税義務者の属する同族関係者グループの議決権の合計数		② 19,000	⑤ (②/④) 47
	筆頭株主グループの議決権の合計数		③ 19,000	⑥ (③/④) 47
	評価会社の発行済株式又は議決権の総数		① 40,000	④ 40,000 100

納税義務者の属する同族関係者グループの議決権割合（⑤の割合）を基として、区分します。

区分	筆頭株主グループの議決権割合（⑥の割合）			株主の区分
基準の割合	50％超の場合	30％以上50％以下の場合	30％未満の場合	
	50％超	30％以上	15％以上	同族株主等
	50％未満	30％未満	15％未満	同族株主等以外の株主

判定	同族株主等（原則的評価方式等）	同族株主等以外の株主（配当還元方式）

「同族株主等」に該当する納税義務者のうち、議決権割合（㋩の割合）が5％未満の者の評価方式は、「2. 少数株式所有者の評価方式の判定」欄により判定します。

2. 少数株式所有者の評価方式の判定

項　目	判　定　内　容
判定要素	氏　名
㋥ 役　員	である〔原則的評価方式等〕・でない（次の㋭へ）
㋭ 納税義務者が中心的な同族株主	である〔原則的評価方式等〕・でない（次の㋬へ）
㋬ 納税義務者以外に中心的な同族株主（又は株主）	がいる（配当還元方式）・がいない〔原則的評価方式等〕（氏名　　　　）
判　定	原則的評価方式等　・　配当還元方式

同族会社等の判定に関する明細書

事業年度 又は連結 事業年度	X-1・1・1 X-1・12・31	法人名	○○株式会社

同族会社の判定	期末現在の発行済株式の総数又は出資の総額	1	内 40,000	特定同族会社の判定	(21)の上位1順位の株式数又は出資の金額	11	
	(19)と(21)の上位3順位の株式数又は出資の金額	2	27,000		株式数等による判定 (11)/(1)	12	%
	株式数等による判定 (2)/(1)	3	67.5 %		(22)の上位1順位の議決権の数	13	
	期末現在の議決権の総数	4	内		議決権の数による判定 (13)/(4)	14	%
	(20)と(22)の上位3順位の議決権の数	5			(21)の社員の1人及びその同族関係者の合計人数のうち最も多い数	15	
	議決権の数による判定 (5)/(4)	6	%		社員の数による判定 (15)/(7)	16	%
	期末現在の社員の総数	7			特定同族会社の判定割合 ((12)、(14)又は(16)のうち最も高い割合)	17	
	社員の3人以下及びこれらの同族関係者の合計人数のうち最も多い数	8		判　定　結　果		18	特定同族会社 (同族会社) 非同族会社
	社員の数による判定 (8)/(7)	9	%				
	同族会社の判定割合 ((3)、(6)又は(9)のうち最も高い割合)	10	67.5				

判　定　基　準　と　な　る　株　主　等　の　株　式　数　等　の　明　細

順位		判定基準となる株主(社員)及び同族関係者		判定基準となる株主等との続柄	株式数又は出資の金額等			
株式数等	議決権数				被支配会社でない法人株主等		その他の株主等	
		住所又は所在地	氏名又は法人名		株式数又は出資の金額 19	議決権の数 20	株式数又は出資の金額 21	議決権の数 22
1			X	本　人			8,000	
1			B	妻			5,000	
1			A	長　男			3,000	
1			C	長男の妻			1,500	
1			D	二　男			1,500	
2			E	本　人			4,000	
3			F	本　人			4,000	

Xの分を相続によりAが取得。

Aが納税義務者です。

〈用意する資料〉

法人事業概況説明書（パンフレット、株主名簿、会社の謄本等）
（損益計算書）
法人税申告書別表二

第１表の１　チェックポイント

チェック欄

（直前期）
・　決算期と課税時期が同日（例えば、３月末決算の会社で課税時期が X年３月31日）の場合の直前期は、X−２年４月１日〜X−１年３ 月31日となります。　□

（事業内容）
・　業種目番号は「日本標準産業分類の分類項目と類似業種比準価額計 算上の業種目との対比表」（371頁）を参考にして記載します。　□
・　複数の業種目を兼業している場合は業種ごとに記載し、直前期末以 前１年間の取引金額による構成比を記載します。　□
・　**「医療法人」**については、業種目は「その他の産業」とします。　□
・　**「純粋持株会社」**については、一般的には分類不能産業として「そ の他の産業」（業種目番号113）に分類するのが相当と考えます（産 業分類の「L 学術研究、専門・技術サービス業」の7282に該当し ますが、業種目では除かれています。（380頁））。　□

（参考）
・　細分類　7282純粋持株会社　□
・　細分類の説明　経営権を取得した子会社の事業活動を支配すること を業とし、自らはそれ以外の事業活動を行わない事業所をいう。ただ し、子会社からの収益を得ることは事業活動とはみなさない。　□

（氏名又は名称）
・　相続、遺贈又は贈与（以下「相続等」といいます。）により評価会 社の株式を取得した者（相続人等）の氏名を納税義務者の欄に記載し ます。　□
　　複数の相続人等が株式を取得している場合は、原則としてそれぞれ の取得者ごとに本表を作成します。
・　**「続柄」**欄には、納税義務者（相続人等）との続柄を記載します。　□
・　**「会社における役職名」**欄には、課税時期又は法定申告期限におけ る役職名を、社長、代表取締役、副社長、専務、常務、会計参与、監 査役等と具体的に記載します。　□

（株式数）
・　相続等により取得した後の株式数を記載します。　□
・　相続税の申告で未分割の場合には、納税義務者が有する株式数の上 部に外書きで未分割の株式数の全部を記載します。　□

（自己株式・議決権）
・　会社が自己株式を保有している場合に記載します。　□

　「評価会社の発行済株式又は議決権の総数」の①欄（株式数）には自己株式に係る株式数を合計した後の発行済株式総数を記載します。

　「評価会社の発行済株式又は議決権の総数」の④欄（議決権数）には自己株式に係る議決権数を控除した後の議決権総数を記載します。

・　全ての事項について議決権を有しない種類株式に係る議決権の数は0として議決権総数を計算します。

・　種類株式のうち株主総会の一部の事項についてのみ議決権を行使できない株式については、当該株式に係る議決権は、普通株と同様に各株主の有する議決権の数及び議決権総数に含めることとされています。

（議決権割合）

・　それぞれの割合について1％未満を切り捨てて記載します。

・　⑤欄と⑥欄は、50％超51％未満の場合には1％未満の端数を切り上げて「51％」と記載します。

（少数株式所有者の評価方式の判定）

・　「**2．少数株式所有者の評価方式の判定**」欄は、「同族株主等」に該当する納税義務者のうち、議決権割合が5％未満の株主である場合に記載します。また、「判定要素」欄に掲げる項目の「㊁　役員」、「㊭　納税義務者が中心的な同族株主」及び「㊉　納税義務者以外に中心的な同族株主（又は株主）」の順に判定を行い、それぞれの該当する文字を○で囲んで表示します。

・　「㊁役員」欄は、相続等により評価会社の株式を取得した者（納税義務者）が、課税時期だけでなく課税時期の翌日から法定申告期限までの間に役員となった場合も「である」を○で囲み、原則的評価方式で計算することになります。

　平取締役や使用人兼務役員に該当する役員は、含まれません。

　なお、役員である場合は、㊭及び㊉の判定の必要はありません。

・　「㊭　**納税義務者が中心的な同族株主**」欄は、納税義務者が中心的な同族株主に該当するかどうかの判定に使用しますので、納税義務者が同族株主のいない会社（⑥の割合が30％未満の場合）の株主である場合には、この欄の判定は必要ありません。

　なお、納税義務者が中心的な同族株主に該当する場合は、㊉の判定の必要はありません。

・　「㊉　**納税義務者以外に中心的な同族株主（又は株主）**」欄は、納税義務者以外の株主の中に中心的な同族株主（納税義務者が同族株主のいない会社の株主である場合には、中心的な株主）がいるかどうかを判定し、中心的な同族株主又は中心的な株主がいる場合には、下段の氏名欄にその中心的な同族株主又は中心的な株主のうち1人の氏名を記載します。

(2) 評価明細書第1表の2

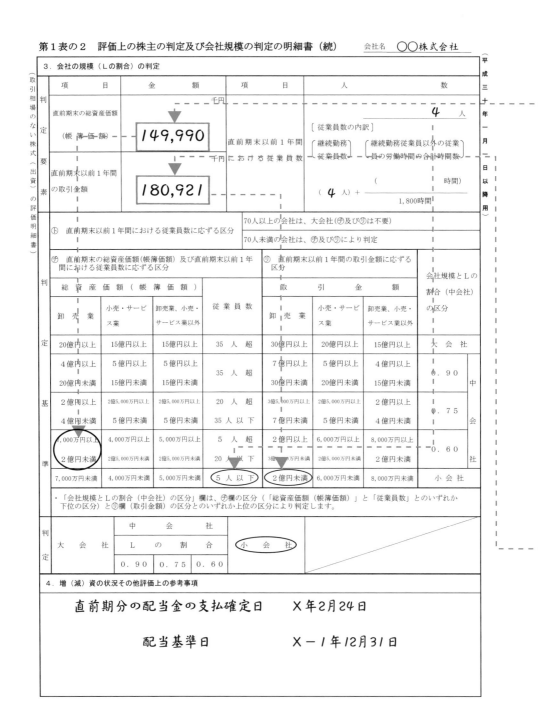

第1表の2　評価上の株主の判定及び会社規模の判定の明細書（続）　会社名　○○株式会社

貸倒引当金	△1,250,450		
流動資産計	119,242,233		

		純　資　産　の　部	
電話加入権	300,000		
無形固定資産計	300,000		
固定資産計	29,498,000	**株主資本**	
		資本金	20,000,000
		利益剰余金	
		利益準備金	2,000,000
		その他資本剰余金	
		別途積立金	6,500,000
		繰越利益剰余金	5,580,233
		利益剰余金計	14,080,233
		純資産合計	34,080,233
資産合計	148,740,233	負債純資産合計	148,740,233

▲　　　　**貸倒引当金**

148,740,233　＋　1,250,450　＝　149,990,683

プロからのアドバイス
貸倒引当金が△（控除）されている場合は、加算して計算します。

損益計算書

自Ｘ－１年１月１日　至Ｘ－１年12月31日　　　　　（単位：円）

◎経常損益の部

○営業損益の部

Ⅰ　売　　上　　高			180,921,527
Ⅱ　売　上　原　価			
1　期首商品棚卸高		32,478,265	
2　商　品　仕　入　高		125,159,125	
計		157,637,390	
3　期末商品棚卸高		37,285,461	120,351,929
売　上　総　利　益			60,569,598
Ⅲ　販売費及び一般管理費			
1　役　員　報　酬		7,900,000	
2　従業員給料賞与		15,846,000	
3　交　　際　　費		4,623,500	
4　租　税　公　課		3,728,542	
5　減　価　償　却　費		2,653,891	
6　寄　　付　　金		520,000	

〈用意する資料〉

貸借対照表
損益計算書
法人事業概況説明書（従業員数等の資料）
（直前の法人税申告書、決算書）

第1表の2　チェックポイント

チェック欄

（様式）

・　平成30年1月1日以後の相続・贈与については「平成30年1月1日以降用」を使用します。（それ以前と判定基準が変わっています。）　☐

（総資産価額）

・　直前期末における各資産の確定決算上の帳簿価額の合計額を記載します。　☐

① 　固定資産の減価償却累計額を「間接法」によって表示している場合には、各資産の帳簿価額の合計額から減価償却累計額を控除します。　☐

② 　売掛金、受取手形、貸付金等に対する「貸倒引当金」は控除しません（資産から控除する形式の場合には、加算した金額を記入します。）。　☐

③ 　前払費用、繰延資産、税効果会計の適用による繰延税金資産など、確定決算上の資産として計上されている資産は、帳簿価額の合計額に含めて記載します。　☐

④ 　収用や特定の資産の買換え等の場合において、圧縮記帳引当金勘定に繰り入れた金額及び圧縮記帳積立金として積み立てた金額並びに翌事業年度以降に代替資産等を取得する予定であることから特別勘定に繰り入れた金額は、帳簿価額の合計額から控除しません。　☐

（取引金額）

・　直前期のその会社の目的とする事業に係る収入金額（売上高）を記載します。（直前期の事業年度が1年未満であるときには、課税時期の直前期末以前1年間の実際の収入金額によることとなります。）　☐

（従業員数）

・　継続勤務従業員と継続勤務従業員以外の従業員の合計数を記載します。役員は従業員に含まれません。　☐

　従業員数の数え方等については、75頁を参照してください。

・　計算した評価会社の従業員数が、例えば5.1人となる場合は従業員数「5人超」に、4.9人となる場合は従業員数「5人以下」に該当し　☐

ます。

　（70人以上の会社は、総資産価額や取引金額の判定をすることなく、すべて大会社になります。）

（業種）

・　評価会社が「卸売業」、「小売・サービス業」、「卸売業、小売・サービス業以外」のいずれに該当するかは、<u>直前期末以前１年間の取引金額</u>に基づいて判定し、その取引金額のうちに２以上の業種に係る取引金額が含まれている場合には、それらの取引金額のうち最も多い取引金額に係る業種によって判定します。

(3)　評価明細書第３表

第3表　一般の評価会社の株式及び株式に関する権利の価額の計算明細書　会社名　〇〇株式会社

	1株当たりの価額の計算の基となる金額	類似業種比準価額（第4表の㉖、㉗又は㉘の金額） ① **787** 円	1株当たりの純資産価額（第5表の⑪の金額） ② **3,338** 円	1株当たり純資産価額の80%相当額（第5表の⑫の記載がある場合のその金額）③ **2,670** 円	

（取引相場のない株式（出資）の評価明細書）

平成三十年一月一日以降用

1. 原則的評価方式による価額

1株当たりの価額の計算	区分	1株当たりの価額の算定方法	1株当たりの価額
	大会社の株式の価額	①の金額と②の金額とのいずれか低い方の金額（②の記載がないときは①の金額）	④　　　円
	中会社の株式の価額	①と②とのいずれか低い方の金額　Lの割合（　円×0.　）+（　②の金額（③の金額があるときは③の金額）　Lの割合　円×(1-0.　))	⑤　　　円
	小会社の株式の価額	②の金額（③の金額があるときは③の金額）と次の算式によって計算した金額とのいずれか低い方の金額（①の金額 **787** 円×0.50）+（②の金額（③の金額があるときは③の金額）**2,670** 円×0.50）= **1,728** 円	⑥ **1,728**

株式の価額の修正	課税時期において配当期待権の発生している場合	株式の価額（④、⑤又は⑥）	1株当たりの配当金額	修正後の株式の価額
		円-	円　　銭	⑦
	課税時期において株式の割当てを受ける権利、株主となる権利又は株式無償交付期待権の発生している場合	株式の価額〔④、⑤又は⑥（⑦があるときは⑦）〕 割当株式1株当たりの払込金額（　円+　円×	1株当たりの割当株式数 株)÷(1株+ | 1株当たりの割当株式数又は交付株式数 株)	修正後の株式の価額 ⑧

2. 配当還元方式による価額

1株当たりの資本金等の額、発行済株式数等	直前期末の資本金等の額 ⑨　千円	直前期末の発行済株式数 ⑩　株	直前期末の自己株式数 ⑪　株	1株当たりの資本金等の額を50円とした場合の発行済株式数（⑨÷50円）⑫　株	1株当たりの資本金等の額（⑨÷（⑩-⑪））⑬　円

直前期末以前2年間の年配当金額	事業年度	⑭年配当金額	⑮左のうち非経常的な配当金額	⑯差引経常的な年配当金額（⑭-⑮）	年平均配当金額
	直前期	千円	千円 イ	千円	⑰(イ+ロ)÷2　千円
	直前々期	千円	千円 ロ	千円	

1株（50円）当たりの年配当金額	年平均配当金額（⑰）千円 ÷	⑫の株式数 株 =	⑱ 円　銭	この金額が2円50銭未満の場合は2円50銭とします。

配当還元価額	⑱の金額 円　銭 10% ×	⑬の金額 円 50円 =	⑲	⑳ 円	⑲の金額が、原則的評価方式により計算した価額を超える場合には、原則的評価方式により計算した価額とします。

3. 株式に関する権利の価額（1.及び2.に共通）

配当期待権	1株当たりの予想配当金額　源泉徴収されるべき所得税相当額（　円　銭)-(　円　銭）	㉑ 円　銭
株式の割当てを受ける権利（割当株式1株当たりの価額）	⑧（配当還元方式の場合は⑳）の金額　割当株式1株当たりの払込金額 円- 円	㉒ 円
株主となる権利（割当株式1株当たりの価額）	⑧（配当還元方式の場合は⑳）の金額（課税時期後にその株主となる権利につき払い込むべき金額があるときは、その金額を控除した金額）	㉓ 円
株式無償交付期待権（交付される株式1株当たりの価額）	⑧（配当還元方式の場合は⑳）の金額	㉔ 円

4. 株式及び株式に関する権利の価額（1.及び2.に共通）

株式の評価額	**1,728** 円
株式に関する権利の評価額	円（円　銭）

実務編

第4表　類似業種比準価額等の計算明細書　　会社名　○○株式会社

1. 1株当たりの資本金等の額等の計算	直前期末の資本金等の額 ①	直前期末の発行済株式数 ②	直前期末の自己株式数 ③	1株当たりの資本金等の額（①÷（②−③）） ④	1株当たりの資本金等の額を50円とした場合の発行済株式数（①÷50円） ⑤
	20,000 千円	40,000 株	500 株	500 円	400,000 株

2 比準要素 1株50円当たりの年配当金額	直前期末以前2（3）年間の年平均配当金額				比準要素数1の会社・比準要素数0の会社の判定要素の金額
事業年度 ⑥	年配当金額	⑦左のうち非経常的な配当金額	⑧差引経常的な年配当金額（⑥−⑦）	年平均配当金額	⑨/⑤ ⑧ 3 円 70 銭
直前期	2,000 千円	— 千円	⑥ 2,000 千円	⑨（⑥+⑧）÷2 1,500 千円	⑩/⑤ ⑧ 円 銭
直前々期	1,000 千円	— 千円	⑥ 1,000 千円		1株（50円）当たりの年配当金額 ⑧（⑥の金額） 3 円 70 銭
直前々期の前期	千円	千円	⑥ 千円	⑩（⑩+⑧）÷2 千円	

直前期末以前2（3）年間の利益金額　　　比準要素数1の会社・比準要素数0の会社の判定要素の金額

（⑬法人税の課 ⑫非経常的な ⑬受取配当等 …）　　3　＝　1.75　91　0

種比準価額額の計算	類似業種と業種目番号	○○卸売業 (No.)		区分	1株（50円）当たりの年配当金額	1株（50円）当たりの年利益金額	1株（50円）当たりの純資産価額	1株（50円）当たりの比準価額
	課税時期の属する月	4月	226 円	評価会社	Ⓑ 3 円 7 銭 0	Ⓒ 39 円	Ⓓ 86 円	㉓×㉔×0.7 ※
	課税時期の属する月の前月	3月	235 円	類似業種	B 4 円 2 銭 0	C 29 円	D 255 円	中会社は0.6 小会社は0.5 とします。
	課税時期の属する月の前々月	2月	228 円	要素別比準割合	Ⓑ/B 0.88	Ⓒ/C 1.34	Ⓓ/D 0.33	
	前年平均株価		197 円	比準割合	\(\frac{\frac{Ⓑ}{B}+\frac{Ⓒ}{C}+\frac{Ⓓ}{D}}{3}\)　＝　0.85		㉔	㉕ 83 円 7 銭 0
	課税時期の属する月以前2年間の平均株価		207 円					
	A（⑨、⑩、⑪及び⑫のうち最も低いもの）		197 円					

比準価額の計算	1株当たりの比準価額	比準価額（㉓と㉕とのいずれか低い方）	83 円 7 銭 ×	④の金額 500円／50円	㉖ 837 円

比準価額の修正	直前期末の翌日から課税時期までの間に配当金交付の効力が発生した場合	比準価額（㉖） 837 円 −	1株当たりの配当金額 50 円 00 銭		修正比準価額 ㉗ 787 円
	直前期末の翌日から課税時期までの間に株式の割当て等の効力が発生した場合	比準価額（㉖）（㉗があるときは㉗） (円＋	割当株式1株当たりの払込金額 円 銭×	1株当たりの割当株式数 株）÷（1株＋	1株当たりの割当株式数又は交付株式数 株）	修正比準価額 円

第5表　1株当たりの純資産価額（相続税評価額）の計算明細書　　会社名　○○株式会社

1. 資産及び負債の金額（課税時期現在）							
資産の部				負債の部			
科目	相続税評価額	帳簿価額	備考	科目	相続税評価額	帳簿価額	備考
現金預金	8,250 千円	8,200 千円		支払手形	38,990 千円	38,990 千円	
受取手形	39,800	39,990		買掛金	36,500	36,500	
売掛金	30,500	31,000		短期貸入金		11,000	

2. 評価差額に対する法人税額等相当額の計算		3. 1株当たりの純資産価額の計算		
相続税評価額による純資産価額（①−③） ⑤	180,309 千円	課税時期現在の純資産価額（相続税評価額）（⑤−⑧） ⑨	133,540 千円	
帳簿価額による純資産価額（②±⑤−②−④）マイナスの場合は0 ⑥	53,904 千円	課税時期現在の発行済株式数（第1表の1の①−自己株式数） ⑩	40,000 株	
評価差額に相当する金額（⑤−⑥）マイナスの場合は0 ⑦	126,405 千円	課税時期現在の1株当たりの純資産価額（相続税評価額）（⑨÷⑩） ⑪	3,338 円	
評価差額に対する法人税額等相当額（⑦×37%） ⑧	46,769 千円	同族株主等の議決権割合（第1表の1の⑤の割合）が50%以下の場合（⑪×80%） ⑫	2,670 円	

(4) 評価明細書第４表①

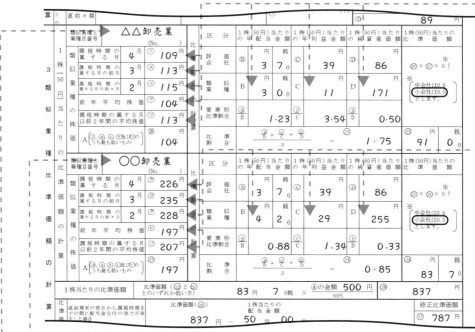

評価会社の事業が該当する中分類の業種目について記載します。
（注）　評価会社の事業が小分類に区分されていないときは、
　　　　中分類の業種目と大分類の業種目について記載します。
評価会社の事業が該当する小分類の業種目について記載します。

業　種　目				B [配当金額]	C [利益金額]	D [簿価純資産価額]
大　　分　　類						
	中　　分　　類	番号	内　　　　容			
		小　　分　　類				
（卸　売　業）						
	○　○　卸　売　業	××		4.2	29	255
	○　○　卸　売　業	××		3.9	24	196
	△　△　卸　売　業	××		3.0	11	171
	○　○　卸　売　業	××		3.0	26	193
	○　○　卸　売　業	××		3.9	33	196
	○　○　卸　売　業	××		8.7	38	238

A（株価）【上段：各月の株価、下段：課税時期の属する日以前2年間の平均株価】														
X－1年 平　均	X－1年 11月分	X－1年 12月分	X年 1月分	2月分	3月分	4月分	5月分	6月分	7月分	8月分	9月分	10月分	11月分	12月分
197	207	216	222	228	235	226								
			204	205	206	207								
438	387	393	394	352	339	336								
104	104	108	113	115	113	109								
			115	114	113	113								
302	256	274	272	274	285	288								
415	375	388	386	399	411	418								
596	555	571	551	571	601	603								

⑸　評価明細書第4表②

第4表　類似業種比準価額等の計算明細書　　会社名　〇〇株式会社

	直前期末の資本 金等の額	直前期末の 発行済株式数	直前期末の 自己株式数	1株当たりの資本金等の額 (①÷(②−③))	1株当たりの資本金等の額を50 円とした場合の発行済株式数 (①÷50円)
1. 1株当たりの資本金 等の額等の計算	① 20,000 千円	② 40,000 株	③ 株	④ 500 円	⑤ 400,000 株

直前期末以前2(3)年間の年平均配当金額

事業年度	⑥年配当金額	⑦左のうち 非経常的な 配当金額	⑧差引経常的な年 配当金額(⑥−⑦)	年平均配当金額
直前期	2,000 千円	ー 千円	㋑ 2,000 千円	⑨(㋑+㋺)÷2　1,500 千円
直前々期	1,000 千円	ー 千円	㋺ 1,000 千円	⑩(㋺+㋩)÷2　千円
直前々期の前期	千円	千円	㋩ 千円	

比準要素数1の会社・比準要素数0の会社の判定要素の金額

⑨/⑤　㋥ 3 円 7 銭

⑩/⑤　㋭ 円 銭

1株(50円)当たりの年配当金額

㋑(㋥の金額)　3 円 70 銭

直前期末以前2(3)年間の利益金額

事業年度	⑪法人税の課 税所得金額	⑫非経常的な 利益金額	⑬受取配当等 の益金 不算入額	⑭左の所得税 額	⑮損金算入し た繰越欠損 金の控除額	⑯差引利益金額 (⑪−⑫+⑬ −⑭+⑮)
直前期	19,000 千円	500 千円	200 千円	30 千円	千円	㋥ 18,670 千円
直前々期	14,000 千円	1,500 千円	200 千円	30 千円	千円	㋭ 12,670 千円
直前々期の前期	千円	千円	千円	千円	千円	㋬ 千円

比準要素数1の会社・比準要素数0の会社の判定要素の金額

㋥ 又は (㋥+㋭)÷2 / ⑤　㋒ 39 円

㋭ 又は (㋭+㋬)÷2 / ⑤　㋓ 円

1株(50円)当たりの年利益金額

(㋒/⑤ 又は (㋒+㋓)÷2 の金額)　㋩ 39 円

直前期末(直前々期末)の純資産価額

事業年度	⑰資本金等の額	⑱利益積立金額	⑲純資産価額 (⑰+⑱)
直前期	20,000 千円	14,500 千円	㋥ 34,500 千円
直前々期	千円	千円	㋭ 千円

比準要素数1の会社・比準要素数0の会社の判定要素の金額

㋥/⑤　㋑ 86 円

㋭/⑤　㋺ 円

1株(50円)当たりの純資産価額

(㋑の金額)　㋩ 86 円

類似業種と 業種目番号	△△卸売業 (No.)	区分	1株(50円)当たり の年配当金額	1株(50円)当たり の年利益金額	1株(50円)当たり の純資産価額	1株(50円)当たりの 比準価額

法人税申告書別表五㈠の「Ⅰ 利益積立金額の計算に関する明細書 31の④(差引翌期首現在利益積立金額)」の金額を記載します。

法人税申告書別表一㈠「1」の金額を記載します。

「**株主資本等変動計算書**」に基づく年配当金額を記載します。

★繰越欠損金の加算漏れが多いので注意してください。

※記載の仕方については、大会社(202頁、203頁等)も参照してください。

〈用意する資料〉

法人税申告書（別表二、四、五㈠、六㈠）
株主資本等変動計算書
損益計算書
「類似業種比準価額計算上の業種目及び業種目別株価等」（法令解釈通達）

第4表　チェックポイント

チェック欄

（年配当金額）

・　「⑥　年配当金額」欄には、各事業年度中に配当金交付の効力が発生した剰余金の配当（資本金等の額の減少によるものを除きます。）の金額を記載します。　☐

（非経常的な配当金額）

・　「⑦　左のうち非経常的な配当金額」欄には、剰余金の配当金額の算定の基となった配当金額のうち、特別配当、記念配当等の名称による配当金額で、将来、毎期継続することが予想できない金額を記載します。　☐

（直前期の年配当金額）

・　「1株（50円）当たりの年配当金額」の「直前期」欄の記載に当たって、1年未満の事業年度がある場合には、直前期末以前1年間に対応する期間に配当金交付の効力が発生した剰余金の配当金額の総額を記載します。（直前々期以前も同様です。）　☐

（非経常的な利益金額）

・　「⑫　非経常的な利益金額」欄には、固定資産売却益、保険差益等の非経常的な利益の金額を記載します。非経常的な損失の金額がある場合は、非経常的な利益の金額から非経常的な損失の金額を控除した金額（負数の場合は0）を記載します。　☐

（直前期の年利益金額）

・　「1株（50円）当たりの年利益金額」の「直前期」欄の記載に当たって、1年未満の事業年度がある場合には、直前期末以前1年間に対応する期間の利益の金額を記載します。この場合、実際の事業年度に係る利益の金額をあん分する必要があるときは、月数により行います。（直前々期以前も同様です。）　☐

（課税時期の属する月）

・　「課税時期の属する月」欄には、相続開始や贈与等の時期の属する月を記載します。直前期末の属する月ではありません。　☐

（比準価額の修正）

・　「比準価額の修正」欄の「1株当たりの割当株式数」及び「1株当　　☐
　　たりの割当株式数又は交付株式数」は、1株未満の株式数を切り捨て
　　ずに実際の株式数を記載します。

☞　92頁以降参照

(6)　評価明細書第5表（資産の部）①

（取引相場のない株式（出資）の評価明細書）

1. 資産及び負債の金額（課税時期現在）

資　産　の　部

科　　目	相続税評価額	帳簿価額
	千円	千円
現金預金	8,250	8,200
受取手形	39,800	39,990
売掛金	30,500	31,000
製　品	35,000	35,000
仮払金	4,100	4,100
有価証券	1,000	1,000
前払費用	—	—
短期貸付金	1,000	1,000
建　物	4,500	8,200
車　両	1,100	1,100
器具及び備品	974	974
課税時期前3年以内に取得した土地	10,000	10,000

固定資産税評価額を基に評価した価額を記載します。

プロからのアドバイス
減価償却累計額や減価償却超過額等があるときに、加算・減算することを忘れないようにしてください。

帳簿価額　回収不能額　相続税評価額
31,000千円−500千円＝30,500千円

会社決算の　　減価償却
帳簿価額　　　超過額　　帳簿価額
898千円＋76千円＝974千円

帳簿価額　評価減　相続税評価額
39,990千円−190千円＝39,800千円

帳簿価額　既経過利子　相続税評価額
8,200千円＋50千円＝8,250千円

プロからのアドバイス

- 前払費用……返還される可能性のないものや財産性のないものは、相続税評価額、帳簿価額ともに記載しません。
- 課税時期前3年以内取得の土地・建物……相続税評価額は、「通常の取引価額」を記載します。
- ※「通常の取引価額」の求め方には、㋐不動産鑑定士による鑑定評価額（精通者意見価格）、㋑近隣の売買実例価額を基準として算定する方法、㋒倍率方式又は路線価方式で算定した相続税評価額を市場価格との乖離率（80%）で割り戻して算定する方法、㋓帳簿価額をそのまま採用する方法（課税上の弊害がない場合）などがあります。
- 減価償却累計額、減価償却超過額に留意してください。

（7）　評価明細書第5表（資産の部）②

プロからのアドバイス

・　被相続人の死亡により評価会社が生命保険金を取得する場合には、その生命保険金請求権（未収保険金）の金額を「資産の部」の「相続税評価額」欄及び「帳簿価額」欄のいずれにも記載します。
・　その生命保険金請求権に係る保険料が資産として計上されているときは、その金額を資産から除外します。

器具及び備品	474	474
課税時期前3年以内に取得した土地	10,000	10,000
土　地	120,000	6,000
借地権	20,000	3,000
電話加入権	45	300
生命保険金請求権	50,000	50,000
合　計	① 326,269	② 199,864
株式等の価額の合計額	㋑ 1,000	㋺ 1,000
土地等の価額の合計額	㋥ 150,000	
現物出資等受入れ資産の価額の合計額	㋥	㋭

2. 評価差額に対する法人税額等……

被相続人の死亡を保険事故として、評価会社が受取った生命保険金は、生命保険金請求権として計上します。

「相続税評価額」欄には、課税時期前3年以内に取得した土地等については、課税時期における通常の取引価額を記載します。

プロからのアドバイス

・　開発費・創立費……財産性のない繰延資産は相続税評価額、帳簿価額ともに記載しません。
・　繰延税金資産も財産価値がないのでともに記載しません。

⑻　評価明細書第5表（負債の部）

プロからのアドバイス

・　被相続人の死亡後に支給が確定した**退職手当金**、**功労金**その他これらに準ずる給与の金額がある場合は「相続税評価額」欄及び「帳簿価額」欄のいずれにも記載します。

・　生命保険金を原資として被相続人に対する死亡退職金を支払った場合には、その生命保険金額から支払った退職手当金等の金額を控除した残額について、法人税等が課されることになるので、死亡退職金と併せてその法人税等についても負債として計上することになります（欠損法人の場合は保険差益の額から欠損金の額を控除して法人税等を計算します。）。

預 り 金	1,350	1,350
長 期 借 入 金	17,000	17,000
未 払 退 職 金	20,000	20,000
未 納 法 人 税	3,900	3,900
未 納 都 民 税	800	800
未 納 事 業 税	600	600
未 納 消 費 税	500	500
未納固定資産税	400	400
未 払 配 当 金	2,000	2,000
保険差益に対する法人税等相当額	11,100	11,100

▶ 消費税申告書㉖の金額

▶ 法人税申告書別表五㊁の「18の⑥」の金額と地方税申告書（事業税申告書）第六号様式の「㊻＋㉍」の金額

▶ 法人税申告書別表五㊁の「9の⑥」の金額

▶ 法人税申告書別表五㊁の「4の⑥」の金額

$\left(\begin{array}{cc}\text{生命保険金額} & \text{支払退職金}\\50,000,000\text{円}-20,000,000\text{円}\end{array}\right)\times37\%=11,100,000\text{円}$ ◀

課税時期の直前期末の翌日以後に確定した配当金額 ◀

被相続人に支給することが確定した死亡退職金 ◀

※法人税申告書は、令和4年4月1日以後終了事業年度分の様式に基づいて表記しています。

※地方税申告書は、令和4年度改正分の様式（東京都）に基づいて表記しています。

※消費税申告書は、令和元年10月1日以後終了課税期間分の様式に基づいて表記しています。

※「未納租税公課の転記箇所」については、書物により異なる見解となっています。直前期（仮決算期）分以外の未納の租税公課（法人税等）がある場合は、帳簿に負債としての記載の有無を問わず、課税時期において未払いとなっているものは負債として計上できると考えられ、別表五㊁の各「計」欄を使うのが相当の場合もあると思われます。

〔同族株主で、そのグループの保有議決権割合が50%以下の場合〕

（記載例）

産の価額の合計額					
2. 評価差額に対する法人税額等相当額の計算			3. 1株当たりの純資産価額の計算		
相続税評価額による純資産価額 （①－③）	⑤	180,309 千円	課税時期現在の純資産価額 （相続税評価額）　　　（⑤－⑧）	⑨	133,540 千円
帳簿価額による純資産価額 （（②＋ⓒ－③）－④）、マイナスの場合は0）	⑥	53,904 千円	課税時期現在の発行済株式数 （（第1表の1の①）－自己株式数）	⑩	40,000 株
評価差額に相当する金額 （⑤－⑥、マイナスの場合は0）	⑦	126,405 千円	課税時期現在の1株当たりの純資産価額 （相続税評価額）　　　（⑨÷⑩）	⑪	3,338 円
評価差額に対する法人税額等相当額 （⑦×37%）	⑧	46,769 千円	同族株主等の議決権割合（第1表の1の⑤の 割合）が50% 以下の場合　　（⑪×80%）	⑫	2,670 円

注意

〈用意する資料〉

貸借対照表
資産・負債の相続税評価額を算出するための資料（路線価・固定資産税評価証明書ほか）

第5表　チェックポイント

チェック欄

（相続税評価額）
- 　「相続税評価額」欄には課税時期における評価会社の各資産負債について財産評価基本通達の定めにより評価した価額を記載します。　☐

（評価の対象とならないもの）
- 　財産性のない前払費用（解約返戻金の有無などで財産性の有無を判断）、繰延資産等については、相続税評価額、帳簿価額ともに記載しません。　☐

（課税時期前3年以内の取得土地・建物等）
- 　課税時期前3年以内に取得又は新築した土地及び土地の上に存する権利並びに家屋及びその附属設備又は構築物の相続税評価額は、課税時期における「通常の取引価額※」に相当する金額によって評価した価額を記載します。この場合、その土地等又は家屋等は、他の土地等又は家屋等と「科目」欄を別にして、「課税時期前3年以内に取得した土地等」などと記載します。　☐
- ※　「通常の取引価額」の求め方には、㋐不動産鑑定士による鑑定評価額（精通者意見価格）、㋑近隣の売買実例価額を基準として算定する方法、㋒倍率方式又は路線価方式で算定した相続税評価額を市場価格との乖離率（80%）で割り戻して算定する方法、㋓帳簿価額をそのまま採用する方法（課税上の弊害がない場合）などがあります。

（取引相場のない株式等）
- 　取引相場のない株式、出資又は転換社債の価額を純資産価額（相続　☐

税評価額）で評価する場合には、評価差額に対する法人税等相当額の控除を行わないで計算した金額を「相続税評価額」として記載します。この場合、その株式などは、他の株式などと「科目」欄を別にして、「法人税額等相当額の控除不適用の株式」などと記載します。

（借地権等）

- 評価の対象となる資産について、帳簿価額がないもの（例えば、借地権、営業権等）であっても相続税評価額が算出される場合には、その評価額を「相続税評価額」欄に記載し、「帳簿価額」欄には「0」と記載します。□

- 被相続人が同族関係者となっている同族会社が「無償返還届出書」を提出して（又は相当の地代を支払って）被相続人所有の土地を借り受けている場合等では、借地権は自用地としての価額の20%相当額で評価します。□

　　なお、同族会社が賃貸している土地が被相続人と他の者との共有になっている場合には、被相続人の所有部分の20%についてのみ純資産価額に算入します。

- 従業員社宅の敷地の評価は、一般的に貸家建付地とはしません。□

（借家権等）

- 評価の対象となる資産で帳簿価額のあるもの（例えば、借家権、営業権等）であっても、その課税価格に算入すべき相続税評価額が算出されない場合には、「相続税評価額」欄に「0」と記載し、その帳簿価額を「帳簿価額」欄に記載します。□

（繰延資産等）

- 評価の対象とならないもの（例えば、財産性のない創立費、新株発行費等の繰延資産、繰延税金資産）については、記載しません。□

（減価償却累計額）

- 固定資産に係る減価償却累計額、特別償却準備金及び圧縮記帳に係る引当金又は積立金の金額がある場合には、それらの金額をそれぞれの引当金等に対応する資産の帳簿価額から控除した金額をその固定資産の帳簿価額とします。□

（死亡保険金）

- 被相続人の死亡により評価会社が生命保険金を取得する場合には、その生命保険金請求権（未収保険金）の金額を「資産の部」の「相続税評価額」欄及び「帳簿価額」欄のいずれにも記載します。□

（引当金）

- 法人税法上負債とされないもの、例えば貸倒引当金、退職給与引当金、納税引当金及びその他の引当金、準備金並びに繰延税金負債に相当する金額は、負債に該当しないものとします。□

（公租公課等）

・　帳簿に負債としての記載がない場合であっても、課税時期において未払いとなっている次の金額は負債として「相続税評価額」欄及び「帳簿価額」欄のいずれにも記載します。 ☐

　イ　未納公租公課、未払利息等の金額 ☐

　ロ　課税時期以前に賦課期日のあった固定資産税及び都市計画税の税額 ☐
　　（仮決算を行っていない場合は、直前期末日以前に賦課期日のあったもの）

　ハ　課税時期の属する事業年度に係る法人税額、消費税額、事業税額、道府県民税額及び市町村民税額のうち、その事業年度開始の日から課税時期までの期間に対応する金額 ☐
　　（仮決算を行っていない場合は、直前期の事業年度分）

（死亡退職金）

・　被相続人の死亡により、相続人その他の者に支給することが確定した退職手当金、功労金その他これらに準ずる給与の金額を「負債の部」の「相続税評価額」欄及び「帳簿価額」欄のいずれにも記載します。 ☐

（弔慰金）

・　被相続人の死亡に伴い評価会社が相続人に対して支払った弔慰金については、相続税法3条の規定により退職手当金等に該当するものとして相続税の課税価格に算入されることとなる金額に限り、株式の評価上、負債に該当するものとして純資産価額の計算上控除しますが、退職手当金等とみなされない弔慰金については、純資産価額の計算上、負債に該当しません。 ☐

（定期借地権の保証金）

・　定期借地権の設定に際し、預かっている保証金の相続税評価額は、現在価値に引き直して計算した金額により計算します。 ☐

（付合する設備等）

・　建物に付合する設備等は、事例によって注意する必要があります。 ☐
　賃借人が当該設備等を自由に取り外し、他に売却できるようなものである場合、評価の対象になります。
　また、賃借人が施設した建物に付合した設備等により建物の価値が増加した場合、賃借人が賃貸契約の終了時に貸主に対して金銭を請求する権利（有益費の償還請求権（民法608②））を有するならば、当該権利を評価する必要があります。
　ただし、一般的な賃貸借契約では、賃借人が当該有益費の償還請求権を排除する規程が設けられていることが多く、排除されている場合、有益費は評価の対象になりません。

　　裁決事例として、「有限会社の出資の評価に当って、賃借人である評価会社が賃借建物に設置した付属設備は、工事内容及び賃貸借契約からみて<u>有益費償還請求権を放棄している</u>と認められるから、資産として有額評価することは相当でない。」とされた審査請求の事例（一部取消し裁決）があります（昭和60年分相続税・平成2年1月22日付裁決、裁決事例集 No.39、380頁）。その他参考判決として、平成7年3月28日大阪地裁判決・平成8年1月26日大阪高裁判決があります。

（税務否認金額のある資産）

・　法人税の否認金額のある資産（法人税申告書別表5㈠に記載金額のある資産）については、次によって修正する必要があります。

①　相続税評価額

　　その資産につき、税務否認金額を加味（加算又は減算）した課税時期の現況により評価した金額とします。

②　帳簿価額

　　その資産の<u>課税時期</u>の貸借対照表計上額（課税時期に仮決算を行っていない場合は、直前期末の貸借対照表計上額）に、税務否認金額を加算又は減算した金額を帳簿価額とします。

・　留意する事項（参考例）

ⅰ　資産に計上するもの

　㋐　<u>簿外となっている</u>たな卸資産、売掛債権、固定資産、有価証券等の金額

　㋑　減価償却超過額（対応する資産の帳簿価額の修正）

ⅱ　資産に計上しないもの

　　費用の期間帰属の修正項目で財産的価値の<u>ない</u>前払費用等の金額

ⅲ　負債に計上しないもの

　　貸倒<u>引当金</u>、賞与<u>引当金</u>、退職給与<u>引当金</u>など費用の引当金の金額及び準備金の金額

（特別償却資産）

・　特別償却（即時償却）を行なった資産がある場合には、その帳簿価額が0となっている場合であっても、相続税評価額は特別償却を考慮しない評価方法となっていますから、特別償却がなかったものとして評価します。固定資産台帳や法人税申告書別表十六等を確認してください。

☞　127頁以降参照

〈参考資料〉

〔財務諸表〕

貸借対照表
（Ｘ－１年12月31日）　　　　　　　　（単位：円）

資　産　の　部		負　債　の　部	
流動資産		**流動負債**	
現金及び預金	8,200,736	支払手形	38,990,000
受取手形	39,990,273	買掛金	36,500,000
売掛金	31,000,856	短期借入金	11,000,000
製品	35,000,582	未払金	1,820,000
仮払金	4,100,236	預り金	1,350,000
有価証券	1,000,000	法人税等充当金	8,000,000
前払費用	200,000	流動負債計	97,660,000
短期貸付金	1,000,000		
貸倒引当金	△1,250,450	**固定負債**	
流動資産計	119,242,233	長期借入金	17,000,000
		固定負債計	17,000,000
固定資産			
有形固定資産		負債合計	114,660,000
建物	8,200,000		
車両	1,100,000		
器具備品	898,000		
土地	16,000,000		
借地権	3,000,000		
有形固定資産計	29,198,000		
無形固定資産			
電話加入権	300,000	純資産の部	
無形固定資産計	300,000		
固定資産計	29,498,000	**株主資本**	
		資本金	20,000,000
		利益剰余金	
		利益準備金	2,000,000
		その他利益剰余金	
		別途積立金	6,500,000
		繰越利益剰余金	5,580,233
		利益剰余金計	14,080,233
		純資産合計	34,080,233
資産合計	148,740,233	負債純資産合計	148,740,233

損益計算書

（自Ｘ－１年１月１日　至Ｘ－１年12月31日）　　　（単位：円）

◎　**経常損益の部**

○　営業損益の部

Ⅰ	売　上　高		180,921,527
Ⅱ	売　上　原　価		
	1　期首商品棚卸高	32,478,265	
	2　商品仕入高	125,159,125	
	計	157,637,390	
	3　期末商品棚卸高	37,285,461	120,351,929
	売上総利益		60,569,598
Ⅲ	販売費及び一般管理費		
	1　役員報酬	7,900,000	
	2　従業員給料賞与	15,846,000	
	3　交際費	4,623,500	
	4　租税公課	3,728,542	
	5　減価償却費	2,653,891	
	6　寄付金	520,000	
	7　貸倒引当金繰入	1,273,546	
	8　その他の営業費	5,410,632	41,956,111
	営業利益		18,613,487

○　営業外損益の部

Ⅰ	営業外収益		
	1　受取利息	423,000	
	2　受取配当金	50,000	
	3　雑収入	298,000	771,000
Ⅱ	営業外費用		
	1　支払利息割引料	2,980,400	2,980,400
	経常利益		16,404,087

◎　**特別損益の部**

	特別利益		
	1　貸倒引当金戻入	1,412,336	1,412,336
	税引前当期利益		17,816,423
	法人税等引当額		8,000,000
	当期純利益		9,816,423

株主資本等変動計算書

（自Ｘ－１年１月１日　至Ｘ－１年12月31日）　　　（単位：円）

	株　主　資　本					純資産 合　計
	資本金	利　益　剰　余　金				
		利　益 準　備　金	その他利益剰余金		利　益 剰　余　金 合　　計	
			別　　途 積立金	繰越利益 剰余金		
前期末残高	20,000,000	1,000,000	4,000,000	1,263,810	6,263,810	26,263,810
当期変動額						
別途積立金			2,500,000	△2,500,000	0	0
剰余金の配当				△2,000,000	△2,000,000	△2,000,000
剰余金の配当に 　係る利益準備金 　の積立額		1,000,000		△1,000,000	0	0
当期純利益				9,816,423	9,816,423	9,816,423
当期変動額合計		1,000,000	2,500,000	4,316,423	7,816,423	7,816,423
当期末残高	20,000,000	2,000,000	6,500,000	5,580,233	14,080,233	34,080,233

個別注記表

（自Ｘ－１年１月１日　至Ｘ－１年12月31日）

　１．重要な会計方針に係る事項に関する注記
　　　固定資産の減価償却の方法
　　　　有形固定資産　法人税法の規定による定率法
　２．貸借対照表等に関する注記
　　　資産項目別の減価償却累計額の金額
　　　　建物減価償却累計額の金額　　　3,744,227円
　　　　車両減価償却累計額の金額　　　1,265,820円
　　　　器具備品減価償却累計額の金額　　291,572円
　　　保証債務などの当該債務の金額
　　　　受取手形割引高　　　　　　　10,980,000円
　３．一株当たり情報に関する注記
　　　一株当たりの情報
　　　　一株当たり純資産価額　　　　852円00銭
　　　　一株当たり当期純利益　　　　245円41銭

実務編

(9) 「評価明細書」の記載例

「評価明細書」を整理すると、以下のようになります。

第1表の1　評価上の株主の判定及び会社規模の判定の明細書　　整理番号 □

（取引相場のない株式（出資）の評価明細書）

会 社 名	（電話03-××××-××××）○○株式会社	本店の所在地	東京都○○○		
代表者氏名	A	事業内容	取扱品目及び製造、卸売、小売等の区分：△△卸売業	業種目番号：○○	取引金額の構成比：100%
課税時期	X 年 4 月 3 日				
直前期	自 X-1 年 1 月 1 日　至 X-1 年 12 月 31 日				

（平成三十年一月一日以降用）

1．株主及び評価方式の判定

判定要素（課税時期現在の株式等の所有状況）	氏名又は名称	続柄	会社における役職名	④ 株式数（株式の種類）	⑩ 議決権数	⑥ 議決権割合（⑩/④）
	A	納税義務者	社長	11,000 株	11,000 個	27 %
	B	母		5,000	5,000	12
	C	妻		1,500	1,500	3
	D	弟	専務	1,500	1,500	3
	自己株式					
	納税義務者の属する同族関係者グループの議決権の合計数			② 19,000	⑤ 47	(②/④)
	筆頭株主グループの議決権の合計数			③ 19,000	⑥ 47	(③/④)
	評価会社の発行済株式又は議決権の総数			① 40,000	④ 40,000	100

判定：納税義務者の属する同族関係者グループの議決権割合（⑤の割合）を基として、区分します。

区分の基準	筆頭株主グループの議決権割合（⑥の割合）			株主の区分
	50%超の場合	30%以上50%以下の場合	30%未満の場合	
⑤の割合	50%超	(30%以上)	15%以上	(同族株主等)
	50%未満	30%未満	15%未満	同族株主等以外の株主

判定：（同族株主等（原則的評価方式等））　　同族株主等以外の株主（配当還元方式）

「同族株主等」に該当する納税義務者のうち、議決権割合（⑥の割合）が5%未満の者の評価方式は、「2．少数株式所有者の評価方式の判定」欄により判定します。

2．少数株式所有者の評価方式の判定

判定要素	項　目	判　定　内　容
	氏　名	
㋑	役　員	である（原則的評価方式等）・でない（次の㋺へ）
㋺	納税義務者が中心的な同族株主	である（原則的評価方式等）・でない（次の㋩へ）
㋩	納税義務者以外に中心的な同族株主（又は株主）	がいる（配当還元方式）・がいない（原則的評価方式等）（氏名　　　　）
判　定		原則的評価方式等 ・ 配当還元方式

第1表の2　評価上の株主の判定及び会社規模の判定の明細書（続）　会社名　○○株式会社

（平成三十年一月一日以降用）

実務編

3．会社の規模（Lの割合）の判定

項　目	金　額	項　目	人　数
直前期末の総資産価額 （帳簿価額）	千円 149,990	直前期末以前1年間 における従業員数	4　人 〔従業員数の内訳〕 〔継続勤務従業員数〕　〔継続勤務従業員以外の従業員の労働時間の合計時間数〕
直前期末以前1年間 の取引金額	千円 180,921		（　4　人）＋ （　　　　　時間）／1,800時間

㋑　直前期末以前1年間における従業員数に応ずる区分	70人以上の会社は、大会社(㋺及び㋩は不要)
	70人未満の会社は、㋺及び㋩により判定

	㋺　直前期末の総資産価額（帳簿価額）及び直前期末以前1年間における従業員数に応ずる区分				㋩　直前期末以前1年間の取引金額に応ずる区分			会社規模とLの割合（中会社）の区分	
	総資産価額（帳簿価額）			従業員数	取引金額				
	卸売業	小売・サービス業	卸売業、小売・サービス業以外		卸売業	小売・サービス業	卸売業、小売・サービス業以外		
	20億円以上	15億円以上	15億円以上	35人超	30億円以上	20億円以上	15億円以上	大　会　社	
	4億円以上 20億円未満	5億円以上 15億円未満	5億円以上 15億円未満	35人超	7億円以上 30億円未満	5億円以上 20億円未満	4億円以上 15億円未満	0.90	中 会 社
	2億円以上 4億円未満	2億5,000万円以上 5億円未満	2億5,000万円以上 5億円未満	20人超 35人以下	3億5,000万円以上 7億円未満	2億5,000万円以上 5億円未満	2億円以上 4億円未満	0.75	
	7,000万円以上 2億円未満	4,000万円以上 2億5,000万円未満	5,000万円以上 2億5,000万円未満	5人超 20人以下	2億円以上 3億5,000万円未満	6,000万円以上 2億5,000万円未満	8,000万円以上 2億円未満	0.60	
	7,000万円未満	4,000万円未満	5,000万円未満	5人以下	2億円未満	6,000万円未満	8,000万円未満	小　会　社	

・「会社規模とLの割合（中会社）の区分」欄は、㋺の区分（「総資産価額（帳簿価額）」と「従業員数」とのいずれか下位の区分）と㋩欄（取引金額）の区分とのいずれか上位の区分により判定します。

判定	大　会　社	中　会　社			小　会　社	
		L　の　割　合				
		0.90	0.75	0.60		

4．増（減）資の状況その他評価上の参考事項

直前期分の配当金の支払確定日　　X年2月24日

第3表　一般の評価会社の株式及び株式に関する権利の価額の計算明細書

会社名　〇〇株式会社

（取引相場のない株式（出資）の評価明細書）

（平成三十年一月一日以降用）

| 1株当たりの価額の計算の基となる金額 | 類似業種比準価額（第4表の㉖、㉗又は㉘の金額）① **787** 円 | 1株当たりの純資産価額（第5表の⑪の金額）② **3,338** 円 | 1株当たりの純資産価額の80%相当額（第5表の⑫の記載がある場合のその金額）③ **2,670** |

1　原則的評価方式による価額

1株当たりの価額の計算

区分	1株当たりの価額の算定方法	1株当たりの価額
大会社の株式の価額	①の金額と②の金額とのいずれか低い方の金額（②の記載がないときは①の金額）	④　　円
中会社の株式の価額	①と②とのいずれか低い方の金額　Lの割合　（　　円×0.　）+（②の金額（③の金額があるときは③の金額）　円×（1-0.　　））Lの割合	⑤　　円
小会社の株式の価額	②の金額（③の金額があるときは③の金額）と次の算式によって計算した金額とのいずれか低い方の金額　①の金額（**787**円×0.50）+（②の金額（③の金額があるときは③の金額）**2,670**円×0.50）=**1,728**円	⑥ **1,728**

株式の価額の修正

| 課税時期において配当期待権の発生している場合 | 株式の価額（④、⑤又は⑥）　　円- | 1株当たりの配当金額　　円　　銭 | 修正後の株式の価額⑦　　円 |
| 課税時期において株式の割当てを受ける権利、株主となる権利又は株式無償交付期待権の発生している場合 | 株式の価額（④、⑤又は⑥（⑦があるときは⑦）〕（　　円+割当株式1株当たりの払込金額　円×1株当たりの割当株式数　株）÷（1株+1株当たりの割当株式数又は交付株式数　株） | 修正後の株式の価額⑧　　円 |

2　配当還元方式による価額

直前期末以前2年間の配当金額

| 1株当たりの資本金等の額、発行済株式数等 | 直前期末の資本金等の額⑨　千円 | 直前期末の発行済株式数⑩　株 | 直前期末の自己株式数⑪　株 | 1株当たりの資本金等の額を50円とした場合の発行済株式数（⑨÷50円）⑫　株 | 1株当たりの資本金等の額（⑨÷（⑩-⑪））⑬　円 |

事業年度	⑭年配当金額	⑮左のうち非経常的な配当金額	⑯差引経常的な年配当金額（⑭-⑮）	年平均配当金額
直前期	千円	㋑　千円	㋩　千円	⑰（㋩+㋥）÷2　千円
直前々期	千円	㋺　千円	㋥　千円	

| 1株（50円）当たりの年配当金額 | 年平均配当金額（⑰）　千円÷⑫の株式数　株=⑱　円　銭 | この金額が2円50銭未満の場合は2円50銭とします。 |
| 配当還元価額 | ⑱の金額　円　銭×⑬の金額　円÷10%　50円=⑲　円 ⑳　円 | ⑲の金額が、原則的評価方式により計算した価額を超える場合には、原則的評価方式により計算した価額とします。 |

3　株式及び株式に関する権利の価額（1.及び2.に共通）

配当期待権	1株当たりの予想配当金額　源泉徴収されるべき所得税相当額（　円　銭）-（　円　銭）㉑　円　銭	**4. 株式及び株式に関する権利の価額（1.及び2.に共通）**
株式の割当てを受ける権利（割当株式1株当たりの価額）	⑧（配当還元方式の場合は⑳）の金額　割当株式1株当たりの払込金額　円-　円㉒　円	株式の評価額㉓　円 **1,728**
株主となる権利（割当株式1株当たりの価額）	⑧（配当還元方式の場合は⑳）の金額（課税時期後にその株主となる権利につき払い込むべき金額があるときは、その金額を控除した金額）㉓　円	株式に関する権利の評価額㉔　円（　円　銭）
株式無償交付期待権（交付される株式1株当たりの価額）	⑧（配当還元方式の場合は⑳）の金額㉔　円	

注意

244

第4表　類似業種比準価額等の計算明細書　　会社名　○○株式会社

（実務編）

（取引相場のない株式（出資）の評価明細書）　（平成三十年一月一日以降用）

1．1株当たりの資本金 等の額等の計算	直前期末の資本 金等の額 ① 20,000 千円	直前期末の 発行済株式数 ② 40,000 株	直前期末の 自己株式数 ③ 株	1株当たりの資本金等の 額（①÷（②－③）） ④ 500 円	1株当たりの資本金等の額を50 円とした場合の発行済株式数 （①÷50円） ⑤ 400,000 株

2．比準要素等の金額の計算

1株（50円）当たりの年配当金額

直前期末以前2（3）年間の年平均配当金額

事業年度	⑥ 年配当金額	⑦ 左のうち 非経常的な 配当金額	⑧ 差引経常的な年 配当金額（⑥－⑦）	年平均配当金額
直前期	2,000 千円	― 千円	㋑ 2,000 千円	⑨（㋑+㋺）÷2 千円
直前々期	1,000 千円	― 千円	㋺ 1,000 千円	1,500
直前々期 の前期	千円	千円	㋩ 千円	⑩（㋺+㋩）÷2 千円

比準要素数1の会社・比準要素数0
の会社の判定要素の金額

⑨/⑤　㋑ 3 円 7 銭 0
⑩/⑤　㋺ 円 銭

1株（50円）当たりの年配当金額
⑧ の金額
Ⓑ 3 円 70 銭

1株（50円）当たりの年利益金額

直前期末以前2（3）年間の利益金額

事業年度	⑪法人税の課 税所得金額	⑫非経常的な 利益金額	⑬受取配当等 の益金 不算入額	⑭左の所得税 額	⑮損金算入し た繰越欠損 金の控除額	⑯差引利益金額 （⑪－⑫+⑬ －⑭+⑮）
直前期	19,000 千円	500 千円	200 千円	30 千円	―	18,670 千円
直前々期	14,000 千円	1,500 千円	200 千円	30 千円	―	12,670 千円
直前々期 の前期	千円	千円	千円	千円	千円	千円

比準要素数1の会社・比準要素数0
の会社の判定要素の金額

㋥ 又は（㋥+㋬）÷2 /⑤　Ⓒ 39 円
㋬ 又は /⑤　Ⓒ 円

1株（50円）当たりの年利益金額
（㋥ ／⑤ 又は （㋥+㋬）÷2 ／⑤ の金額）
Ⓒ 39 円

1株（50円）当たりの純資産価額

直前期末（直前々期末）の純資産価額

事業年度	⑰ 資本金等の額	⑱ 利益積立金額	⑲ 純資産価額 （⑰+⑱）
直前期	20,000 千円	14,500 千円	34,500 千円
直前々期	千円	千円	千円

比準要素数1の会社・比準要素数0
の会社の判定要素の金額

⑲/⑤　Ⓓ 86 円
⑲/⑤　Ⓓ 円

1株（50円）当たりの純資産価額
（Ⓓ の金額）
Ⓓ 86 円

3．類似業種比準価額の計算

類似業種と 業種目番号	△△卸売業 （No. ）	区分	1株（50円）当たり の年配当金額	1株（50円）当たり の年利益金額	1株（50円）当たり の純資産価額	1株（50円）当たりの 比準価額
類似業種の株価	課税時期の属する月 4月 ㋷ 109	比準割合の計算	評価会社 Ⓑ 3 円 7 銭 0	Ⓒ 39 円	Ⓓ 86 円	⑳×㉑×0.7
	課税時期の属する月の前月 3月 ㋠ 113		類似業種 B 3 円 0 銭 0	C 11 円	D 171 円	※中会社は0.6 小会社は0.5 とします。
	課税時期の属する月の前々月 2月 ㋦ 115		要素別比準割合 Ⓑ/B 1.23	Ⓒ/C 3.54	Ⓓ/D 0.50	
	前年平均株価 ㋣ 104 円					㉒ 円 銭
	課税時期の属する月以前2年間の平均株価 ㋠ 113 円		比準割合 (Ⓑ/B + Ⓒ/C + Ⓓ/D)/3 = 1.75			91 0 0
	A（㋷、㋠、㋦㋣及び㋠の うち最も低いもの）⑳ 104					
類似業種と 業種目番号	○○卸売業 （No. ）	区分	1株（50円）当たり の年配当金額	1株（50円）当たり の年利益金額	1株（50円）当たり の純資産価額	1株（50円）当たりの 比準価額
類似業種の株価	課税時期の属する月 4月 ㋷ 226	比準割合の計算	評価会社 Ⓑ 3 円 7 銭 0	Ⓒ 39 円	Ⓓ 86 円	㉓×㉔×0.7
	課税時期の属する月の前月 3月 ㋠ 235		類似業種 B 4 円 2 銭 0	C 29 円	D 255 円	※中会社は0.6 小会社は0.5 とします。
	課税時期の属する月の前々月 2月 ㋦ 228		要素別比準割合 Ⓑ/B 0.88	Ⓒ/C 1.34	Ⓓ/D 0.33	
	前年平均株価 ㋣ 197 円					㉕ 円 銭
	課税時期の属する月以前2年間の平均株価 ㋠ 207 円		比準割合 (Ⓑ/B + Ⓒ/C + Ⓓ/D)/3 = 0.85			83 7 0
	A（㋷、㋠、㋦㋣及び㋠の うち最も低いもの）⑳ 197					

計算（比準価額の計算）

1株当たりの比準価額	比準価額（㉒と㉕ とのいずれか低い方） 83 円 7 0 銭	④の金額 500 円 50円	×	㉖ 837 円

比準価額の修正	直前期末の翌日から課税時期ま での間に配当金交付の効力が発 生した場合	比準価額（㉖） 837 円	1株当たりの 配当金額 － 50 円 00 銭	修正比準価額 ㉗ 787 円
	直前期末の翌日から課税時期ま での間に株式の割当て等の効力 が発生した場合	比準価額（㉖） （㉗があるときは㉗） （ 円+	割当株式1株当 たりの払込金額 円 銭×	1株当たりの割 当株式数 株）÷（1株+ 1株当たりの割当株 式数又は交付株式数 株）	修正比準価額 ㉘ 円

第5表　1株当たりの純資産価額（相続税評価額）の計算明細書

会社名　　○○株式会社

（取引相場のない株式（出資）の評価明細書）

（平成三十年一月一日以降用）

1. 資産及び負債の金額（課税時期現在）

	資産の部				負債の部		
科目	相続税評価額	帳簿価額	備考	科目	相続税評価額	帳簿価額	備考
	千円	千円			千円	千円	
現金預金	8,250	8,200		支払手形	38,990	38,990	
受取手形	39,800	39,990		買掛金	36,500	36,500	
売掛金	30,500	31,000		短期借入金	11,000	11,000	
製品	35,000	35,000		未払金	1,820	1,820	
仮払金	4,100	4,100		預り金	1,350	1,350	
有価証券	1,000	1,000		長期借入金	17,000	17,000	
前払費用	0	0		未払退職金	20,000	20,000	
短期貸付金	1,000	1,000		未納法人税	3,900	3,900	
建物	4,500	8,200		未納都民税	800	800	
車両	1,100	1,100		未納事業税	600	600	
器具及び備品	974	974		未納消費税	500	500	
課税時期前3年以内に取得した土地	10,000	10,000		未納固定資産税	400	400	
土地	120,000	6,000		未払配当金	2,000	2,000	
借地権	20,000	3,000		保険差益に対する法人税等相当額	11,100	11,100	
電話加入権	45	300					
生命保険金請求権	50,000	50,000					
合計	① 326,269	② 199,864		合計	③ 145,960	④ 145,960	
株式等の価額の合計額	㋐ 1,000	㋺ 1,000					
土地等の価額の合計額	㋩ 150,000						
現物出資等受入れ資産の価額の合計額	㋥	㋭					

2. 評価差額に対する法人税額等相当額の計算

相続税評価額による純資産価額 （①－③）	⑤ 180,309	千円
帳簿価額による純資産価額 （（②＋㋩－㋥）－④）、マイナスの場合は0	⑥ 53,904	千円
評価差額に相当する金額 （⑤－⑥、マイナスの場合は0）	⑦ 126,405	千円
評価差額に対する法人税額等相当額 （⑦×37%）	⑧ 46,769	千円

3. 1株当たりの純資産価額の計算

課税時期現在の純資産価額 （相続税評価額） （⑤－⑧）	⑨ 133,540	千円
課税時期現在の発行済株式数 （（第1表の1の①）－自己株式数）	⑩ 40,000	株
課税時期現在の1株当たりの純資産価額 （相続税評価額） （⑨÷⑩）	⑪ 3,338	円
同族株主等の議決権割合（第1表の1の⑤の割合）が50%以下の場合 （⑪×80%）	⑫ 2,670	円

④ 　中会社

（1）　評価明細書第1表の1〜第5表の記載例

第1表の1　評価上の株主の判定及び会社規模の判定の明細書　　整理番号 [　　　]

（取引相場のない株式（出資）の評価明細書）	会 社 名	（電話03-0000-××××）　○○株式会社	本 店 の 所 在 地	○○○○
	代表者氏名	A		
	課税時期	X 年 6 月 3 日	事業内容	取扱品目及び製造、卸売、小売等の区分 ／ 業種目番号 ／ 取引金額の構成比：○○製造業　××　100%
	直前期	自 X-1 年 1 月 1 日　至 X-1 年 12 月 31 日		

プロからのアドバイス

続柄は株式を取得した相続人や受贈者からみた続柄を入れます。

1. 株主及び評価方式の判定

納税義務者の属する同族関係者グループの議決権割合（⑤の割合）を基として、区分します。

要素（課税時期現在の株式等の所有状況）		続柄	⊙ 株 式 数（株式の種類）	⊖ 議決権数	⊘ 議決権割合（⊖/④）
	A	納税義務者 社長	35,000	350	35
	B	母	5,000	50	5
	C	弟	5,000	50	5

（注）1 % 未満の端数は切り捨てます。

	自己株式			
	納税義務者の属する同族関係者グループの議決権の合計数		② 450	⑤ 45
	筆頭株主グループの議決権の合計数		③ 450	⑥ 45
	評価会社の発行済株式又は議決権の総数	① 100,000	④ 1,000	100

判定基準

筆頭株主グループの議決権割合（⑥の割合）

	50%超の場合	30%以上50%以下の場合	30%未満の場合	株主の区分
⑤の割合	50%超	30%以上	15%以上	同族株主等
	50%未満	30%未満	15%未満	同族株主等以外の株主

判定

同族株主等（原則的評価方式等）	同族株主等以外の株主（配当還元方式）

「同族株主等」に該当する納税義務者のうち、議決権割合（⊘）の割合）が5%未満の者の評価方式は、「2. 少数株式所有者の評価方式の判定」欄により判定します。

2. 少数株式所有者の評価方式の判定

判定要素	項 目	判 定 内 容
	氏 名	
⊙	役 員	である〔原則的評価方式等〕・でない（次の⊚へ）
⊚	納税義務者が中心的な同族株主	である〔原則的評価方式等〕・でない（次の⊘へ）
⊘	納税義務者以外に中心的な同族株主（又は株主）	がいる（配当還元方式）・がいない〔原則的評価方式等〕（氏名　　　　　　）
判 定		原則的評価方式等 ・ 配当還元方式

貸借対照表の資産合計金額＋貸倒引当金

第１表の２　評価上の株主の判定及び会社規模の判定の明細書（続）　　会社名　○○株式会社

（取引相場のない株式（出資）の評価明細書）

（平成三十年一月一日以降用）

３．会社の規模（Ｌの割合）の判定

項　目	金　額	項　目	人　数
直前期末の総資産価額（帳簿価額）	千円 389,019	直前期末以前１年間における従業員数	23.3 人 [従業員数の内訳]（継続勤務従業員数）（継続勤務従業員以外の従業員の労働時間の合計時間数）
直前期末以前１年間の取引金額	千円 1,326,930		（18人）＋ （9,500 時間）／1,800時間

㋑　直前期末以前１年間における従業員数に応ずる区分

70人以上の会社は、大会社（㋺及び㋩は不要）

70人未満の会社は、㋺及び㋩により判定

㋺　直前期末の総資産価額（帳簿価額）及び直前期末以前１年間における従業員数に応ずる区分

㋩　直前期末以前１年間の取引金額に応ずる区分

会社規模とＬの割合（中会社）の区分

総資産価額（帳簿価額）			従業員数	取引金額			会社規模とＬの割合（中会社）の区分
卸売業	小売・サービス業	卸売業、小売・サービス業以外		卸売業	小売・サービス業	卸売業、小売・サービス業以外	
20億円以上	15億円以上	15億円以上	35人超	30億円以上	20億円以上	15億円以上	大会社
4億円以上20億円未満	5億円以上15億円未満	5億円以上15億円未満	35人超	7億円以上30億円未満	5億円以上20億円未満	4億円以上15億円未満	0.90 中会社
2億円以上4億円未満	2億5,000万円以上5億円未満	2億5,000万円以上5億円未満	20人超35人以下	3億5,000万円以上7億円未満	2億5,000万円以上5億円未満	2億円以上4億円未満	0.75
7,000万円以上2億円未満	4,000万円以上2億5,000万円未満	5,000万円以上2億5,000万円未満	5人超20人以下	2億円以上3億5,000万円未満	6,000万円以上2億5,000万円未満	8,000万円以上2億円未満	0.60
7,000万円未満	4,000万円未満	5,000万円未満	5人以下	2億円未満	6,000万円未満	8,000万円未満	小会社

・「会社規模とＬの割合（中会社）の区分」欄は、㋺欄の区分（「総資産価額（帳簿価額）」と「従業員数」とのいずれか下位の区分）と㋩欄（取引金額）の区分とのいずれか上位の区分により判定します。

判定

大会社	中会社			小会社	
	Ｌの割合				
	0.90	0.75	0.60		

４．増（減）資の状況その他評価上の参考事項

直前期分の配当金の支払確定日　　X年2月24日

第3表　一般の評価会社の株式及び株式に関する権利の価額の計算明細書　会社名　　○○株式会社

（取引相場のない株式（出資）の評価明細書）

実務編

平成三十年一月一日以降用

		1株当たりの価額の計算の基となる金額	類似業種比準価額（第4表の㉖、㉗又は㉘の金額）① 1,672 円	1株当たりの純資産価額（第5表の⑪の金額）② 4,211 円	1株当たりの純資産価額の80%相当額（第5表の⑫の記載がある場合のその金額）③ 3,368 円

1　原則的評価方式による価額

1株当たりの価額の計算	区　分	1株当たりの価額の算定方法	1株当たりの価額
	大会社の株式の価額	①の金額と②の金額とのいずれか低い方の金額（②の記載がないときは①の金額）	④　　　円
	中会社の株式の価額	①と②とのいずれか低い方の金額　Lの割合　　②の金額（③の金額があるときは③の金額）　Lの割合（ 1,672 円×0. 90 ）+（ 3,368 円×(1−0. 90)）	⑤ 1,841 円
	小会社の株式の価額	②の金額（③の金額があるときは③の金額）と次の算式によって計算した金額とのいずれか低い方の金額　②の金額（③の金額があるときは③の金額）（ ①の金額 円×0.50)+(円×0.50)= 円	⑥　　　円

株式の価額の修正

課税時期において配当期待権の発生している場合	株式の価額（④、⑤又は⑥） 1株当たりの配当金額 円− 円 銭	修正後の株式の価額 ⑦　　　円
課税時期において株式の割当てを受ける権利、株主となる権利又は株式無償交付期待権の発生している場合	株式の価額〔④、⑤又は⑥（⑦があるときは⑦）〕 割当株式1株当たりの払込金額 1株当たりの割当株式数 1株当たりの割当株式数又は交付株式数（ 円+ 円× 株)÷(1株+ 株)	修正後の株式の価額 ⑧　　　円

2　配当還元方式による価額

1株当たりの資本金等の額、発行済株式数等	直前期末の資本金等の額 ⑨　　千円	直前期末の発行済株式数 ⑩　　株	直前期末の自己株式数 ⑪　　株	1株当たりの資本金等の額を50円とした場合の発行済株式数（⑨÷50円）⑫　　株	1株当たりの資本金等の額（⑨÷(⑩−⑪)) ⑬　　円

直前期末以前2年間の年配当金額	事業年度	⑭年配当金額	⑮左のうち非経常的な配当金額	差引経常的な年配当金額（⑭−⑮）	年平均配当金額
	直前期	千円	千円	㋑ 千円	⑰（㋑+㋺）÷2 千円
	直前々期	千円	千円	㋺ 千円	

1株(50円)当たりの年配当金額	年平均配当金額(⑰) 千円 ÷	⑫の株式数 株 =	⑱ 円 銭	この金額が2円50銭未満の場合は2円50銭とします。

配当還元価額	⑱の金額 円 銭 10% ×	⑬の金額 円 50円 =	⑲ 円	⑳ 円	⑲の金額が、原則的評価方式により計算した価額を超える場合には、原則的評価方式により計算した価額とします。

3　株式に関する権利の価額

配当期待権	1株当たりの予想配当金額 源泉徴収されるべき所得税相当額（ 円 銭)−(円 銭)	㉑ 円 銭
株式の割当てを受ける権利（割当株式1株当たりの価額）	⑧（配当還元方式の場合は⑳)の金額 割当株式1株当たりの払込金額 円− 円	㉒ 円
株主となる権利（割当株式1株当たりの価額）	⑧（配当還元方式の場合は⑳)の金額（課税時期後にその株主となる権利につき払い込むべき金額があるときは、その金額を控除した金額)	㉓ 円
株式無償交付期待権（交付される株式1株当たりの価額）	⑧（配当還元方式の場合は⑳)の金額	㉔ 円

4.　株式及び株式に関する権利の価額（1.及び2.に共通）	
株式の評価額	1,841 円
株式に関する権利の評価額	（ 円 銭)

第４表　類似業種比準価額等の計算明細書

会社名　**○○株式会社**

（取引相場のない株式（出資）の評価明細書）（平成三十年一月一日以降用）

1. 1株当たりの資本金等の額等の計算	直前期末の資本金等の額 ① 50,000 千円	直前期末の発行済株式数 ② 100,000 株	直前期末の自己株式数 ③ 株	1株当たりの資本金等の額（①÷（②－③）） ④ 500 円	1株当たりの資本金等の額を50円とした場合の発行済株式数（①÷50円） ⑤ 1,000,000 株

2. 比準要素等の金額の計算

1株(50円)当たりの年配当金額

直前期末以前2（3）年間の年平均配当金額

事業年度	⑥ 年配当金額	⑦ 左のうち非経常的な配当金額	⑧ 差引経常的な年配当金額(⑥－⑦)	年平均配当金額
直前期	5,000 千円	1,000 千円	⑨ 4,000 千円	⑨(⑦+⑧)÷2 3,500 千円
直前々期	3,000 千円	千円	⑩ 3,000 千円	⑩(⑦+⑧)÷2 千円
直前々期の前期	千円	千円	千円	

比準要素数1の会社・比準要素0の会社の判定要素の金額

⑨/⑤ ⑧ 3円 5銭 0
⑩/⑤ ⑧ 円 銭 0

1株(50円)当たりの年配当金額（⑥の金額） ⑧ 3円 50銭

1株(50円)当たりの年利益金額

直前期末以前2（3）年間の利益金額

事業年度	⑪法人税の課税所得金額	⑫非経常的な利益金額	⑬受取配当等の益金不算入額	⑭左の所得税額	⑮損金算入した繰越欠損金の控除額	⑯差引利益金額(⑪-⑫+⑬-⑭+⑮)
直前期	37,142 千円	5,108 千円	985 千円	331 千円	―	32,688 千円
直前々期	29,342 千円	1,780 千円	675 千円	226 千円	―	28,011 千円
直前々期の前期	千円	千円	千円	千円	千円	千円

比準要素数1の会社・比準要素0の会社の判定要素の金額

⑯ 又は (⑯+⑯)÷2 / ⑤　ⓒ 30円
⑯ 又は (⑯+⑯)÷2 / ⑤　ⓒ 円

1株(50円)当たりの年利益金額
(⑯/⑤ 又は (⑯+⑯)÷2 / ⑤ の金額) ⓒ 30円

1株(50円)当たりの純資産価額

直前期末（直前々期末）の純資産価額

事業年度	⑰資本金等の額	⑱利益積立金額	⑲純資産価額(⑰+⑱)
直前期	50,000 千円	93,388 千円	⑲ 143,388 千円
直前々期	50,000 千円	70,796 千円	⑲ 120,796 千円

比準要素数1の会社・比準要素0の会社の判定要素の金額

⑲/⑤ ⓓ 143円
⑲/⑤ ⓓ 120円

1株(50円)当たりの純資産価額（ⓓの金額） ⓓ 143円

3. 類似業種比準価額の計算

1株(50円)当たりの比準価額の計算

類似業種と業種目番号	○○製造業 (No.)		区分	1株(50円)当たりの年配当金額	1株(50円)当たりの年利益金額	1株(50円)当たりの純資産価額	1株(50円)当たりの比準価額
類似業種の株価	課税時期の属する月 6月 ㋑ 385		評価会社	⑧ 3円 5銭 0	ⓒ 30	ⓓ 143	⑳×㉑×0.7 ※
	課税時期の属する月の前月 5月 ㋺ 381		類似業種	Ⓑ 4円 1銭 0	Ⓒ 27	Ⓓ 280	※小会社は0.6 とします。
	課税時期の属する月の前々月 4月 ㋩ 377		要素別比準割合	⑧/Ⓑ 0.85	ⓒ/Ⓒ 1.11	ⓓ/Ⓓ 0.51	
	前年平均株価 ㋥ 350		比準割合	(⑧/Ⓑ + ⓒ/Ⓒ + ⓓ/Ⓓ)/3 = ㉑ 0.82			㉒ 172円 20銭
	課税時期の属する月以前2年間の平均株価 ㋭ 352						
	A (㋑,㋺,㋩,㋥及び㋭のうち最も低いもの) ⑳ 350						

類似業種と業種目番号	△△製造業 (No.)		区分	1株(50円)当たりの年配当金額	1株(50円)当たりの年利益金額	1株(50円)当たりの純資産価額	1株(50円)当たりの比準価額
類似業種の株価	課税時期の属する月 6月 ㋬ 436		評価会社	⑧ 3円 5銭 0	ⓒ 30	ⓓ 143	㉓×㉔×0.7 ※
	課税時期の属する月の前月 5月 ㋣ 431		類似業種	Ⓑ 4円 2銭 0	Ⓒ 26	Ⓓ 263	※小会社は0.6 とします。
	課税時期の属する月の前々月 4月 ㋠ 422		要素別比準割合	⑧/Ⓑ 0.83	ⓒ/Ⓒ 1.15	ⓓ/Ⓓ 0.54	
	前年平均株価 ㋷ 386		比準割合	(⑧/Ⓑ + ⓒ/Ⓒ + ⓓ/Ⓓ)/3 = ㉔ 0.84			㉕ 194円 50銭
	課税時期の属する月以前2年間の平均株価 ㋦ 388						
	A (㋬,㋣,㋠,㋷及び㋦のうち最も低いもの) ㉓ 386						

1株当たりの比準価額	比準価額（㉒と㉕とのいずれか低い方） 172円 20銭 × ④の金額 500円/50円	㉖ 1,722円

比準価額の修正

直前期末の翌日から課税時期までの間に配当金交付の効力が発生した場合	比準価額（㉖） 1,722円 － 1株当たりの配当金額 50円 00銭	修正比準価額 ㉗ 1,672円
直前期末の翌日から課税時期までの間に株式の割当て等の効力が発生した場合	比準価額（㉖）（㉗があるときは㉗）（ 円 + 割当株式1株当たりの払込金額 円 銭 × 1株当たりの割当株式数 株）÷（1株 + 1株当たりの割当株式数又は交付株式数 株）	修正比準価額 ㉘ 円

第5表　1株当たりの純資産価額（相続税評価額）の計算明細書　会社名　○○株式会社

（取引相場のない株式（出資）の評価明細書）

（平成三十年一月一日以降用）

1. 資産及び負債の金額（課税時期現在）

資産の部				負債の部			
科目	相続税評価額	帳簿価額	備考	科目	相続税評価額	帳簿価額	備考
	千円	千円			千円	千円	
現金預金	16,267	16,067		支払手形	44,058	44,058	
受取手形	51,802	53,925		買掛金	71,098	71,098	
売掛金	38,294	42,513		短期借入金	24,320	24,320	
製品	49,357	49,357		未払金	4,623	4,623	
仕掛品	7,488	7,488		未払費用	5,595	5,595	
原材料	4,962	4,962		預り金	5,672	5,672	
未収入金	5,526	5,526		長期借入金	87,600	87,600	
短期貸付金	3,840	3,840		未納法人税	1,240	1,240	
課税時期前3年以内に取得した建物	54,782	54,782		〃 都民税	23	23	
機械装置	25,312	25,312		〃 事業税	3,518	3,518	
車両運搬具	625	625		〃 消費税	8,042	8,042	
器具及び備品	421	421		〃固定資産税	1,926	1,926	
土地	498,240	18,300		未払配当金	5,000	5,000	
課税時期前3年以内に取得した土地	38,500	38,500		未払死亡退職金	58,000	58,000	
電話加入権	15	620		社葬費用	5,850	5,850	
関係会社株式	97,842	32,800					
投資有価証券	51,382	12,000					
長期貸付金	16,800	16,800					
合計	① 961,455	② 383,838		合計	③ 326,565	④ 326,565	
株式等の価額の合計額	㋑ 149,224	㋺ 44,800					
土地等の価額の合計額	㋩ 536,740						
現物出資等受入れ資産の価額の合計額	㊁	㋭					

2. 評価差額に対する法人税額等相当額の計算

相続税評価額による純資産価額 （①－③）	⑤	634,890 千円
帳簿価額による純資産価額 （（②＋㋩－㋭）－④）、マイナスの場合は0）	⑥	57,273 千円
評価差額に相当する金額 （⑤－⑥、マイナスの場合は0）	⑦	577,617 千円
評価差額に対する法人税額等相当額 （⑦×37%）	⑧	213,718 千円

3. 1株当たりの純資産価額の計算

課税時期現在の純資産価額 （相続税評価額） （⑤－⑧）	⑨	421,172 千円
課税時期現在の発行済株式数 （第1表の1の①－自己株式数）	⑩	100,000 株
課税時期現在の1株当たりの純資産価額 （相続税評価額） （⑨÷⑩）	⑪	4,211 円
同族株主等の議決権割合（第1表の1の⑤の割合）が50%以下の場合 （⑪×80%）	⑫	3,368 円

(2)　評価明細書第４表①

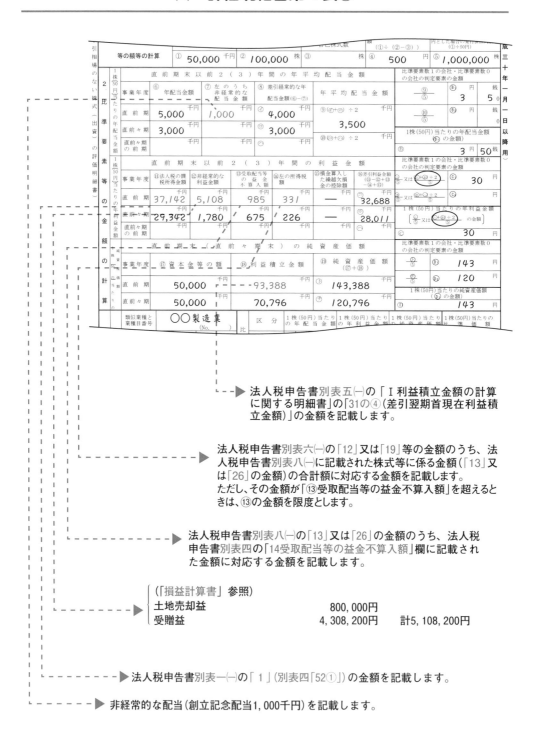

法人税申告書別表五(一)の「Ⅰ利益積立金額の計算に関する明細書」の「31の④(差引翌期首現在利益積立金額)」の金額を記載します。

法人税申告書別表六(一)の「12」又は「19」等の金額のうち、法人税申告書別表八(一)に記載された株式等に係る金額(「13」又は「26」の金額)の合計額に対応する金額を記載します。
ただし、その金額が「⑬受取配当等の益金不算入額」を超えるときは、⑬の金額を限度とします。

法人税申告書別表八(一)の「13」又は「26」の金額のうち、法人税申告書別表四の「14受取配当等の益金不算入額」欄に記載された金額に対応する金額を記載します。

(「損益計算書」参照)
土地売却益　　　　　　　　800,000円
受贈益　　　　　　　　　4,308,200円　　計5,108,200円

法人税申告書別表一(一)の「1」(別表四「52①」)の金額を記載します。

非経常的な配当(創立記念配当1,000千円)を記載します。

※　法人税申告書は、令和４年４月１日以後終了事業年度分の様式に基づいて表記しています。

(3) 評価明細書第4表②

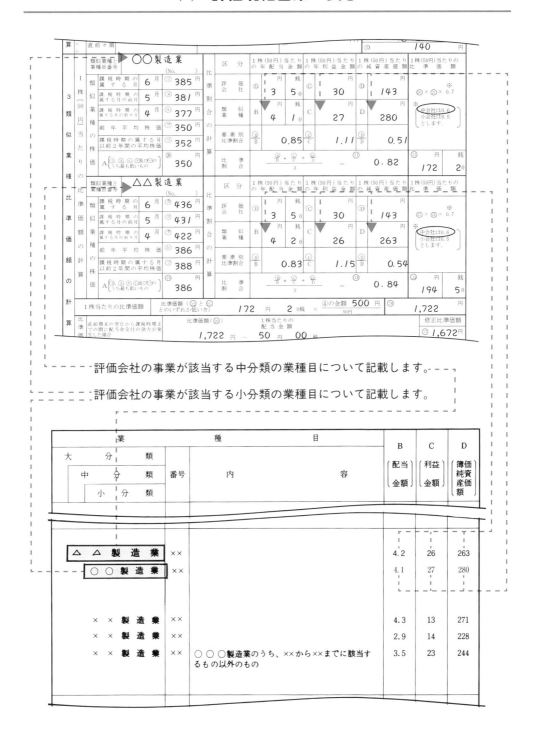

実務編

第4表　チェックポイント

チェック欄

（年配当金額）

・「⑥　年配当金額」欄には、各事業年度中に配当金交付の効力が発生した剰余金の配当（資本金等の額の減少によるものを除きます。）の金額を記載します。　☐

（非経常的な配当金額）

・「⑦　左のうち非経常的な配当金額」欄には、剰余金の配当金額の算定の基となった配当金額のうち、特別配当、記念配当等の名称による配当金額で、将来、毎期継続することが予想できない金額を記載します。　☐

（直前期の年配当金額）

・「1株（50円）当たりの年配当金額」の「直前期」欄の記載に当たって、1年未満の事業年度がある場合には、直前期末以前1年間に対応する期間に配当金交付の効力が発生した剰余金の配当金額の総額を記載します。（直前々期以前も同様です。）　☐

（非経常的な利益金額）

・「⑫　非経常的な利益金額」欄には、固定資産売却益、保険差益等の非経常的な利益の金額を記載します。非経常的な損失の金額がある場合は、非経常的な利益の金額から非経常的な損失の金額を控除した金額（負数の場合は0）を記載します。　☐

（直前期の年利益金額）

・「1株（50円）当たりの年利益金額」の「直前期」欄の記載に当たって、1年未満の事業年度がある場合には、直前期末以前1年間に対応する期間の利益の金額を記載します。この場合、実際の事業年度に係る利益の金額をあん分する必要があるときは、月数により行います。（直前々期以前も同様です。）　☐

（課税時期の属する月）

・「課税時期の属する月」欄には、相続開始や贈与等の時期の属する月を記載します。直前期末の属する月ではありません。　☐

（比準価額の修正）

・「比準価額の修正」欄の「1株当たりの割当株式数」及び「1株当たりの割当株式数又は交付株式数」は、1株未満の株式数を切り捨てずに実際の株式数を記載します。　☐

☞　92頁以降参照

column

「非経常的な利益金額」の判定

「1株当たりの利益金額Ⓒ」から非経常的な利益を除くこととされています（評基通183⑵）。これは、評価会社の臨時偶発的な利益の金額を除外した経常的な利益と類似業種の同様な経常的な利益金額を比較するための修正を行うことによります。

したがって、非経常的な利益に該当するか否かの判断に当たっては、「評価会社の事業内容、その利益の発生原因、その発生原因たる行為の反復継続性又は臨時偶発性等を考慮し、個別に判定することになります（国税庁質疑応答事例「1株当たりの利益金額Ⓒ─継続的に有価証券売却益がある場合」）。

・　毎期行っていたクレーン車の売却益　⇒　×（反復継続的に行われていた場合、非経常的利益に該当しないことになります。）

・　相当の期間、継続的に有価証券売却益がある場合　⇒　×（非経常的利益に該当しません。）

・　レバレッジドリース取引による分配金　⇒　×（通常臨時偶発的でないことから非経常的利益に該当しません。）

・　保険契約による保険差益のうち、長期平準保険や逓増定期保険等予め解約が予見される保険差益　⇒　△（個別判断。解約時期や解約期間等から火災保険等と同様に臨時偶発的と認められる場合は非経常的利益に該当しますが、解約時期や解約終了が予見され確定していると認められる場合は非経常的利益に該当しないことになります。）

【参考裁判例等】令和元年5月14日東京地裁判決（121頁参照）

column

11月・12月の業種目別株価に注意

国税庁では、「類似業種比準価額計算上の業種目及び業種目別株価等について」通達を定め公表しています。この通達の類似業種の株価等の計算の基となる標本会社は、金融商品取引所に株式を上場している全ての会社を対象としていますが、次のような類似業種の株価等を適正に求められない会社は標本会社か

ら除外しており、毎年標本会社の見直しが行われています。

　したがって、11月及び12月の業種目別株価については、例えば令和4年分で公表されていた令和4年11月、12月の株価と、令和5年分で公表されている令和4年11月、12月の株価が異なっている場合があります。課税時期が令和4年分の場合には令和4年分の通達を、令和5年分の場合には令和5年分の通達の数値を使用することになりますので、注意が必要です。

※　標本会社から除外している会社（平成29年6月13日資産評価企画官情報第4号）

　①　本年中に上場廃止することが見込まれる会社

　　　本年中のその会社の株式の毎日の最終価格の各月ごとの平均額を12月まで求められないことから、除外している。

　②　前々年中途に上場した会社

　　　課税時期の属する月以前2年間の平均株価を求められないことから、除外している。

　③　設立後2年未満の会社

　　　1株当たりの配当金額は、直前期末以前2年間における剰余金の年配当金額の平均としているが、設立後2年未満の会社については、2年分の配当金額の平均が計算できず、類似業種の1株当たりの配当金額を求められないことから、除外している。

　④　1株当たりの配当金額、1株当たりの利益金額及び1株当たりの簿価純資産価額のいずれか2以上が0又はマイナスである会社

　　　類似業種比準方式の計算において評価会社と比較する1株当たりの配当金額、1株当たりの利益金額及び1株当たりの簿価純資産価額の3要素のうち過半を欠く会社を含めて類似業種の株価等を計算することは不適当と考えられることから、除外している。

　⑤　資本金の額等が0又はマイナスである会社

　　　各標本会社の株価、1株当たりの配当金額、1株当たりの利益金額及び1株当たりの簿価純資産価額（以下これらを併せて「株価等」という。）は、1株当たりの資本金の額等を50円とした場合の金額として算出することから、資本金の額等が0又はマイナスの場合はこれらの金額も0又はマイナスとなる。このような0又はマイナスの会社の株価等を含めて類似業種の株価等を計算することは不適当と考えられることから、除外している。

　⑥　他の標本会社に比し、業種目の株価等に著しく影響を及ぼしていると認められる会社

　　　類似業種の株価等は、業種目ごとに各標本会社の株価等の平均額に基づき算出していることから、特定の標本会社の株価等が、他の標本会社の株価等と比較し、著しく高い株価等となっている場合、当該特定の標本会社の株価

等が、業種目の株価等に著しい影響を及ぼすこととなる。このような場合、当該特定の標本会社の個性が業種目の株価等に強く反映されることとなることから、このような影響を排除するため、統計的な処理に基づき株価等が外れ値（注）となる会社を除外している。

（注）　一般的な統計学の手法に基づき、株価等について対数変換した上で、平均値と標準偏差を求め、平均値から標準偏差の３倍を超える乖離のある株価等を外れ値としている。

(4) 評価明細書第 5 表①

<table>
<tr><td colspan="4">1. 資産及び負債の金額（課税時期現在）</td><td></td></tr>
<tr><td colspan="4">資　産　の　部</td><td></td></tr>
<tr><td>科　目</td><td>相続税評価額</td><td>帳簿価額</td><td>備</td></tr>
<tr><td>現金預金</td><td>16,267</td><td>16,067</td><td></td></tr>
<tr><td>受取手形</td><td>51,802</td><td>53,925</td><td></td></tr>
<tr><td>売掛金</td><td>38,294</td><td>42,513</td><td></td></tr>
<tr><td>製品</td><td>49,357</td><td>49,357</td><td></td></tr>
<tr><td>仕掛品</td><td>7,488</td><td>7,488</td><td></td></tr>
<tr><td>原材料</td><td>4,962</td><td>4,962</td><td></td></tr>
<tr><td>未収入金</td><td>5,526</td><td>5,526</td><td></td></tr>
<tr><td>短期貸付金</td><td>3,840</td><td>3,840</td><td></td></tr>
<tr><td>課税時期前３年以内に取得した建物</td><td>54,782</td><td>54,782</td><td></td></tr>
<tr><td>機械装置</td><td>25,312</td><td>25,312</td><td></td></tr>
<tr><td>車両運搬具</td><td>625</td><td>625</td><td></td></tr>
<tr><td>器具及び備品</td><td>421</td><td>421</td><td></td></tr>
<tr><td>土　地</td><td>498,246</td><td></td><td></td></tr>
</table>

（取引相場のない株式（出資）の評価明細書）

帳簿価額　　　評価減
53,925千円－2,123千円
相続税評価額
＝51,802千円

―――― 別表十六（二）

会社決算の帳簿価額　減価償却超過額
▶ 54,376千円＋406千円＝54,782千円

▶ 課税時期前３年以内に取得した建物は、課税時期における通常の取引価額を記載します（今回は同額です。）。

帳簿価額　　　回収不能額　　　相続税評価額
▶ 42,513千円－4,219千円＝38,294千円

帳簿価額　　　既経過利子
▶ 16,067千円＋200千円＝16,267千円

プロからのアドバイス

・　前払費用……返還される可能性のないものや財産性のないものは、相続税評価額、帳簿価額ともに記載しません。

・　課税時期前３年以内取得の土地・建物……相続税評価額は、「通常の取引価額」を記載します。

※「通常の取引価額」の求め方には、㋑不動産鑑定士による鑑定評価額（精通者意見価格）、㋺近隣の売買実例価額を基準として算定する方法、㋩倍率方式又は路線価方式で算定した相続税評価額を市場価格との乖離率（80％）で割り戻して算定する方法、㋥帳簿価額をそのまま採用する方法（課税上の弊害がない場合）などがあります。

・　減価償却累計額、減価償却超過額に留意してください。

(5)　評価明細書第5表②

		54,782
機械装置	25,312	25,312
車両運搬具	625	625
器具及び備品	421	421
土　地	498,240	18,300
課税時期前3年以内に取得した土地	38,500	38,500
電話加入権	15	620
関係会社株式	97,842	32,800
投資有価証券	51,382	12,000
長期貸付金	16,800	16,800
合　計	① 961,455	② 383,838
株式等の価額の合計額	○ハ 149,224	○ニ 44,800
土地等の価額の合計額	○ホ 536,740	
現物出資等受入れ資産の価額の合計額	○ヘ	○ト

課税時期前3年以内に取得した土地等については、課税時期における<u>通常の取引価額</u>を記載します。

会社決算の土地
の帳簿価額

課税時期前3年以
内に取得した土地
の実際の取得価額

56,800千円－38,500千円＝18,300千円

相続税評価額
498,240千円

プロからのアドバイス

・　開発費・創立費……財産性のない繰延資産は相続税評価額、帳簿価額ともに記載しません。

・　繰延税金資産も財産価値がないのでともに記載しません。

(6)　評価明細書第５表③

<table>
<tr><th colspan="6">（平成三十年一月一日以降用）</th></tr>
<tr><th></th><th colspan="4">負　債　の　部</th><th></th></tr>
<tr><th>備考</th><th>科　目</th><th>相続税評価額</th><th>帳簿価額</th><th>備考</th><th></th></tr>
<tr><td></td><td>支払手形</td><td>44,058 千円</td><td>44,058 千円</td><td></td><td></td></tr>
<tr><td></td><td>買掛金</td><td>71,098</td><td>71,098</td><td></td><td></td></tr>
<tr><td></td><td>短期借入金</td><td>24,320</td><td>24,320</td><td></td><td></td></tr>
<tr><td></td><td>未払金</td><td>4,623</td><td>4,623</td><td></td><td></td></tr>
<tr><td></td><td>未払費用</td><td>5,595</td><td>5,595</td><td></td><td></td></tr>
<tr><td></td><td>預り金</td><td>5,672</td><td>5,672</td><td></td><td></td></tr>
<tr><td></td><td>長期借入金</td><td>87,600</td><td>87,600</td><td></td><td></td></tr>
<tr><td></td><td>未納法人税</td><td>1,240</td><td>1,240</td><td></td><td></td></tr>
<tr><td></td><td>〃　都民税</td><td>23</td><td>23</td><td></td><td></td></tr>
<tr><td></td><td>〃　事業税</td><td>3,518</td><td>3,518</td><td></td><td></td></tr>
<tr><td></td><td>〃　消費税</td><td>8,042</td><td>8,042</td><td></td><td></td></tr>
<tr><td></td><td>〃固定資産税</td><td>1,926</td><td>1,926</td><td></td><td></td></tr>
<tr><td></td><td>未払配当金</td><td>5,000</td><td>5,000</td><td></td><td></td></tr>
<tr><td></td><td>未払死亡退職金</td><td>58,000</td><td>58,000</td><td></td><td></td></tr>
<tr><td></td><td>社葬費用</td><td>5,850</td><td>5,850</td><td></td><td></td></tr>
</table>

▶相続税法上の葬式費用に該当する社葬費用は負債に計上しても差し支えありません。

退職金　弔慰金のうち相法第３条第１項第２号に該当するもの
▶55,000千円＋3,000千円＝58,000千円

▶課税時期の直前期末の翌日以後、課税時期までに確定した配当金額

▶消費税申告書「㉖」の金額

▶法人税申告書別表五㈡の「18の⑥」の金額と地方税申告書（事業税申告書）第六号様式の「㊻＋㉘」の金額

▶法人税申告書別表五㈡の「９の⑥」の金額

▶法人税申告書別表五㈡の「４の⑥」の金額

※法人税申告書は、令和４年４月１日以後終了事業年度分の様式に基づいて表記しています。
※地方税申告書は、令和４年度改正分の様式（東京都）に基づいて表記しています。
※消費税申告書は、令和元年10月１日以後終了課税期間分の様式に基づいて表記しています。
※「未納租税公課の転記箇所」については、書物により異なる見解となっています。直前期（仮決算期）分以外の未納の租税公課（法人税等）がある場合は、帳簿に負債としての記載の有無を問わず、課税時期において未払いとなっているものは負債として計上できると考えられ、別表五㈡の各「計」欄を使うのが相当の場合もあると思われます。

第5表　チェックポイント

チェック欄

（相続税評価額）

・　「相続税評価額」欄には課税時期における評価会社の各資産負債について財産評価基本通達の定めにより評価した価額を記載します。 ☐

（評価の対象とならないもの）

・　財産性のない前払費用（解約返戻金の有無などで財産性の有無を判断）、繰延資産等については、相続税評価額、帳簿価額ともに記載しません。 ☐

（課税時期前3年以内の取得土地・建物等）

・　課税時期前3年以内に取得又は新築した土地及び土地の上に存する権利並びに家屋及びその附属設備又は構築物の相続税評価額は、課税時期における「通常の取引価額」に相当する金額によって評価した価額を記載します。この場合、その土地等又は家屋等は、他の土地等又は家屋等と「科目」欄を別にして、「課税時期前3年以内に取得した土地等」などと記載します。 ☐

※　「通常の取引価額」の求め方には、㋐不動産鑑定士による鑑定評価額（精通者意見価格）、㋑近隣の売買実例価額を基準として算定する方法、㋒倍率方式又は路線価方式で算定した相続税評価額を市場価格との乖離率（80%）で割り戻して算定する方法、㋓帳簿価額をそのまま採用する方法（課税上の弊害がない場合）などがあります。

（取引相場のない株式等）

・　取引相場のない株式、出資又は転換社債の価額を純資産価額（相続税評価額）で評価する場合には、評価差額に対する法人税等相当額の控除を行わないで計算した金額を「相続税評価額」として記載します。この場合、その株式などは、他の株式などと「科目」欄を別にして、「法人税額等相当額の控除不適用の株式」などと記載します。 ☐

（借地権等）

・　評価の対象となる資産について、帳簿価額がないもの（例えば、借地権、営業権等）であっても相続税評価額が算出される場合には、その評価額を「相続税評価額」欄に記載し、「帳簿価額」欄には「0」と記載します。 ☐

・　被相続人が同族関係者となっている同族会社が「無償返還届出書」を提出して（又は相当の地代を支払って）被相続人所有の土地を借り受けている場合等では、借地権は自用地としての価額の20%相当額で評価します。 ☐

　　なお、同族会社が賃貸している土地が被相続人と他の者との共有になっている場合には、被相続人の所有部分の20%についてのみ純資

産価額に算入します。
・　従業員社宅の敷地の評価は、一般的に貸家建付地とはしません。□

（借家権等）
・　評価の対象となる資産で帳簿価額のあるもの（例えば、借家権、営業権等）であっても、その課税価格に算入すべき相続税評価額が算出されない場合には、「相続税評価額」欄に「0」と記載し、その帳簿価額を「帳簿価額」欄に記載します。□

（繰延資産等）
・　評価の対象とならないもの（例えば、財産性のない創立費、新株発行費等の繰延資産、繰延税金資産）については、記載しません。□

（減価償却累計額）
・　固定資産に係る減価償却累計額、特別償却準備金及び圧縮記帳に係る引当金又は積立金の金額がある場合には、それらの金額をそれぞれの引当金等に対応する資産の帳簿価額から控除した金額をその固定資産の帳簿価額とします。□

（死亡保険金）
・　被相続人の死亡により評価会社が生命保険金を取得する場合には、その生命保険金請求権（未収保険金）の金額を「資産の部」の「相続税評価額」欄及び「帳簿価額」欄のいずれにも記載します。□

（引当金）
・　法人税法上負債とされないもの、例えば貸倒引当金、退職給与引当金、納税引当金及びその他の引当金、準備金並びに繰延税金負債に相当する金額は、負債に該当しないものとします。□

（公租公課等）
・　帳簿に負債としての記載がない場合であっても、課税時期において未払いとなっている次の金額は負債として「相続税評価額」欄及び「帳簿価額」欄のいずれにも記載します。□
　イ　未納公租公課、未払利息等の金額□
　ロ　課税時期以前に賦課期日のあった固定資産税及び都市計画税の税額□
　　（仮決算を行っていない場合は、直前期末日以前に賦課期日のあったもの）
　ハ　課税時期の属する事業年度に係る法人税額、消費税額、事業税額、道府県民税額及び市町村民税額のうち、その事業年度開始の日から課税時期までの期間に対応する金額□
　　（仮決算を行っていない場合は、直前期の事業年度分）

（死亡退職金）
・　被相続人の死亡により、相続人その他の者に支給することが確定し

た退職手当金、功労金その他これらに準ずる給与の金額を「負債の
部」の「相続税評価額」欄及び「帳簿価額」欄のいずれにも記載しま
す。

（弔慰金）

・　被相続人の死亡に伴い評価会社が相続人に対して支払った弔慰金に
ついては、相続税法３条の規定により退職手当金等に該当するものと
して相続税の課税価格に算入されることとなる金額に限り、株式の評
価上、負債に該当するものとして純資産価額の計算上控除しますが、
退職手当金等とみなされない弔慰金については、純資産価額の計算上、
負債に該当しません。

（定期借地権の保証金）

・　定期借地権の設定に際し、預かっている保証金の相続税評価額は、
現在価値に引き直して計算した金額により計算します。

（付合する設備等）

・　建物に付合する設備等は、事例によって注意する必要があります。
　　賃借人が当該設備等を自由に取り外し、他に売却できるようなもの
である場合、評価の対象になります。
　　また、賃借人が施設した建物に付合した設備等により建物の価値が
増加した場合、賃借人が賃貸契約の終了時に貸主に対して金銭を請求
する権利（有益費の償還請求権（民法608②））を有するならば、当
該権利を評価する必要があります。
　　ただし、一般的な賃貸借契約では、賃借人が当該有益費の償還請求
権を排除する規程が設けられていることが多く、排除されている場合、
有益費は評価の対象になりません。
　　裁決事例として、「有限会社の出資の評価に当って、賃借人である
評価会社が賃借建物に設置した付属設備は、工事内容及び賃貸借契約
からみて有益費償還請求権を放棄していると認められるから、資産と
して有額評価することは相当でない。」とされた審査請求の事例（一
部取消し裁決）があります（昭和60年分相続税・平成２年１月22
日付裁決、裁決事例集 No.39、380頁）。その他参考判決として、
平成７年３月28日大阪地裁判決・平成８年１月26日大阪高裁判決
があります。

（税務否認金額のある資産）

・　法人税の否認金額のある資産（法人税申告書別表５㈠に記載金額の
ある資産）については、次によって修正する必要があります。
①　相続税評価額
　　その資産につき、税務否認金額を加味（加算又は減算）した課税
時期の現況により評価した金額とします。

②　帳簿価額

　　その資産の課税時期の貸借対照表計上額（課税時期に仮決算を行っていない場合は、直前期末の貸借対照表計上額）に、税務否認金額を加算又は減算した金額を帳簿価額とします。

・　留意する事項（参考例）　　　　　　　　　　　　　　　　☐

　i　資産に計上するもの

　　㋐　簿外となっているたな卸資産、売掛債権、固定資産、有価証券等の金額

　　㋑　減価償却超過額（対応する資産の帳簿価額の修正）

　ii　資産に計上しないもの

　　　費用の期間帰属の修正項目で財産的価値のない前払費用等の金額

　iii　負債に計上しないもの

　　　貸倒引当金、賞与引当金、退職給与引当金など費用の引当金の金額及び準備金の金額

（特別償却資産）

・　特別償却（即時償却）を行なった資産がある場合には、その帳簿価額が０となっている場合であっても、相続税評価額は特別償却を考慮　☐しない評価方法となっていますから、特別償却がなかったものとして評価します。固定資産台帳や法人税申告書別表十六等を確認してください。

☞　127頁以降参照

〈参考資料〉

〔財務諸表〕

貸借対照表
（X－1年12月31日）　　　　　　　（単位：円）

資　産　の　部		負　債　の　部	
流動資産		流動負債	
現金及び預金	16,067,259	支払手形	44,058,048
受取手形	53,925,504	買掛金	71,098,232
売掛金	42,513,433	短期借入金	24,320,000
製品	49,357,600	未払金	4,623,248
仕掛品	7,488,000	未払費用	5,595,352
原材料	4,962,400	預り金	5,672,544
未収入金	5,526,240	法人税等充当金	20,000,000
前払費用	1,526,920	流動負債計	175,367,424
短期貸付金	3,840,000		
貸倒引当金	△1,638,153	固定負債	
流動資産合計	183,569,203	長期借入金	87,600,000
		固定負債計	87,600,000
固定資産		負債合計	262,967,424
有形固定資産			
建物	54,376,000		
機械装置	25,312,500		
車両運搬具	625,000		
器具及び備品	421,875		
土地	56,800,000		
有形固定資産計	137,535,375		
無形固定資産		純　資　産　の　部	
電話加入権	620,800		
無形固定資産計	620,800	株主資本	
		資本金	50,000,000
投資その他の資産		利益剰余金	
関係会社株式	32,800,000	利益準備金	20,720,000
投資有価証券	12,000,000	その他利益剰余金	
長期貸付金	16,800,000	別途積立金	36,280,000
貸倒引当金	△168,000	繰越利益剰余金	17,245,954
投資その他の資産計	61,432,000	利益剰余金計	74,245,954
固定資産合計	199,588,175	純資産合計	124,245,954
繰延資産			
開発費	3,184,000		
創立費	872,000		
繰延資産合計	4,056,000		
資産合計	387,213,378	負債純資産合計	387,213,378

（注）　有形固定資産の減価償却累計額　41,264,625円

※　387,213,378＋1,638,153＋168,000＝389,019,531

損　益　計　算　書

（自Ｘ－１年１月１日　至Ｘ－１年12月31日）　　　（単位：円）

（**経 常 損 益 の 部**）

Ⅰ　営業損益の部

1.　売　　上　　高		1,326,930,717
2.　売　上　原　価		
期 首 製 品 棚 卸 高	44,050,000	
当 期 製 品 製 造 原 価	937,325,212	
合　　　　　計	981,375,212	
期 末 製 品 棚 卸 高	49,357,600	932,017,612
売　　上　　総　　利　　益		394,913,105
3.　販売費及び一般管理費		
役　　員　　報　　酬	43,478,400	
従 業 員 給 料 手 当	92,757,994	
退　　職　　給　　与	1,400,000	
福　利　厚　生　費	19,263,753	
広　告　宣　伝　費	12,751,760	
荷　造　発　送　費	20,919,365	
減　価　償　却　費	10,827,125	
賃　　　借　　　料	18,928,479	
修　　　繕　　　費	16,988,580	
旅　費　交　通　費	18,189,874	
寄　　　付　　　金	1,768,609	
保　　　険　　　料	16,963,791	
租　　税　　公　　課	11,520,152	
事 務 用 消 耗 品 費	11,886,627	
交　　　際　　　費	8,299,463	
通　　　信　　　費	14,847,892	
雑　　　　　　　費	34,487,768	355,279,632
営　　業　　利　　益		39,633,473

Ⅱ　営業外損益の部

1.　営　業　外　収　益		
受　　取　　利　　息	532,500	
受　取　配　当　金	2,000,000	
雑　　　収　　　入	6,707,453	
営　業　外　収　益　合　計		9,239,953
2.　営　業　外　費　用		
支 払 利 息 割 引 料	11,800,000	
繰　延　資　産　償　却	1,346,000	
貸　　倒　　損　　失	4,800,000	
そ　　　の　　　他	3,491,800	
営　業　外　費　用　合　計		21,437,800
経　　常　　利　　益		27,435,626

4　中会社

（特別損益の部）

Ⅰ　特別利益の部

土　地　売　却　益	800,000	
受　　贈　　益	4,308,200	
貸 倒 引 当 金 戻 入 益	1,383,908	
特　別　利　益　合　計		6,492,108

Ⅱ　特別損失の部

貸 倒 引 当 金 繰 入 損	1,806,153	
そ の 他 の 特 別 損 失	308,200	
特　別　損　失　合　計		2,114,353
税 引 前 当 期 利 益		31,813,381
法 人 税 等 充 当 金		20,000,000
当　期　純　利　益		11,813,381

実務編

株主資本等変動計算書
（自Ｘ－１年１月１日　至Ｘ－１年12月31日）　　　　（単位：円）

	株主資本					純資産合計
		利益剰余金				
			その他利益剰余金		利益剰余金合計	
	資本金	利益準備金	別途積立金	繰越利益剰余金		
前期末残高	50,000,000	18,720,000	34,280,000	14,432,573	67,432,573	117,432,573
当期変動額						
別途積立金			2,000,000	△2,000,000	0	0
創立記念配当				△1,000,000	△1,000,000	△1,000,000
剰余金の配当				△4,000,000	△4,000,000	△4,000,000
剰余金の配当に係る利益準備金の積立額		2,000,000		△2,000,000	0	0
当期純利益				11,813,381	11,813,381	11,813,381
当期変動額合計		2,000,000	2,000,000	2,813,381	6,813,381	6,813,381
当期末残高	50,000,000	20,720,000	36,280,000	17,245,954	74,245,954	124,245,954

※個別注記表は省略

第2部　評価明細書作成の仕方と記載例

別表一　各事業年度の所得に係る申告書－内国法人の分……令四・四・一以後終了事業年度等分

署受 税務印	令和○年○月○日 税務署長殿					青色申告　一連番号

納税地　○○○○　電話(03)0000-××××

(フリガナ)

法人名　○○株式会社

法人番号

(フリガナ)

代表者　A

代表者住所　○○○○

事業種目　○○製造業

期末現在の資本金の額又は出資金の額　50,000,000円

令和 X-1 年 01 月 01 日　事業年度分の法人税　確定 申告書
令和 X-1 年 12 月 31 日　課税事業年度分の地方法人税　確定 申告書

項目	行	金額
所得金額又は欠損金額（別表四「52の①」）	1	37,142,196
法人税額 (52)+(53)+(54)	2	8,164,938
法人税額の特別控除額（別表六（六）「5」）	3	
税額控除超過額相当額等の加算額	4	8,164,938
課税土地譲渡利益金額	5	000
同上に対する税額 (74)+(75)+(76)	6	
課税留保金額（別表三（一）「4」）	7	000
同上に対する税額（別表三（一）「8」）	8	
法人税額計 (2)-(3)+(4)+(6)+(8)	9	8,164,938
分配時調整外国税相当額及び外国関係会社等に係る控除対象所得税額等相当額の控除額	10	
仮装経理に基づく過大申告の更正に伴う控除法人税額	11	
控除税額	12	413,377
差引所得に対する法人税額 (9)-(10)-(11)-(12)	13	7,751,500
中間申告分の法人税額	14	6,581,200
差引確定法人税額 (13)-(14)	15	1,170,300
所得税の額（別表六（一）「6の③」）	16	413,377
外国税額（別表六（二）「24」）	17	
計 (16)+(17)	18	413,377
控除した金額 (12)	19	413,377
控除しきれなかった金額 (18)-(19)	20	
所得税額等の還付金額 (20)	21	
中間納付額 (14)-(13)	22	
欠損金の繰戻しによる還付請求税額	23	
計 (21)+(22)+(23)	24	
所得金額又は欠損金額 (59)	25	
課税標準額に対する法人税額 (2)-(3)+(4)+(6)+(9の外書)+(7の外書)	29	8,164,938
課税留保金額に対する法人税額 (8)	30	
課税標準法人税額 (29)+(30)	31	8,164,000
地方法人税額 (57)	32	359,216
税額控除超過額相当額の加算額（別表二付表六「14の計」）	33	
課税留保金額に係る地方法人税額 (58)	34	
所得地方法人税額 (32)+(33)+(34)	35	359,216
差引地方法人税額 (35)-(36)-(37)-(38)	39	359,200
中間申告分の地方法人税額	40	289,500
差引確定地方法人税額 (39)-(40)	41	69,700

剰余金・利益の配当（剰余金の分配）の金額　5,000,000

決算確定の日　令和 X 0224

税理士署名

※　令和4年4月1日以後終了事業年度分の法人税申告書については、変更されている部分がありますのでご注意ください。

同族会社等の判定に関する明細書

事業年度又は連結事業年度	X-1・ 1 ・ 1 ~ X-1・ 12・31	法人名	○○株式会社

同族会社の判定	期末現在の発行済株式の総数又は出資の総額	1	内 100,000	特定同族会社の判定	㉑の上位1順位の株式数又は出資の金額	11		
	(19)と(21)の上位3順位の株式数又は出資の金額	2	80,000		株式数等による判定 $\frac{(11)}{(1)}$	12		%
	株式数等による判定 $\frac{(2)}{(1)}$	3	80.0 %		㉒の上位1順位の議決権の数	13		
	期末現在の議決権の総数	4	内		議決権の数による判定 $\frac{(13)}{(4)}$	14		%
	(20)と(22)の上位3順位の議決権の数	5			㉑の社員の1人及びその同族関係者の合計人数のうち最も多い数	15		
	議決権の数による判定 $\frac{(5)}{(4)}$	6	%		社員の数による判定 $\frac{(15)}{(7)}$	16		%
	期末現在の社員の総数	7			特定同族会社の判定割合 ((12)、(14)又は(16)のうち最も高い割合)	17		
	社員の3人以下及びこれらの同族関係者の合計人数のうち最も多い数	8						
	社員の数による判定 $\frac{(8)}{(7)}$	9	%	判定結果		18	特定同族会社 同族会社 非同族会社	
	同族会社の判定割合 ((3)、(6)又は(9)のうち最も高い割合)	10	80.0					

判 定 基 準 と な る 株 主 等 の 株 式 数 等 の 明 細

順位		判定基準となる株主（社員）及び同族関係者		判定基準となる株主等との続柄	株 式 数 又 は 出 資 の 金 額 等			
					被支配会社でない法人株主等		その他の株主等	
株式数等	議決権数	住所又は所在地	氏名又は法人名		株式数又は出資の金額 19	議決権の数 20	株式数又は出資の金額 21	議決権の数 22
1		○○○	D	本　人			30,000	
1		○○○	B	妻			5,000	
1		○○○	A	長男			5,000	
1		○○○	C	二男			5,000	
2		○○○	E				20,000	
3		○○○	F				15,000	

Aが納税義務者です。

Dの分を相続によりAが取得。

第2部　評価明細書作成の仕方と記載例

所得の金額の計算に関する明細書

事業年度	X-1.1.1 ～ X-1.12.31	法人名	○○株式会社

区分		総額①	処分 留保②	処分 社外流出③	
当期利益又は当期欠損の額	1	11,813,381 円	6,813,381 円	配当	5,000,000 円
				その他	
加算 損金経理をした法人税及び地方法人税（附帯税を除く。）	2	6,870,700	6,870,700		
損金経理をした道府県民税及び市町村民税	3	1,183,200	1,183,200		
損金経理をした納税充当金	4	20,000,000	20,000,000		
損金経理をした附帯税（利子税を除く。）、加算金、延滞金（延納分を除く。）及び過怠税	5	5,000		その他	5,000
減価償却の償却超過額	6	406,000	406,000		
役員給与の損金不算入額	7			その他	
交際費等の損金不算入額	8	299,463		その他	299,463
通算法人に係る加算額（別表四付表「5」）	9			外※	
	10				
小計	11	28,764,363	28,459,900	外※	304,463
減算 減価償却超過額の当期認容額	12				
納税充当金から支出した事業税等の金額	13	3,363,600	3,363,600		
受取配当等の益金不算入額（別表八（一）「13」又は「26」）	14	985,200		※	985,200
外国子会社から受ける剰余金の配当等の益金不算入額（別表八（二）「26」）	15			※	
受贈益の益金不算入額	16			※	
適格現物分配に係る益金不算入額	17			※	
法人税等の中間納付額及び過誤納に係る還付金額	18				
所得税額等及び欠損金の繰戻しによる還付金額等	19			※	
通算法人に係る減算額（別表四付表「10」）	20			※	
	21				
小計	22	4,348,800	3,363,600	外※	985,200
仮計 (1)+(11)-(22)	23	36,228,944	31,909,681	外※	△985,200 / 5,304,463
対象純支払利子等の損金不算入額（別表十七（二の二）「29」又は「34」）	24			その他	
超過利子額の損金算入額（別表十七（二の三）「10」）	25	△		※	△
仮計 (23)から(25)までの計	26	36,228,944	31,909,681	外※	△985,200 / 5,304,463
寄附金の損金不算入額（別表十四（二）「24」又は「40」）	27	499,875		その他	499,875
沖縄の認定法人又は国家戦略特別区域における指定法人の所得の特別控除額又は益金算入額（別表十（一）「15」若しくは別表十二（二）「10」又は別表十（一）「16」若しくは別表十（二）「11」）	28			※	
法人税額から控除される所得税額（別表六（一）「6の③」）	29	413,377		その他	413,377
税額控除の対象となる外国法人税の額（別表六（二の二）「7」）	30			その他	
分配時調整外国税相当額及び外国関係会社等に係る控除対象所得税額等相当額（別表六（五の二）「5の②」＋別表十七（三の六）「1」）	31			その他	
組合等損失額の損金不算入額又は組合等損失超過合計額の損金算入額（別表九（二）「10」）	32				
対外船舶運航事業者の日本船舶による収入金額に係る所得の金額の損金算入額又は益金算入額（別表十（四）「20」、「21」又は「23」）	33			※	
合計 (26)+(27)±(28)+(29)+(30)+(31)+(32)±(33)	34	37,142,196	31,909,681	外※	△985,200 / 6,217,715
契約者配当の益金算入額（別表九（一）「13」）	35				
特定目的会社等の支払配当又は特定目的信託に係る受託法人の利益の分配等の損金算入額（別表十（八）「13」、別表十（九）「11」又は別表十（十）「16」若しくは「33」）	36	△	△		
中間申告における繰戻しによる還付に係る災害損失欠損金額の益金算入額	37			※	
非適格合併又は残余財産の全部分配等による移転資産等の譲渡利益額又は譲渡損失額	38			※	
差引計 (34)から(38)までの計	39			外※	
更生欠損金又は民事再生等評価換えが行われる場合の再生等欠損金の損金算入額（別表七（三）「9」又は「21」）	40	△		※	△
通算対象欠損金額の損金算入額又は通算対象所得金額の益金算入額（別表七の三「5」又は「11」）	41			※	
当初配賦欠損金控除額の益金算入額（別表七（二）付表一「23の計」）	42			※	
差引計 (39)+(40)±(41)+(42)	43	37,142,196	31,909,681	外※	△985,200 / 6,217,715
欠損金又は災害損失金等の当期控除額（別表七（一）「4の計」＋別表七（四）「10」）	44	△		※	△
総計 (43)+(44)	45	37,142,196	31,909,681	外※	△985,200 / 6,217,715
新鉱床探鉱費又は海外新鉱床探鉱費の特別控除額（別表十（三）「43」）	46	△		※	△
農業経営基盤強化準備金積立額の損金算入額（別表十二（十四）「10」）	47	△	△		
農用地等を取得した場合の圧縮額の損金算入額（別表十二（十四）「43の計」）	48	△	△		
関西国際空港用地整備準備金積立額、中部国際空港整備準備金積立額又は再投資等準備金積立額の損金算入額（別表十二（十一）「15」、別表十二（十二）「10」又は別表十二（十五）「12」）	49	△	△		
特別新事業開拓事業者に対し特定事業活動として出資をした場合の特別勘定繰入額の損金算入額又は特別勘定取崩額の益金算入額（別表十（六）「15」－「11」）	50			※	
残余財産の確定の日の属する事業年度に係る事業税及び特別法人事業税の損金算入額	51	△	△		
所得金額又は欠損金額	52	37,142,196	31,909,681	外※	△985,200 / 6,217,715

270

利益積立金額及び資本金等の額の計算に関する明細書

| 事業年度 | X-ŀ 1・1 〜 X-ŀ 12・31 | 法人名 | ○○株式会社 |

別表五(一) 令四・四・一以後終了事業年度分

I　利益積立金額の計算に関する明細書

区分		期首現在利益積立金額 ①	当期の増減 減 ②	当期の増減 増 ③	差引翌期首現在利益積立金額 ①-②+③ ④
利益準備金	1	18,720,000 円	円	2,000,000 円	20,720,000 円
別途積立金	2	34,280,000		2,000,000	36,280,000
減価償却超過額	3			406,000	406,000
	4				
	5				
	6				
	7				
	8				
	9				
	10				
	11				
	12				
	13				
	14				
	15				
	16				
	17				
	18				
	19				
	20				
	21				
	22				
	23				
	24				
繰越損益金（損は赤）	25	14,432,573	14,432,573	17,245,954	17,245,954
納税充当金	26	18,522,500	18,522,500	20,000,000	20,000,000
未納法人税及び未納地方法人税（附帯税を除く。）	27	△ 12,792,500	△ 19,663,200	中間 △ 6,870,700 確定 △ 1,240,000	△ 1,240,000
未払通算税効果額（附帯税の額に係る部分の金額を除く。）	28	2,366,400	3,549,600	中間 1,183,200 確定 23,300	23,300
未納道府県民税（均等割額を含む。）	29	△	△	中間 △ 確定 △	△
未納市町村民税（均等割額を含む。）	30	△	△	中間 △ 確定 △	△
差引合計額	31	70,796,173	9,742,273	32,334,754	93,388,654

（未納法人税等（退職年金等積立金に対するものを除く。））

II　資本金等の額の計算に関する明細書

区分		期首現在資本金等の額 ①	当期の増減 減 ②	当期の増減 増 ③	差引翌期首現在資本金等の額 ①-②+③ ④
資本金又は出資金	32	50,000,000 円	円	円	50,000,000 円
資本準備金	33				
	34				
	35				
差引合計額	36	50,000,000			50,000,000

租税公課の納付状況等に関する明細書

事業年度	X-1・1・1　X-1・12・31	法人名	○○株式会社

別表五(二)　令四・四・一以後終了事業年度分

税目及び事業年度			期首現在未納税額 ①	当期発生税額 ②	当期中の納付税額 充当金取崩しによる納付 ③	仮払経理による納付 ④	損金経理による納付 ⑤	期末現在未納税額 ①+②-③-④-⑤ ⑥
地方法人税及び法人税	X-2・1・1 X-2・12・31	1	12,792,500		12,792,500			0
		2						
	当期分 中間	3		6,870,700			6,870,700	0
	確定	4		1,240,000				1,240,000
	計	5	12,792,500	8,110,700	12,792,500		6,870,700	1,240,000
道府県民税	X-2・1・1 X-2・12・31	6	2,366,400		2,366,400			0
		7						0
	当期分 中間	8		1,183,200			1,183,200	0
	確定	9		23,300				23,300
	計	10	2,366,400	1,206,500	2,366,400		1,183,200	23,300
市町村民税		11						
		12						
	当期分 中間	13						
	確定	14						
	計	15						
事業税及び特別法人事業税	X-2・1・1 X-2・12・31	16		3,363,600	3,363,600			0
		17						
	当期中間分	18		2,181,800			2,181,800	0
	計	19		5,545,400	3,363,600		2,181,800	0
その他 損金算入のもの	利子税	20		17,000			17,000	0
	延滞金(延納に係るもの)	21						
	固定資産税ほか	22		772,500			772,500	0
		23						
の他 損金不算入のもの	加算税及び加算金	24						
	延滞税	25		5,000			5,000	0
	延滞金(延納分を除く。)	26						
	過怠税	27						
	源泉所得税	28		489,952			489,952	0
		29						

納税充当金の計算

期首納税充当金	30	18,522,500	その他 取崩額 損金算入のもの	36	
繰入額 損金経理をした納税充当金	31	20,000,000	損金不算入のもの	37	
	32			38	
計 (31)+(32)	33	20,000,000	仮払税金消却	39	
取崩額 法人税額等 (5の③)+(10の③)+(15の③)	34	15,158,900	計 (34)+(35)+(36)+(37)+(38)+(39)	40	18,522,500
事業税及び特別法人事業税 (19の③)	35	3,363,600	期末納税充当金 (30)+(33)-(40)	41	20,000,000

通算法人の通算税効果額又は連結法人税個別帰属額及び連結地方法人税個別帰属額の発生状況等の明細

事業年度		期首現在未決済額 ①	当期発生額 ②	当期中の決済額 支払額 ③	受取額 ④	期末現在未決済額 ⑤
	42					
	43					
当期分	44		中間 確定			
計	45					

4 中会社

所得税額の控除に関する明細書

事 業年 度	X-1・1・1 X-1・12・31	法人名	○○株式会社

別表六(一) 令四・四・一以後終了事業年度分

区　　　分		収 入 金 額 ①	①について課される所 得 税 額 ②	②のうち控除を受ける所 得 税 額 ③
公社債及び預貯金の利子、合同運用信託、公社債投資信託及び公社債等運用投資信託(特定公社債等運用投資信託を除く。)の収益の分配並びに特定公社債等運用投資信託の受益権及び特定目的信託の社債的受益権に係る剰余金の配当	1	532,500 円	81,552 円	81,552 円
剰余金の配当(特定公社債等運用投資信託の受益権及び特定目的信託の社債的受益権に係るものを除く。)、利益の配当、剰余金の分配及び金銭の分配(みなし配当等を除く。)	2	2,000,000	408,400	331,825
集団投資信託(合同運用信託、公社債投資信託及び公社債等運用投資信託(特定公社債等運用投資信託を除く。)を除く。)の収益の分配	3			
割 引 債 の 償 還 差 益	4			
そ　　　の　　　他	5			
計	6	2,532,500	489,952	413,377

剰余金の配当(特定公社債等運用投資信託の受益権及び特定目的信託の社債的受益権に係るものを除く。)、利益の配当、剰余金の分配及び金銭の分配(みなし配当等を除く。)、集団投資信託(合同運用信託、公社債投資信託及び公社債等運用投資信託(特定公社債等運用投資信託を除く。)を除く。)の収益の分配又は割引債の償還差益に係る控除を受ける所得税額の計算

個別法による場合	銘　　　柄 7	収 入 金 額 8	所 得 税 額	配 当 等 の計 算 期 間 9	(9)のうち元本所 有 期 間 10	所有期間割合 (10)/(9)(小数点以下3位未満切上げ) 11	控除を受ける所 得 税 額 (8)×(11) 12
	○○○	1,500,000 円	306,300 円	12 月	9 月	0.750	229,725 円
	△△△	500,000	102,100	12	12	1.000	102,100

銘柄別簡便法による場合	銘　　　柄 13	収 入 金 額 14	所 得 税 額	配当等の計算期末の所有元 本 数 等 15	配当等の計算期首の所有元 本 数 等 16	(15)-(16)/2又は12 (マイナスの場合は0) 17	所有元本割合(16)+(17)/(15)(小数点以下3位未満切上げ)(1を超える場合は1) 18	控除を受ける所 得 税 額 (14)×(18) 19
		円	円					円

その他に係る控除を受ける所得税額の明細

支払者の氏名又は法人名	支払者の住所又は所在地	支払を受けた年月日	収 入 金 額 20	控除を受ける所得税額 21	参　　　　　考
		・　・	円	円	
		・　・			
		・　・			
		・　・			
		・　・			
計					

実務編

受取配当等の益金不算入に関する明細書

事業年度	X-1・1・1 X-1・12・31	法人名	〇〇株式会社

別表八（一）令四・四・一以後終了事業年度分

当年度実績により負債利子等の額を計算する場合				基準年度実績により負債利子等の額を計算する場合			
完全子法人株式等に係る受取配当等の額 （別表八（一）付表一「9の計」）	1	円		完全子法人株式等に係る受取配当等の額 （別表八（一）付表一「9の計」）	14	円	
関連法人株式等の額の計算等	受取配当等の額 （別表八（一）付表一「16の計」又は「20の計」）	2	2,000,000	関連法人株式等の額の計算等	受取配当等の額 （別表八（一）付表一「16の計」）	15	2,000,000
	負債利子等の額	当期に支払う負債利子等の額	3	11,800,000		負債利子等の額	当期に支払う負債利子等の額	16	11,800,000
	連結法人に支払う負債利子等の額	4			国外支配株主等に係る負債の利子等の損金不算入額、対象純支払利子等の損金不算入額又は恒久的施設に帰せられるべき資本に対応する負債の利子の損金不算入額 （別表十七（一）「35」と別表十七（二の二）「29」のうち多い金額）又は（別表十七（二の二）「34」と別表十七の三（二）「17」のうち多い金額）	17	
		国外支配株主等に係る負債の利子等の損金不算入額、対象純支払利子等の損金不算入額又は恒久的施設に帰せられるべき資本に対応する負債の利子の損金不算入額 （別表十七（一）「35」と別表十七（二の二）「29」のうち多い金額）又は（別表十七（二の二）「34」と別表十七の三（二）「17」のうち多い金額）	5				超過利子額の損金算入額 （別表十七（二の三）「10」）	18	
		超過利子額の損金算入額 （別表十七（二の三）「10」）	6				計 (16)－(17)＋(18)	19	11,800,000
		計 (3)－(4)－(5)＋(6)	7	11,800,000			平成27年4月1日から平成29年3月31日までの間に開始した各事業年度の負債利子等の額の合計額	20	11,800,000
	総資産価額 （29の計）	8	762,613,375		同上の各事業年度の関連法人株式等に係る負債利子等の額の合計額	21	1,015,035
	期末関連法人株式等の帳簿価額 （30の計）	9	65,600,000		負債利子控除割合 $\frac{(21)}{(20)}$ （小数点以下3位未満切捨て）	22	0.086
	受取配当等の額から控除する負債利子等の額 (7)×$\frac{(9)}{(8)}$	10	1,015,035		受取配当等の額から控除する負債利子等の額 (19)×(22)	23	円 1,014,800
その他株式等に係る受取配当等の額 （別表八（一）付表一「26の計」）	11			その他株式等に係る受取配当等の額 （別表八（一）付表一「26の計」）	24		
非支配目的株式等に係る受取配当等の額 （別表八（一）付表一「33の計」）	12			非支配目的株式等に係る受取配当等の額 （別表八（一）付表一「33の計」）	25		
受取配当等の益金不算入額 (1)＋((2)－(10))＋(11)×50%＋(12)×(20%又は40%)	13			受取配当等の益金不算入額 (14)＋((15)－(23))＋(24)×50%＋(25)×(20%又は40%)	26		985,200

当年度実績による場合の総資産価額等の計算					
区分	総資産の帳簿価額	連結法人に支払う負債利子等の元本の負債の額等	総資産価額 (27)－(28)	期末関連法人株式等の帳簿価額
	27	28	29	30
前期末現在額	375,399,997 円	円	375,399,997 円	32,800,000 円
当期末現在額	387,213,378		387,213,378	32,800,000
計	762,613,375		762,613,375	65,600,000

寄附金の損金算入に関する明細書

事業年度	X-1·1·1 X-1·12·31	法人名	○○株式会社

実務編

公益法人等以外の法人の場合

一般寄附金の損金算入限度額の計算	支出した寄附金の額	指定寄附金等の金額 (41の計)	1	1,000,000 円
		特定公益増進法人等に対する寄附金額 (42の計)	2	
		その他の寄附金額	3	768,609
		計 (1) + (2) + (3)	4	1,768,609
		完全支配関係がある法人に対する寄附金額	5	
		計 (4) + (5)	6	1,768,609
	所得金額仮計 (別表四「26の①」)		7	36,228,944
	寄附金支出前所得金額 (6) + (7) (マイナスの場合は0)		8	37,997,553
	同上の 2.5又は1.25/100 相当額		9	949,938
	期末の資本金等の額又は資本金の額及び資本準備金の額の合計額若しくは出資金の額 (別表五(一)「36の④」)又は(別表五(一)「32の④」-「33の④」)(マイナスの場合は0)		10	50,000,000
	同上の月数換算額 (10) × 12/12		11	50,000,000
	同上の 2.5/1,000 相当額		12	125,000
	一般寄附金の損金算入限度額 ((9) + (12)) × 1/4		13	268,734
特定公益増進法人等に対する寄附金の特別損金算入限度額の計算	寄附金支出前所得金額の 6.25/100 相当額 (8) × 6.25/100		14	
	期末の資本金等の額又は資本金の額及び資本準備金の額の合計額若しくは出資金の額の月数換算額の 3.75/1,000 相当額 (11) × 3.75/1,000		15	
	特定公益増進法人等に対する寄附金の特別損金算入限度額 ((14) + (15)) × 1/2		16	
特定公益増進法人等に対する寄附金の損金算入額 (2)と((14)又は(16))のうち少ない金額			17	0
指定寄附金等の金額 (1)			18	1,000,000
国外関連者に対する寄附金額及び本店等に対する内部寄附金額			19	0
(4)の寄附金額のうち同上の寄附金以外の寄附金額 (4) - (19)			20	1,768,609
損金不算入額	同上のうち損金の額に算入されない金額 (20) - ((9)又は(13)) - (17) - (18)		21	499,875
	国外関連者に対する寄附金額及び本店等に対する内部寄附金額 (19)		22	
	完全支配関係がある法人に対する寄附金額 (5)		23	
	計 (21) + (22) + (23)		24	499,875

公益法人等の場合

支出した寄附金の額	長期給付事業への繰入利子額		25	円
	同上以外のみなし寄附金額		26	
	その他の寄附金額		27	
	計 (25) + (26) + (27)		28	
損金算入限度額の計算	所得金額仮計 (別表四「26の①」)		29	
	寄附金支出前所得金額 (28) + (29) (マイナスの場合は0)		30	
	同上の 20又は50/100 相当額 [50/100 相当額が年200万円に満たない場合 (当該法人が公益社団法人又は公益財団法人である場合を除く。)は、年200万円]		31	
	公益社団法人又は公益財団法人の公益法人特別限度額 (別表十四(二)付表「3」)		32	
	長期給付事業を行う共済組合等の損金算入限度額 ((25)と融資額の年5.5%相当額のうち少ない金額)		33	
	損金算入限度額 (31)、((31)と(32)のうち多い金額)又は((31)と(33)のうち多い金額)		34	
指定寄附金等の金額 (41の計)			35	
国外関連者に対する寄附金額及び完全支配関係がある法人に対する寄附金額			36	
(28)の寄附金額のうち同上の寄附金以外の寄附金額 (28) - (36)			37	
損金不算入額	同上のうち損金の額に算入されない金額 (37) - (34) - (35)		38	
	国外関連者に対する寄附金額及び完全支配関係がある法人に対する寄附金額 (36)		39	
	計 (38) + (39)		40	

指定寄附金等に関する明細

寄附した日	寄附先	告示番号	寄附金の使途	寄附金額 41
X-1.10.16	○○○○			1,000,000 円
		計		

特定公益増進法人若しくは認定特定非営利活動法人等に対する寄附金又は認定特定公益信託に対する支出金の明細

寄附した日又は支出した日	寄附先又は受託者	所在地	寄附金の使途又は認定特定公益信託の名称	寄附金額又は支出金額 42
				円
		計		

その他の寄附金のうち特定公益信託(認定特定公益信託を除く。)に対する支出金の明細

支出した日	受託者	所在地	特定公益信託の名称	支出金額
				円

交際費等の損金算入に関する明細書

事業年度	X-1. 1. 1 X-1. 12. 31	法人名	○○株式会社

別表十五　令四・四・一以後終了事業年度分

支出交際費等の額 （8 の 計）	1	8,299,463 円	損金算入限度額 (2)又は(3)	4	8,000,000 円
支出接待飲食費損金算入基準額 （9の計）× 50/100	2		損金不算入額 (1)－(4)	5	299,463
中小法人等の定額控除限度額 （(1)と（(800万円×1/12)又は(別表十五付表「5」)）のうち少ない金額)	3	8,000,000			

支 出 交 際 費 等 の 額 の 明 細

科　　　　　目	支　出　額	交際費等の額から控除される費用の額	差引交際費等の額	(8)のうち接待飲食費の額
	6	7	8	9
交　際　費	8,299,463 円	円	8,299,463 円	円
計	8,299,463		8,299,463	

| 旧定額法又は定額法による減価償却資産の償却額の計算に関する明細書 | 事業年度又は連結事業年度 | X-1・1・1 〜 X-1・12・31 | 法人名 | ○○株式会社 （　　　　　） | 別表十六(一)　令四・四・一以後終了事業年度又は連結事業年度分 |

実務編

資産区分	種類	1	建物				
	構造	2					
	細目	3					
	取得年月日	4	X-1・4・1	・　・	・　・	・　・	・　・
	事業の用に供した年月	5	X-1・4・1				
	耐用年数	6	35 年	年	年	年	年
取得価額	取得価額又は製作価額	7	56,000,000 円	外　　　円	外　　　円	外　　　円	外　　　円
	(7)のうち積立金方式による圧縮記帳の場合の償却額計算の対象となる取得価額に算入しない金額	8					
	差引取得価額(7)-(8)	9	56,000,000				
帳簿価額	償却額計算の対象となる期末現在の帳簿記載金額	10	54,376,000				
	期末現在の積立金の額	11					
	積立金の期中取崩額	12					
	差引帳簿記載金額(10)-(11)-(12)	13	外△ 54,376,000	外△	外△	外△	外△
	損金に計上した当期償却額	14	1,624,000				
	前期から繰り越した償却超過額	15	外	外	外	外	外
	合計(13)+(14)+(15)	16	56,000,000				
当期分の普通償却限度額等	平成19年3月31日以前取得分	残存価額	17					
		差引取得価額×5%(9)×5/100	18					
		(16)>(18)の場合	旧定額法の償却額計算の基礎となる金額(9)-(17)	19					
			旧定額法の償却率	20					
			算出償却額(19)×(20)	21	円	円	円	円	円
			増加償却額(21)×割増率	22	(　　　)	(　　　)	(　　　)	(　　　)	(　　　)
			計((21)+(22))又は((16)-(18))	23					
		(16)≦(18)の場合	算出償却額(18-1円)×60/12	24					
	平成19年4月1日以後取得分	定額法の償却額計算の基礎となる金額(9)	25	56,000,000				
		定額法の償却率	26	0.029				
		算出償却額(25)×(26)	27	(×9/12)円 1,218,000	円	円	円	円
		増加償却額(27)×割増率	28	(　　　)	(　　　)	(　　　)	(　　　)	(　　　)
		計(27)+(28)	29	1,218,000				
当期分の普通償却限度額等(23)、(24)又は(29)		30	1,218,000				
当期分の償却限度額	特別償却限度額	租税特別措置法適用条項	31	条　　項	(　　条　　項)	(　　条　　項)	(　　条　　項)	(　　条　　項)
		特別償却限度額	32	外　　　円	外　　　円	外　　　円	外　　　円	外　　　円
	前期から繰り越した特別償却不足額又は合併等特別償却不足額		33					
	合計(30)+(32)+(33)		34	1,218,000				
当期償却額		35	1,624,000				
差引	償却不足額(34)-(35)	36					
	償却超過額(35)-(34)	37	406,000				
償却超過額	前期からの繰越額	38	外 —	外	外	外	外
	当期損金認容額	償却不足によるもの	39					
		積立金取崩しによるもの	40					
	差引合計翌期への繰越額(37)+(38)-(39)-(40)	41	406,000				
特別償却不足額	翌期に繰り越すべき特別償却不足額((36)-(39))と((32)+(33))のうち少ない金額)	42					
	当期において切り捨てる特別償却不足額又は合併等特別償却不足額	43					
	差引翌期への繰越額(42)-(43)	44					
	翌期への繰越額の内訳	・　・	45					
		当期分不足額	46					
適格組織再編成により引き継ぐべき合併等特別償却不足額((36)-(39))と(32)のうち少ない金額)		47					
備考							

旧定率法又は定率法による減価償却資産の償却額の計算に関する明細書

事業年度又は連結事業年度	X-1・1・1　X-1・12・31	法人名	○○株式会社

別表十六(二)　令四・四・一以後終了事業年度又は連結事業年度分

資産区分	項目	No	機械装置	車両運搬具	器具備品		
	種類	1	機械装置	車両運搬具	器具備品		
	構造	2					
	細目	3					
	取得年月日	4	X-1・1・1	X-1・1・1	X-1・1・1	・　・	・　・
	事業の用に供した年月	5	X-1・1・1	X-1・1・1	X-1・1・1		
	耐用年数	6	8年	4年	8年	年	年
取得価額	取得価額又は製作価額	7	外 60,000,000円	外 5,000,000円	外 1,000,000円	外 円	外 円
	(7)のうち積立金方式による圧縮記帳の場合の償却額計算の対象となる取得価額に算入しない金額	8					
	差引取得価額 (7)-(8)	9	60,000,000	5,000,000	1,000,000		
償却額計算の基礎となる額	償却額計算の対象となる期末現在の帳簿記載金額	10	25,312,500	625,000	421,875		
	期末現在の積立金の額	11					
	積立金の期中取崩額	12					
	差引帳簿記載金額 (10)-(11)-(12)	13	外△25,312,500	外△625,000	外△421,875	外△	外△
	損金に計上した当期償却額	14	8,437,500	625,000	140,625		
	前期から繰り越した償却超過額	15	外	外	外	外	外
	合計 (13)+(14)+(15)	16	33,750,000	1,250,000	562,500		
	前期から繰り越した特別償却不足額又は合併等特別償却不足額	17					
	償却額計算の基礎となる金額 (16)-(17)	18	33,750,000	1,250,000	562,500		
当期分の普通償却限度額等（平成19年3月31日以前取得分）	差引取得価額×5% (9)×5/100	19					
	旧定率法の償却率	20					
	(16)>(19)の場合 算出償却額 (18)×(20)	21	円	円	円	円	円
	増加償却額 (21)×割増率	22	( )	( )	( )	( )	( )
	計 (21)+(22)又は((18)-(19))	23					
	(16)≦(19)の場合 算出償却額 ((19)-1円)×12/60	24					
当期分の普通償却限度額等（平成19年4月1日以後取得分）	定率法の償却率	25	0.250	0.500	0.250		
	調整前償却額 (18)×(25)	26	8,437,500円	625,000円	140,625円	円	円
	保証率	27	0.07909	0.12499	0.07909		
	償却保証額 (9)×(27)	28	4,745,400円	624,950円	79,090円	円	円
	(26)<(28)の場合 改定取得価額	29					
	改定償却率	30					
	改定償却額 (29)×(30)	31	円	円	円	円	円
	増加償却額 ((26)又は(31))×割増率	32	( )	( )	( )	( )	( )
	計 ((26)又は(31))+(32)	33	8,437,500	625,000	140,625		
	当期分の普通償却限度額等 (23)、(24)又は(33)	34	8,437,500	625,000	140,625		
当期分の償却限度額	特別償却又は割増償却 租税特別措置法適用条項	35	条項 ( )	条項 ( )	条項 ( )	条項 ( )	条項 ( )
	特別償却限度額	36	外 円	外 円	外 円	外 円	外
	前期から繰り越した特別償却不足額又は合併特別償却不足額	37					
	合計 (34)+(36)+(37)	38	8,437,500	625,000	140,625		
	当期償却額	39	8,437,500	625,000	140,625		
差引	償却不足額 (38)-(39)	40					
	償却超過額 (39)-(38)	41					
償却超過額	前期からの繰越額	42	外	外	外	外	外
	当期損金認容額 償却不足によるもの	43					
	積立金取崩しによるもの	44					
	差引合計翌期への繰越額 (41)+(42)-(43)-(44)	45					
特別償却不足額	翌期に繰り越すべき特別償却不足額 (((40)-(43))と((36)+(37))のうち少ない金額)	46					
	当期において切り捨てる特別償却不足額又は合併等特別償却不足額	47					
	差引翌期への繰越額 (46)-(47)	48					
	翌期への繰越額の内訳	49	・　・				
	当期分不足額	50					
	適格組織再編成により引き継ぐべき合併等特別償却不足額 (((40)-(43))と(36)のうち少ない金額)	51					
備考							

参考 **第5表作成上の留意事項**

第5表を作成するに当たって、留意すべき事項を一覧にすると次のようになります。

第5表では、やはり、帳簿価額からいかに課税時期現在の相続税評価額を適正に算出するかが重要となります。

〈資産及び負債の金額（課税時期現在）〉

		資産の部			負債の部		
	科目	相続税評価額	帳簿価額	科目	相続税評価額	帳簿価額
資産及び負債の金額（課税時期現在）		千円	千円		千円	千円
	現　　　　金	852	852	支 払 手 形	3,200	3,200
	預　　　　金	13,104	13,000	買　掛　金	8,150	8,500
	受 取 手 形	7,430	7,500	短 期 借 入 金	9,800	9,800
	売　掛　金	8,300	9,800	未　払　金	150	150
	未 収 入 金	604	650	未 払 配 当 金	500	500
	貸　付　金	810	800	未 払 費 用	225	225
	前　渡　金	150	150	前　受　金	120	120
	仮　払　金	180	180	仮　受　金	80	80
	製　　　品	2,900	2,900	預　り　金	25	25
	仕　掛　品	350	350	保　証　金	600	600
	原　材　料	1,890	1,890	未 納 法 人 税	850	850
	土　　　地	27,500	12,500	未 納 消 費 税	190	190
	借　地　権	21,400	0	未 納 都 民 税	198	198
	建　　　物	4,800	8,260	未 納 事 業 税	450	450
	借　家　権	0	800	未納固定資産税	78	78
	有 価 証 券	6,200	2,500	未 払 退 職 金	4,500	4,500
	ゴルフ会員権	4,900	3,200			
	営　業　権	1,800	3,100			
	電 話 加 入 権	6	320			
	合　計	① 103,176	② 68,752	合　計	③ 29,116	④ 29,466

第５表関係・注意項目

〈資産の部〉

貸借対照表上の価額	科　　目	相続税評価額	帳簿価額	相続税評価額及び帳簿価額の計算要領
千円		千円	千円	
13,000	預　　金	13,104	13,000	（相続税評価額） 課税時期現在における既経過利子の額から源泉徴収されるべき所得税等の額に相当する金額を控除した金額　104千円　　　　　　（評基通203） 13,000千円＋104千円＝13,104千円
7,500	受 取 手 形	7,430	7,500	（相続税評価額） 受取手形の評価減　70千円 　　　　　　　（評基通206(2)） 7,500千円－70千円＝7,430千円
9,800	売 　掛　 金	8,300	9,800	（相続税評価額） 課税時期現在における回収不能のもの　1,500千円　　　　（評基通205） 　9,800千円－1,500千円＝8,300千円
650	未 収 入 金	604	650	（相続税評価額） 課税時期現在における回収不能のもの　46千円　　　　　　（評基通205） 650千円－46千円＝604千円
800	貸 　付　 金	810	800	（相続税評価額） 課税時期現在における既経過利息の額　50千円　　　　　　（評基通204） 課税時期現在における回収不能のもの　40千円　　　　　　（評基通205） 　800千円＋50千円－40千円 　＝810千円
50	前 払 費 用	―	―	｛課税時期において返還を受けることができない損害保険料の未経過分等、財産性がない場合相続税評価額、帳簿価額ともに記載しません。
13,700	土　　　地	27,500	12,500	（相続税評価額） 課税時期の属する年分の財産評価基準（路線価方式又は倍率方式）により評価します。 路線価を基にして計算した評価額　27,500千円 （帳簿価額） 土地圧縮記帳引当金の額2,000千円 (法人税申告書別表十三(五)の「21」の金額等別表十三の「買換資産の帳簿価額を減額し、又は積立金として積み立

貸借対照表上の価額	科　　目	相続税評価額	帳簿価額	相続税評価額及び帳簿価額の計算要領
千円		千円	千円	
				てた金額」) 土地圧縮限度超過額　800千円 (法人税申告書別表十三㈤の「28」「圧縮限度超過額」) 13,700千円－2,000千円＋800千円 　＝12,500千円 ※3年以内に取得した場合には「通常の取引価額」により評価します。「通常の取引価額」の求め方には鑑定評価等いくつかの方法があります。
—	借　地　権	21,400	0	(相続税評価額) 路線価を基として計算した借地権の評価額　21,400千円 (帳簿価額) 無償取得による借地権の場合には、帳簿価額は「0」と記載します。 ※無償返還の届出がされている場合又は相当地代の授受がある場合は、自用地価格の20%の価額で評価します。
9,000	建　　物	4,800	8,260	(相続税評価額) 建物の固定資産税評価額4,800千円 4,800千円×1.0倍＝4,800千円 　　　　　　　　　　(評基通89) (帳簿価額) 建物減価償却累計額　750千円 建物減価償却超過額　10千円 (法人税申告書別表十六㈠の「41」の金額) 9,000千円－750千円＋10千円 　＝8,260千円
800	借　家　権	0	800	(相続税評価額) 借家権は、権利金等の名称をもって取引される慣行のある地域にあるものを除き、評価しないことにしています。　　　　　　　　(評基通94) (帳簿価額) 財産性のあるものは評価額が「0」であっても帳簿価額を計上します。
2,500	有価証券	6,200	2,500	(相続税評価額) 株式及び出資について評価替えした金額　6,200千円　(評基通168～196)

貸借対照表上の価額	科　　目	相 続 税 評 価 額	帳 簿 価 額	相 続 税 評 価 額 及 び 帳 簿 価 額 の 計 算 要 領
千円		千円	千円	
3,200	ゴルフ会員権	4,900	3,200	（相続税評価額） 7,000千円（取引相場）×70% 　＝ 4,900千円　　　（評基通211）
2,000	特　許　権	―	―	⎫ ｜①権利者が自ら特許発明を実施し
600	意　匠　権	―	―	｜ている場合の特許権、意匠権、商
500	商　標　権	―	―	｜標権及び②出版権、漁業権は、営 ｜業権として一括評価するため、相 ｜続税評価額及び帳簿価額は記載し ⎭ません。
―	営　業　権	1,800	3,100	（相続税評価額） 1,800千円　　　　　（評基通165） （帳簿価額） 特許権から商標権までの合計額を記 載します。 なお、営業権の評価額が「0」であ っても帳簿価額は記載します。
320	電話加入権	6	320	（相続税評価額） 1.5千円×4＝6千円　（評基通161）
1,650	創　立　費	―	―	⎫ ｜評価の対象とならない財産性のな
850	開　業　費	―	―	｜い創立費、開業費等の繰延資産及
60	株式発行費	―	―	｜び繰延税金資産の帳簿価額は、決
		―	―	｜算上の帳簿価額がある場合であっ ｜ても相続税評価額及び帳簿価額の
		―	―	⎭双方とも記載しません。
○○○○	合　計	① ○○○○	② ○○○○	

〈負債の部〉

貸借対照表上の価額	科　目	相　続　税評　価　額	帳　簿価　額	相　続　税　評　価　額　及　び帳　簿　価　額　の　計　算　要　領
千円		千円	千円	
8,500	買　掛　金	8,150	8,500	（相続税評価額） 課税時期現在において事実上支払を要しないもの　350千円 8,500千円－350千円＝8,150千円
500	未払配当金	500	500	課税時期において確定している金額のうち、未払いとなっているものを記載します。
500	貸倒引当金	—	—	これらの引当金等は、純資産価額及び評価差額の計算上負債にはなりませんので、相続税評価額及び帳簿価額ともに記載しません。 （評基通186）
900	賞与引当金	—	—	
1,800	納税引当金	—	—	
2,000	土地圧縮記帳引当金	—	—	土地2,000千円の圧縮記帳分であってこの金額は「資産の部」の土地の帳簿価額から控除しますから相続税評価額及び帳簿価額ともに記載しません。
750	建物減価償却累計額	—	—	減価償却累計額は、それぞれ対応する各資産の帳簿価額から控除しますので、相続税評価額及び帳簿価額もに記載しません。
		—	—	
3,100	当期利益	—	—	会計上の帳簿価額に負債として記載のない次の金額は、負債として「相続税評価額」及び「帳簿価額」のいずれにも計上します。
—	未納法人税	850	850	
—	未納消費税	190	190	
—	未納都民税	198	198	
—	未納事業税	450	450	（仮決算を行っている場合） 課税時期の属する事業年度に係る次の税額のうち、その事業年度開始の日から課税時期までの期間に対応する金額（課税時期において未払いのものに限る）
				①　法人税額（法人税申告書別表五㈡「４の⑥」の金額）
				②　消費税額（消費税申告書「㉖」の金額）
				③　都道府県民税（法人税申告書別表五㈡「９の⑥」の金額）
				④　市町村民税（法人税申告書別表五㈡「14の⑥」の金額）
				⑤　事業税（法人税申告書別表五㈡「18の⑥」の金額と地方税申告書（事業税申告書）第六号様式の㊻及び⑳の金額の合計額）
				（仮決算を行っていない場合） 直前期の事業年度に係る次の金額

貸借対照表上の価額	科　　目	相続税評価額	帳簿価額	相続税評価額及び帳簿価額の計算要領
千円		千円	千円	①　法人税額（法人税申告書別表五（二）「4の⑥」の金額） ②　消費税額（消費税申告書「㉖」の金額） ③　都道府県民税（法人税申告書別表五（二）「9の⑥」の金額） ④　市町村民税（法人税申告書別表五（二）「14の⑥」の金額） ⑤　事業税（法人税申告書別表五（二）「18の⑥」の金額と地方税申告書（事業税申告書）第六号様式の㊻及び㊿の金額の合計額） ※「未納租税公課の転記箇所」については、書物により異なる見解となっています。直前期（仮決算期）分以外の未納の租税公課（法人税等）がある場合は、帳簿に負債としての記載の有無を問わず、課税時期において未払いとなっているものは負債として計上できると考えられ、別表五（二）の各「計」欄を使うのが相当の場合もあると思われます。
―	未納固定資産税	78	78	**（仮決算**を行っている場合） <u>課税時期以前</u>に賦課期日のあった固定資産税及び都市計画税の税額のうち、課税時期において未払いとなっている税額 **（仮決算**を行っていない場合） <u>直前期末以前</u>に賦課期日のあった固定資産税及び都市計画税の税額のうち、直前期末において未払いになっている税額
―	未払退職金	4,500	4,500	被相続人の死亡に伴い、相続人に対し支給することが確定した退職手当金、功労金等の金額4,000千円、慶弔金のうち、相続税法第3条第1項第2号に規定する退職手当金に該当する部分の500千円 4,000千円＋500千円＝4,500千円
○○○○	合　計	③ ○○○○	④ ○○○○	

※法人税申告書は、令和4年4月1日以後終了事業年度分の様式に基づいて表記しています。
※地方税申告書は、令和4年度改正分の様式（東京都）に基づいて表記しています。
※消費税申告書は、令和元年10月1日以後終了課税期間分の様式に基づいて表記しています。

⑤　特定の評価会社

(1)　特定の評価会社の評価明細書作成の仕方

　評価会社が特定の評価会社に該当するかどうか判定するために**第2表**を使用します。

　配当還元方式を適用する株主で、原則的評価方式等の計算を省略する場合（原則的評価方式等により計算した価額が配当還元方式の価額よりも明らかに高いと認められる場合）には記載する必要はありません。

　なお、本表に記載する各欄の金額は「第1表」、「第4表」及び「第5表」に基づいて記載することになりますので、本表の記載に当たっては、あらかじめ「第1表」、「第4表」及び「第5表」を作成する必要があります。

　本表に基づき判定した結果、2つ以上の特定の評価会社に該当する場合には、後者の特定の評価会社に該当することになりますので留意してください。

(2)　評価明細書第2表の各欄への転記例

プロからのアドバイス

- **判定**は「6．清算中の会社」、「5．開業前又は休業中の会社」、「4．(1)開業後3年未満の会社」、「4．(2)比準要素数0の会社」、「3．土地保有特定会社」、「2．株式等保有特定会社」、「1．比準要素数1の会社」の順に行います。

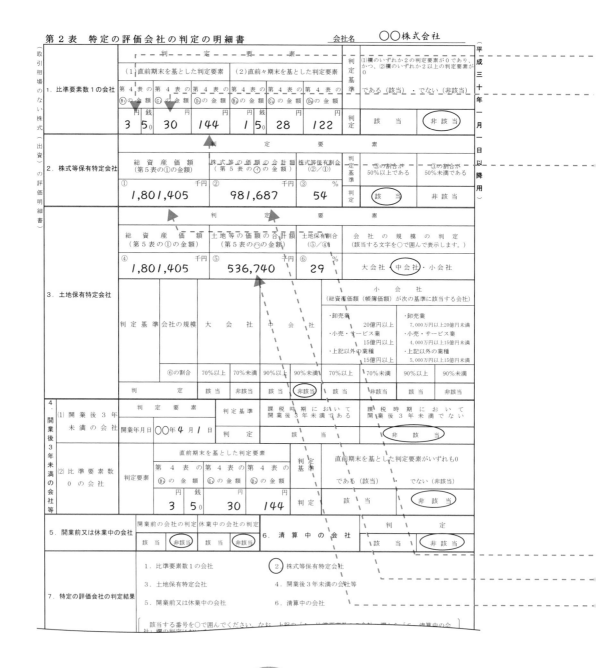

第4表 類似業種比準価額等の計算明細書

会社名 ○○株式会社

1. 1株当たりの資本金等の額等の計算	直前期末の資本金等の額	直前期末の発行済株式数	直前期末の自己株式数	1株当たりの資本金等の額 ④（①÷（②−③））	1株当たりの資本金等の額を50円とした場合の発行済株式数 （①÷50円）
	① 50,000 千円	② 100,000 株	③ 株	④ 500 円	⑤ 1,000,000 株

2. 比準要素等の金額

1株（50円）当たりの年配当金額	直前期末以前2（3）年間の年平均配当金額				比準要素数1の会社・比準要素数0の会社の判定要素の金額
	事業年度	⑥ 年配当金額	⑦ 左のうち非経常的な配当金額	⑧ 差引経常的な年配当金額（⑥−⑦）	年平均配当金額
	直前期	5,000 千円	1,000 千円	⑦ 4,000 千円	⑨（⑦+⑩）÷2 3,500 千円
	直前々期	3,000 千円	千円	⑧ 3,000 千円	
	直前々期の前期	千円	千円	⑥ 千円	⑩（⑩+⑤）÷2 1,500 千円

⑨/⑤	Ⓑ 3 円 5 銭
⑩/⑤	Ⓑ 1 円 5 銭

1株（50円）当たりの年配当金額 ⑪（Ⓑの金額）	⑪ 3 円 50 銭

1株（50円）当たりの年利益金額	直前期末以前2（3）年間の利益金額					比準要素数1の会社・比準要素数0の会社の判定要素の金額
	事業年度	⑪ 法人税の課税所得金額	⑫ 非経常的な利益金額	⑬ 受取配当等の益金不算入額	⑭ 左の所得税額	⑮ 損金算入した繰越欠損金の控除額	⑯ 差引利益金額（⑪−⑫+⑬−⑭+⑮）
	直前期	38,376 千円	5,230 千円	880 千円	298 千円	— 千円	⑯ 33,728 千円
	直前々期	29,342 千円	1,780 千円	675 千円	226 千円	— 千円	⑰ 28,011 千円
	直前々期の前期	千円	千円	千円	千円	千円	⑰ 千円

⑯ 又は（⑯+⑰）÷2 ⑤	Ⓒ 30 円
⑰ 又は（⑰+⑱）÷2 ⑤	Ⓒ 28 円

1株（50円）当たりの年利益金額 ［⑯ 又は（⑯+⑰）÷2 の金額］	Ⓒ 30 円

1株（50円）当たりの純資産価額	直前期末（直前々期末）の純資産価額			比準要素数1の会社・比準要素数0の会社の判定要素の金額
	事業年度	⑰ 資本金等の額	⑱ 利益積立金額	⑲ 純資産価額（⑰+⑱）
	直前期	50,000 千円	94,590 千円	⑰ 144,590 千円
	直前々期	50,000 千円	72,030 千円	⑱ 122,030 千円

⑰/⑤	Ⓓ 144 円
⑱/⑤	Ⓓ 122 円

1株（50円）当たりの純資産価額 ⑪（Ⓓの金額）	⑪ 144 円

類似業種と業種目番号		区 分	1株(50円)当たり	1株(50円)当たり	1株(50円)当たり	1株(50円)当たりの

第5表 1株当たりの純資産価額（相続税評価額）の計算明細書

会社名 ○○株式会社

1. 資産及び負債の金額（課税時期現在）

資産の部				負債の部			
科 目	相続税評価額	帳簿価額	備考	科 目	相続税評価額	帳簿価額	備考
	千円	千円			千円	千円	
現金預金	17,474	13,224					
合 計	① 1,801,405	② 406,156		合 計	③ 333,198	④ 333,198	
株式等の価額の合計額	④ 981,687	Ⓑ 59,800					
土地等の価額の合計額	Ⓒ 536,740						
現物出資等受入れ資産の価額の合計額	Ⓓ 795,000	Ⓔ 15,000					

第2表　チェックポイント

チェック欄

（判定）

・　「1.比準要素数1の会社」欄から「6.清算中の会社」欄の判定において2以上該当する場合には、後の番号の判定によることになりますので、どれかに該当した場合は、それより前の番号の判定欄を記載する必要はありません。　☐

（保有割合）

・　「2.株式等保有特定会社」の「株式等保有割合」欄の③の割合及び「3.土地保有特定会社」の「土地保有割合」欄の⑥の割合は、1％未満の端数を切り捨てて記載します。　☐

（開業後3年未満）

・　「4.開業後3年未満の会社等」の「(1)開業後3年未満の会社」に該当する場合には、「(2)比準要素数0の会社」の各欄は記載する必要はありません。　☐

---

column　比準要素数1の会社の判定において©₁の金額を2年間の平均とした場合の年利益金額©

　　©₁欄及び©欄の数値については、直前期の年利益金額を基に算定するか、直前期と直前々期の2年間の平均により算定するかを、納税者が選択できることとされています。

　　この場合、©₁欄において、「比準要素数0の会社」（163頁）や「比準要素数1の会社」（164頁）に該当しないように、直前期と直前々期の2年間の平均により算定した場合に、年利益金額©についても、直前期と直前々期の2年間の平均により算定しなければならないのか疑問があるところですが、同じ数値を選択しなければならないとする通達等はありませんので、©₁欄においては2年間の平均を、©欄においては直前期の年利益金額を選択することも可能であると考えます。

プロからのアドバイス

土地保有特定会社

・　「土地等」には、宅地等の土地及びその上に存する借地権、地上権等の土地の上に存する権利が含まれます。

　　不動産販売会社がたな卸資産として所有する資産も含まれます。

　　なお、たな卸資産として所有する土地等の価額は、路線価方式又は倍率方式により計算して求めるのではなく、評基通4－2《不動産のうちたな卸資産に該当するものの評価》の定めにより、評基通132《評価単位》及び133《たな卸商品等の評価》に従って評価することになります。

・　被相続人が同族関係者となっている同族会社が「無償返還届出書」を提出して（又は相当の地代を支払って）被相続人所有の土地を借り受けている場合、自用地としての価額の20％相当額で評価される借地権も、「土地等」に含まれます。

・　「土地等の保有割合」は、評価会社の有する各資産の価額（相続税評価額）の合計額に占める土地等の価額（相続税評価額）の割合をいいます。

　　なお、評価会社が、土地保有特定会社に該当する会社であるか否かを判定する場合に、課税時期前において合理的な理由もなく評価会社の資産構成に変動があり、その変動が土地保有特定会社に該当する会社であると判定されることを免れるためのものと認められるときには、その変動はなかったものとしてその判定を行うこととされています（評基通189なお書）。

※　株式等保有特定会社の判定については、295頁を参照してください。

(3)　評価明細書第7表①

第7表　株式等保有特定会社の株式の価額の計算明細書　　会社名　○○株式会社

		事 業 年 度	① 直 前 期	② 直 前 々 期	合計（①＋②）	受取配当金等収受割合 （ⓒ÷（ⓒ＋ⓓ）） ※小数点以下３位未満切り捨て
取引相場のない株式（出資）の評価明細書	受取配当金等 収受割合の計算	受取配当金等の額	千円 1,800	千円 1,800	千円 ⓒ 3,600	0.051
		営業利益の金額	千円 36,460	千円 30,318	千円 ⓓ 66,778	

1. Sₗ の 金 額	ⓐ－ⓑの金額	1株（50円）当たりの年 配当金額（第4表のⓒ） ③ 円　銭 3　5 0	受取配当金等収受割合 （ⓒ） 0.051	ⓑ の 金 額 （③×ⓒ） ④ 円　銭 0 1 0	ⓐ－ⓑ の 金 額 （③－④） ⑤ 円　銭 3　4 0
	ⓒ－ⓓの金額	1株（50円）当たりの年 利益金額（第4表のⓒ） ⑥ 円 30		ⓓ の 金 額 （⑥×ⓒ） ⑦ 円 1	ⓒ－ⓓ の 金 額 （⑥－⑦） ⑧ 円 29

金　額	ⓘ－ⓙの金額	（イ）の金額	1株（50円）当たりの純 資産価額（第4表のⓘ） ⑨ 円 144	直前期末の株式等の 帳簿価額の合計額 ⑩ 千円 59,800	直前期末の総資産価額 （帳簿価額） ⑪ 千円 411,337	（イ）の金額 （⑨×（⑩÷⑪）） ⑫ 円 20
		（ロ）の金額	利益積立金額 （第4表の⑱の「直前期」欄の金額） ⑬ 千円 94,590	1株当たりの資本金等の額を50円 とした場合の発行済株式数 （第4表の⑤の株式数） ⑭ 株 1,000,000	受取配当金等収受割合 （ⓒ） 0.051	（ロ）の金額 （（⑬÷⑭）×ⓒ） ⑮ 円 4
		ⓙの金額（⑫＋⑮） ⑯ 円 24	ⓘ－ⓙの金額（⑨－⑯） ⑰ 円 120	（注） 1　ⓒの割合は、1を上限とします。 2　⑯の金額は、⑮の金額（⑨の金額）を上限とします。	

類似業種と	○○製造業

プロからのアドバイス

　国税庁の財産評価基本通達上（189－3）では、上記直前期末の総資産価額（帳簿価額）⑪欄は、第1表の2の金額をもってくるように読めます。しかし、第5表の②の金額を入力するようになっている税務ソフトもあり、実務では少し悩んでいる方がいるようで、注意が必要です。ここでは、通達に従って第1表の2の金額を入れています。

実務編

第4表　類似業種比準価額等の計算明細書

会社名　○○株式会社

〈平成三十年一月一日以降用〉

（取引相場のない株式（出資）の評価明細書）

1. 1株当たりの資本金等の額等の計算	① 直前期末の資本金等の額	② 直前期末の発行済株式数	③ 直前期末の自己株式数	④ 1株当たりの資本金等の額（①÷（②－③））	1株当たりの資本金等の額を50円とした場合の発行済株式数（①÷50円）
	50,000 千円	100,000 株	株	500	1,000,000

2 比準要素等の金額の計算

1株50円当たりの年配当金額	直前期末以前2（3）年間の年平均配当金額				比準要素数1の会社・比準要素数0の会社の判定要素の金額
	事業年度	⑥ 年配当金額	⑦ 左のうち非経常的な配当金額	⑧ 差引経常的な年配当金額（⑥－⑦）	年平均配当金額
	直前期	5,000 千円	1,000 千円	⑨ 4,000 千円	⑨（⑦+⑦）÷2 3,500 千円	Ⓑ ⑨/⑤ 3円50銭
	直前々期	3,000 千円	千円	⑩ 3,000 千円	⑩（⑦+⑨）÷2 1,500 千円	Ⓑ ⑩/⑤ 1円50銭
	直前々期の前期	千円	千円	⑪ 千円		1株（50円）当たりの年配当金額 Ⓑ 3円50銭

1株50円当たりの年利益金額	直前期末以前2（3）年間の利益金額					比準要素数1の会社・比準要素数0の会社の判定要素の金額
	事業年度	⑪ 法人税の課税所得金額	⑫ 非経常的な利益金額	⑬ 受取配当等の益金不算入額	⑭ 左の所得税額	⑮ 損金算入した繰越欠損金の控除額	⑯ 差引利益金額（⑪－⑫+⑬－⑭+⑮）	Ⓒ ⑯又は⑯+⑯/2÷2/⑤ 30円
	直前期	38,376 千円	5,230 千円	880 千円	298 千円	―	⑯ 33,728 千円	Ⓒ ⑯又は⑯+⑯/2/⑤ 28円
	直前々期	29,342 千円	1,780 千円	675 千円	226 千円	―	⑰ 28,011 千円	1株（50円）当たりの年利益金額 Ⓒ ⑯又は⑯+⑰÷2 の金額 30円
	直前々期の前期	千円	千円	千円	千円		⑱ 千円	

1株50円当たりの純資産価額	直前期末（直前々期末）の純資産価額			比準要素数1の会社・比準要素数0の会社の判定要素の金額
	事業年度	⑰ 資本金等の額	⑱ 利益積立金額	⑲ 純資産価額（⑰+⑱）	Ⓓ ⑲/⑤ 144円
	直前期	50,000 千円	94,590 千円	⑳ 144,590 千円	Ⓓ ⑳/⑤ 122円
	直前々期	50,000 千円	72,030 千円	㉑ 122,030 千円	1株（50円）当たりの純資産価額 Ⓓ ⑳の金額 144円

類似業種と業種目番号		区分	1株（50円）当たり	1株（50円）当たり	1株（50円）当たり	1株（50円）当たりの

第1表の2　評価上の株主の判定及び会社規模の判定の明細書（続）

会社名　○○株式会社

〈平成三十年一月一日以降用〉

（取引相場のない株式（出資）の評価明細書）

3. 会社の規模（Lの割合）の判定

判定要素	項目	金額	項目	人数
	直前期末の総資産価額（帳簿価額）	411,337 千円	直前期末以前1年間における従業員数	23.3 人 〔従業員数の内訳〕 （継続勤務従業員数） （継続勤務従業員以外の従業員の労働時間の合計時間数）
	直前期末以前1年間の取引金額	1,339,275 千円		（18人）+ 9,500 時間/1,800時間

Ⓐ　直前期末以前1年間における従業員数に応ずる区分
　70人以上の会社は、大会社（Ⓑ及びⒸは不要）
　70人未満の会社は、Ⓑ及びⒸにより判定

判定	Ⓑ　直前期末の総資産価額（帳簿価額）及び直前期末以前1年間における従業員数に応ずる区分				Ⓒ　直前期末以前1年間の取引金額に応ずる区分			会社規模とLの割合（中会社）の区分
	総資産価額（帳簿価額）			従業員数	取引金額			
	卸売業	小売・サービス業	卸売業、小売・サービス業以外		卸売業	小売・サービス業	卸売業、小売・サービス業以外	
判定	20億円以上	15億円以上	15億円以上	35人超	30億円以上	20億円以上	15億円以上	大会社
	4億円以上20億円未満	5億円以上15億円未満	5億円以上15億円未満	35人超	7億円以上30億円未満	5億円以上20億円未満	4億円以上15億円未満	0.90 中
	2億円以上	2億5,000万以上	2億5,000万以上	20人超	3億5,000万以上	2億5,000万以上		

(4) 評価明細書第7表②

類似業種と業種目番号	○○製造業 (No.)	比準割合の計算	区分	1株(50円)当たりの年配当金額	1株(50円)当たりの年利益金額	1株(50円)当たりの純資産価額	1株(50円)当たりの比準価額
類似業種の株価	課税時期の属する月 4月 ㋜ 377		評価会社	((5)) 円 銭 3 40	(8) 円 29	(17) 円 120	⑲ × ⑲ × 0.7
	課税時期の属する月の前月 3月 ㋠ 388		類似業種	B 円 銭 4 10	C 円 27	D 円 280	中会社は0.6 小会社は0.5 とします。
	課税時期の属する月の前々月 2月 ㋡ 369						
	前年平均株価 ㋺ 350		要素別比準割合	((5))/B 0.82	(8)/C 1.07	(17)/D 0.42	
	課税時期の属する月以前2年間の平均株価 ㋩ 352						
	A ㋥㋦㋧及び㋨のうち最も低いもの ⑱ 350		比準割合	((5))/B + (8)/C + (17)/D ÷ 3 =		⑲ 0.77	⑳ 円 銭 161 70

類似業種と業種目番号	△△製造業 (No.)	比準割合の計算	区分	1株(50円)当たりの年配当金額	1株(50円)当たりの年利益金額	1株(50円)当たりの純資産価額	1株(50円)当たりの比準価額
類似業種の株価	課税時期の属する月 4月 ㋢ 422		評価会社	((5)) 円 銭 3 40	(8) 円 29	(17) 円 120	㉑ × ㉑ × 0.7
	課税時期の属する月の前月 3月 ㋣ 429		類似業種	B 円 銭 4 20	C 円 26	D 円 263	中会社は0.6 小会社は0.5 とします。
	課税時期の属する月の前々月 2月 ㋤ 410						
	前年平均株価 ㋥ 386		要素別比準割合	((5))/B 0.80	(8)/C 1.11	(17)/D 0.45	
	課税時期の属する月以前2年間の平均株価 ㋦ 388						
	A ㋢㋣㋤㋥及び㋦のうち最も低いもの ㉑ 386		比準割合	((5))/B + (8)/C + (17)/D ÷ 3 =		㉒ 0.78	㉓ 円 銭 180 60

1株当たりの比準価額	比準価額(⑳と㉓とのいずれか低い方) 161 円 70 銭 × 第4表の①の金額500円/50円	㉔ 1,617 円

	直前期末の翌日から課税時期までの間に配当金交付の効力が発生した場合	比準価額(㉔) 1,617 円	1株当たりの配当金額 50 円 00 銭	修正比準価額 ㉕ 1,567 円

業 種 目				B 配当金額	C 利益金額	D 簿価純資産価額
大 分 類						
中 分 類	番号	内 容				
小 分 類						
(製造業)						
△△製造業	00			4.2	26	263
○○製造業	00			3.2	18	182
○○製造業	00			3.9	31	225
○○製造業	00			3.1	20	186
○○製造業	00			4.4	23	224
○○製造業	00			4.1	27	280
○○製造業	00			3.8	27	207

A（株価）【上段：各月の株価、下段：課税時期の属する月以前2年間の平均株価】														
X-1年平均	X-1年11月分	X-1年12月分	X年1月分	2月分	3月分	4月分	5月分	6月分	7月分	8月分	9月分	10月分	11月分	12月分
386	386	393	401	410	429	422	362	372	380					
			380	383	386	388								
321	276	366	276	288	316	291	292	289	300					
385	328	332	330	346	328	333	334	330	342					
384	359	362	335	336	325	315	316	338	343					
357	293	377	307	308	320									
350	347	355	363	369	388	377	345	359	365					
			344	347	349	352								
389	329	401	350	401	345	367	368	365	378					

第７表　チェックポイント

（受取配当金等の額）

・　「受取配当金等の額」欄は、直前期及び直前々期の各事業年度における評価会社の受取配当金等の額（法人から受ける剰余金の配当（株式又は出資に係るものに限るものとし、資本金等の額の減少によるものを除きます。）、利益の配当、剰余金の分配（出資に係るものに限ります。）及び新株予約権付社債に係る利息の額をいいます。）の総額を、それぞれの各欄に記載し、その合計額を「合計」欄に記載します。　☐

（営業利益の金額）

・　「営業利益の金額」欄は、各事業年度における評価会社の営業利益の金額（営業利益の金額に受取配当金等の額が含まれている場合には、受取配当金額を控除した金額）について記載します。　☐

（受取配当金等収受割合）

・　「受取配当金等収受割合」欄は、小数点以下３位未満の端数を切り捨てて記載します。　☐

　　なお、受取配当金等の額を超える営業損失がある場合（分母が負数となる場合）には、受取配当金等収受割合を１として計算します。

（帳簿価額の合計額）

・　**「直前期末の株式等の帳簿価額の合計額」**欄の⑩の金額は、直前期末における株式等の税務計算上の帳簿価額の合計額を記載します（第５表を直前期末における各資産に基づいて作成しているときは、第５表の🔟の金額を記載します。）。　☐

プロからのアドバイス

株式等保有特定会社の判定
・「株式等」の範囲には、所有目的又は所有期間のいかんにかかわらず評価会社が有する株式、出資及び新株予約権付社債が該当するように、所有権や所有者たる地位を有しているものは含まれ、逆に債券的権利や受益的権利に留まるものは含まれないことになります。

○「株式等」に含まれるもの
　・外国株式
　・株式制のゴルフ会員権
　・特定金銭信託
　・金融商品取引業者（証券会社）が保有する商品としての株式
　・新株予約権付社債

○「株式等」に含まれないもの
　・匿名組合の出資
　・証券投資信託の受益証券

※　土地保有特定会社の判定については、289頁を参照してください。

実務編

(5)　評価明細書第8表

第8表　株式等保有特定会社の株式の価額の計算明細書（続）　　会社名　〇〇株式会社

	相続税評価額による純資産価額 （第5表の⑤の金額）	課税時期現在の株式等の価額の 合計額（第5表の④の金額）	差　引 （①－②）
	①　1,468,207 千円	②　981,687 千円	③　486,520 千円
	帳簿価額による純資産価額 （第5表の⑥の金額）	株式等の帳簿価額の合計額 （第5表の㋭＋（㋬－㋷）の金額）（注）	差　引 （④－⑤）
	④　852,958 千円	⑤　839,800 千円	⑥　13,158 千円
	評価差額に相当する金額 （③－⑥）	評価差額に対する法人税額等相当額 （⑦×37%）	課税時期現在の修正純資産価額 （相続税評価額）（③－⑧）
	⑦　473,362 千円	⑧　175,143 千円	⑨　311,377 千円
	課税時期現在の発行済株式数 （第5表の⑩の株式数）	課税時期現在の修正後の1株当たりの 純資産価額（相続税評価額）（⑨÷⑩）	（注）第5表の㋬及び㋷の金額に株式 等以外の資産に係る金額が含まれて いる場合には、その金額を除いて計 算します。
	⑩　100,000 株	⑪　3,113 円	

1株当たりのS₁の金額 の計算の基となる金額	修正後の類似業種比準価額 （第7表の㉔、㉕又は㉖の金額）	修正後の1株当たりの純資産価額 （相続税評価額）－（㋭㋷の金額）	
	⑫　1,567 円	⑬　3,113 円	

区　分		1株当たりのS₁の金額の算定方法	1株当たりのS₁の金額
比準要素数1である会社のS₁の金額		⑬の金額と次の算式によって計算した金額とのいずれか低い方の金額 ⑫の金額　　　　　⑬の金額 （　　　円×0.25）＋（　　　円×0.75）＝　　　円	⑭　円
上記以外の会社	大会社のS₁の金額	⑫の金額と⑬の金額とのいずれか低い方の金額 （⑬の記載がないときは⑫の金額）	⑮　円
	中会社のS₁の金額	⑫と⑬とのいずれか　Lの割合　　⑬の金額　　　　Lの割合 低い方の金額 〔1,567 円×0.90〕＋〔3,113 円×(1-0.90)〕	⑯　1,721 円
	小会社のS₁の金額	⑬の金額と次の算式によって計算した金額とのいずれか低い方の金額 ⑫の金額　　　　⑬の金額 （　　　円×0.50）＋（　　　円×0.50）＝　　　円	⑰　円

2．S₂の金額

課税時期現在の株式等 の価額の合計額 （第5表の④の金額）	株式等の帳簿価額の合計額 （第5表の㋭＋㋬－㋷の金額）（注）	株式等に係る評価差額に 相当する金額 （⑱－⑲）	⑳の評価差額に対する 法人税額等相当額 （⑳×37%）
⑱　981,687 千円	⑲　839,800 千円	⑳　141,887 千円	㉑　52,498 千円
S₂の純資産価額相当額 （⑱－㉑）	課税時期現在の 発行済株式数 （第5表の⑩の株式数）	S₂の金額 （㉒÷㉓）	（注）第5表の㋬及び㋷の金額に株式等以外の資産に係る金額が含まれている場合には、その金額を除いて計算します。
㉒　929,189 千円	㉓　100,000 株	㉔　9,291 円	

3．株式等保有特定会社 の株式の価額	1株当たりの純資産価額（第5表の⑪の金額（第5表の⑫の金額があるときはその金額））	S₁の金額とS₂の金額との合計額 （（⑭、⑮、⑯又は⑰）＋㉔）	株式等保有特定会社の株式の価額 （㉕と㉖とのいずれか低い方の金額）
	㉕　9,924 円	㉖　11,012 円	㉗　9,924 円

第5表　1株当たりの純資産価額(相続税評価額)の計算明細書　会社名　○○株式会社

（平成三十年一月一日以降用）

取引相場のな

1. 資産及び負債の金額（課税時期現在）

資 産 の 部				負 債 の 部			
科　目	相続税評価額	帳簿価額	備考	科　目	相続税評価額	帳簿価額	備考
	千円	千円			千円	千円	
関係会社株式	735,305	37,300		社葬費用	5,850	5,850	
投資有価証券	51,382	13,500					
現物出資等受入れ株式	795,000	15,000					
長期貸付金	18,400	18,400					
合　計	① 1,801,405	② 406,156		合　計	③ 333,198	④ 333,198	
株式等の価額の合計額	㋑ 981,687	㋺ 59,800					
土地等の価額の合計額	㋩ 536,740						
現物出資等受入れ資産の価額の合計額	㋥ 795,000	㋭ 15,000					

2. 評価差額に対する法人税額等相当額の計算		3. 1株当たりの純資産価額の計算	
相続税評価額による純資産価額　(①-③)	⑤ 1,468,207 千円	課税時期現在の純資産価額 (相続税評価額)　(⑤-⑧)	⑨ 1,240,565 千円
帳簿価額による純資産価額 ((②+㋭-㋺)-④)、マイナスの場合は0)	⑥ 852,958 千円	課税時期現在の発行済株式数 ((第1表の1の①)-自己株式数)	⑩ 100,000 株
評価差額に相当する金額 (⑤-⑥、マイナスの場合は0)	⑦ 615,249 千円	課税時期現在の1株当たりの純資産価額 (相続税評価額)　(⑨÷⑩)	⑪ 12,405 円
評価差額に対する法人税額等相当額 (⑦×37%)	⑧ 227,642 千円	同族株主等の議決権割合(第1表の1の⑤の割合)が50%以下の場合　(⑪×80%)	⑫ 9,924 円

プロからのアドバイス

・　株式等保有特定会社の評価で、S₁＋S₂で評価する場合

　第5表の項目のうち、影響するのは株式等の評価であるため、大会社の場合は、その他の項目は評価の洗替えは省略できる場合もあるので知っておくと便利です。

第8表　チェックポイント

チェック欄

（課税時期現在の株式等の価額）

・　「**課税時期現在の株式等の価額の合計額**」欄の⑱の金額は、課税時期における株式等の相続税評価額を記載しますが、株式等保有特定会社の判定時期と純資産価額の計算時期が直前期末における決算に基づいて行われている場合には、S₂の計算時期も同一とすることに留意してください。

（評価差額に相当する金額）

・　「**株式等に係る評価差額に相当する金額**」欄の⑳の金額は、株式等の相続税評価額と帳簿価額の差額に相当する金額を記載しますが、その金額が負数のときは、0と記載することに留意してください。

（参考）

第6表　チェックポイント

チェック欄

（配当還元方式）

・　「**2．配当還元方式による価額**」欄は、第1表の1の「1．株主及び評価方式の判定」欄又は「2．少数株式所有者の評価方式の判定」欄の判定により納税義務者が配当還元方式を適用する株主に該当する場合に記載します。

（配当還元価額）

・　「**配当還元価額**」欄の㉒の金額の記載に当たっては、純資産価額方式等により計算した価額が、配当還元方式よりも高いと認められる場合には、「1．純資産価額方式等による価額」欄の計算を省略して差し支えありません。

⑥ 株式等保有特定会社

株式等保有特定会社の記載例

第1表の1　評価上の株主の判定及び会社規模の判定の明細書　　整理番号　○○○○○○

会社名	（電話 03-3403-××××） ○○株式会社	本店の所在地	○○○			
代表者氏名	A		取扱品目及び製造、卸売、小売等の区分	業種目番号	取引金額の構成比	
課税時期	X 年 4 月 3 日	事業内容	○○製造業	○○	100%	
直前期	自 X−1 年 1 月 1 日 至 X−1 年 12 月 31 日					

1．株主及び評価方式の判定

氏名又は名称	続柄	会社における役職名	④株式数（株式の種類）	㋺議決権数	㋩議決権割合（㋺/④）
			株	個	%
A	納税義務者	社長	35,000	350	35
B	妻		5,000	50	5
C	弟		5,000	50	5
	自己株式				
納税義務者の属する同族関係者グループの議決権の合計数			②450	⑤(②/④)45	
筆頭株主グループの議決権の合計数			③450	⑥(③/④)45	
評価会社の発行済株式又は議決権の総数			①100,000	④1,000	100

納税義務者の属する同族関係者グループの議決権割合（⑤の割合）を基として、区分します。

区分基準の割合	筆頭株主グループの議決権割合（⑥の割合）			株主の区分
	50%超の場合	30%以上50%以下の場合	30%未満の場合	
⑤の割合	50%超	30%以上	15%以上	同族株主等
	50%未満	30%未満	15%未満	同族株主等以外の株主

判定	同族株主等（原則的評価方式等）	同族株主等以外の株主（配当還元方式）

「同族株主等」に該当する納税義務者のうち、議決権割合（㋩の割合）が5%未満の者の評価方式は、「2．少数株式所有者の評価方式の判定」欄により判定します。

2．少数株式所有者の評価方式の判定

	項　目	判　定　内　容
判定要素	氏　名	
	㋥役員	である〔原則的評価方式等〕・でない（次の㋭へ）
	㋭納税義務者が中心的な同族株主	である〔原則的評価方式等〕・でない（次の㋬へ）
	㋬納税義務者以外に中心的な同族株主（又は株主）	がいる（配当還元方式）・がいない〔原則的評価方式等〕（氏名　　　）
判　定		原則的評価方式等　・　配当還元方式

第1表の2　評価上の株主の判定及び会社規模の判定の明細書（続）　　会社名　○○株式会社

（取引相場のない株式（出資）の評価明細書）

（平成三十年一月一日以降用）

3．会社の規模（Lの割合）の判定

判定要素	項　目	金　額	項　目	人　数
	直前期末の総資産価額 （帳簿価額）	千円 411,337	直前期末以前1年間における従業員数	23.3　人 ［従業員数の内訳］ （継続勤務従業員数）＋（継続勤務従業員以外の従業員の労働時間の合計時間数） （18人）＋ 9,500時間／1,800時間
	直前期末以前1年間の取引金額	千円 1,339,275		

	ⓗ　直前期末以前1年間における従業員数に応ずる区分	70人以上の会社は、大会社（ⓒ及びⓓは不要） 70人未満の会社は、ⓒ及びⓓにより判定

判定基準	ⓒ　直前期末の総資産価額（帳簿価額）及び直前期末以前1年間における従業員数に応ずる区分				ⓓ　直前期末以前1年間の取引金額に応ずる区分			会社規模とLの割合（中会社）の区分
	総資産価額（帳簿価額）			従業員数	取引金額			
	卸売業	小売・サービス業	卸売業、小売・サービス業以外		卸売業	小売・サービス業	卸売業、小売・サービス業以外	
	20億円以上	15億円以上	15億円以上	35 人 超	30億円以上	20億円以上	15億円以上	大　会　社
	4億円以上 20億円未満	5億円以上 15億円未満	5億円以上 15億円未満	35 人 超	7億円以上 30億円未満	5億円以上 20億円未満	4億円以上 15億円未満	0.90 中
	2億円以上 4億円未満	2億5,000万円以上 5億円未満	2億5,000万円以上 5億円未満	20 人 超 35 人 以 下	3億5,000万円以上 7億円未満	2億5,000万円以上 5億円未満	2億円以上 4億円未満	0.75 会
	7,000万円以上 2億円未満	4,000万円以上 2億5,000万円未満	5,000万円以上 2億5,000万円未満	5 人 超 20 人 以 下	2億円以上 3億5,000万円未満	6,000万円以上 2億5,000万円未満	8,000万円以上 2億円未満	0.60 社
	7,000万円未満	4,000万円未満	5,000万円未満	5 人 以 下	2億円未満	6,000万円未満	8,000万円未満	小　会　社

・「会社規模とLの割合（中会社）の区分」欄は、ⓒ欄の区分（「総資産価額（帳簿価額）」と「従業員数」とのいずれか下位の区分）とⓓ欄（取引金額）の区分とのいずれか上位の区分により判定します。

判定	大　会　社	中　会　社			小　会　社	
		L　の　割　合				
		0.90	0.75	0.60		

4．増（減）資の状況その他評価上の参考事項

> 「1株当たりの配当金額」、「1株当たりの利益金額」及び「1株当たりの純資産価額」が少額のため、評価明細書第4表の端数処理によって0円となる場合には、その要素は0円とします。

第2表　特定の評価会社の判定の明細書　　　会社名　　〇〇株式会社

（平成三十年一月一日以降用）

（取引相場のない株式（出資）の評価明細書）

1. 比準要素数1の会社

	判　定　要　素						判定基準	(1)欄のいずれか2の判定要素が0であり、かつ、(2)欄のいずれか2以上の判定要素が0
	(1)直前期末を基とした判定要素			(2)直前々期末を基とした判定要素				である（該当）・でない（非該当）
	第4表のⒷの金額	第4表のⒸの金額	第4表のⒹの金額	第4表のⒷの金額	第4表のⒸの金額	第4表のⒹの金額		
	円　銭	円	円	円　銭	円	円	判定	該　当　・　（非該当）
	3　5⁰	30	144	1　5⁰	28	122		

2. 株式等保有特定会社

	判　定　要　素			判定基準	③の割合が50%以上である	③の割合が50%未満である
	総資産価額（第5表の①の金額）	株式等の価額の合計額（第5表のⒼの金額）	株式等保有割合（②/①）			
	①　　　　千円	②　　　　千円	③　　　%	判定	（該当）　・　非該当
	1,801,405	981,687	54			

3. 土地保有特定会社

	判　定　要　素			
	総資産価額（第5表の①の金額）	土地等の価額の合計額（第5表のⒽの金額）	土地保有割合（⑤/④）	会社の規模の判定（該当する文字を〇で囲んで表示します。）
	④　　　　千円	⑤　　　　千円	⑥　　　%	大会社・（中会社）・小会社
	1,801,405	536,740	29	

		大　会　社	中　会　社	小　会　社（総資産価額（帳簿価額）が次の基準に該当する会社）	
判定基準	会社の規模			・卸売業　20億円以上	・卸売業　7,000万円以上20億円未満
				・小売・サービス業　15億円以上	・小売・サービス業　4,000万円以上15億円未満
				・上記以外の業種　15億円以上	・上記以外の業種　5,000万円以上15億円未満
	⑥の割合	70%以上	70%未満	90%以上	90%未満	70%以上	70%未満	90%以上	90%未満
	判　定	該当	非該当	該当	（非該当）	該当	非該当	該当	非該当

4. 開業後3年未満の会社等

(1) 開業後3年未満の会社

判定要素		判定基準	課税時期において開業後3年未満である	課税時期において開業後3年未満でない
開業年月日	〇〇年4月1日	判定	該　当	（非該当）

(2) 比準要素数0の会社

判定要素	直前期末を基とした判定要素			判定基準	直前期末を基とした判定要素がいずれも0
	第4表のⒷの金額	第4表のⒸの金額	第4表のⒹの金額		である（該当）　・　でない（非該当）
	円　銭	円	円	判定	該　当　・　（非該当）
	3　5⁰	30	144		

5. 開業前又は休業中の会社

開業前の会社の判定	休業中の会社の判定
該当　（非該当）	該当　（非該当）

6. 清算中の会社

判　定
該当　（非該当）

7. 特定の評価会社の判定結果

1. 比準要素数1の会社　　　　　　　　　（2.）株式等保有特定会社

3. 土地保有特定会社　　　　　　　　　　4. 開業後3年未満の会社等

5. 開業前又は休業中の会社　　　　　　　6. 清算中の会社

> 該当する番号を〇で囲んでください。なお、上記の「1. 比準要素数1の会社」欄から「6. 清算中の会社」欄の判定において2以上に該当する場合には、後の番号の判定によります。

第4表　類似業種比準価額等の計算明細書

会社名　　○○株式会社

〈取引相場のない株式（出資）の評価明細書〉

〈平成三十年一月一日以降用〉

1. 1株当たりの資本金等の額等の計算	直前期末の資本金等の額	直前期末の発行済株式数	直前期末の自己株式数	1株当たりの資本金等の額（①÷（②−③））	1株当たりの資本金等の額を50円とした場合の発行済株式数（①÷50円）
	① 50,000 千円	② 100,000 株	③ 　　　株	④ 500 円	⑤ 1,000,000 株

2. 比準要素等の金額の計算

1株（50円）当たりの年配当金額

直前期末以前2（3）年間の年平均配当金額					比準要素数1の会社・比準要素数0の会社の判定要素の金額		
事業年度	⑥ 年配当金額	⑦ 左のうち非経常的な配当金額	⑧ 差引経常的な年配当金額（⑥−⑦）	年平均配当金額	⑨/⑤	⑧ 円 3	銭 5 0
直前期	5,000 千円	1,000 千円	㋑ 4,000 千円	⑨（㋑+㋺）÷2 3,500 千円	⑩/⑤	⑧ 円 1	銭 5 0
直前々期	3,000 千円	千円	㋺ 3,000 千円		1株（50円）当たりの年配当金額 ⑧ の金額		
直前々期の前期	千円	千円	㋩ 千円	⑩（㋺+㋩）÷2 1,500 千円	⑬ 3 円 50 銭		

1株（50円）当たりの年利益金額

直前期末以前2（3）年間の利益金額						比準要素数1の会社・比準要素数0の会社の判定要素の金額	
事業年度	⑪法人税の課税所得金額	⑫非経常的な利益金額	⑬受取配当等の益金不算入額	⑭左の所得税額	⑮損金算入した繰越欠損金の控除額	⑯差引利益金額（⑪−⑫+⑬−⑭+⑮）	㋥又は（㋥+㋭）÷2 ⓒ 30
直前期	38,376 千円	5,230 千円	880 千円	298 千円	— 千円	㋥ 33,728 千円	㋭又は（㋭+㋬）÷2 ⓒ 28
直前々期	29,342 千円	1,780 千円	675 千円	226 千円	— 千円	㋭ 28,011 千円	1株（50円）当たりの年利益金額 [⑪又は（㋥+㋭）÷2 の金額]
直前々期の前期	千円	千円	千円	千円	千円	㋬ 千円	ⓒ 30 円

1株（50円）当たりの純資産価額

直前期末（直前々期末）の純資産価額				比準要素数1の会社・比準要素数0の会社の判定要素の金額	
事業年度	⑰資本金等の額	⑱利益積立金額	⑲純資産価額（⑰+⑱）	㋥/⑤	ⓓ 144
直前期	50,000 千円	94,590 千円	㋥ 144,590 千円	㋭/⑤	ⓓ 122
直前々期	50,000 千円	72,030 千円	㋭ 122,030 千円	1株（50円）当たりの純資産価額 ⓓ の金額	
				ⓓ 144 円	

3. 類似業種比準価額の計算

1株（50円）当たりの比準価額の計算	類似業種と業種目番号			比準割合の計算	区分	1株（50円）当たりの年配当金額	1株（50円）当たりの年利益金額	1株（50円）当たりの純資産価額	1株（50円）当たりの比準価額
			(No.) 円		評価会社	Ⓑ 円 銭 0	ⓒ 円	Ⓓ 円	⑳ × ㉑ × 0.7 ※
	類似業種の株価	課税時期の属する月	月 ㋬ 円						※中会社は0.6 小会社は0.5とします。
		課税時期の属する月の前月	月 ㋥ 円		類似業種	B 円 銭 0	C 円	D 円	
		課税時期の属する月の前々月	月 ㋣ 円						
		前年平均株価	㋠ 円		要素別比準割合	Ⓑ/B ・	Ⓒ/C ・	Ⓓ/D ・	
		課税時期の属する月以前2年間の平均株価	⑳ 円		比準割合	$\frac{\frac{Ⓑ}{B} + \frac{Ⓒ}{C} + \frac{Ⓓ}{D}}{3}$ = ㉑ ・			㉒ 円 銭 0
		A ㋬、㋥、㋣及び㋠のうち最も低いもの							
	類似業種と業種目番号		(No.) 円	比準割合の計算	区分	1株（50円）当たりの年配当金額	1株（50円）当たりの年利益金額	1株（50円）当たりの純資産価額	1株（50円）当たりの比準価額
	類似業種の株価	課税時期の属する月	月 ㋐ 円		評価会社	Ⓑ 円 銭 0	ⓒ 円	Ⓓ 円	㉓ × ㉔ × 0.7 ※
		課税時期の属する月の前月	月 ㋑ 円						※中会社は0.6 小会社は0.5とします。
		課税時期の属する月の前々月	月 ㋒ 円		類似業種	B 円 銭 0	C 円	D 円	
		前年平均株価	㋓ 円		要素別比準割合	Ⓑ/B ・	Ⓒ/C ・	Ⓓ/D ・	
		課税時期の属する月以前2年間の平均株価	㉓ 円		比準割合	$\frac{\frac{Ⓑ}{B} + \frac{Ⓒ}{C} + \frac{Ⓓ}{D}}{3}$ = ㉔ ・			㉕ 円 銭 0
		A ㋐、㋑、㋒及び㋓のうち最も低いもの							

1株当たりの比準価額	比準価額（㉒と㉕とのいずれか低い方）		④の金額	㉖ 円
	円 0銭 ×	$\frac{円}{50円}$		

比準価額の修正	直前期末の翌日から課税時期までの間に配当金交付の効力が発生した場合	比準価額（㉖）	1株当たりの配当金額	修正比準価額
		円 −	円 銭	㉗ 円
	直前期末の翌日から課税時期までの間に株式の割当て等の効力が発生した場合	比準価額（㉖）（㉗があるときは㉗）	割当株式1株当たりの払込金額	1株当たりの割当株式数	1株当たりの割当株式数又は交付株式数	修正比準価額
		（ 円+	円 銭×	株）÷（1株+ 株）	㉘ 円

第5表　1株当たりの純資産価額（相続税評価額）の計算明細書

会社名　○○株式会社

（取引相場のない株式（出資）の評価明細書）

1. 資産及び負債の金額（課税時期現在）

資　産　の　部				負　債　の　部			
科　目	相続税評価額	帳簿価額	備考	科　目	相続税評価額	帳簿価額	備考
	千円	千円			千円	千円	
現金預金	17,474	17,274		支払手形	45,290	45,290	
受取手形	53,036	55,000		買掛金	72,300	72,300	
売掛金	39,528	43,747		短期借入金	25,500	25,500	
製品	50,590	50,590		未払金	4,746	4,746	
仕掛金	7,610	7,610		未払費用	5,718	5,718	
原材料	5,085	5,085		預り金	5,795	5,795	
未収入金	5,650	5,650		長期借入金	88,800	88,800	
短期貸付金	3,900	3,900		未納法人税等	1,360	1,360	
課税時期前3年以内に取得した建物	56,000	56,000		〃　都民税	25	25	
機械装置	24,742	24,742		〃　事業税	3,860	3,860	
車両運搬具	550	550		〃　消費税	8,846	8,846	
器具及び備品	398	398		〃固定資産税	2,108	2,108	
土　地	498,240	18,300		未払配当金	5,000	5,000	
課税時期前3年以内に取得した土地	38,500	38,500		未払死亡退職金	58,000	58,000	
電話加入権	15	610		社葬費用	5,850	5,850	
関係会社株式	135,305	31,300					
投資有価証券	51,382	13,500					
現物出資等受入れ株式	795,000	15,000					
長期貸付金	18,400	18,400					
合　計	① 1,801,405	② 406,156		合　計	③ 333,198	④ 333,198	
株式等の価額の合計額	㋑ 981,687	㋥ 59,800					
土地等の価額の合計額	㋺ 536,740						
現物出資等受入れ資産の価額の合計額	㋩ 795,000	㋭ 15,000					

2. 評価差額に対する法人税額等相当額の計算

相続税評価額による純資産価額（①−③）	⑤	1,468,207 千円
帳簿価額による純資産価額（（②＋㋩−㋭）−④）、マイナスの場合は0）	⑥	852,958 千円
評価差額に相当する金額（⑤−⑥、マイナスの場合は0）	⑦	615,249 千円
評価差額に対する法人税額等相当額（⑦×37%）	⑧	227,642 千円

3. 1株当たりの純資産価額の計算

課税時期現在の純資産価額（相続税評価額）（⑤−⑧）	⑨	1,240,565 千円
課税時期現在の発行済株式数（（第1表の1の①）−自己株式数）	⑩	100,000 株
課税時期現在の1株当たりの純資産価額（相続税評価額）（⑨÷⑩）	⑪	12,405 円
同族株主等の議決権割合（第1表の1の⑤の割合）が50% 以下の場合（⑪×80%）	⑫	9,924 円

実務編

第6表　特定の評価会社の株式及び株式に関する権利の価額の計算明細書　会社名　○○株式会社

（取引相場のない株式（出資）の評価明細書）

1　純資産価額方式等による価額

		類似業種比準価額 （第4表の㉖,㉗又は㉘の金額）	1株当たりの純資産価額 （第5表の⑪の金額）	1株当たりの純資産価額の80%相当額（第5表の⑫の記載がある場合のその金額）
	1株当たりの価額の計算の基となる金額	①　　　　　　　　円	②　　12,405　円	③　　9,924　円

1株当たりの価額の計算	株式の区分	1株当たりの価額の算定方法等	1株当たりの価額
	比準要素数1の会社の株式	②の金額（③の金額があるときは③の金額）と次の算式によって計算した金額とのいずれか低い方の金額 ①の金額　　　　　　　②の金額（③の金額があるときは③の金額） （　　　　円×0.25）＋（　　　　円×0.75）＝　　　　円	④　　　　円
	株式等保有特定会社の株式	（第8表の㉕の金額）	⑤　9,924　円
	土地保有特定会社の株式	（②の金額（③の金額があるときはその金額））	⑥　　　　円
	開業後3年未満の会社等の株式	（②の金額（③の金額があるときはその金額））	⑦　　　　円
	開業前又は休業中の会社の株式	（②の金額）	⑧　　　　円

株式の価額の修正		株式の価額 ④、⑤、⑥ ⑦又は⑧	1株当たりの配当金額	修正後の株式の価額
	課税時期において配当期待権の発生している場合		円－　　　　円　　銭	⑨　　　　円
	課税時期において株式の割当てを受ける権利、株主となる権利又は株式無償交付期待権の発生している場合	株式の価額 ④、⑤、⑥、⑦又は⑧ （⑨があるときは⑨） （　　円＋	割当株式1株当たりの払込金額 円×	1株当たりの割当株式数 株）÷（1株＋	1株当たりの割当株式数又は交付株式数 株）	修正後の株式の価額 ⑩　　　　円

2　配当還元方式による価額

1株当たりの資本金等の額、発行済株式数等	直前期末の資本金等の額	直前期末の発行済株式数	直前期末の自己株式数	1株当たりの資本金等の額を50円とした場合の発行済株式数（⑪÷50円）	1株当たりの資本金等の額（⑪÷（⑫－⑬））
	⑪　　千円	⑫　　株	⑬　　株	⑭　　株	⑮　　円

直前期末以前2年間の配当金額	事業年度	⑯年配当金額	⑰左のうち非経常的な配当金額	⑱差引経常的な年配当金額（⑯－⑰）	年平均配当金額
	直前期	千円	千円 ㋑	千円	⑲（㋑＋㋺）÷2　千円
	直前々期	千円	千円 ㋺	千円	

1株(50円)当たりの年配当金額	年平均配当金額（⑲） 千円 ÷	⑭の株式数 株 ＝	⑳ 円　　銭	この金額が2円50銭未満の場合は2円50銭とします。

配当還元価額	⑳の金額 円　銭 10% ×	⑮の金額 円 50円	㉑ 円	㉒ 円	㉒の金額が、純資産価額方式等により計算した価額を超える場合には、純資産価額方式等により計算した価額とします。

3　株式に関する権利の価額（1.及び2.に共通）

配当期待権	1株当たりの予想配当金額　源泉徴収されるべき所得税相当額 （　　円　　銭）－（　　円　　銭）	㉓　　円　銭
株式の割当てを受ける権利（割当株式1株当たりの価額）	⑩（配当還元方式の場合は㉒）の金額　割当株式1株当たりの払込金額 円－　　　　円	㉔　円
株主となる権利（割当株式1株当たりの価額）	⑩（配当還元方式の場合は㉒）の金額（課税時期後にその株主となる権利につき払い込むべき金額があるときは、その金額を控除した金額）	㉕　円
株式無償交付期待権（交付される株式1株当たりの価額）	⑩（配当還元方式の場合は㉒）の金額	㉖　円

4　株式及び株式に関する権利の価額（1.及び2.に共通）

株式の評価額	9,924　円
株式に関する権利の評価額	円 （円　銭）

第7表　株式等保有特定会社の株式の価額の計算明細書

会社名　〇〇株式会社

（平成三十年一月一日以降用）

（取引相場のない株式（出資）の評価明細書）

1. S₁の金額

金額

1. 受取配当金等収受割合の計算	事業年度	① 直前期	② 直前々期	合計（①＋②）	受取配当金等収受割合（⑦÷（⑦＋⑦））※小数点以下3位未満切り捨て
	受取配当金等の額	千円 1,800	千円 1,800	⑦ 千円 3,600	0.051
	営業利益の金額	千円 36,460	千円 30,318	⑦ 千円 66,778	

⑥－⑥の金額	1株（50円）当たりの年配当金額（第4表の⑥）③ 円 銭 3 5 0	受取配当金等収受割合（⑦） 0.051	⑥ の 金 額（③×⑦）④ 円 銭 0 1 0	⑥－⑥の金額（③－④）⑤ 円 銭 3 4 0

⑥－⑨の金額	1株（50円）当たりの年利益金額（第4表の⑥）⑥ 円 30		⑨ の 金 額（⑥×⑦）⑦ 円 1	⑥－⑨の金額（⑥－⑦）⑧ 円 29

①－④の金額	（イ）の金額	1株（50円）当たりの純資産価額（第4表の⑪）⑨ 144	直前期末の株式等の帳簿価額の合計額⑩ 千円 59,800	直前期末の総資産価額（帳簿価額）⑪ 千円 411,337	（イ）の金額（⑨×（⑩÷⑪））⑫ 20
	（ロ）の金額	利益積立金額（第4表の⑨の「直前期」欄の金額）⑬ 千円 94,590	1株当たりの資本金等の額を50円とした場合の発行済株式数（第4表の⑤の株式数）⑭ 株 1,000,000	受取配当金等収受割合（⑦）0.051	（ロ）の金額（（⑬÷⑭）×⑦）⑮ 4

④の金額（⑫＋⑬）⑯ 円 24	①－④の金額（⑨－⑯）⑰ 円 120

（注）1　⑦の割合は、1を上限とします。
2　⑯の金額は、⑥の金額（⑨の金額）を上限とします。

（類似業種比準価額の計算）

類似業種比準価額額の修正計算

1株（50円）当たりの類似業種の株価	類似業種と業種目番号	〇〇製造業（No.　）	比準割合の計算	区分	1株（50円）当たりの年配当金額	1株（50円）当たりの年利益金額	1株（50円）当たりの純資産価額	1株（50円）当たりの比準価額
	課税時期の属する月	㋑ 4 月 377 円		評価会社	⑤ 円 銭 3 4 0	⑧ 円 29	⑰ 円 120	⑱×⑲×※ 0.7
	課税時期の属する月の前月	㋺ 3 月 388 円		類似業種 B	円 銭 4 1 0	C 円 27	D 円 280	※中会社は0.6小会社は0.5とします。
	課税時期の属する月の前々月	㋩ 2 月 369 円						
	前年平均株価	㋥ 350 円		要素別比準割合	⑤/B 0.82	⑧/C 1.07	⑰/D 0.42	
	課税時期の属する月以前2年間の平均株価	㋭ 352 円		比準割合	$\frac{\frac{⑤}{B}+\frac{⑧}{C}+\frac{⑰}{D}}{3}$ = ⑲ 0.77			⑳ 円 銭 161 7 0
	A（㋑㋺㋩㋥及び㋭のうち最も低いもの）⑱ 350 円							

類似業種と業種目番号	△△製造業（No.　）	比準割合の計算	区分	1株（50円）当たりの年配当金額	1株（50円）当たりの年利益金額	1株（50円）当たりの純資産価額	1株（50円）当たりの比準価額
課税時期の属する月	㋣ 4 月 422 円		評価会社	⑤ 円 銭 3 4 0	⑧ 円 29	⑰ 円 120	㉑×㉒×※ 0.7
課税時期の属する月の前月	㋠ 3 月 429 円		類似業種 B	円 銭 4 2 0	C 円 26	D 円 263	※中会社は0.6小会社は0.5とします。
課税時期の属する月の前々月	㋷ 2 月 410 円						
前年平均株価	㋦ 386 円		要素別比準割合	⑤/B 0.80	⑧/C 1.11	⑰/D 0.45	
課税時期の属する月以前2年間の平均株価	㋸ 388 円		比準割合	$\frac{\frac{⑤}{B}+\frac{⑧}{C}+\frac{⑰}{D}}{3}$ = ㉒ 0.78			㉓ 円 銭 180 6 0
A（㋣㋠㋷㋦及び㋸のうち最も低いもの）㉑ 386 円							

1株当たりの比準価額	比準価額（⑳と㉓とのいずれか低い方）161 円 7 0銭 ×	第4表の④の金額 500円 / 50円	㉔ 円 1,617

比準価額の修正	直前期末の翌日から課税時期までの間に配当金交付の効力が発生した場合	比準価額（㉔）1,617円 －	1株当たりの配当金額 50円 00銭	修正比準価額 ㉕ 1,567
	直前期末の翌日から課税時期までの間に株式の割当て等の効力が発生した場合	比準価額（㉔）（㉕があるときは㉕）（ 円＋ 銭×	割当株式1株当たりの払込金額 1株当たりの割当株式数 1株当たりの割当株式数又は交付株式数 株）÷（1株＋ 株）	修正比準価額 ㉖ 円

第８表　株式等保有特定会社の株式の価額の計算明細書（続）

会社名　〇〇株式会社

〈平成三十年一月一日以降用〉

〈取引相場のない株式（出資）の評価明細書〉

1. S₁の金額（続）

純資産価額（相続税評価額）の修正計算	相続税評価額による純資産価額（第５表の⑤の金額）	課税時期現在の株式等の価額の合計額（第５表の⑦の金額）	差引（①－②）
	① 1,468,207 千円	② 981,687 千円	③ 486,520 千円

	帳簿価額による純資産価額（第５表の⑥の金額）	株式等の帳簿価額の合計額（第５表の㋺＋（㋩－㋥）の金額）(注)	差引（④－⑤）
	④ 852,958 千円	⑤ 839,800 千円	⑥ 13,158 千円

	評価差額に相当する金額（③－⑥）	評価差額に対する法人税額等相当額（⑦×37%）	課税時期現在の修正純資産価額（相続税評価額）（③－⑧）
	⑦ 473,362 千円	⑧ 175,143 千円	⑨ 311,377 千円

	課税時期現在の発行済株式数（第５表の⑩の株式数）	課税時期現在の修正後の１株当たりの純資産価額（相続税評価額）（⑨÷⑩）	(注) 第５表の㋩及び㋥の金額に株式等以外の資産に係る金額が含まれている場合には、その金額を除いて計算します。
	⑩ 100,000 株	⑪ 3,113 円	

１株当たりのS₁の金額の計算の基となる金額	修正後の類似業種比準価額（第７表の㉖、㉗又は㉘の金額）	修正後の１株当たりの純資産価額（相続税評価額）（⑪の金額）	
	⑫ 1,567 円	⑬ 3,113 円	

１株当たりのS₁の金額の計算

区分		１株当たりのS₁の金額の算定方法	１株当たりのS₁の金額
比準要素数1である会社のS₁の金額		⑬の金額と次の算式によって計算した金額とのいずれか低い方の金額　⑫の金額　⑬の金額　（　円×0.25）＋（　円×0.75）＝　円	⑭　円
上記以外の会社	大会社のS₁の金額	⑫の金額と⑬の金額とのいずれか低い方の金額（⑬の記載がないときは⑫の金額）	⑮　円
	中会社のS₁の金額	⑫と⑬とのいずれか低い方の金額　Lの割合　⑬の金額　Lの割合　[1,567 円×0. 90]＋[3,113 円×（1－0. 90 ）]	⑯ 1,721 円
	小会社のS₁の金額	⑬の金額と次の算式によって計算した金額とのいずれか低い方の金額　⑫の金額　⑬の金額　（　円×0.50）＋（　円×0.50）＝　円	⑰　円

2. S₂の金額

課税時期現在の株式等の価額の合計額（第５表の⑦の金額）	株式等の帳簿価額の合計額（第５表の㋺＋（㋩－㋥）の金額）(注)	株式等に係る評価差額に相当する金額（⑱－⑲）	⑳の評価差額に対する法人税額等相当額（⑳×37%）
⑱ 981,687 千円	⑲ 839,800 千円	⑳ 141,887 千円	㉑ 52,498 千円

S₂の純資産価額相当額（⑱－㉑）	課税時期現在の発行済株式数（第５表の⑩の株式数）	S₂の金額（㉒÷㉓）	(注) 第５表の㋩及び㋥の金額に株式等以外の資産に係る金額が含まれている場合には、その金額を除いて計算します。
㉒ 929,189 千円	㉓ 100,000 株	㉔ 9,291 円	

3. 株式等保有特定会社の株式の価額

	１株当たりの純資産価額（第５表の⑪の金額（第５表の⑫の金額があるときはその金額））	S₁の金額とS₂の金額との合計額（（⑭、⑮、⑯又は⑰）＋㉔）	株式等保有特定会社の株式の価額（㉕と㉖とのいずれか低い方の金額）
	㉕ 9,924 円	㉖ 11,012 円	㉗ 9,924 円

7 配当還元方式①

同族株主であっても適用される事例

第1表の1　評価上の株主の判定及び会社規模の判定の明細書

整理番号

会社名	（電話 03-××××-××××） ○○株式会社	本店の所在地	○○○			
代表者氏名	A		取扱品目及び製造、卸売、小売等の区分	業種目番号	取引金額の構成比
課税時期	X 年 6 月 3 日	事業内容	○○製造業	○○	100 %
直前期	自 X-1 年 4 月 1 日 至 X 年 3 月 31 日				

1. 株主及び評価方式の判定

判定要素（課税時期現在の株式等の所有状況）	氏名又は名称	続柄	会社における役職名	㋑株式数 （株式の種類）	㋺議決権数	㋩議決権割合 （㋺/④）
	B	納税義務者		株 8,000	個 80	% 4
	A	伯父	社長	100,000	1,000	50
	C	伯父の妻		12,000	120	6
	D	従兄弟	専務	40,000	400	20
	自己株式					
	納税義務者の属する同族関係者グループの議決権の合計数			② 1,600	⑤ (②/④) 80	
	筆頭株主グループの議決権の合計数			③ 1,600	⑥ (③/④) 80	
	評価会社の発行済株式又は議決権の総数			① 200,000	④ 2,000	100

判定基準　納税義務者の属する同族関係者グループの議決権割合（⑤の割合）を基として、区分します。

区分	筆頭株主グループの議決権割合（⑥の割合）			株主の区分
	50%超の場合	30%以上50%以下の場合	30%未満の場合	
⑤の割合	50%超	30%以上	15%以上	同族株主等
	50%未満	30%未満	15%未満	同族株主等以外の株主

判定	同族株主等 （原則的評価方式等）	同族株主等以外の株主 （配当還元方式）

「同族株主等」に該当する納税義務者のうち、議決権割合（㋩の割合）が5%未満の者の評価方式は、「2. 少数株式所有者の評価方式の判定」欄により判定します。

チェックポイント

2. 少数株式所有者の評価方式の判定

	項目	判定内容
判定要素	氏名	B
	㋭ 役員	である（原則的評価方式等）・でない（次の㋬へ）
	㋬ 納税義務者が中心的な同族株主	である（原則的評価方式等）・でない（次の㋭へ）
	㋭ 納税義務者以外に中心的な同族株主（又は株主）	がいる（配当還元方式）・がいない（原則的評価方式等）（氏名 A ）
判定	原則的評価方式等　・　配当還元方式	

第3表　一般の評価会社の株式及び株式に関する権利の価額の計算明細書　会社名　　〇〇株式会社

（取引相場のない株式（出資）の評価明細書）

（平成三十年一月一日以降用）

1. 原則的評価方式による価額

1株当たりの価額の計算の基となる金額	類似業種比準価額（第4表の㉖、㉕又は㉓の金額）	1株当たりの純資産価額（第5表の⑪の金額）	1株当たりの純資産価額の80%相当額（第5表の⑫の記載がある場合のその金額）
	①　　　　　　円	②　　　　　　円	③　　　　　　円

		区分	1株当たりの価額の算定方法	1株当たりの価額
1株当たりの価額の計算	大会社の株式の価額		①の金額と②の金額とのいずれか低い方の金額（②の記載がないときは①の金額）	④　　　　円
	中会社の株式の価額		①と②とのいずれか低い方の金額　　Lの割合　　②の金額（③の金額があるときは③の金額）　　Lの割合（　　　　円×0.　　　）＋（　　　　円×（1−0.　　））	⑤　　　　円
	小会社の株式の価額		②の金額（③の金額があるときは③の金額）と次の算式によって計算した金額とのいずれか低い方の金額　　②の金額（③の金額があるときは③の金額）　　①の金額（　　　×0.50）＋（　　　円×0.50）＝　　　円	⑥　　　　円

株式の価額の修正	課税時期において配当期待権の発生している場合	株式の価額（④、⑤又は⑥）	1株当たりの配当金額	修正後の株式の価額
			円−　　　　円　　　銭	⑦　　　　円
	課税時期において株式の割当てを受ける権利、株主となる権利又は株式無償交付期待権の発生している場合	株式の価額（④、⑤又は⑥（⑦があるときは⑦））	割当株式1株当たりの払込金額	1株当たりの割当株式数	1株当たりの割当株式数又は交付株式数	修正後の株式の価額
		（　　　円＋　　　円×　　　株）÷（1株＋　　　株）				⑧　　　　円

2. 配当還元方式による価額

1株当たりの資本金等の額、発行済株式数等	直前期末の資本金等の額	直前期末の発行済株式数	直前期末の自己株式数	1株当たりの資本金等の額を50円とした場合の発行済株式数（⑨÷50円）	1株当たりの資本金等の額（⑨÷（⑩−⑪））
	⑨　100,000 千円	⑩　200,000 株	⑪　　　　株	⑫　2,000,000 株	⑬　500 円

直前期末以前2年間の年配当金額	事業年度	⑭年配当金額	⑮左のうち非経常的な配当金額	⑯差引経常的な年配当金額（⑭−⑮）	年平均配当金額
	直前期	10,000 千円	− 千円	㋑ 10,000 千円	⑰（㋑＋㋺）÷2　7,500 千円
	直前々期	5,000 千円	− 千円	㋺ 5,000 千円	

1株（50円）当たりの年配当金額	年平均配当金額（⑰）	⑫の株式数	⑱	この金額が2円50銭未満の場合は2円50銭とします。
	7,500 千円 ÷	2,000,000 株 ＝	3 円 75 銭	

配当還元価額	⑱の金額	⑬の金額	⑲	⑳	⑲の金額が、原則的評価方式により計算した価額を超える場合には、原則的評価方式により計算した価額とします。
	3 円 75 銭 ÷ 10% ×	500 円 ÷ 50円 ＝	375 円	375	

3. 株式に関する権利の価額（1.及び2.に共通）

配当期待権	1株当たりの予想配当金額　　源泉徴収されるべき所得税相当額（　　円　　銭）−（　　円　　銭）	㉑　　円　　銭
株式の割当てを受ける権利（割当株式1株当たりの価額）	⑧（配当還元方式の場合は⑳）の金額　　割当株式1株当たりの払込金額	㉒　　円
株主となる権利（割当株式1株当たりの価額）	⑧（配当還元方式の場合は⑳）の金額（課税時期後にその株主となる権利につき払い込むべき金額があるときは、その金額を控除した金額）	㉓　　円
株式無償交付期待権（交付される株式1株当たりの価額）	⑧（配当還元方式の場合は⑳）の金額	㉔　　円

4. 株式及び株式に関する権利の価額（1.及び2.に共通）

株式の評価額	375 円
株式に関する権利の評価額	（　円　　銭）

❽ 配当還元方式②

同族株主等以外の株主で適用される事例

第1表の1　評価上の株主の判定及び会社規模の判定の明細書

整理番号 ___

（取引相場のない株式（出資）の評価明細書）

会社名	（電話 03-X X X X-X X X X） 〇〇株式会社	本店の所在地	〇〇〇〇
代表者氏名	A		

	取扱品目及び製造、卸売、小売等の区分	業種目番号	取引金額の構成比
事業内容	〇〇製造業	〇〇	100%

課税時期	X 年 6 月 3 日
直前期	自 X−1 年 4 月 1 日 至 X 年 3 月 31 日

1．株主及び評価方式の判定

判定要素（課税時期現在の株式等の所有状況）

氏名又は名称	続柄	会社における役職名	㋑株式数 （株式の種類）	㋺議決権数	㋩議決権割合 （㋺/④）
B	納税義務者		株 10,000	個 100	% 5
自己株式					
納税義務者の属する同族関係者グループの議決権の合計数			② 100	⑤（②/④） 5	
筆頭株主グループの議決権の合計数			③ 1,200	⑥（③/④） 60	
評価会社の発行済株式又は議決権の総数			① 200,000	④ 2,000	100

判定基準

納税義務者の属する同族関係者グループの議決権割合（⑤の割合）を基として、区分します。

区分	筆頭株主グループの議決権割合（⑥の割合）			株主の区分
	50%超の場合	30%以上50%以下の場合	30%未満の場合	
⑤の割合	50%超	30%以上	15%以上	同族株主等
	（50%未満）	30%未満	15%未満	（同族株主等以外の株主）

判定

同族株主等 （原則的評価方式等）	（同族株主等以外の株主 （配当還元方式））

「同族株主等」に該当する納税義務者のうち、議決権割合（⑤の割合）が5％未満の者の評価方式は、「2．少数株式所有者の評価方式の判定」欄により判定します。

2．少数株式所有者の評価方式の判定

判定要素

項目	判定内容
氏名	
㋬役員	である〔原則的評価方式等〕・でない（次の㋭へ）
㋭納税義務者が中心的な同族株主	である〔原則的評価方式等〕・でない（次の㋬へ）
㋬納税義務者以外に中心的な同族株主（又は株主）	がいる（配当還元方式）・がいない〔原則的評価方式等〕 （氏名　　　　　　　　　　）
判定	原則的評価方式等　・　配当還元方式

プロからのアドバイス

（配当還元方式）

・　自己株式を取得しているような場合、資本金等の額がマイナスになることがあり得ます。

その場合は、マイナスのまま計算することで正しい評価額が算出されます。第3表の計算上⑨がマイナスの場合、⑫と⑬がマイナスとなります。

さらに⑱もマイナスになります。（2円50銭未満は2円50銭とすることとなっていますが、マイナスの場合はそのままマイナスで記載します。）

その結果、⑲には正しい数字が計算されることになります。

（第4表の計算においても同様です。）

・　無配の場合の1株当たりの配当金額は、2円50銭として計算します。

・　⑭の年配当金額からは、特別配当、記念配当等の名称による配当金額のうち、将来毎期継続することが予想できないものは除きます。

・　配当還元方式によって計算した金額が原則的評価方式によって計算した金額を超える場合は、原則的評価により計算した金額によって評価できます。

第3表　一般の評価会社の株式及び株式に関する権利の価額の計算明細書 会社名　〇〇株式会社

（平成三十年一月一日以降用）

（取引相場のない株式（出資）の評価明細書）

1. 原則的評価方式による価額

1株当たりの価額の計算の基となる金額	類似業種比準価額（第4表の㉖、㉗又は㉘の金額）	1株当たりの純資産価額（第5表の⑪の金額）	1株当たりの純資産価額の80%相当額（第5表の⑫の記載がある場合のその金額）
	①　　　　　円	②　　　　　円	③　　　　　円

	区　分	1株当たりの価額の算定方法	1株当たりの価額
1株当たりの価額の計算	大会社の株式の価額	①の金額と②の金額とのいずれか低い方の金額（②の記載がないときは①の金額）	④　　　円
	中会社の株式の価額	①と②とのいずれか低い方の金額　　L の割合　　②の金額（③の金額があるときは③の金額）　　L の割合（　　円×0.　　）＋（　　円×(1-0.　　)）	⑤　　　円
	小会社の株式の価額	②の金額（③の金額があるときは③の金額）と次の算式によって計算した金額とのいずれか低い方の金額　　①の金額　　②の金額（③の金額があるときは③の金額）（　　円×0.50）＋（　　円×0.50）＝	⑥　　　円

株式の価額の修正	課税時期において配当期待権の発生している場合	株式の価額（④、⑤又は⑥）	1株当たりの配当金額	修正後の株式の価額
		円－	円　　銭	⑦　　円
	課税時期において株式の割当てを受ける権利、株主となる権利又は株式無償交付期待権の発生している場合	株式の価額（④、⑤又は⑥（⑦があるときは⑦））　割当株式1株当たりの払込金額　1株当たりの割当株式数　1株当たりの割当株式数又は交付株式数　修正後の株式の価額		⑧　　円
		（　　円＋　　円×　　株）÷（1株＋　　株）		

2. 配当還元方式による価額

1株当たりの資本金等の額、発行済株式数等	直前期末の資本金等の額	直前期末の発行済株式数	直前期末の自己株式数	1株当たりの資本金等の額を50円とした場合の発行済株式数（⑨÷50円）	1株当たりの資本金等の額（⑨÷(⑩－⑪)）
	⑨　千円 100,000	⑩　株 200,000	⑪　株	⑫　株 2,000,000	⑬　円 500

直前期末以前2年間の年配当金額	事業年度	⑭ 年配当金額	⑮ 左のうち非経常的な配当金額	⑯ 差引経常的な年配当金額（⑭－⑮）	年平均配当金額
	直前期	千円 10,000	千円 —	千円 10,000	⑰（㋑＋㋺）÷2　千円 7,500
	直前々期	千円 5,000	千円 —	千円 5,000	

1株(50円)当たりの年配当金額	年平均配当金額(⑰)	⑫の株式数	⑱	
	7,500 千円 ÷	2,000,000 株 ＝	3 円 75 銭	この金額が2円50銭未満の場合は2円50銭とします。

配当還元価額	⑱の金額	⑬の金額	⑲	⑳	
	3 円 75 銭 10% ×	500 円 50円 ＝	375 円	375 円	⑲の金額が、原則的評価方式により計算した価額を超える場合には、原則的評価方式により計算した価額とします。

3. 株式に関する権利の価額（1.及び2.に共通）

配当期待権	1株当たりの予想配当金額　源泉徴収されるべき所得税相当額（　　円　　銭）－（　　円　　銭）		㉑　　円　　銭	**4. 株式及び株式に関する権利の価額**（1.及び2.に共通）
株式の割当てを受ける権利（割当株式1株当たりの価額）	⑧（配当還元方式の場合は⑳）の金額　割当株式1株当たりの払込金額　円－　円		㉒　　円	株式の評価額　　円 375
株主となる権利（割当株式1株当たりの価額）	⑧（配当還元方式の場合は⑳）の金額（課税時期後にその株主となる権利につき払い込むべき金額があるときは、その金額を控除した金額）		㉓　　円	株式に関する権利の評価額　円　銭
株式無償交付期待権（交付される株式1株当たりの価額）	⑧（配当還元方式の場合は⑳）の金額		㉔　　円	

株式評価関係質疑応答事例（国税庁ホームページ）

（株式評価における株主区分の判定）

1　1　同族株主の判定

【照会要旨】　財産評価基本通達188（同族株主以外の株主等が取得した株式）(1)に定める「同族株主」に該当するか否かの判定は、納税義務者を中心に行うのでしょうか。

【回答要旨】　納税義務者に限りません。

（理由）　「同族株主」とは、課税時期における評価会社の株主のうち、株主の1人及びその同族関係者の有する議決権の合計数が評価会社の議決権総数の30％以上（株主の1人及びその同族関係者の有する議決権の合計数が最も多いグループの有する議決権の合計数が50％超である場合には、50％超）である場合におけるその株主及びその同族関係者をいいます。この場合の「株主の1人」とは、納税義務者に限りません。

2　2　同族会社が株主である場合

【照会要旨】　甲の有するA社株式の評価方式の判定に当たり、事例のようにA社の株主となっているB社がある場合、B社は株主甲の同族関係者となるでしょうか。

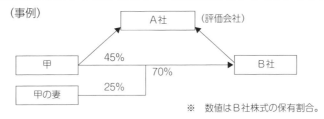

（事例）

A社　（評価会社）

甲 ── 45% ──→ A社
甲の妻 ── 25% ──
70% → B社

※　数値はB社株式の保有割合。

【回答要旨】　B社の発行済株式の総数の50％超の株式を株主甲及びその同族関係者が所有しているので、評価会社A社の株式の評価上、B社は株主甲の同族関係者となります。

（理由）　評価会社A社の株式を評価する場合において、甲が株主となっているB社が株主甲の同族関係者となるかどうかは、法人税法施行令第4条により、甲及びその同族関係者がB社を支配しているかどうかにより判定します。

　この場合、「B社を支配しているかどうか」は、次により判定します。
　1　B社の発行済株式の総数（自己株式を除く。）の50％超の数の株式を有する場合
　2　B社の次に掲げる議決権のいずれかにつき、その総数（当該議決権を行使することができない株主が有する当該議決権の数を除く。）の50％超を有する場合
　⑴　事業の全部若しくは重要な部分の譲渡、解散、継続、合併、分割、株式交換、株式移転又は現物出資に関する決議に係る議決権
　⑵　役員の選任及び解任に関する決議に係る議決権
　⑶　役員の報酬、賞与その他の職務執行の対価として会社が供与する財産上の利益に関する事項についての決議に係る議決権
　⑷　剰余金の配当に関する決議に係る議決権

　事例の場合には、甲及びその同族関係者（甲の妻）が有するB社の株式数が、発行済株式の総数の50％超となることから、B社は甲の同族関係者となります。

3　3　同族株主がいない会社の株主の議決権割合の判定

【照会要旨】　甲社は同族株主のいない会社ですが、その株主であるA及びその親族が所有する甲社の株式数に応じた議決権割合は図のとおりであり、他の株主にこれらの者の同族関係者はいません。

Ａが死亡し、甲社株式をＡの配偶者Ｂが相続したときには、その株式はどのように評価することとなりますか。

【回答要旨】　財産評価基本通達188（同族株主以外の株主等が取得した株式）(3)に定める株式に該当し、配当還元方式により評価することとなります。

(理由)　財産評価基本通達188(3)では、「その株主の取得した株式」とあることから、Ｂが取得したときには、ＣはＢの親族（配偶者、６親等内の血族及び３親等内の姻族）に当たらず、「株主の１人及びその同族関係者の有する議決権の合計数」が15％未満となるため、財産評価基本通達188(3)に定める株主に該当することとなり、財産評価基本通達188－２（同族株主以外の株主等が取得した株式の評価）の定めにより配当還元方式により評価することとなります。

(注)　子のいずれかがＡの株式を相続した場合には、Ｃが６親等内の血族に当たるので、子は、議決権割合の合計が15％以上のグループに属しますが、Ｃが中心的な株主であり、かつ、子の相続後の議決権割合が５％未満であることから、その子が役員又は法定申告期限までに役員となる者でない限り、配当還元方式が適用されることとなります。

4	4　遺産が未分割である場合の議決権割合の判定

【照会要旨】　相続人間で遺産分割協議が整っていない状況で、取引相場のない株式を評価する場合、各相続人に適用されるべき評価方式を判定するに当たって、基礎となる「株式取得後の議決権の数」はどのようになるのでしょうか。

【回答要旨】　各相続人ごとに、所有する株式数にその未分割の株式数の全部を加算した数に応じた議決権数とします。

(理由)　取引相場のない株式は、純資産価額方式、類似業種比準方式又はこれらの併用方式により評価することを原則としています（原則的評価方式）が、少数株主が取得した株式については、特例的な措置として配当還元方式により評価することとしています（特例的評価方式）。

　遺産未分割の状態は、遺産の分割により具体的に相続財産を取得するまでの暫定的、過渡的な状態であり、将来、各相続人等がその法定相続分等に応じて確定的に取得するとは限りません。そこで、その納税義務者につき特例的評価方式を用いることが相当か否かの判定は、当該納税義務者が当該株式の全部を取得するものとして行う必要があります。

　なお、「第１表の１　評価上の株主の判定及び会社規模の判定の明細書」の（1.株主及び評価方式の判定）の「⑦株式数（株式の種類）」欄には、納税義務者が有する株式（未分割の株式を除く。）の株式数の上部に、未分割の株式の株式数を㋐と表示の上、外書で記載し、納税義務者が有する株式の株式数に未分割の株式の株式数を加算した数に応じた議決権数を「回議決権数」に記載します。また、「納税義務者の属する同族関係者グループの議決権の合計数（⑤（②/④））」欄には、納税義務者の属する同族関係者グループが有する実際の議決権数（未分割の株式に応じた議決権数を含む。）を記載します。

（株式評価における会社規模区分の判定等）

5 1 従業員の範囲

【照会要旨】 財産評価基本通達178（取引相場のない株式の評価上の区分）による会社規模区分の判定において、次の者については、いずれの会社の従業員としてカウントするのでしょうか。

① 出向中の者

② 人材派遣会社より派遣されている者

【回答要旨】 雇用関係や勤務実態を確認して判定します。

（理由）

1 出向中の者

　　従業員数基準における従業員とは、原則として、評価会社との雇用契約に基づき使用される個人で賃金が支払われる者をいいますから、例えば、出向元との雇用関係が解消され、出向先で雇用されている出向者の場合には、出向先の従業員としてカウントすることとなります。

2 人材派遣会社より派遣されている者

　　「労働者派遣事業の適正な運営の確保及び派遣労働者の保護等に関する法律（昭和60年法律第88号）」（労働者派遣法）による労働者派遣事業における派遣元事業所と派遣労働者の関係は、次の2とおりがあります。

① 通常は労働者派遣の対象となる者が派遣元事業所に登録されるのみで、派遣される期間に限り、派遣元事業所と登録者の間で雇用契約が締結され賃金が支払われるケース

② 労働者派遣の対象となる者が派遣元事業所との雇用契約関係に基づく従業員（社員）であり、派遣の有無にかかわらず、派遣元事業所から賃金が支払われるケース

　　これに基づけば、財産評価基本通達178（取引相場のない株式の評価上の区分）(2)の従業員数基準の適用については、上記①に該当する個人は派遣元事業所の「継続勤務従業員」以外の従業員となり、②に該当する個人は「継続勤務従業員」となり、いずれも派遣元事業所の従業員としてカウントすることになります。

3 派遣先事業所における従業員数基準の適用

　　財産評価基本通達178(2)の「評価会社に勤務していた従業員」とは、評価会社において使用される個人（評価会社内の使用者の指揮命令を受けて労働に従事するという実態をもつ個人をいいます。）で、評価会社から賃金を支払われる者（無償の奉仕作業に従事している者以外の者をいいます。）をいいますが、現在における労働力の確保は、リストラ、人件費などの管理コスト削減のため、正社員の雇用のみで対応するのではなく、臨時、パートタイマー、アルバイターの採用など多様化しており、派遣労働者の受入れもその一環であると認められ、実質的に派遣先における従業員と認めても差し支えないと考えられること等から、派遣労働者を受け入れている評価会社における従業員数基準の適用については、受け入れた派遣労働者の勤務実態に応じて継続勤務従業員とそれ以外の従業員に区分した上で判定しても差し支えありません。

　○ 参考～派遣労働者の雇用関係等と従業員数基準の判定

　イ　派遣元事業所

派遣元における派遣労働者の雇用関係等				派遣元事業所における従業員数基準の判定
派遣時以外の雇用関係	賃金の支払い	派遣時の雇用関係	賃金の支払い	
なし	なし	あり	あり	継続勤務従業員以外
あり	あり	あり	あり	継続勤務従業員

　ロ　派遣先事業所
　　勤務実態に応じて判定します。

6　2　事業年度を変更している場合の「直前期末以前１年間における取引金額」の計算

【照会要旨】　財産評価基本通達178（取引相場のない株式の評価上の区分）による会社規模区分の判定上、課税時期の直前期末以前１年間の期間中に評価会社が事業年度の変更を行っている場合には、「直前期末以前１年間における取引金額」は、どのように計算するのでしょうか。

【回答要旨】　「直前期末以前１年間における取引金額」は、その期間における評価会社の目的とする事業に係る収入金額（金融業・証券業については収入利息及び収入手数料）をいうのであるから、事業年度の変更の有無にかかわらず、課税時期の直前期末以前１年間の実際の取引金額によることになります。

　したがって、下の例では、Ｘ＋１年４月１日からＸ＋２年３月31日まで（図の②＋③）の実際の取引金額によることとなりますが、Ｘ＋１年４月１日から同年５月31日まで（図の②）の間の取引金額を明確に区分することが困難な場合には、この期間に対応する取引金額について、Ｘ年６月１日からＸ＋１年５月31日まで（図の①）の間の取引金額を月数あん分して求めた金額によっても差し支えありません。

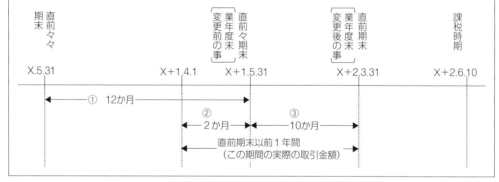

（類似業種比準方式）

7　1　直後期末の方が課税時期に近い場合

【照会要旨】　類似業種比準方式によるときには、課税時期が直前期末よりも直後期末に近い場合であっても、直前期末の比準数値によって評価するのでしょうか。

【回答要旨】　直前期末の比準数値によります。

（理由）　類似業種比準価額を算定する場合の比準数値について、財産評価基本通達183（評価会社の１株当たりの配当金額等の計算）のとおり定めているのは、財産の価額は課税時期における時価による（相法22）と規定されていることを前提として、標本会社と

評価会社の比準要素をできる限り同一の基準で算定することが、より適正な比準価額の算定を可能にすると考えられることのほか、課税時期後における影響要因を排除することをも考慮したものといえますから、仮に直後期末の方が課税時期に近い場合であっても、直前期末の比準数値によることになります。

8　2　1株当たりの配当金額Ⓑ─株主優待利用券等による経済的利益相当額がある場合

【照会要旨】　類似業種比準方式により株式を評価する場合の「1株当たりの配当金額Ⓑ」の計算に当たり、株主優待利用券等による経済的利益相当額は、評価会社の剰余金の配当金額に加算する必要がありますか。

【回答要旨】　加算する必要はありません。

（理由）　株主優待利用券等については、法人の利益の有無にかかわらず供与され、株式に対する剰余金の配当又は剰余金の分配とは認め難いとされていますので、評価会社の剰余金の配当金額に加算をする必要はありません。

9　3　1株当たりの利益金額Ⓒ─固定資産の譲渡が数回ある場合

【照会要旨】　類似業種比準方式により株式を評価するに当たり、評価会社の「1株当たりの利益金額Ⓒ」の計算上、法人税の課税所得金額から固定資産売却益、保険差益等の非経常的な利益の金額を除外することとされていますが、固定資産の譲渡が期中に数回あり、個々の譲渡に売却益と売却損があるときは、どのようにするのでしょうか。

【回答要旨】　個々の譲渡の損益を通算し、利益の金額があれば除外することとなります。

（理由）　「1株当たりの利益金額Ⓒ」の計算の際に、非経常的な利益の金額を除外することとしているのは、評価会社に臨時偶発的に生じた収益力を排除し、評価会社の営む事業に基づく経常的な収益力を株式の価額に反映させるためです。この場合の非経常的な利益とは、臨時偶発的に生じた個々の利益の総体を指しています。

　したがって、照会の場合には、個々の譲渡の損益を通算し、利益の金額があればこれを除外することになります。

10　4　1株当たりの利益金額Ⓒ─種類の異なる非経常的な損益がある場合

【照会要旨】　類似業種比準方式により株式を評価するに当たり、種類の異なる非経常的な損益がある場合（例えば、固定資産売却損と保険差益がある場合等）には、これらを通算した上で「1株当たりの利益金額Ⓒ」を算定するのでしょうか。

【回答要旨】　種類の異なる非経常的な損益がある場合であっても、これらを通算することとなります。

（理由）　「1株当たりの利益金額Ⓒ」を算定する際に除外する非経常的な利益とは、課税時期の直前期末以前1年間における利益のうちの非経常的な利益の総体をいいます。したがって、種類の異なる非経常的な損益がある場合であっても、これらを通算し、利益の金額があればこれを除外します。

11　5　1株当たりの利益金額Ⓒ─継続的に有価証券売却益がある場合

【照会要旨】　類似業種比準方式により株式を評価するに当たり、「1株当たりの利益金額Ⓒ」の計算上、課税時期の直前期以前の相当の期間にわたり継続して評価会社に有価証券売却益があるときは、その有価証券売却益は、非経常的な利益の金額に該当しないのでしょうか。

【回答要旨】　「1株当たりの利益金額◎」の計算に際し、ある利益が、経常的な利益又は非経常的な利益のいずれに該当するかは、評価会社の事業の内容、その利益の発生原因、その発生原因たる行為の反復継続性又は臨時偶発性等を考慮し、個別に判定します。

12　6　1株当たりの利益金額◎──外国子会社等から剰余金の配当等がある場合

【照会要旨】　類似業種比準方式により株式を評価するに当たり、評価会社の「1株当たりの利益金額◎」の計算上、外国子会社等から受ける剰余金の配当等の額があるときは、どのように計算するのでしょうか。

【回答要旨】　法人税法第23条の2第1項の規定の適用を受ける外国子会社から剰余金の配当等の額がある場合には、その評価会社の「1株当たりの利益金額◎」の計算上、受取配当等の益金不算入額を加算して計算します。

　この場合、「取引相場のない株式（出資）の評価明細書」の記載に当たっては、「第4表　類似業種比準価額等の計算明細書」の（2.比準要素等の金額の計算）の「⑬受取配当等の益金不算入額」欄に当該受取配当等の益金不算入額を加算し、加算した受取配当等に係る外国源泉税等の額の支払いがある場合には、当該金額を「⑭左の所得税額」に加算して計算します。

　ただし、租税特別措置法第66条の8第1項又は同条第2項に規定する外国法人から受ける剰余金の配当等の額のうち、その外国法人に係る特定課税対象金額に達するまでの金額については、すでに評価会社の法人税法上の課税所得金額とされているので、この部分については、類似業種比準株価計算上の「1株当たりの利益金額◎」に加算しません（同法第66条の9の4第1項及び同条第2項の規定により益金の額に算入しない剰余金の配当等の額についても同様です。）。

13　7　1株当たりの利益金額◎──譲渡損益調整資産の譲渡等があった場合

【照会要旨】　類似業種比準方式における「1株当たりの利益金額◎」の計算上、評価会社において、その評価会社との間に完全支配関係がある法人に対して、法人税法第61条の13に規定する譲渡損益調整資産を譲渡していた場合に、法人税法上繰り延べられた譲渡益は法人税の課税所得金額に加算する必要がありますか。

　また、その後、完全支配関係がある法人において、その譲渡損益調整資産を減価償却した場合や、その譲渡損益調整資産を他に再譲渡した場合に、法人税法上、評価会社の法人税の課税所得金額に計上される譲渡損益調整勘定の戻入益は、「1株当たりの利益金額◎」の計算上、控除する必要がありますか。

【回答要旨】
1　繰り延べられた譲渡益は、「1株当たりの利益金額◎」の計算上、法人税の課税所得金額に加算する必要はありません。
2　譲渡損益調整勘定の戻入益は、原則として、「1株当たりの利益金額◎」の計算上、非経常的な利益として法人税の課税所得金額から控除します。
　なお、譲渡損益調整勘定の戻入益と戻入損の両方がある場合は、それぞれ他の非経常的な損益と合算の上、その損益を通算し、利益の金額があればその金額を課税所得金額から控除します。
3　この場合、「取引相場のない株式（出資）の評価明細書」の記載に当たっては、「第4表　類似業種比準価額等の計算明細書」の（2.比準要素等の金額の計算）の「⑫非経常的な利益金額」欄にその譲渡損益調整勘定の戻入益の金額を加算して計算します。

（理由）　「1株当たりの利益金額©」の計算では、評価会社の直前期末以前1年間における法人税の課税所得金額を基にしますが、非経常的な利益を除外することとしています。

　譲渡損益調整資産とは、固定資産、土地、有価証券（売買目的有価証券を除きます。）、金銭債権及び繰延資産のうち一定のものをいい、通常これらの資産の譲渡益は、非経常的な利益に該当すると考えられることから、「1株当たりの利益金額©」の計算上、法人税の課税所得金額に加算する必要はありません。

　また、譲受法人の譲渡損益調整資産に係る償却費の損金算入やその資産の再譲渡があった場合には、繰り延べられていた譲渡利益額又は譲渡損失額の一部又は全部が譲渡損益調整勘定の戻入益又は戻入損として評価会社の法人税の課税所得金額に計上されることになりますが、このうち、戻入益は非経常的な利益に該当すると考えられることから、「1株当たりの利益金額©」の計算上、他の非経常的な利益と同様に、その金額を法人税の課税所得金額から控除します。

14　　8　1株当たりの純資産価額Ⓓ　寄附修正により利益積立金額が変動する場合の調整

【照会要旨】　評価会社である完全支配関係にある親法人から内国法人である子法人に対して寄附があった場合、親法人の利益積立金額は、税務調整により寄附金に相当する金額だけ増加することとなりますが、類似業種比準方式における「1株当たりの純資産価額Ⓓ」の計算上、利益積立金が増加した分を減算するなどの調整を行う必要がありますか。

【回答要旨】　利益積立金額の増減について調整する必要はありません。

（理由）　「1株当たりの純資産価額Ⓓ」は、直前期末における法人税法に規定する資本金等の額及び利益積立金額に相当する金額の合計額によることとしていますが、これは、恣意性を排除し、評価会社の株式を同一の算定基準により評価することが合理的であることに鑑み、納税者利便の観点から、このように取り扱うものとしています。そのため「1株当たりの純資産価額Ⓓ」は、法人税法上の処理が適正なものである限り、法人税法の規定による資本金等の額又は利益積立金額の加減算は、基本的に法人税法の処理どおりに取り扱うことが相当です。

　したがって、完全支配関係にある法人間の寄附に伴う税務調整により、評価会社である親法人の利益積立金額が寄附金に相当する金額だけ増減が生ずる場合でも、「1株当たりの純資産価額Ⓓ」の計算上、その利益積立金額の増減についての調整は必要ありません。

15　　9　1株当たりの配当金額Ⓑ　自己株式の取得によるみなし配当の金額がある場合

【照会要旨】　自己株式を取得することにより、その株式を譲渡した法人に法人税法第24条第1項の規定により配当等とみなされる部分（みなし配当）の金額が生じた場合、類似業種比準方式により株式取得法人（株式発行法人）の株式を評価するに当たり、「1株当たりの配当金額Ⓑ」の計算上、そのみなし配当の金額を剰余金の配当金額に含める必要がありますか。

【回答要旨】　みなし配当の金額は、「1株当たりの配当金額Ⓑ」の計算上、剰余金の配当金額に含める必要はありません。

　この場合、「取引相場のない株式（出資）の評価明細書」の記載に当たっては、「第4表　類似業種比準価額等の計算明細書」の（2.比準要素等の金額の計算）の「⑥年配当金額」欄にみなし配当の金額控除後の金額を記載します。

（理由）　みなし配当の金額は、会社法上の剰余金の配当金額には該当せず、また、通常は、剰余金の配当金額から除くこととされている、将来毎期継続することが予想できない金額

に該当すると考えられます。

16　10　１株当たりの利益金額ⓒ─みなし配当の金額がある場合

【照会要旨】　評価会社が所有する株式をその株式の株式発行法人に譲渡することにより、法人税法第24条第１項の規定により配当等とみなされる部分（みなし配当）の金額が生じた場合、類似業種比準方式により株式譲渡法人の株式を評価するに当たり、「１株当たりの利益金額ⓒ」の計算上、そのみなし配当の金額を「益金に算入されなかった剰余金の配当等」の金額に含める必要がありますか。

【回答要旨】　みなし配当の金額は、原則として、「１株当たりの利益金額ⓒ」の計算上、「益金に算入されなかった剰余金の配当等」の金額に含める必要はありません。

　この場合、「取引相場のない株式（出資）の評価明細書」の記載に当たっては、「第４表　類似業種比準価額等の計算明細書」の（2.比準要素等の金額の計算）の「⑬受取配当等の益金不算入額」欄にみなし配当の金額控除後の金額を記載します。

（理由）　「１株当たりの利益金額ⓒ」の計算の際に、非経常的な利益の金額を除外することとしているのは、評価会社に臨時偶発的に生じた収益力を排除し、評価会社の営む事業に基づく経常的な収益力を株式の価額に反映させるためです。

　「みなし配当」の基因となる合併や株式発行法人への株式の譲渡等は、通常、臨時偶発的なものと考えられるため、財産評価基本通達上、法人税の課税所得金額から除外している「非経常的な利益」と同様に取り扱うことが相当です。そのため、原則として、「みなし配当」の金額は「１株当たりの利益金額ⓒ」の計算において法人税の課税所得金額に加算する「益金に算入されなかった剰余金の配当等」の金額に該当しません。

17　11　１株当たりの配当金額Ⓑ─現物分配により資産の移転をした場合

【照会要旨】　現物分配により評価会社が資産の移転をした場合、類似業種比準方式における「１株当たりの配当金額Ⓑ」の計算上、その移転した資産の価額を剰余金の配当金額に含めるのでしょうか。

【回答要旨】　「１株当たりの配当金額Ⓑ」の計算上、現物分配により評価会社が移転した資産の価額を剰余金の配当金額に含めるかどうかは、その現物分配の起因となった剰余金の配当が将来毎期継続することが予想できるかどうかにより判断します。

　なお、その配当が将来毎期継続することが予想できる場合には、その現物分配により移転した資産の価額として株主資本等変動計算書に記載された金額を剰余金の配当金額に含めて計算します。

（注）　現物分配のうち法人税法第24条第１項第４号から第７号までに規定するみなし配当事由によるものについては、会社法上の剰余金の配当金額には該当しないので、通常は、「１株当たりの配当金額Ⓑ」の計算上、剰余金の配当金額に含める必要はありません。

18　12　１株当たりの利益金額ⓒ─適格現物分配により資産の移転を受けた場合

【照会要旨】　適格現物分配により資産の移転を受けたことにより生ずる収益の額は、法人税法第62条の５第４項により益金不算入とされていますが、類似業種比準方式における「１株当たりの利益金額ⓒ」の計算上、「益金に算入されなかった剰余金の配当等」の金額に加算する必要がありますか。

【回答要旨】　適格現物分配により資産の移転を受けたことによる収益の額は、原則として、「１株当たりの利益金額ⓒ」の計算上、「益金に算入されなかった剰余金の配当等」の金額に加算する必要はありません。

(理由) 「1株当たりの利益金額◎」の計算の際に、非経常的な利益の金額を除外することとしているのは、評価会社に臨時偶発的に生じた収益力を排除し、評価会社の営む事業に基づく経常的な収益力を株式の価額に反映させるためです。また、ある利益が、経常的な利益又は非経常的な利益のいずれに該当するかは、評価会社の事業の内容、その収益の発生原因、その発生原因たる行為の反復継続性又は臨時偶発性等を考慮し、個別に判断します。

剰余金の配当による適格現物分配として資産の移転を受けたことにより生ずる収益の額は、法人税法第62条の5第4項により益金不算入とされていることから、「1株当たりの利益金額◎」の計算上、「益金に算入されなかった剰余金の配当等」に該当するとも考えられます。しかし、適格現物分配は組織再編成の一形態として位置づけられており、形式的には剰余金の配当という形態をとっているとしても、その収益の発生原因である現物分配としての資産の移転は、通常、組織再編成を目的としたもので、被現物分配法人（評価会社）を含むグループ法人全体の臨時偶発的な行為であるため、通常、その収益の金額は非経常的な利益であると考えられます。

したがって、法人税法第62条の5第4項により益金不算入とされる適格現物分配により資産の移転を受けたことによる収益の額は、「1株当たりの利益金額◎」の計算上、原則として「益金に算入されなかった剰余金の配当等」の金額に加算する必要はありません。

（純資産価額方式）

19　1　売買目的で保有する有価証券の評価

【照会要旨】　1株当たりの純資産価額（相続税評価額によって計算した金額）の計算に当たって、評価会社が売却することを目的として保有している上場株式は、財産評価基本通達第6章第2節（たな卸商品等）に定めるたな卸商品等として評価することになるのでしょうか。

【回答要旨】　財産評価基本通達169（上場株式の評価）の定めにより評価します。

(理由)　財産評価基本通達においては、販売業者が販売することを目的として保有している財産で一定のもの（例えば、土地等、牛馬等、書画骨とう等）については、第6章第2節に定めるたな卸商品等の評価方法に準じて評価することを定めていますが、有価証券については、第8章第1節（株式及び出資）及び第2節（公社債）の定めにより評価することとしています。

したがって、照会の上場株式については、株式として財産評価基本通達169（上場株式の評価）の定めにより評価することとなります。

20　2　匿名組合契約に係る権利の評価

【照会要旨】　匿名組合契約により営業者に金銭を出資した法人（匿名組合員）の株式を、純資産価額方式で評価する場合、その権利（出資金）については、どのように評価するのでしょうか。

【回答要旨】　匿名組合員の有する財産は、利益配当請求権と匿名組合契約終了時における出資金返還請求権が一体となった債権的権利であり、その価額は営業者が匿名組合契約に基づき管理している全ての財産・債務を対象として、課税時期においてその匿名組合契約が終了したものとした場合に、匿名組合員が分配を受けることができる清算金の額に相当する金額により評価します。

　　清算金の額を算出するに当たっては、財産評価通達185（純資産価額）の定めを準用して評価します。

　　この場合、匿名組合には、法人税が課税されないことから、法人税等相当額を控除することはできません。

（理由）　匿名組合員が出資した金銭等は営業者の財産に帰属することから、匿名組合員が匿名組合財産を損益の分担割合に応じて共有しているものとして評価することは相当ではありません。

　　また、営業者に損失が生じた場合は、損失分担金が出資の金額から減じられた後の金額が組合員に返還されることになり、元本保証はないことから出資額で評価することは相当ではありません。

21　3　評価会社が受け取った生命保険金の取扱い

【照会要旨】　1株当たりの純資産価額（相続税評価額によって計算した金額）の計算に当たって、被相続人の死亡を保険事故として評価会社が受け取った生命保険金は、評価会社の資産に計上するのでしょうか。

　　また、生命保険金から被相続人に係る死亡退職金を支払った場合には、その死亡退職金の額を負債に計上してよろしいですか。

【回答要旨】　受け取った生命保険金の額を生命保険金請求権として資産に計上します。なお、その保険料（掛金）が資産に計上されているときは、その金額を資産から除外します。

　　また、支払った死亡退職金の額及び保険差益に対する法人税額等を負債に計上します。

（理由）

　1　被相続人の死亡を保険事故として、評価会社が受け取った生命保険金は、保険事故の発生によりその請求権が具体的に確定するものですから、生命保険金請求権として資産に計上することになります（「取引相場のない株式（出資）の評価明細書」の「第5表　1株当たりの純資産価額（相続税評価額）の計算明細書」の記載に当たっては、「相続税評価額」欄及び「帳簿価額」欄のいずれにも記載します。）。この場合、その保険料が資産に計上されているときは、その金額を資産から除外します。

　　　また、その生命保険金を原資として被相続人に係る死亡退職金を支払った場合には、その支払退職金の額を負債に計上するとともに、支払退職金を控除した後の保険差益について課されることとなる法人税額等についても負債に計上します。

　2　なお、評価会社が仮決算を行っていないため、課税時期の直前期末における資産及び負債を基として1株当たりの純資産価額（相続税評価額によって計算した金額）を計算する場合における保険差益に対応する法人税額等は、この保険差益によって課税所得金額が算出される場合のその課税所得の37%（※）相当額によって差し支えありません。

　　※　平成22年10月1日から平成24年3月31日までの間に相続等により取得した株式については「45%」、平成24年4月1日から平成26年3月31日までの間に相続等により取得した株式については「42%」、平成26年4月1日から平成27年3月31日までの間に相続等により取得した株式については「40%」、平成27年4月1日から平成28年3月31日までの間に相続等により取得した株式については「38%」になります。

22　4　金利スワップ（デリバティブ）の純資産価額計算上の取扱い

【照会要旨】　金利スワップ取引を行っている法人が、当該金利スワップ取引について決算

期末に法人税法第61条の5（デリバティブ取引に係る利益相当額又は損失相当額の益金又は損金算入等）の規定によりみなし決済を行ったところ、当該金利スワップ取引について評価損が計上されたため、その反対勘定として計算上生じた「金利スワップ負債」が税務上の貸借対照表に相当する法人税申告書別表五（一）に計上されることとなりました。

この「金利スワップ負債」については、この法人の株式評価に係る純資産価額方式の適用上、負債として取り扱うことができますか。

【回答要旨】 この「金利スワップ負債」については、みなし決済によって生じた金利スワップ取引の評価損の反対勘定として計算上生じた負債に過ぎないことから、純資産価額方式の適用上、負債として取り扱うことはできません。

(理由) 取引相場のない株式を純資産価額方式により評価する場合における各負債の金額については、本来被相続人が直接負担する「債務」についての規定である相続税法第14条第1項の解釈を純資産価額方式による株式評価の場合の「負債」に準用して、原則として、「課税時期現在における評価会社の負債で確実と認められるもの」に限ることとしています。

照会の場合、「金利スワップ負債」が確実と認められる債務といえるかどうかが問題となりますが、この「金利スワップ負債」については、金利スワップ取引について法人税法の規定に基づきみなし決済を行った結果生じた評価損の反対勘定として計算上生じた負債に過ぎないため、純資産価額方式の適用上「負債」として取り扱うのは相当ではありません。

(注) 金利スワップ取引について決算期末にみなし決済を行った結果評価益が生じたことにより、その反対勘定として生じた「金利スワップ資産」が法人税申告書別表五（一）に計上されることとなる場合においても、この「金利スワップ資産」については、法人税の計算上生じた資産としての価額に過ぎず、純資産価額方式の適用上「資産」とするのは相当ではありません。

なお、金利スワップ取引自体については、取引の内容を個別に勘案し、財産評価基本通達に定める評価方法に準じて、別途評価します。

23　5　欠損法人の負債に計上する保険差益に対応する法人税額等

【照会要旨】 欠損法人である評価会社が被相続人を被保険者として保険料を負担していた生命保険契約について、被相続人の死亡により生命保険金を受け取った場合には、この生命保険金に係る保険差益について課されることとなる法人税額等は、どのように計算するのでしょうか。

【回答要旨】 保険差益の額から欠損金の額を控除して法人税額等を計算します。

24　6　評価会社が支払った弔慰金の取扱い

【照会要旨】 1株当たりの純資産価額（相続税評価額によって計算した金額）の計算に当たって、被相続人の死亡に伴い評価会社が相続人に対して支払った弔慰金は負債として取り扱われますか。

【回答要旨】 退職手当金等に該当し、相続税の課税価格に算入されることとなる金額に限り、負債に該当するものとして取り扱われます。

(理由) 被相続人の死亡に伴い評価会社が相続人に対して支払った弔慰金については、相続税法第3条（相続又は遺贈により取得したものとみなす場合）第1項第2号により退職手当金等に該当するものとして相続税の課税価格に算入されることとなる金額に限り、株式の評価上、負債に該当するものとして純資産価額の計算上控除します。

　したがって、同号の規定により退職手当金等とみなされない弔慰金については、純資産価額の計算上、負債に該当しません。

（配当還元方式）

25　1　株式の割当てを受ける権利等が発生している場合の価額修正の要否

【照会要旨】　課税時期において株式の割当てを受ける権利等が発生している場合には、配当還元方式で計算した株式の価額について修正を要するのでしょうか。

【回答要旨】　配当還元方式により計算した株式の価額の修正は行いません。

（理由）

1　課税時期が株式の割当基準日の翌日からその株式の割当ての日までの間にある場合には、増資による株式の増加は実現していませんが、株式の割当てを受ける権利が発生していることになり、株式とは別に独立したものとして評価することとしています（評基通190）。この場合、株式が上場株式であれば、その株式の割当てを受ける権利の発生と同時に株式の価額は権利落のものとなり、取引相場のない株式については、評価する株式の価額はその株式の割当てを受ける権利を含んだものとなります。

　そこで、1株当たりの純資産価額や類似業種比準価額などの原則的評価方式による方法で評価した取引相場のない株式の価額については、その価額を修正することとしています（評基通184、187、189－7）。

2　一方、配当還元方式による配当還元価額は、課税時期の直前期末以前2年間の配当金額だけを株価の価値算定の要素としているものであり、かつ、その配当金額は企業の実績からみた安定配当によることとしていることに基づくものです。

　増資は、一般的に企業効率の向上を図るためそれぞれの目的のもとに行われるものであり、増資による払込資金は、通常事業活動に投下され相応の収益を生むこととなります。一般に、増資によって株式数が増加しただけ1株当たりの配当金が減少するとは限らず、むしろ維持されるのが通常です。

　このようなことから、安定配当の金額を基礎として評価した株式の価額は、株式の割当てを受ける権利等の権利が発生している場合であっても、1株当たりの純資産価額や類似業種比準価額などの原則的評価方式による方法で評価する株式の場合と同一に考えることは適当ではありませんので、配当還元方式により計算した株式について課税時期において株式の割当てを受ける権利等が発生していても、その株式の価額の修正は行いません。

（土地保有特定会社の株式）

26　1　不動産販売会社がたな卸資産として所有する土地等の取扱い

【照会要旨】　土地保有特定会社の株式に該当するかどうかの判定において、評価会社の有する各資産の価額の合計額のうちに占める土地等の価額の合計額の割合を求める際、不動産販売会社がたな卸資産として所有する土地等については、判定の基礎（土地等）に含まれるのでしょうか。

【回答要旨】　判定の基礎に含まれます。

（理由）　判定の基礎となる土地等（土地及び土地の上に存する権利）は、所有目的や所有期間のいかんにかかわらず、評価会社が有している全てのものを含むこととしていますので、たな卸資産に該当する土地等も含まれることになります。

　なお、この場合の土地等の価額は、財産評価基本通達４－２（不動産のうちたな卸資産に該当するものの評価）の定めにより同132（評価単位）及び同133（たな卸商品等の評価）により評価します。

（株式等保有特定会社の株式の評価）

27　　1　判定の基礎となる「株式等」の範囲

【照会要旨】　次のものは、株式等保有特定会社の株式に該当するかどうかの判定の基礎となる「株式等」に含まれますか。

① 　証券会社が保有する商品としての株式
② 　外国株式
③ 　株式制のゴルフ会員権
④ 　匿名組合の出資
⑤ 　証券投資信託の受益証券

【回答要旨】　株式等には、①から③が含まれ、④及び⑤は含まれません。

（理由）

1 　株式等保有特定会社の株式に該当するかどうかの判定の基礎となる「株式等」とは、所有目的又は所有期間のいかんにかかわらず評価会社が有する株式、出資及び新株予約権付社債（会社法第２条《定義》第22号に規定する新株予約権付社債をいいます。）の全てをいいます。

（注）「株式等」には、法人税法第12条（信託財産に属する資産及び負債並びに信託財産に帰せられる収益及び費用の帰属）の規定により、評価会社が信託財産に属する株式等を有するとみなされる場合も含まれます。ただし、信託財産のうちに株式等が含まれている場合であっても、評価会社が明らかに当該信託財産の収益の受益権のみを有している場合は除かれます。

2 　照会の事例については、具体的には次のとおりとなります。

① 　証券会社が保有する商品としての株式

　　商品であっても、株式であることに変わりがなく、判定の基礎となる「株式等」に該当します。

（注）　株式等保有特定会社に該当するかどうかを判定する場合において、評価会社が金融商品取引業を営む会社であるときには、評価会社の有する「株式等」の価額には「保管有価証券勘定」に属する「株式等」の価額を含めないことに留意してください。

② 　外国株式

　　外国株式であっても、株式であることに変わりがなく、判定の基礎となる「株式等」に該当します。

③ 　株式制のゴルフ会員権

　　ゴルフ場経営法人等の株主であることを前提としているものであり、判定の基礎となる「株式等」に該当します。

④ 　匿名組合の出資

　　「匿名組合」とは、商法における匿名組合契約に基づくもので「共同出資による企業形態」の一種であり、出資者（匿名組合員）が営業者の営業に対して出資を行

い、営業者はその営業から生ずる利益を匿名組合員に分配することを要素とするものです。匿名組合契約により出資したときは、その出資は、営業者の財産に帰属するものとされており（商法536①）、匿名組合員の有する権利は、利益分配請求権と契約終了時における出資金返還請求権が一体となった匿名組合契約に基づく債権的権利ということにならざるを得ません。したがって、判定の基礎となる「株式等」に該当するものとはいえません。

⑤　証券投資信託の受益証券

　「証券投資信託」とは、不特定多数の投資家から集めた小口資金を大口資金にまとめ、運用の専門家が投資家に代わって株式や公社債など有価証券に分散投資し、これから生じる運用収益を出資口数に応じて分配する制度であり、出資者は、運用収益の受益者の立場に止まることから、証券投資信託の受益証券は、判定の基礎となる「株式等」に該当するものとはいえません。

　なお、例えば、「特定金銭信託」は、運用方法や運用先、金額、期間、利率などを委託者が特定できる金銭信託であることから、評価会社が実質的に信託財産を構成している「株式等」を所有していると認められます。

28　　2　受取配当金等収受割合が負数となる場合の計算方法

【照会要旨】　株式等保有特定会社の株式の評価に当たり、S_1の金額を計算する際の受取配当金等収受割合の計算上、受取配当金等の額を超える営業損失がある場合（分母が負数となる場合）には、受取配当金等収受割合を０とするのでしょうか。それとも１とするのでしょうか。

【回答要旨】　受取配当金等収受割合を１として計算します。

（理由）

1　株式等保有特定会社の株式については、その資産価値を的確に反映し得る純資産価額方式を原則的な評価方法として定めています（評基通189-3）が、納税者の選択により「S_1＋S_2」方式によっても評価できるものとしています（評基通189-3ただし書き）。この評価方式は、その会社の営業の実態が評価額に反映されるよう、部分的に類似業種比準方式を取り入れたものであり、その保有している株式等の価額（S_2）とその他の部分の価額（S_1）に二分して評価するものです。

「S_1＋S_2」方式の概念図

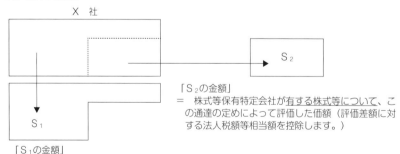

「S_2の金額」
＝　株式等保有特定会社が有する株式等について、この通達の定めによって評価した価額（評価差額に対する法人税額等相当額を控除します。）

「S_1の金額」
＝　株式等保有特定会社が有する株式等と当該株式等に係る受取配当金等の収入がなかったとした場合の同社株式の原則的評価方法による評価額

2　具体的には、株式等保有特定会社が有している株式等のみを取り出して、その価額を計算し、次にS_2を取り出した後の株式の価額を原則的評価方式によって評価します。

ただし、S₁はS₂を取り出した後の評価額の計算となることから、S₂を取り出したことによる影響を考慮した一定の修正計算が必要となります。そこで、「S₁の金額」を類似業種比準方式により評価する場合におけるこの影響度の算定方法は、「受取配当金等収受割合」を基として修正計算を行うこととしているものです。

3 「受取配当金等収受割合」は、財産評価基本通達189－3⑴において次のように求められ、1を上限としています。

$$\frac{直前期末以前2年間の受取配当金等の額の合計額}{直前期末以前2年間の受取配当等の額の合計額＋直前期末以前2年間の営業利益金額の合計額}$$

受取配当金等収受割合の上限を1とすることとしているのは、営業損失の多寡にかかわらずその割合の上限を1とする趣旨です。このような会社は、受取配当金等がその会社の収益に100％寄与している会社であるといえますので、営業損失が受取配当金等の額を超えるとしても、受取配当金等収受割合を1として計算することとなります。

（特定の評価会社の株式の評価）

29　1　「比準要素数1の会社」の判定の際の端数処理

【照会要旨】　「比準要素数1の会社」の判定を行う場合、「1株当たりの配当金額」、「1株当たりの利益金額」及び「1株当たりの純資産価額（帳簿価額によって計算した金額）」が少額のため、評価明細書の記載に当たって0円となる場合には、配当金額、利益金額及び純資産価額の要素は0とするのでしょうか。

【回答要旨】　端数処理を行って0円となる場合には、その要素は0とします。

　なお、端数処理は、「取引相場のない様式（出資）の評価明細書」の「第4表　類似業種比準価額等の計算明細書」の各欄の表示単位未満の端数を切り捨てて記載することにより行います。

（清算中の会社の株式の評価）

30　1　長期間清算中の会社

【照会要旨】　分配を行わず長期にわたり清算中のままになっているような会社の株式の価額は、どのように評価するのでしょうか。

【回答要旨】　1株当たりの純資産価額（相続税評価額によって計算した金額）によって評価します。

（理由）　清算中の会社の株式は、財産評価基本通達189－6（清算中の会社の株式の評価）の定めにより、清算の結果、分配を受ける見込みの金額の課税時期から分配を受けると見込まれる日までの期間に応ずる基準年利率による複利現価の額によって評価することとされています。

　（n年後に分配を受ける見込みの金額×n年に応ずる基準年利率による複利現価率）

　しかし、分配を行わず長期にわたり清算中のままになっているような会社については、清算の結果分配を受ける見込みの金額や分配を受けると見込まれる日までの期間の算定が

実務編

困難であると認められることから、１株当たりの純資産価額（相続税評価額によって計算した金額）によって評価します。

（種類株式の評価）

31　１　種類株式の評価（その１）──上場会社が発行した利益による消却が予定されている非上場株式の評価

【照会要旨】　上場会社であるＡ社が発行した非上場の株式（株式の内容は下表のとおり）は、Ｘ年以降に利益による消却が予定されている償還株式ですが、このような株式の価額はどのように評価するのでしょうか。

項目	内容
払込金額	１株当たり500円
優先配当金	１株当たり15円 非累積条項：ある事業年度の配当金が優先配当金に達しないときは、その不足額は翌事業年度以降に累積しない。 非参加条項：優先株主に対して優先配当金を超えて配当を行わない。
残余財産の分配	普通株式に先立ち、株式１株につき500円を支払い、それ以上の残余財産の分配は行わない。
消却	発行会社はいつでも本件株式を買い入れ、これを株主に配当すべき利益をもって当該買入価額により消却することができる。 （注）　消却の場合の買入価額は決定されておらず、Ｘ年３月31日までに消却する予定はない。
強制償還	発行会社は、Ｘ年３月31日以降は、いつでも１株当たり500円で本件株式の全部又は一部を償還することができる。
議決権	法令に別段の定めがある場合を除き、株主総会において議決権を有しない。
株式の併合、分割、新株予約権	法令に別段の定めがある場合を除き、株式の分割又は併合を行わない。また、新株予約権（新株予約権付社債を含む。）を有しない。
普通株式への転換	本件株式は、転換予約権を付与しない。また、強制転換条項を定めない。

【回答要旨】　本件の株式の価額は、利付公社債の評価方法（財産評価基本通達197－2(3)）に準じて、払込金額である１株当たり500円と課税時期において残余財産の分配が行われるとした場合に分配を受けることのできる金額とのいずれか低い金額により評価します。

（理由）　本件株式は、普通株式に優先して配当があり、また、払込金額（500円）を償還することを前提としているため、配当を利息に相当するものと考えると、普通株式よりも利付公社債に類似した特色を有するものと認められますので、利付公社債に準じて評価します。

　ただし、払込金額を限度として残余財産の優先分配をすることとしていることから、課税時期において残余財産の分配が行われた場合に受けることのできる当該分配金額が、払込金額を下回る場合には、その分配を受けることのできる金額によって本件株式を評価します。

区分	普通株式	本件株式	利付公社債
果実の稼得	配当可能利益の範囲内で劣後配当（総会決議）⇒上限なし	配当可能利益の範囲内で優先配当（総会決議）⇒優先配当額が上限	確定利払い
元本の回収	償還はなく、残余財産の分配として時価純資産価額の持分相当を劣後分配⇒上限なし	払込金額を償還（時期未定）又は払込金額を限度に残余財産を優先分配⇒払込金額が上限	額面金額を償還（時期確定）
議決権、新株予約権等の付与	有	無	無
普通株式への転換	－	無	無

32　2　種類株式の評価（その2）―上場会社が発行した普通株式に転換が予定されている非上場株式の評価

【照会要旨】　相続により、上場会社であるB社が発行した普通株式に転換が予定されている非上場の株式（株式の内容は下表のとおり）を取得しましたが、未だ転換請求期間前です。このような株式の価額はどのように評価するのでしょうか。

項目	内容
払込金額	1株当たり700円
優先配当金	1株当たり14円 非累積条項：ある事業年度の配当金が優先配当金に達しないときは、その不足額は翌事業年度以降に累積しない。 非参加条項：優先株主に対して優先配当金を超えて配当を行わない。
残余財産の分配	普通株式に先立ち、株式1株につき700円を支払い、それ以上の残余財産の分配は行わない。
消却	発行会社はいつでも本件株式を買い入れ、これを株主に配当すべき利益をもって当該買入価額により消却することができる。 （注）　優先株主から申出のある都度、取締役会に諮ることとしているが、買入価額は未定であり、申出があっても買い入れる可能性は少ない。
議決権	法令に別段の定めがある場合を除き、株主総会において議決権を有しない。
株式の併合、分割、新株予約権	法令に別段の定めがある場合を除き、株式の併合又は分割を行わない。また、新株予約権（新株予約権付社債を含む。）を有しない。
普通株式への転換	普通株式への転換を請求できる。 1　転換請求期間：X年1月31日からX＋5年1月30日まで 2　当初転換価格：原則としてX年1月31日の普通株式の価額、ただし、当該価額が200円を下回る場合には200円（下限転換価格） 3　転換価格の修正：原則として、X＋1年1月31日からX＋4年1

	月31日までの毎年1月31日の普通株式の価額に修正される。ただし、当該価額が200円を下回る場合には200円 4　転換により発行される株式数：優先株式の発行価額÷転換価格
普通株式への一斉転換	X＋5年1月30日までに転換請求のなかった優先株式は、X＋5年1月31日をもって普通株式に一斉転換される。転換価格は、原則としてX＋5年1月31日の普通株式の価額。ただし、当該価額が200円を下回る場合は200円。

【回答要旨】　本件株式の価額は、原則として、利付公社債の評価方法（財産評価基本通達197－2(3)）に準じて、払込金額である1株当たり700円を基として評価します。

　ただし、課税時期が転換請求期間前である場合には、将来転換される普通株式数が未確定であることから、転換日における普通株式の価額が下限転換価格を下回るリスクを考慮して、本件株式を下限転換価格で普通株式に転換したとした場合の普通株式数（注）を基として、上場株式の評価方法（財産評価基本通達169(1)）に準じて評価した価額によっても差し支えありません。

（注）　下限転換価格で転換された場合、普通株式は、本件株式1株当たり3.5株（優先株式の発行価額（700円）÷下限転換価格（200円））発行されることとなる（上表を参照）。

(理由)　本件株式は、普通株式に優先して配当があり、また、普通株式に先立ち払込金額を限度として残余財産の分配が行われることから、その配当を利息に相当するものと考えると、普通株式よりも利付公社債に類似した特色を有すると認められますので、利付公社債に準じて評価します。

　ところで、転換時において、普通株式の価額が下限転換価格を上回っている場合には、普通株式の価額で普通株式に転換されることとなりますので、次の算式のとおり普通株式の価額がいくらであっても所有者にとって転換することによる価値の変動はないこととなります。

（転換後の株式数）
評価額＝普通株式の価額×（発行価額（700円）÷普通株式の価額）＝発行価額（700円）

　しかし、転換時に普通株式の価額が下限転換価格を下回っている場合には、次の算式のとおり下限転換価格によって、普通株式に転換することとなりますので、価値の変動が生ずることとなります。

（転換後の株式数）
評価額＝普通株式の価額×（発行価額（700円）÷下限転換価額（200円））＝普通株式の価額×3.5株

　したがって、課税時期が転換請求期間前である場合には、下限転換価格で普通株式に転換したとした場合の普通株式数を基として、上場株式の評価方法に準じて評価した価額によっても差し支えありません。

（出資の評価）

33　1　医療法人の出資を類似業種比準方式により評価する場合の業種目の判定等

【照会要旨】　医療法人の出資を類似業種比準方式により評価する場合には、どの業種目に該当するのでしょうか。

【回答要旨】　医療法人は、医療法上剰余金の配当が禁止されているなど、会社法上の会社とは異なる特色を有しています。

　このような医療法人の出資を類似業種比準方式により評価するとした場合、類似する業種目が見当たらないことから、業種目を「その他の産業」として評価することになります。

　なお、取引相場のない株式（出資）を評価する場合の会社規模区分（大、中、小会社の区分）については、医療法人そのものはあくまで「サービス業」の一種と考えられることから、「小売・サービス業」に該当することになります。

34　　2　信用金庫等の出資の評価

【照会要旨】　次に掲げる法人に対する出資者に相続が開始し、定款等の定めに基づき、その相続人が当該出資者の地位を承継することとなったときには、財産評価基本通達のいずれの定めによって評価するのでしょうか。
① 　信用金庫の出資
② 　信用組合の出資
③ 　農事組合法人の出資
④ 　協業組合の出資

【回答要旨】　①及び②については、財産評価基本通達195の定めにより、原則として払込済出資金額によって評価します。

　③については、財産評価基本通達196の定めにより、純資産価額（相続税評価額によって計算した金額）を基として、出資の持分に応ずる価額によって評価します。

　④については、財産評価基本通達194の定めに準じて評価します。この場合において、財産評価基本通達185のただし書及び同188から188−5までの定めは適用しません。

（理由）　財産評価基本通達195の定めは、農業協同組合のように、その組合の行う事業によって、その組合員及び会員のために最大の奉仕をすることを目的とし営利を目的として事業を行わない組合等に対する出資を評価するときに適用します。一方、同196の定めは、企業組合、漁業生産組合等のように、それ自体が１個の企業体として営利を目的として事業を行うことができる組合等に対する出資を評価するときに適用することとしています。なお、協業組合については、組合ではあるが、相互扶助等の組合原則を徹底しているというよりは、会社制度の要素を多く取り込んでおり、その実態は持分会社に近似すると認められることから、同195、196の定めは適用しません。

　これらのことから、①及び②については財産評価基本通達195の定めにより、③については同196の定めにより、④については、その実態を考慮し、同194の定めに準じて評価します。

（注）　協業組合の出資を財産評価基本通達194の定めに準じて評価する場合には、各組合員の議決権は原則として平等であり、出資と議決権が結びついていないことから、同185のただし書及び同188から188−5までの定めは適用がないことに留意してください。

35　　3　持分会社の退社時の出資の評価

【照会要旨】　合名会社、合資会社又は合同会社（以下「持分会社」と総称します。）の社員は、死亡によって退社（会社法第607条第１項第３号）することとされていますが、その持分について払戻しを受ける場合には、どのように評価するのでしょうか。

　また、出資持分の相続について定款に別段の定めがあり、その持分を承継する場合には、どのように評価するのでしょうか。

【回答要旨】

1　持分の払戻しを受ける場合

　　持分の払戻請求権として評価し、その価額は、評価すべき持分会社の課税時期における各資産を財産評価基本通達の定めにより評価した価額の合計額から課税時期における各負債の合計額を控除した金額に、持分を乗じて計算した金額となります。

(理由)　持分の払戻しについては、「退社した社員と持分会社との間の計算は、退社の時における持分会社の財産の状況に従ってしなければならない。」（会社法第611条第2項）とされていることから、持分の払戻請求権として評価します。

2　持分を承継する場合

　　取引相場のない株式の評価方法に準じて出資の価額を評価します。

(理由)　出資持分を承継する場合には、出資として、取引相場のない株式の評価方法に準じて評価します。

36　4　企業組合の定款に特別の定めがある場合の出資の評価

【照会要旨】　企業組合が、その定款を「組合員が脱退したときは組合員の本組合に対する出資額を限度として持分を払い戻すものとする。」と変更した場合には、その出資又は出資払戻請求権はどのように評価するのでしょうか。

【回答要旨】

1　法令の規定により払込出資金額しか返還されないことが担保されている場合

　　法令の規定により、現実に払込出資金額しか返還されないことが担保されている場合には、払込出資金額によって評価します。

(参考)

　○　消費生活協同組合法

第21条

　脱退した組合員は、定款の定めるところにより、その払込済出資額の全部又は一部の払戻しを請求することができる。

2　法令の規定により払込出資金額しか返還されないことが担保されていない場合

　　法令の規定により、払込出資金額しか返還されないことが担保されていない場合であって、出資持分の相続について定款に別段の定めがある等により、その持分を承継する場合には、財産評価基本通達196（（企業組合等の出資の評価））の定めによって評価します。

　　ただし、法令の規定により、払込出資金額しか返還されないことが担保されていない場合であっても、出資持分を承継することなく、相続人等が現実に出資払戻請求権を行使して出資の払戻しを受けたときには、その払戻しを受けた出資の金額によって評価します。

　　なお、相続人等が現実に出資の払戻しを受けた場合において、当該出資に係る剰余金相当額が残存する他の出資者に帰属するときには、他の出資者が脱退した組合員から出資の価額の増加額に相当する利益の贈与を受けたものとして、相続税法第9条に規定するみなし贈与の課税が生じる場合があります。

(参考)

　○　中小企業等協同組合法

第20条

　組合員は、第18条又は前条第1項第1号から第4号までの規定により脱退したときは、

定款の定めるところにより、その持分の全部又は一部の払戻を請求することができる。

2　前項の持分は、脱退した事業年度の終における組合財産によって定める。

　（第３項　省略）

（外国株式の評価）

37　1　外国の証券取引所に上場されている株式の評価

【照会要旨】　外国の証券取引所に上場されている株式はどのように評価するのでしょうか。

【回答要旨】　財産評価基本通達に定める「上場株式」の評価方法に準じて評価します。

（理由）　外国の証券取引所に上場されている株式は、国内における上場株式と同様に課税時期における客観的な交換価値が明らかとなっていますから、財産評価基本通達に定める「上場株式」の評価方法に準じて評価します。

（注）　原則として、課税時期における最終価格によります。ただし、その最終価格が課税時期の属する月以前３か月の最終価格の月平均額のうち最も低い価額を超える場合には、その最も低い価額によることができます。

　　　なお、邦貨換算については、原則として、納税義務者の取引金融機関が公表する課税時期における最終の為替相場（邦貨換算を行う場合の外国為替の売買相場のうち、いわゆる対顧客直物電信買相場又はこれに準ずる相場）によります。

（その他の財産の評価関係）

38　1　国外財産の評価－取引相場のない株式の場合(1)

【照会要旨】　取引相場のない外国法人の株式を評価する場合、類似業種比準方式に準じて評価することはできるのでしょうか。

【回答要旨】　類似業種株価等の計算の基となる標本会社が、我が国の金融商品取引所に株式を上場している内国法人を対象としており、外国法人とは一般的に類似性を有しているとは認められないことから、原則として、類似業種比準方式に準じて評価することはできません。

（注）　外国法人とは、内国法人（国内に本店又は主たる事務所を有する法人をいう。）以外の法人、すなわち国内に本店又は主たる事務所を有しない法人をいいます。

（参考）　純資産価額方式に準じて評価することは可能ですが、その場合に控除すべき「評価差額に対する法人税額等に相当する金額」は、その国において、我が国の法人税、事業税、道府県民税及び市町村民税に相当する税が課されている場合には、評価差額に、それらの税率の合計に相当する割合を乗じて計算することができます。

39　2　国外財産の評価－取引相場のない株式の場合(2)

【照会要旨】　取引相場のない外国法人の株式を、純資産価額方式に準じて評価する場合、どのように邦貨換算するのでしょうか。

【回答要旨】　原則として「１株当たりの純資産価額」を計算した後、「対顧客直物電信買相場」により邦貨換算します。

　ただし、資産・負債が２カ国以上に所在しているなどの場合には、資産・負債ごとに、資産については「対顧客直物電信買相場」により、負債については、「対顧客直物電信売相場」によりそれぞれ邦貨換算した上で「１株当たり純資産価額」を計算することもできます。

株式評価関係文書回答事例（国税庁ホームページ）

1　相続等により取得した種類株式の評価について（平成19年２月26日付回答）

１．種類株式の類型

事業承継目的での活用が期待される種類株式としては、次の３類型を想定している。

第一類型　配当優先の無議決権株式

第二類型　社債類似株式

第三類型　拒否権付株式

２．配当優先の無議決権株式（第一類型）の評価の取扱い

(1)　配当優先の株式の評価

同族株主が相続等により取得した配当（資本金等の額の減少に伴うものを除く。以下同じ。）優先の株式の価額については次により評価する。

イ　類似業種比準方式により評価する場合

財産評価基本通達183（評価会社の１株当たりの配当金額等の計算）の(1)に定める「１株当たりの配当金額」については、株式の種類ごとに計算して評価する。

ロ　純資産価額方式により評価する場合

配当優先の有無にかかわらず、財産評価基本通達185（純資産価額）の定めにより評価する。

(2)　無議決権株式の評価

無議決権株式については、原則として、議決権の有無を考慮せずに評価することとなるが、議決権の有無によって株式の価値に差が生じるのではないかという考え方もあることを考慮し、同族株主が無議決権株式（次の３に掲げる社債類似株式を除く。）を相続又は遺贈により取得した場合には、次のすべての条件を満たす場合に限り、上記(1)又は原則的評価方式により評価した価額から、その価額に５パーセントを乗じて計算した金額を控除した金額により評価するとともに、当該控除した金額を当該相続又は遺贈により同族株主が取得した当該会社の議決権のある株式の価額に加算して申告することを選択することができることとする（以下、この方式による計算を「調整計算」という。）。

なお、この場合の具体的な計算は次の算式のとおりとなる。

【条件】

イ　当該会社の株式について、相続税の法定申告期限までに、遺産分割協議が確定していること。

ロ　当該相続又は遺贈により、当該会社の株式を取得したすべての同族株主から、相続税の法定申告期限までに、当該相続又は遺贈により同族株主が取得した無議決権株式の価額について、調整計算前のその株式の評価額からその価額に5パーセントを乗じて計算した金額を控除した金額により評価するとともに、当該控除した金額を当該相続又は遺贈により同族株主が取得した当該会社の議決権のある株式の価額に加算して申告することについての届出書が所轄税務署長に提出されていること。

（注）　無議決権株式を相続又は遺贈により取得した同族株主間及び議決権のある株式を相続又は遺贈により取得した同族株主間では、それぞれの株式の1株当たりの評価額は同一となる。

ハ　当該相続税の申告に当たり、「取引相場のない株式（出資）の評価明細書」に、次の算式に基づく無議決権株式及び議決権のある株式の評価額の算定根拠を適宜の様式に記載し、添付していること。

【算式】

無議決権株式の評価額（単位）　＝　A × 0.95

議決権のある株式への加算額　＝　〔 A × 無議決権株式の株式総数（注1） × 0.05 〕＝ X

議決権のある株式の評価額（単位）　＝　〔 B × 議決権のある株式の株式総数（注1） ＋ X 〕 ÷ 議決権のある株式の株式総数（注1）

A　…　調整計算前の無議決権株式の1株当たりの評価額
B　…　調整計算前の議決権のある株式の1株当たりの評価額
（注1）　「株式総数」は、同族株主が当該相続又は遺贈により取得した当該株式の総数をいう（配当還元方式により評価する株式及び下記3により評価する社債類似株式を除く。）。
（注2）　「A」及び「B」の計算において、当該会社が社債類似株式を発行している場合は、下記3のなお書きにより、議決権のある株式及び無議決権株式を評価した後の評価額。

3．社債類似株式（第二類型）の評価の取扱い

次の条件を満たす株式（社債類似株式）については、その経済的実質が社債に類似していると認められることから、財産評価基本通達197－2（利付公社債の評価）の(3)に準じて、発行価額により評価するが、株式であることから、既経過利息に相当する配当金の加算は行わない。

なお、社債類似株式を発行している会社の社債類似株式以外の株式の評価に当たっては、社債類似株式を社債として計算する。

【条件】

イ　配当金については優先して分配する。

　　また、ある事業年度の配当金が優先配当金に達しないときは、その不足額は翌事業年度以降に累積することとするが、優先配当金を超えて配当しない。

ロ　残余財産の分配については、発行価額を超えて分配は行わない。

ハ　一定期日において、発行会社は本件株式の全部を発行価額で償還する。

ニ　議決権を有しない。

ホ　他の株式を対価とする取得請求権を有しない。

４．拒否権付株式（第三類型）の評価の取扱い

拒否権付株式（会社法第108条第１項第８号に掲げる株式）については、拒否権を考慮せずに評価する。

◇◇◇

2　持分の定めのある医療法人が出資額限度法人に移行した場合等の課税関係について（平成16年６月16日付回答）

◇◇◇

照会

　医療法人は、医療法（昭和23年法律第205号）第39条の規定により、病院、診療所又は介護老人保健施設を開設しようとする財団又は社団が、都道府県知事（二以上の都道府県の区域において病院、診療所又は介護老人保健施設を開設する場合にあっては、厚生労働大臣）の認可を受けて設立される非営利の法人である。医療法においては、営利を目的として、病院、診療所又は助産所を開設しようとする者に対しては、開設許可を与えないこととされている（医療法第７条）ところであり、医療法人制度（医療法第４章）においては、剰余金の配当の禁止が明示されている（医療法第54条）など、非営利の法人であることが規定されている。

　この医療法人のうち、社団であるもの（以下「社団医療法人」という。）には、出資持分の定めのないものと、出資持分の定めのあるものとがある（財団医療法人には出資の概念がない。）。さらに、社団医療法人のうち、持分の定めのあるものは、定款を変更して、持分の定めのないものに移行することができるが、逆に、持分の定めのないものから持分の定めのあるものに移行することはできないとされている（医療法施行規則（昭和23年厚生省令第50号）第30条の36）。

　この社団医療法人については、厚生労働省では、社団の医療法人定款例（医療法人制度の改正及び都道府県医療審議会について（昭和61年健政発第410号）別添４）を示してきたところであるが、「これからの医業経営の在り方に関する検討会」最終報告（平成15年３月26日）の指摘を踏まえ、出資持分の定めのある社団医療法人の一類型として、出資持分を残したまま、社員の退社時における出資払戻請求権及び医療法人の解散時における残余財産分配請求権に関し、その法人財産に及ぶ範囲を実際の払込出資額を限度とすることを定款上明らかにした医療法人（以下「出資額限度法人」という。）の新規設立認可や既存の出資持分のある社団医療法人からの定款変更の認可が円滑に行われるよう、次の内容を盛り込んだ「モデル定款」を示すことを考えている。

　○　「出資額限度法人」のモデル定款の内容等

　出資持分の定めのある社団医療法人のうち、定款により、次のような定めを設けているものを、「出資額限度法人」ということとする。

⑴　社員資格を喪失したものは、払込出資額を限度として払戻しを請求することがで

きる。

⑵　本社団が解散した場合の残余財産は、払込出資額を限度として分配するものとする。

⑶　解散したときの払込出資額を超える残余財産は、社員総会の議決により、都道府県知事の認可を経て、国若しくは地方公共団体又は租税特別措置法（昭和32年法律第26号）第67条の2に定める特定医療法人若しくは医療法第42条第2項に定める特別医療法人に帰属させるものとする。

⑷　⑴から⑶までの定めは変更することができないものとする。ただし、特定医療法人又は特別医療法人に移行する場合はこの限りではない。

この出資額限度法人については、定款を変更して出資額限度法人へ移行する時点、変更後の定款の下で社員（出資者）の退社等が生じた時点等の課税上の取扱いについても、これを明確にする必要があるところ、現行の定款の定めによる出資額限度法人については、下記のとおり取り扱われるものと解して差し支えないか、貴庁の見解を承りたく照会する。

なお、照会に当たっては、平成16年3月31日現在の医療法及び同関係法令を前提としており、出資持分の定めのある社団医療法人において、社員（出資者）の社員資格の喪失や、法人の解散時に、当該法人の財産に対し出資持分の払戻請求権の及ぶ範囲を定款上如何に定めるかについては、当該法人の自治の範囲内であり、移行後の定款を変更することも医療法第4章及び同関係法令において特段制限されているものではないことを申し添える。

〔回答〕

1．定款を変更して出資額限度法人へ移行する場合

法人税、所得税及び贈与税等の課税は生じない。

（理由）

出資持分の定めのある医療法人の出資額限度法人への移行とは、出資持分に応じて法人財産に対する権利を有していた出資者の権利に関して、社員の合意に基づく定款変更により、将来退社したときの出資払戻請求権又は当該医療法人が解散した場合の残余財産分配請求権について払込出資額を限度とする旨定めることをいう。

このように出資額限度法人は、定款の変更により出資に係る権利を制限することとするものであるが、依然として出資持分の定めを有する社団医療法人であり、この定款変更をもって、医療法人の解散・設立があったとみることはできないから、医療法人の清算所得課税、出資者のみなし配当課税、出資払込みに伴うみなし譲渡所得課税

等の問題は生じないものと解される。

　また、定款変更により出資額限度法人に移行したとしても、医療法上は、再び定款を変更して元の出資持分の定めのある医療法人に戻ることについての規制がなく、後戻りが可能であること等からすれば、出資額限度法人への移行により、従来出資者に帰属していた法人財産に対する持分のうち払込出資額を超える部分（評価益等の未実現利益を含む。以下「剰余金相当部分」という。）が確定的に他の者に移転したということもできない。

２．出資額限度法人の出資の評価を行う場合

　相続税・贈与税の計算における出資の価額は、通常の出資持分の定めのある医療法人と同様、財産評価基本通達（昭和39年直資第56号・直審（資）第17号）194－2の定めに基づき評価される。

（理由）

　出資額限度法人に移行しても、次のことから、その出資の価額は、通常の出資持分の定めのある医療法人の出資と同様に評価される。

①　出資額限度法人は、依然として、出資持分の定めを有する医療法人であり、出資者の権利についての制限は将来社員が退社した場合に生じる出資払戻請求権又は医療法人が解散した場合に生じる残余財産分配請求権について払込出資額の範囲に限定することであって、これらの出資払戻請求権等が行使されない限りにおいては、社員の医療法人に対する事実上の権限に影響を及ぼすものとはいえないこと

②　出資額限度法人においては、出資払戻請求権等が定款の定めにより払込出資額に制限されることとなるとしても、定款の後戻り禁止や医療法人の運営に関する特別利益供与の禁止が法令上担保されていないこと

③　他の通常の出資持分の定めのある医療法人との合併により、当該医療法人の出資者となることが可能であること

３．社員が出資払込額の払戻しを受けて退社した場合

　定款の後戻りが可能であるとしても、社員のうちの１名が退社し、定款の定めに従って出資払込額の払戻しを受けて当該退社社員の出資が消滅した場合には、その時点において、当該出資に対応する剰余金相当部分について払い戻さないことが確定することとなる。

　なお、株式会社等営利法人は医療法人の社員となることができないと解されていることから、個人社員が退社した場合の課税関係についてみると、以下のとおりとなる。

(1)　退社した個人社員の課税関係

　退社に伴い出資払込額を限度として持分の払戻しを受ける金額が、当該持分に対応する資本等の金額を超えない限りにおいては、課税関係は生じない。

（理由）

　法人からの退社により持分の払戻しを受けた場合において、当該払戻しを受けた金額が所得税法施行令（昭和40年政令第96号）第61条第2項第6号の規定により計算した当該持分に対応する資本等の金額（法人税法（昭和40年法律第34号）第2条第16号）を超えるときのその超える部分の金額は、所得税法（昭和40年法律第33号）第25条の規定により、配当とみなすこととされているが、出資額限度法人において、個人社員が退社に伴い出資払込額を限度として持分の払戻しを受ける金額が、当該持分に対応する資本等の金額を超えない限りにおいては、同条の規定により配当とみなされる部分は生じない。

　また、社員が法人からの退社による持分の払戻しとして交付を受けた金額等は、配当とみなされる部分を除き、譲渡所得の収入金額とみなすこととされているが（租税特別措置法第37条の10第4項第6号）、その払戻しを受ける金額は払込出資額を限度とするものであるから、その額は通常、取得額（払込出資額）と同額となり、原則として、譲渡所得の課税は生じない。

(2)　医療法人に対する法人税（受贈益）の課税関係

　課税関係は生じない。

（理由）

　医療法人にとっては、定款に従い退社社員に出資払込額を払い戻すという出資金額の減少を生ずる取引（資本等取引）に当たるため、一般の営利法人と同様、課税関係は生じない。

(3)　残存出資者又は医療法人に対する贈与税の課税関係

　残存する他の出資者の有する出資持分の価額の増加について、みなし贈与の課税（相続税法（昭和25年法律第73号）第9条）の問題が生じることとなるが、次のいずれにも該当しない出資額限度法人においては、原則として、他の出資者に対するみなし贈与の課税は生じないものと解される。

ア．当該出資額限度法人に係る出資、社員及び役員が、その親族、使用人など相互に特殊な関係をもつ特定の同族グループによって占められていること

イ．当該出資額限度法人において社員（退社社員を含む）、役員（理事・監事）又はこれらの親族等に対し特別な利益を与えると認められるものであること

　上記に該当するかどうかは、当該出資額限度法人の実態に即して個別に判断されるものである。

　その際、次に掲げるところに該当しない場合にあっては、上記ア又はイにそれぞれ該当しないものとされる。

（アについて）

① 出資者の３人及びその者と法人税法施行令（昭和40年政令第97号）第４条第１項又は第２項に定める特殊の関係を有する出資者の出資金額の合計額が、出資総額の50％を超えていること

② 社員の３人及びその者と法人税法施行令第４条第１項に定める特殊の関係を有する社員の数が総社員数の50％を超えていること

③ 役員のそれぞれに占める親族関係を有する者及びこれらと租税特別措置法施行令（昭和32年政令第43号）第39条の25第１項第２号イからハまでに掲げる特殊な関係がある者の数の割合が３分の１以下であることが定款で定められていないこと

【参考条文】

（略）

（イについて）

① 出資額限度法人の定款等において、次に掲げる者に対して、当該法人の財産を無償で利用させ、又は与えるなど特別の利益を与える旨の定めがある場合

　ⅰ 当該法人の社員又は役員

　ⅱ 当該法人の社員又は役員の親族

　ⅲ 当該法人の社員又は役員と次に掲げる特殊の関係がある者（次の②において「特殊の関係がある者」という。）

　　（ⅰ）当該法人の社員又は役員とまだ婚姻の届出をしないが事実上婚姻関係と同様の事情にある者及びその者の親族でその者と生計を一にしているもの

　　（ⅱ）当該法人の社員又は役員の使用人及び使用人以外の者でその者から受ける金銭その他の財産によって生計を維持しているもの並びにこれらの者の親族でこれらの者と生計を一にしているもの

（ⅲ）　当該法人の社員又は役員が法人税法（昭和40年法律第34号）第２条第15号に規定する役員（以下「会社役員」という。）となっている他の会社

（ⅳ）　当該法人の社員又は役員、その親族、上記（ⅰ）及び（ⅱ）に掲げる者並びにこれらの者と法人税法第２条第10号に規定する政令で定める特殊の関係にある法人を判定の基礎とした場合に同号に規定する同族会社に該当する他の法人

（ⅴ）　上記（ⅲ）又は（ⅳ）に掲げる法人の会社役員又は使用人

②　当該出資額限度法人が社員、役員又はその親族その他特殊の関係がある者に対して、次に掲げるいずれかの行為をし、又は行為をすると認められる場合

ⅰ　当該法人の所有する財産をこれらの者に居住、担保その他の私事に利用させること。

ⅱ　当該法人の他の従業員に比し有利な条件で、これらの者に金銭の貸付けをすること。

ⅲ　当該法人の所有する財産をこれらの者に無償又は著しく低い価額の対価で譲渡すること。

ⅳ　これらの者から金銭その他の財産を過大な利息又は賃借料で借り受けること。

ⅴ　これらの者からその所有する財産を過大な対価で譲り受けること、又はこれらの者から公益を目的とする事業の用に供するとは認められない財産を取得すること。

ⅵ　これらの者に対して、当該法人の理事、監事、評議員その他これらの者に準ずるものの地位にあることのみに基づき給与等（所得税法（昭和40年法律第33号）第28条第１項に規定する「給与等」をいう。以下同じ。）を支払い、又は当該法人の他の従業員に比し過大な給与等を支払うこと。

ⅶ　これらの者の債務に関して、保証、弁済、免除又は引受け（当該法人の設立のための財産の提供に伴う債務の引受けを除く。）をすること。

ⅷ　契約金額が少額なものを除き、入札等公正な方法によらないで、これらの者が行う物品の販売、工事請負、役務提供、物品の賃貸その他の事業に係る契約の相手方となること。

ⅸ　事業の遂行により供与する公益を主として、又は不公正な方法で、これらの者に与えること。

　なお、剰余金相当部分に相当する利益は残存出資者へ移転されるものと解されるから、医療法人への贈与があったものとみる必要はないため、相続税法第66条第４項の規定に基づく医療法人に対する贈与税課税の問題は生じない。

（理由）

　　個人社員が出資払込額の払戻しを受けて退社した場合には、当該出資に対応する剰余金相当部分が医療法人に留保され、残存出資者の出資割合が増加することから、結果として、その出資の評価額が増加することとなる。この場合の増加額は、社員の退社前の医療法人資産の状況及び出資額（口数）に基づいて財産評価基本通達194－2により評価した評価額と当該退社後の医療法人資産の状況及び出資額（口数）に基づく同評価額との差額により求められる。

　　この評価額の増加は、社員相互の合意による定款変更の結果であるから、原則として、退社社員から残存出資者への利益の移転と捉えることができ、相続税法第9条に規定するみなし贈与の課税が生じることとなる。

　　ただし、相続税法基本通達9－2の取扱いなどを踏まえれば、特定の同族グループによる同族支配の可能性がないと認められる医療法人については、一般的にはその利益を具体的に享受することがないと考えられるから、そのような法人にあっては、みなし贈与の課税は生じないものと解される。

4．社員が死亡により退社した場合

(1)　相続税の課税関係

　　社員が死亡により退社した場合において、定款の定めにより出資を社員の地位とともに相続等することができることとされている出資額限度法人の当該被相続人に係る出資を相続等したとき、また、出資払戻請求権を相続等により取得した相続人等がその払戻しに代えて出資を取得し、社員たる地位を取得することとなるときには、当該出資又は出資払戻請求権の価額は、出資としての評価額となり、上記2のとおり、財産評価基本通達194－2の定めに基づき評価した価額となる。

　　一方、社員の死亡退社に伴い、その出資に関する出資払戻請求権を取得した相続人等が現実に出資払戻額の払戻しを受けたときには、当該出資払戻請求権については、出資払込額により評価する。

(2)　他の出資者の課税関係

　　上記(1)で、死亡した社員の相続人等が出資払込額の払戻しを受け、出資を相続しなかった場合であって、当該出資に係る剰余金相当額が残存する他の出資者に帰属するものとして前記3(3)の場合と同様の判定に基づき、他の出資者が退社した社員から出資の価額の増加額に相当する利益の贈与を受けたものとして取り扱われるときには、みなし贈与の課税が生じることとなる。

　　なお、この場合において、当該残存する他の出資者が被相続人（死亡した退社社

員）からの相続等により他の財産を取得しているときには、その利益は、当該他の相続財産に加算され相続税の課税対象となる（相続税法第19条）。

⑶　その他の課税関系

　　退社社員（被相続人）の所得税の課税関係及び医療法人の法人税の課税関係については、前記３⑴及び⑵の場合と同様となる。

参考資料１

取引相場のない株式（出資）の評価明細書及び記載方法等

第１表の１　評価上の株主の判定及び会社規模の判定の明細書

整理番号 [ ]

平成三十年一月一日以降用

（取引相場のない株式（出資）の評価明細書）	会 社 名	（電話　　　　　　）		本 店 の 所 在 地	
	代表者氏名			事 業 内 容	取扱品目及び製造、卸売、小売等の区分 / 業種目番号 / 取引金額の構成比
	課 税 時 期	年　　　月　　　日			%
	直 前 期	自　　年　　月　　日 / 至　　年　　月　　日			

1. 株主及び評価方式の判定

	氏名又は名称	続柄	会社における役職名	④ 株 式 数 (株式の種類)	⑪ 議 決 権 数	⑪ 議決権割合 (⑪/④)
判定要素（課税時期現在の株式等の所有状況）	納税義務者			株	個	%
	自己株式					
	納税義務者の属する同族関係者グループの議決権の合計数			②	⑤ (②/④)	
	筆頭株主グループの議決権の合計数			③	⑥ (③/④)	
	評価会社の発行済株式又は議決権の総数			①	④ 100	

判定基準

納税義務者の属する同族関係者グループの議決権割合（⑤の割合）を基として、区分します。

区分基準	筆頭株主グループの議決権割合（⑥の割合）			株主の区分
	50%超の場合	30%以上50%以下の場合	30%未満の場合	
⑤の割合	50%超	30%以上	15%以上	同族株主等
	50%未満	30%未満	15%未満	同族株主等以外の株主

判定	同 族 株 主 等 (原則的評価方式等)	同族株主等以外の株主 (配 当 還 元 方 式)

「同族株主等」に該当する納税義務者のうち、議決権割合（⑪の割合）が5%未満の者の評価方式は、「2. 少数株式所有者の評価方式の判定」欄により判定します。

2. 少数株式所有者の評価方式の判定

	項 目	判 定 内 容
判定要素	氏 名	
	㋑ 役 員	である〔原則的評価方式等〕・でない（次の㋺へ）
	㋺ 納税義務者が中心的な同族株主	である〔原則的評価方式等〕・でない（次の㋩へ）
	㋩ 納税義務者以外に中心的な同族株主（又は株主）	がいる（配当還元方式）・がいない〔原則的評価方式等〕（氏名　　　　　　）
判 定	原則的評価方式等　・　配当還元方式	

346

3．会社の規模（Lの割合）の判定

（取引相場のない株式（出資）の評価明細書）

（平成三十年一月一日以降用）

項　　　目	金　　　額	項　　　目	人　　　　　　　数
判定要素			
直前期末の総資産価額 （帳簿価額）	千円	直前期末以前1年間における従業員数	〔従業員数の内訳〕 人 〔継続勤務従業員数〕＋〔継続勤務従業員以外の従業員の労働時間の合計時間数〕
直前期末以前1年間の取引金額	千円		（　　　人）＋　（　　　　時間）／1,800時間

⑤　直前期末以前1年間における従業員数に応ずる区分	70人以上の会社は、大会社（㋭及び㋑は不要）
	70人未満の会社は、㋭及び㋑により判定

判定基準

㋭　直前期末の総資産価額（帳簿価額）及び直前期末以前1年間における従業員数に応ずる区分				㋑　直前期末以前1年間の取引金額に応ずる区分			会社規模とLの割合（中会社）の区分
総資産価額（帳簿価額）			従業員数	取引金額			
卸売業	小売・サービス業	卸売業、小売・サービス業以外		卸売業	小売・サービス業	卸売業、小売・サービス業以外	
20億円以上	15億円以上	15億円以上	35人超	30億円以上	20億円以上	15億円以上	大会社
4億円以上 20億円未満	5億円以上 15億円未満	5億円以上 15億円未満	35人超	7億円以上 30億円未満	5億円以上 20億円未満	4億円以上 15億円未満	0.90　中
2億円以上 4億円未満	2億5,000万円以上 5億円未満	2億5,000万円以上 5億円未満	20人超 35人以下	3億5,000万円以上 7億円未満	2億5,000万円以上 5億円未満	2億円以上 4億円未満	0.75　会
7,000万円以上 2億円未満	4,000万円以上 2億5,000万円未満	5,000万円以上 2億5,000万円未満	5人超 20人以下	2億円以上 3億5,000万円未満	6,000万円以上 2億5,000万円未満	8,000万円以上 2億円未満	0.60　社
7,000万円未満	4,000万円未満	5,000万円未満	5人以下	2億円未満	6,000万円未満	8,000万円未満	小会社

・「会社規模とLの割合（中会社）の区分」欄は、㋭欄の区分（「総資産価額（帳簿価額）」と「従業員数」とのいずれか下位の区分）と㋑欄（取引金額）の区分とのいずれか上位の区分により判定します。

判定	大　会　社	中　会　社			小　会　社	
		L　の　割　合				
		0.90	0.75	0.60		

4．増（減）資の状況その他評価上の参考事項

第2表　特定の評価会社の判定の明細書　　　　会社名＿＿＿＿＿＿＿＿＿

（取引相場のない株式（出資）の評価明細書）

1．比準要素数1の会社	判　定　要　素						判定基準	⑴欄のいずれか2の判定要素が0であり、かつ、⑵欄のいずれか2以上の判定要素が0	
	（1）直前期末を基とした判定要素			（2）直前々期末を基とした判定要素				である（該当）・でない（非該当）	
	第4表の⑧の金額	第4表の⑥の金額	第4表の⑪の金額	第4表の⑧の金額	第4表の⑥の金額	第4表の⑪の金額			
	円　銭 0	円	円	円　銭 0	円	円	判定	該　当	非　該　当

2．株式等保有特定会社	判　定　要　素			判定基準	③の割合が50%以上である	③の割合が50%未満である
	総資産価額（第5表の①の金額）	株式等の価額の合計額（第5表の⑦の金額）	株式等保有割合（②／①）			
	① 千円	② 千円	③ %	判定	該　当	非　該　当

3．土地保有特定会社	判　定　要　素							
	総資産価額（第5表の①の金額）	土地等の価額の合計額（第5表の①の金額）	土地保有割合（⑤／④）	会社の規模の判定（該当する文字を○で囲んで表示します。）				
	④ 千円	⑤ 千円	⑥ %	大会社・中会社・小会社				
	判定基準	会社の規模	大　会　社	中　会　社	小　会　社（総資産価額（帳簿価額）が次の基準に該当する会社）・卸売業 20億円以上 ・小売・サービス業 15億円以上 ・上記以外の業種 15億円以上　／　・卸売業 7,000万円以上20億円未満 ・小売・サービス業 4,000万円以上15億円未満 ・上記以外の業種 5,000万円以上15億円未満			
		⑥の割合	70%以上 ／ 70%未満	90%以上 ／ 90%未満	70%以上 ／ 70%未満	90%以上 ／ 90%未満		
	判定	該当 ／ 非該当	該当 ／ 非該当	該当 ／ 非該当	該当 ／ 非該当			

4．開業後3年未満の会社等	(1)開業後3年未満の会社	判定要素		判定基準	課税時期において開業後3年未満である	課税時期において開業後3年未満でない
		開業年月日	年　月　日	判定	該　当	非　該　当

	(2)比準要素数0の会社	判定要素	直前期末を基とした判定要素			判定基準	直前期末を基とした判定要素がいずれも0	
			第4表の⑧の金額	第4表の⑥の金額	第4表の⑪の金額		である（該当）・でない（非該当）	
			円　銭 0	円	円	判定	該　当	非　該　当

5．開業前又は休業中の会社	開業前の会社の判定		休業中の会社の判定		6．清算中の会社	判　定	
	該当	非該当	該当	非該当		該　当	非　該　当

7．特定の評価会社の判定結果	1．比準要素数1の会社　　　　2．株式等保有特定会社 3．土地保有特定会社　　　　4．開業後3年未満の会社等 5．開業前又は休業中の会社　　6．清算中の会社
	該当する番号を○で囲んでください。なお、上記の「1．比準要素数1の会社」欄から「6．清算中の会社」欄の判定において2以上に該当する場合には、後の番号の判定によります。

第3表　一般の評価会社の株式及び株式に関する権利の価額の計算明細書 会社名＿＿＿＿＿＿

（平成三十年一月一日以降用）

（取引相場のない株式（出資）の評価明細書）

1. 原則的評価方式による価額

1株当たりの価額の計算の基となる金額	類似業種比準価額（第4表の㉖、㉚又は㉝の金額）① 円	1株当たりの純資産価額（第5表の⑪の金額）② 円	1株当たりの純資産価額の80%相当額（第5表の⑫の記載がある場合のその金額）③ 円

1株当たりの価額の計算

区分	1株当たりの価額の算定方法	1株当たりの価額
大会社の株式の価額	①の金額と②の金額とのいずれか低い方の金額（②の記載がないときは①の金額）	④ 円
中会社の株式の価額	①と②とのいずれか低い方の金額 Lの割合 ②の金額（③の金額があるときは③の金額） Lの割合（　　　　円×0.　　　）＋（　　　　円×（1－0.　　　））	⑤ 円
小会社の株式の価額	②の金額（③の金額があるときは③の金額）と次の算式によって計算した金額とのいずれか低い方の金額 ①の金額 ②の金額（③の金額がある（　　　　円×0.50）＋（　は③の金額）　　円×0.50）＝　　　　円	⑥ 円

株式の価額の修正

課税時期において配当期待権の発生している場合	株式の価額（④、⑤又は⑥） 1株当たりの配当金額 円－ 円 銭	修正後の株式の価額 ⑦ 円
課税時期において株式の割当てを受ける権利、株主となる権利又は株式無償交付期待権の発生している場合	株式の価額（④、⑤又は⑥（⑦があるときは⑦）） 割当株式1株当たりの払込金額 1株当たりの割当株式数 1株当たりの割当株式数又は交付株式数（　　円＋　　円×　　株）÷（1株＋　　株）	修正後の株式の価額 ⑧ 円

2. 配当還元方式による価額

1株当たりの資本金等の額、発行済株式数等	直前期末の資本金等の額 ⑨ 千円	直前期末の発行済株式数 ⑩ 株	直前期末の自己株式数 ⑪ 株	1株当たりの資本金等の額を50円とした場合の発行済株式数（⑨÷50円）⑫ 株	1株当たりの資本金等の額（⑨÷（⑩－⑪））⑬ 円

直前期末以前2年間の年配当金額

事業年度	⑭ 年配当金額	⑮ 左のうち非経常的な配当金額	⑯ 差引経常的な年配当金額（⑭－⑮）	年平均配当金額
直前期	千円	千円	㋑ 千円	⑰（㋑＋㋺）÷2 千円
直前々期	千円	千円	㋺ 千円	

1株（50円）当たりの年配当金額	年平均配当金額（⑰）千円 ÷ ⑫の株式数 株 ＝ ⑱ 円 銭	この金額が2円50銭未満の場合は2円50銭とします。

配当還元価額	⑱の金額 ⑬の金額 ⑲　　円　　銭 × 　　円 ＝ 円 10% 50円	⑳ 円	⑲の金額が、原則的評価方式により計算した価額を超える場合には、原則的評価方式により計算した価額とします。

3. 株式に関する権利の価額（1.及び2.に共通）

配当期待権	1株当たりの予想配当金額 源泉徴収されるべき所得税相当額（　　円　　銭）－（　　円　　銭）	㉑ 円 銭
株式の割当てを受ける権利（割当株式1株当たりの価額）	⑧（配当還元方式の場合は⑳）の金額 割当株式1株当たりの払込金額 　　円－　　円	㉒ 円
株主となる権利（割当株式1株当たりの価額）	⑧（配当還元方式の場合は⑳）の金額（課税時期後にその株主となる権利につき払い込むべき金額があるときは、その金額を控除した金額）	㉓ 円
株式無償交付期待権（交付される株式1株当たりの価額）	⑧（配当還元方式の場合は⑳）の金額	㉔ 円

4. 株式及び株式に関する権利の価額（1.及び2.に共通）

株式の評価額	円
株式に関する権利の評価額	円（円 銭）

第4表　類似業種比準価額等の計算明細書

会社名

1. 1株当たりの資本金等の額等の計算	直前期末の資本金等の額 ① 千円	直前期末の発行済株式数 ② 株	直前期末の自己株式数 ③ 株	1株当たりの資本金等の額（①÷（②−③）） ④ 円	1株当たりの資本金等の額を50円とした場合の発行済株式数（①÷50円） ⑤ 株

2. 比準要素等の金額の計算

1株50円当たりの年配当金額

直前期末以前2（3）年間の年平均配当金額					比準要素数1の会社・比準要素数0の会社の判定要素の金額		
事業年度	⑥ 年配当金額	⑦ 左のうち非経常的な配当金額	⑧ 差引経常的な年配当金額（⑥−⑦）	年平均配当金額	⑨/⑤	⑧ 円	銭 0
直前期	千円	千円	⑦ 千円	⑨（⑦+⑦）÷2 千円	⑩/⑤	⑧ 円	銭 0
直前々期	千円	千円	⑦ 千円	⑩（⑦+⑦）÷2 千円	1株（50円）当たりの年配当金額 ⑧ の金額		円 銭 0
直前々期の前期	千円	千円	⑦ 千円				

1株50円当たりの年利益金額

直前期末以前2（3）年間の利益金額						比準要素数1の会社・比準要素数0の会社の判定要素の金額	
事業年度	⑪法人税の課税所得金額	⑫非経常的な利益金額	⑬受取配当等の益金不算入額	⑭左の所得税額	⑮損金算入した繰越欠損金の控除額	⑯差引利益金額（⑪−⑫+⑬−⑭+⑮）	
直前期	千円	千円	千円	千円	千円	⑯/⑤ 又は（⑯+⑯）÷2 / ⑤ ⓒ 円	
直前々期	千円	千円	千円	千円	千円	⑯/⑤ 又は（⑯+⑯）÷2 / ⑤ ⓒ 円	
直前々期の前期	千円	千円	千円	千円	千円	1株（50円）当たりの年利益金額〔⑯/⑤ 又は（⑯+⑯）÷2 / ⑤ の金額〕 ⓒ 円	

1株50円当たりの純資産価額

直前期末（直前々期末）の純資産価額				比準要素数1の会社・比準要素数0の会社の判定要素の金額	
事業年度	⑰ 資本金等の額	⑱ 利益積立金額	⑲ 純資産価額（⑰+⑱）	⑲/⑤	ⓓ 円
直前期	千円	千円	⑰ 千円	⑲/⑤	ⓓ 円
直前々期	千円	千円	⑰ 千円	1株（50円）当たりの純資産価額（ⓓ の金額） ⓓ 円	

3. 類似業種比準価額の計算

1株（50円）当たりの比準価額の計算

			区分	1株（50円）当たりの年配当金額	1株（50円）当たりの年利益金額	1株（50円）当たりの純資産価額	1株（50円）当たりの比準価額
類似業種と業種目番号		(No.)	評価会社	⑧ 円 銭 0	ⓒ 円	ⓓ 円	⑳×㉑×0.7
類似業種の株価	課税時期の属する月	㋑ 円					※中会社は0.6 小会社は0.5 とします。
	課税時期の属する月の前月	㋺ 円	類似業種	B 円 銭 0	C 円	D 円	
	課税時期の属する月の前々月	㋩ 円	要素別比準割合	⑧/B .	ⓒ/C .	ⓓ/D .	
	前年平均株価	㋥ 円	比準割合	⑧/B + ⓒ/C + ⓓ/D / 3 = ㉑ .			㉒ 円 銭 0
	課税時期の属する月以前2年間の平均株価	㋭ 円					
	A ㋑㋺㋩㋥及び㋭のうち最も低いもの	⑳ 円					

			区分	1株（50円）当たりの年配当金額	1株（50円）当たりの年利益金額	1株（50円）当たりの純資産価額	1株（50円）当たりの比準価額
類似業種と業種目番号		(No.)	評価会社	⑧ 円 銭 0	ⓒ 円	ⓓ 円	㉓×㉔×0.7
類似業種の株価	課税時期の属する月	㋬ 円					※中会社は0.6 小会社は0.5 とします。
	課税時期の属する月の前月	㋣ 円	類似業種	B 円 銭 0	C 円	D 円	
	課税時期の属する月の前々月	㋠ 円	要素別比準割合	⑧/B .	ⓒ/C .	ⓓ/D .	
	前年平均株価	㋷ 円	比準割合	⑧/B + ⓒ/C + ⓓ/D / 3 = ㉔ .			㉕ 円 銭 0
	課税時期の属する月以前2年間の平均株価	㋦ 円					
	A ㋬㋣㋠㋷及び㋦のうち最も低いもの	㉓ 円					

1株当たりの比準価額	比準価額（㉒と㉕とのいずれか低い方） 円 0銭	④の金額 円 ×（ /50円 ）	㉖ 円

比準価額の修正

直前期末の翌日から課税時期までの間に配当金交付の効力が発生した場合	比準価額（㉖）	1株当たりの配当金額	修正比準価額
	円 −	円 銭	㉗ 円

直前期末の翌日から課税時期までの間に株式の割当て等の効力が発生した場合	比準価額（㉖）（㉗があるときは㉗）	割当株式1株当たりの払込金額	1株当たりの割当株式数	1株当たりの割当株式数又は交付株式数	修正比準価額
	（ 円 +	円 銭×	株）÷（1株+	株）	㉘ 円

第5表　1株当たりの純資産価額(相続税評価額)の計算明細書　　会社名＿＿＿＿＿＿＿＿＿＿＿＿

	1. 資産及び負債の金額 (課税時期現在)								（平成三十年一月一日以降用）

（取引相場のない株式（出資）の評価明細書）

	資 産 の 部				負 債 の 部			
	科　目	相続税評価額	帳簿価額	備考	科　目	相続税評価額	帳簿価額	備考
		千円	千円			千円	千円	
	合　計	①	②		合　計	③	④	
	株式等の価額の合計額	㋑	㋺					
	土地等の価額の合計額	㋩						
	現物出資等受入れ資産の価額の合計額	㊁	㋭					

2. 評価差額に対する法人税額等相当額の計算				3. 1株当たりの純資産価額の計算			
相続税評価額による純資産価額　　　　(①－③)	⑤		千円	課税時期現在の純資産価額 (相続税評価額)　　　　(⑤－⑧)	⑨		千円
帳簿価額による純資産価額 ((②＋㋭－㊁)－④)、マイナスの場合は0	⑥		千円	課税時期現在の発行済株式数 ((第1表の1の①)－自己株式数)	⑩		株
評価差額に相当する金額　　　　(⑤－⑥)、マイナスの場合は0	⑦		千円	課税時期現在の1株当たりの純資産価額 (相続税評価額)　　　　(⑨÷⑩)	⑪		円
評価差額に対する法人税額等相当額　　　　(⑦×37%)	⑧		千円	同族株主等の議決権割合(第1表の1の⑤の割合)が50%以下の場合　　　　(⑪×80%)	⑫		円

実務編

第6表　特定の評価会社の株式及び株式に関する権利の価額の計算明細書 会社名＿＿＿＿＿＿＿＿＿

（平成三十年一月一日以降用）

			類似業種比準価額 （第4表の㉖,㉗又は㉘の金額）	1株当たりの純資産価額 （第5表の⑪の金額）	1株当たりの純資産価額の80%相当額（第5表の⑫の記載がある場合のその金額）
（取引相場のない株式（出資）の評価明細書）	1 純資産価額方式等による価額	1株当たりの価額の計算の基となる金額	① 円	② 円	③ 円

1株当たりの価額の計算

株式の区分	1株当たりの価額の算定方法等	1株当たりの価額
比準要素数1の会社の株式	②の金額（③の金額があるときは③の金額）と次の算式によって計算した金額とのいずれか低い方の金額 ①の金額　　②の金額（③の金額があるときは③の金額） （　　　　円×0.25）+（　　　　円×0.75）=　　　　円	④ 円
株式等保有特定会社の株式	（第8表の㉘の金額）	⑤ 円
土地保有特定会社の株式	（②の金額（③の金額があるときはその金額））	⑥ 円
開業後3年未満の会社等の株式	（②の金額（③の金額があるときはその金額））	⑦ 円
開業前又は休業中の会社の株式	（②の金額）	⑧ 円

株式の価額の修正

	株式の価額 ④、⑤、⑥ ⑦又は⑧	1株当たりの配当金額	修正後の株式の価額
課税時期において配当期待権の発生している場合	円 −	円　　銭	⑨ 円
課税時期において株式の割当てを受ける権利、株主となる権利又は株式無償交付期待権の発生している場合	株式の価額 ④、⑤、⑥、⑦又は⑧ （⑨があるときは⑨） （　　　円+	割当株式1株当たりの払込金額　1株当たりの割当株式数　1株当たりの割当株式数又は交付株式数 円×　　株）÷（1株+　　株）	修正後の株式の価額 ⑩ 円

2 配当還元方式による価額

	直前期末の資本金等の額	直前期末の発行済株式数	直前期末の自己株式数	1株当たりの資本金等の額を50円とした場合の発行済株式数（⑪÷50円）	1株当たりの資本金等の額（⑪÷（⑫−⑬））
1株当たりの資本金等の額、発行済株式数等	⑪ 千円	⑫ 株	⑬ 株	⑭ 株	⑮ 円

直前期末以前2年間の配当金額	事業年度	⑯年配当金額	⑰左のうち非経常的な配当金額	⑱差引経常的な年配当金額（⑯−⑰）	年平均配当金額
	直前期	千円	千円 ⑰	千円	⑲ (㋑+㋺)÷2 千円
	直前々期	千円 ㋺	千円 ㋩	千円	

1株(50円)当たりの年配当金額	年平均配当金額(⑲)　　　⑭の株式数　　　⑳ 千円 ÷　　　　株 =　　　　円　　銭	この金額が2円50銭未満の場合は2円50銭とします。

配当還元価額	⑳の金額　　　　⑮の金額 円　　銭　　　　　円 ――――　×　――――　＝　　　円 10%　　　　　　50円	㉑　　　　　円	㉑の金額が、純資産価額方式等により計算した価額を超える場合には、純資産価額方式等により計算した価額とします。

3 株式に関する権利の価額

1.及び2.に共通	配当期待権	1株当たりの予想配当金額　源泉徴収されるべき所得税相当額 （　　円　　銭）−（　　円　　銭）	㉒　　円　　銭
	株式の割当てを受ける権利（割当株式1株当たりの価額）	⑩（配当還元方式の場合は㉑）の金額　割当株式1株当たりの払込金額 円 −　　　　円	㉓　　円
	株主となる権利（割当株式1株当たりの価額）	⑩（配当還元方式の場合は㉑）の金額（課税時期後にその株主となる権利につき払い込むべき金額があるときは、その金額を控除した金額）	㉔　　円
	株式無償交付期待権（交付される株式1株当たりの価額）	⑩（配当還元方式の場合は㉑）の金額	㉕　　円

4. 株式及び株式に関する権利の価額（1.及び2.に共通）

株式の評価額	円
株式に関する権利の評価額	（円　　銭）

第７表　株式等保有特定会社の株式の価額の計算明細書

会社名

（取引相場のない株式（出資）の評価明細書）

（平成三十年一月一日以降用）

１．S₁の金額

受取配当金等収受割合の計算	事業年度	① 直前期	② 直前々期	合計（①＋②）	受取配当金等収受割合 ⓘ÷（ⓘ＋ⓡ） ※小数点以下３位未満切り捨て
	受取配当金等の額	千円	千円	ⓘ 千円	ⓗ
	営業利益の金額	千円	千円	ⓡ 千円	

Ⓑ－ⓑの金額	1株（50円）当たりの年配当金額（第４表のⒷ）	受取配当金等収受割合（ⓗ）	ⓑの金額（③×ⓗ）	Ⓑ－ⓑの金額（③－④）
	③ 円 0銭		④ 円 0銭	⑤ 円 0銭

Ⓒ－ⓒの金額	1株（50円）当たりの年利益金額（第４表のⒸ）		ⓒの金額（⑥×ⓗ）	Ⓒ－ⓒの金額（⑥－⑦）
	⑥ 円		⑦ 円	⑧ 円

Ⓓ－ⓓの金額					
	（イ）の金額	1株（50円）当たりの純資産価額（第４表のⒹ）	直前期末の株式等の帳簿価額の合計額	直前期末の総資産価額（帳簿価額）	（イ）の金額（⑨×（⑩÷⑪））
		⑨ 円	⑩ 千円	⑪ 千円	⑫ 円
	（ロ）の金額	利益積立金額（第４表の⑱の「直前期」欄の金額）	１株当たりの資本金等の額を50円とした場合の発行済株式数（第４表の⑤の株式数）	受取配当金等収受割合（ⓗ）	（ロ）の金額（（⑬÷⑭）×ⓗ）
		⑬ 千円	⑭ 株		⑮ 円
		ⓓの金額（⑫＋⑮）	Ⓓ－ⓓの金額（⑨－⑯）		
		⑯ 円	⑰ 円		

（注）１　ⓗの割合は、１を上限とします。
２　⑯の金額は、Ⓓの金額（⑨の金額）を上限とします。

２．S₁の金額（類似業種比準価額の修正計算）

１株（50円）当たりの比準価額の計算

類似業種の株価			比準割合の計算	区分	1株（50円）当たりの年配当金額	1株（50円）当たりの年利益金額	1株（50円）当たりの純資産価額	1株（50円）当たりの比準価額
類似業種と業種目番号	（No.　）			評価会社	（⑤） 円 0銭	（⑧） 円	（⑰） 円	⑱×⑲×0.7 ※中会社は0.6 小会社は0.5 とします。
課税時期の属する月	月	㊁ 円		類似業種	B 円 0銭	C 円	D 円	
課税時期の属する月の前月	月	㋭ 円		要素別比準割合	（⑤）/B ．	（⑧）/C ．	（⑰）/D ．	
課税時期の属する月の前々月	月	㋬ 円		比準割合	$\frac{\frac{(⑤)}{B}+\frac{(⑧)}{C}+\frac{(⑰)}{D}}{3}$ ＝ ⑲ ．			⑳ 円 0銭
前年平均株価		㋣ 円						
課税時期の属する月以前２年間の平均株価		㋠ 円						
A（㊁、㋭、㋬、㋣及び㋠のうち最も低いもの）		⑱ 円						

類似業種の株価			比準割合の計算	区分	1株（50円）当たりの年配当金額	1株（50円）当たりの年利益金額	1株（50円）当たりの純資産価額	1株（50円）当たりの比準価額
類似業種と業種目番号	（No.　）			評価会社	（⑤） 円 0銭	（⑧） 円	（⑰） 円	㉑×㉒×0.7 ※中会社は0.6 小会社は0.5 とします。
課税時期の属する月	月	㋷ 円		類似業種	B 円 0銭	C 円	D 円	
課税時期の属する月の前月	月	㋦ 円		要素別比準割合	（⑤）/B ．	（⑧）/C ．	（⑰）/D ．	
課税時期の属する月の前々月	月	㋸ 円		比準割合	$\frac{\frac{(⑤)}{B}+\frac{(⑧)}{C}+\frac{(⑰)}{D}}{3}$ ＝ ㉒ ．			㉓ 円 0銭
前年平均株価		㋾ 円						
課税時期の属する月以前２年間の平均株価		㋻ 円						
A（㋷、㋦、㋸、㋾及び㋻のうち最も低いもの）		㉑ 円						

１株当たりの比準価額	比準価額（⑳と㉓とのいずれか低い方） 円 0銭 × 第４表の④の金額 円 / 50円	㉔ 円

比準価額の修正

		修正比準価額
直前期末の翌日から課税時期までの間に配当金交付の効力が発生した場合	比準価額（㉔） 円 － 1株当たりの配当金額 円 銭	㉕ 円
直前期末の翌日から課税時期までの間に株式の割当て等の効力が発生した場合	比準価額（㉔）（㉕があるときは㉕）（ 円＋ 割当株式１株当たりの払込金額 円 銭× 1株当たりの割当株式数 株）÷（1株＋ 1株当たりの割当株式数又は交付株式数 株）	㉖ 円

第８表　株式等保有特定会社の株式の価額の計算明細書（続）

会社名

（取引相場のない株式（出資）の評価明細書）

1. S₁の金額（続）

純資産価額（相続税評価額）の修正計算	相続税評価額による純資産価額（第５表の⑤の金額）	課税時期現在の株式等の価額の合計額（第５表の⑦の金額）	差引（①−②）
	① 千円	② 千円	③ 千円
	帳簿価額による純資産価額（第５表の⑥の金額）	株式等の帳簿価額の合計額（第５表の⑪+（ⓒ−ⓓ）の金額）(注)	差引（④−⑤）
	④ 千円	⑤ 千円	⑥ 千円
	評価差額に相当する金額（③−⑥）	評価差額に対する法人税額等相当額（⑦×37%）	課税時期現在の修正純資産価額（相続税評価額）（③−⑧）
	⑦ 千円	⑧ 千円	⑨ 千円
	課税時期現在の発行済株式数（第５表の⑩の株式数）	課税時期現在の修正後の１株当たりの純資産価額（相続税評価額）（⑨÷⑩）	(注)　第５表のⓒ及びⓓの金額に株式等以外の資産に係る金額が含まれている場合には、その金額を除いて計算します。
	⑩ 株	⑪ 円	

1株当たりのS₁の金額の計算の基となる金額	修正後の類似業種比準価額（第７表の㉔、㉕又は㉖の金額）	修正後の１株当たりの純資産価額（相続税評価額）（⑪の金額）	
	⑫ 円	⑬ 円	

1株当たりのS₁の金額の計算

区分	1株当たりのS₁の金額の算定方法	1株当たりのS₁の金額
比準要素数1である会社のS₁の金額	⑬の金額と次の算式によって計算した金額とのいずれか低い方の金額 ⑫の金額　　　　　　⑬の金額 （　　　　　円×0.25）+（　　　　　円×0.75）=　　　　　円	⑭ 円
上記以外の会社　大会社のS₁の金額	⑫の金額と⑬の金額とのいずれか低い方の金額 （⑬の記載がないときは⑫の金額）	⑮ 円
上記以外の会社　中会社のS₁の金額	⑫と⑬とのいずれか低い方の金額　　Lの割合　　⑬の金額　　　　Lの割合 ［　　　　　円×0.　　］+［　　　　　円×（1−0.　　）］	⑯ 円
上記以外の会社　小会社のS₁の金額	⑬の金額と次の算式によって計算した金額とのいずれか低い方の金額 ⑫の金額　　　　　　⑬の金額 （　　　　　円×0.50）+（　　　　　円×0.50）=　　　　　円	⑰ 円

2. S₂の金額

課税時期現在の株式等の価額の合計額（第５表の④の金額）	株式等の帳簿価額の合計額（第５表の⑪+（ⓒ−ⓓ）の金額）(注)	株式等に係る評価差額に相当する金額（⑱−⑲）	⑳の評価差額に対する法人税額等相当額（⑳×37%）
⑱ 千円	⑲ 千円	⑳ 千円	㉑ 千円
S₂の純資産価額相当額（⑱−㉑）	課税時期現在の発行済株式数（第５表の⑩の株式数）	S₂の金額（㉒÷㉓）	(注)　第５表のⓒ及びⓓの金額に株式等以外の資産に係る金額が含まれている場合には、その金額を除いて計算します。
㉒ 千円	㉓ 株	㉔ 円	

3. 株式等保有特定会社の株式の価額

1株当たりの純資産価額（第５表の⑪の金額（第５表の⑫の金額があるときはその金額））	S₁の金額とS₂の金額との合計額（（⑭、⑮、⑯又は⑰）+㉔）	株式等保有特定会社の株式の価額（㉕と㉖とのいずれか低い方の金額）
㉕ 円	㉖ 円	㉗ 円

取引相場のない株式（出資）の評価明細書の記載方法等

　取引相場のない株式（出資）の評価明細書は、相続、遺贈又は贈与により取得した取引相場のない株式及び持分会社の出資等並びにこれらに関する権利の価額を評価するために使用します。

　なお、この明細書は、第１表の１及び第１表の２で納税義務者である株主の態様の判定及び評価会社の規模（Ｌの割合）の判定を行い、また、第２表で特定の評価会社に該当するかどうかの判定を行い、それぞれについての評価方式に応じて、第３表以下を記載し作成します。

(注)１　評価会社が一般の評価会社(特定の評価会社に該当しない会社をいいます。)である場合には、第６表以下を記載する必要はありません。

　　２　評価会社が「清算中の会社」に該当する場合には、適宜の様式により計算根拠等を示してください。

第１表の１　評価上の株主の判定及び会社規模の判定の明細書

１　この表は、評価上の株主の区分及び評価方式の判定に使用します。評価会社が「開業前又は休業中の会社」に該当する場合には、「１．株主及び評価方式の判定」欄及び「２．少数株式所有者の評価方式の判定」欄を記載する必要はありません。

　　なお、この表のそれぞれの「判定基準」欄及び「判定」欄は、該当する文字を○で囲んで表示します。

２　「**事業内容**」欄の「**取扱品目及び製造、卸売、小売等の区分**」欄には、評価会社の事業内容を具体的に記載します。「**業種目番号**」欄には、別に定める類似業種比準価額計算上の業種目の番号を記載します（類似業種比準価額を計算しない場合は省略しても差し支えありません。）。「**取引金額の構成比**」欄には、評価会社の取引金額全体に占める事業別の構成比を記載します。

(注)　「取引金額」は直前期末以前１年間における評価会社の目的とする事業に係る収入金額（金融業・証券業については収入利息及び収入手数料）をいいます。

３　「**１．株主及び評価方式の判定**」の「**判定要素（課税時期現在の株式等の所有状況）**」の各欄は、次により記載します。

⑴　「**氏名又は名称**」欄には、納税義務者が同族株主等の原則的評価方式等（配当還元方式以外の評価方式をいいます。）を適用する株主に該当するかどうかを判定するために必要な納税義務者の属する同族関係者グループ（株主の１人とその同族関係者のグループをいいます。）の株主の氏名又は名称を記載します。

　　この場合における同族関係者とは、株主の１人とその配偶者、６親等内の血族及び３親等内の姻族等をいいます（付表「同族関係者の範囲等」参照）。

⑵　「**続柄**」欄には、納税義務者との続柄を記載します。

⑶　「**会社における役職名**」欄には、課税時期又は法定申告期限における役職名を、社長、代表取締役、副社長、専務、常務、会計参与、監査役等と具体的に記載します。

⑷　「**㋑　株式数（株式の種類)**」の各欄には、相続、遺贈又は贈与による取得後の株式数を記載します（評価会社が会社法第108条第１項に掲げる事項について内容の異なる２以上の種類の株式(以下「種類株式」といいます。)を発行している場合には、次の⑸のニにより記載します。なお、評価会社が種類株式を発行していない場合には、株式の種類の記載を省略しても差し支えありません。）。

　「㋭　**議決権数**」の各欄には、各株式数に応じた議決権数（個）を記載します（議決権数は㋑株式数÷1単元の株式数により計算し、1単元の株式数に満たない株式に係る議決権数は切り捨てて記載します。なお、会社法第188条に規定する単元株制度を採用していない会社は、1株式＝1議決権となります。）。

　「㋬　**議決権割合**（㋭／④）」の各欄には、評価会社の議決権の総数（④欄の議決権の総数）に占める議決権数（それぞれの株主の㋭欄の議決権数）の割合を1％未満の端数を切り捨てて記載します（「納税義務者の属する同族関係者グループの議決権の合計数（⑤（②／④））」欄及び「筆頭株主グループの議決権の合計数（⑥（③／④））」欄は、各欄において、1％未満の端数を切り捨てて記載します。なお、これらの割合が50％超から51％未満までの範囲内にある場合には、1％未満の端数を切り上げて「51％」と記載します。）。

⑸　次に掲げる場合には、それぞれ次によります。

　イ　相続税の申告書を提出する際に、株式が共同相続人及び包括受遺者の間において分割されていない場合

　　「㋑　株式数（株式の種類）」欄には、納税義務者が有する株式（未分割の株式を除きます。）の株式数の上部に、未分割の株式の株式数を㋺と表示の上、外書で記載し、納税義務者が有する株式の株式数に未分割の株式の株式数を加算した数に応じた議決権数を「㋭　議決権数」に記載します。また、「納税義務者の属する同族関係者グループの議決権の合計数（⑤（②／④））」欄には、納税義務者の属する同族関係者グループが有する実際の議決権数（未分割の株式に応じた議決権数を含みます。）を記載します。

　ロ　評価会社の株主のうちに会社法第308条第1項の規定によりその株式につき議決権を有しないこととされる会社がある場合

　　「氏名又は名称」欄には、その会社の名称を記載します。

　　「㋑　株式数（株式の種類）」欄には、議決権を有しないこととされる会社が有する株式数を㋾と表示の上、記載し、「㋭　議決権数」欄及び「㋬　議決権割合（㋭／④）」欄は、「－」で表示します。

　ハ　評価会社が自己株式を有する場合

　　「㋑　株式数（株式の種類）」欄に会社法第113条第4項に規定する自己株式の数を記載します。

　ニ　評価会社が種類株式を発行している場合

　　評価会社が種類株式を発行している場合には、次のとおり記載します。

　　「㋑　株式数（株式の種類）」欄の各欄には、納税義務者が有する株式の種類ごとに記載するものとし、上段に株式数を、下段に株式の種類を記載します（記載例参照）。

　　「㋭　議決権数」の各欄には、株式の種類に応じた議決権数を記載します（議決権数は㋑株式数÷その株式の種類に応じた1単元の株式数により算定し、1単元に満たない株式に係る議決権数は切り捨てて記載します。）。

　　「㋬　議決権割合（㋭／④）」の各欄には、評価会社の議決権の総数（④欄の議決権の総数）に占める議決権数（それぞれの株主の㋭欄の議決権数で、2種類以上の株式を所有している場合には、記載例のように、各株式に係る議決権数を合計した数）の割合を1％未満の端数を切り捨てて記載します（「納税義務者の属する同族関係者グループの議決権の合計数（⑤（②／④））」欄及び「筆頭株主グループの議決権の合計数（⑥（③／④））」欄は、各欄において、1％未満の端数を切り捨てて記載します。なお、これらの割合が50％超から51％未満までの範囲内にある

場合には、１％未満の端数を切り上げて「51％」と記載します。）。

（記載例）

氏名又は名称	続 柄	会社における役職名	㋑ 株 式 数（株式の種類）	㋺ 議 決 権 数	㋩ 議決権割合（㋺／④）
財務 一郎	納税義務者	社長	株 10,000,000 （普通株式）	個 10,000	％ 14
〃	〃	〃	2,000,000 （種類株式A）	4,000	

4 「１．株主及び評価方式の判定」の「判定基準」欄及び「判定」欄の各欄は、該当する文字を○で囲んで表示します。

なお、「判定」欄において、「同族株主等」に該当した納税義務者のうち、議決権割合（㋩の割合）が５％未満である者については、「２．少数株式所有者の評価方式の判定」欄により評価方式の判定を行います。

また、評価会社の株主のうちに中小企業投資育成会社がある場合は、財産評価基本通達188-6《投資育成会社が株主である場合の同族株主等》の定めがありますので、留意してください。

5 「２．少数株式所有者の評価方式の判定」欄は、「判定要素」欄に掲げる項目の「㋥ 役員」、「㋬ 納税義務者が中心的な同族株主」及び「㋭ 納税義務者以外に中心的な同族株主（又は株主）」の順に次により判定を行い、それぞれの該当する文字を○で囲んで表示します（「判定内容」欄の括弧内は、それぞれの項目の判定結果を表します。）。

なお、「役員」、「中心的な同族株主」及び「中心的な株主」については、付表「同族関係者の範囲等」を参照してください。

⑴ 「㋥ 役員」欄は、納税義務者が課税時期において評価会社の役員である場合及び課税時期の翌日から法定申告期限までに役員となった場合に「である」とし、その他の者については「でない」として判定します。

⑵ 「㋬ 納税義務者が中心的な同族株主」欄は、納税義務者が中心的な同族株主に該当するかどうかの判定に使用しますので、納税義務者が同族株主のいない会社（⑥の割合が 30％未満の場合）の株主である場合には、この欄の判定は必要ありません。

⑶ 「㋭ 納税義務者以外に中心的な同族株主（又は株主）」欄は、納税義務者以外の株主の中に中心的な同族株主（納税義務者が同族株主のいない会社の株主である場合には、中心的な株主）がいるかどうかを判定し、中心的な同族株主又は中心的な株主がいる場合には、下段の氏名欄にその中心的な同族株主又は中心的な株主のうち１人の氏名を記載します。

第１表の２ 評価上の株主の判定及び会社規模の判定の明細書 （続）

1 「３．会社の規模（Ｌの割合）の判定」の「判定要素」の各欄は、次により記載します。なお、評価会社が「開業前又は休業中の会社」に該当する場合及び「開業後３年未満の会社等」に該当する場合には、「3．会社の規模（Ｌの割合）の判定」欄を記載する必要はありません。

⑴ 「直前期末の総資産価額（帳簿価額）」欄には、直前期末における各資産の確定決算上の帳簿価額の合計額を記載します。

（注）1 固定資産の減価償却累計額を間接法によって表示している場合には、各資産の帳簿価額の

実務編

　　　　合計額から減価償却累計額を控除します。

　　２　売掛金、受取手形、貸付金等に対する貸倒引当金は控除しないことに留意してください。

　　３　前払費用、繰延資産、税効果会計の適用による繰延税金資産など、確定決算上の資産として計上されている資産は、帳簿価額の合計額に含めて記載します。

　　４　収用や特定の資産の買換え等の場合において、圧縮記帳引当金勘定に繰り入れた金額及び圧縮記帳積立金として積み立てた金額並びに翌事業年度以降に代替資産等を取得する予定であることから特別勘定に繰り入れた金額は、帳簿価額の合計額から控除しないことに留意してください。

⑵　「**直前期末以前１年間における従業員数**」欄には、直前期末以前１年間においてその期間継続して評価会社に勤務していた従業員（就業規則等で定められた１週間当たりの労働時間が 30 時間未満である従業員を除きます。以下「継続勤務従業員」といいます。）の数に、直前期末以前１年間において評価会社に勤務していた従業員（継続勤務従業員を除きます。）のその１年間における労働時間の合計時間数を従業員１人当たり年間平均労働時間数(1,800 時間)で除して求めた数を加算した数を記載します。

　　（注）１　上記により計算した評価会社の従業員数が、例えば5.1人となる場合は従業員数「５人超」に、4.9人となる場合は従業員数「５人以下」に該当します。

　　　　　２　従業員には、社長、理事長並びに法人税法施行令第71条《使用人兼務役員とされない役員》第１項第１号、第２号及び第４号に掲げる役員は含まないことに留意してください。

⑶　「**直前期末以前１年間の取引金額**」欄には、直前期の事業上の収入金額（売上高）を記載します。この場合の事業上の収入金額とは、その会社の目的とする事業に係る収入金額（金融業・証券業については収入利息及び収入手数料）をいいます。

　　（注）　直前期の事業年度が１年未満であるときには、課税時期の直前期末以前１年間の実際の収入金額によることとなりますが、実際の収入金額を明確に区分することが困難な期間がある場合は、その期間の収入金額を月数あん分して求めた金額によっても差し支えありません。

⑷　評価会社が「**卸売業**」、「**小売・サービス業**」又は「**卸売業、小売・サービス業以外**」のいずれの業種に該当するかは、直前期末以前１年間の取引金額に基づいて判定し、その取引金額のうちに２以上の業種に係る取引金額が含まれている場合には、それらの取引金額のうち最も多い取引金額に係る業種によって判定します。

⑸　「**会社規模とＬの割合（中会社）の区分**」欄は、㋑欄の区分（「総資産価額（帳簿価額）」と「従業員数」とのいずれか下位の区分）と㋺欄（取引金額）の区分とのいずれか上位の区分により判定します。

　　（注）　大会社及びＬの割合が 0.90 の中会社の従業員数はいずれも「35 人超」のため、この場合の㋑欄の区分は、「総資産価額（帳簿価額 ）」欄の区分によります。

２　「**４．増（減）資の状況その他評価上の参考事項**」欄には、次のような事項を記載します。

⑴　課税時期の直前期末以後における増（減）資に関する事項

　　　　例えば、増資については、次のように記載します。

　　　　増資年月日　　　　令和○年○月○日

　　　　増資金額　　　　　　○○○　　千円

　　　　増資内容　　　　　１：0.5（１株当たりの払込金額 50 円、株主割当）

　　　　増資後の資本金額　　○○○　　千円

⑵　課税時期以前３年間における社名変更、増（減）資、事業年度の変更、合併及び転換社債型新株予約権付社債（財産評価基本通達197⑷に規定する転換社債型新株予約権付社債、以下「転換社債」といいます。）の発行状況に関する事項

⑶　種類株式に関する事項

　　例えば、種類株式の内容、発行年月日、発行株式数等を、次のように記載します。

種類株式の内容	議決権制限株式
発行年月日	令和〇年〇月〇日
発行株式数	〇〇〇〇〇株
発行価額	１株につき〇〇円（うち資本金に組み入れる金額〇〇円）
１単元の株式の数	〇〇〇株
議決権	〇〇の事項を除き、株主総会において議決権を有しない。
転換条項	令和〇年〇月〇日から令和〇年〇月〇日までの間は株主からの請求により普通株式への転換可能（当初の転換価額は〇〇円）
償還条項	なし
残余財産の分配	普通株主に先立ち、１株につき〇〇円を支払う。

⑷　剰余金の配当の支払いに係る基準日及び効力発生日

⑸　剰余金の配当のうち、資本金等の額の減少に伴うものの金額

⑹　その他評価上参考となる事項

第２表　特定の評価会社の判定の明細書

1　この表は、評価会社が特定の評価会社に該当するかどうかの判定に使用します。

　　評価会社が特定の評価会社に明らかに該当しないものと認められる場合には、記載する必要はありません。また、配当還元方式を適用する株主について、原則的評価方式等の計算を省略する場合（原則的評価方式等により計算した価額が配当還元価額よりも高いと認められる場合）には、記載する必要はありません。

　　なお、この表のそれぞれの「判定基準」欄及び「判定」欄は、該当する文字を〇で囲んで表示します。

2　「1．比準要素数１の会社」欄は、次により記載します。

　　なお、評価会社が「3．土地保有特定会社」から「6．清算中の会社」のいずれかに該当する場合には、記載する必要はありません。

⑴　「判定要素」の「⑴　直前期末を基とした判定要素」及び「⑵　直前々期末を基とした判定要素」の各欄は、当該各欄が示している第４表の「2．比準要素等の金額の計算」の各欄の金額を記載します。

⑵　「判定基準」欄は、「⑴　直前期末を基とした判定要素」欄の判定要素のいずれか２が０で、かつ、「⑵　直前々期末を基とした判定要素」欄の判定要素のいずれか２以上が０の場合に、「である（該当）」を〇で囲んで表示します。

　（注）「⑴　直前期末を基とした判定要素」欄の判定要素がいずれも０である場合は、「4．開業後３年未満の会社等」欄の「⑵　比準要素数０の会社」に該当することに留意してください。

3　「2．株式等保有特定会社」及び「3．土地保有特定会社」の「総資産価額」欄等には、課税時期

における評価会社の各資産を財産評価基本通達の定めにより評価した金額（第５表の①の金額等）を記載します。ただし、１株当たりの純資産価額（相続税評価額）の計算に当たって、第５表の記載方法等の２の⑷により直前期末における各資産及び各負債に基づいて計算を行っている場合には、当該直前期末において計算した第５表の当該各欄の金額により記載することになります（これらの場合、株式等保有特定会社及び土地保有特定会社の判定時期と純資産価額及び株式等保有特定会社のS₂の計算時期を同一とすることに留意してください。）。

　なお、「2.　株式等保有特定会社」欄は、評価会社が「3.　土地保有特定会社」から「6.　清算中の会社」のいずれかに該当する場合には記載する必要はなく、「3.　土地保有特定会社」欄は、評価会社が「4.　開業後３年未満の会社等」から「6.　清算中の会社」のいずれかに該当する場合には、記載する必要はありません。

(注)　「2.　株式等保有特定会社」の「株式等保有割合」欄の③の割合及び「3.　土地保有特定会社」の「土地保有割合」欄の⑥の割合は、１％未満の端数を切り捨てて記載します。

4　「4.　開業後３年未満の会社等」の「⑵　比準要素数０の会社」の「判定要素」の「直前期末を基とした判定要素」の各欄は、当該各欄が示している第４表の「2.　比準要素等の金額の計算」の各欄の金額（第２表の「1.　比準要素数１の会社」の「判定要素」の「⑴　直前期末を基とした判定要素」の各欄の金額と同一となります。）を記載します。

　なお、評価会社が「⑴　開業後３年未満の会社」に該当する場合には、「⑵　比準要素数０の会社」の各欄は記載する必要はありません。

　また、評価会社が「5.　開業前又は休業中の会社」又は「6.　清算中の会社」に該当する場合には、「4.　開業後３年未満の会社等」の各欄は、記載する必要はありません。

5　「5.　開業前又は休業中の会社」の各欄は、評価会社が「6.　清算中の会社」に該当する場合には、記載する必要はありません。

第３表　一般の評価会社の株式及び株式に関する権利の価額の計算明細書

1　この表は、一般の評価会社の株式及び株式に関する権利の評価に使用します（特定の評価会社の株式及び株式に関する権利の評価については、「第６表　特定の評価会社の株式及び株式に関する権利の価額の計算明細書」を使用します。）。

　なお、この表の各欄の金額は、各欄の表示単位未満の端数を切り捨てて記載します（ただし、下記の２及び４の⑵に留意してください。）。

2　「1.　原則的評価方式による価額」の「株式の価額の修正」欄の「１株当たりの割当株式数」及び「１株当たりの割当株式数又は交付株式数」は、１株未満の株式数を切り捨てずに実際の株式数を記載します。

3　「2.　配当還元方式による価額」欄は、第１表の１の「1.　株主及び評価方式の判定」欄又は「2.　少数株式所有者の評価方式の判定」欄の判定により納税義務者が配当還元方式を適用する株主に該当する場合に、次により記載します。

⑴　「１株当たりの資本金等の額、発行済株式数等」の「直前期末の資本金等の額」欄の⑨の金額は、法人税申告書別表五（一）《利益積立金額及び資本金等の額の計算に関する明細書》（以下「別表五（一）」といいます。）の「差引翌期首現在資本金等の額」の「差引合計額」欄の金額を記載します。

⑵　「**直前期末以前2年間の配当金額**」欄は、評価会社の年配当金額の総額を基に、第4表の記載方法等の2の⑴に準じて記載します。

⑶　「**配当還元価額**」欄の⑳の金額の記載に当たって、原則的評価方式により計算した価額が配当還元価額よりも高いと認められるときには、「1.　原則的評価方式による価額」欄の計算を省略しても差し支えありません。

4　「**4.　株式及び株式に関する権利の価額**」欄は、次により記載します。

⑴　「**株式の評価額**」欄には、「①」欄から「⑳」欄までにより計算したその株式の価額を記載します。

⑵　「**株式に関する権利の評価額**」欄には、「㉑」欄から「㉔」欄までにより計算した株式に関する権利の価額を記載します。

　　なお、株式に関する権利が複数発生している場合には、それぞれの金額ごとに別に記載します(配当期待権の価額は、円単位で円未満2位（銭単位）により記載します。)。

第4表　類似業種比準価額等の計算明細書

1　この表は、評価会社の「類似業種比準価額」の計算を行うために使用します。

　　なお、この表の各欄の金額は、各欄の表示単位未満の端数を切り捨てて記載します(「比準割合の計算」欄の要素別比準割合及び比準割合は、それぞれ小数点以下2位未満を切り捨てて記載します。また、下記3の⑸に留意してください。)。

2　「**2.　比準要素等の金額の計算**」の各欄は、次により記載します。

⑴　「**1株（50円）当たりの年配当金額**」の「**直前期末以前2（3）年間の年平均配当金額**」欄は、評価会社の剰余金の配当金額を基に次により記載します。

　イ　「⑥　年配当金額」欄には、各事業年度中に配当金交付の効力が発生した剰余金の配当（資本金等の額の減少によるものを除きます。）の金額を記載します。

　ロ　「⑦　左のうち非経常的な配当金額」欄には、剰余金の配当金額の算定の基となった配当金額のうち、特別配当、記念配当等の名称による配当金額で、将来、毎期継続することが予想できない金額を記載します。

　ハ　「直前期」欄の記載に当たって、1年未満の事業年度がある場合には、直前期末以前1年間に対応する期間に配当金交付の効力が発生した剰余金の配当金額の総額を記載します。

　　　なお、「直前々期」及び「直前々期の前期」の各欄についても、これに準じて記載します。

⑵　「**1株（50円）当たりの年配当金額**」の「**Ⓑ**」欄は、「**比準要素数1の会社・比準要素数0の会社の判定要素の金額**」の「**Ⓑ**」欄の金額を記載します。

⑶　「**1株（50円）当たりの年利益金額**」の「**直前期末以前2（3）年間の利益金額**」欄は、次により記載します。

　イ　「⑫　非経常的な利益金額」欄には、固定資産売却益、保険差益等の非経常的な利益の金額を記載します。この場合、非経常的な利益の金額は、非経常的な損失の金額を控除した金額（負数の場合は0）とします。

　ロ　「直前期」欄の記載に当たって、1年未満の事業年度がある場合には、直前期末以前1年間に対応する期間の利益の金額を記載します。この場合、実際の事業年度に係る利益の金額をあん分する必要があるときは、月数により行います。

なお、「直前々期」及び「直前々期の前期」の各欄についても、これに準じて記載します。

⑷　「1株（50円）当たりの年利益金額」の「比準要素数1の会社・比準要素数0の会社の判定要素の金額」の「Ⓒ₁」欄及び「Ⓒ₂」欄は、それぞれ次により記載します。

　　イ　「Ⓒ₁」欄は、㊀の金額（ただし、納税義務者の選択により、㊀の金額と㊧の金額との平均額によることができます。）を⑤の株式数で除した金額を記載します。

　　ロ　「Ⓒ₂」欄は、㊧の金額（ただし、納税義務者の選択により、㊧の金額と㊂の金額との平均額によることができます。）を⑤の株式数で除した金額を記載します。

　　（注）　1　Ⓒ₁又はⒸ₂の金額が負数のときは、0とします。

　　　　　　2　「直前々期の前期」の各欄は、上記のロの計算において、㊧の金額と㊂の金額との平均額によらない場合には記載する必要はありません。

⑸　「1株（50円）当たりの年利益金額」の「Ⓒ」欄には、㊀の金額を⑤の株式数で除した金額を記載します。ただし、納税義務者の選択により、直前期末以前2年間における利益金額を基として計算した金額（（㊀＋㊧）÷2）を⑤の株式数で除した金額をⒸの金額とすることができます。

　　（注）　Ⓒの金額が負数のときは、0とします。

⑹　「1株（50円）当たりの純資産価額」の「直前期末（直前々期末）の純資産価額」の「⑰　資本金等の額」欄は、第3表の記載方法等の3の⑴に基づき記載します。また、「⑱　利益積立金額」欄には、別表五（一）の「差引翌期首現在利益積立金額」の「差引合計額」欄の金額を記載します。

⑺　「1株（50円）当たりの純資産価額」の「比準要素数1の会社・比準要素数0の会社の判定要素の金額」の「Ⓓ₁」欄及び「Ⓓ₂」欄は、それぞれⓑ及び㊄の金額を⑤の株式数で除した金額を記載します。

　　（注）　Ⓓ₁及びⒹ₂の金額が負数のときは、0とします。

⑻　「1株（50円）当たりの純資産価額」の「Ⓓ」欄には、上記⑺で計算したⒹ₁の金額を記載します。

　　（注）　Ⓓの金額が負数のときは、0とします。

3　「3．類似業種比準価額の計算」の各欄は、次により記載します。

⑴　「類似業種と業種目番号」欄には、第1表の1の「事業内容」欄に記載された評価会社の事業内容に応じて、別に定める類似業種比準価額計算上の業種目及びその番号を記載します。

　　この場合において、評価会社の事業が該当する業種目は直前期末以前1年間の取引金額に基づいて判定した業種目とします。

　　なお、直前期末以前1年間の取引金額に2以上の業種目に係る取引金額が含まれている場合の業種目は、業種目別の割合が50％を超える業種目とし、その割合が50％を超える業種目がない場合は、次に掲げる場合に応じたそれぞれの業種目とします。

　　イ　評価会社の事業が一つの中分類の業種目中の2以上の類似する小分類の業種目に属し、それらの業種目別の割合の合計が50％を超える場合

　　　　その中分類の中にある類似する小分類の「その他の〇〇業」

　　ロ　評価会社の事業が一つの中分類の業種目中の2以上の類似しない小分類の業種目に属し、それらの業種目別の割合の合計が50％を超える場合（イに該当する場合は除きます。）

その中分類の業種目

ハ　評価会社の事業が一つの大分類の業種目中の２以上の類似する中分類の業種目に属し、それら
　の業種目別の割合の合計が50％を超える場合

　　その大分類の中にある類似する中分類の「その他の○○業」

ニ　評価会社の事業が一つの大分類の業種目中の２以上の類似しない中分類の業種目に属し、それ
　らの業種目別の割合の合計が50％を超える場合（ハに該当する場合を除きます。）

　　その大分類の業種目

ホ　イからニのいずれにも該当しない場合

　　大分類の業種目の中の「その他の産業」

（注）

$$業種目別の割合 = \frac{業種目別の取引金額}{評価会社全体の取引金額}$$

また、類似業種は、業種目の区分の状況に応じて、次によります。

業種目の区分の状況	類　似　業　種
上記により判定した業種目が小分類に区分されている業種目の場合	小分類の業種目とその業種目の属する中分類の業種目とをそれぞれ記載します。
上記により判定した業種目が中分類に区分されている業種目の場合	中分類の業種目とその業種目の属する大分類の業種目とをそれぞれ記載します。
上記により判定した業種目が大分類に区分されている業種目の場合	大分類の業種目を記載します。

⑵　「類似業種の株価」及び「比準割合の計算」の各欄には、別に定める類似業種の株価Ａ、１株（50
円）当たりの年配当金額Ｂ、１株（50円）当たりの年利益金額Ｃ及び１株（50円）当たりの純資
産価額Ｄの金額を記載します。

⑶　「比準割合の計算」の「比準割合」欄の比準割合（㉑及び㉔）は、「１株（50円）当たりの年配
当金額」、「１株（50円）当たりの年利益金額」及び「１株（50円）当たりの純資産価額」の各欄
の要素別比準割合を基に、次の算式により計算した割合を記載します。

$$比準割合 = \frac{\frac{ⓑ}{B} + \frac{ⓒ}{C} + \frac{ⓓ}{D}}{3}$$

⑷　「１株（50円）当たりの比準価額」欄は、評価会社が第１表の２の「3.　会社の規模（Ｌの割
合）の判定」欄により、中会社に判定される会社にあっては算式中の「0.7」を「0.6」、小
会社に判定される会社にあっては算式中の「0.7」を「0.5」として計算した金額を記載しま
す。

⑸　「比準価額の修正」欄の「１株当たりの割当株式数」及び「１株当たりの割当株式数又は交付株
式数」は、１株未満の株式数を切り捨てずに実際の株式数を記載します。

（注）　⑴の類似業種比準価額計算上の業種目及びその番号、並びに、⑵の類似業種の株価Ａ、１株
（50円）当たりの年配当金額Ｂ、１株（50円）当たりの年利益金額Ｃ及び１株（50円）当た
りの純資産価額Ｄの金額については、該当年分の「令和○年分の類似業種比準価額計算上の業
種目及び業種目別株価等について（法令解釈通達）」で御確認の上記入してください。

　　なお、当該通達については、国税庁ホームページ【https://www.nta.go.jp】上で御覧いた
だけます。

【令和3年3月1日以降用】

第5表　1株当たりの純資産価額（相続税評価額）の計算明細書

1　この表は、「1株当たりの純資産価額（相続税評価額）」の計算のほか、株式等保有特定会社及び土地保有特定会社の判定に必要な「総資産価額」、「株式等の価額の合計額」及び「土地等の価額の合計額」の計算にも使用します。

　　なお、この表の各欄の金額は、各欄の表示単位未満の端数を切り捨てて記載します。

2　「1．資産及び負債の金額（課税時期現在）」の各欄は、課税時期における評価会社の各資産及び各負債について、次により記載します。

　⑴　「資産の部」の「相続税評価額」欄には、課税時期における評価会社の各資産について、財産評価基本通達の定めにより評価した価額（以下「相続税評価額」といいます。）を次により記載します。

　　イ　課税時期前3年以内に取得又は新築した土地及び土地の上に存する権利（以下「土地等」といいます。）並びに家屋及びその附属設備又は構築物（以下「家屋等」といいます。）がある場合には、当該土地等又は家屋等の相続税評価額は、課税時期における通常の取引価額に相当する金額（ただし、その土地等又は家屋等の帳簿価額が課税時期における通常の取引価額に相当すると認められる場合には、その帳簿価額に相当する金額）によって評価した価額を記載します。この場合、その土地等又は家屋等は、他の土地等又は家屋等と「科目」欄を別にして、「課税時期前3年以内に取得した土地等」などと記載します。

　　ロ　取引相場のない株式、出資又は転換社債（財産評価基本通達197-5《転換社債型新株予約権付社債の評価》の⑶のロに定めるものをいいます。）の価額を純資産価額（相続税評価額）で評価する場合には、評価差額に対する法人税額等相当額の控除を行わないで計算した金額を「相続税評価額」として記載します（なお、その株式などが株式等保有特定会社の株式などである場合において、納税義務者の選択により、「S_1+S_2」方式によって評価する場合のS_2の金額の計算においても、評価差額に対する法人税額等相当額の控除は行わないで計算することになります。）。この場合、その株式などは、他の株式などと「科目」欄を別にして、「法人税額等相当額の控除不適用の株式」などと記載します。

　　ハ　評価の対象となる資産について、帳簿価額がないもの（例えば、借地権、営業権等）であっても相続税評価額が算出される場合には、その評価額を「相続税評価額」欄に記載し、「帳簿価額」欄には「0」と記載します。

　　ニ　評価の対象となる資産で帳簿価額のあるもの（例えば、借家権、営業権等）であっても、その課税価格に算入すべき相続税評価額が算出されない場合には、「相続税評価額」欄に「0」と記載し、その帳簿価額を「帳簿価額」欄に記載します。

　　ホ　評価の対象とならないもの（例えば、財産性のない創立費、新株発行費等の繰延資産、繰延税金資産）については、記載しません。

　　ヘ　「株式等の価額の合計額」欄の②の金額は、評価会社が有している（又は有しているとみなされる）株式、出資及び新株予約権付社債（会社法第2条第22号に規定する新株予約権付社債をいいます。）（以下「株式等」といいます。）の相続税評価額の合計額を記載します。この場合、次のことに留意してください。

　　　⑷　所有目的又は所有期間のいかんにかかわらず、全ての株式等の相続税評価額を合計します。

　　(ロ)　法人税法第12条（（信託財産に属する資産及び負債並びに信託財産に帰せられる収益及び費用の帰属））の規定により評価会社が信託財産を有するものとみなされる場合（ただし、評価会社が明らかに当該信託財産の収益の受益権のみを有している場合を除きます。）において、その信託財産に株式等が含まれているときには、評価会社が当該株式等を所有しているものとみなします。

　　(ハ)　「出資」とは、「法人」に対する出資をいい、民法上の組合等に対する出資は含まれません。

　ト　「土地等の価額の合計額」欄の⊗の金額は、上記のへに準じて評価会社が所有している（又は所有しているとみなされる）土地等の相続税評価額の合計額を記載します。

　チ　「**現物出資等受入れ資産の価額の合計額**」欄の⊖の金額は、各資産の中に、現物出資、合併、株式交換、株式移転又は株式交付により著しく低い価額で受け入れた資産（以下「現物出資等受入れ資産」といいます。）がある場合に、現物出資、合併、株式交換、株式移転又は株式交付の時におけるその現物出資等受入れ資産の相続税評価額の合計額を記載します。ただし、その相続税評価額が、課税時期におけるその現物出資等受入れ資産の相続税評価額を上回る場合には、課税時期におけるその現物出資等受入れ資産の相続税評価額を記載します。

　　　また、現物出資等受入れ資産が合併により著しく低い価額で受け入れた資産（以下「合併受入れ資産」といいます。）である場合に、合併の時又は課税時期におけるその合併受入れ資産の相続税評価額が、合併受入れ資産に係る被合併会社の帳簿価額を上回るときは、その帳簿価額を記載します。

　　(注)　「相続税評価額」の「合計」欄の①の金額に占める課税時期における現物出資等受入れ資産の相続税評価額の合計の割合が20％以下の場合には、「現物出資等受入れ資産の価額の合計額」欄は、記載しません。

(2)　「**資産の部**」の「**帳簿価額**」欄には、「資産の部」の「相続税評価額」欄に評価額が記載された各資産についての課税時期における税務計算上の帳簿価額を記載します。

　(注)1　固定資産に係る減価償却累計額、特別償却準備金及び圧縮記帳に係る引当金又は積立金の金額がある場合には、それらの金額をそれぞれの引当金等に対応する資産の帳簿価額から控除した金額をその固定資産の帳簿価額とします。

　　　2　営業権に含めて評価の対象となる特許権、漁業権等の資産の帳簿価額は、営業権の帳簿価額に含めて記載します。

(3)　「**負債の部**」の「**相続税評価額**」欄には、評価会社の課税時期における各負債の金額を、「**帳簿価額**」欄には、「負債の部」の「相続税評価額」欄に評価額が記載された各負債の税務計算上の帳簿価額をそれぞれ記載します。この場合、貸倒引当金、退職給与引当金、納税引当金及びその他の引当金、準備金並びに繰延税金負債に相当する金額は、負債に該当しないものとします。

　　なお、次の金額は、帳簿に負債としての記載がない場合であっても、課税時期において未払いとなっているものは負債として「相続税評価額」欄及び「帳簿価額」欄のいずれにも記載します。

　イ　未納公租公課、未払利息等の金額

　ロ　課税時期以前に賦課期日のあった固定資産税及び都市計画税の税額

　ハ　被相続人の死亡により、相続人その他の者に支給することが確定した退職手当金、功労金その他これらに準ずる給与の金額

　ニ　課税時期の属する事業年度に係る法人税額（地方法人税額を含みます。）、消費税額（地方消

費税額を含みます。）、事業税額（特別法人事業税額を含みます。）、道府県民税額及び市町村民税額のうち、その事業年度開始の日から課税時期までの期間に対応する金額

(4)　1株当たりの純資産価額（相続税評価額）の計算は、上記(1)から(3)の説明のとおり課税時期における各資産及び各負債の金額によることとしていますが、評価会社が課税時期において仮決算を行っていないため、課税時期における資産及び負債の金額が明確でない場合において、直前期末から課税時期までの間に資産及び負債について著しく増減がないため評価額の計算に影響が少ないと認められるときは、課税時期における各資産及び各負債の金額は、次により計算しても差し支えありません。このように計算した場合には、第2表の「2.　株式等保有特定会社」欄及び「3.　土地保有特定会社」欄の判定における総資産価額等についても、同様に取り扱われることになりますので、これらの特定の評価会社の判定時期と純資産額及び株式等保有特定会社のS₂の計算時期は同一となります。

イ　「相続税評価額」欄については、直前期末の資産及び負債の課税時期の相続税評価額

ロ　「帳簿価額」欄については、直前期末の資産及び負債の帳簿価額

（注）1　イ及びロの場合において、帳簿に負債としての記載がない場合であっても、次の金額は、負債として取り扱うことに留意してください。

⑴　未納公租公課、未払利息等の金額

⑵　直前期末日以前に賦課期日のあった固定資産税及び都市計画税の税額のうち、未払いとなっている金額

⑶　直前期末日後から課税時期までに確定した剰余金の配当等の金額

⑷　被相続人の死亡により、相続人その他の者に支給することが確定した退職手当金、功労金その他これらに準ずる給与の金額

2　被相続人の死亡により評価会社が生命保険金を取得する場合には、その生命保険金請求権（未収保険金）の金額を「資産の部」の「相続税評価額」欄及び「帳簿価額」欄のいずれにも記載します。

3　「2.　評価差額に対する法人税額等相当額の計算」欄の「帳簿価額による純資産価額」及び「評価差額に相当する金額」がマイナスとなる場合は、「0」と記載します。

4　「3.　1株当たりの純資産価額の計算」の各欄は、次により記載します。

⑴　「課税時期現在の発行済株式数」欄は、課税時期における発行済株式の総数を記載しますが、評価会社が自己株式を有している場合には、その自己株式の数を控除した株式数を記載します。

⑵　「同族株主等の議決権割合（第1表の1の⑤の割合）が50%以下の場合」欄は、納税義務者が議決権割合（第1表の1の⑤の割合）50%以下の株主グループに属するときにのみ記載します。

（注）　納税義務者が議決権割合50%以下の株主グループに属するかどうかの判定には、第1表の1の記載方法等の3の⑸に留意してください。

第6表　特定の評価会社の株式及び株式に関する権利の価額の計算明細書

1　この表は、特定の評価会社の株式及び株式に関する権利の評価に使用します（一般の評価会社の株式及び株式に関する権利の評価については、「第3表　一般の評価会社の株式及び株式に関する権利の価額の計算明細書」を使用します。）。

なお、この表の各欄の金額は、各欄の表示単位未満の端数を切り捨てて記載します。

2　「**2.　配当還元方式による価額**」欄は、第１表の１の「**1.　株主及び評価方式の判定**」欄又は「**2. 少数株式所有者の評価方式の判定**」欄の判定により納税義務者が配当還元方式を適用する株主に該当する場合に、次により記載します。

⑴　「**直前期末以前２年間の配当金額**」欄は、第４表の記載方法等の２の⑴に準じて記載します。

⑵　「**配当還元価額**」欄の㉒の金額の記載に当たっては、純資産価額方式等により計算した価額が、配当還元価額よりも高いと認められる場合には、「**1.　純資産価額方式等による価額**」欄の計算を省略して差し支えありません。

3　「**3.　株式に関する権利の価額**」欄及び「**4.　株式及び株式に関する権利の価額**」欄は、第３表の記載方法等の４に準じて記載します。

第７表　株式等保有特定会社の株式の価額の計算明細書

1　この表は、評価会社が株式等保有特定会社である場合において、その株式の価額を「$S_1＋S_2$」方式によって評価するときにおいて、「S_1」における類似業種比準価額の修正計算を行うために使用します。

　　なお、この表の各欄の金額は、各欄の表示単位未満の端数を切り捨てて記載します（ただし、下記２の⑴のニ及び２の⑶に留意してください。）。

2　「S_1の金額（類似業種比準価額の修正計算）」の各欄は、次により記載します。

⑴　「**受取配当金等収受割合の計算**」の各欄は、次により記載します。

イ　「**受取配当金等の額**」欄は、直前期及び直前々期の各事業年度における評価会社の受取配当金等の額（法人から受ける剰余金の配当（株式又は出資に係るものに限るものとし、資本金等の額の減少によるものを除きます。）、利益の配当、剰余金の分配（出資に係るものに限ります。）及び新株予約権付社債に係る利息の額をいいます。）の総額を、それぞれの各欄に記載し、その合計額を「**合計**」欄に記載します。

ロ　「**営業利益の金額**」欄は、イと同様に、各事業年度における評価会社の営業利益の金額（営業利益の金額に受取配当金等の額が含まれている場合には、受取配当金等の額を控除した金額）について記載します。

ハ　「**①　直前期**」及び「**②　直前々期**」の各欄の記載に当たって、１年未満の事業年度がある場合には、第４表の記載方法等の２の⑴のハに準じて記載します。

ニ　「**受取配当金等収受割合**」欄は、小数点以下３位未満の端数を切り捨てて記載します。

⑵　「**直前期末の株式等の帳簿価額の合計額**」欄の⑩の金額は、直前期末における株式等の税務計算上の帳簿価額の合計額を記載します（第５表を直前期末における各資産に基づいて作成しているときは、第５表の◎の金額を記載します。）。

⑶　「**1株（50円）当たりの比準価額**」欄、「**1株当たりの比準価額**」欄及び「**比準価額の修正**」欄は、第４表の記載方法等の１及び３に準じて記載します。

第８表　株式等保有特定会社の株式の価額の計算明細書（続）

1　この表は、評価会社が株式等保有特定会社である場合において、その株式の価額を「$S_1＋S_2$」方式によって評価するときのS_1における純資産価額の修正計算及び１株当たりのS_1の金額の計算並

びにS_2の金額の計算を行うために使用します。

　なお、この表の各欄の金額は、各欄の表示単位未満の端数を切り捨てて記載します。

2　「**2.　S_2の金額**」の各欄は、次により記載します。

⑴　「**課税時期現在の株式等の価額の合計額**」欄の⑱の金額は、課税時期における株式等の相続税評価額を記載しますが、第5表の記載方法等の2の⑴のロに留意するほか、同表の記載方法等の2の⑷により株式等保有特定会社の判定時期と純資産価額の計算時期が直前期末における決算に基づいて行われている場合には、S_2の計算時期も同一とすることに留意してください。

⑵　「**株式等に係る評価差額に相当する金額**」欄の⑳の金額は、株式等の相続税評価額と帳簿価額の差額に相当する金額を記載しますが、その金額が負数のときは、0と記載することに留意してください。

［付　表］　同族関係者の範囲等

項　　目	内　　　　容
同族株主等の判定　同族関係者	1　個人たる同族関係者（法人税法施行令第4条第1項） 　(1)　株主等の親族（親族とは、配偶者、6親等内の血族及び3親等内の姻族をいう。） 　(2)　株主等と婚姻の届出をしていないが事実上婚姻関係と同様の事情にある者 　(3)　個人である株主等の使用人 　(4)　上記に掲げる者以外の者で個人である株主等から受ける金銭その他の資産によって生計を維持しているもの 　(5)　上記(2)、(3)及び(4)に掲げる者と生計を一にするこれらの者の親族 2　法人たる同族関係者（法人税法施行令第4条第2項～第4項、第6項） 　(1)　株主等の1人が他の会社(同族会社かどうかを判定しようとする会社以外の会社。以下同じ。)を支配している場合における当該他の会社 　　　ただし、同族関係会社であるかどうかの判定の基準となる株主等が個人の場合は、その者及び上記1の同族関係者が他の会社を支配している場合における当該他の会社（以下、(2)及び(3)において同じ。）。 　(2)　株主等の1人及びこれと特殊の関係のある(1)の会社が他の会社を支配している場合における当該他の会社 　(3)　株主等の1人並びにこれと特殊の関係のある(1)及び(2)の会社が他の会社を支配している場合における当該他の会社 　(注)　1　上記(1)から(3)に規定する「他の会社を支配している場合」とは、次に掲げる場合のいずれかに該当する場合をいう。 　　　　イ　他の会社の発行済株式又は出資（自己の株式又は出資を除く。）の総数又は総額の50％超の数又は金額の株式又は出資を有する場合 　　　　ロ　他の会社の次に掲げる議決権のいずれかにつき、その総数（当該議決権を行使することができない株主等が有する当該議決権の数を除く。）の50％超の数を有する場合 　　　　　①　事業の全部若しくは重要な部分の譲渡、解散、継続、合併、分割、株式交換、株式移転又は現物出資に関する決議に係る議決権 　　　　　②　役員の選任及び解任に関する決議に係る議決権 　　　　　③　役員の報酬、賞与その他の職務執行の対価として会社が供与する財産上の利益に関する事項についての決議に係る議決権 　　　　　④　剰余金の配当又は利益の配当に関する決議に係る議決権 　　　　ハ　他の会社の株主等（合名会社、合資会社又は合同会社の社員（当該他の会社が業務を執行する社員を定めた場合にあっては、業務を執行する社員）に限る。）の総数の半数を超える数を占める場合 　　　　2　個人又は法人との間で当該個人又は法人の意思と同一の内容の議決権を行使することに同意している者がある場合には、当該者が有する議決権は当該個人又は法人が有するものとみなし、かつ、当該個人又は法人（当該議決権に係る会社の株主等であるものを除く。）は当該議決権に係る会社の株主等であるものとみなして、他の会社を支配しているかどうかを判定する。 　(4)　上記(1)から(3)の場合に、同一の個人又は法人の同族関係者である2以上の会社が判定しようとする会社の株主等（社員を含む。）である場合には、その同族関係者である2以上の会社は、相互に同族関係者であるものとみなされる。

【令和3年3月1日以降用】

項　　目		内　　　　　容
少数株式所有者の評価方法の判定	役　　員	社長、理事長のほか、次に掲げる者（法人税法施行令第71条第1項第1号、第2号、第4号） ⑴　代表取締役、代表執行役、代表理事 ⑵　副社長、専務、常務その他これらに準ずる職制上の地位を有する役員 ⑶　取締役（指名委員会等設置会社の取締役及び監査等委員である取締役に限る。）、会計参与及び監査役並びに監事
	中心的な同族株主	同族株主のいる会社の株主で、課税時期において同族株主の1人並びにその株主の配偶者、直系血族、兄弟姉妹及び1親等の姻族（これらの者の同族関係者である会社のうち、これらの者が有する議決権の合計数がその会社の議決権総数の25％以上である会社を含む。）の有する議決権の合計数がその会社の議決権総数の25％以上である場合におけるその株主
	中心的な株　　主	同族株主のいない会社の株主で、課税時期において株主の1人及びその同族関係者の有する議決権の合計数がその会社の議決権総数の15％以上である株主グループのうち、いずれかのグループに単独でその会社の議決権総数の10％以上の議決権を有している株主がいる場合におけるその株主

参考資料2

日本標準産業分類の分類項目と類似業種比準価額計算上の業種目との対比表（平成29年分）

（別表）日本標準産業分類の分類項目と類似業種比準価額計算上の業種目との対比表（平成29年分）

日本標準産業分類の分類項目			類似業種比準価額計算上の業種目			規模区分を判定する場合の業種
大 分 類			大 分 類			
	中 分 類			中 分 類	番 号	
		小 分 類			小 分 類	
A 農業，林業			その他の産業		113	卸売業、小売・サービス業以外
	01 農業					
		011 耕種農業				
		012 畜産農業				
		013 農業サービス業（園芸サービス業を除く）				
		014 園芸サービス業				
	02 林業					
		021 育林業				
		022 素材生産業				
		023 特用林産物生産業（きのこ類の栽培を除く）				
		024 林業サービス業				
		029 その他の林業				
B 漁業			その他の産業		113	卸売業、小売・サービス業以外
	03 漁業（水産養殖業を除く）					
		031 海面漁業				
		032 内水面漁業				
	04 水産養殖業					
		041 海面養殖業				
		042 内水面養殖業				
C 鉱業，採石業，砂利採取業			その他の産業		113	卸売業、小売・サービス業以外
	05 鉱業，採石業，砂利採取業					
		051 金属鉱業				
		052 石炭・亜炭鉱業				
		053 原油・天然ガス鉱業				
		054 採石業，砂・砂利・玉石採取業				
		055 窯業原料用鉱物鉱業（耐火物・陶磁器・ガラス・セメント原料用に限る）				
		059 その他の鉱業				
D 建設業			建設業		1	卸売業、小売・サービス業以外
	06 総合工事業		総合工事業		2	
		061 一般土木建築工事業		その他の総合工事業		4	
		062 土木工事業（舗装工事業を除く）					
		063 舗装工事業					
		064 建築工事業（木造建築工事業を除く）		建築工事業（木造建築工事業を除く）		3	
		065 木造建築工事業		その他の総合工事業		4	
		066 建築リフォーム工事業					
	07 職別工事業（設備工事業を除く）					
		071 大工工事業					
		072 とび・土工・コンクリート工事業					
		073 鉄骨・鉄筋工事業					
		074 石工・れんが・タイル・ブロック工事業		職別工事業		5	
		075 左官工事業					
		076 板金・金物工事業					
		077 塗装工事業					
		078 床・内装工事業					
		079 その他の職別工事業					

日本標準産業分類の分類項目			類似業種比準価額計算上の業種目			規模区分を判定する場合の業種
大　分　類			大　分　類		番　号	
	中　分　類			中　分　類		
		小　分　類			小　分　類	
（D　建設業）			（建設業）			
	08　設備工事業			設備工事業	6	卸売業、小売・サービス業以外
		081　電気工事業			電気工事業	7
		082　電気通信・信号装置工事業			電気通信・信号装置工事業	8
		083　管工事業（さく井工事業を除く）			その他の設備工事業	9
		084　機械器具設置工事業				
		089　その他の設備工事業				
E　製造業			製造業		10	
	09　食料品製造業			食料品製造業	11	
		091　畜産食料品製造業			畜産食料品製造業	12
		092　水産食料品製造業			その他の食料品製造業	14
		093　野菜缶詰・果実缶詰・農産保存食料品製造業				
		094　調味料製造業				
		095　糖類製造業				
		096　精穀・製粉業				
		097　パン・菓子製造業			パン・菓子製造業	13
		098　動植物油脂製造業			その他の食料品製造業	14
		099　その他の食料品製造業				
	10　飲料・たばこ・飼料製造業					
		101　清涼飲料製造業			飲料・たばこ・飼料製造業	15
		102　酒類製造業				
		103　茶・コーヒー製造業（清涼飲料を除く）				
		104　製氷業				
		105　たばこ製造業				
		106　飼料・有機質肥料製造業				
	11　繊維工業					卸売業、小売・サービス業以外
		111　製糸業，紡績業，化学繊維・ねん糸等製造業			繊維工業	16
		112　織物業				
		113　ニット生地製造業				
		114　染色整理業				
		115　綱・網・レース・繊維粗製品製造業				
		116　外衣・シャツ製造業（和式を除く）				
		117　下着類製造業				
		118　和装製品・その他の衣服・繊維製身の回り品製造業				
		119　その他の繊維製品製造業				
	12　木材・木製品製造業（家具を除く）					
		121　製材業，木製品製造業			その他の製造業	51
		122　造作材・合板・建築用組立材料製造業				
		123　木製容器製造業（竹，とうを含む）				
		129　その他の木製品製造業（竹，とうを含む）				
	13　家具・装備品製造業					
		131　家具製造業			その他の製造業	51
		132　宗教用具製造業				
		133　建具製造業				
		139　その他の家具・装備品製造業				

日本標準産業分類の分類項目			類似業種比準価額計算上の業種目			番号	規模区分を判定する場合の業種
大 分 類			大 分 類				
	中 分 類			中 分 類			
		小 分 類			小 分 類		
（E　製造業）			（製造業）				
	14　パルプ・紙・紙加工品製造業			パルプ・紙・紙加工品製造業		17	
		141　パルプ製造業					
		142　紙製造業					
		143　加工紙製造業					
		144　紙製品製造業					
		145　紙製容器製造業					
		149　その他のパルプ・紙・紙加工品製造業					
	15　印刷・同関連業			印刷・同関連業		18	
		151　印刷業					
		152　製版業					
		153　製本業，印刷物加工業					
		159　印刷関連サービス業					
	16　化学工業			化学工業		19	
		161　化学肥料製造業			その他の化学工業		23	
		162　無機化学工業製品製造業			その他の化学工業		23	
		163　有機化学工業製品製造業			有機化学工業製品製造業		20	
		164　油脂加工製品・石けん・合成洗剤・界面活性剤・塗料製造業			油脂加工製品・石けん・合成洗剤・界面活性剤・塗料製造業		21	
		165　医薬品製造業			医薬品製造業		22	
		166　化粧品・歯磨・その他の化粧用調整品製造業			その他の化学工業		23	卸売業、小売・サービス業以外
		169　その他の化学工業					
	17　石油製品・石炭製品製造業			その他の製造業		51	
		171　石油精製業					
		172　潤滑油・グリース製造業（石油精製業によらないもの）					
		173　コークス製造業					
		174　舗装材料製造業					
		179　その他の石油製品・石炭製品製造業					
	18　プラスチック製品製造業（別掲を除く）			プラスチック製品製造業		24	
		181　プラスチック板・棒・管・継手・異形押出製品製造業					
		182　プラスチックフィルム・シート・床材・合成皮革製造業					
		183　工業用プラスチック製品製造業					
		184　発泡・強化プラスチック製品製造業					
		185　プラスチック成形材料製造業（廃プラスチックを含む）					
		189　その他のプラスチック製品製造業					
	19　ゴム製品製造業			ゴム製品製造業		25	
		191　タイヤ・チューブ製造業					
		192　ゴム製・プラスチック製履物・同附属品製造業					
		193　ゴムベルト・ゴムホース・工業用ゴム製品製造業					
		199　その他のゴム製品製造業					

日本標準産業分類の分類項目	類似業種比準価額計算上の業種目		規模区分を判定する場合の業種
大　分　類 　中　分　類 　　小　分　類	大　分　類 　中　分　類 　　小　分　類	番　号	
（E　製造業）	（製造業）		
20　なめし革・同製品・毛皮製造業			
201　なめし革製造業			
202　工業用革製品製造業（手袋を除く）			
203　革製履物用材料・同附属品製造業			
204　革製履物製造業	その他の製造業	51	
205　革製手袋製造業			
206　かばん製造業			
207　袋物製造業			
208　毛皮製造業			
209　その他のなめし革製品製造業			
21　窯業・土石製品製造業	窯業・土石製品製造業	26	
211　ガラス・同製品製造業	その他の窯業・土石製品製造業	28	
212　セメント・同製品製造業	セメント・同製品製造業	27	
213　建設用粘土製品製造業（陶磁器製を除く）			
214　陶磁器・同関連製品製造業			
215　耐火物製造業			
216　炭素・黒鉛製品製造業	その他の窯業・土石製品製造業	28	
217　研磨材・同製品製造業			
218　骨材・石工品等製造業			
219　その他の窯業・土石製品製造業			
22　鉄鋼業			卸売業、小売・サービス業以外
221　製鉄業			
222　製鋼・製鋼圧延業			
223　製鋼を行わない鋼材製造業（表面処理鋼材を除く）	鉄鋼業	29	
224　表面処理鋼材製造業			
225　鉄素形材製造業			
229　その他の鉄鋼業			
23　非鉄金属製造業			
231　非鉄金属第1次製錬・精製業			
232　非鉄金属第2次製錬・精製業（非鉄金属合金製造業を含む）			
233　非鉄金属・同合金圧延業（抽伸，押出しを含む）	非鉄金属製造業	30	
234　電線・ケーブル製造業			
235　非鉄金属素形材製造業			
239　その他の非鉄金属製造業			
24　金属製品製造業	金属製品製造業	31	
241　ブリキ缶・その他のめっき板等製品製造業	その他の金属製品製造業	33	
242　洋食器・刃物・手道具・金物類製造業			
243　暖房・調理等装置、配管工事用付属品製造業			
244　建設用・建築用金属製品製造業（製缶板金業を含む）	建設用・建築用金属製品製造業	32	
245　金属素形材製品製造業			
246　金属被覆・彫刻業，熱処理業（ほうろう鉄器を除く）			
247　金属線製品製造業（ねじ類を除く）	その他の金属製品製造業	33	
248　ボルト・ナット・リベット・小ねじ・木ねじ等製造業			
249　その他の金属製品製造業			

日本標準産業分類の分類項目			類似業種比準価額計算上の業種目			規模区分を判定する場合の業種
大 分 類			大 分 類			
	中 分 類			中 分 類	番　号	
		小 分 類			小 分 類	
（E　製造業）			（製造業）			
	25　はん用機械器具製造業		はん用機械器具製造業		34	
		251　ボイラ・原動機製造業				
		252　ポンプ・圧縮機器製造業				
		253　一般産業用機械・装置製造業				
		259　その他のはん用機械・同部分品製造業				
	26　生産用機械器具製造業		生産用機械器具製造業		35	
		261　農業用機械製造業（農業用器具を除く）				
		262　建設機械・鉱山機械製造業	その他の生産用機械器具製造業		37	
		263　繊維機械製造業				
		264　生活関連産業用機械製造業				
		265　基礎素材産業用機械製造業				
		266　金属加工機械製造業	金属加工機械製造業		36	
		267　半導体・フラットパネルディスプレイ製造装置製造業	その他の生産用機械器具製造業		37	
		269　その他の生産用機械・同部分品製造業				
	27　業務用機械器具製造業		業務用機械器具製造業		38	
		271　事務用機械器具製造業				
		272　サービス用・娯楽用機械器具製造業				
		273　計量器・測定器・分析機器・試験機・測量機器具・理化学機械器具製造業				
		274　医療用機械器具・医療用品製造業				
		275　光学機械器具・レンズ製造業				
		276　武器製造業				卸売業、小売・サービス業以外
	28　電子部品・デバイス・電子回路製造業		電子部品・デバイス・電子回路製造業		39	
		281　電子デバイス製造業	その他の電子部品・デバイス・電子回路製造業		42	
		282　電子部品製造業	電子部品製造業		40	
		283　記録メディア製造業	その他の電子部品・デバイス・電子回路製造業		42	
		284　電子回路製造業	電子回路製造業		41	
		285　ユニット部品製造業	その他の電子部品・デバイス・電子回路製造業		42	
		289　その他の電子部品・デバイス・電子回路製造業				
	29　電気機械器具製造業		電気機械器具製造業		43	
		291　発電用・送電用・配電用電気機械器具製造業	発電用・送電用・配電用電気機械器具製造業		44	
		292　産業用電気機械器具製造業	その他の電気機械器具製造業		46	
		293　民生用電気機械器具製造業				
		294　電球・電気照明器具製造業				
		295　電池製造業				
		296　電子応用装置製造業				
		297　電気計測器製造業	電気計測器製造業		45	
		299　その他の電気機械器具製造業	その他の電気機械器具製造業		46	
	30　情報通信機械器具製造業		情報通信機械器具製造業		47	
		301　通信機械器具・同関連機械器具製造業				
		302　映像・音響機械器具製造業				
		303　電子計算機・同附属装置製造業				

日本標準産業分類の分類項目		類似業種比準価額計算上の業種目			規模区分を判定する場合の業種
大　分　類		**大　分　類**		番　号	
中　分　類		**中　分　類**			
小　分　類		**小　分　類**			
（E　製造業）		（製造業）			
31　輸送用機械器具製造業		輸送用機械器具製造業		48	
311　自動車・同附属品製造業		自動車・同附属品製造業		49	
312　鉄道車両・同部分品製造業					
313　船舶製造・修理業，舶用機関製造業		その他の輸送用機械器具製造業		50	
314　航空機・同附属品製造業					
315　産業用運搬車両・同部分品・附属品製造業					
319　その他の輸送用機械器具製造業					
32　その他の製造業					卸売業、小売・サービス業以外
321　貴金属・宝石製品製造業					
322　装身具・装飾品・ボタン・同関連品製造業（貴金属・宝石製を除く）					
323　時計・同部分品製造業					
324　楽器製造業		その他の製造業		51	
325　がん具・運動用具製造業					
326　ペン・鉛筆・絵画用品・その他の事務用品製造業					
327　漆器製造業					
328　畳等生活雑貨製品製造業					
329　他に分類されない製造業					
F　電気・ガス・熱供給・水道業					
33　電気業					
331　電気業					
34　ガス業					
341　ガス業					
35　熱供給業		電気・ガス・熱供給・水道業		52	卸売業、小売・サービス業以外
351　熱供給業					
36　水道業					
361　上水道業					
362　工業用水道業					
363　下水道業					
G　情報通信業		情報通信業		53	
37　通信業					
371　固定電気通信業		その他の情報通信業		59	
372　移動電気通信業					
373　電気通信に附帯するサービス業					
38　放送業					
381　公共放送業（有線放送業を除く）		その他の情報通信業		59	小売・サービス業
382　民間放送業（有線放送業を除く）					
383　有線放送業					
39　情報サービス業		情報サービス業		54	
391　ソフトウェア業		ソフトウェア業		55	
392　情報処理・提供サービス業		情報処理・提供サービス業		56	
40　インターネット附随サービス業		インターネット附随サービス業		57	
401　インターネット附随サービス業					

日本標準産業分類の分類項目			類似業種比準価額計算上の業種目			規模区分を判定する場合の業種
大 分 類			大 分 類		番 号	
	中 分 類			中 分 類		
		小 分 類			小 分 類	
（G　情報通信業）			（情報通信業）			
	41　映像・音声・文字情報制作業					
		411　映像情報制作・配給業				
		412　音声情報制作業	映像・音声・文字情報制作業		58	小売・サービス業
		413　新聞業				
		414　出版業				
		415　広告制作業				
		416　映像・音声・文字情報制作に附帯するサービス業				
H　運輸業，郵便業			運輸業，郵便業		60	
	42　鉄道業			その他の運輸業，郵便業	64	
		421　鉄道業				
	43　道路旅客運送業					
		431　一般乗合旅客自動車運送業				
		432　一般乗用旅客自動車運送業	その他の運輸業，郵便業		64	
		433　一般貸切旅客自動車運送業				
		439　その他の道路旅客運送業				
	44　道路貨物運送業					
		441　一般貨物自動車運送業				
		442　特定貨物自動車運送業	道路貨物運送業		61	
		443　貨物軽自動車運送業				
		444　集配利用運送業				卸売業、小売・サービス業以外
		449　その他の道路貨物運送業				
	45　水運業					
		451　外航海運業				
		452　沿海海運業	水運業		62	
		453　内陸水運業				
		454　船舶貸渡業				
	46　航空運輸業			その他の運輸業，郵便業	64	
		461　航空運送業				
		462　航空機使用業（航空運送業を除く）				
	47　倉庫業			その他の運輸業，郵便業	64	
		471　倉庫業（冷蔵倉庫業を除く）				
		472　冷蔵倉庫業				
	48　運輸に附帯するサービス業					
		481　港湾運送業				
		482　貨物運送取扱業（集配利用運送業を除く）				
		483　運送代理店	運輸に附帯するサービス業		63	
		484　こん包業				
		485　運輸施設提供業				
		489　その他の運輸に附帯するサービス業				
	49　郵便業（信書便事業を含む）			その他の運輸業，郵便業	64	
		491　郵便業（信書便事業を含む）				
I　卸売業，小売業			卸売業		65	
	50　各種商品卸売業			各種商品卸売業	66	卸売業
		501　各種商品卸売業				

日本標準産業分類の分類項目		類似業種比準価額計算上の業種目		規模区分を判定する場合の業種
大　分　類		大　分　類	番　号	
中　分　類		中　分　類		
小　分　類		小　分　類		
（Ⅰ　卸売業，小売業）		（卸売業）		卸売業
51　繊維・衣服等卸売業		繊維・衣服等卸売業	67	
511　繊維品卸売業（衣服，身の回り品を除く）				
512　衣服卸売業				
513　身の回り品卸売業				
52　飲食料品卸売業		飲食料品卸売業	68	
521　農畜産物・水産物卸売業		農畜産物・水産物卸売業	69	
522　食料・飲料卸売業		食料・飲料卸売業	70	
53　建築材料，鉱物・金属材料等卸売業		建築材料，鉱物・金属材料等卸売業	71	
531　建築材料卸売業		その他の建築材料，鉱物・金属材料等卸売業	73	
532　化学製品卸売業		化学製品卸売業	72	
533　石油・鉱物卸売業		その他の建築材料，鉱物・金属材料等卸売業	73	
534　鉄鋼製品卸売業				
535　非鉄金属卸売業				
536　再生資源卸売業				
54　機械器具卸売業		機械器具卸売業	74	
541　産業機械器具卸売業		産業機械器具卸売業	75	
542　自動車卸売業		その他の機械器具卸売業	77	
543　電気機械器具卸売業		電気機械器具卸売業	76	
549　その他の機械器具卸売業		その他の機械器具卸売業	77	
55　その他の卸売業		その他の卸売業	78	
551　家具・建具・じゅう器等卸売業				
552　医薬品・化粧品等卸売業				
553　紙・紙製品卸売業				
559　他に分類されない卸売業				
		小売業	79	小売・サービス業
56　各種商品小売業		各種商品小売業	80	
561　百貨店，総合スーパー				
569　その他の各種商品小売業（従業者が常時50人未満のもの）				
57　織物・衣服・身の回り品小売業		織物・衣服・身の回り品小売業	81	
571　呉服・服地・寝具小売業				
572　男子服小売業				
573　婦人・子供服小売業				
574　靴・履物小売業				
579　その他の織物・衣服・身の回り品小売業				
58　飲食料品小売業		飲食料品小売業	82	
581　各種食料品小売業				
582　野菜・果実小売業				
583　食肉小売業				
584　鮮魚小売業				
585　酒小売業				
586　菓子・パン小売業				
589　その他の飲食料品小売業				

日本標準産業分類の分類項目			類似業種比準価額計算上の業種目			規模区分を判定する場合の業種
大 分 類			大 分 類			
	中 分 類			中 分 類	番 号	
		小 分 類			小 分 類	
（Ⅰ　卸売業，小売業）			（小売業）			
	59　機械器具小売業			機械器具小売業	83	
		591　自動車小売業				
		592　自転車小売業				
		593　機械器具小売業（自動車，自転車を除く）				
	60　その他の小売業		その他の小売業		84	
		601　家具・建具・畳小売業		その他の小売業		86
		602　じゅう器小売業				
		603　医薬品・化粧品小売業		医薬品・化粧品小売業		85
		604　農耕用品小売業				小売・サービス業
		605　燃料小売業				
		606　書籍・文房具小売業		その他の小売業		86
		607　スポーツ用品・がん具・娯楽用品・楽器小売業				
		608　写真機・時計・眼鏡小売業				
		609　他に分類されない小売業				
	61　無店舗小売業			無店舗小売業	87	
		611　通信販売・訪問販売小売業				
		612　自動販売機による小売業				
		619　その他の無店舗小売業				
J　金融業，保険業			金融業，保険業		88	
	62　銀行業		銀行業		89	
		621　中央銀行				
		622　銀行（中央銀行を除く）		銀行業		89
	63　協同組織金融業					
		631　中小企業等金融業		その他の金融業，保険業		91
		632　農林水産金融業				
	64　貸金業，クレジットカード業等非預金信用機関					
		641　貸金業				
		642　質屋		その他の金融業，保険業		91
		643　クレジットカード業，割賦金融業				卸売業、小売・サービス業以外
		649　その他の非預金信用機関				
	65　金融商品取引業，商品先物取引業					
		651　金融商品取引業		金融商品取引業，商品先物取引業		90
		652　商品先物取引業，商品投資顧問業				
	66　補助的金融業等					
		661　補助的金融業，金融附帯業				
		662　信託業		その他の金融業，保険業		91
		663　金融代理業				
	67　保険業（保険媒介代理業，保険サービス業を含む）					
		671　生命保険業				
		672　損害保険業				
		673　共済事業・少額短期保険業		その他の金融業，保険業		91
		674　保険媒介代理業				
		675　保険サービス業				

日本標準産業分類の分類項目			類似業種比準価額計算上の業種目		番　号	規模区分を判定する場合の業種
大　分　類			大　分　類			
	中　分　類			中　分　類		
		小　分　類			小　分　類	
K　不動産業, 物品賃貸業			不動産業, 物品賃貸業		92	
	68　不動産取引業			不動産取引業	93	
		681　建物売買業, 土地売買業				
		682　不動産代理業・仲介業				
	69　不動産賃貸業・管理業					
		691　不動産賃貸業（貸家業, 貸間業を除く）				
		692　貸家業, 貸間業		不動産賃貸業・管理業	94	卸売業、小売・サービス業以外
		693　駐車場業				
		694　不動産管理業				
	70　物品賃貸業					
		701　各種物品賃貸業				
		702　産業用機械器具賃貸業				
		703　事務用機械器具賃貸業		物品賃貸業	95	
		704　自動車賃貸業				
		705　スポーツ・娯楽用品賃貸業				
		709　その他の物品賃貸業				
L　学術研究, 専門・技術サービス業						
	71　学術・開発研究機関			専門・技術サービス業	96	
		711　自然科学研究所				
		712　人文・社会科学研究所				
	72　専門サービス業（他に分類されないもの）					
		721　法律事務所, 特許事務所				
		722　公証人役場, 司法書士事務所, 土地家屋調査士事務所				
		723　行政書士事務所				
		724　公認会計士事務所, 税理士事務所		専門サービス業（純粋持株会社を除く）	97	
		725　社会保険労務士事務所				
		726　デザイン業				小売・サービス業
		727　著述・芸術家業				
		728　経営コンサルタント業, 純粋持株会社				
		729　その他の専門サービス業				
	73　広告業			広告業	98	
		731　広告業				
	74　技術サービス業（他に分類されないもの）					
		741　獣医業				
		742　土木建築サービス業				
		743　機械設計業				
		744　商品・非破壊検査業		専門・技術サービス業	96	
		745　計量証明業				
		746　写真業				
		749　その他の技術サービス業				
M　宿泊業, 飲食サービス業			宿泊業, 飲食サービス業		99	
	75　宿泊業					
		751　旅館, ホテル				小売・サービス業
		752　簡易宿所		その他の宿泊業, 飲食サービス業	104	
		753　下宿業				
		759　その他の宿泊業				

(注)　分類項目名コードは、大分類・中分類・小分類・細分類に独立して付与されています。
　　　例えば、「純粋持株会社」は「7282」です。

日本標準産業分類の分類項目			類似業種比準価額計算上の業種目			規模区分を判定する場合の業種
大　分　類			大　分　類		番　号	
	中　分　類			中　分　類		
		小　分　類			小　分　類	
（M　宿泊業，飲食サービス業）			（宿泊業，飲食サービス業）			
	76　飲食店			飲食店	100	
		761　食堂，レストラン（専門料理店を除く）			食堂，レストラン（専門料理店を除く）	101	
		762　専門料理店			専門料理店	102	
		763　そば・うどん店					小売・サービス業
		764　すし店			その他の飲食店	103	
		765　酒場，ビヤホール					
		766　バー，キャバレー，ナイトクラブ					
		767　喫茶店					
		769　その他の飲食店					
	77　持ち帰り・配達飲食サービス業			その他の宿泊業，飲食サービス業	104	
		771　持ち帰り飲食サービス業					
		772　配達飲食サービス業					
N　生活関連サービス業，娯楽業			生活関連サービス業，娯楽業		105	
	78　洗濯・理容・美容・浴場業					
		781　洗濯業					
		782　理容業					
		783　美容業			生活関連サービス業	106	
		784　一般公衆浴場業					
		785　その他の公衆浴場業					
		789　その他の洗濯・理容・美容・浴場業					
	79　その他の生活関連サービス業					
		791　旅行業					
		792　家事サービス業					
		793　衣服裁縫修理業			生活関連サービス業	106	小売・サービス業
		794　物品預り業					
		795　火葬・墓地管理業					
		796　冠婚葬祭業					
		799　他に分類されない生活関連サービス業					
	80　娯楽業					
		801　映画館					
		802　興行場（別掲を除く），興行団					
		803　競輪・競馬等の競走場，競技団			娯楽業	107	
		804　スポーツ施設提供業					
		805　公園，遊園地					
		806　遊戯場					
		809　その他の娯楽業					
O　教育，学習支援業						
	81　学校教育					
		811　幼稚園					
		812　小学校					
		813　中学校					
		814　高等学校，中等教育学校			教育，学習支援業	108	小売・サービス業
		815　特別支援学校					
		816　高等教育機関					
		817　専修学校，各種学校					
		818　学校教育支援機関					
		819　幼保連携型認定こども園					

日本標準産業分類の分類項目			類似業種比準価額計算上の業種目			規模区分を判定する場合の業種
大 分 類			**大 分 類**			
	中 分 類			**中 分 類**		
		小 分 類			**小 分 類**	番　号
（O　教育，学習支援業）			（教育，学習支援業）			
	82　その他の教育，学習支援業					
		821　社会教育				
		822　職業・教育支援施設	教育，学習支援業		108	小売・サービス業
		823　学習塾				
		824　教養・技能教授業				
		829　他に分類されない教育，学習支援業				
P　医療，福祉						
	83　医療業					
		831　病院				
		832　一般診療所				
		833　歯科診療所				
		834　助産・看護業				
		835　療術業				
		836　医療に附帯するサービス業				
	84　保健衛生		医療，福祉（医療法人を除く）		109	小売・サービス業
		841　保健所				
		842　健康相談施設				
		849　その他の保健衛生				
	85　社会保険・社会福祉・介護事業					
		851　社会保険事業団体				
		852　福祉事務所				
		853　児童福祉事業				
		854　老人福祉・介護事業				
		855　障害者福祉事業				
		859　その他の社会保険・社会福祉・介護事業				
Q　複合サービス事業						
	86　郵便局					
		861　郵便局				
		862　郵便局受託業				
	87　協同組合（他に分類されないもの）					
		871　農林水産業協同組合（他に分類されないもの）				
		872　事業協同組合（他に分類されないもの）				
R　サービス業（他に分類されないもの）			サービス業（他に分類されないもの）		110	
	88　廃棄物処理業					
		881　一般廃棄物処理業	その他の事業サービス業		112	
		882　産業廃棄物処理業				
		889　その他の廃棄物処理業				
	89　自動車整備業		その他の事業サービス業		112	小売・サービス業
		891　自動車整備業				
	90　機械等修理業（別掲を除く）					
		901　機械修理業（電気機械器具を除く）				
		902　電気機械器具修理業	その他の事業サービス業		112	
		903　表具業				
		909　その他の修理業				
	91　職業紹介・労働者派遣業					
		911　職業紹介業	職業紹介・労働者派遣業		111	
		912　労働者派遣業				

日本標準産業分類の分類項目			類似業種比準価額計算上の業種目			規模区分を判定する場合の業種
大　分　類			大　分　類			
	中　分　類			中　分　類	番　号	
		小　分　類			小　分　類	
（R　サービス業（他に分類されないもの））			（サービス業（他に分類されないもの））			小売・サービス業
	92　その他の事業サービス業			その他の事業サービス業	112	
		921　速記・ワープロ入力・複写業				
		922　建物サービス業				
		923　警備業				
		929　他に分類されない事業サービス業				
	93　政治・経済・文化団体					
	94　宗教					
	95　その他のサービス業			その他の事業サービス業	112	
		951　集会場				
		952　と畜場				
		959　他に分類されないサービス業				
	96　外国公務					
S　公務（他に分類されるものを除く）						
	97　国家公務					
	98　地方公務					
T　分類不能の産業			その他の産業		113	卸売業、小売・サービス業以外
	99　分類不能の産業					
		999　分類不能の産業				

383

第3部

I　Q&A

II　参考資料

I Q&A

Q1 ―「時価」とは ―

非上場株式の税務上の「時価」の基本的な考え方と譲渡した場合の基本的パターンの課税関係について教えてください。

A 1 税法上の「時価」

非上場株式の評価方式は、「税法上の時価」を求める場合にもよく使用されます。**非上場株式の譲渡**や**自己株式の取引**を行う場合の**時価の算定方法**や、医療法人等における払戻時の時価の算定に関連して、財産評価基本通達による株式の評価方式の適否が取りざたされることが多いようです。

一般的な譲渡における「**時価**」についての、パターンごとの基本的（通説的）考え方は次のとおりです。

〔ケース〕	〔売　主〕	〔買　主〕
A	個　人　◀――――▶　個　人	
	①相続税法上の時価	①相続税法上の時価
B	個　人　◀――――▶　法　人	
	③所得税法上の時価	②法人税法上の時価

〔ケース〕	〔売　主〕	〔買　主〕
C	法　人　◀――――▶　個　人	
	②法人税法上の時価	③所得税法上の時価
D	法　人　◀――――▶　法　人	
	②法人税法上の時価	②法人税法上の時価

「時価」についての各税法上の規定（概要）は、次のようになっています。

① 相続税法上の時価（財産評価基本通達）（179～）

同族株主については、原則的評価方式（会社の規模に応じて、類似業種比準方式、純資産価額方式）により評価します。

同族株主以外の株主については、特例的評価方式（配当還元方式）により評価します。

② 法人税法上の時価（法人税基本通達）（9－1－13、9－1－14）

売買実例等がない場合、課税上弊害がない限り、財産評価基本通達に次の制限を加えて計算します。

①　中心的な同族株主（※１）に該当するときは「小会社」（※２）として計算します。

②　純資産価額方式の計算上、土地又は上場有価証券については**時価**により計算します。

③　純資産価額方式の計算上、評価差額に対する法人税額等相当額の控除はしません。

③　所得税法上の時価（所得税基本通達）（59－6）

売買実例等がない場合、財産評価基本通達に次の制限を加えて計算します。

①　同族株主判定は、当該譲渡又は贈与直前の議決権の数によります。

②　中心的な同族株主（※１）に該当するときは「小会社」（※２）として計算します。

③　純資産価額方式の計算上、土地又は上場有価証券については**時価**により計算します。

④　純資産価額方式の計算上、評価差額に対する法人税額等相当額の控除はしません。

※１　中心的な同族株主

同族株主のうち１人並びにその株主の配偶者、直系血族、兄弟姉妹及び一親等の姻族（特殊関係会社を含む）の有する議決権の合計数がその会社の議決権総数の25％以上である場合の当該株主をいいます。

※２　「小会社」の場合、**純資産価額方式**と**併用方式**の選択が可能

以上のように、「**時価**」の捉え方について、評価差額についての取り扱いが異なるなど相続税法と所得税法や法人税法との考え方に少し違いが生じています。これは、そもそも「時価」について、相続税法はストック的な観点から捉えるのに対し、所得税法や法人税法はフロー的観点から考えていることも一つの要因だと思われます。

［注意点］

「小会社方式」による場合の併用方式における類似業種比準方式のしんしゃく率

所得税法上及び法人税法上の「**時価**」を算定する場合、中心的な同族株主に該当するときは、「小会社」に該当するものとして計算することになります。小会社の場合、純資産価額方式が基本ですが、納税者の選択により、**併用方式**により評価できることになっています。**併用方式**で計算する場合、類似業種比準方式の算式中の評価の安全性のしんしゃく率をいくらにするかについては、従来

(A)　評価する会社に応じて、大会社は0.7、中会社は0.6、小会社は0.5とする考え方

(B)　あくまで小会社として評価するので、大会社も中会社も0.5とする考え方

がありました。

　つまり、これまで実務で数多く主張されていた(B)説に対し、①所得税基本通達(59-6)及び法人税基本通達（9-1-14）の規定には、「小会社の評価方法による」とだけしか書いていないこと、及び②小会社の評価方法において、選択により併用方式を認めている趣旨や類似業種比準方式における評価の安全性のしんしゃく率が設けられている趣旨から考えると、評価する大会社や中会社を小会社とみなすまで考えてはおらず、あくまでバランス論から設けられていること等からして、評価の安全性のしんしゃく率は、上記(A)と考えるのが相当ではないかとする意見が出されていました。

$$\begin{pmatrix}\text{小会社の場合}\\\text{の\textbf{併用方式}}\end{pmatrix} = \left(\begin{pmatrix}\text{評価の安全性のしんしゃく率を}\\\text{乗じる前の類似業種比準価額}\end{pmatrix} \times \boxed{\quad ? \quad}\right) \times 0.5$$

$$+ 純資産価額 \times 0.5$$

　これについては、次のように国税庁から令和2年9月30日**資産課税課情報第22号**において**(A)説**とする考え方が示されました。

「『所得税基本通達の制定について』の一部改正について（法令解釈通達）」の 趣旨説明（情報）

（抜粋）

> ・　本通達の現行の取扱いに関し、以下の点について整理を行う。
> 1　本通達の(2)の適用がある場合の財産評価基本通達180の取扱いについて

1　本通達の(2)の適用がある場合の財産評価基本通達180の取扱いについて
　(1)　本通達の(2)の適用がある場合、譲渡等をした株式の「**その時における価額**」は、その株式を発行した会社（以下「評価会社」という。）を「財産評価基本通達178に定める『小会社』に該当するものとして」同通達179の例により算定することになる。
　　　財産評価基本通達179には、同通達178に定める大会社などの会社規模に応じた評価額の算定方法が定められ、その算定方法である「類似業種比準価額」及び「純資産価額」を用いる場合の原則形態が定められている。そしてこの「類似業種比準価額」については、同通達180において具体的算定方法が定められており、ここでは、類似業種の株価等に「しんしゃく割合」を乗ずることとされている。このように、同通達179における会社規模に応じた評価額の算定で「類似業種比

準価額」を用いることから、本通達の⑵の適用がある場合、この「類似業種比準価額」を算出する計算において類似業種の株価等に乗ずる「しんしゃく割合」についても、小会社のしんしゃく割合（0.5）になるのかといった疑問がある。

⑵　本通達の⑵は「当該株式の価額につき財産評価基本通達179の例により算定する場合（…）において、当該株式を譲渡又は贈与した個人が当該譲渡又は贈与直前に当該株式の発行会社にとって同通達188の⑵に定める『中心的な同族株主』に該当するときは、当該発行会社は常に同通達178に定める『小会社』に該当するものとしてその例によること」としている。

　　このことからすると、本通達の⑵は、譲渡等をした株式の「その時における価額」を財産評価基本通達179の例により算定する場合において、譲渡等をした者が「中心的な同族株主」に該当するときの評価会社の株式については、同通達179⑶の「小会社」の算定方法である「純資産価額方式」又は選択により「類似業種比準方式と純資産価額方式との併用方式」を用いることを定めたものである。

　　本通達の⑵が上記のとおり定めた趣旨は、「中心的な同族株主」とは、議決権割合が25％以上となる特殊関係グループに属する同族株主をいうところ、評価会社が「中心的な同族株主」で支配されているような場合において、同族株主にとってその会社の株式の価値は、その会社の純資産価額と切り離しては考えられないところではないかと考えられ、また、本通達の制定に先立って行われた取引相場のない株式の譲渡に関する実態調査においても、持株割合が高い株主ほど純資産価額方式による評価額により取引されている傾向があったことが確認されている。

　　このため、「中心的な同族株主」の有する株式については、たとえその会社が大会社又は中会社に該当する場合であっても、小会社と同様に「純資産価額方式」を原則とし、選択的に「類似業種比準方式と純資産価額方式との併用方式」による算定方法によることとしている。

⑶　一方、「類似業種比準価額」を算出する計算において類似業種の株価等に乗ずる「しんしゃく割合」を会社規模に応じたものとしている趣旨は、次のとおりである。

　　類似業種比準方式による評価額は、評価会社の実態に即したものになるように、評価会社の事業内容が類似する業種目の株価を基として、評価会社と類似業種の1株当たりの①配当金額、②利益金額及び③純資産価額の3要素の比準割合を乗じて評価することとしている。しかしながら、株価の構成要素としては、上記の

3要素のほか、市場占有率や経営者の手腕などが考えられるが、これらを具体的に計数化してその評価会社の株式の評価に反映させることは困難である。また、評価会社の株式は現実に取引市場を持たない株式であることなどのほか、大半の評価会社はその情報力、組織力のほか技術革新、人材確保、資金調達力等の点で上場企業に比し劣勢にあり、一般的にその規模格差が拡大する傾向にあるといえる社会経済状況の変化を踏まえると、評価会社の規模が小さくなるに従って、上場会社との類似性が希薄になっていくことが顕著になってくると認められる。このため、この上場会社と評価会社の格差を評価上適正に反映させるよう、大会社の「0.7」を基礎として、中会社を「0.6」、小会社を「0.5」とするしんしゃく割合が定められている。

(4)　以上のとおり、本通達の(2)において「中心的な同族株主」の有する株式の価額を、評価会社が「常に『小会社』に該当するものとして」財産評価基本通達179の例により算定することとした趣旨（上記(2)参照）と、類似業種比準価額を求める算式におけるしんしゃく割合を評価会社の規模に応じたしんしゃく割合としている趣旨（上記(3)参照）は異なっており、本通達の(2)において「中心的な同族株主」の有する株式の価額を、評価会社が「常に『小会社』に該当するものとして」財産評価基本通達179の例による算定方法を用いることとした趣旨からしても、本通達の(2)は、財産評価基本通達180の類似業種比準価額を算出する計算において類似業種の株価等に乗ずるしんしゃく割合まで小会社の「0.5」とするものではない。

【イメージ図】

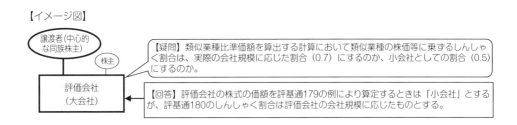

2　類型ごとの評価方法

具体的類型ごとの原則的な評価方法と課税関係は次のとおりです。

イ　個人間売買

類　型	評価方法（**譲受者**）
個人同族株主　→　個人同族株主	原則的評価方法
個人同族株主　→　少数個人株主	特例的評価方法（配当還元方式）
少数個人株主　→　個人同族株主	原則的評価方法
少数個人株主　→　少数個人株主	特例的評価方法（配当還元方式）

※　「**みなし贈与**」（相法7）に注意　→　当事者間の贈与の意思は必要ない

　　上記の表の評価方法は、**譲受者**の場合についてですが、譲渡者を含め課税関係を検討してみますと次のようになります。

　　個人間の譲渡では、譲渡者側に、みなし譲渡（所法59）の適用はありません。つまりみなし譲渡（所法59）の規定は、数次の改正を経て現行の法人に対する贈与（低額譲渡含む）等の場合に限定されており、個人間で取引相場のない株式を低額で売買したとしても、所得税法上は時価を基準とした課税関係が生じることは通常ありません。

　　しかし、仮に著しく低い価額の譲渡とされたような場合には、譲受者側にみなし贈与課税（相法7）の問題が生じます。譲渡者個人は実際に受け取った譲渡対価での譲渡損益課税ですが、譲受者個人は、その財産の時価と支払った対価との差額相当額が、**贈与**により取得したものとみなされる場合があります。

　　なお、このように課税される場合の「**著しく低い価額**」とはどのような場合か、また「著しく低い価額の場合」に限るのかについては議論があるところです。

　　したがって個人間売買においては、少なくとも相続税法上の時価を目安に取引を行うことが多いようです。

　　つまり、個人と個人の取引相場のない株式の売買の場合、所得税法上の低額譲渡の規定は適用されませんから、相続税の原則的評価方式によって算定された価額以上の金額で売買されていれば、譲渡者についてはその金額によって譲渡所得が計算されることになり、買受人に贈与税課税が行われることはないと考えられますが、**買受人**が支配株主か少数株主かによって、財産基本通達により評価方法が異なりますから実際の取引価額とその評価額との差をどのように整理するかが実務上悩ましい問題となります。また、高額譲渡のような場合に譲渡者についても贈与税の検討が必要な場合があります。

ロ　個人法人間売買

類　型	評価方法 （譲渡者）
個人同族株主　→　支配法人株主	原則的評価方法
個人同族株主　→　少数法人株主	原則的評価方法
少数個人株主　→　支配法人株主	特例的評価方法（配当還元方式）
少数個人株主　→　少数法人株主	特例的評価方法（配当還元方式）

※　「**みなし譲渡**」（所法59）に注意　→　譲渡直前の議決権の数で判定

　　個人が法人に対し、譲渡所得の基因となる資産を著しく低い価額の対価で譲渡した場合には、時価による譲渡があったとみなされて課税されます（所法59①二）。この場合の「**著しく低い価額**」とは、資産の譲渡の時における価額の2分の1に満たない金額とされています（所令169）。

　　一方、この場合法人には、時価と買い入れ価額との差額は、受贈益として課税される場合があります。また、低額譲渡により、株価が上昇するなどした場合に他の株主に贈与税が課税されるケースもありますので、留意が必要です。

　　通常個人から法人に株式を売却する場合、売主である個人には、所得税法上の時価が適用され、買主側の法人には、法人税法上の時価が適用されます。

　　この場合譲渡者の取引直前の議決権の状況を基準として、同族株主等である場合は原則的評価額（方法）、それ以外の株主等である場合には特例的評価額（方法）により時価として算定します。

　　なお、**自己株式**の譲渡など具体例については「Q２」、「Q５」及び「Q６」を参照してください。

ハ　法人個人間売買

類　型	評価方法 （譲受者）
支配法人株主　→　個人同族株主	原則的評価方法
支配法人株主　→　少数個人株主	課税上弊害がなければ特例的評価方法（配当還元方式）
少数法人株主　→　個人同族株主	原則的評価方法
少数法人株主　→　少数個人株主	特例的評価方法（配当還元方式）

二　法人間売買

類　　型	評価方法（**譲受者**）
支配法人株主　→　支配法人株主	原則的評価方法
支配法人株主　→　少数法人株主	課税上弊害がなければ特例的評価方法 （配当還元方式）
少数法人株主　→　支配法人株主	原則的評価方法
少数法人株主　→　少数法人株主	特例的評価方法（配当還元方式）

　譲受者についての評価方法の判定は、一般的に買主（譲受者）の取引後の議決権の状況を基準として、同族株主等である場合は原則的評価方法、それ以外の株主等である場合には特例的評価方法により時価を算定します。

　「同族株主か否かの**判定時期**」については、基本的には次のように整理できます。
①　相続税・贈与税（株式の承継）　→　取得後の議決権割合
②　所得税（株式の譲渡）　→　譲渡前の議決権割合
③　法人税（株式の譲渡）　→　譲渡前の議決権割合

column

法人税法上の時価を算定する場合の同族株主か否かの判定時期について

　　　従来、判定時期については、所得税法上の時価についてのみ、所基通59－6に「譲渡直前の議決権」により判定するとされており、法人税法上の時価については、その旨の規定がないことから「取得後の議決権割合」によるとする意見（⇒品川芳宣「非上場株式の評価ガイドブック（ぎょうせい）」23頁。牧口晴一・齋藤孝一「非公開株式譲渡の法務・税務（第6版）（中央経済社）」314頁。吉村一成「税理士のための取引相場のない株式の評価と対策（清文社）」60頁以下）と、所得税と法人税はいずれも所得に対して課税する税金であること等から同様に考えるべきとする意見（⇒佐藤信祐「非上場株式評価の実務（日本法令）」151頁）がありましたが、令和2年3月24日最高裁判決の譲渡所得に対する課税の趣旨等に照らした判断からすると法人税法上の時価の場合も所得税法上の時価と同様に考えるべきと思われます。

〔株式譲渡のパターン〕
（課税関係）

〔売 手〕　　　　　　　　　　　　　　〔買 手〕
（個人）　　　　　　　　　　　　　　　（個人）

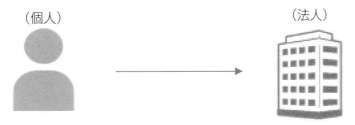

【時価】　譲渡所得　　　　　　　　　　（課税なし）
【低額】　（譲渡所得）-------------------- 贈与税の可能性

（個人）　　　　　　　　　　　　　　　（法人）

【時価】　譲渡所得　　　　　　　　　　（課税なし）
【低額】　→時価課税（1/2 未満の時）----------- 受贈益課税

（自己株式の譲渡 → みなし配当）

（法人）　　　　　　　　　　　　　　　（個人）

【時価】　法人税（株式譲渡損益）　　　（課税なし）
【低額】　寄附金等 --------------------- 一時所得・給与等

（法人）　　　　　　　　　　　　　　　（法人）

【時価】　法人税（株式譲渡損益）　　　（課税なし）
【低額】　寄附金 --------------------- 受贈益課税

Q2　― 低額譲渡 ―

個人が非上場株式を法人へ低額譲渡した場合の「みなし譲渡」の課税関係とその際の留意すべき事項について、詳しく教えてください。

A　1　基本的考え方

〔個人：売主側〕

個人が法人に対して時価の2分の1未満の価額で資産の譲渡をした場合、時価で譲渡したものとみなされます（みなし譲渡、所法59①二）。

例えば、売主であるAさんが、取得価額1,000万円、時価5,000万円の株を2,000万円で譲渡した場合、時価5,000万円で譲渡したものとして、譲渡益を計算します。よって、譲渡益4,000万円に対して、所得税等が課税されます。

また、仮に時価の2分の1以上の価額で譲渡した場合であっても、同族法人への譲渡であるため、Aさんの所得税を不当に減少させると認められるときは、時価で譲渡したものとして、所得税等が課税されることになります（所基通59－3）。

〔法人：買主側〕

時価（5,000万円）と譲渡価額（2,000万円）との差額3,000万円については、Aさんから贈与を受けたものとして、受贈益として法人税等が課税されます。

なお、法人の非上場株式の取得価額は、時価である5,000万円となります。

また、法人が仮に同族会社の場合、Aさんからの低額譲渡により法人の株式の価値が増加した場合には、その増加した部分について、他の株主はAさんから贈与されたものとして課税される場合があります（相基通9－2）。

※　「Q5」「Q6」も参照してください。

2　解説

「みなし譲渡」及び「みなし贈与」等の課税関係を検討する場合の、基本的法令とその考え方のポイントは、次のとおりです。

また、末尾に「みなし譲渡」に関する重要な地裁判決から最高裁判決までの考え方の流れとそのポイントを掲げていますので、参考にしてください。

1　【相続税法等】「みなし贈与」関係

（贈与または遺贈により取得したものとみなす場合）

第7条　著しく低い価額の対価で財産の譲渡を受けた場合においては、当該財産の譲渡があった時において、当該財産の譲渡を受けた者が、当該対価と当該譲渡があった時における当該財産の時価（当該財産の評価について第三章

に特別の定めがある場合には、その規定により評価した価額）との差額に相当する金額を当該財産を譲渡した者から贈与（当該財産の譲渡が遺言によりなされた場合には遺贈）により取得したものとみなす。ただし、当該財産の譲渡が、その譲渡を受ける者が資力を喪失して債務を弁済することが困難である場合において、その者の扶養義務者から当該債務の弁済に充てるためになされたものであるときは、その贈与又は遺贈により取得したものとみなされた金額のうちその債務を弁済することが困難である部分の金額については、この限りでない。

（贈与又は遺贈により取得したものとみなす場合－その他の利益の享受）

第9条 第五条から前条まで及び次節に規定する場合を除くほか、対価を支払わないで、又は著しく低い価額の対価で利益を受けた場合においては、当該利益を受けた時において、当該利益を受けた者が、当該利益を受けた時における当該利益の価額に相当する金額（対価の支払があった場合には、その価額を控除した金額）を当該利益を受けさせた者から贈与（当該行為が遺言によりなされた場合には、遺贈）により取得したものとみなす。ただし、当該行為が、当該利益を受ける者が資力を喪失して債務を弁済することが困難である場合において、その者の扶養義務者から当該債務の弁済に充てるためになされたものであるときは、その贈与又は遺贈により取得したものとみなされた金額のうちその債務を弁済することが困難である部分の金額については、この限りでない。

（株式又は出資の価額が増加した場合）

相基通9－2 同族会社（法人税法（昭和40年法律第34号）第2条第10号に規定する同族会社をいう。以下同じ。）の株式又は出資の価額が、例えば、次に掲げる場合に該当して増加したときにおいては、その株主又は社員が当該株式又は出資の価額のうち増加した部分に相当する金額を、それぞれ次に掲げる者から贈与によって取得したものとして取り扱うものとする。この場合における贈与による財産の取得の時期は、財産の提供があった時、債務の免除があった時又は財産の譲渡があった時によるものとする。（昭57直資7－177改正、平15課資2－1改正、平20課資2－10改正）

(1) 会社に対し無償で財産の提供があった場合　当該財産を提供した者

(2) 時価より著しく低い価額で現物出資があった場合　当該現物出資をした者

(3) 対価を受けないで会社の債務の免除、引受け又は弁済があった場合　当該債務の免除、引受け又は弁済をした者

> (4)　会社に対し時価より著しく低い価額の対価で財産の譲渡をした場合
> 　当該財産の譲渡をした者

【ポイント】

○　問題は、「著しく低い価額」と「時価」の違いです。「著しく低い価額」で譲渡があった場合、その場合は、それらの価額と時価との差が贈与とみなされ、贈与税の対象となります。

○　「**著しく低い価額**」の判断については、公的な見解等明確なものは見当たりませんが、少なくとも相続税評価額未満であれば「著しく低い価額」になると言われる可能性が出てきます。平成19年8月23日の東京地裁判決（不動産の「時価」についての判決）においては、相続税評価額による売買は原則として「著しく低い価額」とは言えないものとしています。この判決の射程距離が問題となりますが、いずれにしても課税される場合の「著しく低い価額」とはどのような場合か、また「著しく低い価額の場合」に限るのかについては、なお議論があるところです。

○　相続税法7条及び9条は、「みなす」規定ですので、取引当事者間の関係及び主観面を問わないとされており、つまり、親族関係の有無や当事者間の贈与の意思は必要ないと言われています（東京地裁平成19年1月31日判決）。

○　非上場の同族会社が、その少数株主から自己株式を買い取る場合、その買取価格は、財産評価基本通達188-2の配当還元価額であれば、基本的には税務上「時価」と取り扱われます。

　つまり、この場合、他の同族株主に相続税法9条のみなし贈与（株主間贈与）の問題が生じる可能性については、現在種々な見解がありますが自己株式の買い取りの前・後で、同族株主の株式の時価が増加する結果になっていても、配当還元価額での買い取りに応じる少数株主と同族株主との間に租税回避行為が認められるなど特殊な事情がない限り相基通9-2にも該当する可能性は少なくみなし贈与となることはないと今のところ考えられています。なお、「Q5」及び「Q6」も参照してください。

　ただし、現時点での課税庁のスタンスは、「取引前後の関係者間で価値（利益）の移転がある場合には、贈与税が課税される場合がある」点は変わっていないと思われますので慎重な対応が求められます。

　（参考）・「不動産・非上場株式の税務上の時価の考え方と実務への応用」（大蔵財務協会）（渡邉正則著）409頁。

　　　　　・「資産税の盲点と判断基準」（大蔵財務協会）（笹島修半著）235頁。

　　　　　・「非上場会社のための金庫株の税務」（大蔵財務協会）（税理士法人タ

クトコンサルテシング編）116頁。

・「金庫株の徹底活用術」（金融財政事情研究会）（都井清史著）117頁。

2　【所得税法】　「所得税法上の時価」（みなし譲渡）

> **（贈与等の場合の譲渡所得等の特例）**
>
> **第59条**　次に掲げる事由により居住者の有する…譲渡所得の基因となる資産
> の移転があった場合には、その者の…譲渡所得の金額…の計算については、
> その事由が生じた時に、その時における価額に相当する金額により、これら
> の資産の譲渡があったものとみなす。
>
> 　一　贈与（法人に対するものに限る。）又は相続（限定承認に係るものに限
> 　　る。）若しくは遺贈（法人に対するもの及び個人に対する包括遺贈のうち
> 　　限定承認に係るものに限る。）
>
> 　二　著しく低い価額の対価として政令で定める額による譲渡（法人に対する
> 　　ものに限る。）

【所得税法施行令】

> **（時価による譲渡とみなす低額譲渡の範囲）**
>
> **第169条**　法第59条第1項第2号（贈与等の場合の譲渡所得等の特例）に規
> 　　定する政令で定める額は、同項に規定する…譲渡所得の基因となる資産の譲
> 　　渡の時における価額の二分の一に満たない金額とする。

【所得税基本通達】

> **所得税基本通達（株式等を贈与等した場合の「その時における価額」）**
>
> **59－6**　法第59条第1項の規定の適用に当たって、譲渡所得の基因となる資
> 　　産が株式（略）である場合の同項に規定する「その時における価額」は、
> 　　23～35共－9に準じて算定した価額による。この場合、23～35共－9
> 　　の(4)二に定める「1株又は1口当たりの純資産価額等を参酌して通常
> 　　取引されると認められる価額」については、原則として、次によるこ
> 　　とを条件に、…「財産評価基本通達」（法令解釈通達）の178から189
> 　　－7まで（取引相場のない株式の評価）の例により算定した価額とする。
>
> (1)　財産評価基本通達178、188、188－6、189－2、189－3及び189－
> 　　4中「取得した株式」とあるのは「譲渡又は贈与した株式」と、同通達
> 　　185、189－2、189－3及び189－4中「株式の取得者」とあるのは「株
> 　　式を譲渡又は贈与した個人」と、同通達188中「株式取得後」とあるのは

> 「株式の譲渡又は贈与直前」とそれぞれ読み替えるほか、読み替えた後の
> 同通達185ただし書、189-2、189-3又は189-4において株式を譲
> 渡又は贈与した個人とその同族関係者の有する議決権の合計数が評価する
> 会社の議決権総数の50%以下である場合に該当するかどうか及び読み替
> えた後の同通達188の(1)から(4)までに定める株式に該当するかどうかは、
> 株式の譲渡又は贈与直前の議決権の数により判定すること。
>
> (2)　当該株式の価額につき財産評価基本通達179の例により算定する場合
> 　　（同通達189-3の(1)において同通達179に準じて算定する場合を含む。）
> 　　において、当該株式を譲渡又は贈与した個人が当該譲渡又は贈与直前に当
> 　　該株式の発行会社にとって同通達188の(2)に定める「中心的な同族株主」
> 　　に該当するときは、当該発行会社は常に同通達178に定める「小会社」に
> 　　該当するものとしてその例によること。
>
> (3)　当該株式の発行会社が土地（土地の上に存する権利を含む。）又は金融
> 　　商品取引所に上場されている有価証券を有しているときは、財産評価基本
> 　　通達185の本文に定める「1株当たりの純資産価額（相続税評価額によっ
> 　　て計算した金額）」の計算に当たり、これらの資産については、当該譲渡
> 　　又は贈与の時における価額によること。
>
> (4)　財産評価基本通達185の本文に定める「1株当たりの純資産価額（相続
> 　　税評価額によって計算した金額）」の計算に当たり、同通達186-2によ
> 　　り計算した評価差額に対する法人税額等に相当する金額は控除しないこと。

【ポイント】

① **譲渡者（又は贈与者）** が同族株主に該当する場合は、基本的に原則的評価となり、それに該当しない場合は特例的評価となります。この「**同族株主**」に該当するかどうかの判定時期は、譲渡時の議決権数により判定することとされています。そのため、例えば従業員等の少数株主が発行法人に株式を譲渡する場合は特例的評価（配当還元方式）が「時価」とされます。

② 譲渡者が発行法人の中心的同族株主である場合は、発行会社は「**小会社**」としての評価となるため、純資産価額方式の価額か類似業種比準価額方式の価額（50%）と純資産価額方式の価額（50%）の合計額（併用方式）との選択になります。

③ 発行法人が土地や上場有価証券を保有しているときは、それらの財産は譲渡時の時価とされます（相続税評価そのものではありません）。

④ 純資産価額の計算では、相続税と帳簿価額との差額に対する法人税額相当額の控除はしません。

※所基通59-6の通達の構成は、下図のようなイメージとなります。

非上場株式の所法59条の時価は

その時における価額である

その時における価額とは

1株当たりの純資産価額等を参酌して通常取引されると認められる価額による（所基通23～35共-9(4)ニ）	→	次の４つの留保条件はついているが、財産評価基本通達178から189-7（取引相場のない株式の評価）を準用して評価すると定めている。

① 財産評価基本通達の**同族株主**になるか否か（支配か非支配か）の判定は株式の譲渡等をした者のその譲渡等の直前議決権数による。

② 株式を譲渡等した個人が**中心的な同族株主**（議決権割合25%以上）であるときは、その株式の発行会社は常に「小会社」方式により計算すること。

③ 純資産価額方式で評価する場合、資産中の**土地、上場有価証券**は譲渡等の時における**時価**で評価すること。

④ 純資産価額方式により株価を算定する際は評価差額の法人税等は控除しないこと。

（株式等を取得する権利の価額）

23～35共-9 …株式の価額は、次に掲げる場合に応じ、それぞれ次による。

(1)～(3)略

(4) (1)から(3)までに掲げる場合以外の場合

次に掲げる区分に応じ、それぞれ次に定める価額とする。

イ 売買実例のあるもの 最近において売買の行われたもののうち適正と認められる価額

ロ 公開途上にある株式で、当該株式の上場又は登録に際して株式の公募又は売出し（以下この項において「公募等」という。）が行われるもの（イに該当するものを除く。） 略

ハ 売買実例のないものでその株式の発行法人と事業の種類、規模、収益の状況等が類似する他の法人の株式の価額があるもの 当該価額に比準して推定した価額

ニ イからハまでに該当しないもの
権利行使日等又は権利行使日等に最も近い日におけるその株式の発行法人の1株又は一口当たりの純資産価額等を参酌して通常取引されると認められる価額

---

3 【法人税法】 「法人税法上の時価」

【法人税基本通達】

（市場有価証券等以外の株式の価額）

9-1-13 市場有価証券等以外の株式につき法第33条第2項《資産の評価

損の損金不算入等》の規定を適用する場合の当該株式の価額は、次の区分に応じ、次による。

(1)　売買実例のあるもの　当該事業年度終了の日前6月間において売買の行われたもののうち適正と認められるものの価額

(2)　公開途上にある株式（金融商品取引所が内閣総理大臣に対して株式の上場の届出を行うことを明らかにした日から上場の日の前日までのその株式）で、当該株式の上場に際して株式の公募又は売出し（以下9-1-13において「公募等」という。）が行われるもの（(1)に該当するものを除く。）金融商品取引所の内規によって行われる入札により決定される入札後の公募等の価格等を参酌して通常取引されると認められる価額

(3)　売買実例のないものでその株式を発行する法人と事業の種類、規模、収益の状況等が類似する他の法人の株式の価額があるもの（(2)に該当するものを除く。）　当該価額に比準して推定した価額

(4)　(1)から(3)までに該当しないもの　当該事業年度終了の日又は同日に最も近い日におけるその株式の発行法人の事業年度終了の時における1株当たりの純資産価額等を参酌して通常取引されると認められる価額

（市場有価証券等以外の株式の価額の特例）

9-1-14　法人が、市場有価証券等以外の株式（9-1-13の(1)及び(2)に該当するものを除く。）について法第33条第2項《資産の評価損の損金不算入等》の規定を適用する場合において、事業年度終了の時における当該株式の価額につき昭和39年4月25日付直資56・直審（資）17「財産評価基本通達」（以下9-1-14において「財産評価基本通達」という。）の178から189-7まで《取引相場のない株式の評価》の例によって算定した価額によっているときは、課税上弊害がない限り、次によることを条件としてこれを認める。

(1)　当該株式の価額につき財産評価基本通達179の例により算定する場合（同通達189-3の(1)において同通達179に準じて算定する場合を含む。）において、当該法人が当該株式の発行会社にとって同通達188の(2)に定める「中心的な同族株主」に該当するときは、当該発行会社は常に同通達178に定める「小会社」に該当するものとしてその例によること。

(2)　当該株式の発行会社が土地（土地の上に存する権利を含む。）又は金融商品取引所に上場されている有価証券を有しているときは、財産評価基本通達185の本文に定める「1株当たりの純資産価額（相続税評価額によって計算した金額）」の計算に当たり、これらの資産については当該事業年

度終了の時における価額によること。

　(3)　財産評価基本通達185の本文に定める「１株当たりの純資産価額（相続税評価額によって計算した金額）」の計算に当たり、同通達186－2により計算した評価差額に対する法人税額等に相当する金額は控除しないこと。

【ポイント】

○所基通59－6、23～35共－9及び法基通9－1－13、9－1－14適用上の留意点は、次のとおりです。

①　売買実例がある場合の売買の判定期間に、法基通と所基通では下記の違いがあります。

　イ．法基通9－1－13は「事業年度終了の日前6ヶ月間の売買」と規定→（期間の具体的定めあり）

　ロ．所基通23～35共－9(4)イは「最近の売買」と規定→（期間の具体的定めなし）

②　売買実例があっても、税務上それを採用する場合は、適正な価額でなければならないということになります（親族間の売買事例の適正価額の判断は注意を要します。）。

③　法基通9－1－14により、「**時価**」を求める場合に土地・建物、上場有価証券を評価する場合

　イ．評基通185は「「**土地等**」「**建物等**」について課税時期前3年以内に取得等したものの価額は、課税時期における通常の取引価額で評価する」と定め、いわゆる「3年シバリ」があります。

　　一方、法基通9－1－14(2)では「**土地等**又は**上場有価証券**については当該事業年度終了の時における価額による」と定め、これは期間がありません。

　　また、これは、土地等のみの定めであり、建物等については特別な規定がありませんので、その結果、土地等と建物等については取扱いが異なることになると考えられます。

　　※なお、所基通59－6も同様の規定になっていますので、同様の取扱いとなると考えます。

　上記のポイントを整理すると次の表になります。

土地等

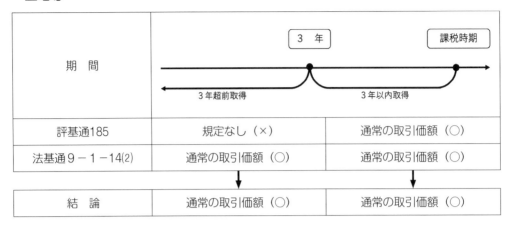

期　間	3 年　　　　　　　　　　　課税時期 3年超前取得　　　　　　3年以内取得	
評基通185	規定なし（×）	通常の取引価額（○）
法基通9－1－14(2)	通常の取引価額（○）	通常の取引価額（○）
結　論	通常の取引価額（○）	通常の取引価額（○）

建物等

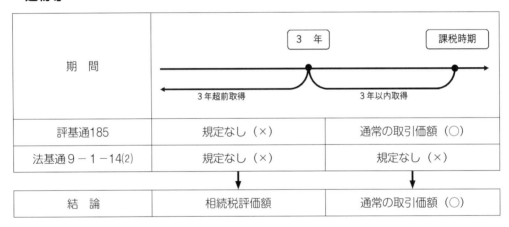

期　間	3 年　　　　　　　　　　　課税時期 3年超前取得　　　　　　3年以内取得	
評基通185	規定なし（×）	通常の取引価額（○）
法基通9－1－14(2)	規定なし（×）	規定なし（×）
結　論	相続税評価額	通常の取引価額（○）

□．**上場有価証券**の取扱いについて法基通9－1－14(2)と評基通185を整理すると次になります。

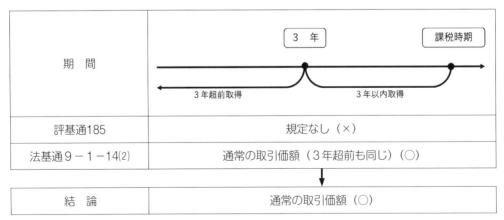

期　間	3 年　　　　　　　　　　　課税時期 3年超前取得　　　　　　3年以内取得
評基通185	規定なし（×）
法基通9－1－14(2)	通常の取引価額（3年超前も同じ）（○）
結　論	通常の取引価額（○）

④　貸家建付地を評価する場合

　「<u>純資産価額方式</u>で財産を評価する場合、貸家建付地の評価にあたり貸家の用に供する部分を減額することになっているが（貸家用用途減額）、土地の時価評価は市場価額のため、『都会地における貸ビル、マンション等の場合には、それが土地の価額の減価要因となっているとはいえませんので<u>法人税法上</u>は財産評価のように一律に控除するのは適当でない』とする説明もあります。（編集代表　渡辺淑夫・山本清次「法人税法基本通達の疑問点　五評版」（ぎょうせい）506頁）」

　つまり、「**時価**」を求める場合においては、貸家用の用途減額を必要とする説と必要としない説の2つの説がありますが、事例や事実認定によって異なってくると考えます。時価の観点からは、例えば<u>商業地における収益物件</u>のような場合には、<u>減額しない方が鑑定評価等に近い数字</u>となり合理的と考えられます。しかしながら、相続等の財産評価の場合と同様、事例によっては、減額調整が可能とする説（借地権×借家権）もあり注意を要する点です。

⑤　相当の地代を授受している底地を評価する場合

　「相当の地代を授受することで借地契約された土地の評価は、<u>財産評価通達</u>では更地価額の80％となるが（昭60直資2－58、直評9通達6）、<u>法人税の取扱い</u>においては『相当の地代を授受する場合には借地権者に帰属する借地権の価額はゼロとして取り扱われますから、<u>財産評価の取扱いのように</u>更地価額の80％相当額で評価することはできず、あくまでも<u>更地価額</u>で評価することになります』とする説明もあります。（「法人税法基本通達の疑問点　五評版」（ぎょうせい）508頁）」

　この場合も、20％控除する説と20％控除しない説の2つの説が考えられますが、実務では事実認定の問題と民法上の権利の認定によって異なってくると思われます。しかしながら、一律に減額調整（借地権20％、底地権80％）を行っている事例も見受けられところであり、検討を要する点です。

（注）　前頁以降の図等は、「取引相場のない株式の税務（第4版）（森富幸著）（日本評論社）」を参考に一部加工・加筆しています。

column 貸付金債務計上の可否

「遺言により株式と貸付金が同時に法人に遺贈された場合、当該株式について所得税法59条1項の「その時における価額」を純資産価額方式で算定するに当たり、法人に対する貸付金については、当該法人の負債として計上すべきとした事例」があります。

（東京地方裁判所平成31年（行ウ）第139号所得税更正処分取消請求事件（一部取消し）（確定）令和3年5月21日判決）

（概要）

本件は、亡甲が、A社に対し、遺言により、A社の株式及び貸付金を遺贈し、相続人が準確定申告をした後に更正の請求（1株1,326円）をしたところ、処分行政庁から更正処分（1株2,192円）を受けた事案です。

A社の株式について、所得税法59条1項の「その時における価額」を純資産価額方式で算定するに当たり、国（被告）は、「貸付金債務はA社の負債として計上されない旨」主張し、納税者（原告）は、「貸付金債務はA社の負債として計上される旨」主張しています。

東京地裁は、A社の1株当たりの純資産価額（相続税評価額によって計算した金額）の計算は、譲渡の直前における各資産及び各負債の価額に基づき行うべきであるとして、貸付金債務はA社の負債として計上すべきであり、遺贈の時における1株当たりの価額は1,344円になると判断しました。

4　計算明細書5表作成上の相違点

時価を算定する際に、純資産価額方式において「計算明細書第5表」の記載上、「相続・贈与」の場合と「譲渡」の場合の相違点及び注意点は、次のようになります。

第5表　1株当たりの純資産価額（相続税評価額）の計算明細書　　会社名

1．資産及び負債の金額（課税時期現在）

資　産　の　部				負　債　の　部			
科　　目	相続税評価額	帳簿価額	備考	科　　目	相続税評価額	帳簿価額	備考
	千円	千円			千円	千円	
現預金	10,000	10,000		借入金	70,000	70,000	
売掛金	7,000	7,000		未払金	5,000	5,000	
建物	7,200	10,000		XXX	XX,XXX	XX,XXX	
建物附属設備	0	3,000					
構築物	1,000	1,500					
土地	◎ 50,000	30,000					
保険積立金	5,000	2,500					
有価証券	◎ 9,990	3,000					
ゴルフ会員権	10	5,000					
即時償却資産	0	0					
XXX	XX,XXX	XX,XXX					

> 建物のみ（土地なし）⇒借地権に注意！
> 3年以内の取得（不動産）⇒時価（帳簿価額）　評基通185　貸地、貸家等の減はOK

> 非上場株の評価の場合下記⑧は37％減なし

合　　計	① XX,XXX	② XX,XXX		合　　計	③ XX,XXX	④ XX,XXX	
株式等の価額の合計額	㋑ XX,XXX	㋺ XX,XXX					
土地等の価額の合計額	㋩ XX,XXX						
現物出資等受入れ資産の価額の合計額	㋥	㋭					

2．評価差額に対する法人税額等相当額の計算			**3．1株当たりの純資産価額の計算**		
相続税評価額による純資産価額（①－③）	⑤	XX,XXX 千円	課税時期現在の純資産価額（相続税評価額）（⑤－⑧）	⑨	XX,XXX 千円
帳簿価額による純資産価額（（②＋（㋩－㋭）－④）、マイナスの場合は0）	⑥	0 千円	課税時期現在の発行済株式数（（第1表の1の①）－自己株式数）	⑩	XX,XXX 株
評価差額に相当する金額（⑤－⑥、マイナスの場合は0）	⑦	XX,XXX 千円	課税時期現在の1株当たりの純資産価額（相続税評価額）（⑨÷⑩）	⑪	XX,XXX 円
評価差額に対する法人税額等相当額（⑦×37％）	⑧	XX,XXX 千円	同族株主等の議決権割合（第1表の1の⑤の割合）が50％以下の場合（⑪×80％）	⑫	円

> 法人税率に連動　28.4.1～（37.04％）の改正
> 評価通達・明細書通達の改正　⇒　37％（37.04％≒37％）

譲渡の場合

第5表　1株当たりの純資産価額（相続税評価額）の計算明細書　　会社名

（平成三十年一月一日以降用）

（取引相場のない株式（出資）の評価明細書）

1．資産及び負債の金額（課税時期現在）

資　産　の　部				負　債　の　部			
科　　目	相続税評価額	帳簿価額	備考	科　　目	相続税評価額	帳簿価額	備考
	千円	千円			千円	千円	
現預金	10,000	10,000		借入金	70,000	70,000	
売掛金	7,000	7,000		未払金	5,000	5,000	
建物	7,200	10,000		XXX	XX,XXX	XX,XXX	
建物附属設備	0	3,000					
構築物	1,000	1,500					
土地	◎ 62,500	30,000					
保険積立金	5,000	2,500					
有価証券	◎ 12,000	3,000					
ゴルフ会員権	10	5,000					
XXX	XX,XXX	XX,XXX					
合　　計	① XX,XXX	② XX,XXX		合　　計	③ XX,XXX	④ XX,XXX	
株式等の価額の合計額	㋑ XX,XXX	㋺ XX,XXX					
土地等の価額の合計額	㋩ XX,XXX						
現物出資等受入れ資産の価額の合計額	㊁	㊧					

2．評価差額に対する法人税額等相当額の計算		3．1株当たりの純資産価額の計算	
相続税評価額による純資産価額（①−③）	⑤ XX,XXX 千円	課税時期現在の純資産価額（相続税評価額）（⑤−⑧）	⑨ XX,XXX 千円
帳簿価額による純資産価額（（②+（㊁−㊧）−④）、マイナスの場合は0）	⑥ 0 千円	課税時期現在の発行済株式数（（第1表の1の①−自己株式数）	⑩ XXX 株
評価差額に相当する金額（⑤−⑥、マイナスの場合は0）	⑦ XX,XXX 千円	課税時期現在の1株当たりの純資産価額（相続税評価額）（⑨÷⑩）	⑪ XX,XXX 円
◎ 評価差額に対する法人税額等相当額（⑦× 0%）	⑧ 0 千円	同族株主等の議決権割合（第1表の1の⑤の割合）が50%以下の場合（⑪×80%）	⑫ 円

譲渡は継続が前提なので37%減なし

3　参考判決

「みなし譲渡」に関する重要判例

所得税基本通達59－6⑴の改正に影響を与えた、東京地裁判決から最高裁判決までの一連の判決は、法律と通達の関係についての基本的考え方など重要な要素を含んでいますので、参考までに掲げます。

［判決のポイント］

① 　東京地裁は、所得税（所得税法59条１項）における取扱いでは、「同族会社」に該当するかどうかは、株式の譲渡者の譲渡直前の議決権の数により判定することとされている（平成29年８月30日東京地裁判決）と判断（国側勝訴）。

② 　これに対して、東京高裁は所得税基本通達59－6（旧通達）の文言からは、財産評価基本通達188⑴の判定上は、株式の譲渡者の譲渡直前の議決権の数により判定することが明記されているものの、同188⑵、⑶及び⑷については特に指示がされていないから、これらの判定については、相続税法や財産評価基本通達の一般的な適用方法に従い取得者の立場で判定を行うべきであると判断している（平成30年７月19日東京高裁判決）（納税者側勝訴）。

③ 　最高裁は、譲渡所得に対する課税の趣旨に照らせば、譲渡人の会社への支配力の程度に応じた評価方法を用いるべきものと解される（令和２年３月24日最高裁判決）と判断（国側勝訴）

　この最高裁判決において、通達については、分かりやすさという観点から改善が望まれるなどとする補足意見が付されたこと等から、国税庁では令和２年８月28日付けで所得税基本通達59－6を改正しています。

①　事案の概要

非上場の株式会社Aの代表取締役甲は、A社の株式を譲渡後の議決権割合から考え、配当還元価格の１株当たり75円で72万５千株を有限会社Bに有償譲渡し、申告しました。これに対し、被告・税務署長は譲渡直前の議決権割合で判定すべきであるとしました。

【A社の株式構成（発行済株式総数920万株、１株１議決権）】　単位：株

	譲渡前		譲渡後	
甲	1,460,700（15.88%）	22.79%	735,700（8.00%）	14.91%
甲の親族	635,820（6.91%）		635,820（6.91%）	
B社	0（0.00%）		725,000（7.88%）←	（高裁判決）
C社	2,224,400（24.18%）		同左	
その他	4,879,080（53.03%）		同左	

○　譲渡後でみると甲と甲の親族の議決権割合は14.91％で15％未満（評価通達188 (3)）となります。B社は、同族関係者のいない会社に当たり、その議決権割合は15 ％未満であると判断（東京高裁）。

【A社株式譲渡時の時価（所得税）】１株あたり

原則的評価（類似業種比準方式）　　　　　@2,505円

例外的評価（配当還元方式）　　　　　　@　75円

図　当事者の主張

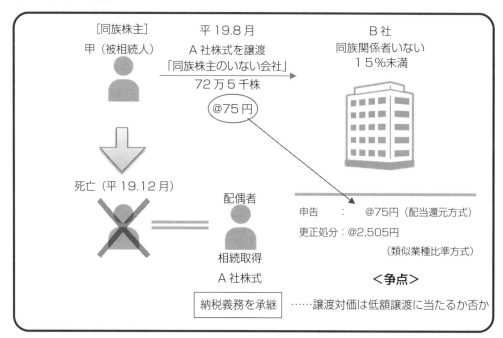

★　「譲渡収入金額」を考える場合の「時価」は、譲渡前又は譲渡後のどちらの価額でみるべきかが１つの争点です。

②　原告らの主張

　売買取引の価格決定に際しては、譲渡人が同族株主であるとしても、譲受人が少数株主であれば、その取得株式の経済的価値を前提として価値が決定されるものである。所得税法59条１項２号のみなし譲渡課税は、取引社会で現実に行われる取引と比較して時価の２分の１未満の低額な取引に規制を加えるものであり、一般的な第三者間でも行われることのないような取引を擬制して規制を加えるものではない。

　所得税基本通達59－6(1)は、評価通達188(1)に定める「同族株主」に該当するかの判定に限り、譲渡直前の議決権の数による旨定めており、評価通達188(3)の株主区分の判定においては、文言どおり譲渡後の譲受人の議決権割合により判定すべきであ

る。

③ 被告（税務署長）の主張

　所得税基本通達59−6(1)は、取引相場のない株式について、株式を譲渡した個人の当該譲渡直前の議決権割合により、評価通達188の定めに基づき、当該株式が「同族株主以外の株主等が取得した株式」（評価通達178・188）に当たるか否かを判断すべきことを定めたものである。よって、評価通達188(3)も株式を譲渡した個人の当該譲渡直前の議決権割合で判定すべきである。

④ 東京地方裁判所（民事第3部）の判断（ポイント）

イ　評価方法の合理性について

　「所得税基本通達59−6が上記の評価通達に定められた取引相場のない株式の評価方法を適用する際の一定の条件として規定した内容の合理性について検討すると、そもそもそのような一定の条件を設けたのは、評価通達が本来的には相続税や贈与税の課税価格の計算の基礎となる財産の評価に関する基本的な取扱いを定めたものであって、譲渡所得の収入金額の計算とは適用場面が異なることから、評価通達を譲渡所得の収入金額の計算の趣旨に則して用いることを可能にするためであると解される。すなわち、相続税や贈与税が、相続や贈与による財産の移転があった場合にその財産の価額を課税価格としてその財産を取得した者に課される税であるのに対し、譲渡所得に対する課税は、資産の値上がりによりその資産の所有者に帰属する増加益（キャピタル・ゲイン）を所得として、その資産が所有者の支配を離れて他に移転するのを機会に、これを清算してその譲渡人である元の所有者に課税する趣旨のものと解されるのであって［最高裁昭和41年（行ツ）第102号同47年12月26日第三小法廷判決・民集第26巻10号2083頁他参照］、そのような課税の趣旨からすれば、譲渡所得の基因となる資産についての低額譲渡の判定をする場合の計算の基礎となる当該資産の価額は、当該資産を譲渡した後の譲受人にとっての価値ではなく、その譲渡直前において元の所有者が所有している状態における当該所有者（譲渡人）にとっての価値により評価するのが相当であるから、評価通達188の(1)〜(4)の定めを取引相場のない株式の譲渡に係る譲渡所得の収入金額の計算上当該株式のその譲渡の時における価額の算定に適用する場合には、各定め中「（株主の）取得した株式」とあるのを「（株主の）有していた株式で譲渡に供されたもの」と読み替えるのが相当であり、また、各定め中のそれぞれの議決権の数も当該株式の譲渡直前の議決権の数によることが相当であると解される。所得税基本通達59−6の(1)が、評価通達188の(1)に定める「同族株主」に該当するかどうかは、株式を譲渡した個人の当該譲渡直前の議決権の数により判定

411

する旨を定めているのは、上記の趣旨を「同族株主」の判定について**確認的**に規定したものであり、上記の読替え等をした上で評価通達188の(1)～(4)の定めを適用すべきであることを当然の前提とするものと解されるから、この規定もまた一般的な合理性を有すると認められる。」

□　まとめ

「評価通達188の(1)～(4)の定めを取引相場のない株式の譲渡に係る譲渡所得の収入金額の計算上当該株式のその譲渡の時における価額の算定に適用する場合には、原告らのいう会社区分の判定においても、譲渡直前の譲渡人の議決権割合によるのが相当である。」

八　譲渡前の状態と譲渡後の状態の関係

「確かに、譲渡所得に対する課税は当事者間において資産の譲渡が成立することが前提であり、譲渡価額の決定に際しては、譲受人側の事情も重要な要素であるということはできる。しかしながら、譲渡人が所有している状態における株式が、一定の議決権割合を占め事業経営への影響力のあるもの（支配力を有するもの）であったのであれば、譲渡人としてはその支配力をも加味した価値のある株式を有していたというべきであり、現に成立した取引において、譲渡人がその有する株式のうちの少数のみを分割して譲受人に譲渡し、譲受人が取得する株式が事業経営への影響力のない株式（少数株式）になったとしても、それは、譲渡人があえて経営への影響力を廃する形で分割譲渡した結果にほかならない。そのため、**譲受人**が取得した株式が少数株式にとどまるからといって、譲渡人が所有していた状態における資産としての株式の価値を、当該**譲渡により分割された後**の少数株式の状態で評価することは、前述の譲渡所得に対する課税の趣旨に反することになるというべきである。

評価通達188の(3)が一文で定める株式の要件に関して原告が主張するような異なる判断基準を混在させることに合理的な理由は見出し難く、譲渡所得に対する課税の趣旨に鑑みれば、前記のとおりに解釈するのが相当である。譲渡所得に対する課税の趣旨から前記のような解釈を導き出すことはさほど困難なことではないから、このように解しても課税に関する予測可能性を損なうとはいえない。」

（判決要旨（まとめ））

1　本件は、Ａ社の代表取締役であった被相続人甲が、所有していたＡ社株式のうち72万5,000株を、平成19年8月、B社に対して譲渡したことにつき、相続により甲の平成19年分所得税の納付義務を承継した原告らが、株式に係る譲渡所得の収入金額を譲渡対価（1株当たり75円・配当還元方式）と同じ金額として申告したところ、税務署長が、譲渡対価はその時におけるＡ社株式の価額（1株当たり2,505円・類似業種比準方式）の2分の1に満たないから、

本件株式譲渡は所得税法59条1項2号の低額譲渡に当たるとして更正処分等をした事案である。

2　所得税基本通達59-6は、譲渡所得の基因となる資産が評価通達における取引相場のない株式に相当する株式であって売買実例のある株式等に該当しないものである場合の「その時における価額」とは、原則として、一定の条件の下に、評価通達の178から189-7までの例により算定した価額とする旨を定めている。

3　所得税基本通達59-6が一定の条件を設けたのは、評価通達が本来的には相続税や贈与税の課税価格の計算の基礎となる財産の評価に関する基本的な取扱いを定めたものであって、譲渡所得の収入金額の計算とは適用場面が異なることから、評価通達を譲渡所得の収入金額の計算の趣旨に則して用いることを可能にするためであると解される。

4　譲渡所得に対する課税の趣旨からすれば、譲渡所得の基因となる資産についての低額譲渡の判定をする場合の計算の基礎となる当該資産の価額は、当該資産を譲渡した後の譲受人にとっての価値ではなく、その譲渡直前において元の所有者が所有している状態における当該所有者（譲渡人）にとっての価値により評価するのが相当であるから、評価通達188の(1)～(4)の定めを取引相場のない株式の譲渡に係る譲渡所得の収入金額の計算上当該株式のその譲渡の時における価額の算定に適用する場合には、各定め中「（株主の）取得した株式」とあるのを「（株主の）有していた株式で譲渡に供されたもの」と読み替えるのが相当であり、また、各定め中のそれぞれの議決権の数も当該株式の譲渡直前の議決権の数によることが相当であると解される。

5　所得税基本通達59-6の(1)が、評価通達188の(1)に定める「同族株主」に該当するかどうかは、株式を譲渡した個人の当該譲渡直前の議決権の数により判定する旨を定めているのは、上記の趣旨を「同族株主」の判定について確認的に規定したものであり、上記の読替え等をした上で評価通達188の(1)～(4)の定めを適用すべきであることを当然の前提とするものと解される。

6　本件株式譲渡直前の時点において、A社には合計して30%以上の議決権を有する株主及びその同族関係者がおらず、A社は「同族株主のいない会社」に当たるから、A社株式は評価通達188の(1)及び(2)の株式には該当しない。また、株式譲渡直前の時点において、譲渡人である甲及びその同族関係者である親族らは、合計して15%以上の議決権を有し、甲個人も5%以上の議決権を有していたから、A社株式は、評価通達188の(3)及び(4)の株式にも該当しない。よって、A社株式は、評価通達178本文、179の(1)により類似業種比準方

式により評価すべきこととなる。そして、その評価額は1株当たり2,505円となることが認められる。

〔参考〕 評価方式判定表

A　同族株主のいる会社

株主の態様					評価方式
同族株主のいる会社	同族株主 (30%以上 (50%超))	取得後の議決権割合が5％以上の株主			原則的評価方式
		取得後の議決権割合が5％未満の株主	中心的な同族株主がいない場合		
			中心的な同族株主がいる場合	中心的な同族株主	
				役員である株主又は役員となる株主	
				その他の株主	〈評基通〉188(2) 配当還元方式 188(1)
	同族株主以外の株主				

※　同族株主……30%（50%）基準　中心的な同族株主……25%基準

> この欄までくると、配当還元方式が適用できる同族株主になります。

B　「同族株主のいない会社」

　議決権割合の合計が**30%以上**の株主グループがいない場合、その会社は「**同族株主のいない会社**」に該当します。この場合、議決権割合の合計が**15%未満**の株主グループに属する株主は**配当還元方式に確定**し、**15%以上**の株主グループについては「同族株主のいる会社」の場合と同じような検討を加えることになります。ただし、「同族株主のいる会社」の場合と異なり、「中心的な同族株主」が「中心的な株主」に代わります（評基通188(4)）。

チェックポイント

　「**中心的な株主**」とは**単独で10%以上の議決権を有する株主**のことをいいます。

株主の態様					評価方式
同族株主のいない会社	議決権割合の合計が15%以上の株主グループに属する株主	取得後の議決権割合が5％以上の株主			原則的評価方式
		取得後の議決権割合が5％未満の株主	中心的な株主がいない場合		
			中心的な株主がいる場合 (10%以上)	役員である株主又は役員となる株主	
				その他の株主	〈評基通〉188(4) 配当還元方式 188(3)
	議決権割合の合計が15%未満の株主グループに属する株主				

※　同族株主……30%（50%）基準
　　中心的な株主……10%基準（15%グループの内）

⇒　42頁、49頁、64頁も参照してください。

（同族株主以外の株主等が取得した株式）

188　178《取引相場のない株式の評価上の区分》の「同族株主以外の株主等が取得した株式」は、次のいずれかに該当する株式をいい、その株式の価額は、次項の定めによる。（昭47直資３－16・昭53直評５外・昭58直評５外・平15課評２－15外・平18課評２－27外改正）

⑴　同族株主のいる会社の株式のうち、同族株主以外の株主の取得した株式

　　この場合における「同族株主」とは、課税時期における評価会社の株主のうち、株主の１人及びその同族関係者（法人税法施行令第４条《同族関係者の範囲》に規定する特殊の関係のある個人又は法人をいう。以下同じ。）の有する議決権の合計数がその会社の議決権総数の30％以上（その評価会社の株主のうち、株主の１人及びその同族関係者の有する議決権の合計数が最も多いグループの有する議決権の合計数が、その会社の議決権総数の50％超である会社にあっては、50％超）である場合におけるその株主及びその同族関係者をいう。

⑵　**中心的な同族株主**のいる会社の株主のうち、中心的な同族株主以外の同族株主で、その者の株式取得後の議決権の数がその会社の議決権総数の５％未満であるもの（課税時期において評価会社の役員（社長、理事長並びに法人税法施行令第71条第１項第１号、第２号及び第４号に掲げる者をいう。以下この項において同じ。）である者及び課税時期の翌日から法定申告期限までの間に役員となる者を除く。）の取得した株式

　　この場合における「**中心的な同族株主**」とは、課税時期において同族株主の１人並びにその株主の配偶者、直系血族、兄弟姉妹及び１親等の姻族（これらの者の同族関係者である会社のうち、これらの者が有する議決権の合計数がその会社の議決権総数の25％以上である会社を含む。）の有する議決権の合計数がその会社の議決権総数の25％以上である場合におけるその株主をいう。

⑶　同族株主のいない会社の株主のうち、課税時期において株主の１人及びその同族関係者の有する議決権の合計数が、その会社の議決権総数の15％未満である場合におけるその株主の取得した株式

⑷　**中心的な株主**がおり、かつ、同族株主のいない会社の株主のうち、課税時期において株主の１人及びその同族関係者の有する議決権の合計数がその会社の議決権総数の15％以上である場合におけるその株主で、その者の株式取得後の議決権の数がその会社の議決権総数の５％未満であるもの（⑵の役員である者及び役員となる者を除く。）の取得した株式

　　この場合における「**中心的な株主**」とは、課税時期において株主の１人及びその同族関係者の有する議決権の合計数がその会社の議決権総数の15％以上である株主グループのうち、いずれかのグループに単独でその会社の議決権総数の10％以上の議決権を有している株主がいる場合におけるその株主をいう。

〔**参考**〕　**配当還元方式**

　　同族株主のいる会社の５％未満の同族株主のうち役員でない特定の同族株主、同族株主以外の株主及び同族株主のいない会社の15％未満の株主グループに属する株主の取得した株式は、評価会社の直前期末以前２年間平均配当金を基礎として、次の算式で計算した金額により評価します（評基通188－２）。

$$\frac{その株式に係る年配当金額}{10\%} \times \frac{その株式の１株当たりの資本金等の額}{50円}$$

⑤　東京地裁と東京高裁の相違点（ポイント）

　東京高等裁判所は、平成30年7月19日判決で、東京地裁の1審判決を覆しました。判決内容を簡単に整理すると、次のようになります。

　非上場株式の譲渡（みなし譲渡）における**「時価」**の算定について

1　**1審は**、「株式譲渡前の議決権の数で「同族株主以外の株主等」を判定するとして、「類似業種比準方式」で算定した価額が相当である。」と判断しました。

2　**2審は**、議決権割合の判定時期について、1審と異なる判断をしました。主要なポイントは次のとおりです。
　(1)　同一点
　　①　所得税基本通達59－6は　⇒　○（適正な取扱い）
　　②　時価の算定方法を定めた、財産評価基本通達178～189－7は
　　　⇒　○（合理性あり）
　　③　配当還元方式を適用できる株式の範囲を定めた財産評価基本通達188(1)の「同族株主」について、59－6(1)で、「譲渡直前」の株式の議決権数で判定している「一定の条件」の考え方は　⇒　○（合理性あり）
　(2)　異なる点
　　①　**「同族株主」以外の188(2)～(4)**における株主区分の判定の議決権割合については、譲渡直前の議決権の数の割合で判定する明文の規定が所得税基本通達**59－6にない。**
　　②　**188(2)～(4)には、「株式取得後」「取得した株式」という文言あり。**
　　③　**A社は、譲渡直前、30%以上有する株主やその同族関係者はいない。**
　　　⇒　「同族株主のいない会社」である
　　④　A社の**譲渡後（所得後）**のB社の株式の議決権割合は、7.88%である。
　　　甲及びその親族の譲渡後の議決権割合は、14.91%でいずれにしても15%未満にとどまる。
　　　⇒　財産評価基本通達188(3)に該当　⇒　配当還元方式　○（可能である）

⑥ **東京高裁平成30年7月19日判決**

要旨（抜粋）

『イ 所得税基本通達59－6の⑴の条件下における評価通達188の議決権割合の判定方法（争点①）について

（ア） 本件では、所得税基本通達59－6の定める⑴から⑷までの条件のうち、⑴が妥当する範囲とその合理性の有無が問題となる。

すなわち、所得税基本通達59－6の⑴は、評価通達に定められた取引相場のない株式の評価方法を適用する際の条件として、「財産評価通達188の⑴に定める「同族株主」に該当するかどうかは、株式を譲渡又は贈与した個人の当該譲渡又は贈与直前の議決権の数により判定すること。」と定めている。これは、評価通達188の⑴は、「同族株主」につき、課税時期における評価会社の株主のうち、株主の1人及びその同族関係者の有する議決権の合計数がその会社の議決権総数の30％以上等である場合におけるその株主及びその同族関係者としているところ、その文理解釈だけでは、30％以上等である場合が、株式譲渡前の議決権について述べているのか、譲渡後の議決権について述べているのかは必ずしも明らかではないため、譲渡所得に対する課税が、資産の値上がりによりその資産の所有者に帰属する増加益を所得として、その資産が所有者の支配を離れて他に移転するのを機会に、これを清算して課税するという趣旨から、30％以上等という基準は、株式を譲渡した個人の当該譲渡直前の議決権割合により判定すべきことを定めたということができ、このこと自体の合理性は認めることができる。

ところが、被控訴人は、更に進んで、譲渡所得に対する課税の上記の趣旨から、評価通達188の⑵から⑷までに係る株主区分の判定についても、譲渡人の株式譲渡直前の議決権割合により判定する旨を主張している。評価通達188の⑵及び⑷には、「株式取得後」と、同⑵から⑷までには「取得した株式」との文言があり、その文理からすると、株式譲渡後の譲受人の議決権割合を述べていることが明らかであるから、被控訴人主張のように理解するためには、同⑵及び⑷の「株式取得後」との文言を「株式譲渡前」と、同⑵から⑷までの「取得した株式」との文言を「譲渡した株式」と、それぞれ読み替えることを要し、所得税基本通達59－6の⑴は、そのような読み替えを定めたものと理解することが必要となる（所得税基本通達59－6が同基本通達の改正により定められた直後の平成13年当時、上記主張に沿う解説が示されている（乙103の10頁の「株主の態様による算定方式」の表参照）が、その後、上記のような読み替えを明確に示した解説等は、見当たらない。）。

原判決も、この主張に沿う判断をしているものと解される（原判決22頁7行目から23頁14行目まで）。

(イ)　しかし、租税法規の解釈は原則として文理解釈によるべきであり、みだりに拡張解釈や類推解釈を行うことは許されないと解されるところ、所得税基本通達及び評価通達は租税法規そのものではないものの、課税庁による租税法規の解釈適用の統一に極めて重要な役割を果たしており、一般にも公開されて納税者が具体的な取引等について検討する際の指針となっていることからすれば、課税に関する納税者の信頼及び予見可能性を確保する見地から、上記各通達の意味内容についてもその文理に忠実に解釈するのが相当であり、通達の文言を殊更に読み替えて異なる内容のものとして適用することは許されないというべきである。本件においては、本件株式が評価通達188の(3)の株式に該当するかどうかが争われているところ、上記のとおり、所得税基本通達59－6の(1)が、評価通達188の(1)に定める「同族株主」に該当するかどうかについて株式を譲渡した個人の当該譲渡直前の議決権の数により判定する旨を定める一方で、同(2)から(4)までについて何ら触れていないことからすれば、同(3)の「同族株主のいない会社」に当たるかどうかの判定（会社区分の判定）については、それが同(1)の「同族株主のいる会社」の対概念として定められていることに照らし、所得税基本通達59－6の(1)により株式譲渡直前の議決権の数により行われるものと解されるとしても、「課税時期において株主の1人及びその同族関係者の有する議決権の合計数が、その会社の議決権総数の15％未満である場合におけるその株主の取得した株式」に該当するかどうかの判定（株主区分の判定）については、その文言どおり、株式の取得者の取得後の議決権割合により判定されるものと解するのが相当である。

(ウ)　被控訴人は、譲渡所得に対する課税は、資産の値上がりによりその資産の所有者に帰属する増加益を所得として、その資産が所有者の支配を離れて他に移転するのを機会に、これを清算して課税するという趣旨から、評価通達188の(2)から(4)までについて、譲渡人の株式譲渡直前の議決権割合により判定する旨を主張している。しかし、そのような解釈をするためには、上記のような「読み替え」が必要となるが、所得税基本通達59－6の(1)の文言は、評価通達188の(1)の「同族株主」について述べているのであるから、評価通達188の(2)から(4)までの「同族株主」以外の部分までが上記のように読み替えられて適用される旨を読み取ることは、一般の納税者にとっては困難である。

　しかも、被控訴人の主張する譲渡所得に対する課税の趣旨から、上記「読み替え」を導き出すこと自体、所得税基本通達59－6の(1)があっても無理があるといわなければならない。すなわち、所得税法59条1項にいう「その時における価額」は、譲渡の時における資産の客観的交換価値で、不特定多数の独立当事者間の自由な取引において通常成立すると認められる価額（時価）を意味するのであり、譲渡人が会社支配権を有する多数の株式を保有する場合には、当該株式は議決権行使に係る経営的支配関係を前提とした経済的価値を有するものと評価され得る一方、当該株式が分割して譲渡され、譲受人が支配権を有しない少数の株式を保有するにとどまる場合には、当該株式は配当への期待に基づく経済的価値を有するにすぎないものとして評価されることとなるから、その間の自由な取引において成立すると認められる価額は、譲渡人が譲渡前に有していた支配関係によって決定されるのか、譲渡後に譲受人が取得することになった支配関係のどちらで決定されるのかは一概に決定することはできず、双方の会社支配の程度によって結論を異にする事柄であるというべきである。被控訴人の主張する譲渡所得課税の趣旨（所有者に帰属していた増加益を精算して課税する。）といっても、上記のように成立した価額を基準に、所有者の有していた増加益を判断して課税することになるのであるから、上記譲渡所得課税の趣旨に反するということまではできない。そのため、議決権割合の判定基準時を文理解釈で決定できない評価通達188の(1)について、上記譲渡所得課税の趣旨に基づく条件（所得税基本通達59－6(1)）を定めてその解釈を明確化することには、一定の合理性が認められるものの、株式取得後の議決権割合で判定する旨を定めていることが文理上明らかな評価通達188の(2)から(4)までについてまで、明文の定めもなく、上記譲渡所得課税の趣旨によって読み替えることは、所得税基本通達59－6の(1)があっても無理があるといわなければならない（なお、株式が分割して取引の対象となるという特性を有するものであることに鑑みると、会社支配権を有する多数の株式を保有する譲渡人が経営への影響力を廃する形で株式を分割して譲渡すること自体に問題があるということはできず、そのような分割譲渡について殊更に租税回避の意図を見出してこれを実質的に否認するような解釈を採ることは、私的自治の観点からも疑問があるものといわざるを得ない。）。

　そうすると、評価通達188の(2)から(4)までについては、上記の自由な取引において成立すると認められる価額について、譲渡人と譲受人の双方の会社支配の程度を考慮して規定された合理的な内容を有するものとして、これを

読み替える明文の規定がない場合には、「同族株主のいない会社」の部分を除き、そのまま譲渡所得課税にも適用するのが相当である（所得税法基本通達59-6は、このことを定めたものとして合理性を有する。）。仮に、所得税基本通達59-6の(1)の適用範囲について、評価通達188の(2)から(4)までについてまで被控訴人が主張するような解釈をとろうとするのであれば、上記に説示したような通達の重要性及び機能に照らし、その旨を通達上明確にしておくべきであって、通達の改正等を経ることなく解釈によりその実質的内容を変更することは、通達の定めを信頼して取引等について判断をした納税者に不測の不利益を与えるものであり、相当でないというべきである。

（エ）　以上によれば、本件株式が評価通達188の(3)の株式に該当するかどうかについて、「課税時期において株主の1人及びその同族関係者の有する議決権の合計数が、その会社の議決権総数の15％未満である場合におけるその株主の取得した株式」に該当するかどうかの判定（株主区分の判定）については、その文言どおり、株式の取得者の取得後の議決権割合により判断されるものと解するのが相当である。

　　なお、評価通達188の(3)について以上のように解すると、会社区分と株主区分の各判定の基準となる時期が異なることとなり、一文で定められている株式の要件に関して異なる判断基準が混在することになるが、会社区分の判定と株主区分の判定は論理的に関連するものではなく、前者について株式譲渡直前の議決権割合によって判断するからといって、後者についても当然に同じ基準によらなければならないという必然性があるとはいえない。

　　以上によれば、被控訴人の前記主張は採用することができない。

ウ　本件株式の評価について

　　前記引用に係る原判決記載の前提事実(1)ア及び(3)のとおり、A社の株式は、評価通達における「取引相場のない株式」に当たり、かつ、同社には、本件株式譲渡の直前において、議決権総数の30％以上の議決権を有する株主及びその同族関係者は存在しなかったから、同社は「同族株主のいない会社」に当たる。そして、同(3)のとおり、B社の本件株式取得後の議決権割合は7.88％であり、B社には同族関係者がおらず、その議決権割合はA社の議決権総数の15％未満にとどまる。したがって、本件株式は、評価通達188の(3)の株式に該当するから、所得税基本通達59-6、評価通達188-2に従い、配当還元方式によって評価すべきこととなる。

最高裁判所第三小法廷平成30年（行ヒ）第422号所得税更正処分取消
等請求上告受理事件（上告人国）（原判決破棄）（差戻し）

令和２年３月24日判決

（概要）

　非上場株式を譲渡した際の株式評価における株主区分は譲渡前の議決権割合による
べきであるとして、配当還元方式を支持した高裁判決を破棄、差し戻された事例

　納税者（被上告人）は、少数株主である法人に対して非上場株式を配当還元価額で
売却しました。売却価額が類似業種比準方式に基づく価額の２分の１に満たないこと
から低額譲渡として課税庁は更正処分をし、納税者はその取消しを求めて訴えました。
地裁では、譲渡所得なので譲渡直前の議決権割合によるとして納税者の主張が退けら
れ、高裁では、評価通達からは譲渡直前の議決権と読み取れないとして課税処分が取
り消され、不服な課税庁が上告しました。

　最高裁は、相続税や贈与税は財産を取得した者の取得財産に課されるものだから取
得した株主の会社への支配力に着目した評価方法を用いるべきですが、譲渡所得は、
譲渡人の資産の値上がり益に課されるものだから譲渡人の会社への支配力の程度に応
じた評価方法を用いるべきであり、譲渡後の議決権割合による配当還元方式を時価と
する高裁判決には所得税法59条１項の解釈適用を誤った違法があるとして、破棄、
差し戻しました。

（要旨）

1　本件は、法人に対する株式の譲渡につき、被上告人らが、当該譲渡に係る譲渡所
　得の収入金額を譲渡代金額と同額として所得税の申告をしたところ、当該代金額が
　所得税法59条１項２号に定める著しく低い価額の対価に当たるとして、更正処分
　等を受けた事案であり、当該株式の当該譲渡の時における価額が争われている。

2　原審は、要旨次のとおり判断して、被上告人らの請求を一部認容した。

　　通達の意味内容については、課税に関する納税者の信頼及び予見可能性を確保す
　る見地から、その文理に忠実に解釈するのが相当であり、評価通達188の(2)～(4)の
　「株主が取得した株式」などの文言を「株主が譲渡した株式」などと殊更に読み替
　えることは許されない。そうすると、譲渡所得に対する課税においても、評価通達
　188の(2)～(4)の少数株主に該当するかどうかは、その文言どおり株式の取得者の取
　得後の議決権の割合により判定されるというべきであり、所得税基本通達59－6

はこのことを定めたものとして合理性を有するところ、本件株式の譲受人であるＣ社は評価通達188の⑶の少数株主に該当するから、本件株式の価額は配当還元方式によって算定した1株当たり75円であると認められる。

3　しかしながら、原審の判断は是認することができない。その理由は、次のとおりである。

4　所得税法59条1項所定の「その時における価額」につき、所得税基本通達59－6は、譲渡所得の基因となった資産が取引相場のない株式である場合には、同通達59－6の⑴～⑷によることを条件に評価通達の例により算定した価額とする旨を定める。評価通達は、相続税及び贈与税の課税における財産の評価に関するものであるところ、取引相場のない株式の評価方法について、原則的な評価方法を定める一方、事業経営への影響の少ない同族株主の一部や従業員株主等においては、会社への支配力が乏しく、単に配当を期待するにとどまるという実情があることから、評価手続の簡便性をも考慮して、このような少数株主が取得した株式については、例外的に配当還元方式によるものとする。そして、評価通達は、株式を取得した株主の議決権の割合により配当還元方式を用いるか否かを判定するものとするが、これは、相続税や贈与税は、相続等により財産を取得した者に対し、取得した財産の価額を課税価格として課されるものであることから、株式を取得した株主の会社への支配力に着目したものということができる。

5　これに対し、本件のような株式の譲渡に係る譲渡所得に対する課税においては、当該譲渡における譲受人の会社への支配力の程度は、譲渡人の下に生じている増加益の額に影響を及ぼすものではないのであって、譲渡所得に対する課税の趣旨に照らせば、譲渡人の会社への支配力の程度に応じた評価方法を用いるべきものと解される。

6　そうすると、譲渡所得に対する課税の場面においては、相続税や贈与税の課税の場面を前提とする評価通達の前記の定めをそのまま用いることはできず、所得税法の趣旨に則し、その差異に応じた取扱いがされるべきである。所得税基本通達59－6は、取引相場のない株式の評価につき、少数株主に該当するか否かの判断の前提となる「同族株主」に該当するかどうかは株式を譲渡又は贈与した個人の当該譲渡又は贈与直前の議決権の数により判定すること等を条件に、評価通達の例により算定した価額とする旨を定めているところ、この定めは、上記のとおり、譲渡所得に対する課税と相続税等との性質の差異に応じた取扱いをすることとし、少数株主に該当するか否かについても当該株式を譲渡した株主について判断すべきことをいう趣旨のものということができる。

7　ところが、原審は、本件株式の譲受人であるＢが評価通達188の⑶の少数株主に

該当することを理由として、本件株式につき配当還元方式により算定した額が本件株式譲渡の時における価額であるとしたものであり、この原審の判断には、所得税法59条１項の解釈適用を誤った違法がある。

8　裁判官宇賀克也、同宮崎裕子の**各補足意見**がある。

　裁判官宇賀克也の補足意見は、次のとおりである。

　私は法廷意見に賛成するものであるが、原審の通達に関する判示について、一言述べておきたい。

　原審は、租税法規の解釈は原則として文理解釈によるべきであり、みだりに拡張解釈や類推解釈を行うことは許されないとし、通達の意味内容についてもその文理に忠実に解釈するのが相当であり、通達の文言を殊更に読み替えて異なる内容のものとして適用することは許されないという。原審のいう租税法規の文理解釈原則は、法規命令については、あり得べき解釈方法の一つといえよう。しかし、通達は、法規命令ではなく、講学上の行政規則であり、下級行政庁は原則としてこれに拘束されるものの、国民を拘束するものでも裁判所を拘束するものでもない。確かに原審の指摘するとおり、通達は一般にも公開されて納税者が具体的な取引等について検討する際の指針となっていることからすれば、課税に関する納税者の信頼及び予測可能性を確保することは重要であり、通達の公表は、最高裁昭和60年（行ツ）第125号同62年10月30日第三小法廷判決・裁判集民事152号93頁にいう「公的見解」の表示に当たり、それに反する課税処分は、場合によっては、信義則違反の問題を生ぜしめるといえよう。しかし、そのことは、裁判所が通達に拘束されることを意味するわけではない。さらに、所得税基本通達59－６は、評価通達の「例により」算定するものと定めているので、相続税と譲渡所得に関する課税の性質の相違に応じた読替えをすることを想定しており、このような読替えをすることは、そもそも、所得税基本通達の文理にも反しているとはいえないと考える。

　もっとも、租税法律主義は課税要件明確主義も内容とするものであり、所得税法に基づく課税処分について、相続税法に関する通達の読替えを行うという方法が、国民にとって分かりにくいことは否定できない。課税に関する予見可能性の点についての原審の判示及び被上告人らの主張には首肯できる面があり、より理解しやすい仕組みへの改善がされることが望ましいと思われる。

　裁判官宮崎裕子の補足意見は、次のとおりである。

　私は、法廷意見に賛成であるとともに、宇賀裁判官の補足意見に同調するものであるが、さらに以下の点を敷衍しておきたい。

　法廷意見で指摘しているとおり、所得税法に基づく譲渡所得に対する課税と相続税法に基づく相続税、贈与税の課税とでは、課税根拠となる法律を異にし、それぞれの法律に定められた課税を受けるべき主体、課税対象、課税標準の捉え方等の課税要件も異にするという差異がある。その点を踏まえると、所得税法適用のための通達の作成に当たり、相続税法適用のための通達を借用し、しかもその借用を具体的にどのように行うかを必ずしも個別に明記しないという所得税基本通達59－6で採られている通達作成手法には、通達の内容を分かりにくいものにしているという点において問題があるといわざるを得ない。本件は、そのような通達作成手法の問題点が顕在化した事案であったということができる。租税法の通達は課税庁の公的見解の表示として広く国民に受け入れられ、納税者の指針とされていることを踏まえるならば、そのような通達作成手法については、分かりやすさという観点から改善が望まれることはいうまでもない。

　さて、所得税基本通達59－6には上記の問題があることが認められるものの、より重要なことは、通達は、どのような手法で作られているかにかかわらず、課税庁の公的見解の表示ではあっても法規命令ではないという点である。そうであるからこそ、ある通達に従ったとされる取扱いが関連法令に適合するものであるか否か、すなわち適法であるか否かの判断においては、そのような取扱いをすべきことが関連法令の解釈によって導かれるか否かが判断されなければならない。税務訴訟においても、通達の文言がどのような意味内容を有するかが問題とされることはあるが、これは、通達が租税法の法規命令と同様の拘束力を有するからではなく、その通達が関連法令の趣旨目的及びその解釈によって導かれる当該法令の内容に合致しているか否かを判断するために問題とされているからにすぎない。そのような問題が生じた場合に、最も重要なことは、当該通達が法令の内容に合致しているか否かを明らかにすることである。通達の文言をいかに文理解釈したとしても、その通達が法令の内容に合致しないとなれば、通達の文理解釈に従った取扱いであることを理由としてその取扱いを適法と認めることはできない。このことからも分かるように、租税法の法令解釈において文理解釈が重要な解釈原則であるのと同じ意味で、文理解釈が通達の重要な解釈原則であるとはいえないのである。

　これを本件についてみると、本件においては、所得税法59条1項所定の「その時における価額」が争われているところ、同項は、譲渡所得について課税されることとなる譲渡人の下で生じた増加益の額を算定することを目的とする規定である。そして、所得税基本通達23〜25共―9の(4)ニは、取引相場のない株式のうち売買実例のある株式等に該当しないものの価額を「1株又は1口当たりの純資産価額等を参酌して通常取引されると認められる価額」とし、さらに同通達59－6は、その価額について、

原則として、同通達(1)～(4)によることを条件に評価通達の例により算定した価額とするとしていることは、法廷意見のとおりである。そして、先に述べたように、通達に従った取扱いは、当該通達が法令の内容に合致していない場合には、適法とはいえず、本件の場合、譲渡所得に対する所得税課税について相続税法に関する通達を借用した取扱いが適法となるのは、そのような借用が所得税法に合致する限度に限られる。

　所得税基本通達59－6は、取引相場のない株式に係る所得税法59条1項所定の「その時における価額」について、無限定に評価通達どおりに算定した額とするものとしているわけではなく、評価通達の「例により」算定した価額としていることは、法廷意見が指摘するとおりである。これは、同項の「その時における価額」の算定について評価通達を借用するに当たっては、少なくとも、譲渡所得に対して課される所得税と評価通達が直接対象としてきた相続税及び贈与税との差異から、所得税法の規定及びその趣旨目的に沿わない部分については、これを同法59条1項に合致するように適切な修正を加えて当てはめるという意味を含んでいると理解することができ、このことは、所得税基本通達59－6に、個別具体的にどのような修正をすべきかが明記されているか否かに左右されるものではない。このような理解を前提とする限り、所得税基本通達59－6による評価通達の借用は、所得税法59条1項に適合しているということができる。因みに、同項の「その時における価額」の算定においても評価通達の文言通りの取扱いをすべきとする根拠は、同項にもその他の関連する法令にも存在しない。

　そして、所得税基本通達59－6の(1)は、少数株主に該当するか否かの判断の前提となる「同族株主」に該当するかどうかにつき株式を譲渡又は贈与した個人（すなわち、株式を取得した者ではなく、株式の譲渡人）の当該譲渡又は贈与直前の議決権の数によると明記していることは原審判決も摘示しているとおりであるが、これは所得税法59条1項が譲渡所得に対する課税に関する規定であるため、同項に合致するよう評価通達に適切な修正を加える必要があるという理由から定められたものであることは明らかである。この理由は、評価通達188の(3)の少数株主の議決権の割合に言及している部分についても同様に当てはまる。なぜならば、譲渡人に課税される譲渡所得に対する所得税課税の場合には、譲渡の時までに譲渡人に生じた増加益の額の算定が問題となるのであるから、その額が、譲渡人が少数株主であったことによって影響を受けることはあり得るとしても、当該譲渡によって当該株式を取得し、当該譲渡後に当該株式を保有することとなる者が少数株主であるか否かによって影響を受けると解すべき理由はないからである。したがって、所得税法59条1項所定の「その時における価額」の算定に当たってなされる評価通達188の(3)を借用して行う少数株主か否かの判断は、当該株式を取得した株主についてではなく、当該株式を譲渡した株主

について行うよう修正して同通達を当てはめるのでなければ、法令（すなわち所得税法59条1項）に適合する取扱いとはいえない。（裁判長裁判官　林景一　裁判官　戸倉三郎　裁判官　宮崎裕子　裁判官　宇賀克也　裁判官　林道晴）

1　最高裁判決のポイント（最高裁令和2年3月24日判決）

⑴　所得税法59条1項2号の趣旨

○　1項：各号に掲げる事由による譲渡があった場合……

「その時における価額」に相当する金額により譲渡があったとみなす（「みなし譲渡」）趣旨

○　2号：「著しく低い価額」の対価として政令で定める額による譲渡を規定

⇒　所令169条：譲渡の時における価額の2分の1に満たない金額（いわゆる「低額譲渡」となる。）

⑵　所基通59－6の趣旨

（所得税法59条1項の「時価」評価における評基通の適用の意味）

○　株式の譲渡における

「その時における価額」は⇒所基通23～35共―9に準じて算定した価額による、

つまり「発行法人の1株当たりの純資産価額を参酌して通常取引されると認められる価額」とする

↓

「通常取引されると認められる価額は、「所基通59－6⑴～⑷を条件に評基通178～189－7を借用し

評基通の「例により」算定した価額とするとしている

⇒　評基通188⑴の「同族株主」の判定は、譲渡直前の議決権による。

⑶　評基通178、179、188の趣旨

・評基通は相続税・贈与税の課税における財産の評価に関するもの

⇒　相続等により財産を取得した者に対する課税価格

⇒　株式を取得した株主の会社への支配力に着目

⑷　株式の譲渡に係る譲渡所得の趣旨

「譲渡所得に対する課税は、資産の値上がりによりその資産の所有者に帰属する増加益を所得として、その資産が所有者の支配を離れて他に移転するのを機会に、

これを清算して課税する趣旨のものである。(最高裁昭和43年10月31日判決、最高裁昭和47年12月26日判決参照)。すなわち、譲渡所得に対する課税においては、資産の譲渡は課税の機会にすぎず、その時点において<u>所有者である譲渡人の下に生じている増加益</u>に対して課税されることとなる……

(略)……」

> ⇒ 所法59条1項は、資産の譲渡時点において生じている<u>増加益</u>の全部又は一部に対して課税できなくなる事態を防止するために規定されたもの

(5) 結論

○ 株式の譲渡に係る<u>譲渡所得</u>に対する課税においては、譲渡人の会社への支配力の程度に応じた評価方法を用いるべき(<u>譲受人</u>の会社への支配力の程度は、譲渡人の下に生じている<u>増加益の額に影響を及ぼすものではない</u>)

○ <u>譲渡所得に対する課税の場面においては</u>、相続税や贈与税の課税の場面を前提とする評基通の定めをそのまま用いることは<u>できない</u>。

○ 所基通59-6は、少数株主に該当するか否かの判断の前提となる「同族株主」に<u>該当するかどうか</u>について

> ⇒ 「株式を譲渡又は贈与した個人の譲渡又は贈与直前の議決権の数により判定すること等を条件」に<u>評基通の例</u>により算定した価額とする旨を定めている。この定めは、
>
> ↓
>
> 「譲渡所得に対する課税と<u>相続税等との性質の差異に応じた取扱い</u>をすることとし、<u>少数株主に該当するか否かについても</u>当該株式を<u>譲渡した株主について</u>判断すべきことをいう趣旨のものということができる。」

○ 原審の判断には、<u>所法59条1項の解釈適用を誤った違法がある</u>。
　原審の判断には、判決に影響を及ぼすことが明らかな<u>法令違反</u>がある。

○ 差戻し(東京高等裁判所に差し戻す。)

(6) 補足意見

① 宇賀裁判官の補足意見

○ 「<u>通達は</u>、法規命令ではなく、講学上の行政規則であり、下級行政庁は原則としてこれに拘束されるものの、国民を拘束するものでも裁判所を<u>拘束するものでもない</u>。」

○　「租税法律主義は、課税要件明確主義も内容とするものであり、所得税法に基づく課税処分について相続税法に関する通達の読替えを行うという方法が、国民にとって分かりにくいことは否定できない。」

② **宮崎裁判官の補足意見**

○　「所得税法適用のための通達の作成に当たり、相続税法適用のための通達を借用し、しかもその借用を具体的にどのように行うかを必ずしも個別に明記しないという所得税基本通達59－6で採られている通達作成手法には、通達内容を分かりにくいものにしているという点において問題があるといわざるを得ない。」

○　「租税法の令解釈において文理解釈が重要な解釈原則であるのと同じ意味で、文理解釈が通達の重要な解釈原則であるとはいえないのである。」

○　「所得税基本通達59－6は所得税法59条1項の「その時における価額」の算定について評価通達を借用するに当たっては、少なくとも、譲渡所得に対して課される所得税と評価通達が直接対象としてきた相続税及び贈与税との差異から所得税法の規定及びその趣旨目的に沿わない部分については、これを同法59条1項に合致するように適切な修正を加えて当てはめるという意味を含んでいると理解することができ、このことは、所得税基本通達59－6に、個別具体的にどのような修正をすべきかが明記されているか否かに左右されるものではない。」

（参考）　旧所得税基本通達59－6

59－6　法第59条第1項の規定の適用に当たって、譲渡所得の基因となる資産が株式（株主又は投資主となる権利、株式の割当てを受ける権利、新株予約権（新投資口予約権を含む。以下この項において同じ。）及び新株予約権の割当てを受ける権利を含む。以下この項において同じ。）である場合の同項に規定する「その時における価額」とは、23〜35共－9に準じて算定した価額による。この場合、23〜35共－9の(4)ニに定める「1株又は1口当たりの純資産価額等を参酌して通常取引されると認められる価額」とは、原則として、次によることを条件に、昭和39年4月25日付直資56・直審（資）17「財産評価基本通達」（法令解釈通達）の178から189－7まで《取引相場のない株式の評価》の例により算定した価額とする。（平12課所4－29により追加、平26課資3－8により改正）

(1)　財産評価基本通達188の(1)に定める「同族株主」に該当するかどうかは、株式を譲渡又は贈与した個人の当該譲渡又は贈与直前の議決権の数により判定すること。

　　（略）

Q3 　— 評基通6項 —

非上場株式の評価と財産評価基本通達6項の関係について、基本的考え方について教えてください。

A

1　財産評価基本通達6項が問題となる場合の考え方

非上場株式の評価を行う場合についても、財産評価基本通達6項が問題になる場合があります。

例えば、財産評価基本通達による評価方式によると、配当還元方式に該当し、下記表のように1株当たり300円となる事例において、この株式は、定款により株式譲渡に制限が定められており、取締役会の承認が必要とされています。また、取得又は譲渡の際は、1株当たり1,500円で行われるとされており、相続による承継か、従業員持ち株会や役員に限定されています。

このような場合、相続税の申告に当たり「時価」としてどの価額で評価すべきでしょうか。

（例）

	（評価方式）	（1株当たり）	（株式数）	（総額）
(a)	配当還元価額	300円	64,000株 （8.0%）	（19,200,000円）
(b)	買取り価額	1,500円		（96,000,000円）

ところで、従来の課税実務における財産評価基本通達6項の適用については、一般的に、事例を個別に検討し合理性が欠如し「**特別の事情**」が存在する場合に適用が可能であると解されていました。この「**特別の事情**」の判定基準（要素）については、諸説ありますが、概ね次のように整理されています。

①　財産評価基本通達による評価の合理性の欠如

②　他の合理的な評価方法の存在

③　財産評価基本通達の評価方法による評価額と他の合理的な評価方法による評価額との著しい乖離が存在

④　（価額の乖離等が生じるに至る）納税者の行為の存在

しかしながら、令和4年4月19日の財産評価基本通達6項の適用が争点となった事案についての最高裁判決を踏まえると、「**評価通達の定める方法による画一的な評**

価を行うことが実質的な租税負担の公平に反するというべき事情」の有無が、今後の同項の適用の基本的判断基準となると考えられます。

　なお、「評価通達の定める方法による画一的な評価を行うことが実質的な租税負担の公平に反するというべき事情」については、具体的にどういう事情が該当するのかということを予め整理して公表することは、「特別の事情」の有無の判定基準と同様に困難であると考えられますが、裁決や判決等を分析してみると、財産評価基本通達６項により争われ課税庁により否認された事例は、事実認定として、単なる価額の乖離だけでなく、納税者の節税目的のための何らかの行為、例えば、節税スキーム等が認められ、公平性の観点からも是認すべきでないと思われるような事例が多いと思われます。

　前記の事例の場合、個別に判断することになりますが、次の判決等からかんがみると、現実に１株1,500円としての取引があり、その取引事例が「**客観性**」を備えたものと認められるような場合等、「評価通達の定める方法による画一的な評価を行うことが実質的な租税負担の公平に反するというべき事情」がある場合には、300円ではなく、1,500円が相当とされる場合もあると考えられます。

　しかしながら、そのような場合以外は、基本はあくまで財産評価基本通達による評価である300円で申告できると考えます。

〔**参考**〕

　財産評価基本通達６項（この通達の定めにより難い場合の評価）

　「この通達の定めによって評価することが著しく不適当と認められる財産の価額は、国税庁長官の指示を受けて評価する。」

2　【**参考判決等**】

⑴　**「納税者が財産評価基本通達に基づき評価した価額に対し、課税庁が売買実例価額に基づき行った更正処分が「客観性」がない」として取り消された珍しい事例として、次のような判決があります。**

東京地裁平成17年10月12日判決（要旨）

　『（抜粋）

　　しかしながら、本件株式のように取引相場のない株式については、その客観的な取引価格を認定することが困難であるところから、通達においてその価格算定方法を定め、画一的な評価をしようというのが評価通達の趣旨であることは前説示のとおりである。そして、本件株式の評価については、評価通達の定めに従い、配当還元方式に基づいてその価額を算定することに特段不合理とい

えるような事情は存しないことは既に説示したとおりであるにもかかわらず、他により高額の取引事例が存するからといって、その価額を採用するということになれば、評価通達の趣旨を没却することになることは明らかである。

したがって、仮に他の取引事例が存在することを理由に、評価通達の定めとは異なる評価をすることが許される場合があり得るとしても、それは、当該取引事例が、取引相場による取引に匹敵する程度の**客観性**を備えたものである場合等例外的な場合に限られるものというべきである。

（略）

むしろ、ここで問題とされるべきなのは、本件売買実例には、同族株主以外の株主として、配当収入以外には期待すべきものがないにもかかわらず、その取得株式を類似業種批准方式（ママ）や純資産方式に基づいて算定した価額によって評価することが正当化されるほどの客観性が備わっているかどうかという点であるところ、この点を肯定するに足りるだけの事情は認められないものといわざるを得ない。

（略）

そうすると、本件売買実例におけるＡ社の株式の売買価額が、冒頭で記載したような意味での**客観性**を備えたものであるとはいえないから、この点に関する被告の主張は前提において失当である。

以上のとおりであって、被告の主張を全て考慮しても、本件株式について評価通達に定められた評価方法によらないことが正当と是認されるような**特別の事情**があるとはいえない。したがって、本件売買取引は、相続税法７条の「著しく低い価額の対価で財産の譲渡を受けた場合」には該当しないから、本件決定処分は違法であり、取消しを免れない。」

⑵ **特別の事情があり、他の合理的な方式により評価することが許され、配当還元方式ではなく純資産価額方式による価額が相当であるとしたものに、次の判決があります。**

東京高裁平成12年9月28日判決

＜判　示　事　項＞
⑵　財産評価通達が合理性を有する限り、納税者間の公平及び納税者の信頼保護の見地からこれを画一的に適用すべきであるが、そうすることによってかえって実質的な租税負担の公平を著しく害するなど、評価通達によらないことが正当と是認されるような**特別の事情**がある場合には、他の合理的な方法により評価することが許されるとされた事例（原審判決引用）

(3)　同族会社の株式の評価に当たり同族株主以外の株主の株式を配当還元方式により評価することの合理性（原審判決引用）

(4)　相続財産である甲社の株式は、被相続人が必ず同族株主以外の株主となることとされているが、売却を希望するときは純資産価額による買取が保障されていることから、相続開始日において、右株式を処分した場合に実現されることが確実と見込まれる金額（時価）は、純資産価額方式により計算された金額であるとされた事例（原審判決引用）

(5)　相続財産である甲社の株式は、被相続人が必ず同族株主以外の株主となることとされているが、売却を希望するときは純資産価額に買取が保障されており、右株式を保有する経済的実質は配当金の取得にあるのではなく、将来純資産価額相当額の売却金を取得する点に主眼があると認められるから、右株式の評価について配当還元方式を採用するのは財産評価通達の趣旨に合わないとされた事例（原審判決引用）

　＜事案の概要＞

　本件は、平成5年11月24日死亡した戊（以下「亡戊」といい、同人の死亡に係る相続を「本件相続」という。）の共同相続人である控訴人ら（各控訴人はその名に「控訴人」を冠して表す。以下同じ。）が、相続税の申告をしたところ、被控訴人が、右申告に係る課税価格の計算において、A株式会社（平成9年11月B株式会社に商号変更。以下「本件会社」という。）の株式（以下「本件株式」という。）の価額を財産評価基本通達〔昭和39年4月25日付け直資56、直審（資）17。ただし、本件に適用されるのは国税庁長官通達（平成6年2月15日付け課評2－2ほか）による改正前のもの。〕188、188－2に従い、配当還元方式により、1株当たり208円と算定したのは過少評価であり、本件は、右通達の定める評価方式以外の方法で評価するのが相当な場合であり、その価格は、増資の際の引受価格により、1株当たり1万7223円と評価されるべきであるとして、控訴人らに対し、いずれも平成7年7月31日付けで更正及びこれに対する過少申告加算税賦課決定（以下「本件各処分」という。）をしたのに対し、控訴人らが、右のような通達に従わない更正処分及び過少申告加算税賦課決定は違法であるとして、申告額を超える部分の本件各処分の取消しを求めたところ、原審がこれを棄却する旨の判決をしたため、控訴人らがこれを不服として、控訴した事案である。

【判示(1)～(6)】

　当裁判所も、評価通達に定められた評価方式を形式的に適用するとかえって実質的な租税負担の公平を著しく害するなど、右評価方式によらないことが正

当と是認されるような**特別の事情**がある場合には、他の合理的な方式により評価することが許されるものであり、本件は、そのような**特別の事情**がある場合に当たり、評価通達の定めによらないで評価するのが相当であり、それによる価額は、本件相続開始日の前月末現在における別件発行における引受価格（1株当たり1万7223円）とみるのが相当であると判断する。その理由は、原判決書40頁3行目から48頁5行目までに記載するところと同旨であるから、これを引用する。なお、当審において追加した控訴人らの主張について、次のとおり当裁判所の判断を示しておくこととする。

　1　評価通達に定められた評価方法によらずに評価したことについて

　控訴人らは、本件株式については、必ずしも純資産価額による価額での買取りが行われているわけではないから、そのことを理由に評価通達に定められた評価方式を適用しないのは違法であると主張するところ、なるほど、本件株式の売買契約書によれば、本件株式の換金を求める株主らとCとの間に締結された株式の売買契約においては、必ずしも現金による全額決済は行われておらず、他社に対する債権を譲渡したり、所有する株式を売却したりすることによって現金決済の一部に代えていることが認められる。

　しかし、弁論の全趣旨によれば、それは、本件課税時期後の平成8年8月以降のことであり、しかも、本件会社及びCの事業経営が悪化したという事情に基づくものと認められるから、前記のような本件課税時期の評価に影響を与えるものではない。しかも、純資産価額による価額での買取りが保障されていたということは、本件株式の所有者が売却を希望しさえすれば純資産価額に基づく価額で売却することが可能であったということであり、現に本件課税時期においてはそれが実現されていたのであるから、右売買契約書に認められる売買実例は、前記判断を左右するものではない。

　また、控訴人らは、評価通達に定められた評価方法によらずに評価することは、平等原則に違反し、違法になると主張する。しかし、前記のとおり、評価通達に定められた評価方式を形式的に適用するとかえって実質的な租税負担の公平を著しく害するなど、右評価方式によらないことが正当と是認されるような特別の事情がある場合には、他の合理的な方法により評価することが許されると解するのが相当である。

【判示(7)】

　さらに、控訴人らは、租税負担における実質的公平を害するという理由で評価通達を適用しないとすることは、法的基準でない概念を持ち出すものであり、租税法律主義に違反すると主張する。しかし、評価通達に定められた評価方式

を形式的に適用すると、著しい税額差が生じるなど、その評価方式によらないことが正当と是認されるような特別の事情がある場合に、他の合理的な方式によりその時価を評価することとしたとしても、何ら租税法律主義に違反するものとはいえない。

　2　本件株式の評価方式について

　控訴人らは、本件株式の時価を別件発行における引受価格とするのは、増資会社と新株引受人という関係者間において成立した極めて特殊な価格であり、しかも異常に高い価額であるから、これをもって法22条のいう時価とすることはできないと主張する。

　しかし、右引受価格は、引受日の前月末における本件会社の純資産価額をもって決定されているのであるから、その引受人によって価格の差異が生じるものではない。また、本件株式は、取引相場のない株式とはいっても、普通株式の発行により増資する場合は公募とされており、その際には前月末における純資産価額をもって増資株式の引受けが実現されていて、株式の買取りを希望する者からの買取りも同様に右前月末の純資産価額をもって実現されていたものであるから、本件相続開始日の前月末における純資産価額に基づいて取引された別件発行の引受価格をもって、特殊な価格であり、また、異常に高い価格であるということはできない。

　また、控訴人らは、本件株式のような取引相場のない株式を評価するに当たっては、当該株式を発行する会社の営業内容、会社の規模、売上高、収益、配当の額、資産の額、将来の収益見通し、将来の配当見通し、将来の公開可能性などの事実を明らかにした上、これらの事実に基づく各種の評価手法をバランスよく総合して評価するという手順を踏むべきである旨主張する。

　しかし、右にみたとおり、本件株式は、同族株主以外の株主がその売却を希望する場合には純資産価額による買取りが保障されており、現実にも本件課税時期には当時の右純資産価額に基づく方式で評価された価額での買取りが実現されていたのであるから、右純資産価額に基づく方式で評価された価額が法22条の時価に相当するものというべきである。したがって、右の判断に当たり、本件会社の営業内容、会社の規模、売上高等の控訴人らの主張する事情は、これを勘案する必要がないと解するのが相当である。

　さらに、控訴人らは、本件株式を評価するに当たっては、安全確実な評価方法を採用すべきであるとして、鑑定意見書に基づき、純資産価格、類似業種比準価格、ディスカウント・キャッシュ・フロー価格及び配当還元価格の各価格に各配分を加重平均して算定するのが相当であると主張する。

しかし、本件株式を処分した場合に実現されることが確実と見込まれる価額（法22条の時価）は、本件株式の買取りを希望する者から買取りが前月末の純資産価額をもって実現されているなどの事実関係に照らせば、右買取り価額であると認めるのが相当である。控訴人らの主張するような方式で本件株式の価額を算定することは、このような取引の実情を無視するものであって、採用することができない。

⑶ **名古屋の中央出版、創業者親族が100億円の申告漏れ記事（2019年6月25日朝日新聞 DIGITAL より抜粋）**

教育系出版社「中央出版」（名古屋市名東区）の創業者で、2014年に死去した元会長のA氏の長男ら遺族が名古屋国税局の税務調査を受け、相続財産について約100億円の申告漏れを指摘されたことが分かった。過少申告加算税を含む追徴課税は約60億円。遺族はこの課税処分を不服とし、名古屋国税不服審判所に審査請求した。

長男は取材に「相続税の申告で国税局の調査を受け、一部に見解の相違があり更正処分を受けたが申告は適正と認識している。既に不服申し立ての手続きをした」とコメントした。

関係者によると、長男らは14年、中央出版などの親会社の中央出版ホールディングス（非上場）の株式などを相続した。

相続税法では時価がわからない株は「財産評価基本通達」に基づいて評価する。非上場会社の株の場合、事業内容が似ている上場企業の株価などから算出する。長男らは通達に沿ってこの株について1株あたり18円として税務署に申告した。

これに対し、国税局は「通達通りに評価すると（相続税などが）極端に低額となり、著しく不適当」と判断。国税庁長官の指示で財産を再評価できるとする特例的措置を使い、第三者機関に鑑定を依頼した。1株の価値は55円と認定し、親族には約130億円の申告漏れを指摘した。

遺族はこの課税処分を不服として、国税に再調査を請求した。最終的に名古屋国税局は1株の価値を45円程度として、遺族に約100億円の申告漏れを指摘し、約60億円の追徴課税を求めた。遺族は現在、課税の取り消しを求めて名古屋国税不服審判所に審査請求している。

中央出版は1972年の創業。教材出版や教室運営事業などを全国展開している。

※ 上記事例は、審判所等で争いとなっているようです（名裁（諸）令3第35号令和4年3月25日）。

財産評価基本通達6項を巡る意見あれこれ

column

　　　財産評価基本通達6項の適用の是非については、非上場株式の譲渡の「時価」の場合だけでなく、相続税の**土地評価**の適否について**「財産評価基本通達6項」の適用**の是非が問題となるケースがあります。例えば、納税者が「財産評価基本通達」による「路線価」等に基づき申告したのに対し、課税庁がその価額は不適切だとして、財産評価基本通達6項に基づき「鑑定評価額」等によって更正処分を行った事例（東京地裁令和元年8月27日判決等参照）です。

　これに対しては、財産評価基本通達6項の適用の是非について、論理的な批評の外に「路線価の否定である」とか、「適用基準を明確にすべきである」、「正当な不動産投資を萎縮させる」等の意見があります。

　このような意見については、これまでの下級裁判所の判決や課税庁の課税処分状況等に鑑みると、次のように理解するのが相当だと考えています。

① 　課税庁は、時価と路線価との乖離が著しいもの全てについて、財産評価基本通達6項を適用して更正処分を行っているとは思われない。少なくとも争いとなっている事例においては、わざわざ借入れをして不動産を購入する、あるいは、相続の前後に売買が行われるなどして相続税の負担を減少させる節税を目的とする行動が明らかに認められる事例などが多い。いわゆる**6項適用3ないし4要件**など**「特別の事情」**が認められる事例について処分を行っており、これは「路線価の否定」でもなく、相続税法が求める「時価」及びそれをフォローする財産評価基本通達6項の趣旨に合致したものと考えられます。

② 　また、仮に財産評価基本通達6項の「適用基準」を明確化したとしても、これまでの評価を巡る歴史がそうであったように、その新しい基準を回避する租税回避的なスキームが組まれ、乱用されることになりかねず、課税庁としては更に対応が迫られるといったことが想定されます。確かに、納税者の予見可能性等からの批判は理解できますし、課税庁等も更なる情報発信の工夫は今後も必要と思われます。

③ 　更に、上記で述べたように、これまでの事例を見てみると、一般的な金融機関からの借入れにより不動産を購入している事例を闇雲に否定しているわけではなく、あたかも**「金融商品（棚卸商品）」**の売買とでも言えるような、しかも時価と著しい乖離が生じたことに納税者の行為が介在しているなど租税回避的な行為が認定できるような**「特別の事情」**が認められるものに限って更正処分を行っていると思われます。したがって、正当な投資などを否認することにはなりませんし、一般的な単なる取引行為によって、たまたま時価と相続税評価額に著しい乖離が生じているような場合にまで否認し、更正処分を行うことまでは考えていないと思われます。

　　　いずれにしましても、この議論については、令和4年4月19日の財産評価基本通達6項の適用が争点となった事案についての最高裁判決を一つの判断基準として、引き続き判例等の緻密な分析と専門家による適切な指導と情報発信が求められるとともに、「マンションに係る財産評価基本通達に関する有識者会議」等の動向に注意する必要があります。

　非上場株式の事例ではなく、**土地等**の事例ですが、6項関連で参考になる注目すべきものとして次の裁決や判決があります。

　　・**平成23年7月1日裁決**（タワーマンションを利用した節税）

　　　（→但し、財産評価基本通達6項が適用された事例ではありません。）

　　・**東京地裁令和元年8月27日判決**（高額マンションを利用した節税）

　　・**東京高裁令和2年6月24日判決**（高額マンションを利用した節税）

　　・**最高裁令和4年4月19日第三小法廷判決**（⇒438頁以下参照）

　最高裁令和4年4月19日判決を受け、国税庁担当官は、6項について次のように解説しています。

　「ところで、令和4年4月19日に本項の適用が争点となった事案についての最高裁判決がなされている。当該判決は、財産の価額を評価基本通達の定める評価方法によって評価した価額を上回る価額によるものとすることについて「相続税法第22条」及び「租税法上の一般原則としての平等原則」の観点からそれぞれ適法性を判断した。

　当該判決がなされるまで、本項の適用が争点となった裁判例においては、本項に規定する「著しく不適当と認められる」か否かは、「特別の事情」の有無により判断されてきたが、当該判決においては、「評価通達の定める方法による画一的な評価を行うことが実質的な租税負担の公平に反するというべき事情」がある場合には、合理的な理由があると認められる（つまり、財産の価額を評価基本通達の定める評価方法によって評価した価額を上回る価額によるものとすることが平等原則に違反するものではない）とされた。

　この「実質的な租税負担の公平に反するというべき事情」については、具体的にどういう事情が該当するのかということを予め整理して公表することは性質上困難であると考えられるほか、当該判決においては、軽減される相続税（租税負担）の額や割合といった具体的な基準も示されていない（上記事情と同様、予め基準を示すことは困難であると考えられる）ことから、総合的に判断する必要がある。

　今後、本項の適用においては、当該判決が一つの判断基準になるものと考えられる。」

（令和5年版「財産評価基本通達逐条解説」29頁）

《最高裁判決》令和2年（行ヒ）第283号 相続税更正処分等取消請求事件
令和4年4月19日 第三小法廷判決

（要旨）

> 1　相続税の課税価格に算入される財産の価額について、財産評価基本通達の定める方法による画一的な評価を行うことが実質的な租税負担の公平に反するというべき事情がある場合には、当該財産の価額を上記通達の定める方法により評価した価額を上回る価額によるものとすることは租税法上の一般原則としての平等原則に違反しない。
>
> 2　相続税の課税価格に算入される<u>不動産の価額</u>を財産評価基本通達の定める方法により評価した価額を上回る価額によるものとすることは、次の(1)、(2)など判示の事情の下においては、租税法上の一般原則としての平等原則に違反しない。
>
> (1)　当該不動産は、被相続人が購入資金を借り入れた上で購入したものであるところ、上記の購入及び借入れが行われなければ被相続人の相続に係る課税価格の合計額は6億円を超えるものであったにもかかわらず、これが行われたことにより、当該不動産の価額を上記通達の定める方法により評価すると、課税価格の合計額は2826万1000円にとどまり、基礎控除の結果、相続税の総額が0円になる。
>
> (2)　被相続人及び共同相続人であるXらは、上記(1)の購入及び借入れが近い将来発生することが予想される被相続人からの相続においてXらの相続税の負担を減じ又は免れさせるものであることを知り、かつ、これを期待して、あえて当該購入及び借入れを企画して実行した。

主　文

　本件上告を棄却する。

　上告費用は上告人らの負担とする。

理　由

　上告代理人増田英敏、上告復代理人大山勉、上告補佐人戸井敏夫の上告受理申立て理由について

1　本件は、共同相続人である上告人らが、相続財産である不動産の一部について、財産評価基本通達（昭和39年4月25日付け直資56、直審（資）17国税庁長官通達。以下「評価通達」という。）の定める方法により価額を評価して相続税の申告をしたところ、札幌南税務署長から、当該不動産の価額は評価通達

の定めによって評価することが著しく不適当と認められるから別途実施した鑑定による評価額をもって評価すべきであるとして、それぞれ更正処分（以下「本件各更正処分」という。）及び過少申告加算税の賦課決定処分（以下「本件各賦課決定処分」という。）を受けたため、被上告人を相手に、これらの取消しを求める事案である。

2　原審の適法に確定した事実関係等の概要は、次のとおりである。

　(1)　相続税法22条は、同法第3章で特別の定めのあるものを除くほか、相続等により取得した財産の価額は当該財産の取得の時における時価により、当該財産の価額から控除すべき債務の金額はその時の現況による旨を規定する。

　(2)　評価通達1(2)は、時価とは課税時期（相続等により財産を取得した日等）においてそれぞれの財産の現況に応じ不特定多数の当事者間で自由な取引が行われる場合に通常成立すると認められる価額をいい、その価額は評価通達の定めによって評価した価額による旨を定める。他方、評価通達6は、評価通達の定めによって評価することが著しく不適当と認められる財産の価額は国税庁長官の指示を受けて評価する旨を定める。

　(3)　A（以下「被相続人」という。）は、平成24年6月17日に94歳で死亡し、上告人らほか2名（以下「共同相続人ら」という。）がその財産を相続により取得した（以下、この相続を「本件相続」という。）。

　　　被相続人の相続財産には、第1審判決別表1記載の土地及び同別表2記載の建物（以下、併せて「本件甲不動産」という。）並びに同別表3記載の土地及び建物（以下、併せて「本件乙不動産」といい、本件甲不動産と併せて「本件各不動産」という。）が含まれていたところ、これらについては、被相続人の遺言に従って、上告人らのうちの1名が取得した。なお、同人は、平成25年3月7日付けで、本件乙不動産を代金5億1500万円で第三者に売却した。

　(4)　本件各不動産が被相続人の相続財産に含まれるに至った経緯等は、次のとおりである。

　　ア　被相続人は、平成21年1月30日付けで信託銀行から6億3000万円を借り入れた上、同日付けで本件甲不動産を代金8億3700万円で購入した。

　　イ　被相続人は、平成21年12月21日付けで共同相続人らのうちの1名から4700万円を借り入れ、同月25日付けで信託銀行から3億7800万円を借り入れた上、同日付けで本件乙不動産を代金5億5000万円で購入した。

　　ウ　被相続人及び上告人らは、上記ア及びイの本件各不動産の購入及びその購入資金の借入れ（以下、併せて「本件購入・借入れ」という。）を、被

相続人及びその経営していた会社の事業承継の過程の一つと位置付けつつ
も、本件購入・借入れが近い将来発生することが予想される被相続人から
の相続において上告人らの相続税の負担を減じ又は免れさせるものである
ことを知り、かつ、これを期待して、あえて企画して実行したものである。

　エ　本件購入・借入れがなかったとすれば、本件相続に係る相続税の課税価
格の合計額は６億円を超えるものであった。

⑸　本件各更正処分及び本件各賦課決定処分の経緯は、次のとおりである。

　ア　上告人らは、本件相続につき、評価通達の定める方法により、本件甲不
動産の価額を合計２億0004万1474円、本件乙不動産の価額を合計１億
3366万4767円と評価した上（以下、これらの価額を併せて「本件各通達
評価額」という。）、平成25年３月11日、札幌南税務署長に対し、本件各
通達評価額を記載した相続税の申告書を提出した。上記申告書においては、
課税価格の合計額は2826万1000円とされ、基礎控除の結果、相続税の総
額は０円とされていた。

　イ　国税庁長官は、札幌国税局長からの上申を受け、平成28年３月10日付
けで、同国税局長に対し、本件各不動産の価額につき、評価通達６により、
評価通達の定める方法によらずに他の合理的な方法によって評価すること
との指示をした。

　ウ　札幌南税務署長は、上記指示により、平成28年４月27日付けで、上告
人らに対し、不動産鑑定士が不動産鑑定評価基準により本件相続の開始時
における本件各不動産の正常価格として算定した鑑定評価額に基づき、本
件甲不動産の価額が合計７億5400万円、本件乙不動産の価額が合計５億
1900万円（以下、これらの価額を併せて「本件各鑑定評価額」という。）
であることを前提とする本件各更正処分（本件相続に係る課税価格の合計
額を８億8874万9000円、相続税の総額を２億4049万8600円とするもの）
及び本件各賦課決定処分をした。

３　原審は、上記事実関係等の下において、本件各不動産の価額については、評
価通達の定める方法により評価すると実質的な租税負担の公平を著しく害し不
当な結果を招来すると認められるから、他の合理的な方法によって評価するこ
とが許されると判断した上で、本件各鑑定評価額は本件各不動産の客観的な交
換価値としての時価であると認められるからこれを基礎とする本件各更正処分
は適法であり、これを前提とする本件各賦課決定処分も適法であるとした。所
論は、原審の上記判断には相続税法22条等の法令の解釈適用を誤った違法が
あるというものである。

4　⑴相続税法22条は、相続等により取得した財産の価額を当該財産の取得の
　時における時価によるとするが、ここにいう時価とは当該財産の<u>客観的な交換</u>
　<u>価値</u>をいうものと解される。そして、評価通達は、上記の意味における時価の
　評価方法を定めたものであるが、上級行政機関が下級行政機関の職務権限の行
　使を指揮するために発した通達にすぎず、<u>これが国民に対し直接の法的効力を</u>
　<u>有するというべき根拠は見当たらない</u>。そうすると、相続税の課税価格に算入
　される財産の価額は、当該財産の取得の時における客観的な<u>交換価値としての</u>
　<u>時価を上回らない限り</u>、同条に違反するものではなく、このことは、当該価額
　が評価通達の定める方法により評価した価額を上回るか否かによって左右され
　ないというべきである。

　　そうであるところ、本件各更正処分に係る課税価格に算入された本件各鑑定
　評価額は、本件各不動産の客観的な交換価値としての時価であると認められる
　というのであるから、これが本件各通達評価額を<u>上回るからといって</u>、相続税
　法22条に違反するものということはできない。

　⑵ア　他方、租税法上の一般原則としての平等原則は、租税法の適用に関し、
　　同様の状況にあるものは同様に取り扱われることを要求するものと解される。
　　そして、評価通達は相続財産の価額の評価の<u>一般的な方法</u>を定めたものであ
　　り、課税庁がこれに従って画一的に評価を行っていることは公知の事実であ
　　るから、課税庁が、特定の者の相続財産の価額についてのみ評価通達の定め
　　る方法により評価した価額を上回る価額によるものとすることは、たとえ当
　　該価額が客観的な交換価値としての時価を<u>上回らないとしても</u>、<u>合理的な理</u>
　　<u>由がない限り</u>、上記の平等原則に違反するものとして違法というべきである。
　　もっとも、<u>上記に述べたところに照らせば</u>、相続税の課税価格に算入される
　　財産の価額について、評価通達の定める方法による画一的な評価を行うこと
　　が**実質的な租税負担の公平に反するというべき事情**がある場合には、**合理的**
　　な理由があると認められるから、当該財産の価額を評価通達の定める方法に
　　より評価した価額を<u>上回る価額によるものとすること</u>が上記の平等原則に違
　　反するものではないと解するのが相当である。

　　イ　これを本件各不動産についてみると、本件各通達評価額と本件各鑑定評
　　　価額との間には<u>大きなかい離があるということができるものの</u>、このこと
　　　をもって上記事情があるということはできない。

　　　　もっとも、本件購入・借入れが行われなければ本件相続に係る課税価格
　　　の合計額は６億円を超えるものであったにもかかわらず、これが行われた
　　　ことにより、本件各不動産の価額を評価通達の定める方法により評価する

と、課税価格の合計額は2826万1000円にとどまり、基礎控除の結果、相続税の総額が0円になるというのであるから、上告人らの相続税の負担は著しく軽減されることになるというべきである。そして、被相続人及び上告人らは、本件購入・借入れが近い将来発生することが予想される被相続人からの相続において上告人らの相続税の負担を減じ又は免れさせるものであることを知り、かつ、これを期待して、あえて本件購入・借入れを企画して実行したというのであるから、租税負担の軽減をも意図してこれを行ったものといえる。そうすると、本件各不動産の価額について評価通達の定める方法による画一的な評価を行うことは、本件購入・借入れのような行為をせず、又はすることのできない他の納税者と上告人らとの間に看過し難い不均衡を生じさせ、実質的な租税負担の公平に反するというべきであるから、上記事情があるものということができる。

ウ　したがって、本件各不動産の価額を評価通達の定める方法により評価した価額を上回る価額によるものとすることが上記の平等原則に違反するということはできない。

5　以上によれば、本件各更正処分において、札幌南税務署長が本件相続に係る相続税の課税価格に算入される本件各不動産の価額を本件各鑑定評価額に基づき評価したことは、適法というべきである。所論の点に関する原審の判断は、以上の趣旨をいうものとして是認することができる。論旨は採用することができない。

　　よって、裁判官全員一致の意見で、主文のとおり判決する。

（裁判長裁判官 長嶺安政 裁判官 戸倉三郎 裁判官 宇賀克也 裁判官 林 道晴 裁判官 渡邉惠理子）

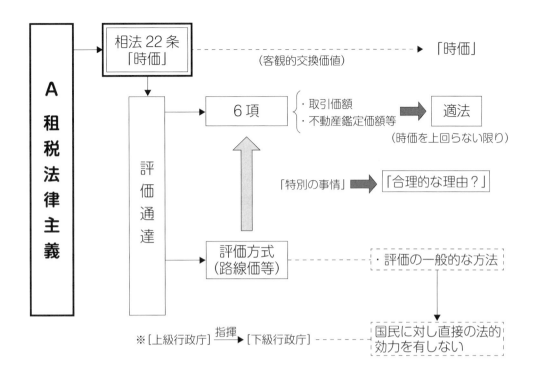

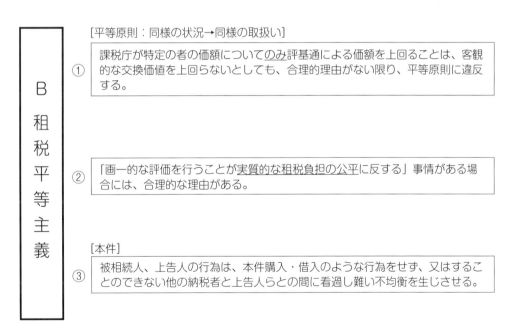

※　上図は、最高裁令和４年４月19日判決の理解のために作成したイメージ図です。

　　なお、最高裁判決調査官解説として、判例タイムズ No.1499（2022.10）が参

考になります。また、筆者の解説として、国税速報 No.6708号（令和４年５月30

日号）があります。

Q4　― みなし配当 ―

　相続財産に係る株式をその発行した非上場会社に譲渡した場合の「みなし配当課税の特例」の適用関係について（相続開始前に同一銘柄の株式を有している場合）

①　甲は、非上場会社であるＡ社の株式20,000株を所有していたところ、令和3年1月15日に母が死亡し、母が所有していたＡ社株式40,000株のうち13,333株を相続により取得したため、現在は33,333株を所有しています。

　　甲は、その所有するＡ社株式のうち3,600株を、母の相続に係る相続税の申告書の提出期限の翌日以後3年を経過する日までの間に、譲渡時の時価でＡ社へ譲渡する予定です。なお、母の相続に係る相続税の申告において、甲には納付すべき税額が生じています。

　　このように、甲が、その所有するＡ社株式のうち3,600株（以下「本件譲渡予定株式」といいます。）を譲渡した場合には、本件譲渡予定株式の全てが母から相続により取得したものからなるものとして、租税特別措置法（以下「措置法」といいます。）第9条の7《相続財産に係る株式をその発行した非上場会社に譲渡した場合のみなし配当課税の特例》第1項に規定する特例（以下「本件特例」といいます。）の適用があると解してよろしいかお伺いいたします。

②　また、上記①と異なり、例えば本年（令和4年）相続が発生しＡ社株式を1,000株取得しました。その後同じＡ社株式を他社から新たに500株を取得し、相続税の申告書提出期限の翌日から3年以内にＡ社に1,000株譲渡したような場合には、譲渡した1,000株は当然に措置法第9条の7第1項の「みなし配当課税の特例」は受けられると考えてよいでしょうか？

A

(1)　事例1

①　みなし配当課税の特例について

　措置法第9条の7第1項は、**相続又は遺贈**（贈与者の死亡により効力を生ずる贈与を含みます。）（以下「相続等」といいます。）による財産の取得をした個人でその相続等につき納付すべき相続税額があるものが、**その相続の開始があった日の翌日からその相続税の申告書の提出期限の翌日以後3年を経過する日までの間にその相続税額に係る課税価格の計算の基礎に算入された非上場会社の発行した株式を当該非上場会社に譲渡した場合において、**当該譲渡の対価として当該非上場会社から交付を受けた金銭の額が当該非上場会社の資本金等の額のうちその交付の基因となった株式に対応

する部分の金額を超えるときは、その超える部分の金額について、一定の手続の下、みなし配当課税を行わない旨規定しています。

　したがって、本件特例の適用がある場合には、当該譲渡の対価として当該非上場会社から交付を受けた金銭の額は、その全てが株式等に係る**譲渡所得等に係る収入金額**とみなされることとなります。

② **取得費加算の特例について**

イ　措置法第39条《相続財産に係る譲渡所得の課税の特例》（以下「取得費加算の特例」といいます。）第1項は、相続等による財産を取得した個人でその相続等につき相続税額があるものが、**その相続の開始のあった日の翌日からその相続税の申告書の提出期限の翌日以後3年を経過する日までの間にその相続税額に係る課税価格の計算の基礎に算入された資産を譲渡した場合には、**その譲渡した資産に係る譲渡所得の金額の計算上、その相続税額のうち一定の方法で計算した金額を**加算した金額**をもってその資産の取得費とする旨規定しています。

ロ　**取得費加算の特例**（措法39条）は、**相続の開始のあった日の翌日から相続税の申告書の提出期限の翌日以後3年を経過する日までの間に相続税の課税価格の計算の基礎に算入された資産を譲渡した場合に**適用があるため、相続等により取得した非上場会社の発行した株式の譲渡について**本件特例**（措法9の7①）の適用がある場合には、取得費加算の特例についても同時に適用があることとなります。

ハ　また、取得費加算の特例（措法39条）の適用に当たり、租税特別措置法関係通達（以下「措置法通達」といいます。）39－12《同一銘柄の株式を譲渡した場合の適用関係》は、譲渡所得の基因となる株式を相続等により取得した個人が、当該株式と同一銘柄の株式を有している場合において、措置法第39条第1項に規定する期間内に、これらの株式の一部を譲渡したときには、その株式の譲渡は相続等により取得した株式から優先的に譲渡したものとして同特例の適用がある旨定めているところ、その理由は次のとおりとされています。

①　同一銘柄の株式については、相続財産であっても相続人固有の財産であっても、その資産としての性質は同一であり、いずれを譲渡したとしても、これを区別して特例の適用を判断する合理的理由に乏しいこと（相続等により取得した株式を譲渡したことが明らかであることを条件に特例の適用を認めることは現実的でないこと。）。

②　所得税基本通達33－6の4《有価証券の譲渡所得が短期譲渡所得に該当するかどうかの判定》における長期・短期の区分に係る取扱い（先入先出法による判定）は、いずれの株式から譲渡したかが判然としない場合に、**納税者有利**に取り

扱うこととするものと考えられるところ、これを取得費加算の特例に準用すると、納税者にとって不利になる場合があること。

③　**本件特例の適用関係**

　上記ハの①及び②の理由は、**本件特例**（措法9の7①）及び**取得費加算の特例**（措法39条）がいずれも相続税納付のための相続財産の譲渡に係る課税の負担軽減を目的とするものであることからすれば、本件特例においても同様に当てはまるものと考えられます。そして、本件特例の適用がある場合には取得費加算の特例も同時に適用があることを併せ考えれば、本件特例の適用に当たり、**取得費加算の特例**の適用における**措置法通達39-12**の取扱いと異なる取扱いをすることは適当でないと考えられることから、本件特例の適用に当たっても、措置法通達39-12の取扱いと**同様に、相続等により取得した**非上場会社の発行した**株式から優先的に譲渡**したものとして取り扱うことが相当であると考えます。

　以上のことからすると、本件譲渡予定株式は、本件特例の適用対象となる甲が母から相続により取得したA社株式13,333株の範囲内の株数であることから、その全てが母から相続により取得したものとして取り扱われることとなるため、本件譲渡予定株式を譲渡した場合には、その全てに本件特例の適用があり、その結果、甲がA社から本件譲渡予定株式の譲渡の対価として交付を受けた金銭の額について、みなし配当課税は行われず、その全てが申告分離課税の株式等に係る譲渡所得等に係る収入金額とみなされるものと解されます。

（東京国税局文書応答事例等参照）

(2)　**事例2**

　(1)のような趣旨等から②のような事例についても、同様に相続により取得した株式から優先的に譲渡したものとして取り扱うことが出来るものと考えます。

〔①の事例〕

〔②の事例〕

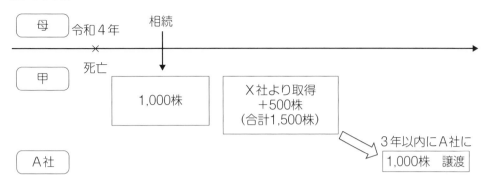

(参考)

○ **(同一銘柄の株式を譲渡した場合の適用関係)**

39-12　譲渡所得の基因となる株式（株主又は投資主となる権利、株式の割当てを受ける権利、新株予約権（新投資口予約権を含む。以下この項において同じ。）及び新株予約権の割当てを受ける権利を含む。以下この項において同じ。）を相続等により取得した個人が、当該株式と同一銘柄の株式を有している場合において、措置法第39条第１項に規定する特例適用期間内に、これらの株式の一部を譲渡したときには、当該譲渡については、当該相続等により取得した株式の譲渡からなるものとして、同項の規定を適用して差し支えない（平18課資３-12、課個２-20、課審６-12、平26課資３-８、課個２-15、課審７-15、平27課資３-４、課個２-19、課法10-５、課審７-13改正）。

○ **(譲渡資産対応相続税額)**

$$資産を譲渡した者の相続税額 \times \frac{課税資産の相続開始日現在の相続税評価額}{資産を譲渡した者の債務免除をする前の相続税の課税価格}$$

○ **(みなし配当)**

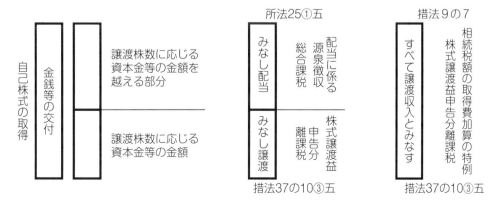

Q5　― 非上場株式の譲渡 ―

同族株主が他の法人に対して非上場株式を譲渡した場合について

（みなし譲渡課税）

[事例]

　甲は、A社の同族株主で現在2,000株所有し、20％の議決権割合を持っています。同族関係者を含めると全部で議決権の90％となります。ただし、個人所有は20％で「中心的な同族株主」ではありません。

　甲は、第三者であるB社からの要望で、B社に株式を譲渡したいと考えています。

（A社の状況）

○A社の配当は、毎年１株当たり600円です。

○A社は、財産評価基本通達に定める「大会社」に該当し、類似業種比準方式による価額は13,000円です。なお、純資産価額は、20,000円です。

　甲は、年配当金額を基準に配当金額の10倍の１株6,000円での譲渡を考えています。

　課税上問題はないでしょうか？

A

① 個人から法人への譲渡の場合⇒　「著しく低い価額の対価による譲渡」（所法59①二）　が行なわれると、例えば

　　　　　　「時価の２分の１に満たない場合」（所令169）

　　　　　　「みなし譲渡課税」となる

② 譲渡資産が**非上場株式**の場合の**「時価」**　⇒　「その時における価額」（所法59①）

　　　　　　　　↓

　　　　　　所基通23〜35共－９による（所基通59－６）

　　　　イ　売買実例があるもの　⇒　適正と認められる価額

　　　　ロ　売買実例がないもの　⇒　状況が類似する他の法人の株式の価額に比準して推定した価額

　　　　ハ　**上記に該当しないもの　⇒　「１株当たりの純資産価額等を参酌して通常取引されると認められる価額」**

↓

③ 「１株当たりの純資産価額を参酌し通常取引されると認められる価額」とは ⇒ 所基通59－6に規定 ⇒（次によることを条件に）

「財産評価基本通達」の178から189－7の「例による」。

↓

⇒ ⑴188の⑴の**「同族株主」**に該当するか否かは、⇒ 株式を譲渡又は贈与した個人の当該譲渡又は贈与**直前**の議決権の数による

⇒ ⑵188の⑵の「**中心的な**同族株主」に該当する場合 ⇒ 178の**「小会社」**に該当

【解説】

・Ａ社株の譲渡の「時価」 ⇒ 甲は、譲渡**直前**の議決権割合からすると、同族株主であるが「中心的な同族株主」では<u>ない</u>ため、財産評価基本通達の<u>原則的評価方式</u>によります。

⇒ Ａ社は、大会社なので「<u>類似業種比準方式</u>」により評価した価額が**「時価」**となり、事例では、**13,000円**となります。

・１株当たり6,000円で譲渡した場合 ⇒ 上記Ａ社株式の「時価」13,000円の２分の１未満の価額での譲渡となり、所得税法59条１項２号の規定により**「みなし譲渡課税」**となります。従って、甲は、26,000,000円（13,000円×2,000株）で譲渡したものと<u>みなされ</u>、譲渡所得金額の計算を行うこととなります。

（参考） ・ 最高裁判決 令和２年３月24日判決参照（421頁以下）

・ 代表取締役（父）から同族会社が自己株式を低額で取得し、更にそれを取締役である長男が会社から譲渡により取得した場合の課税関係、特に「みなし譲渡」に関する判決の考え方が参考になります（令和４年２月14日東京地裁判決）。

Q6　── 自己株式の取得 ──

非上場会社が低額で自己株式を取得した場合について

──会社側の処理──

[事例]

甲は、同族会社A社の社長で、A社の「中心的同族株主」です。

A社は、甲や少数株主から自己株式を取得したいと思っています。

A社の株式の純資産価額は高額なので、できるだけ低い価額、例えば少数株主の場合に認められている「配当還元価額」で甲らから取得したいと思います。

A社にとって、課税上問題はないでしょうか？

[ポイント]

自己株式の取得　⇒基本的には「資本等取引」（法法22⑤）に該当（益金・損金生じない）

(注)　ただし、オーナー一族など支配株主からの自己株式の取得価額が、「時価純資産価額」や法人税基本通達9－1－13、9－1－14又は4－1－5、4－1－6）による価額から著しく乖離しており、その差額について、合理的な理由が説明できないような場合には、利益移転があったと認定される場合があるとする説もあります。その場合には、**時価との差額部分**について、「受贈益」や「寄付金」と処理されることになりますが、このような説を強く主張する考え方は少なくなっていると思われます。

A

A社の処理

Ⅰ　法人税の処理

(1)　株式発行会社が自己株式を取得した場合、株主に支払った対価については、基本的には、

A：取得資本金額に相当する金額に達するまでは、「資本金等の金額の減少」とし、

B：その他の部分は、「剰余金の配当」となります（「法人税法24条1項）。つまり、利益剰余金の減少と考えます。

(2)　法人税法では、「資本等取引」とは、「法人の資本金等の額の増加又は減少を生ずる取引並びに法人が行う利益または剰余金の分配及び残余財産の分配または引き渡しをいう」と定められています。

(3)　(1)の自己株式の取得取引は、「資本等取引」に該当することになります。

（なお、自己株式は、法人税法上、「有価証券」からは除外されています。）

したがって、利益移転と特別に認められるような場合以外には、基本的に資本等

取引として課税されることはありません。

Ⅱ　買取価格と時価

「発行会社である法人が自己株式を取得する場合、時価取引が前提となる法人税の世界において、例えば、利害が対立する独立した当事者間で合意した金額での取引においては通達で示された方法による金額と多少異なった場合でも合理性が否認されるケースは少ないと思われます。しかしながら、例えば、同族株主とその同族会社との取引である場合には、何らかの利益移転のために金額が抑えられたりすることも想定されることから、その取引価額が通達による金額と著しく異なるような場合にその差額について、合理的説明がなされない場合には、利益移転取引とみなされ、時価との差額部分について、受贈益なり寄付金等として認定される場合が想定されます。」とする説もありますが、検討を要するところです。

※　「資本等取引」の概念の考え方について、「代表取締役（父）から同族会社が自己株式を低額で取得し、更にそれを取締役である長男が会社から譲渡により取得した場合の課税関係、特に「みなし譲渡」に関する判決」が参考になります（令和４年２月14日東京地裁判決）。

（参考）譲渡者が個人である場合の処理　（⇒Ｑ５参照）

⑴　甲がＡ社に対して、Ａ社株式をその時価の２分の１未満で譲渡した場合には、時価による譲渡があったとする「みなし譲渡所得課税」の適用があります（所法59①）。

　　また、甲は、発行会社に譲渡したことから、「みなし配当」と「譲渡所得等」の金額に区分されます（所法25①五、措法37の10③五）。

　　「みなし譲渡所得課税」が適用されるか否かの判定は、「みなし配当収入」を含め交付を受けた金額の合計額で判定します。（措通37の10・37－11共－22）

　（注）　ただし、相続により取得した一定の株式を一定期間内（その相続開始の日の翌日から申告書提出期限の翌日以後３年を経過する日まで）にその発行会社に譲渡した場合には、全てが**譲渡所得等**となります。（措法９条の７）（⇒Ｑ４参照）
　　　⇒　**一定の手続き**が必要な点にも注意してください。（措令５の２①②③、措規５の５）

⑵　また、甲が同族会社であるＡ社に時価より低い価額で譲渡することにより、それが「**著しく低い価額**」と認定され、例えば、甲の親族でＡ社の株主である他の者の所有する株式の価額が増加したと認められるような場合には、他の株主には、増加部分について甲からの贈与により取得したものとして贈与税が課される場合があります。（相基通９－２⑵）⇒上記相基通の規定は直接的な規定ではありませんが、その趣旨等からそのように考えられます。

　この贈与税が課される場合の、**「著しく低い価額」**については、必ずしも「時価の2分の1以上」か否かの基準で判定されるわけではないことに留意しておく必要があります。また、個人が法人に非上場株式を譲渡した場合には、いわゆる**「所得税法上の時価」**を定める所基通59－6、23～35共－9によります。

Q7 ― 合併等の評価方法 ―

合併等の際の非上場株式評価における「類似業種比準方式」の適用限界について

　合併等組織再編があった場合などの、類似業種比準方式の適用の可否については、実務ではよく問題になります。

　これについては、課税庁からは明確な指針が示されていません。ここでは簡潔に整理している東京国税局の研修資料（参照「株式・公社債評価の実務」）をそのまま掲載し参考に資することとします。今後検討を要する問題点です。

〔東京局〕

合併後に課税時期がある場合の類似業種比準方式の適用関係

(問)　次の吸収合併が行われた場合、各課税時期（X期、Y期、Z期）ごとのA社株価算定において、類似業種比準方式の適用関係はどうなりますか。

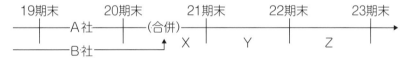

(注)　X、Y、Zは、それぞれ課税時期を示します。また、A社及びB社はいずれも大会社であり、同種の事業を営むものとします。

A 1 基本的考え方

　合併後に課税時期がある場合に類似業種比準方式により取引相場のない株式の評価ができるかどうかは、<u>個々の事例ごと</u>に、直前期末（あるいは直前々期末）における比準3要素について、<u>合理的な数値が得られるかどうか</u>によりますが、一般的な整理としては次のとおりとなります。

⑴　合併存続会社（A社）<u>単体</u>の配当、利益、純資産を基に適切な比準要素が得られるかどうかを判定した場合

比準要素＼課税時期	X	Y	Z
B（配当）	×	×	○
C（利益）	×	× （ただし期末の翌日合併の場合は○）	○ （ただし直前１年間のみ）
D（純資産）	×	○	○
判定	適用不可	原則適用不可	適用可

㊟　○は比準要素に合理的な数値が得られることを意味し、×は合理的数値が得られないことを意味します（以下同じ。）。

⑵　合併存続会社（Ａ社）の配当等と被合併会社（Ｂ社）の配当等を合算して適切な比準要素が得られるかどうかを判定した場合

比準要素＼課税時期	X	Y	Z
B（配当）	× （ただし会社実態に変化がない場合は○）	× （ただし会社実態に変化がない場合は○）	○
C（利益）	× （ただし会社実態に変化がない場合は○）	× （ただし会社実態に変化がない場合は○）	○ （ただし直前２年間は会社実態に変化がない場合のみ）
D（純資産）	× （ただし会社実態に変化がない場合は○）	○	○
判定	原則適用不可	原則適用不可	適用可

㊟　会社実態に変化がないかどうかは、もっぱら事実認定に属する問題です。

2　解説

1　取引相場のない株式を類似業種比準方式により評価することについての合理性が担保されるためには、評価会社における各比準要素が適切に把握されなければなりません。しかし、合併直後に課税時期がある場合には、評価会社が営む主たる業種や利益・配当等の会社の実態が大きく変化することがあり、財産評価基本通達183《評価会社の１株当たりの配当金額等の計算》に定める比準３要素の数値が適切に把握できない場合も生じ得ます。

2　合併直後に課税時期がある場合、合併存続会社の株式を評価するのですから、合併存続会社（Ａ社）単体の配当等の実績に基づいて比準要素を算定（以下、この算定方式を「単体方式」といいます。）するのが合理的と考えられます。このような観点から、X、Y、Zの各課税時期ごとに適切な比準要素が得られるかどうかを判定した結果は、上記⑴のとおりです。

　　他方、2以上の会社が合併契約に基づき法に定める一定の手続を実施して1個の会社となることが会社合併の本質であることを前提としますと、合併存続会社（Ａ社）の配当等と被合併会社（Ｂ社）の配当等を合算して比準要素を算定（以下、この算定方式を「合算方式」といいます。）することにも合理性を有する場合があるものと考えられます。このような観点から、X、Y、Zの各課税時期ごとに適切な比準要素が得られるかどうかを判定した結果は、上記⑵のとおりです。

3　これらの結果をみると、**課税時期Z**においては、単体方式でも合算方式でも比準3要素の数値は原則として同一となり、かつ、合理性を有することから、どちらの方式であっても類似業種比準方式の適用に問題はありません。しかし、課税時期X及びYにおいては、単体方式で比準要素をみた場合には、比準要素について合理的な数値を得ることができず、また、合算方式であっても、合併の前後で会社の実態に変化がないと認められる場合を除き、比準要素について合理的数値を得ることができません。したがって、課税時期X及びYにおいては、合併前後においても会社の実態に変化がない場合以外は、類似業種比準方式の適用に限界があるものと認められ、同方式以外の妥当な方法により株式を評価するのが相当です。

　　なお、妥当と考えられる評価方法については、下表（参考）のとおりです。

（参考）　比準数値のとり方と株式の評価方法

評価方法 ＼ 課税時期			X	Y	Z
類似業種比準方式	単体方式		×	×	○（ただし利益金額を直前2年間の平均額とすることは不可）
	合算方式	合併の前後で会社実態に変化がある場合	×	合併期日が直前期末の翌日の場合：○（利益金額と純資産価額を基に算定）	○（利益金額を直前2年間の平均額とすることが可能）
		合併の前後で会社実態に変化がない場合	○（比準3要素を基に算定）	○（比準3要素を基に算定）／合併期日が直前期末の翌日の場合：○（比準3要素を基に算定）	○（利益金額を直前2年間の平均額とすることが可能）

純資産価額方式	○ （評基通189－4に準じて開業後3年未満の会社等として評価）	○ （評基通189－2に準じて比準要素1の会社として評価。なお、選択によりLの割合を0.25とした併用方式の適用可）	— （ただし類似業種比準価額が純資産価額を上回る場合は適用可）
		合併期日が直前期末の翌日の場合	— （ただし類似業種比準価額が純資産価額を上回る場合は適用可）	

- -

［参考裁決］

・　「取引相場のない株式の譲渡価額が問題になった事案において、中心的な同族株主に該当し、小会社として取り扱う場合において、併用方式の算定が妥当であるとした上で、原処分庁が当該会社は吸収合併で類似業種比準方式の2要素に適切な数値が認められないとしたのに対し、審判所は法人の会社実態に顕著な変化があったとは認められず、また2要素について適切な数値が認められない事実もないことから、併用方式の算定での割合を0.5として原処分の一部を取り消した」（沖裁（所）令3－5参照）事案があります。

- -

3　参考解説

　平成15年7月の国税速報 No.5528号に筆者等の基本的考え方を示した解説があります。一部改正前の表現や修正すべき点が有りますが当時のまま次に掲げることにします。

（ポイント解説）「財産評価実務上の重点事項」(6)　―類似業種比準方式―

渡邉定義・森若代志雄

1　類似業種比準方式とは

　現行の財産評価基本通達では、評価しようとする株式の発行会社の規模に応じて大会社、中会社、小会社に区分し、それらに応じた取引相場のない株式の評価方法として、大会社の株式の価額は「類似業種比準方式」により、小会社の株式の価額は「純資産価額方式」により、中会社の株式の価額はこれらの評価方式の併用方式によって評価することとしています（評基通178～）。

　このような株式の発行会社の規模に応じた評価方法としている理由を簡単に述べますと、大会社については、所有と経営の分離ということから、株式の客観的交換価値は会社の収益、事業活動の諸要素を基に測定すべきであり、小会社については、所有と経営が分離せず会社財産に対する持分的認識が強いことから評価会社の所有する資

産を基に測定すべきであり、また、両者の中間にあるといえる中会社については、これらの考え方を併用することによってその価額を測定するのが相当であるとの考え方によるものといえそうです。

このうちの「類似業種比準方式」とは、上場会社の事業内容を基として定められている「類似業種比準価額計算上の業種目」のうち、評価会社（評価しようとする株式の発行会社）の事業内容と類似するものを選択し、その類似業種と評価会社の1株当たりの「配当金額」、「利益金額」及び「純資産価額」（簿価）の3要素を基とした比準割合を求め、その類似業種の平均株価に比準し、かつ、原則として、その比準価額の70%（中会社の場合は60%、小会社の場合は50%とします。）で評価する方式です（評基通180～）。

（計算式） $\begin{pmatrix}類似業種\\平均株価\end{pmatrix}$ （配当）（利益）$\begin{pmatrix}簿価\\純資産\end{pmatrix}$ $\begin{pmatrix}調整\\割合\end{pmatrix}$

$$類似業種比準株価 = A \times \frac{\dfrac{Ⓑ}{B} + \dfrac{Ⓒ}{C} \times 3 + \dfrac{Ⓓ}{D}}{5} \times 0.7$$

(注)1 分母の「5」は、Ⓒがゼロの場合には、「3」とする。
   2 「0.7」は、中会社については「0.6」、小会社については「0.5」とする。

〔Ⓑ、Ⓒ及びⒹは評価会社の1株当たりの金額B、C及びDは類似業種の1株当たりの金額〕

2 類似業種比準方式の適用限界

評価基本通達では、上場会社に準ずるような「大会社」の株式の価額は、上場株式の評価とのバランスをも考慮し、「類似業種比準方式」により評価することとしています。しかし、会社の規模等を考慮してもなお類似業種比準方式により評価することが適当でないと認められる場合、すなわち、

① 同方式による評価の結果では評価会社の保有する資産の含み益を的確に反映できないと考えられる場合（「株式保有特定会社」や「土地保有特定会社」の株式に該当する場合）や、

② 同方式による評価の前提を欠くと考えられる場合（「比準要素数1の会社」、「開業後3年未満の会社等」、「開業前又は休業中の会社」及び「清算中の会社」の株式に該当する場合）

には、「特定の評価会社の株式」として、類似業種比準方式によらない評価方法を採用することとしています。

これを言い換えますと、これらの会社の株式の評価上は、いわば類似業種比準方式

の適用限界ともいうべきことから、類似業種比準方式によらない評価方法（つまり、原則として、純資産価額方式）が採用されているといってよいものと思われます。

3　類似業種比準方式の適用の可否

　上記1及び2を踏まえ、類似業種比準方式の適用の可否について、具体的な会社合併の事例に基づき検討してみることとします。

I　通常の会社合併の場合

　類似業種比準方式の適用限界は、評価通達に定める「特定の評価会社の株式の評価」の場合にのみ生ずるものではなく、例えば、合併直後に課税時期がある場合における類似業種比準方式の適用の可否の問題としても生じうるものです。

　なぜならば、類似業種比準方式という評価手法により評価することについての合理性が担保されるためには、評価会社における比準要素が適切に把握されなければならないということができますが、合併直後に課税時期がある場合には、評価通達183に定める比準3要素の数値が適切に把握できない場合も生じうるといえるからです。そこで、次のような吸収合併の例に基づいて、検討してみることとします。

〔具体例〕

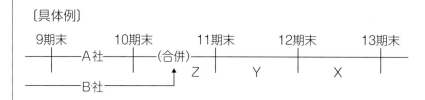

㊟　X、Y、Zは、それぞれ「課税時期」を示すものとします。
　　また、A社及びB社は、いずれも大会社であり、同種の事業を営むものとします。
　　なお、類似業種比準方式における各比準要素は、次に掲げる額を基礎として算定されるものであること（評基通183）に留意して下さい。

①　配当金額：直前期末以前2年間の平均配当金額（特別配当、記念配当等を除く。）

②　利益金額：直前期末以前1年間の法人税の課税所得金額（非経常的な利益の金額を除く。）に益金不算入の受取配当金及び繰越欠損金を加算した額（直前期末以前2年間の法人税の課税所得金額を基として、上記に準じて計算しても差し支えない。）

③　純資産価額：直前期末における資本金額と法人税法上の資本積立金額及び利益積立金額（簿価）の合計額

⑴ 合併存続会社（Ａ社）単体で見た場合の比準要素の検討（単体方式）

合併後に課税時期がある場合には、合併後の評価会社（合併存続会社Ａ社）の配当、利益、及び簿価純資産価額に基づいて比準要素を把握することが合理的であると考えられます。そこで、Ｘ、Ｙ、Ｚの各課税時期ごとに合併存続会社（Ａ社）単体で見た場合（以下「単体方式」といいます。）において適切な比準要素が把握できるかどうかについて検討すると、次のとおりです。

イ 課税時期Ｘの場合

① 1株当たりの配当金額（直前期末以前2年間の平均配当金額）

合併会社は、一般に合併の日を含む事業年度（第11期）の利益による配当を行う際には、合併期日以後の期日分について日割り計算する慣行があります。また、被合併会社（Ｂ社）は、合併期日で消滅してしまうため、最終事業年度に係る株主総会が存在せず、利益処分が行えないので、配当見合いとして、被合併会社の最終事業年度分の配当に相当する金額を合併会社（Ａ社）が被合併会社（Ｂ社）の株主に対して「合併交付金」㊟として支払う慣行があります。

㊟ 税務上は、商法上の合併交付金であっても、被合併会社の株主等に対する「利益配当」とみられる金額については合併交付金とみません。

このようなことを踏まえると、1株当たりの配当金額（直前期末以前2年間の平均配当金額）については、次のとおり計算するのが相当ではないかと考えられます。

$$\left\{ \left[\begin{array}{l} \text{「第12期の決算} \\ \text{に基づく配当金」} \end{array} \right] + \left[\begin{array}{l} \text{「第11期の決算} \\ \text{に基づく配当金」} \end{array} \right] + \left[\begin{array}{l} \text{「合併会社が被合併会社の株主} \\ \text{に対して交付する合併交付金} \\ \text{のうち配当見合いの交付金」} \end{array} \right] \right\} \times 1/2$$

② 1株当たりの利益金額（直前期末以前1年間の利益金額）

直前期末以前1年間の利益金額による場合には、第12期末の決算において確定した損益計算書上の数値は、合併後の企業実態に基づき実際に経過した1事業年度の利益金額にほかならないことから、これによることで問題ないと考えられます。

ただし、直前期末以前2年間（11期、12期）の利益金額の平均額によることとしたときには、合併会社の課税時期の直前々期（第11期）の利益金額は、「合併後から期末まで」の間については合併後の企業実態に基づく実際の利益の状況を反映していると認められますが、「第11期の期首から合併まで」の期間については合併の影響要因が排除されていることから、妥当性を欠くものと考えられます。

㊟ 合併実務では、合併会社と被合併会社の決算期を同一とした上で、決算期末の翌日を合併期日とすることが多いことから、この場合の合併日の属する事業年度（第11期）の利益金額は、合併会社の1事業年度の営業実績に基づく利益金額をあらわすものといえそうです。

③　１株当たりの純資産価額

　１株当たりの純資産価額は、直前期末における資本金額と法人税法上の資本積立金額及び利益積立金額に相当する金額の合計額です。

　一般的に、合併会社は被合併会社から資産及び負債を受け入れ、その対価として被合併会社の株主に対して株式を発行するので、「資本金」が増加します。

　合併会社が被合併会社から包括承継した純資産価額が「合併増加資本金」及び「合併交付金」の合計額を超える場合、すなわち、合併差益が生ずる場合には、その合併差益は原則として全額が商法上の「資本準備金」(注)となる（ただし、合併差益のうち、被合併法人の利益準備金及び任意積立金その他会社に留保した利益の金額は、資本準備金に組み入れないで、そのまま引き継ぐこともできる。）のであって、これらの状況は第11期の法人税申告書における別表五(一)に表示され、これが第12期に引き継がれて第12期の法人税申告書の別表五(一)が作成されていることから、これにより算定することで問題はないと考えられます。

(注)　「資本準備金」とは、利益以外のものから組み立てられる準備金です。商法の「資本準備金」や企業会計原則の「資本剰余金」は、法人税法上の「資本積立金」に対応する概念です。ただし、これらは、相互に必ずしも一致しないことに留意する必要があります。商法は、積み立てられる剰余額があるときはその全額を無制限に積み立てることとしています（商法288条の２）。

　その財源の例としては、合併により消滅した会社から承継した財産の額が、その会社から承継した債務の額、その会社の持主に支払った金額（合併交付金）及び消滅会社の株主に存続会社の自己株式を移転する場合、その株式について会計帳簿に記載した価額の合計額、並びに存続会社の増加した資本額または新設会社の資本額を超える場合の超過額（合併差益金）などがあります。

ロ　課税時期Ｙの場合

①　１株当たりの配当金額（直前期末以前２年間の配当金の平均額）

　上記イの①で検討したとおり、まず、「第11期の決算に基づく配当金」＋「合併会社が被合併会社の株主に対して交付する合併交付金のうち配当見合いの交付金」によって、直前期末以前１年間の配当金額を算定することができますが、「第10期の決算に基づく配当金」は、合併前の会社の配当力を示す指標としかなり得ないため、単純に、上記による第11期の配当金と第10期の配当金との合計額により１株当たりの配当金額（直前期末以前２年間の実際の配当金額）を計算するのは問題があると考えられます。

②　１株当たりの利益金額（直前期末以前１年間の利益金額）

　上記イの②で検討したとおり、合併会社の課税時期の直前期（第11期）の利益金

額は、「合併後から期末まで」の間については、合併後の企業実態に基づく実際の利益の状況を反映しているといえますが、「第11期の期首から合併まで」の期間については、合併による影響要因が排除されているため、妥当性を欠くものと考えられます。

　また、直前期末以前2年間の利益金額の平均額によることとしたときには、課税時期の直前々期（第10期）の利益金額は、合併前の会社の利益力を示す指標としかなりえないため、単純に、上記による第11期の利益金額と第10期の利益金額との合計額により、1株当たりの利益金額の平均額を計算するのは問題であると考えられます。

㊟　合併実務では、合併会社と被合併会社の決算期を同一とした上で、決算期末の翌日を合併期日とすることが多いことから、この場合の合併日の属する事業年度（第11期）の利益金額は、合併会社の1事業年度の営業実績に基づく利益金額をあらわすものといえそうです。

③　1株当たりの純資産価額

　イの③で検討したとおり、第11期の法人税申告書の別表五㈠により算定することで問題はないと考えられます。

ハ　課税時期Zの場合

①　1株当たりの配当金額（直前期末以前2年間の配当金の平均額）

　第10期及び第9期の決算に基づく配当金は、合併前の会社の配当力を示す指標としかなり得ないことから、単純に、第10期の配当金と第9期の配当金との合計額により、1株当たりの配当金額（直前期末以前2年間の実際の配当金額）を計算するのは問題があると考えられます。

②　1株当たりの利益金額（直前期末以前1年間の利益金額）

　課税時期の直前期（第10期）の利益金額及び直前々期（第9期）の利益金額は、合併前の会社の利益力を示す指標としかなり得ないため、直前期末以前1年間の利益金額又は直前期末以前2年間の利益金額の平均額によることとした場合のいずれも、問題があると考えられます。

③　1株当たりの純資産価額

　第10期の法人税申告書における別表五㈠により算定することは、合併前の会社の純資産価額を示すにすぎないことから、問題があると考えられます。

ニ　単体方式における比準要素の検討結果（まとめ）

　上記イ～ハのとおり、合併後に課税時期がある場合において、単体方式で各比準要素を見た場合には、その比準要素の算定方法において問題が多いと考えられます。

　上記の設例でいえば、課税時期Xの場合は3要素の算定が可能であるので、類似業種比準方式の適用は可能と考えられますが、課税時期Yの場合は1～2要素が算定不

可能であり、また、Ｚの場合は３要素すべての算定が不可能であることから、類似業種比準方式の適用は難しいと考えられます。なお、**これらを図示すれば次のとおり**となります。

（単体方式で見た場合における比準要素の検討結果）

比準要素 ＼ 課税時期	X	Y	Z
B（配当）	○	×	×
C（利益）	○（ただし直前１年間のみ）	×（ただし期末の翌日合併の場合は○）	×
D（純資産）	○	○	×
判定	適用可	原則適用不可	適用不可

⑵　**実務的に採用されていると考えられる方式における比準要素の検討（合算方式）**

　単体方式で見た場合における比準要素の検討結果は上記のとおりですが、実務では、上記とは異なり、合併会社（Ａ社）の利益、配当等と被合併会社（Ｂ社）の利益、配当等を合算して各比準要素を算定すること（これを以下「合算方式」といいます。）も行われているようです。

　この合算方式は、２以上の会社が合併契約に基づき法に定める一定の手続を実施して１個の会社となることが会社合併の本質であることを前提とするものと考えられ、合併会社の利益、配当等と被合併会社の利益、配当等を合算することにより、単体方式で見た場合における課税時期Ｙ及びＺで指摘した「比準要素について合併による影響要因が排除されている」という問題点を解決しているようにも考えられます。そこで、その妥当性について検討してみましょう。

　課税時期Ｘにおける比準３要素及び課税時期Ｙにおける１株当たりの純資産価額は、単体方式で算定した場合であっても、また、合算方式で算定した場合であっても同じ数値となって、再度検討する実益がないので、それ以外の場合、すなわち、具体的には上記の二に掲げる表で網掛けした部分（課税時期Ｙにおける「１株当たりの配当金額」及び「１株当たりの利益金額」と課税時期Ｚにおける比準３要素）について検討することとします。

イ　課税時期Ｙの場合

①　**１株当たりの配当金額**

　１株当たりの配当金額については、被合併会社が無配である場合には合併により相

対的に低下させることが可能となります。また、合併の目的の１つには、会社と会社とが結合することにより、企業の再編成、市場の統合・拡大、経営の合理化、資産・資本の増強等を図り、もってライバル会社との競争に勝つことにあることから、合併により会社実態が大きく変化する（１＋１が２以上のものとなる）ことがあると思われます。そうすると、被合併会社の配当金額を加えることで、類似業種比準方式において採用する課税時期の直前期末以前２年間の配当金額が必ずしも適正に算定されているとはいえないことになりますから、合理性を欠く場合があるものと考えられます。

②　１株当たりの利益金額

　１株当たりの利益金額についても、仮に被合併会社が欠損である場合においては、零として計算すること又は合併会社の利益金額から控除して計算することのいずれの場合においても、利益金額を相対的に低下させることが可能であり問題があると考えられます。また、上記①と同様に、合併により会社実態は変化するのであり、被合併会社の利益金額を加えることにより、類似業種比準方式において採用する課税時期の直前期末以前１年間の利益金額が必ずしも適正に算定されているとはいえないことから、合理性を欠く場合があるものと考えられます。

□　課税時期Ｚの場合

①　１株当たりの配当金額

　基本的に上記イの①と同様の問題があるものと考えられます。

②　１株当たりの利益金額

　基本的に上記イの②と同様の問題があるものと考えられます。

③　１株当たりの純資産価額

　１株当たりの純資産価額については、合併会社の増加すべき資本の額は、被合併会社の資本の額に一致するものではなく、また、一致させるべき必要性もまったくない（被合併会社から引き継ぐ純資産の範囲内である限り、合併契約において、合併新株の発行総数と同じく、当事者である会社の純資産額、株価の実情、合併交付金の多寡、合併会社が有する被合併会社の株式数等を勘案して任意に定めることができます。）ことから、単純に合併前の各当事会社の資本金を合計しても合併後の合併会社の資本金とは一致しないことが多く、合理性を欠く場合があるものと考えられます。

　また、発行済株式総数も、合併比率をどのように決定するかによるのであり、単純に合併前の各当事会社の発行済株式数を合計しても合併後の合併会社の発行済株式数に一致しないことが多く、合理性を欠く場合があるものと考えられます（上記イの①及び②並びに下記②及び③に同じです。）。

ハ　合算方式で見た場合における比準要素の検討結果（まとめ）

上記イ及びロのとおり、合算方式で各比準要素が適切に把握できるか否かを見た場合には、その算定において、合理性を欠く場合が多いものと考えられます。

そうすると、一般的に2以上の会社が合併契約に基づき法に定める一定の手続を実行して1個の会社となることが会社合併の本質であることをもってしても、合併前に別個独立した人格を持っていた被合併会社の配当、利益等について、評価会社の利益、配当等とみて加算することの合理的理由は見出せない結果となることが多いものと考えられることになります。

もっとも、会社合併の本質に照らして、上記イ及びロで指摘した問題点をすべてクリアするような場合、すなわち、合併の前後で会社規模や主たる業種目が変わらず、かつ、合併前の各社の配当・利益・純資産をそれぞれ加算した数値と合併後の会社に配当・利益・純資産について大きな変動が認められない場合には、合算方式による類似業種比準要素の算定を認めて差し支えないものと考えられるところです。

なお、**合併の前後で比準要素に変化がないかどうか**については、もっぱら事実認定に属する問題ではありますが、例えば、次の①〜④のすべてを満たす会社（例えば、イメージ的には、東京に本社のある運送会社（大会社）と大阪に本社のある運送会社（大会社）とが対等合併をした場合）については、これに当たるものと考えられます。

---

①　合併比率を対等（1：1）とし、合併会社が被合併会社の資産、負債及び資本を一切そのままの帳簿価額で引き継ぐ。

（注）この場合には合併差益は生じません。

②　合併の前後で会社規模や主たる業種に変化がない。

（注）例えば、合併により主たる業種が変わってしまう場合には、類似業種株価通達における適用すべき業種目が変わってしまい問題があります。

③　合併当事会社双方の利益、配当が黒字であり、純資産が欠損でない。

④　合併前後の1株当たりの配当、利益、純資産価額に大きな変動がない。

（注）例えば、合併により利益が倍増したような場合には、合併前の当事会社の利益を合算しても、合併後の会社の実態を的確にあらわしているとはいえないと思われます。

（合算方式による類似業種比準方式の適用判定）

課税時期 比準要素	X	Y	Z
B（配当）	○	× （ただし会社実態に変化ない場合は○）	× （ただし会社実態に変化ない場合は○）
C（利益）	○ （ただし直前2年間は会社実態に変化ない場合のみ）	× （ただし会社実態に変化ない場合は○）	× （ただし会社実態に変化ない場合は○）
D（純資産）	○	○	× （ただし会社実態に変化ない場合は○）
判定	適用可	原則適用不可	原則適用不可

⑶　合併直後に課税時期がある場合における比準要素の算定方法

イ　課税時期別の評価方法

　以上のとおり、合併後に課税時期がある場合に類似業種比準要素が適正に把握できるかどうかについて、「単体方式」で見た場合と「合算方式」で見た場合に区分して検討したところです。これによると、①課税時期Xにおいては、単体方式で比準要素を算定した場合であっても合算方式で算定した場合であっても、比準3要素の数値は原則として同一であり、かつ、合理性を有することから、どちらの方式であっても類似業種比準方式の適用に問題はないと考えられます。

　しかし、②課税時期Y及びZの場合には、上記⑴及び⑵で検討したとおり、単体方式で比準要素を見た場合では、類似業種比準要素について合理的な数値を得ることができず、また、合算方式であっても、合併の前後で会社実態に変化がないと認められる例外的な場合を除き、類似業種比準要素について合理的な数値を得ることができないこととなります。

　したがって、これらの場合には、いずれの方式によっても類似業種比準方式の適用限界にあるものと認められ、同方式以外の妥当な方法により株式を評価するのが相当と考えられることになります。そこで、妥当と考えられる評価方法について、以下、検討してみます。

ロ　課税時期Yにおける評価方法

　現行の財産評価基本通達では、取引相場のない株式の評価方式について、「類似業

種比準方式」及び「純資産価額方式」を原則的評価方式として採用しています。

　ただし、大会社については、上場会社の株価に準じて評価することが適当であることから、類似業種比準方式により評価することを原則としていますが、類似業種比準方式による評価が適当でないと認められる場合、すなわち、評価会社の資産の保有状況、営業の状態等が一般の評価会社とは大きく異なるものと認められる場合には、「特定の評価会社の株式」として、当該評価方式によらずに純資産価額方式により評価することとしています（評基通189）。

　このような特定の評価会社の株式としては、①比準要素1の会社の株式、②株式保有特定会社の株式、③土地保有特定会社の株式、④開業後3年未満の会社等の様式、⑤開業前又は休業中の会社の株式及び⑥清算中の会社の株式の場合をあげることができます。

　そして、これらのうち、比準要素1の会社の株式、すなわち、類似業種比準3要素のうちいずれか2つが0であり、かつ、直前々期末を基準にした比準3要素のいずれか2つ以上が0である会社の株式については、類似業種比準方式を適用すべき前提を欠いているものとして、同方式の適用対象から除外（純資産価額方式の強制適用）しています。

　課税時期Yについては、上記(1)及び(2)で検討したとおり、合併の前後で会社実態に変化がないと認められる例外的な場合を除き、単体方式で見た場合又は合算方式で見た場合のいずれによっても、1株当たりの純資産価額を除く残りの2要素については合理的な数値を得ることができません。このような状況は、上記の比準要素1の会社の状況と類似しているものと認めることができるのであり、このように状況の類似している会社の株式評価について、別異に取り扱うべき格別の理由もないことから、課税時期Yにおける株式の評価方法としては、財産評価基本通達189－2（比準要素数1の会社の株式の評価）に準じて、原則として「純資産価額方式」によるのが合理的ではないかと考えます。

ハ　課税時期Zにおける評価方法

　上記ロに掲げた特定の評価会社の株式のうち、比準3要素のいずれもが0である会社の株式（開業後3年未満の会社等の株式）については、類似業種比準を適用すべき前提を欠く、すなわち、類似業種比準方式の適用限界にあるものとして、同方式の適用対象から除外（純資産価額方式の強制適用）しています。

　課税時期Zについては、上記(1)及び(2)で検討したとおり、合併の前後で会社実態に変化がないと認められる例外的な場合を除き、単体方式で見た場合又は合算方式で見た場合のいずれによっても、類似業種比準3要素の全てについて合理的な数値を得る

ことができません。このような状況は、<u>上記の開業後３年未満の会社等の状況と類似</u><u>しているものと認めることができる</u>のであり、このように状況の類似している会社の株式評価について、別異に取り扱うべき格別の理由もないことから、<u>課税時期Ｚにお</u><u>ける株式の評価方法としては、</u><u>財産評価基本通達189－４（土地保有特定会社の株式</u><u>又は開業後３年未満の会社等の株式の評価）に準じて、「純資産価額方式」によるの</u><u>が合理的</u>ではないかと考えます。

⑷　具体的な比準数値のとり方と株式の評価方法

　合併後に課税時期がある場合の類似業種比準方式の適用については、一般論として、上記⑶のとおり整理したところです。しかし、個々の事案の置かれている状況（例えば、直前期末の翌日が合併期日である場合には、比準２要素について合理的な数値を得ることができます。）によっては、類似業種比準方式が適用できる場面もあり得ると考えられます。そこで、<u>課税時期別に比準要素の具体的な算定方法と株式の評価方</u><u>法</u>について取りまとめると、以下のとおりとなると考えます。

イ　課税時期Ｘの場合
①　②以外の場合

　単体方式で見た場合又は合算方式により得られる比準３要素について合理性があると考えられることから、類似業種比準方式により株式の評価をすることができると考えますが、１株当たりの利益金額（直前期末以前１年間の利益金額）の算定に当たっては、直前期末２年間の利益金額の平均額によることは認められないというべきではないかと考えます。

②　合併の前後で会社実態に変化がないと認められる場合

　<u>合併の前後で会社実態に変化がないと認められる場合</u>（注）には、１株当たりの利益金額について、合算方式により得られる比準要素を基に直前期末２年間の利益金額の平均額によることも可能であると考えます。

> （注）　合併の前後で会社実態に変化がないと認められる場合とは、①合併の前後で会社規模や主たる業種に変化がない、②合併前後の１株当たりの配当、利益、純資産価額に大きな変動がない等、合算方式によっても差し支えないと認められる場合をいうものと考えるべきですが、これに該当するかどうかはもっぱら事実認定に属する問題となります（以下同じです。）。

ロ　課税時期Ｙの場合
①　②及び③以外の場合

　単体方式で見た場合又は合算方式で見た場合では、比準３要素のうち<u>純資産価額の</u>

１要素しか合理的な数値をとり得ないことから、財産評価基本通達189－２の比準要素１の会社の株式の評価方法に準じて、原則として純資産価額方式により評価するのが最も合理的であると考えます。

　また、同通達189－２のただし書ではＬの割合を0.25として類似業種比準方式と純資産価額方式との併用を可能としていますが、合併後に課税時期がある場合に取扱いを異にする格別の理由もないことから、併用方式（類似業種比準価額については純資産価額の１要素を基に算定）の適用を認めて差し支えないものと考えます。

②　合併期日が決算期日の翌日である場合（下記③に該当する場合を除く）

　合併実務に多い合併期日を決算期末の翌日とする場合には、単体方式で見た場合又は合算方式により得られる１株当たりの利益金額と純資産価額の比準２要素は合理的なものと認められます。

　現行の財産評価基本通達では、比準要素が２以上あれば類似業種比準の適用を認めていることから、同方式（類似業種比準価額については利益金額と純資産価額の２要素を基に算定）の適用を認めて差し支えないものと考えます。

③　合併の前後で会社実態に変化がないと認められる場合

　合併の前後で会社実態に変化がないと認められる場合には、合算方式により得られる比準３要素は合理的なものと認められることから、これらを比準要素とした類似業種比準方式の適用は可能であると考えます。

ハ　課税時期Ｚの場合

①　②以外の場合（合併の前後で会社の実態に変化があると認められる場合等）

　単体方式で見た場合には、比準３要素のすべてについて合理的な数値を取り得ないことから、財産評価基本通達189－４の開業後３年未満の会社等の株式の評価方法に準じて、純資産価額方式により評価するのが最も合理的であると考えます。

②　合併の前後で会社実態に変化がないと認められる場合

　合併の前後で会社実態に変化がないと認められる場合には、合算方式により得られる比準３要素は合理的なものと認められることから、これらを比準要素とした類似業種比準方式の適用は可能であると考えます。

(5)　総まとめ

　合併後に課税時期がある場合に類似業種比準方式による株式評価を認めるかどうかについては、結局のところ、個々の事案ごとに、直前期末（あるいは直前々期末）の比準３要素について、どの比準要素に合理的数値を得られるかによって判断すべきと思われます。課税時期別の具体的な比準数値のとり方と株式の評価方法については、

現行の財産評価基本通達に定める評価手法を前提とすれば、上記３の⑷のとおり整理することができると考えます。

　以上をとりまとめると、次の表のように示すことができると考えています。

比準数値の取り方と評価方法 ／ 課税時期			X	Y		Z
類似業種比準方式	単体方式		○（ただし利益金額を直前２年間の平均値とすることは不可）	×		×
	合算方式	合併の前後で会社実態に変化がある場合		合併期日が直前期末の翌日の場合	○（利益金額と純資産価額の比準２要素を基に算定）	
		合併の前後で会社実態に変化がない場合	○（利益金額について直前２年間の平均額によること可）	○（比準３要素を基に算定）		○（比準３要素を基に算定）
				合併期日が直前期末の翌日の場合	○（比準３要素を基に算定）	
純資産価額方式（類似業種比準方式の適用不可の場合→網掛け部分に対応）			―（ただし類似業種比準価額が純資産価額を上回る場合は適用可）	○（評基通189−２に準ずる。なお、選択によりＬの割合を0.25とした併用方式の適用可。この場合の比準要素は純資産価額のみ）		○（評基通189−４に準ずる）
				合併期日が直前期末の翌日の場合	―（ただし類似業種比準価額が純資産価額を上回る場合は適用可）	

Ⅱ　合資会社を株式会社に組織変更するための合併の場合

　合名会社又は合資会社の組織を株式会社に組織変更することについては、商法上認められていない（商113、163）ので、その手続規定も定められていません。しかし、商法上の会社同士（合名会社、合資会社、株式会社の３種）の合併は自由にでき、合併する一方の会社が株式会社である場合には、存続する会社も株式会社でなければならない（商56①）ことから、これを利用して、実務的には、下の例のように新規に株式会社を設立しておいて、その株式会社が合資会社を吸収合併するという方法が採用されて、事実上の組織変更がなされているようです。

〔具体例〕

◎合併期日（平成12年12月1日）

〔合資会社（11月決算）〕

設立昭和12年6月↓吸収合併

〔株式会社（11月決算）〕

設立平成12年10月 ◎──┼──┼──▲──→

1期　2期　3期

　このような事実上の組織変更ともいうべき合併後直後、すなわち例えば、第3期の6月に課税時期があるような場合には、評価会社（株式会社）の設立後約2年の程度の期間しか経過していないために、評価すべき会社の株式が財産評価基本通達上の「開業後3年未満の会社の株式」に該当することとなって、純資産価額方式により評価しなければならないのか（つまり、類似業種比準方式の適用限界なのか）という疑問が生じます。

そこで、これについて、検討してみます。

⑴　**事実上の組織変更の実態**

　上記で説明したとおり、事実上の組織変更は、形式的には、株式会社の新設と当該会社による合資会社又は合名会社の吸収合併（存続会社は株式会社）という法形式が採用されて行われているようです。これは、商法上、人的会社（合資会社、合名会社）が組織変更をして物的会社（株式会社）になることが許されていないためです。その結果、一般的には、次のような特徴を有するものと認めることができます。

①　合併存続会社は、合資会社又は合名会社の資産負債の全部を簿価で引き継いでいる。

②　合資会社又は合名会社の社員は、全員が株式会社の株主となり、その持株比率は合資会社又は合名会社に対する出資比率と同一で変化がない。

③　株式会社は、設立後から合併の日までの間において開業準備を行い、合併の日から合資会社又は合名会社の営業をそのまま承継するとともに、従業員もそのまま引き継ぐ。

④　株式会社の設立から合併の日までが短期間（概ね2～3カ月の間）である。

⑤　人的会社が物的会社に組織変更することができないために、やむを得ず株式会社を設立して合資会社又は合名会社を吸収合併したという合併の意図が明確である。

⑵　**類似業種比準方式の適用限界か否かについての検討**

　「開業後3年未満の会社」の株式について純資産価額方式によって評価し、類似業

種比準方式による評価を採用していない趣旨は、類似業種比準方式の比準要素である１株当たりの配当金額、利益金額及び簿価純資産価額が、会社設立直後でデータのないものや、正常と認められないデータであるときには、比準要素について同じ土俵で比較することができず、したがって、類似業種比準方式の適用限界と考えられることにあります。

また、「開業後３年未満」としているのは、会社設立後の経過年数によって比準要素が適切であるかどうかを判断するのではなく、実際に営業を開始し、比準要素がその評価会社の実態を表しているかどうかによって、類似業種比準方式の適用限界と言うのかどうかを判断する趣旨です。

以上のような趣旨及び事実上の組織変更の実態を踏まえ、事実上の組織変更ともいうべき合併後直後（上の図の第３期の６月）に課税時期があるような場合について考えますと、次に掲げるようなこと等から、評価すべき会社の株式は、財産評価基本通達上の「開業後３年未満の会社の株式」に該当しない（つまり、類似業種比準方式の適用限界ではない）というのが相当と考えます。

① 合併前の合資会社又は合名会社の資産・負債等の内容と合併後の株式会社の資産・負債等の内容とで異なる点があるのは、資本金に差があるのみで、実質は増資しただけであると考えられる。

② 合併前の合資会社又は合名会社の経営が、合併前において開業後３年以上継続して行われているものであり、かつ、合併後の株式会社の業種・経営規模等が合併前の合資会社又は合名会社のそれと差異のないものと認められるならば、類似業種比準方式による場合の比準要素は、合併前の合資会社又は合名会社のものを基として計算することにより、合併後の株式会社の企業実態を表す比準要素とすることができる。このような場合に、類似業種比準方式の適用を排除しなければならない合理的な理由はなく、類似業種比準方式を適用したとしても通達の制定趣旨に反するものでもない。

③ 合併に当たり、合併前の合資会社又は合名会社の帳簿価額によって、合併存続会社である株式会社が資産・負債を受け入れることから、帳簿価額を圧縮することによる株式評価額の圧縮を意図したものと認めることはできない。

④ 合併前の合資会社又は合名会社の出資者と合併後の株式会社の持主とが同一であり、出資比率と持株比率に変化がない。

(注) このように認定することができるとするのは、契約の解釈上、①そもそも当事者の選択した法形式での契約が私法上成立していると認定できるのか、②あるいは、契約が成立したとしても、その事実の法的性質は、当事者の選択した法形式と一致しているか否かが問題とされるべきであると考えるからで、法形式的には合併であっても、商法上認められないものの実質的には組織変更であると認められる限りにおいては、上記のような認定がなされてもよいと考えています。

II 参考資料

資料1　上場株式の評価

I　用語編

1 「上場」とは

　各証券取引所が設けた株式数や株主数等の一定の基準を満たすことによって、証券取引所での株式の売買が認められることをいい、認められた会社を「上場会社」といいます。

2 「上場株式」とは

　上場株式とは金融商品取引所に上場されている株式をいいます。

　金融商品取引所とは、金融商品取引法に規定されている取引所をいい、個別の取引所の名称は「○○証券取引所」と付けられています（以下「証券取引所」といいます。）。

　証券取引所は全国に4箇所（**東京、名古屋、福岡**及び**札幌**）にあります。

　なお、平成25年（2013年）7月16日に東京証券取引所に編入されるまでは大阪証券取引所がありました。

3 「上場のメリット」とは

　会社の知名度や社会的信用が上昇するとともに、証券取引所で株式の取引が行われるため、売買が成立しやすくなるだけでなく、証券市場を通じた資金調達が可能になります。

4　市場区分

　東京証券取引所及び名古屋証券取引所には、市場第一部、市場第二部などの市場区分がありましたが、2022年4月に以下のように市場区分の見直しが行われました。

東京証券取引所

旧市場区分	現在の市場区分
市場第一部	**プライム市場** グローバルな投資家との建設的な対話を中心に据えた企業向けの市場
市場第二部	**スタンダード市場** 公開された市場における投資対象として十分な流動性とガバナンス水準を備えた企業向けの市場
マザーズ	**グロース市場** 高い成長可能性を有する企業向けの市場
ジャスダック	

名古屋証券取引所

旧市場区分	現在の市場区分
市場第一部	**プレミア市場** 優れた収益基盤・財政状態に基づく高い市場評価を有し、個人投資家をはじめとする多くの投資家の継続的な保有対象となり得る企業向けの市場
市場第二部	**メイン市場** 安定した経営基盤が確立され、一定の事業実績に基づく市場評価を有し、個人投資家をはじめとする多くの投資家の継続的な保有対象となり得る企業向けの市場
セントレックス	**ネクスト市場** 将来のステップアップを見据えた事業計画及び進捗の適時・適切な開示が行われ、一定の市場評価を得ながら成長を目指す企業向けの市場

5 「新興企業向け市場」

　各証券取引所には、ベンチャー企業を中心とした将来性のある新興企業に、資金調達の場を提供することを目的とした、以下のような新興企業向けの市場があります。

　　札幌証券取引所　　「アンビシャス市場」
　　東京証券取引所　　「グロース市場」
　　名古屋証券取引所「ネクスト市場」
　　福岡証券取引所　　「Q-Board」

参考資料

6　株式用語

新聞の株価欄等で用いられる用語の一部を紹介します。

① **銘柄**　…　銘柄とは上場している会社の名称で、並んでいる順は基本的には会社ごとに割り当てられている証券コード（数字4桁）の順番です。従来、証券コードは業種別、上場順に付番されていましたが、近年は特に情報・通信業やサービス業に属する会社の上場が増えているため、業種別に証券コードを付けることはなくなりました。

② **始値**（はじめね）　…　その日の最初に取引が成立した株価

③ **高値**（たかね）　…　その日の取引の中で最も高かった株価

④ **安値**（やすね）　…　その日の取引の中で最も安かった株価

⑤ **終値**（おわりね）　…　その日の最後に成立した取引の株価、つまり**最終価格**です。

⑥ **呼値**（よびね）　…　株価によって何円きざみで売買が行われるか決まっており、そのきざみの単位を呼値といいます。呼値は取引所ごとに定められており、例えば東証の場合、「1,000円以下＝1円」から「5,000万円超＝10万円」まで詳細に定められています。

⑦ **値幅制限**　…　大幅な株価の変動によって投資家に不測の損害を与えないために、証券取引所では1日に動く株価の幅を前日の終値を基準に一定の値幅に制限しています。株価に応じた制限値幅が定められており、株価が値幅の上限まで上昇することを「ストップ高」、下限まで下落することを「ストップ安」といいます。値幅制限には、例えば東証では「1,000円以上1,500円未満＝上下300円」、「7,000円以上10,000円未満＝上下1,500円」などがあります。

⑧ **前比（前日比）**　…　前日の終値と当日の終値を比較して高くなったか安くなったかを表します。値上がりした時は「白三角（△）」、値下がりした時は「黒三角（▲又は▼）」で表されます。

⑨ **出来高（売買高）**　…　その日に取引が成立した株数で、主に1,000株単位で表示されます。取引が成立しなかった場合を「出来ず（できず）」といい、「―」で表示されます。

⑩ **買い気配**　…　買い注文はあるものの、売り注文がない場合、証券取引所が売り注文を喚起する目的で発表する買い手の株価です。結果的に取引が成立しなかった場合には、終値の欄に買い気配が、前日比の欄に「カイ」と表示されます。

⑪ **売り気配** … 買い気配の逆。結果的に取引が成立しなかった場合には、終値の欄に売り気配が、前日比の欄に「ウリ」又は「ヤリ」と表示されます。

● **株式欄の見方**

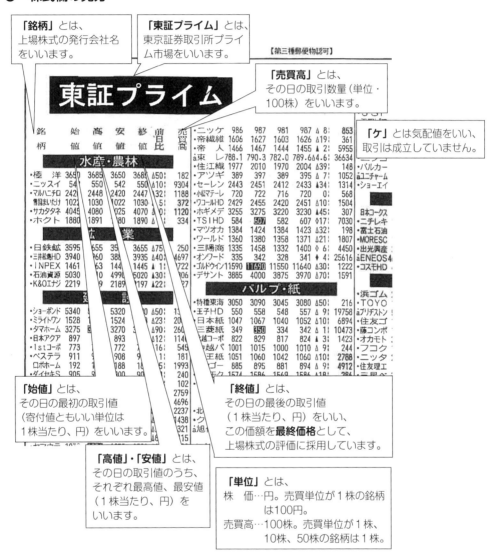

「銘柄」とは、上場株式の発行会社名をいいます。

「東証プライム」とは、東京証券取引所プライム市場をいいます。

「売買高」とは、その日の取引数量（単位・100株）をいいます。

「ケ」とは気配値をいい、取引は成立していません。

「始値」とは、その日の最初の取引値（寄付値ともいい単位は1株当たり、円）をいいます。

「高値」・「安値」とは、その日の取引値のうち、それぞれ最高値、最安値（1株当たり、円）をいいます。

「終値」とは、その日の最後の取引値（1株当たり、円）をいい、この価額を**最終価格**として、上場株式の評価に採用しています。

「単位」とは、
株　価…円。売買単位が1株の銘柄は100円。
売買高…100株。売買単位が1株、10株、50株の銘柄は1株。

Ⅱ　評価編

　有価証券は、①株式及び出資、②公債及び社債並びに③証券投資信託受益証券等に大別され、このうち株式は最も多くの人に関わりを持つものです。

　株式には、金融商品取引所に上場されているような大規模な会社が発行する株式から、個人企業に類似するような小規模な会社が発行する株式まであり、その発行会社

の規模は千差万別です。

　財産評価基本通達では、株式の評価上、次のように区分しています。

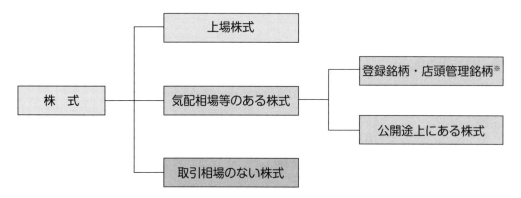

※　平成16年12月13日に㈱ジャスダック証券取引所が創設されたことに伴い、登録銘柄及び店頭
　管理銘柄については、原則として、取引所上場有価証券に移行されたため、現在は登録銘柄及び
　店頭管理銘柄に該当するものはありません。

1　「財産評価基本通達が対象とする上場株式」とは

　上場株式の評価方法の定めに準じて評価するものには、上記Ⅰの各証券取引所に上場されている株式、不動産投資信託証券等（評基通213）、受益証券発行信託等（評基通213－2）及び金融商品取引所に上場されている証券投資信託の受益証券（評基通199㈲）があります。

　なお、外国の証券取引所に上場されている株式も、客観的な交換価値が明らかとなっているので、国内の上場株式の評価方法に準じて評価します。

（参考）

金融商品取引所に上場されている証券投資信託の受益証券（ETF）（評基通199㈲）	上場株式の評価の定めに準じて評価します。 また、金銭分配期待権の価額は、配当期待権の評価に準じて評価します。
不動産投資信託証券等（J-REIT）（評基通213）	上場株式の評価の定めに準じて評価します。また、無償交付期待権の価額は、株式無償交付期待権の評価に準じて評価し、金銭分配期待権の価額（利益超過分配金の額を含みます。）は、配当期待権の評価に準じて評価します。
受益証券発行信託証券等（ETN）（評基通213－2）	上場株式の評価の定めに準じて評価します。また、受益証券発行信託証券に係る金銭分配期待権の価額は、配当期待権の評価に準じて評価します。

2　財産評価基本通達による評価方法

　評価方法は、原則として次のとおりです。

> その株式が上場されている金融商品取引所の公表する次の①から④までの価額の
> うち、最も低い価額
> ① 課税時期の最終価格
> ② 課税時期の属する月の毎日の最終価格の月平均額
> ③ 課税時期の属する月の前月の毎日の最終価格の月平均額
> ④ 課税時期の属する月の前々月の毎日の最終価格の月平均額

　上場株式は、証券取引所における取引価格がそのまま「時価」を示しているということもできますが、取引価格はそのときどきの需給関係による値動きがあります。このため、上場株式の評価に当たっては、一時点における需給関係による偶発性を排除し、ある程度の期間における取引価格を評価の判断要素として考慮し、評価上のしんしゃくを行うことがより適切であると考えられるため、課税時期における最終価格のほか、課税時期の属する月以前3か月間の各月の毎日の**最終価格**の月平均額も採用することとしています。

　上場株式の銘柄別の毎日の**最終価格**は日刊新聞に「**終値**」として、毎日の最終価格の月平均額は日本証券新聞に「**月中平均株価**」として掲載されています。

※　負担付贈与又は個人間の対価を伴う取引による上場株式の取得は、一般の売買行為に準じた対価を伴う経済的取引行為であることから、上記の評価方法によらないで、その取得の時（課税時期）における最終価格により評価することとなります（評基通169⑵）。

※　最終価格がない場合――相続開始日が休日等で、最終価格がないときには相続開始日前後の最
　　　　　　　　　　　　　終価格のうち、もっとも近い日の最終価格を採用します。もっとも近
　　　　　　　　　　　　　い日の最終価格が前後2つあるときは、その平均額とします。

3　複数の金融商品取引所に上場されている株式の最終価格

　上場株式の中には、複数の取引所に上場されている銘柄もあります。

　2以上の取引所に上場されている銘柄の最終価格については、納税義務者が選択した取引所の公表する価格によって評価します。

　従来は、その株式発行会社の本店の最寄りの取引所を選択することを原則とし、納税義務者が納税地の最寄りの取引所を選択したときはこれを認めることとしていましたが、インターネット等の普及により地理的な障壁が解消されたため、これまでの取扱いを変更し、納税義務者の選択に委ねることとしました。

　しかし、「課税時期の最終価格」や「最終価格の月平均額」がある取引所があるにもかかわらず、それらのない取引所を選択することは認められません。

「相続開始後の株価の変動を考慮しないことの合理性」

column

〈相続開始後の株価の変動を考慮しないことの合理性〉について、次のような判決があり参考になります。

「評価基本通達では相続開始後の株価の変動を考慮しないこととしているが、これは、相続税が相続財産の取得時点すなわち相続開始時点で納税義務が成立し（国税通則法第15条第2項第4号）、相続財産を取得した者は、相続開始のあったことを知った日の翌日から6月以内に相続税の申告をし、右期限までにその納付をする（相続税法第27条、第33条）こととなっているところ、右申告期限までの株価も考慮することとなると、相続開始後に株価の恣意的操作がなされるおそれがあり、かくては課税の公平を欠くに至ることによるものであり、したがって、同通達が相続開始後の期間の株価の変動を考慮しないとしていることには合理性がある。

　相続税法上相続財産の評価はその取得時における時価によることとなっている以上、株式についてのみ右時点より余り長期にまで遡ってその価格の変動を考慮して評価するのは相当でなく、この点で期間的な制約があることは否定できないし、他方、評価基本通達が相続開始前3か月間の最終価格の月平均額と課税時期の最終株価のうち最低株価を採用することにより、一般的にいって、相続開始時に一時的に騰貴した株価を評価額とすることを避けるという目的を満たす効果のあることは否定できず、多量の税務事務の処理と課税の公平を期するという要請も参酌すると、右の過去に遡る期間の考慮に関しても前記の株価についての通達の基準の合理性を否定するのは相当ではない。」

（差押処分取消請求事件／第一審・昭和59. 4.25　大阪地裁判決57（行ウ）15、控訴審・昭和62. 9.29　大阪高裁判決59（行コ）23・税資159号851頁、上告審・平成元. 6. 6　最高裁判決・税資173号1頁）

問　題　　上場株式の評価

次の評価条件にしたがって、本件上場株式の相続税評価額を求めてください。

○　相続開始日　○年11月20日

○　被相続人甲の住所地　渋谷区

○　相続人乙が相続した上場株式

　東京物産㈱　　（本社：東京都中央区）　株式　1,000株

　名古屋製菓㈱（本社：愛知県名古屋市）　株式　200株

　大阪地所㈱　　（本社：大阪府大阪市）　株式　500株

○　上場株式の価格一覧表

銘柄 ＼ 区分	上場金融商品取引所	○年11月20日の最終価格	○年11月中の毎日の最終価格の月平均額	○年10月中の毎日の最終価格の月平均額	○年9月中の毎日の最終価格の月平均額
東京物産	東証プライム※	538円	543円	520円	512円
	名証プレミア※	541円	543円	528円	518円
名古屋製菓	東証プライム	1,240円	1,268円	1,182円	1,125円
	名証プレミア	1,215円	1,230円	1,138円	1,089円
大阪地所	東証プライム	687円	708円	655円	526円
	名証プレミア	682円	705円	651円	525円

※　東京証券取引所プライム市場及び名古屋証券取引所プレミア市場を表します。

※　各銘柄が上場している証券取引所は表に記載されているのみであり、乙は各銘柄について、最も評価額が安くなる証券取引所を選択するものとします。

参考資料

【解答欄①「上場株式の評価明細書」】

上 場 株 式 の 評 価 明 細 書

銘　　柄	取引所等の名称	課税時期の最終価格		最終価格の月平均額			評価額①の金額又は①から④までのうち最も低い金額	増資による権利落等の修正計算その他の参考事項
		月　日	①価額	課税時期の属する月②　　月	課税時期の属する月の前月③　　月	課税時期の属する月の前々月④　　月		
			円	円	円	円	円	

記載方法等

1　「取引所等の名称」欄には、課税時期の最終価格等について採用した金融商品取引所名及び市場名を記載します（例えば、東京証券取引所のプライム市場の場合は「東P」、名古屋証券取引所のメイン市場の場合は「名M」など）。

2　「課税時期の最終価格」の「月日」欄には、課税時期を記載します。ただし、課税時期に取引がない場合等には、課税時期の最終価格として採用した最終価格についての取引月日を記載します。

3　「最終価格の月平均額」の「②」欄、「③」欄及び「④」欄には、それぞれの月の最終価格の月平均額を記載します。ただし、最終価格の月平均額について増資による権利落等の修正計算を必要とする場合には、修正計算後の最終価格の月平均額を記載するとともに、修正計算前の最終価格の月平均額をかっこ書きします。

4　「評価額」欄には、負担付贈与又は個人間の対価を伴う取引により取得した場合には、「①」欄の金額を、その他の場合には、「①」欄から「④」欄までのうち最も低い金額を記載します。

5　各欄の金額は、各欄の表示単位未満の端数を切り捨てます。

【解答欄②「相続税の申告書（第11表）」】

相 続 税 が か か る 財 産 の 明 細 書
（ 相 続 時 精 算 課 税 適 用 財 産 を 除 き ま す 。）

被相続人	甲	第11表（令和2年4月分以降用）

○相続時精算課税適用財産の明細については

この表は、相続や遺贈によって取得した財産及び相続や遺贈によって取得したものとみなされる財産のうち、相続税のかかるものについての明細を記入します。

遺 産 の 分 割 状 況	区　　　　分	1 全 部 分 割	2 一 部 分 割	3 全 部 未 分 割
	分 割 の 日	××・××・××	・　・	

財　　　産　　　の　　　明　　　細							分割が確定した財産		
種 類	細 目	利用区分、銘柄等	所在場所等	数 量倍　数	単 価固定資産税評価額	価 額	取得した人の氏 名	取得財産の価 額	
有価証券	上記以外の株式、出資	東京物産	○○証券△支店		円円	円	乙	円	
〃	〃	名古屋製菓	〃				乙		
〃	〃	大阪地所	〃				乙		

解答のヒント 上場株式等の評価

1　上場株式の評価（評基通169）

(1)　原則的な評価方法

　その株式が上場されている金融商品取引所の公表する次の①から④までの価額のうち、最も低い価額

　　①　課税時期の最終価格（「終値」のこと）

　　②　課税時期の属する月の毎日の最終価格の月平均額

　　③　課税時期の属する月の前月の毎日の最終価格の月平均額

　　④　課税時期の属する月の前々月の毎日の最終価格の月平均額

(2)　負担付贈与又は個人間有償取引により取得した上場株式の評価方法

　　課税時期の最終価格

(3)　複数の金融商品取引所に上場されている株式の最終価格

　上記(1)及び(2)のいずれにおいても、国内の2以上の金融商品取引所に上場されている株式については、納税義務者が選択した金融商品取引所とする。

2　公開途上にある株式の評価（評基通174⑵）

(1)　株式の上場又は登録に際して公募又は売出しが行われる場合

　原則として、その株式の公開価格

(2)　株式の上場又は登録に際して公募又は売出しが行われない場合

　課税時期以前の取引価格等を勘案して評価

本問は「解答のヒント」の「1　上場株式の評価」に該当することから、次のように「上場株式の評価明細書」に記載の上、相続税の申告書第11表に転記します。

上 場 株 式 の 評 価 明 細 書

銘　　柄	取引所等の名称	課税時期の最終価格 月日	課税時期の最終価格 ① 価額	最終価格の月平均額 課税時期の属する月 ② 11月	最終価格の月平均額 課税時期の属する月の前月 ③ 10月	最終価格の月平均額 課税時期の属する月の前々月 ④ 9月	評価額 ①の金額又は①から④までのうち最も低い金額	増資による権利落等の修正計算その他の参考事項
東京物産	東P	11.20	円 538	円 543	円 520	円 512	円 512	
名古屋製菓	名M	11.20	1,215	1,230	1,138	1,089	1,089	
大阪地所	名M	11.20	682	705	651	525	525	

STEP 1
　納税者が選択した金融商品取引所の名称を略称で記載します。

STEP 2
　STEP 1で納税者が選択した取引所の各価格を記載します（①～④は同一の取引所の価格を採用するものとし、例えば、月ごとに取引所を変更することはできません。）。

STEP 3
　この欄に表示された評価額を相続税の申告書第11表の「単価」欄に転記します。

この欄に上場株式の相続税評価額が表示されます。

相 続 税 が か か る 財 産 の 明 細 書
（相続時精算課税適用財産を除きます。）

被相続人　　甲

第11表（令和2年4月分以降用）

○相続時精算課税適用財産の明細については

この表は、相続や遺贈によって取得した財産及び相続や遺贈によって取得したものとみなされる財産のうち、相続税のかかるものについての明細を記入します。

遺産の分割状況	区　分	1 全部分割　　2 一部分割　　3 全部未分割		
	分割の日	××・××・××	・	

財　　産　　の　　明　　細						分割が確定した財産		
種類	細目	利用区分、銘柄等	所在場所等	数量 固定資産税評価額	単価 倍数	価額	取得した人の氏名	取得財産の価額
有価証券	上記以外の株式、出資	東京物産	○○証券△支店	1,000株 円	512円	512,000 円	乙	512,000 円
〃	〃	名古屋製菓	〃	200株	1,089	217,800	乙	217,800
〃	〃	大阪地所	〃	500株	525	262,500	乙	262,500

資料2　相続税の計算の仕方

（財産を相続した時の概要）

課税される主な財産

種　類	財産確定のためのチェック書類
土地 （土地の上に存する権利を含みます。）	・固定資産税課税明細書または名寄帳等
建物	・固定資産税課税明細書または名寄帳等
有価証券（上場株式、非上場株式、公債、社債）	・残高証明書、取引報告書、通帳等
現金、預貯金等	・残高証明書、通帳等
事業（農業）用財産	・現物、契約書、確定申告書等
家庭用財産	・現物
その他の財産（会員権、書画骨董等）	・現物

主な非課税財産（法12、措法70）

①墓地、霊廟、仏壇、仏具など（法12①）※庭内神しの敷地及び附属設備も含みます。
②公益事業を行う者が、相続や遺贈によって取得した財産で、その公益事業の用に供することが確実なもの（公益事業用財産）（法12①）
③心身障害者扶養共済制度に基づく給付金の受給権（法12①）
④相続人が受け取った**生命保険金**などのうち、一定の金額（法12①）（500万円×法定相続人数）
⑤相続人が受け取った**退職手当金**などのうち、一定の金額（法12①）（500万円×法定相続人数）
⑥相続財産などを申告期限までに国などに寄附をした場合におけるその寄附財産（措法70①）
⑦相続財産である金銭を申告期限までに特定公益信託に支出した場合におけるその金銭（措法70③、措令40の4②）

葬式費用

控除の対象となる葬式費用
・お通夜・葬儀にかかった費用（お布施などの領収証がないものを含みます。） ・埋葬・火葬・納骨にかかった費用 ・遺骨の運搬にかかった費用（遺体の捜索費用等も含みます。）
控除の対象とならない費用
・香典返戻費用 ・法会（初七日や四十九日など）にかかった費用 ・墓地や墓石の購入にかかった費用、墓地借入料

◎課税遺産総額の計算

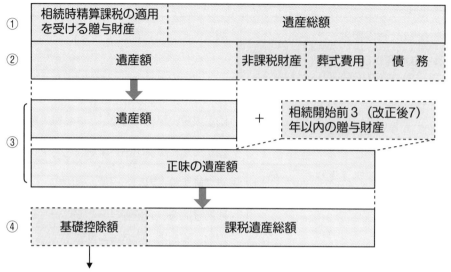

3,000万円＋600万円×法定相続人の数＝基礎控除額

（注）　被相続人に養子がいる場合、法定相続人の数に含める養子の数は、実子がいるときは1人（実子がいないときは2人）までとなります。
「相続税の総額」の計算においても同じです。

①　相続や遺贈によって取得した財産（遺産総額）の価額と、相続時精算課税の適用を受ける財産の価額を合計します。

②　①から債務、葬式費用、非課税財産を差し引いて、遺産額を算出します。

③　遺産額に相続開始前3（改正後7）年以内の暦年課税に係る贈与財産の価額を加算して、正味の遺産額を算出します。

④　③から基礎控除額を差し引いて、課税遺産総額を算出します。

（注）　正味の遺産額が基礎控除額を超えない場合には、相続税はかかりません。

◎主な申告書添付書類等

イ　被相続人の出生から死亡までの戸籍謄本、相続人全員の戸籍謄本又は図形式の法定相続情報一覧図の写し

ロ　遺言書の写し又は遺産分割協議書の写し

ハ　相続人全員の印鑑証明書（遺産分割協議書に押印したもの）

二　相続時精算課税適用者がいる場合には、被相続人の戸籍の附票の写し

ホ　マイナンバー（個人番号）がわかる書類

ヘ　小規模宅地等の特例の適用を受ける場合には、住民票の写し、戸籍の附票の写し等（マイナンバーを特例適用者が有する場合には提出不要）

◎相続税の計算例

正味の遺産額が２億円で、妻と子２人が法定相続分どおりに相続した場合

（正味の遺産額）　　　　　（基礎控除額）　　　　　（課税遺産総額）
２億円　　−　（3,000万円＋600万円×3）＝１億5,200万円

① 課税遺産総額を法定相続分どおりに取得したものと仮定して、それに税率を適用して各法定相続人別に税額を計算します。

② ①の税額を合計したものが相続税の総額です。

③ ②の相続税の総額を、各相続人、受遺者及び相続時精算課税を適用した人が実際に取得した正味の遺産額の割合に応じてあん分します。

④ ③から配偶者の税額軽減のほか、各種の税額控除を差し引いて、実際に納める税額を計算します。

※　配偶者の税額軽減（配偶者控除）
　　配偶者が遺産分割や遺贈により実際に取得した正味の遺産額が１億6,000万円までか、配偶者の法定相続分相当額までであれば、配偶者に相続税はかかりません。
　　なお、配偶者の税額軽減を受けるためには、相続税の申告書の提出が必要です。

※　相続税額から控除されるもの
〈未成年者控除〉
　　相続人が18歳未満の方の場合は、18歳に達するまでの年数１年につき10万円が控除されます。
〈障害者控除〉
　　相続人が障害者の方の場合は、85歳に達するまでの年数１年につき10万円（特別障害者の方の場合は20万円）が控除されます。
〈暦年課税に係る贈与税額控除〉
　　正味の遺産額に加算された「相続開始前３（改正後７）年以内の贈与財産」の価額に対する贈

与税額が控除されます。

〈相続時精算課税に係る贈与税額控除〉

　遺産総額に加算された「相続時精算課税の適用を受ける贈与財産」の価額に対する贈与税額が控除されます。

　なお、控除しきれない金額がある場合には、申告をすることにより還付を受けることができます。

◇法定相続分の主な例

相続人		法定相続分
子がいる場合	配偶者	2分の1
	子	2分の1 （人数分に分ける）
子がいない場合	配偶者	3分の2
	父母	3分の1 （人数分に分ける）
子も父母もいない場合	配偶者	4分の3
	兄弟姉妹	4分の1 （人数分に分ける）

◇相続税の速算表（平成27年1月1日以降用）

法定相続分に応ずる取得金額	税率	控除額
1,000万円以下	10%	－
1,000万円超 ～ 3,000万円以下	15%	50万円
3,000万円超 ～ 5,000万円以下	20%	200万円
5,000万円超 ～ 1億円以下	30%	700万円
1億円超 ～ 2億円以下	40%	1,700万円
2億円超 ～ 3億円以下	45%	2,700万円
3億円超 ～ 6億円以下	50%	4,200万円
6億円超 ～	55%	7,200万円

※　平成26年12月31日以前に亡くなった人に係る相続税については、上記の基礎控除額や税率などが異なります。

（参考）

◇相続税の速算表（平成15年1月1日以降平成26年12月31日まで適用）

法定相続分に応ずる取得金額	税率	控除額	法定相続分に応ずる取得金額	税率	控除額
1,000万円以下	10%	－	～3億円以下	40%	1,700万円
～3,000万円以下	15%	50万円	3億円超～	50%	4,700万円
～5,000万円以下	20%	200万円			
～1億円以下	30%	700万円			

相続税額の概算額

課税価格	配偶者がいる場合				配偶者がいない場合			
	子1人	子2人	子3人	子4人	子1人	子2人	子3人	子4人
4,000万円	0万円	0万円	0万円	0万円	40万円	0万円	0万円	0万円
5,000万円	40万円	10万円	0万円	0万円	160万円	80万円	20万円	0万円
6,000万円	90万円	60万円	30万円	0万円	310万円	180万円	120万円	60万円
7,000万円	160万円	113万円	80万円	50万円	480万円	320万円	220万円	160万円
8,000万円	235万円	175万円	138万円	100万円	680万円	470万円	330万円	260万円
9,000万円	310万円	240万円	200万円	163万円	920万円	620万円	480万円	360万円
1億円	385万円	315万円	263万円	225万円	1,220万円	770万円	630万円	490万円
1億5,000万円	920万円	748万円	665万円	588万円	2,860万円	1,840万円	1,440万円	1,240万円
2億円	1,670万円	1,350万円	1,218万円	1,125万円	4,860万円	3,340万円	2,460万円	2,120万円
2億5,000万円	2,460万円	1,985万円	1,800万円	1,688万円	6,930万円	4,920万円	3,960万円	3,120万円
3億円	3,460万円	2,860万円	2,540万円	2,350万円	9,180万円	6,920万円	5,460万円	4,580万円
3億5,000万円	4,460万円	3,735万円	3,290万円	3,100万円	1億1,500万円	8,920万円	6,980万円	6,080万円
4億円	5,460万円	4,610万円	4,155万円	3,850万円	1億4,000万円	1億920万円	8,980万円	7,580万円
4億5,000万円	6,480万円	5,493万円	5,030万円	4,600万円	1億6,500万円	1億2,960万円	1億980万円	9,080万円
5億円	7,605万円	6,555万円	5,963万円	5,500万円	1億9,000万円	1億5,210万円	1億2,980万円	1億1,040万円
5億5,000万円	8,730万円	7,618万円	6,900万円	6,438万円	2億1,500万円	1億7,460万円	1億4,980万円	1億3,040万円
6億円	9,855万円	8,680万円	7,838万円	7,375万円	2億4,000万円	1億9,710万円	1億6,980万円	1億5,040万円
6億5,000万円	1億1,000万円	9,745万円	8,775万円	8,313万円	2億6,570万円	2億2,000万円	1億8,990万円	1億7,040万円
7億円	1億2,250万円	1億870万円	9,885万円	9,300万円	2億9,320万円	2億4,500万円	2億1,240万円	1億9,040万円
7億5,000万円	1億3,500万円	1億1,995万円	1億1,010万円	1億300万円	3億2,070万円	2億7,000万円	2億3,490万円	2億1,040万円
8億円	1億4,750万円	1億3,120万円	1億2,135万円	1億1,300万円	3億4,820万円	2億9,500万円	2億5,740万円	2億3,040万円
8億5,000万円	1億6,000万円	1億4,248万円	1億3,260万円	1億2,300万円	3億7,570万円	3億2,000万円	2億7,990万円	2億5,040万円
9億円	1億7,250万円	1億5,435万円	1億4,385万円	1億3,400万円	4億320万円	3億4,500万円	3億240万円	2億7,270万円
9億5,000万円	1億8,500万円	1億6,623万円	1億5,510万円	1億4,525万円	4億3,070万円	3億7,000万円	3億2,500万円	2億9,520万円
10億円	1億9,750万円	1億7,810万円	1億6,635万円	1億5,650万円	4億5,820万円	3億9,500万円	3億5,000万円	3億1,770万円
11億円	2億2,250万円	2億185万円	1億8,885万円	1億7,900万円	5億1,320万円	4億4,500万円	4億	3億6,270万円
12億円	2億4,750万円	2億2,560万円	2億1,135万円	2億150万円	5億6,820万円	4億9,500万円	4億5,000万円	4億770万円
13億円	2億7,395万円	2億5,065万円	2億3,500万円	2億2,450万円	6億2,320万円	5億4,790万円	5億	4億5,500万円
14億円	3億145万円	2億7,690万円	2億6,000万円	2億4,825万円	6億7,820万円	6億290万円	5億5,000万円	5億500万円
15億円	3億2,895万円	3億315万円	2億8,500万円	2億7,200万円	7億3,320万円	6億5,790万円	6億	5億5,500万円
16億円	3億5,645万円	3億2,940万円	3億1,000万円	2億9,575万円	7億8,820万円	7億1,290万円	6億5,000万円	6億500万円
17億円	3億8,395万円	3億5,565万円	3億3,500万円	3億2,000万円	8億4,320万円	7億6,790万円	7億	6億5,500万円
18億円	4億1,145万円	3億8,190万円	3億6,000万円	3億4,500万円	8億9,820万円	8億2,290万円	7億5,000万円	7億500万円

課税価格	配偶者がいる場合				配偶者がいない場合			
	子1人	子2人	子3人	子4人	子1人	子2人	子3人	子4人
19億円	4億3,895万円	4億815万円	3億8,558万円	3億7,000万円	9億5,320万円	8億7,790万円	8億260万円	7億5,500万円
20億円	4億6,645万円	4億3,440万円	4億1,183万円	3億9,500万円	10億820万円	9億3,290万円	8億5,760万円	8億500万円
21億円	4億9,395万円	4億6,065万円	4億3,808万円	4億2,000万円	10億6,320万円	9億8,790万円	9億1,260万円	8億5,500万円
22億円	5億2,145万円	4億8,690万円	4億6,433万円	4億4,500万円	11億1,820万円	10億4,290万円	9億6,760万円	9億500万円
23億円	5億4,895万円	5億1,315万円	4億9,058万円	4億7,000万円	11億7,320万円	10億9,790万円	10億2,260万円	9億5,500万円
24億円	5億7,645万円	5億3,940万円	5億1,683万円	4億9,500万円	12億2,820万円	11億5,290万円	10億7,760万円	10億500万円
25億円	6億395万円	5億6,630万円	5億4,308万円	5億2,050万円	12億8,320万円	12億790万円	11億3,260万円	10億5,730万円
26億円	6億3,145万円	5億9,380万円	5億6,933万円	5億4,675万円	13億3,820万円	12億6,290万円	11億8,760万円	11億1,230万円
27億円	6億5,895万円	6億2,130万円	5億9,558万円	5億7,300万円	13億9,320万円	13億1,790万円	12億4,260万円	11億6,730万円
28億円	6億8,645万円	6億4,880万円	6億2,183万円	5億9,925万円	14億4,820万円	13億7,290万円	12億9,760万円	12億2,230万円
29億円	7億1,395万円	6億7,630万円	6億4,808万円	6億2,550万円	15億320万円	14億2,790万円	13億5,260万円	12億7,730万円
30億円	7億4,145万円	7億380万円	6億7,433万円	6億5,175万円	15億5,820万円	14億8,290万円	14億760万円	13億3,230万円

（注1）　課税価格＝相続財産－債務・葬式費用

（注2）　配偶者の税額軽減を法定相続分まで適用するものとします。つまりこの表は、配偶者が遺産の2分の1を取得した場合の計算です。税額控除は、配偶者の税額軽減以外には考慮していません。

（注3）　法定相続人の中に相続を放棄した者があるときは、その放棄がなかったものとした場合の相続人の数です。

（注4）　養子がある場合には、養子の数は、実子がある場合には1人、実子がない場合には2人までに制限されます。

　　　　　ただし、税負担回避の養子は認められません。

（注5）　相続割合は小数点以下、相続税額は1万円未満を四捨五入しました。

〔参考〕

1 贈与税の速算表（平成27年1月1日以降適用）

① 直系尊属から20歳以上の者への贈与　② ①以外の贈与

課税価格	税　率	控除額
千円以下	％	千円
2,000	10	—
4,000	15	100
6,000	20	300
10,000	30	900
15,000	40	1,900
30,000	45	2,650
45,000	50	4,150
45,000	55	6,400
千円超		

課税価格	税　率	控除額
千円以下	％	千円
2,000	10	—
3,000	15	100
4,000	20	250
6,000	30	650
10,000	40	1,250
15,000	45	1,750
30,000	50	2,500
30,000	55	4,000
千円超		

贈与税の速算表（平成15年1月1日以降適用）

課税価格	税　率	控除額
千円以下	％	千円
2,000	10	—
3,000	15	100
4,000	20	250
6,000	30	650
10,000	40	1,250
10,000	50	2,250
千円超		

2 贈与税の基礎控除の変遷

昭和28年	10万円
昭和33年	20万円
昭和39年	40万円
昭和50年	60万円
平成13年	110万円

3 贈与税（暦年課税）の税率構造の推移

	昭和50年 （14段階）		昭和63年 （13段階）		平成4年 （13段階）		平成15年〜現行 （6段階）	
	【課税価額】	【税率】％	【課税価額】	【税率】％	【課税価額】	【税率】％	【課税価額】	【税率】％
税率	50万円以下	10	100万円以下	10	150万円以下	10	200万円以下	10
	70 〃	15	120 〃	15	200 〃	15	300 〃	15
	100 〃	20	150 〃	20	250 〃	20	400 〃	20
	140 〃	25	200 〃	25	350 〃	25	600 〃	30
	200 〃	30	300 〃	30	450 〃	30	1,000 〃	40
	280 〃	35	400 〃	35	600 〃	35	1,000万円超	50
	400 〃	40	600 〃	40	800 〃	40		
	550 〃	45	800 〃	45	1,000 〃	45		
	800 〃	50	1,200 〃	50	1,500 〃	50		
	1,300 〃	55	2,000 〃	55	2,500 〃	55		
	2,000 〃	60	3,000 〃	60	4,000 〃	60		
	3,500 〃	65	7,000 〃	65	1億円以下	65		
	7,000 〃	70	7,000万円超	70	1億円超	70		
	7,000万円超	75						

（注）　相続時精算課税制度（平成15年1月1日〜）の税率は、非課税枠を超える部分に対し、一律20％

（財務省ホームページ（税制調査会資料等）より）

資料3　株式評価方法の体系

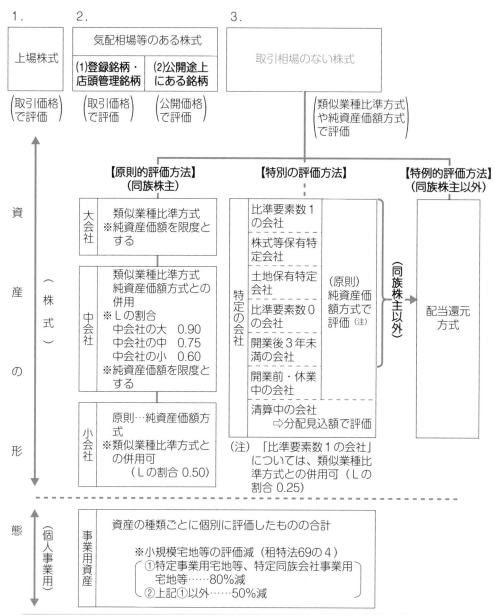

◎　通達の定めによって評価することが著しく不適当な財産……国税庁長官の指示を受けて評価（評基通6）

〔関連事項〕
☆　小規模宅地等の特例は、昭和50年国税庁通達によって200㎡まで20%減の特例として設けられましたが、昭和58年に租税特別措置法へ移行しました。
☆　農地等の納税猶予制度
☆　特定美術品に係る相続税の納税猶予制度の創設（80%）
☆　非上場株式等に関する事業承継税制（「法人版事業承継税制」）
☆　個人事業者の事業承継を促進するための相続税・贈与税の新たな納税猶予制度（「個人版事業承継税制」）

資料4 特例的評価方式の適用関係の推移

○昭和39年～46年

株主の態様による区分	評価方式
同族株主 〔同族株主とは同族関係グループが30%（50%以上のグループがある場合には50%）以上の株式を有する場合のそのグループに属する株主〕	原則的評価方式
同族株主以外の株主及び同族株主のいない会社の株主の全員	特例的評価方式（注）参照

（注） 特例的評価方式は、評価会社が大会社の場合は次の算式により、大会社以外の会社の場合には配当還元価額による評価とされていました。

　　　　類似業種比準価額×0.5＋配当還元価額×0.5

○昭和47年～52年

株主の態様による区分		評価方式
会社区分	株主区分	
同族株主のいる会社	同族株主 〔同族株主とは同族関係グループが30%（50%以上のグループがある場合には50%）以上の株式を所有する場合のそのグループに属する株主〕	原則的評価方式
	同族株主以外の株主	特例的評価方式（配当還元価額）
同族株主のいない会社	少数株主以外の株主	原則的評価方式
	少数株主 〔少数株主とは同族関係グループの所有株式割合が5%未満である場合におけるそのグループに属する株主〕	特例的評価方式（配当還元価額）

○昭和53年 4 月改正

株主の態様による区分				評価方式
会社区分	株主区分			
同族株主のいる会社	同族株主30％（50％）以上	取得後の持株割合 5 ％以上		原則的評価方式（純資産価額方式による評価額については、20％の評価減の特例が適用される場合がある。）
		取得後の持株割合 5 ％未満	中心的な同族株主がいない場合	
			中心的な同族株主がいる場合（25％以上）｜中心的な同族株主	
			役員である株主又は役員となる株主	
			その他	特 例 的 評 価 方 式
	同族株主以外の株主			
同族株主のいない会社	持株割合の合計が15％以上のグループに属する株主	取得後の持株割合 5 ％以上		原則的評価方式（純資産価額方式による評価額については、20％の評価減の特例が適用される。）
		取得後の持株割合 5 ％未満	中心的な株主がいない場合	
			中心的な株主がいる場合（10％以上）｜役員である株主又は役員となる株主	
			その他株主	特 例 的 評 価 方 式
	持株割合の合計が15％未満のグループに属する株主			

○平成15年 6 月改正

　商法の改正に伴い、株主の態様の判定を「持株割合」から「議決権割合」に代えて判定することとした。

1　昭和47年 6 月改正

(1)　「配当還元方式」の適用は、「大会社」については、50％のウェイトが付けられていましたが、これを廃止し、「中会社」「小会社」と同じように、100％のウェイトとされました。改正前の「大会社」の評価方式は、将来の上場可能性を考慮した評価方式であったため、納税者の納得が得難かったからです。

(2)　適用対象を単純に非同族株主としていたものを①同族株主のいる会社の株主②同族株主のいない会社で株式の所有割合が 5 ％未満のグループに属する株主に限定することとしました。これは、「配当還元方式」は、本来同族会社の非同族株主のような零細株主の取得株式に対する評価の特例的意味をもつものであることから、その趣旨に即応するよう改めたものです。

2 昭和53年4月改正

特例的評価方式の適用対象株主について、次のような改正が行われました。

⑴ 「同族株主のいる会社」については「同族株主以外の株主」のみが対象でしたが、これを一定の「同族株主」についても対象とされるよう改正をされました。すなわち、「同族株主のいる会社」について「中心的な同族株主」がいる場合の「中心的な同族株主」以外の株主で持株割合5％未満の者について対象とされました。このような株主は、同族株主であっても、ほかの事業経営への影響が大きい中心的な同族株主がいることなどの理由により、事業経営への影響が少ないと考えられたからです。

⑵ 「同族株主のいない会社」についても、改正前は株式の所有割合が5％未満のグループ（株主1人及びその同族関係者のことをいう。）に限定されていましたが、これが

　イ　持株割合の合計が15%未満のグループに属する株主

　ロ　持株割合の合計が15%以上のグループに属する株主のうち中心的な株主がいる場合、その中心的な株主でなく、かつ、持株割合が5％未満の株主

にまで拡大されました。このような株主は、その株主の属するグループの持株割合が15%以上であっても、ほかに事業経営への影響が大きい中心的株主がいることなどを理由により、事業経営への影響が少ないと考えられるからです。

「配当還元方式」の対象株主は、昭和47年6月及び昭和53年4月と2度にわたって改正されましたが、同族株主のいる会社については拡大されてきたのに対し、同族株主のいない会社については、→縮小（昭和47年6月）→拡大（昭和53年4月）してきています。換言すれば対象株主について、より的を絞った精緻なものになってきているといえます。

参考資料

○株式の評価区分一覧表（区分と改正経緯）まとめ

株主の態様				評価方式
同族株主のいる会社	同族株主（30％以上）（50％超）	取得後の議決権割合5％以上		原則的評価方式（議決権数によっては純資産価額方式には20％評価減が適用される場合がある。）
		5％未満取得後の議決権割合 中心的な同族株主がいる場合 中心的な同族株主（25％以上）	中心的な同族株主がいない場合	
			中心的な同族株主	
			役員	
			その他（同族株主であっても、ほかに事業経営への影響力が大きい中心的な同族株主がいることなどの理由により事業経営への影響力が少ない場合があると考えられたから53年に拡大。）	特例的評価方式
	同族株主以外の株主（単に「非同族株主」であったものが、47年に拡大）			
同族株主のいない会社	グループに属する株主の議決権割合の合計が15％以上の 5％未満取得後の議決権割合 中心的な株主がいる場合 中心的な株主（10％以上）	取得後の議決権割合5％以上		原則的評価方式（議決権数によっては純資産価額方式には20％評価減が適用される。）
			中心的な株主がいない場合	
			役員	
			その他（この条件を満たす株主は、その株主の属するグループの議決権割合が15％以上であっても、ほかに事業経営への影響が大きい中心的な株主がいることなどの理由により、事業経営への影響が少ないと考えられたから、53年に拡大。）	特例的評価方式
	議決権割合の合計が15％未満のグループに属する株主（「5％未満のグループに属する株主」に限定されていたものが53年に拡大された。）			

（注）　この表の特例的評価方式（配当還元方式）が順次どのように拡大されていったかを理解するとわかりやすくなります。なお、株式評価の改正経緯等については、今村修「株式評価のあゆみ」（『税務大学校論叢32号所収』）が参考になります。

資料5　類似業種比準方式の計算方法の推移

	計算式	類似業種株価	配当金額	利益金額	純資産価額
昭和39年	Ⅰ式及びⅡ式の算式によって計算した金額のいずれか低い方の金額を類似業種比準価額とする。〔Ⅰ式〕 $$A \times \left(\dfrac{\dfrac{ⓑ}{B}+\dfrac{ⓒ}{C}+\dfrac{ⓓ}{D}+3}{6} \right)$$ 〔Ⅱ式〕 $$A \times \left(\dfrac{\dfrac{ⓑ}{B}+\dfrac{ⓒ}{C}+\dfrac{ⓓ}{D}+1}{4} \right)$$	① 課税時期の属する月の月中平均株価。 ② 該当業種目による。	① 特別配当、記念配当等の将来毎期継続することが予想できないものを控除。 ② 同族株主の評価に当たっての⑧は配当性向による。 $$ⓑ=ⓒ\times\dfrac{B}{C}$$ ③ 直前期1年のみで計算。	① 法人税の課税所得＋益金不算入の受取配当金－左の所得税＋損金算入した繰越欠損金 ② 直前期1年のみで計算。	① 総資産（簿価）－〔負債（簿価）－価格変動準備金等の引当金・準備金〕 ② 直前期1年のみで計算。
昭和44年 改 正			② 配当実績による。 ③ 直前期及び直前々期2年により計算。		
昭和47年 改 正	算式の一本化、斟酌の明示。 $$A \times \left(\dfrac{\dfrac{ⓑ}{B}+\dfrac{ⓒ}{C}+\dfrac{ⓓ}{D}}{3} \right) \times 0.7$$	① 課税時期以前の各3か月の月中平均株価から選択。			① 資本金＋資本積立金＋利益積立金
昭和53年 改 正				② 直前期1年間の金額と2年間の金額の平均額から選択。	
昭和58年 改 正		① 前年平均株価も選択可能。 ② 業種分類選択の弾力化。			
平成12年 改 正	算式の改正 $$A \times \left(\dfrac{\dfrac{ⓑ}{B}+\dfrac{ⓒ}{C}\times3+\dfrac{ⓓ}{D}}{5} \right) \times 0.7$$ (注1)　ⓒが0の場合は分母を3とする。 (注2)　斟酌0.7は中会社の場合0.6、小会社の場合0.5とする。				
平成18年 改 正					① 資本金等の額＋利益積立金
平成20年 改 正	ⓒが0の場合も分母は「5」とする。				
平成29年 改 正	$$A \times \left(\dfrac{\dfrac{ⓑ}{B}+\dfrac{ⓒ}{C}+\dfrac{ⓓ}{D}}{3} \right) \times 0.7^{※}$$ （※ (注) は省略）	課税時期の属する月以前2年間の平均株価も選択可能。			

（編著者）

渡邉　定義（わたなべ　さだよし）

　昭和31年　大分県生まれ。立命館大学法学部卒業。昭和55年東京国税局採用後、主に資産税事務に従事。国税庁長官官房、東京国税局国税訟務官室、国税不服審判所（本部）、国税庁資産税課、国税庁資産評価企画官室、麻布税務署副署長、東京国税局査察部、東京国税局調査部、杉並税務署長、東京国税局資産課課長などを経て、首席国税庁監察官、熊本国税局長を最後に退官。平成28年8月税理士登録（現在東京税理士会麹町支部所属）。
〔主な著書〕
「相続不動産評価の原則と例外」（共著）（新日本法規、2022年）
「税務担当者と実務家のための相続税・贈与税　体系　財産評価」（共著）（大蔵財務協会、2021年）
「図解・表解　小規模宅地等の特例　判定チェックポイント」（監修）（中央経済社、2019年）
「Q&Aと事例でわかりやすく解説　名義財産をめぐる税務」（編著）（大蔵財務協会、2019年）
「相続税・贈与税のための土地評価の基礎実務」（編著）（税務研究会出版局、2018年）
「問答式　税理士法の実務」（共著）（大蔵財務協会、2004年）
「相続税・贈与税　土地評価Q&A（平成13年版）」（共編）（大蔵財務協会、2001年）

（著　者）

小坂　明正（こさか　あきまさ）

　昭和35年　北海道生まれ。
　昭和54年東京国税局採用後、主として資産課税部門の事務に従事。国税庁課税部資産評価企画官付企画専門官、同企画官補佐、八王子税務署副署長、東京国税局課税第一部国税訟務官、東京地方裁判所裁判所調査官、東京国税不服審判所国税審判官、東京国税局調査第三部統括国税調査官、東京国税局課税第一部主任国税訟務官、雪谷税務署長、横浜南税務署長などを歴任後退官。令和2年9月税理士登録。
〔主な著書〕
「国外転出時課税の実務」（共著）（大蔵財務協会、2022年）
「税務担当者と実務家のための相続税・贈与税　体系　財産評価」（共著）（大蔵財務協会、2021年）

山野　修敬（やまの　なおたか）

　昭和58年　宮城県生まれ。早稲田大学商学部卒業。平成18年東京国税局採用後、国税庁長官官房税理士監理室、税務大学校総合教育部、東京国税局総務部税務相談室、資産課税課審査指導係、審理課事前照会等担当などを経て平成30年7月に退官。同年8月税理士登録（東北税理士会所属）。山野修敬税理士事務所開設（http://yamanotax.com）。東北税理士会会員相談室相談員（資産税）、宮城県事業承継ネットワーク事務局登録専門家。
〔主な著書〕
「図解・表解　小規模宅地等の特例　判定チェックポイント」（共著）（中央経済社、2019年）
「相続税　更正の請求—Q&Aと事例解説—」（共著）（新日本法規、2019年）
「図解・表解　財産評価ハンドブック」（共著）（中央経済社、2021年）　　他

（執筆協力者）

宇野　貫一郎（うの　かんいちろう）

村上　晴彦（むらかみ　はるひこ）

平岡　良（ひらおか　りょう）

田作　有司郎（たさく　ゆうじろう）

（編 著 者）

わた なべ さだ よし
渡 邉 定 義

（著 者）

こ さか あき まさ
小 坂 明 正
やま の なお たか
山 野 修 敬

（執筆協力者）

う の かんいちろう
宇 野 貫一郎
むら かみ はる ひこ
村 上 晴 彦
ひら おか りょう
平 岡 良
た さく ゆうじろう
田 作 有司郎

三訂版　非上場株式の評価実務ハンドブック

令和5年6月2日　初版発行
令和6年9月12日　三版発行

編著者　渡　邉　定　義

（一財）大蔵財務協会 理事長
発行者　木　村　幸　俊

発行所　　一般財団法人　大 蔵 財 務 協 会

〔郵便番号　130-8585〕
東 京 都 墨 田 区 東 駒 形 1 丁 目 14 番 1 号
（販 売 部）TEL 03（3829）4141・FAX 03（3829）4001
（出版編集部）TEL 03（3829）4142・FAX 03（3829）4005
http://www.zaikyo.or.jp

乱丁、落丁の場合は、お取替えいたします。　　　印刷・恵友社
ISBN978-4-7547-3116-8